「十四五」国家重点图书出版规划项目

国家社会科学基金重大项目「中国近代日记文献叙录、整理与研究」（项目编号："18ZDA259）阶段性研究成果

中国近现代稀见史料丛刊 【第十辑】

张剑 徐雁平 彭国忠 主编

翁同书奏稿（上）

（清）翁同书 著

张易和 整理

本辑执行主编 张剑

凤凰出版社

图书在版编目（CIP）数据

翁同书奏稿 /（清）翁同书著；张易和整理. -- 南京：凤凰出版社，2023.10
（中国近现代稀见史料丛刊. 第十辑）
ISBN 978-7-5506-3992-8

Ⅰ. ①翁⋯ Ⅱ. ①翁⋯ ②张⋯ Ⅲ. ①奏议－汇编－中国－清代 Ⅳ. ①K249.065

中国国家版本馆CIP数据核字(2023)第176153号

书　　　名	翁同书奏稿	
著　　　者	(清)翁同书 著　张易和 整理	
责 任 编 辑	李相东	
特 约 编 辑	王晨韵	
装 帧 设 计	姜　嵩	
责 任 监 制	程明娇	
出 版 发 行	凤凰出版社(原江苏古籍出版社)	
	发行部电话025-83223462	
出版社地址	江苏省南京市中央路165号,邮编:210009	
照　　　排	南京凯建文化发展有限公司	
印　　　刷	江苏凤凰通达印刷有限公司	
	江苏省南京市六合区冶山镇,邮编:211523	
开　　　本	880毫米×1230毫米　1/32	
印　　　张	22.375	
字　　　数	581千字	
版　　　次	2023年10月第1版	
印　　　次	2023年10月第1次印刷	
标 准 书 号	ISBN 978-7-5506-3992-8	
定　　　价	158.00元(全二册)	

(本书凡印装错误可向承印厂调换,电话:025-57572508)

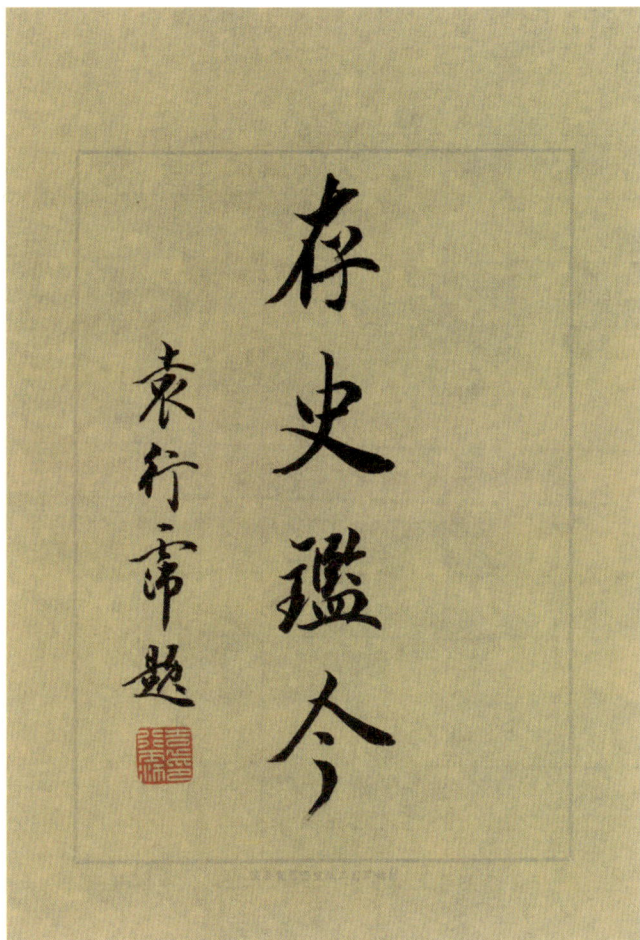

存史鑒今

袁行霈題

袁行霈先生題辭

「音实难知，知实难逢，逢其知音，千载其一乎！」（《文心雕龙·知音》）今读新编稀见史料丛刊，真有喜得知音之感矣。

傅璇琮谨书
二〇一二年

傅璇琮先生题辞

殫精竭慮旁搜遠紹

重新打造中華文史資

料庫

王水照 二〇一三年一月

王水照先生题辞

《中国近现代稀见史料丛刊》总序

　　在世界所有的文明中,中华文明也许可说是"唯一从古代存留至今的文明"(罗素《中国问题》)。她绵延不绝、永葆生机的秘诀何在?袁行霈先生做过很好的总结:"和平、和谐、包容、开明、革新、开放,就是回顾中华文明史所得到的主要启示。凡是大体上处于这种状况的时候,文明就繁荣发展,而当与之背离的时候,文明就会减慢发展的速度甚至停滞不前。"(《中华文明的历史启示》,《北京大学学报》2007年第1期)

　　但我们也要清醒看到,数千年的中华文明带给我们的并不全是积极遗产,其长时段积累而成的生活方式与价值观具有强大的稳定性,使她在应对挑战时所做的必要革新与转变,相比他者往往显得迟缓和沉重。即使是面对佛教这种柔性的文化进入,也是历经数百年之久才使之彻底完成中国化,成为中华文明的一部分;更不用说遭逢"数千年来未有之变局""数千年未有之强敌"(李鸿章《筹议海防折》),"数千年未有之巨劫奇变"(陈寅恪《王观堂先生挽词序》)的中国近现代。晚清至今虽历一百六十余年,但是,足以应对当今世界全方位挑战的新型中华文明还没能最终形成,变动和融合仍在进行。1998年6月17日,美国三位前总统(布什、卡特、福特)和二十四位前国务卿、前财政部长、前国防部长、前国家安全顾问致信国会称:"中国注定要在21世纪中成为一个伟大的经济和政治强国。"(徐中约《中国近代史》上册第六版英文版序,香港中文大学2002年版)即便如此,我们也不能盲目乐观,认为中华文明已经转型成功,相反,中华文明今天面对的挑战更为复杂和严峻。新型的中华文明到底会怎样呈现，又怎样具体表现或作用于政治、经济、文化等层面，人们还在不断探索。这个问题，我们这一代恐怕无法给出答案。但我们坚信，在历史上曾经灿烂辉煌的中华文明必将凤凰浴火，涅槃重生。这既是数千年已经存在的中华文明发展史告诉我们的经验事实，也是所有为中国文化所化之人应有的信念和责任。

不过，对于近现代这一涉及当代中国合法性的重要历史阶段，我们了解得还过于粗线条。她所遗存下来的史料范围广阔，内容复杂，且有数量庞大且富有价值的稀见史料未被发掘和利用，这不仅会影响到我们对这段历史的全面了解和规律性认识，也会影响到今天中国新型文明和现代化建设对其的科学借鉴。有一则印度谚语如是说："骑在树枝上锯树枝的时候，千万不要锯自己骑着的那一根。"那么，就让我们用自己的专业知识与能力，为承载和养育我们的中华文明做一点有益的事情——这是我们编纂这套《中国近现代稀见史料丛刊》的初衷。

书名中的"近现代"，主要指 1840—1949 年这一时段，但上限并非以一标志性的事件一刀切割，可以适当向前延展，然与所指较为宽泛的包含整个清朝的"近代中国""晚期中华帝国"又有所区分。将近现代连为一体，并有意淡化起始的界限，是想表达一种历史的整体观。我们观看社会发展变革的波澜，当然要回看波澜如何生，风从何处来；也要看波澜如何扩散，或为涟漪，或为浪涛。个人的生活记录，与大历史相比，更多地显现出生活的连续。变局中的个体，经历的可能是渐变。《丛刊》期望通过整合多种稀见史料，以个体陈述的方式，从生活、文化、风习、人情等多个层面，重现具有连续性的近现代中国社会。

书名中的"稀见"，只是相对而言。因为随着时代与科技的进步，越来越多的珍本秘籍经影印或数字化方式处理后，真身虽仍"稀见"，化身却成为"可见"。但是，高昂的定价、难辨的字迹、未经标点的文本，仍使其处于专业研究的小众阅读状态。况且尚有大量未被影印或数字化的文献,或流传较少,或未被整合,也造成阅读和利用的不便。因此,《丛刊》侧重选择未被纳入电子数据库的文献,尤欢迎整理那些辨识困难、断句费力、裒合不易或是其他具有难度和挑战性的文献,也欢迎整理那些确有价值但被人们习见思维与眼光所遮蔽的文献,在我们看来,这些文献都可属于"稀见"。

书名中的"史料",不局限于严格意义上的历史学范畴,举凡日记、书信、奏牍、笔记、诗文集、诗话、词话乃至序跋汇编等,只要是某方面能够反映时代政治、经济、文化特色以及人物生平、思想、性情的文献,都在考虑之列。我们的目的,是想以切实的工作,促进处于秘藏、边缘、零散等状态的史料转化为新型的文献,通过一辑、二辑、三辑……这样的累积性整理,自然地呈现出一种规模与气象,与其他已经整理出版的文献相互关联,形成一个丰茂的文献群,从而揭示在宏大的中国近现代叙事背后,还有很多未被打量过的局部、日常与细节;在主流周边或更远处,还有富于变化的细小溪流;甚至在主流中,还有漩涡,在边缘,还有静止之水。近现代中国是大变革、大痛苦的时代,身处变局中的个体接物处事的伸屈、所思所想的起落,借纸墨得以留存,这是一个时代的个人记录。此中有文学、文化、生活;也时有动乱、战争、革命。我们整理史料,是提供一种俯首细看的方式,或者一种贴近近现代社会和文化的文本。当然,对这些个人印记明显的史料,也要客观地看待其价值,需要与其他史料联系和比照阅读,减少因个人视角、立场或叙述体裁带来的偏差。

知识皆有其价值和魅力,知识分子也应具有价值关怀和理想追求。清人舒位诗云"名士十年无赖贼"(《金谷园故址》),我们警惕袖手空谈,傲慢指点江山;鲁迅先生诗云"我以我血荐轩辕"(《自题小像》),我们愿意埋头苦干,逐步趋近理想。我们没有奢望这套《丛刊》产生宏大的效果,只是盼望所做的一切,能融合于前贤时彦所做的贡献之中,共同为中华文明的成功转型,适当"缩短和减轻分娩的痛苦"(马克思《资本论》第一卷第一版序言)。

　　《丛刊》的编纂,得到了诸多前辈、时贤和出版社的大力扶植。袁行霈先生、傅璇琮先生、王水照先生题辞劝勉,周勋初先生来信鼓励,凤凰出版社姜小青总编辑赋予信任,刘跃进先生还慷慨同意将其列入"中华文学史史料学会"重大规划项目,学界其他友好也多有不同形式的帮助……这些,都增添了我们做好这套《丛刊》的信心。必须一提的是,《丛刊》原拟主编四人(张剑、张晖、徐雁平、彭国忠),每位主编负责一辑,周而复始,滚动发展,原计划由张晖负责第四辑,但他尚未正式投入工作即于 2013 年 3 月 15 日赍志而殁,令人抱恨终天,我们将以兢兢业业的工作表达对他的怀念。

　　《丛刊》的基本整理方式为简体横排和标点(鼓励必要的校释),以期更广泛地传播知识、更好地服务社会。希望我们的工作,得到更多朋友的理解和支持。

2013 年 4 月 15 日

目 录

前　言

　　翁同书（1810—1865），字祖庚，号药房，又号䕙斋，江苏常熟人，晚清重臣翁心存长子、翁同龢兄。翁同书于道光二十年（1840）中进士，选庶吉士，后授翰林院编修；道光二十八年（1848）典试贵州，遂为贵州学政；咸丰三年（1853），命赴江南佐钦差大臣琦善军事。擢侍讲学士，转侍读学士，迁少詹事。琦善卒，托明阿为钦差大臣，翁同书仍留佐军事。太平军再陷扬州，托明阿坐罢，德兴阿代之，诏翁同书帮办军务。德兴阿连复扬州、浦口，进规瓜洲、镇江，军事日有起色，翁同书多有赞画之功。清军克瓜洲，翁同书被命以侍郎候补，并赐黄马褂。

　　咸丰八年（1858）六月，翁同书因功授安徽巡抚，帮办钦差大臣胜保军务，先驻军定远，定远陷，复移军寿州。咸丰十年，地方武装首领苗沛霖与寿州徐立壮、孙家泰等团练势力起衅。翁同书密疏陈苗沛霖跋扈，诏饬会同袁甲三查办。咸丰十一年初，翁同书奉诏回京，为寿州绅民挽留。苗沛霖围攻寿州，翁同书督率兵练守城，并杀徐立壮，孙家泰亦被逼自杀，但苗沛霖仍未息兵，寿州最终失陷。同治元年（1862），曾国藩奏劾翁同书于定远失守时弃城走寿州，复不能妥办，致绅练有仇杀之事。追寿州城陷，奏报情形前后矛盾，翁同书被褫职逮问，系狱候斩，次年减罪流放伊犁。同治三年，翁同书因都兴阿请，留甘肃军营效力，同治四年以花马池战捷，赐四品顶戴，寻病卒，复原官，赠右都御史，谥文勤。

　　中国国家图书馆善本室藏有翁同书《䕙斋奏稿》稿本 57 册，皆为咸丰六年（1856）至咸丰十一年（1861）翁同书在军中和安徽巡抚任上的奏折底稿,有较为丰富的史料价值。2011 年,全国图书馆文献缩微复制中心将其收入《中国文献珍本丛书》予以影印出版,书名《稿本翟斋奏稿》,合计 6 册。本次整理,即据此影印版,为求显豁,书名改作《翁同书奏稿》。兹对其内容及本次整理方式说明如下:

一、全书按照其编排顺序,分为《奏稿》《皖北奏报》《邘上奏报》《会奏稿》四部分,另有五册零散奏稿夹在《奏稿》与《皖北奏报》之间。

其中,《奏稿》有编号,每一号单独一册,每册封面大多注有发折与奉朱批的时间地点、驿递速度。收录咸丰九年五月定远失守前至咸丰十一年四月寿州失陷前夕的奏报。各册对应时间、发折地点和等级如下:

第一号:咸丰九年五月十七日,定远发,六百里;

第二号:咸丰九年六月初二日,定远发,六百里;

第三号:咸丰九年六月初七日,定远发,六百里;

第四号:咸丰九年六月十二日,炉桥发,六百里;

第五号:咸丰九年六月十五日,炉桥发,六百里;

第六号:咸丰九年六月十九日,炉桥发,六百里加紧;

第七号:咸丰九年七月初二日,寿州发,六百里,七月十四日接到批回;

第八号:咸丰九年七月二十日,寿州行营发,六百里,八月初四日接到批回;

第九号:咸丰九年八月初四日,寿州发,六百里,八月十九日接到批回;

第十号:咸丰九年八月十八日,寿州发,六百里,九月初三日接到批回;

第十一号:咸丰九年八月二十四日,寿州发,六百里,九月初九日接到批回;

第十二号:咸丰九年九月初三日,寿州发,六百里,九月十八日接到批回;

　　第十三号：咸丰九年九月十五日，寿州发，六百里，十月初三日接到批回。

　　庚字第七号：咸丰十年三月二十七日，六百里，闰三月十五日接到批回；

　　庚字第八号：咸丰十年闰三月十五日，六百里，闰三月廿八日接到批回；

　　庚字第九号：咸丰十年四月初十日，六百里，四月二十四日接到批回；

　　庚字十一号：咸丰十年四月二十三日，五百里，五月初十日接到批回；

　　庚字十二号：咸丰十年五月十三日，六百里，五月二十九日接到批回；

　　庚字十三号：咸丰十年五月十九日，六百里，六月初八日接到批回；

　　庚字十四号：咸丰十年六月十三日，六百里，六月二十九日接到批回；

　　庚字十五号：咸丰十年六月二十一日，六百里，七月初七日接到批回；

　　庚字十六号：咸丰十年七月十三日，六百里，七月二十七日接到批回；

　　庚字十七号：咸丰十年八月初五日，六百里，八月二十八日接到批回；

　　庚字十八号：咸丰十年八月二十二日，寿州发，六百里，九月十七日接到批回；

　　庚字十九号：咸丰十年八月二十九日，由寿州专差拜发；

　　庚字二十号：咸丰十年九月初五日，寿州发，六百里，九月二十八日接到批回；

　　庚字二十一号：咸丰十年九月初九日，寿州发，六百里，十月初四日接到批回；

庚字二十二号：咸丰十年九月二十三日,寿州发,六百里,十月十三日接到批回；

庚字二十三号：咸丰十年十月初六日,寿州发,六百里,十月二十七日接到批回；

庚字二十五号：咸丰十年十一月二十日,寿州发,六百里,十二月初十日接到批回；

庚字二十六号：咸丰十年十二月初五日,寿州发,五百里,十二月二十七日接到批回；

庚字二十七号：咸丰十年十二月二十一日,寿州发,六百里,十一年正月十五日接到批回。

辛字第九号：咸丰十一年二月二十四日,寿州发,六百里,三月十七日接到批回；

辛字第十四号：咸丰十一年四月二十四日,寿州发,六百里,五月二十三日接到批回。

《皖北奏报》九卷,每卷一册,仅在各折片末尾抄录奉朱批的日期。收录翁同书被授予安徽巡抚直到咸丰十一年六月其诛杀徐立壮之后的奏报。各卷对应时间如下：

皖北奏报一：咸丰八年七月至九月；

皖北奏报二：咸丰八年九月至十二月；

皖北奏报三：咸丰九年正月至四月；

皖北奏报四：咸丰九年五月至六月；

皖北奏报五：咸丰九年七月至九月；

皖北奏报六：咸丰九年十月至十二月；

皖北奏报七：咸丰十年正月至四月；

皖北奏报八：咸丰十年五月至十二月；

皖北奏报九：咸丰十一年正月至六月。

《邗上奏报》五卷,每卷一册,仅在各折片末尾抄录奉朱批的日期。主要是翁同书在江北大营时期的奏折。各卷对应时间如下：

邗上奏报一：咸丰六年三月至五月；

邗上奏报二：咸丰六年六月至十二月；

邗上奏报三：咸丰七年三月至七月；

邗上奏报四：咸丰七年八月至十二月；

邗上奏报五：咸丰七年十二月至咸丰八年六月。

《会奏稿》两卷，每卷一册，各折片末尾注有发折日期。抄录翁同书初到皖北至定远告急前数个月的各方面奏报。各卷对应时间如下：

第一册：咸丰八年七月至十一月；

第二册：咸丰八年十二月至咸丰九年三月。

零散奏稿五册。其中，第一册为咸丰十年十月初寿州失陷后所发，共两折一片；第二册、第三册皆为咸丰十年闰三月所发，共三折三片；第四册为咸丰十年五月所发，共两折一片；第五册为咸丰十一年八月所发，仅一封奏折。

二、《奏稿》《皖北奏报》《邗上奏报》以及《会奏稿》第一卷均抄录朱批；《会奏稿》第二卷未抄录朱批。

三、《奏稿》对翁同书所发奏折和附片抄录较完整，除了军务外，还有大量关于地方财政、人事、民政、刑事案件的内容。但未收由胜保、袁甲三发出的折片。

《皖北奏报》则重在汇集各时段与皖北军务相关的折片。除了翁同书发出的折片外，也收录了由胜保、袁甲三发出的翁同书参与会衔的折片，还收录了部分相关的上谕。但是与军务无关的奏折大多未收，无关的附片也未抄录。

《邗上奏报》收录的奏折、奏片大部分为翁同书与德兴阿会衔上奏，其内容基本都是军务以及与军务相关的筹饷、人事变动。

《会奏稿》同样以军务为主，兼收部分财政、刑名、人事等方面的奏折。第一卷绝大多数为翁同书单衔上奏，第二卷则收录了很多翁同书与胜保联衔上奏的内容。

四、原稿内各折、片排列顺序多有混淆，部分折、片前后重复。本次整理改为按照时间排序。原稿内大部分奏折与附片皆附注日期，其中部分为发折日期，部分为该折（片）到达京城并接到朱批的日期（记为"某月某日奉朱批"）。附片与正折同时发出，故亦有未注日期者。整理时皆依据原稿。原稿内未注日期的奏折、未录正折的附片，以及日期不清导致排列顺序有误的折、片，皆依据军机处《随手登记档》补注日期，并调整到适当位置。

五、原奏稿无细目，整理时根据各折、片内容酌拟题目。拟定题目时，不用原文"贼""匪""石逆"等对农民军的诬称，改为"敌军""石达开"等中性表述。

六、《皖北奏报》与《奏稿》《会奏稿》内容部分重合。《奏稿》《会奏稿》的抄录质量显然优于《皖北奏报》，故重合篇目以《奏稿》《会奏稿》为底本，而参照《皖北奏报》进行校对。凡《皖北奏报》有而《奏稿》《会奏稿》未收的折片、上谕，均根据《皖北奏报》进行补充。

七、《奏稿》内容似有遗失：奏稿庚字第一号至第六号未见，应为咸丰九年九月十六日至咸丰十年三月二十七日之间。奏稿庚字第二十四号缺失，其时间应在咸丰十年十月初六日至咸丰十年十一月二十日之间。辛字号的奏稿，仅存第九号和第十四号，遗失奏稿的时间应在咸丰十年十二月二十一日以后，大多在咸丰十一年。另外，《会奏稿》到《奏稿》之间，仍存咸丰九年三月底至五月初一段空白，应有部分奏折在其时发出。上述残缺之处，皆以《皖北奏报》所收内容增补。

八、原稿在奏折正文后记录的接奉朱批时间和朱批内容，以仿宋字体表示。

九、除另有注释外，原稿错字以（　）号标出，在［　］号内改正。漏字在［　］号内补充。个别明显的衍字径删。部分折（片）后标注"奉朱批……钦此"，而未填朱批内容，亦直接删去。

　　由于翁同书奏折底稿多系行草书写，且次序有所窜乱，本次整理虽竭力辨识复原，但由于水平有限，疏漏缺失，在所难免，祈请方家教正。

张易和

2022 年 6 月 2 日

咸丰六年奏稿

通筹财用大源敬陈管见折　三月初二日奉朱批^①

詹事府少詹事臣翁同书跪奏,为通筹财用之大源,以期兵食之交足,敬陈管见,恭折仰祈圣鉴事。

窃臣前由贵州学政任满,奉旨驰赴军营,待罪行间,于今三载。目击军需之繁费,深知左藏之空虚。窃惟安民自足兵始,足兵自理财始,理财之道,不外乎开源节流。皇上躬行节俭,为天下先,一切冗费,皆已汰除,其流已无可节,而东南财赋之区,自经兵燹,民力已殚,其源亦无可开,故言生财而但筹国用,不顾民生,是为功利之说,言之不如勿言也。欲佐饷而无益军储,徒伤政体,是为苟且之计,行之不如勿行也。方今之要,惟有就因有之利,为化裁通变之方,庶几裕国用而兼便于生,济军储无损于政体。适筹全局,共有数端,自知梼昧迂拘,原不足供圣明之采择,惟是仰荷厚恩,备员侍从,既有所见,曷敢缄默不言。谨为我皇上陈之。

一、请疏通滇铜,以广鼓铸也。窃惟钱币为生民利用之资,而京师户、工二局暨各直省之鼓铸,每岁需铜数百万斤,仰给于滇省。近因小丑跳梁,长江梗塞,滇铜不达于京师,亦不行于各省,以致铜价腾贵,不足以供鼓铸之用,由是钱文日少,公私支绌。皇上博采群议,兼行钱法以济之,复广铸大钱、铁钱以辅之,因时变通,固已推行尽利

---

①　此奏以下至咸丰八年六月十三日上谕,皆据《邸上奏报》整理。

矣,而各直省之制钱,终未见充盈。臣愚以为,今日固不患乎钱少也。何以言之?钱出于铜,铜出于矿,矿不竭则铜不乏,铜不乏则钱不绌。地不爱宝,滇铜之产不灭,往时特壅积不行耳。计自江运不通,铜之滞留于滇中者,殆不下数千万斤。滇中之铜愈壅,京师及直省之钱愈绌。铜壅则为铜政之害,钱绌则为钱法之害,此诚宜规时度势,酌盈剂虚,以期其两益者也。况滇之有铜,凡开采之厂民与转输之脚户,莫不依之以为利,一经停运,则必停采,此民生日蹙,盗贼寖繁,所关匪细。然则将如之何?其法不[外]乎疏通滇铜以广鼓铸而已矣。伏思铜运虽一时未通,而钱局则随在可设,但使以因有之铜移诸乏铜之地,即可以壅积之铜化为流通之钱。溯查国朝雍正年间,以云南既有运铜,即可运钱,曾于云南产铜处所设局铸钱,由汉口搭运至京,行之有效,皆乃由滇运钱之故事。查滇铜起运,由四川泸州登舟,直抵荆州,初无所阻,今若查照旧章,于滇中设局鼓铸,运至荆州收储,或设局于荆州,运滇铜以铸制钱,水运则可浮大江以达武昌,充楚省军需之用,陆运则可由襄樊以达开封,充豫省河工之用。滇中之铜不积,则于铜政有益;楚、豫之用不匮,则于钱法有益,而并于军需、河工有益。倘鼓铸愈广而钱愈多,一旦江路肃清,俟有滇员运铜之便,路过荆州,即可将所存之钱搭运至京,以佐度支,未必非流通泉货之一策也。

　　一、请暂换引地以销滞盐也。淮盐之利,甲于天下,每岁额征课银报部奏销者共二百二十余万两,计出自淮南者几及什之八九。自改行票盐之后,楚岸畅销,鹾务日起。不意横池告警,沿江戒严,淮南片引不行,饷苦于不继,江淮之间萧然,烦费转筹者,计无所出,而不思淮南盐课每岁失一百数十万之利,为重可惜也。湖广、江西盐引不至,民有茹淡之虞,通、泰各场盐积如山,商无销售之路,盖不独官失其利,而商与民且交受其困。至于灶户、煎丁,盐无所售,非透私以济枭,即乏食而生变,其隐患又不可胜言。数年以来,两江督臣率同运司殚心筹画,无微不至。近仿明臣王守仁之法,就场抽税,而江运未通，所抽无几。臣愚以为，江运虽未通，而引地可暂易。苟分浙西引地之半，与淮南暂时对换，不独淮南之利不至尽弃，将见浙引之数可以骤增。伏查江西一省，向食淮盐。今淮盐不至，其为浙私所侵者，势也。常、镇与扬州仅隔一江，今淮盐山积，其为淮私所侵者，亦势也。今知淮引为江运所阻而淮盐坏，不知浙界为淮私所侵，而浙盐亦坏。然则为今之计，惟有彼此暂换引地之一法。借淮南引地以予浙，而浙引可以畅销；分浙西引地之半以予淮，而淮引亦不至久滞，一转移间，而两得其便矣。盖浙盐本行至江西广信府，而止由杭州府舟行至常山县，陆行八十里抵玉山县，而复登舟直达广信，距南昌诸府甚近，运本尚不为重，况江西乏盐之地，行销最易，湖广与江西接壤，商贩且闻风而来，如行之有效，销路日广，可于江西设局稽查，坐收其利。此浙引之可行于江西，而灼然无疑矣。至江苏之苏、松、常、镇四府，太仓一州，向食浙盐，除松江产盐之区，应与杭、嘉、湖等府仍食浙盐外，其余苏、常、镇三府，太仓一州，请暂令改食淮盐，舟楫可通，形势尤便。如是，则江楚乏盐之地，民无淡食之虞，通泰产盐之场，盐有行销之地，诚为一举两得，而司盐筴者又得稍收其利，以佐军储，不犹愈于两境自封，任其堆积乎？议者或谓江西之行浙盐固善矣，惟常、镇等府改行淮盐，恐于浙盐有碍。是但为浙商计耳，不知此法亦无害浙商。盖淮商之疲久矣，使之运盐，亦未必有资本。如淮商无力运盐，不妨准令浙商自办淮盐至常、镇等处销售，淮盐、浙盐同一便民，淮商、浙商同一运盐，淮引同一纳课，原不必强分畛域。应请饬下两江总督、浙江巡抚会议筹办，必有良法以处此。总之，煮海自然之利，惟淮盐实为大宗，而防江方亟之时，舍易地别无良策。臣不谙盐法，窃谓平日淮北与淮南既可以融销，则今日淮引与浙引何不可以互换。况湖南乏盐，骆秉章已有在浙采办之举，曷若明定章程，暂换引地，可以化私为官，转绌为赢，俟军务告竣，即可率由旧章。酌时势之宜，而无纷更之失，似无有便于此者。

一、请河海并运，以利漕行也。自粤寇阑入长江，梗阻运道，三载以来,全赖江浙之米由海运以达于通仓,为数不及全漕之半,是以御史李鹤年有采办奉天米石之议。臣窃以为,海运未可专恃,而河运亦未可竟废。盖频年海寇窃发,劫掠之案层见叠出。上年丰县洋面即有觊觎运艘之事。若专恃海运,则联舻运载米石之外,多挟货物,盗贼易于生心,万一中途邀截,漕不时至,则天庾何由而裕?且会通一河,前人百计经营,以克有成,岁漕东南数百万粟,皆取道于此。倘废置累年,使一线运渠日就淤涉,一旦欲复行河运,必至束手无策。莫若及今为河海并运之计,俾两相维而不至于两敝,则京仓之储差有可恃。议者或以黄河未复,运舟失修为疑。不知黄河虽决,而运河如固,不碍于漕行也。至漕运重大,故行迟而易于拦涉,沿途仍用小舟起剥,自来言漕政者皆欲改而小之,特以彼时运道无阻,惮于更张,兼以江、广漕米远涉风涛,非小舟所宜,是以卒未用易舟之议。今则漕船久泊水次,多有朽坏,修造之费不赀,势不能不用小船,而江、广之运不通,所运者不过江浙之米,皆利用小舟输挽,变通漕政正在此时。伏查唐时裴耀卿、刘晏皆用转般之法,而宋初因之,其法诚谓尽善。臣请明年为始,酌分海运米若干石,仿剥浅之例,雇佣战船,由水次以达于清江,由清江以达于临清,由临清以达天津,节节置仓,节节易舟,无风波盗[贼]之虞,无守冻拦浅之滞,计无有便于此者。其置仓则在清江、临清、天津,除天津本有北仓等处仓廒外,临清为东省兑粮之所,本有各州县官仓,抑清江亦可租赁民房,无须筹款修建。苟得贤员经理,易于集事,且运道一通,则商贾往来,百货辐凑,其所经浒墅、扬州、淮宿、临清、天津诸关,收课日赢,于国计亦有裨益。如果试行有效,即寇氛悉靖,江路复通,所有江、广漕米,似亦可用小舟接运,以省船工而利飞挽。其海运事宜,仍照近岁章程,每年分成办理,庶海河两运有并行之效,而无偏废之患矣。

一、请严汰羸卒,以杜虚糜也。伏思国家养一兵,即有一兵之费,则必期一兵得一兵之用。军兴以来,征调不为不广,士马不为不多,而师老饷乏,贼未能平者,乃不简练之过也。臣伏思用兵之效,必乘其锐气；制胜之道，必恃乎精兵。今则远调士卒，转战累年，原营派出之兵丁，其骁勇善战者往往战没。南方卑湿，水土不习，草行露宿，疫疠频作，其遇疾物故，又不知凡几。加以乡勇口粮，较之兵丁口粮为优，不肖兵丁更名冒籍，逃去充勇者，亦时有之。于是军营之兵，大半皆新兵矣。新兵例以余丁拔补，无如随出之余丁，久已补尽，复因饷绌之故，原籍之人闻之，莫肯重跸跋涉而来，不得不随地募补，其人皆大抵负败细民、市井无赖，手未尝操干戈，耳未尝闻号令，一旦驱之以战，则见贼生怯，绳之以法，则畏罪而逃，固势所必然也。夫以逋逃为得计，军心何由而坚？以纪律为具文，军威何由而振？臣之所深忧者，实在于此。或谓，是当任缺勿补，以省糜费。然兵额日缺，必至兵势愈单，又事之不可行者。臣以为，当就其原营中添调精锐十分之一，如原调某营兵一千名，今则续调精锐兵一百名，俟其到营之日，即将原调之羸疾遣归，并将新募之游惰者裁汰，以符原调之数。如是，则兵皆劲旅，饷不虚糜矣。至满营马队官兵中，亦多有受伤、患病，不能临敌者，该管官以军务未竣，不敢辄请撤回。其实留之军营，虚糜饷糈，何若听其撤回，稍可节省。臣请恩准将满营官兵之伤病量予撤回，仍责成大员，亲加点验，以杜规避，似于军政有裨。至于兵额，最忌空粮，军营岂容阙伍。臣恐各营兵勇未必无以空名充数者。上年侍郎杜翮曾经奏请稽核，所言实为切要。请饬各路统兵大员一体设法清厘，以实军伍。果能综核名实，激励军心，庶几赵桓之材皆为干城之选，由是严核功过，信赏必罚，将尽知兵，人思用命。如是而谓贼未易平，臣之所不信也。

　　一、请厘马政以重帑项也。伏思马匹为武备之要需，牧厂为边防之重务。承平日久，百弊丛生，马政之废弛，未有甚于今日者。一则曰营马之弊，一则曰牧马之弊。曷言乎营马之弊也？定例额设马兵，即应骑官马一匹。近虽奉议裁汰，而例设之马尚多，其马皆饲于官槽，实则徒存册籍之空文，设令数马以对，寥寥无几。闻甘肃一省存营之马不及其半，该省系产马之区，尚且如此，他省可知。大抵各省之马干,多入于不肖营员之手,一遇征调,则各营马兵皆徒步就道,众恐沸腾。军营缺马,高价购买,兵丁益形拮据,是额设之马无补于军兴,而徒饱私囊,可为痛恨。今纵不能尽汰其浮冒,亦当于额设营马之中量减二三成,稍减刍秣之费。如是,则一省每岁所撙节殆以数万计,合各直省计之,可成巨款,而军实亦昭其综核矣。曷言乎牧政之弊也?甘肃一省,甘州提标及西宁、凉州、肃州诸镇标,皆有牧厂,其地水草肥沃,牧马蕃息,果使得人经理,马数可以日增,乃风闻各牧厂于孳生之马,往往以多报少,隐匿大半,上下通同一气,恣意侵渔,加以野番钞掠,几无虚岁,由是卒不获收草场之利。应请饬下陕甘总督,设法抽查,核实造报,察其登耗之数,籍其毛齿之别,稽其肥瘠之形,严其印烙之法,将孳生之马于拨给各营之外,其余全数变卖,解存司库。如是,则成周教駣攻驹之政、唐代设牧置监之规,复振兴于今日,而牧厂不等于虚设矣。

　　一、请筹补仓谷,以崇本计也。窃维州县之有仓谷,昉于汉耿寿昌之常平,意美法良,洵足以济凶荒而备缓急。无如牧令贤否不一,侵渔影射势所难免,然前任之侵那犹可责后任之弥补,今日之亏短尚可望后日之抵偿。乃自军兴以来,其遭蹂躏之处仓廪固一洗而空,即大军所过,行不赍粮,州县困于供亿,遇有急需,猝无以应,往往橐变仓谷,暂济目前之急,报明碾动者有之,私自通那者有之,而失天下之仓谷,几不可问。各州县之碾动若干,实存若干,监司尚不尽知,何况督抚;督抚尚不得知,何况司农。臣窃谓碾动之数,宜由督抚通查造册报部,以便稽核,一面责令该管道府督率各州县设法筹补,以实仓储。脱有不虞,庶几可恃。凡军务告竣之处,皆可行之。论者或疑疮痍未复,奈何遽议积储,不知贼退之后,首重耕耘,如人疾病之余,法当滋培元气,不可谓非今日之急务也。近年被兵之地虽广,犹幸四海丰稔,民困稍苏,是皆圣主至诚感召之所致。秋成之际,谷价必贱,该地方官诚以此时劝谕富民,俾之纳票入仓,较之寻常劝捐,尚易得力。每岁筹补若干,即将各捐户造册申详,视其捐数之多寡,量予奖励。

数少者分赏花红，或给匾额，数多者给予顶带。其州县官之劝导有方、筹补足额者，遇计典之年，列入卓异。倘敢借端科派、掊克累民，立予参劾。如是，则穑人成功、田畯至喜，高廪有崇墉之积，编氓重力田之科，不独仓储充实，可备不虞，而民鲜饥寒，亦不至流而为盗贼矣。抑臣更有虑者，云贵、四川境内之田，连畦接畛种植罂粟花，借以渔利。近年此风尤甚，多一亩种罂粟之田，即减一亩稻麦之产，弃膏腴而滋酖毒，良可叹惜。闻甘肃之兰州、浙江之温台亦多有莳种罂粟，诚恐种植寖广，大为五谷之害。请敕下各该省督抚，严申禁约，如有违令不悛者，悉予铲除，按律治罪，庶几清作奸犯科之源，即隐寓劝农重粟之意。衣食足而后风俗可厚，风俗厚而后邪恶可消。农政、民风相为维系，是惟在直省大吏慎择循良，奉行尽善而已。

以上六条，或揆诸时势而略识其权宜，或访诸舆论而粗知其梗概。利必规其远大，机恐失乎因循。果能均财用而使之有余，即可权兵食而补其不足。不揣冒昧，上渎宸聪。刍荛之言，是否有当，伏乞皇上俯赐裁择，敕下廷臣核议、施行。臣无任怵惕待命之至。谨奏。

咸丰六年三月初二日，奉朱批："该部妥议具奏。"钦此。

附陈江防要务片　三月初二日奉朱批

再：查咸丰三年四月内，江忠源奏陈军务八条一折，曾蒙寄谕："琦善等酌核办理。"折内所言皆切中时弊，洞悉贼情。其中严军法、汰弁兵、明赏罚、察地势四条尤为至当不易。臣窃韪其言，服膺已久，而军营文武各员，多未寓目。请饬兵部将江忠源原折抄出，通行各路军营刊刻刷印，由统兵大臣分给文武各员，时时阅看，庶筹虑悉合机宜，军务可期速藏，早平一方之盗贼，即节省一处之军需。至江防事宜，江忠源尚未议及，臣以为此时逆贼濒江踞守，江防之要有五。一

曰扼要津。江自汉口而下,如道士洑、小孤山、枞阳镇、板子矶等处险
要,不可胜数。就芜湖以下言之,则如裕溪口、浦口、观音门、高资港、
鲇鱼套、土桥、焦山等处,均为沿江要害,皆已有水师驻守,惟和州之
针鱼嘴,在西梁山之下,即古之横江口,现尚无水师驻泊,故贼舡得由
皖省内河及巢湖出口调安庆贼党下援,并运送粮米,渡至南岸,进草
鞋夹内河,直抵金陵城下,是针鱼嘴亟宜拨船堵截。二曰联陆路。凡
江南屯泊水师之处,岸上必须有陆军接应。今惟观音门岸上无兵,倘
陆路派拨一军驻南岸燕子矶、栖霞山一带,则观音门水师无孤立之
虞。至水陆两路,利在同时夹击,如陆路攻而水师不攻,水师进而陆
路不进,宜重劾严办,以儆其余。三曰断岸奸。贼匪往来,每密布奸
细,暗通消息。浦口南岸之七里洲、丹徒境内世业洲、仪征境内之老
河影,皆为岸奸聚集之所,必应设法缉拿,并令居民远徙,庶贼匪信不
能通,粮无可掠。四曰议火攻。自艇师上驶,屡获大胜,皆以火攻得
手。上年金门镇总兵陈国泰截击贼艔,用健卒缘舡桅而上,发一火
箭,引燃贼艔火药,遂夺其艔,尤为明效。今可仍用火攻之策,使水师
兵勇泅水登陆,燔烧贼营,尤足令其破胆。五曰增小舡。艇师各舡,
过于笨重,非大风则不能行,遇浅则不能进,虽有龙哨快舡,亦未为十
分灵捷,倘贼匪乘坐划舡,难期追击。宜多设小舡,与大舡相辅而行,
用大舡以扼截,用小舡以追剿,庶贼舡无从窜脱。臣复查今日续调粤
中红单舡二十七只,据报,于上年十二月初一日自粤起程,至今尚无
入江消息。俟此项舡只一到,似宜催令先到者即日上驶,扼守金陵上
游针鱼嘴,以补空虚,断皖省贼舡由巢湖及内河出江之路,然后上游
江面肃清,不致添贼下援,愈形吃重。其后起至续到者,应先令会攻
金山,捣其中坚,俾贼匪失南北掎角之势,则瓜、镇易于剿洗。倘一时
未能攻克,亦即催令乘风起碇,力扼上游,庶免逗留取巧,徒淹时日。
臣从事戎行,见闻所及,理合附片具陈,伏祈圣鉴。谨奏。

扬城失陷现筹会剿片　三月初八日奉朱批

再：正在缮折间，文煜接据委员张士楷禀报：扬城再陷，知府世焜、参将祥林均已遇害，其余城内文武不知下落等语。与探报情形大略相同，殊堪发指。现在臣与文煜计议，除酌留收回溃兵，力杜窜外，一面飞催各营迅速齐队赴秦家桥、蒋王庙一带会剿，并函致吉尔杭阿急攻镇江，以分贼势。合并附陈。谨奏。

咸丰六年三月初八日，奉朱批："知道了。"钦此。

附陈前敌军情片　三月初九日奉朱批

再：顷接托明阿暨德兴阿来函，知连日鏖战，不遗余力，歼擒贼匪甚多，据拿获贼匪供称，瓜、镇悍贼数万，意图北窜等。臣惟有招集溃（集）[卒]，会同文煜尽力扼守。又闻陈金绶、雷以諴已离沙头，今日可到仙女镇。合并声明。谨奏。

咸丰六年三月初九日，奉朱批："知道了。"钦此。

请简派重臣会剿片　三月十二日奉朱批

再：查自扬州北至邵伯之路，一由瓦窑铺，一由五台山，一由万福桥、仙女庙，而运河水路及湖面偷渡更难周防。伏思溃卒既无可贾之勇，别处又无可调之兵。日久因循，必至北窜。臣非敢惜身，实恐误国。仰祈简派重臣前来会剿，或命漕臣邵灿迅带漕标官兵扼守邵伯，庶可顾目前而图补救。理合附片①圣裁。谨奏。

　　咸丰六年三月十二日,奉朱批:"览。邵灿若前驻邵伯,不惟无益,必致政出多门。"钦此。

扼守邵伯力杜北窜筹攻扬城折　三月十七日奉朱批

　　詹事府少詹事臣翁同书跪奏,为湾头已驻援师,仍扼守邵伯,力杜北窜,一面通筹形势,呈请大帅严密布置,会攻扬城,迅图克复,恭折由六百里驰奏,仰祈圣鉴事。

　　窃臣前将收集溃兵,严遏北窜情形迭次缮折驰陈在案。查扬营溃兵臣在邵伯截留者,约三千余名,除酌留防兵七百名外,余已分别饬赴仙女庙、秦家桥归队。其在清江浦截回者,接济河县禀报,共计一千四百余名。当即会同文煜饬令行营粮台委员宝维祁筹备口粮,配齐旗帜、器械,随到随给。臣亲加洽劝,申明纪律,士气、军容为之一变。遴派得力将弁管带,嘱令整队而进,遇贼即击,径赴托明阿大营,归伍助剿。臣仍亲督驻邵伯官兵七百余名,昼夜严防,将六闸河内大小船只全数收泊北岸,以防抢渡。连日搜拿奸细,先清内患。联络五十三庄团练、民勇,又勘得邵伯镇后宝公寺一带旧有墙堡,日久坍损,拟劝在镇居民分段修葺,为坚壁清野之计。逆匪自踞扬城之后,屡次窥伺北路,均经民勇截击回城,不敢过雷塘、瓦窑铺而北。臣密探探骑依林柱帜,作为拟兵,以阻其谋。初三日,文煜赴万福桥,督带练勇与贼接(杖)[仗]。臣督邵伯防兵,严阵以待。幸练勇获胜,将贼击退。初七日,陈金绶、雷以諴舟抵万福桥。次日,文煜自万福桥折回邵伯,与臣商办防剿诸务,并督饬制造军装。臣思扼堵北窜,以

---

　　①　此处疑有缺漏。

邵伯为清、淮屏蔽，而湾头又为邵伯之门户，如湾头设有重兵，则邵伯人心稍固。闻提督邓绍良已率镇江援师三千人过江，乃驰书雷以诚，恳其分拨援师，驻扎湾头、黄泥港等处，杜贼北走邵伯之路。惟援师皆驻东路，至扬城北面如司徒庙、宝山、上方寺、槐子桥、雷塘、瓦窑铺一带，并无一兵。该处[道]路丛杂，湖汊纷歧，均通北路，在在可虞。托明阿大营步队极单，无可分拨，只得任其空虚。幸秦家桥、蒋王庙二处孤营屹立，屡获胜仗。探闻初八日贼匪大股来拨，托明阿率德兴阿等亲督马队迎剿，殪贼渠数名，俘贼夺旗，直追至新河湾，军声稍振，贼锋少挫。臣窃谓扬城虽陷，而贼守未坚，若乘此时四面环攻，似尚易于得手，然我兵当溃残之余，心虚胆怯，必须频获胜仗，作其果敢之气，然后可用。臣才识浅陋，苟有管窥蠡测之见，即当密陈于大帅，并与陈金绶、雷以诚、文煜、邓绍良等和衷商议，以冀早伏扬城，稍雪愤恨。至邵伯防堵，更关北路大局，尤不敢稍有疏忽。所有湾头已驻援师，现仍扼守邵伯力杜北窜一切情形，理合据实缮折由六百里具奏，不敢有一字粉饰，伏乞皇上圣鉴。谨奏。

　　咸丰六年三月十七日，奉朱批："览奏已悉。"钦此。

谢帮办军务恩折　三月十八日奉朱批

臣翁同书跪奏，为恭谢天恩，沥陈愚悃，仰祈圣鉴事。

　　咸丰六年三月初七日，内阁奉上谕："正白旗汉军付都统德兴阿著赏加都统衔，授为钦差大臣，并著翁同书帮办军务等因。"钦此。窃臣瓠芦下士，樗栎庸材，忝列词垣，滥司文枋，道光二十八年在编修任内，蒙宣宗成皇帝简授贵州学政。遭遇皇上厚恩，洊升今职，特旨驰赴扬州军营，飞书草檄，已阅三年。恋阙思亲，常如一日。前荷翠翎之锡宠，方铭丹悃以怀惭。兹复仰沐降施，俾襄军务。闻命之下，感悚难名。窃思扬营师老饷乏，将怯兵骄，积弊既非一端，颓废亦非一日，加以我兵新溃，贼势方张，手障狂澜，良非易事。幸赖皇上如天之福，尚未至北扰清、淮，然欲收集溃兵，剔除弊窦，虽有壮猷硕画，尚知其难，岂以臣之庸愚所能胜任？臣渥膺知遇，世受国恩，正思勉效涓埃，讵敢稍萌退诿。惟是臣虽无济时之略，尚有自知之明，与其自诩知兵，偾事于受任之后，孰若自揣分量，摅诚于圣主之前。至目下事机方急，臣惟有随同德兴阿整顿孱军，竭力补救，总期稍尽一分之心，或可稍收一分之效，断不敢使军心懈弛，有负生成，所有微臣感悚下怀，理合缮折，恭谢天恩。伏乞皇上圣鉴。谨奏。

克复扬城折　三月十八日奉朱批

臣翁同书跪奏，为会攻扬城，业已收复，恭折由六百里加紧驰报，仰慰圣怀事。

窃臣仰蒙特简，帮办军务，与德兴阿会商，迅图克复，即经传知五十三庄民团，与官兵联络进剿。十三日巳刻，探闻贼情稍懈，扬城有可复之机，密约德兴阿攻其西南，一面知会萨炳阿带防兵进剿。适报邓绍良已带兵勇由湾头出队，臣复派西安马队、通永步兵会合民团，由城北环攻。仰赖皇上洪福，已将扬城克复。除查明攻克情形，由德兴阿会衔驰奏外，理合先将克复扬城缘由恭折由六百里加紧驰奏，伏乞皇上圣鉴。谨奏。

扬城克复敌军西窜大营紧急折　三月二十日奉朱批

臣德兴阿、臣翁同书跪奏，为截剿窜贼，收复扬城，现在贼匪合股西窜，意图攻扑大营，情形万分紧急，恭折由六百里加紧驰奏，仰祈圣鉴事。

窃臣等仰蒙皇上简畀重任，于咸丰六年三月十三日具折恭谢天恩在案。查踞扬逆贼自本月初一、初三、初八等日,被我兵痛剿后,凶锋大挫。迭据拿获贼匪供称,该逆自知难守,甚为着急等语。十二日,逆贼数千向薛家楼一带绕扑,经臣德兴阿亲督西昌阿、富明阿、安勇、毛三元、邓凤林等带领马步各队分三路向前迎击,直捣中坚,枪箭齐发,当毙黄衣骑马贼二名。贼复分左右两路抄来,我兵亦分路阑截,转战多时,贼始披靡回窜,当即跟踪剿洗,因三汉河贼援齐出,未便深进。十三日寅刻,臣德兴阿复亲督马步队,在薛家楼、刁家庙等处扼截,该逆蜂拥而来,意在诱敌,当饬各队分路暗伏,外设拟兵,候贼众近扑,伏兵一起呐喊而出,马队上前冲击,步队乘势掩杀。该逆因不能北犯,即向朴树湾一路窜逸。其时正交午刻,城内贼逆纷纷出城接应,愈聚愈多。即派富春、毛三元、满禄等带队二千余名驰往城门左近,截其归路,均经我兵斩杀大半,即会同鞠殿华带兵进城搜剿余匪,立将城收复。据富春、鞠殿华面禀,城内各门未见他处兵勇接应等语。其被截不能入城之贼,复纠三汉河、瓜洲贼党踞家楼民房抗拒,是夜因未能收队。十四日黎明,探报三汉河大股贼匪多往西窜,沿路焚略薛家楼,逼近蒋王庙营盘,经臣德兴阿督兵痛剿,自卯至申不退。邓凤林、安勇鏖战尤力。臣翁同书于十三日在邵伯拜发奏折后,适接德兴阿函,嘱回营面议要事,即带兵五百余名赴蒋王庙。遥见数处火起,探知正在酣战,即亲督步队向前接应。我军气势益壮,贼遂西窜,往各乡庄藏匿,形踪诡秘。臣等公同商议,以贼既未坚据扬城,未必复图窜踞,且现在官兵数少,未能兼顾守城,惟力保大营为策第一要著,无如前次溃兵收回无几,难资应敌。查有提督邓绍良统带江南援师,驻扎湾头,该处情形此时不甚吃重,不得不移缓就急,即经飞咨邓绍良分兵一半前来援应。现在贼踪踞蒋王庙营盘仍不过里许,三面受敌,万分紧急。臣等惟有相(几)[机]截剿,先杜该逆北窜,以维大局。一面飞饬仪征、六合文武妥商防堵。所有截剿窜贼,收复扬城,现在合股西窜,意图攻扑大营情形,谨由六百里加紧驰陈,伏乞皇上圣鉴训示祗遵。谨奏。

策应大营仍回邵伯严防北窜折　三月二十三日奉朱批

臣翁同书跪奏,为督队策应蒋王庙大营,留兵协剿,驰回邵伯严
[防]北窜,恭折由六百里具奏,仰祈圣鉴事。

窃臣于本月十三日缮折恭谢天恩。适闻官兵已复扬城,另折驰
报,并饬代理扬州府知府虞运文抚恤难民,搜拿奸细。旋准德兴阿函
称,有军务要事,邀臣前往面商,又闻扬城贼退,蚁聚三汊河,意图西
窜,因酌带邵伯防兵四百余名,于十四日黎明由邵伯起程,取道扬城
之西北,沿途尸骸枕藉,伤心惨目。将至蒋王庙大营,正在酣战,即督
队夹击。该逆见有策应,旋战旋退。又经马队左右冲突,贼始窜回。
当经连衔具奏在案。臣等会议,以新溃之兵胆气怯弱,必须合兵一
处,互相联络,我兵有所恃而不恐,然后军心可固。臣以大营步队太
单,将带去之兵四百余名悉留蒋王庙、秦家桥,以壮声势。是夜,令官
兵在营外埋伏,迭出换队,更番休息。贼匪屡次来袭,均经击退。臣
念扬城虽复,贼尚踞三汊河,窥伺仪、六,其患近在肘腋,大营固万分
吃紧,北路亦宜严防,遂于十五日黎明,仍回邵伯。闻邓绍良已由湾
头移营沙河桥,在扬城之东南,距三汊河不远,于目下地势尚属相宜。
十六日,邓绍良酌带精锐,前往西路会剿获胜,自可期其得力,惟西、
北两路如保山、司徒庙等处,竟无一兵,实由于无兵可拨。臣窃虑蒋
王庙、秦家桥二处孤营屹立,附近居民皆已远徙,士无斗志,军无见
粮,德兴阿恩威并用,勉强支持,万一贼匪侦知官军势孤,绕出我军之
后,断我饷道,必至前后受困,难保贼众不乘势北窜,因与文煜商议,
先运米面,以顾目前,又委已革扬州府知府张廷瑞、同知朱忻在仙女
庙采办米石,饬行营粮台运赴大营,庶不至有乏食之虞。其军装、枪
炮、器械,除由文煜赶紧造办外,臣复咨请吉尔杭阿、邵灿、庚长暨运
司郭沛霖先后协拨,足资配用。邵伯防兵本少,兹因移缓就急,派往
大营助剿,所存无多,另调东路兵二百名来邵协防,借资扞蔽。惟当

亲督诸镇将昼夜严防，断不敢因扬城已经收复稍存懈弛。至一切军情，皆由德兴阿与臣商办，会衔驰奏。惟邵伯防堵事宜，德兴阿不及兼顾，臣仍当随时单衔具折，以免往返稽迟。合并声明，伏乞皇上圣鉴。谨奏。

咸丰六年三月二十三日，奉朱批："知道了。"钦此。

请饬清江官兵来扬营助剿片 三月二十三日奉朱批

再：奉旨调派直隶、山西、山东官兵驻扎清江，原以防其北窜。今扬城收复，邵伯宴然，则高、宝以上更可安堵无虞，若仍令远驻清江，是置诸无用之地，莫若催令悉赴扬营，汰其旧存兵勇之羸弱，益以新调官兵之精锐，庶兵力可期厚集，饷项亦不致多糜。至伊兴额等马队，亦应来扬助剿，俾得兼顾浦口。理合附片陈明，伏候圣鉴。谨奏。

刊刻关防片 三月二十三日奉朱批

再：臣接发奏折，所用印花系借用文煜关防钤盖。惟查文煜时往万福桥办公，不能常在邵伯，而军情旦夕变迁，臣亦须相机防堵，随地安营，设有紧要事件应行驰奏，不及借用印信，必至迟误。臣现仿照文煜之例，用木刊刻帮办军务詹事府少詹事关防，于本月十三日开用。嗣后遇有应奏军务，拟即用木刻关防钤盖。是否可行，伏祈训示祗遵。理合附片。谨奏。

咸丰六年三月二十三日，奉朱批："尚属可行。"钦此。

密陈雷以诚等失事缘由遵旨查办片　三月二十三日奉朱批

　　再：雷以诚议论风生，貌似精明果决，但不谙兵法，轻听人言，渐至坚执己见，刚愎自用。其各项劝捐，虽有募勇济饷起见，而所用委员贤否不一，有办理妥洽者，有掊克过甚者，雷以诚犹以为人情翕服，皆出乐输。所募各勇，又多无赖游民，兵勇不和，将领不服，以致军心涣散。托明阿优柔寡断，每称师克在和，见雷以诚慷慨自许，谓其才可办贼，遂为所误。陈金绶本无调度之才，且年已老耄，非复少时之勇敢，持重有余，克敌不足，伊与雷以诚积不相能，而一切事件仍复碌碌因人，随同画诺，可谓毫无主见。此次失事，皆由于平日人谋之不臧，何得于挫衄之余互相诿咎。至业经失事之后，自当力图补救，冀赎前愆，若复观望迁延，借词取巧，问心何以自安？钦奉谕旨，交德兴阿偕臣查办。现因贼氛正炽，急筹防剿要务，容俟将贼击退后，会同德兴阿确切查明，逐款奏参，断不敢稍有瞻徇。理合附片密陈，伏乞圣鉴。谨奏。

　　　　咸丰六年三月二十三日，奉朱批："览。此事自应迅速查办，以振军心。着将此朱批寄与德兴阿知道。"钦此。

连日攻毁城垒情形折　三月二十七日奉朱批

　　臣德兴阿、臣翁同书奏，为连日攻毁城垒，迭获胜仗情形，恭折由六百里驰陈，仰祈圣鉴事。
　　窃臣德兴阿于十六日将贼匪乘夜扑营，官军截剿大胜暨浦口失事各缘由恭折由六百里加紧驰奏在案。十七日辰刻，该逆麇聚大营西面一带，相距一二里不等。臣德兴阿亲督进队，一面分兵绕道截其后路。该逆见官军分路齐进，不战即退。臣德兴阿复统领官军分攻薛家楼贼垒。该逆先在墙内密开枪炮，我军并力进逼，贼即出距，吹螺招援，且战且走。马步各队横冲斜截，一鼓而平三垒，兵心称快，杀贼不足二百名，生擒二名，夺获器械七十余件。营总常升因奋勇上前，面受矛伤，穿透左右颊。参领舒通额由首先迎敌，身受枪伤两处。十八日，西、南两路时有贼出，见兵即遁。十九日黎明后，该逆或数十人，或百余人，于大营西面里许外鸣角摇旗，忽近忽远，故意示弱，诱我深入，与大军相持三时之久。至巳刻，官兵左右分伏，中以劲旅迎敌，各庄突出贼数千蜂拥来，短兵相接，毙贼约五十余名，生擒四名，夺获骡马共三匹、刀矛十一件，该逆始纷纷败退。二十日卯刻，臣德兴阿会同邓绍良亲督马步兵勇，由大营西面分五路进攻。该逆见我军进副①，即缘屋而升，手麾大旗，顷刻之间蚁聚数千众，分出迎拒。酣战一时，西南一带逼攻尤紧，该逆首尾不顾，兵勇人人用命，誓必捣穴，凫水过渠，直抢七里桥贼垒，一拥而入，砍杀极多，逃脱无几，纵火焚烧，立将贼垒毁为平地。该逆合股窜向徐家集、朴树湾等处，我军跟踪追剿，沿途歼毙甚多。所有沟塍伏贼，搜斩殆尽，共杀贼四百余名，落水淹溺者数十名，生擒六名，割取首级二十余颗，夺获刀矛、器械五十余件。是日之战，游击邓凤林尤为出力之员，洵戎行中不可多得。管带西昌阿、总管乌尔恭额身先士卒，均受枪伤甚重。副都统富春、已革总兵松龄带兵进攻三汊河，亦小有斩擒。查近日以来大小数战，并无阵亡。该逆经此次重创，业已退却，距大营四五里，惟朴树湾、徐家集尚有数垒，其意仍在先麼大营，徐图旁窜。现在西路一军实为浦、六、仪、扬之关键，大营安固不遥，则该逆即难施伎（俩）[俩]。臣等惟有乘机即攻，遇贼则战，断不容稍安喘息，以期次第扫平。西路溃兵陆续归伍者，已及过半，现存步队将及三千名，经臣等实力开

---

①　副，疑为"逼"之误。

导,居然勇往可观。东路溃兵亦召集一半,现存步队将及二千名。所有连日攻毁贼垒,迭获胜仗情形,谨缮折由六百里驰陈,伏祈皇上圣鉴训示。谨奏。

布置邵伯防务片　　三月二十七日奉朱批

再:邵伯为北路咽喉,幸兵民联为一心,残匪未敢冲越。现经托明阿派总兵萨炳阿来邵统带防兵,并与臣文煜会议防剿诸务。臣已将邵伯防兵七百余名移交萨炳阿接管,并嘱其钤束兵丁,严防渡口,毋蹈扬营草时故习,致令军心复懈。臣仍当劝谕士民竭力扼守,不敢以带兵有人借词诿卸。俟邵伯安堵无忧,防范悉臻妥协,当即与德兴阿悉心商议,随同托明阿迅图攻剿。理合附片具陈,伏乞圣鉴。谨奏。

咸丰六年三月十七日,奉朱批:"知道了。"钦此。

踏平六合敌垒克复浦口情形折　　三月二十九日奉朱批

臣德兴阿、臣翁同书跪奏,为踏平六合贼垒,官军乘胜进攻,克复浦口情形,恭折由六百里加紧驰奏,仰祈圣鉴事。

窃臣等于二十一日将攻毁扬州西路贼垒,迭获胜仗,并六合击退贼匪情形恭折由六百里具奏在案。二十二日亥刻,据总兵武庆、张国梁合禀称,该①于十七日由六合拔营前进,探知该逆于六合之葛塘集地方筑垒二座、炮台五座,正在焚毁民房,经官军分投抄袭,击毙贼多名,即潜遁。十八日五更时分,武庆、张国梁、付将王巨孝、付都统穆

———————————

①　此处疑有脱漏。

克登额等带领马步各队守备，夏定邦等管带六合壮勇，同时齐到，即分左、右、中三路进攻，贼众出巢分拒，有黄马褂贼目数名，往来指麾，又执蓝旗贼一名，均极凶悍，即经都司杨万青等奋勇向前，砍毙贼目多名，把总曾华力砍执蓝旗悍贼一名，各兵勇亦斩馘甚多。该逆大败回巢。立将炮台五座全行平毁，旋即逼攻该逆左垒，又毙贼二百余名，该逆悉奔入右垒。游击李鸿勋等统军由后抄截，三面掩杀，生擒逆匪六十余名，毙贼八百余名，夺获骡马、旗帜、炮械、伪印、执照无算。旋又并攻右垒，该逆惶惧图逸，李鸿勋首先杀入，短刃相接，右眼角受刀伤一处，大队冲进，刀矛相错，毙贼四五百名。该逆向浦口溃逃，追杀二十余里，生擒四十余名，毙贼六百余名，内有黄马褂贼目六名，落水淹溺者不计其数。是夜，我军于盘城集一带暂驻。十九日五更时分，马步兵勇分路环攻浦口，游击杨瑞乾、都司杨万青等攻其东，武庆、王巨孝等攻其西，张国梁、李鸿勋等攻其南，穆克登额、夏定邦等攻其北，直逼城下，齐声呐喊，枪炮连环。该逆惊觉无措，意欲夺门而逸，我军用大炮轰开城门，该逆拼死抵敌，众军竭力痛剿，毙贼八九百名，贼即四路越窜，又经艇师叶长春等于浦口江面轰击，维时水陆环攻，毙贼尤多，立将浦口克复，另星余匪或奔往九洑洲，或逃入江浦县城，挤溺江中者无数。我军追至江边及九里山等处，杀贼二三百名，遂在浦口城外扎营。据生擒贼供，此次系伪尚书雷天佑、伪将军陈日宣、伪检点许应求、伪指挥吴六、伪总制吕永兴及伪军帅等纠党五六千人，于十七日窜到葛塘营，被官兵攻毁，乃遁回浦口，又被攻克，该尚书等二十余名两日之间均被杀死等语。现在武庆等仍定于二十日会合各军进攻江浦县城等情，禀报前来。查浦口为南北扼要咽喉，经武庆、张国梁等一鼓而复，洵足以快人心而寒贼胆。臣等现已飞饬武庆等乘此声威，迅攻江浦县城，以期早日克复。张国梁一军自渡江协剿以来，迭次大胜，克复浦口，兵勇用命，实属可嘉。臣等业经檄饬文煜筹备犒赏银四百两，解交张国梁，分给得力兵勇，借以激励军心。至张国梁调度有方，忠勇倍著，合无仰恳天恩，俯准赏加提督衔,出自逾格鸿慈。其在事出力各员弁,可否容臣酌保数员,以昭激劝之处,伏候圣裁。再,武庆等于浦口失事,本有应得之咎,旋即收兵会剿,未及旬日,立将浦口收复,尚知愧奋,功过尚足相抵。合并声明。所有踏平六合贼垒,官军乘胜进攻,克复浦口情形,谨由六百里加紧具折驰陈,伏乞皇上圣鉴训示。谨奏。

进剿扬州西路敌垒片①　三月二十九日奉朱批

再,扬州西路贼垒,经官兵于十七、二十等日迭次扫平数座,仍踞西南一带,时出掳掠。二十二日,官兵于卯刻分路进剿,贼逆坚守巢穴,诱至巳刻,突出千余人,恃渠为险,维以枪炮对击。官兵有奋勇者,正在凫水之际,该逆以大股出拒,我兵佯退,贼即搭桥过渠,富明阿带兵抄其左肋,博奇带兵抄其右肋,鞠殿华、英贵、邓凤林带兵由中路迎头奋击,三面剿洗,毙贼约七八十名,生擒二名,贼即回匿不出。二十三日子刻,该逆乘黑夜昏黯来扑我营,先经巡哨官兵瞭见,即开枪炮,各营整队以待,均于营墙内密开枪炮。贼逆扑进西昌阿营盘,幸军心镇定,并力攻打二时之久,该逆渐退。至黎明后,始知夜间所毙之贼共七十四名,尸骸枕藉,并拾得刀矛、黄旗多件。据生擒贼供称,该逆密议数日,乘夜劫营,如再不能打通,即分股往仪征掳粮掳人等语。查仪征虽有马步官兵一千余名在彼驻扎,究嫌单薄。臣等惟有权其缓急,相机布置。理合附片陈明,伏乞圣鉴。谨奏。

咸丰六年三月廿九日,奉朱批:"知道了。"钦此。

---

①　原稿题为"德兴阿等片",本题为作者所拟。

毁平敌垒夹击仪阳敌军折　四月初二日奉朱批

臣德兴阿、臣翁同书跪奏，为官军分攻贼垒，毁平殆尽，逆匪分向西南奔窜，现派官兵在仪、扬交累夹击情形，恭折由六百里驰陈，仰祈圣鉴事。

窃臣等于二十三日，将克复浦口等情由六百里加紧驰奏在案。查贼逆窥伺大营已久，二十三日亥刻，忽据探报，称有股匪潜至距大营仅二里许。当饬官兵轰击，拿获剃发扮作民人之广西老贼一名。二十四日卯刻，臣德兴阿亲督官兵，由西路分攻，该逆始尚隔水抵拒，我兵带有板片，支搭过渠，逼近七里桥迤西贼穴，砍杀数十名，即抛掷火罐，登时延烧，立将贼垒二座毁为平地。适新集贼垒亦被官军踏毁，该逆仓皇无措，即奔窜徐家集，纠率大股出巢死拒。臣德兴阿麾令富明阿、海全、博奇、马国升、邓凤林、吴奉龙、刘琼等带领马步各队分三路环击，拥近左右两垒后，以劲旅捣其中坚。该逆出巢图窜，各队乘势掩杀，旋将徐家集贼垒四座平毁，败匪披靡，有西向朴树湾而遁者，有南向乌蹋沟而遁者。臣等一面飞饬营总索昌带马队二百五十绕道抄出贼前，会同派防仪征之李志和等步队暨穆克登额马队迎头阑截，复派鞠殿华、博奇、吴奉龙等带兵一千一百五十名跟踪追剿。臣等复麾军分路搜捕，至朴树湾，该逆已将浮桥烧毁，官军未能飞渡。计共毙贼五百余名，落水淹溺者无算，生擒十七名，夺获刀矛、器械、旗帜不计其数，我兵仅阵亡一名，受伤十余名。是日，邓绍良、松龄、英贵、巴林保、德通带领马步兵勇进攻三汊河。竹签、木桩层层密布，贼巢中枪炮不断，瓜洲贼亦麇至为援。转战四时，毙贼二百余名。臣等查近营贼垒虽经节节扫平，而三汊河尚有大股死踞，牵制我师，又复分股西窜，诚恐冲扑仪征，兵少备多，殊艰支拄。所有官军分攻贼垒，毁平殆尽，逆匪分向西、南奔窜，现在派兵仪、扬夹击各情形，理合由六百里具折驰陈，伏乞皇上圣鉴训示。谨奏。

咸丰六年四月初一日，奉朱批："览奏已悉。西窜之贼剿办若何，占踞何处，著迅速具奏。"钦此。

克复江浦力攻三汊河折　四月初二日奉朱批

臣德兴阿、臣翁同书跪奏，为官兵克复江浦县城，现在派兵力攻三汊河贼巢，并飞调张国梁带兵迅赴仪征援剿等因，恭折由六百里加紧驰奏，仰祈圣鉴事。

窃臣等于三月二十五日寅刻，将毁平西南一带贼垒殆尽，逆匪分股西窜，派兵夹击情形由六百里驰奏在案。本日卯刻，正在知会邓绍良等攻打三汊河，又派马步队攻打朴树湾，去后旋据武庆禀报，二十三日五更时分，官兵四面环攻江浦，该逆由南门冲出，我兵乘势掩杀，力夺县城，贼众披靡狂奔，斩馘无算，立将江浦城克复等情前来。臣等查江浦为江、皖接壤，通北要津，断难任贼久踞，兹武庆、张国梁等勠力用心，士卒用命，甫逾旬日，并浦口一同攻克，洵足大振声威。惟本日朴树湾之贼因官兵痛剿，复向仪征一路遁去，势必合并昨日西窜贼党，益肆鸱张。臣等前已奏请调拨张国梁统带所管得胜兵勇星夜兼程，前赴仪征，帮同穆克登额、李志和、鞠殿华等攻剿，俾臣等得与邓绍良专剿三汊河贼巢，以杜旁窜。所有克复江浦县城及飞调张国梁带兵赴仪征援剿，并大营派兵力攻三汊河情形，理合恭折驰陈，伏乞皇上圣鉴训示。谨奏。

克复仪征县城折　四月初十日奉朱批

臣德兴阿、臣邓绍良、臣翁同书跪奏，为仪征县城被官兵紧攻收复，恭折六百里驰陈，仰祈圣鉴事。

窃臣等于四月初三日戌刻将仪征贼窜北山，意图绕袭六合，经官兵抄路阑击，大获全胜情形缮折具奏在案。是日亥刻，旋据署仪征县知县范骧、署奇兵营游击景和禀称，连日会衔营兵、乡团、土勇，约同派防官兵，由东、西、北乡三路进剿，水师陈国泰亦拨水勇登岸，及仪邑水勇，由南抄袭，四面夹击。逆窜始则据城坚守，见我大队齐进紧攻，即开东门窜出，当于初一日申时将县城克复，因会同奋力兜追至新城一带，杀死及溺毙无算。查点兵勇，间有伤亡，现饬分投驻扎要隘防剿等情前来。臣等查该县营所报贼因围攻紧急，突开东门窜出，追至新城等语，即是臣等前折所称窜走北山之贼。该县报收复在初一日申刻，臣等据称报在初一日酉刻，时候亦尚相符。复查仪征本系（贼）［残］破小城，又有重兵环逼，贼势自难久踞，惟既经收复，而贼垒尚存该邑带子沟等处，即与压境无异，回窜仍属堪虞。除批饬该县营设法固守外，臣等一面檄饬穆克登额带领马队五百余名，会同总兵李志和等带步队一千余名，在于仪征东路扼堵，并随时协同扬营各兵相机兜剿。臣等仍当由西北山抄前阑截，以遏旁窜。所有收复仪征县城情形，理合具折驰陈，伏乞皇上圣鉴。谨奏。

　　咸丰六年四月初十日，奉朱批："知道了。阑剿机宜，实为扼要。"钦此。

仪征境内肃清折　四月二十八日奉朱批

　　臣德兴阿、臣翁同书跪奏，为扬城西北一带贼匪连被官兵入山阑剿，弃垒奔逃，现在仪征境内逆踪全数廓清，恭折由六百里驰奏，仰祈圣鉴事。

　　窃臣德兴阿前于十三日，将分攻仪、扬贼匪情形附片奏陈在案。恭查自仪征收复后，该逆仍踞龙和集、带子沟等处，屡由西北窥窜天长、六合，虽经官兵逐日进剿，而距大营三四十里不等，马队犹利奔驰,步兵易形疲乏,因于适中之陈家集、刘家集地方暂为扎营栖止,以便昼夜伺贼动静。自十五日安营后,十六日,我兵分五路前进,进龙和集之贼倾巢而出,我马队由西路紧逼,枪箭齐施,步队乘该逆出拒之时,袭取贼卡,烧其卡房四座,又分兵从后路兜剿,将贼队截断,趁势抢入贼营纵火,贼空壁而走,为我兵冲杀,计毙贼匪二百余名,生擒四名,救出难民四五百名,夺获刀矛、旗帜三十余件。参将英贵左膀受伤一处,兵丁阵亡二名,受伤十余名。十八日以后,设法分路侵扰,并约同仪征马步队于西面马儿坝等处环攻。该逆交仗辄却,屡向北山图窜,见官军据隘设伏,多张疑兵,不敢偷越一步。其银镫山贼营六座,悉被仪征官兵铲平。该逆慑于兵威,一夜数警。二十一日,见官军大至,且战且走,始欲并入带子沟,因被我兵跟追,并带子沟贼匪亦相率向东狂奔。适我军正在攻打三汊河,扼其东路,遂纷往瓜洲逃逸。沿途乘胜掩杀及挤溺无算。其依山凭河零匪,亦俱搜捕靡遗。此仪征境内贼踪全行剿洗之实在情形也。臣等会商,现在惟三汊河贼垒尚存,各处分扎官兵,均可以次调回,并力专攻三汊河,较前足资周转。又以西路贼氛已净,恐其窥伺东岸,现据逃出难民供称,贼有北窜邵伯之意,不可不防。现已添派新到山东官兵八百名归鞠殿华统带调遣,饬令会同德昌所带马队、毛三元所带练勇分扼防堵。臣等仍日督马步官兵分道攻取三汊河,倘贼匪窜扰东岸,臣等派兵会击,亦属近便。所有连日扫平西北山一带贼巢情形,理合据实驰陈,伏乞皇上圣鉴。谨奏。

　　咸丰六年四月二十八日,奉朱批:"览奏俱悉。现在既能专力攻三汊河贼垒,自应赶紧进剿平毁,断不可再任其负嵎,日久致生他变。"钦此。

遵旨裁汰在营文员片　四月二十八日奉朱批

再：臣翁同书于本月十五日移营蒋王庙，与臣德兴阿共议攻剿，并留兵邵伯防堵北窜，前经专折奏明在案。兹于十九日恭奉上谕："经前在营文员人数过多，著翁同书严加裁汰，酌留实在可用者数员，以资差委等因。"钦此。查琦善统兵时，文员只三四人，迨托明阿抵阳①后，文员共有十余人。臣翁同书以军需匮乏，力求搏节，且恐不肖委员借端招（遥）[摇]，于军务有损无益，业经于未奉谕旨之先，与德兴阿面商，将直隶州知州广元，同知张沄、樊钟秀，知州袁瑞麟，县丞苏寿伯、姚桢、汪春树七员分别咨回裁汰。其应行酌留各员，除已革两淮盐运司刘良驹在营办理文案有年，现经德兴阿饬派总办文案，甚为得力，应仍留营外，查有前任永平府知府史佩玱、候选直隶州知州朱履恒、已革甘泉县知县梁园棣、候选县丞升用知县于学琴、直隶州州判周镇、浙江试用从九品蔡烦、候选从九品田大年，以上各员均尚勤慎，堪以留营差委。又有直隶州知州雷凤翥一员，虽系文职，向派带勇。至捐局委员，本不在营前，经臣等会议，将捐局分别停留。所有已停留各局委员，均已裁撤。理合将遵旨严汰文员缘由附片陈明，伏乞圣鉴。谨奏。

咸丰六年四月二十八日，奉朱批："知道了。"钦此。

遵旨查办情形折　五月初七日奉朱批

臣德兴阿、臣翁同书跪奏，为遵旨会同秉公查办，恭折由六百里

---

①　阳：疑为"扬"之讹。

据实覆奏,仰祈圣鉴事。

　　窃前因扬营失利,郡城再陷,奉旨将托明阿、陈金绶、雷以諴革职,交臣等查办。嗣又屡奉谕旨,令将雷以諴迭次奏折内所指一并查明,并将原折发下臣等阅看。查土围既成,移营环守,兵分势单。本年正月间,贼扑东岸之红桥,阑入土围,焚烧兵勇营盘,经马步官兵击退。二月二十八日黎明,金陵下窜之贼与瓜镇逆匪合伙,攻扑土桥。该处在西岸土围之极西,系阵亡千总仙寿昌驻营之地,并非陈金绶、雷以諴所辖。是日,臣德兴阿带兵援剿,在费家桥鏖战竟日。托明阿督队抄击,陈金绶派参将英贵带兵一百七十名随托明阿在后接应。臣翁同书亲赴八里铺西岸炮台,与陈金绶督兵扼守。雷以諴亦自桂花庄驰至,共在炮台筹议,距接仗之处仅隔二里许。目击烟焰涨天,贼旗林立。迨至日暮,官兵伤亡益众,雷以諴拨勇三百名至西岸协守,托明阿以东岸亦关紧要,仍令折回。陈金绶向托明阿面约,于明日拨直隶兵五百名助剿。是夜,官兵力不能支,托明阿与臣等均退至三汊河,暂驻参将毛三元营中。托明阿邀雷以諴共议防守之策。次日清晨,贼愈猖獗,臣德兴阿带队由西岸进剿,东岸官兵隔河开炮拒战。陈金绶亲自督队,雷以諴带勇前往,与陈金绶会合一处。托明阿以三汊河紧急,遣弁飞调东岸援兵。维时东西两路官兵纷纷溃走,陈金绶未能发兵援应。俄报贼由朴树湾过河,托明阿派臣德兴阿赴蒋王庙迎剿,另股由冻青铺渡河焚掠,托明阿遂由三汊河带马队截剿。讵意贼匪分股攻扑,愈来愈众。探闻三汊河旋即失守,托明阿退保秦家桥,步队尽散,嘱臣翁同书拦截溃兵。是时,东岸各营亦皆被毁,独红桥练勇以拒贼较远,并未溃散。陈金绶、雷以諴先后退至沙头,嗣由沙头登舟,复至艇船,据称意在连络江南援师,一面饬雷凤翥驻守万福桥。续闻仙女镇土匪抢掠,经雷凤翥调用数百名分守。至初七日,雷以諴与陈金绶自焦山回至万福桥。时因贼踞扬城,道路梗塞,以致东西两岸信息不通。此扬营失利前后数日之实在情形也。三月初六日,知州雷凤翥在万福桥与贼接仗。是日,文煜在邵伯镇闻警驰回万福桥，其时雷凤翥业已出队，文煜即在万福桥营内驻守。至初八日，探闻贼图北窜邵伯，军情紧要，始由万福桥复赴邵伯，均经文煜自行奏明在案。又查，陈金绶、雷以諴奏文煜以保守粮台为名，将各勇全行调赴邵伯保护家眷一节，据文煜呈称，练勇共二千名，除经托明阿等先后奏调一千名外，沙头驻勇四百余名，原拟拨邵伯护台一百名，仙女镇支发局一百五十名，巡查卡隘等差数十名，其存万福桥营盘者不过二百余名。迨逆匪肆扰，因邵伯粮台距城太近，奏明前往，相机办理，并未随带练勇。适托明阿奏派文煜带勇赴邵伯防堵北窜，文煜以万福桥存勇太单，当经奏明，不能撤勇，其无全行调勇护眷之事可知。至军心涣散之由兵勇不（知）[和]，一因饷需不继，愚兵无知，每拟雷以諴偏厚练勇，又拟文煜扣饷不发，怨言藉藉，初不知其所自来，托明阿几至不能弹压，经臣等随同再三开导，谕以调兵募勇同一御贼，统兵大臣初无偏向，至饷需不足，处处皆然，实由军兴日久，经费支绌，并非粮台克扣。众兵虽尚听从，始终怀疑不释。雷以諴片奏称，当闻警时，仙女镇各店及支发局共存钱八百万余串，又存元宝银四百五十七只，由船载去等语。查仙女镇支发局银钱疑项，皆系厘捐所入，为万福桥募勇口粮、军装之用，有余则解至粮台济饷，从前原系雷以諴创立章程，由雷以諴自行专款报销，自文煜接管之后，由文煜自行专款报销。臣等行查去后，旋据文煜覆称，仙女镇支发局实存元宝银四百七十七锭，三月初一日，解到邵伯交行营粮台委员宣维祁凑放兵饷，旋据该委员面禀，短收二锭，不知何处失去，正在饬查等语。又经札查，宣维祁禀报相符，与原奏所称存元宝银四百五十七只不过小有参差，惟所存制钱，据文煜呈称，止有二万三千余串，因钱质笨重，不能起运，饬存仙女镇支（万）[发]局。嗣有参将英贵、知州雷凤翥带领兵勇至仙女镇，向发局借领口粮，经委员江清骧以此项钱文应用，而雷以諴则称所存各店钱数实有八万余串。臣等以多寡悬殊，严檄支发局查报。据委员江清骧呈称，除现钱二万三千余串之外，另存停用大钱五万串有零，存铜十万余斤，约值钱二万余串。臣等恐有不实不尽，复札委署扬州府知府刘兆璜、已革知府张廷瑞亲往仙女镇提取各钱店底账查核，与江清骥所禀吻合，取具各钱店甘结，附卷存案。又，雷以诚奏称，每月饷银皆易低色一节，查本年二月间，曾经托明阿以兵饷银色不足，札饬文煜查覆。嗣据覆称，委员查明，所收银色本属不一，均系原收原放，并无倾换掺杂情弊，嗣后请严定章程，遇有各处批解银两，先由粮台委员验明，出具切结，方准收库，各营领饷，亦取具营员印结，以免借口，业经通饬遵照。其托明阿所奏文煜放饷多寡不均，以致兵丁多离扬就邵一节，查扬营此次溃兵，由清江追回者一千五百余名，其自淮安、高宝暨邵伯等处截回者，又有三千余名。除东岸官兵赴仙女庙归队，在支发局等给口粮外，其西岸官兵皆在邵伯发给一月全饷，臣翁同书饬催行营粮台配给账房、旗帜、器械，陆续押令迅回扬营，以资攻剿。维时贼据扬城，饷道梗阻，所有扬营马队及浦口、六合援兵应发口粮，皆系绕道运解，拨兵护送，一时未能解齐。托明阿见溃兵未尽收回，饷项未能足数，因疑发饷有多寡之殊，附片具奏，其实溃兵皆邵归扬，并无离扬就邵者。托明阿具奏之后，旋经粮台解到银六千两，嗣后又经陆续补放，所有扬营三月分马步兵丁口粮，一律放全，毫无短绌。并查，向来每月放饷成数，皆系一体办理，初无多寡不均之事。至收复扬城奏报不符，最为紧要关键，先经臣德兴阿将大概情形具奏，奉旨将雷以诚拿问，交臣等严行审讯。查收复扬城情形，臣德兴阿所奏系据富春、鞠殿华所禀暨邓绍良咨报，但富春等入城在刻，或因时刻参差，致不相值。雷以诚既称与邓绍良会同进攻，何以邓绍良向臣德兴阿面述并无一骑相助？及至臣德兴阿行文咨查，又准邓绍良覆称，并未见陈金绶、雷以诚同时入城。臣德兴阿以邓绍良系提督大员，其言当属可信，因即据以入奏。兹臣等公同讯问，据雷以诚供称，是日原未亲身带队入城，至勇目皋广德带勇爬城，则实有其事。各勇呈缴夺获贼衣，俱系旧色，岂能仓卒造办。移交文内，计多黄旗四面、黄龙凤旗一面，系十四发折之后，续据勇目熊定邦队内之勇呈缴，如果有意铺张，止有以少报多，焉有以多报少之理？云梯四架现尚存黄泥沟，可以查验，又有阵亡壮勇二名，受伤一名可据，惟邓绍良所报砍获首级记及夺获器械、旗帜等件，并未呈验，革员查照其报单，摘叙入折等语，并据该革员呈递亲供一纸，大略相同。臣等复皋广德严加审讯，据供，实系十三日黎明由扬城东北便益门南边率勇竖梯登城，杀毙巡更贼二名，割获首级，及用竹炮击毙贼四五名，夺获旗帜等件，我勇阵亡二名，受伤一名，随后才见邓提督所带之勇陆续进城等语，核与雷以诚所奏情形均尚符合。臣等严加究诘，该勇目矢口不移，派弁前往黄泥沟查验，实有云梯四架，是雷以诚所奏，悉凭勇目禀报，尚非无因。惟据皋广德供称，邓绍良之勇随后进城，而雷以诚原奏则称邓绍良带兵勇由南门进城，终属奏报舛错。至邓绍良函报各处，均称与陈金绶、雷以诚会同收复，其向臣德兴阿面述之词及用印文咨覆，忽又称并未见一骑相助，撤队后始见万福桥之勇，前后自相矛盾。该提督现已渡江，无从质对，应请饬下邓绍良自行明白回奏。臣等细访是日情事，贼匪本将弃城而遁，兵勇亦即乘机而入，时刻既有早晚，东西复相隔绝，彼此实难尽悉。迨贼踪既退，兵勇、民团杂沓入城，城广人众，更无暇诘所自来，此又收复扬城覆讯明确之实在情形也。臣等伏查此次扬营失利，越围毁营，阵亡官员、兵丁至数百名之多，实因变起仓猝，力不能支，并非不战而溃。托明阿居心诚悫，平日驭军稍失于宽，此次西岸失事，其咎尤重，而当贼众师溃之余，犹能转战旬日，牵制贼势，该逆不致北窜，并不久踞扬城，实由于此。其殚诚补救，人所共见，已蒙皇上鉴其微忱，留营效力。陈金绶虽称宿将，然过事持重，亦由年力衰迈所致，业经病故，应毋庸议。雷以诚任事过急，矜才恃气，言动轻躁，实不能免，驯至兵勇不睦，怨谤交加，虽失事由于西岸，而东路亦不能守，厥咎惟均，责无可贷，泊①退守沙头之后，不即督勇进攻，迁延累日，尤为失计，于收复扬城一事虽非有心捏饰，但不应凭勇目禀报之词辄称

---

① 泊：疑为"泊"之误。

与邓绍良会兵返剿，以致彼此争执，前后两歧，纵无冒功之心，殊非核实之道。至其性情褊浅，易于招怨，物议纷纭，多有过其实者。如朱批内"作贺生辰"，臣等初未闻有此事，遍加察访，始知二月二十八日，适值雷以诚生辰，是日正在炮台扼堵，实未闻其在营作贺。钦奉谕旨，交臣等秉公查办，万不敢扶同掩饰，尤不敢稍有偏徇。连日悉心研鞫，该革员伏地碰头，惟称师久无功，此次西岸失事，又不能协力击退，实属辜负天恩，惟求奏请从重治罪。臣等复覆加讯究，所有情节实止于此。谨据实具奏，仰祈圣明裁定。其雷以诚经手捐项，款目繁多，现已将捐局分别撤留，并将捐务卷宗悉交文煜收管。其出入支销细数，应由原派各员清厘造报，并请敕部查核，以重勾稽而清镣辖。所有遵旨查办各缘由，理合据实具奏，并将雷以诚亲供一纸封送军机处备查，伏乞皇上圣鉴。谨奏。

南岸九华山营盘失陷折　五月初八日奉朱批

臣德兴阿、臣翁同书跪奏，为探闻南岸九华山营盘失陷，现又添拨兵勇渡江援剿，由六百里加紧驰奏，仰祈圣鉴事。

窃臣等于五月初一日午将江苏巡抚臣吉尔杭阿带兵接应高资营盘，御贼阵亡，因即催令前派赴援兵勇若干名赶紧渡口助剿等因附片具奏在案。旋见南岸火光数处，窃虑九华山大营或有挫失，一面筹添步队及练勇驰往援应，一面飞檄水师总兵泊承升、周士法严禁南岸败兵溃勇不准北渡，其各口出江船只，暂令收泊北岸，以固藩篱。初二日，据探卒禀称，九华山大营已为贼踞。臣等以九华山营盘既失，恐余万清一军更形单薄，即将筹添之河州兵三百五十余名派总兵李志和统带，练勇四百名派参将毛三元统带，饬令不分昼夜，兼程渡江。其前次所派兵勇一千名，亦归该二员分带，仍令会同余万清妥商剿办事宜。又据逃出难民供称，贼匪意图侵踞句容、丹阳，再行分股渡至江北，由沙头及杭家集窜往仙女庙、邵伯镇等情。查扬营兵本无多，今复纷纷四出援剿，尤不可不加意严防。现饬各营设法堵御，并知会文煜多拨练勇，保守沙头。所有臣等续派兵勇渡江援剿各缘由，理合由驲驰奏，伏乞皇上圣鉴。谨奏。

援剿江南筹攻江浦瓜洲情形折　五月二十七日奉朱批

臣德兴阿、臣翁同书跪奏，为敬陈拨队援剿江南及浦口接仗获胜，筹攻江浦、瓜洲各情形，恭折具奏，仰祈圣鉴事。

窃臣等于五月初二日戌刻，将添拨兵勇渡江援剿缘由驰奏在案。嗣接向荣、福兴咨函，以南岸现筹进攻，商拨马队前来。当查浦口、六合等处先后共拨出马队六起，扬营所存无多，不得已，于派驻东岸之德昌、吉林两起内，酌拨一起饬赴江南，由福兴带往高资一路助剿。昨据李志和、毛三元禀报，初五、初六两日，江北赴援兵勇在镇江随同打仗获胜，连烧浮桥、贼卡、贼营多处，并声明福兴檄调都司富群带领固原兵四百名，令赴上塘听调。又称，张国梁一军已经赶到开仗等语。是南岸雄师云集，可资堵御，惟江浦尚稽克复，官兵屯聚浦口几及四千名，臣等连日檄催进剿，昨据安勇、穆克登额报称，初三日会攻江浦，行至石佛寺地方，遇逆匪五六千人，豕突而来，当令步兵迎击，火枪、炸炮齐施，贼骤遇劲敌，陈脚忽动，相率披靡，我两旁马队分左右翼冲压向前，步队乘势掩杀，该逆大败，向江浦回奔。计歼毙五百余名，生擒二名，夺获旗帜、枪炮多件。旋九洑洲又出接应贼匪千余名，亦被官兵击退，毙贼五十余名。臣仍批令亟须直逼江浦县城，毋任为贼牵制，复接各路探报，贼匪在紧对江浦之江心搭盖浮桥，以通大江往来，又闻欲从乌江直犯全椒、滁州、来安，抄截浦口、六合后路，以为夹攻营盘之计等语。臣以邓凤林熟悉江浦情形，因令带兵四百余名，星夜兼程，驰往浦口，会合诸军环攻江浦，务使刻期攻复，断绝蔓延，以固北门锁钥。至瓜洲贼仍负固，非逐日更替出队所能敷衍了事，容臣等设法捣巢，遵旨会同舟师，同时并举，断不任其窥我虚实，致有再误。现在罗玉斌已由徐州管带直隶宣化镇兵一千三百名陆续抵扬，合并陈明，伏乞皇上圣鉴训示。谨奏。

　　咸丰六年五月十五日，奉朱批："览奏均悉。"钦此。

密筹会攻江浦援应金陵大营折　　五月二十七日奉朱批

　　臣德兴阿、臣翁同书跪奏，为密筹水陆并举，先捣金山，一面会攻江浦，迅图克复，及拨兵援应金陵大营各缘由，恭折由六百里驰奏，仰祈圣鉴事。

　　窃臣等于五月初十日将派拨马队赴江南助剿，并浦口接仗获胜，筹攻瓜洲各情形具奏在案。臣等伏查进攻之策，非水陆（平）［并］进，难期扫荡。前奉上谕："瓜洲虽蕞尔一隅，水陆皆能窜突。进攻之法，必须会约舟师，同时并举，使该逆应接不暇，庶（剩）［剿］办易于得手等因。"钦此。仰见皇上圣谟广运，昭若发朦。臣等正在钦遵筹办间，适接向荣来信，约以先金山，夺据中流，断贼犄角之势，并称新单船参将李新明、都司黄彬自愿奋先登，拟令两岸陆军同时夹击等情。臣等因邀同水师总兵陈国泰、焦山水师总兵周士法来营密商，嘱备攻具，拟候东风大起，上下游师齐进。当经函覆向荣一体转饬在案。十五日，臣德兴阿、臣翁同书于五更时亲督总兵罗玉斌等由东西两岸分路进攻瓜洲，行抵濠边，天色已明，贼见官军环集，坚伏巢内，密开枪炮如雨，我难以紧逼，即佯退潜伏，仅以数百人诱敌出巢。贼见官军势单，即有股党由马桥出敌，伏兵尽发，贼即骇走，官兵追杀十余名，贼遁入墙内，轰炮拒敌。沟壑重重，骤难飞越。相持许久，于申刻始行撤队回营。至江浦界连仪、六，又为江、皖咽喉，断难任贼久踞。臣等迭次添派马步官兵，俱在浦口驻扎。初九日寅刻，穆克登额、安勇等带兵分路向江浦进攻，派定、六合两起练勇，作为头敌，浦口水勇及马队作为接应。辰刻直薄城下，经六合练勇超逾深沟二道，连拔梅花桩，火箭、喷筒齐发，拨近西北贼营，毙贼二百余名，我马队分打各门，亦毙多贼。自辰围攻至午，城内贼众惊漾，因各勇受伤较多，火器将尽，随即缓缓收队，回至浦营。次日，讯据逃出难民供称，当紧攻时，贼首拟弃城而逃，因上游续到贼船，未果窜出。臣等以江浦虽系小邑，一日不拔，官兵多被牵缀，且往返动辄五六十里，亦难接续进攻，因闻六合练勇此次攻城颇为出力，臣德兴阿适与十九日亲赴仪征履看地势，特调温绍原暨付都统富春就近仪征面议。接谈之际，察悉温绍原才略可任，即为密授机宜，当由扬营添派总兵罗玉斌带宣化兵六百名、协领富明阿带马队一起，又饬续拨浦口之营总富音保、参将邓凤林、留防六合之付都统富春、总兵多隆武各带马步队及六合练勇刻日往攻江浦，即在附近扎营。复饬穆克登额、安勇、萨炳阿统带原防浦口之马步官兵攻打九洑洲，以制贼势。部署甫定，旋即回营。是夜，接向荣来咨，以逆贼数万围扑金陵大营，势正危险，请速拨兵渡江援剿前来。臣等当北岸兵力正虞不足，又先后拨赴镇江、金陵马步兵勇二千余名，实难再行抽拨，惟金陵一军遏贼南窜，苏杭之路，大局攸关，南北总宜统筹，曷敢稍分畛域。再四熟商，复将派防仪征之直隶官兵四百名令游击石皓管带，兼程迅赴江南助剿。又以镇江贼氛稍缓，行文余万清，令将江北前拨兵勇一千七百五十名交已革总兵李志和统带，由间道驰赴金陵，暂归向荣调遣，臣等仍不时飞探，拟俟日内江浦得手，即就近再拨兵勇渡江助剿，以维全局。至贼情（巨）［叵］测，旦夕变迁，目下逆焰鸱张，往来靡定，江南固形吃紧，江北亦宜严防。当此溃兵甫集，四出赴援，沿江一带地广兵单，直有应接不暇之势。臣等惟有激励将士，严密防维，一面相机进剿，断不敢稍有疏懈。所有臣等连日剿办情形，理合缮折驰陈，伏乞皇上圣鉴训示。谨奏。

咸丰六年五月二十七日，奉朱批："览奏均悉。仍另有旨。"钦此。

浦口江浦诸军获胜折　六月初三日奉朱批

臣德兴阿、臣翁同书跪奏，为浦口、江浦诸军剿贼获胜，恭折由六百里驰奏，仰祈圣鉴事。

窃臣前将筹攻江浦各缘由于五月二十一日具奏在案。伏查浦口、洲地之贼近日频出侵(犹)[扰]，其意正以牵缀我师，使不得径攻江浦，是以臣等前议浦口诸军专防洲寇，另派富明阿、罗玉斌、邓凤林等会同温绍原带领兵勇直逼江浦城垣，责以克期攻拔。旋据安勇、穆克登额呈称，十八日二更时分，外委王希堂带勇夺取新埂头贼搭浮桥二座，贼甫惊觉，伏兵骤赴，当经纵火焚烧贼卡七所、划船四只，夺获大小贼船六只，铜炮、枪械二十余件，火药十余篓，杀贼约三十余名。十九日丑刻，复进江浦。行至十里桥，遇贼数千冲突而来。我兵一面拒敌，一面分兵由宝凤庙、骆驼岭前进，马步相辅环攻，毙贼无算。其贼援由九洑洲出者，又经我兵截杀一百余名。该逆大股狂奔，官军乘胜进剿，直薄江浦城下，败贼不敢复入，四散奔逃，我兵掩杀四五百名，生擒长发老贼敖光越、陈有安二名，讯系□伪检点派令来图浦、六，并搜出伪诏书、官照一纸、伪印二颗，呈验前来。臣等以浦口一军有此胜仗，正盼富明阿、罗玉斌等接应。本日据富明阿等呈报，二十三日子刻，聚齐马步队，先攻江浦北门外贼垒，另伏援兵在石佛寺一带接应。该逆于城上密开枪炮，复突出与我兵刀矛相错，兵勇乘隙拔桩越濠，抢进放火焚烧，又攻中间贼垒，将其席棚燃着。该逆拼死扑出，被马队抄截追杀，立将该逆垒二座毁平。贼向东南奔窜，又遇应援马步兵勇痛剿，计杀贼三百余名，夺得铜炮、抬炮、抬枪、旗帜无算。是日鏖战四时之久，因天暑收队回营。此连日攻打江浦获胜之实在情形也。臣等以江浦一日未复，则浦口、六合重兵不能遽撤，且南岸石埠桥、龙潭一路近日皆有贼踪，仪、六唇齿相依，诚恐贼匪通连瓜逆，扬营又增西顾之虑。除臣等严防江浦，各带兵官刻期攻克外，理合将连日进剿情形具陈,伏乞皇上圣鉴。谨奏。

咸丰六年六月初三日,奉朱批:"览奏俱悉。"钦此。

水陆会攻金山情形片　六月初三日奉朱批

再,臣等前将会约水师,先捣金山等因陈奏在案。本日据周士法、陈国泰呈称,二十四日辰刻东南风大作,焦山大小战船同时起碇,北固山、甘露寺之贼开炮迎击,各战船扬帆直上,至银山、宝盖山,逼近贼营。我兵用巨炮轰打,汤承升率南岸各船继至土桥,红单师船顺流绕出金山背后夹击,并分攻瓜镇贼堤。该逆于台上放炮,上下游水师冒险齐进,破浪环攻,当击碎银山江面贼船一只,并就窝滕楼、金山,贼旗纷纷倒折。因江面溜急,风力渐微,各舡杠具、桅棕兼多炸损,午刻驶回水营。是日,东西两岸陆兵出队进攻瓜洲,贼逆虽疲于接应,而负固不出,总以枪炮抵敌。臣等惟有严防水营,遇风色顺利,仍当水陆并举,直捣中坚,庶剿办较易得手。所有夹攻金山情形,理合附片陈明,伏乞圣鉴。谨奏。

咸丰六年六月初三日,奉朱批:"南军失利,虽会攻金山未必得手,然正可牵制逆匪北犯。"钦此。

进剿瓜洲江浦现筹堵剿情形折　七月初六日奉朱批

臣德兴阿、臣翁同书跪奏,为进剿瓜逆,并浦口官军往攻江浦,及现筹堵剿各情,恭折由六百里驰陈,仰祈圣鉴事。

窃查瓜洲逆匪时在东西两岸窥觑,官兵逼剿,非伏巢不出,即见兵遂遁。臣等于二十七日寅刻，亲督两岸马步兵勇暨到投诚义勇分路齐进，该逆负固如初，我军不避矢石，直抵城濠，环攻不下。贼见兵勇阵脚不动，始有匪党百数十人出巢拒敌，枪箭、刀矛一时具举，毙贼二十余名。甫经交仗，而该逆旋即遁入瓜洲，贼众垒坚，急切未能得手。至江浦城池尚稽克复，屡经臣等严檄飞催，迅图攻克，据罗玉斌等呈称，十八日，官兵往攻江浦，并派队分路接应，一面于金汤门一带埋伏兵勇，以杜九洑洲逆匪出援。自寅至巳，迭向东、北两面紧攻，贼竟死守不出，城濠、木桩层层环阻。直至撤队时，忽由南门出贼三百余人，突分两股反扑，经各队折回痛击，毙贼六七十名，查点兵勇，并无伤亡等情前来。臣等查北岸大局，瓜洲、江浦均扼要冲，筹攻不容稍懈。除饬罗玉斌等激励将士，赶紧迅拔江浦城池外，惟瓜洲之贼愈聚愈多，其踞守则近益加严，其图窜尤显而易见，若徒以寻常进队，难期一鼓歼除，然欲迫切图功，又恐激成旁窜。查朴树湾逼近贼营，而仪征防兵仅五百七十余名，臣等现经设法抽拨马步队一千二百名交付都统衔参领富明阿、付将衔参将王巨孝、游击文哲珲管带前往分扎。至前由仪、扬调赴南岸之马步兵勇二千名，正值助剿得力，未便遽行撤回，扬州大营存兵无多，拟俟陕西兵一千名抵扬，以一半留于扬营，仍以一半分赴南岸，并俟黑龙江马队余丁五百名到来，俾兵力较厚，攻守兼资。臣等总当殚力图谋，乘机大举，以冀殄兹丑类。所有连日剿办情形，理合具折驰陈，伏乞皇上圣鉴。谨奏。

敬陈水陆攻剿情形折　七月十七日奉朱批

臣德兴阿、臣翁同书跪奏，为敬陈水陆攻剿情形，恭折由六百里驰奏，仰祈圣鉴事。

窃臣等前于六月二十九日将进攻江浦、瓜洲及现筹堵剿事宜具奏在案。七月初，闻贼逆侦知朴树湾拨兵增防，时有游骑在于旁近村庄窥探虚实，臣等一面札饬仪征县出示，晓谕仪河南岸居民暂行避徒，其甘心愿为贼谍，并接济食物者，捕得立予伏法，一面随时分路出队。初四日寅刻，臣德兴阿带领投诚义勇一军亲至朴树湾督攻，臣翁同书带兵赴三汊河督攻。其时，西岸带子沟、东岸尹家桥等处有贼匪黄旗数十竿摇扬塘荇之间，诱我深入，被我兵鼓锐直前，枪箭齐发，贼见官军势盛，纷纷败回，闭坚不出。计击毙贼二十余名，淹溺三四十名，我军只汊中兵因炮炸伤二名。未、申之交收队。是夜丑刻，接余万清初八日酉刻专差来信，约以乘夜会攻。臣等当于初五日寅刻发兵，五路齐进，拟即直捣老巢。至四里铺，闻江南炮声不断，我兵因逼垒环攻。及至壕边，并无一贼出敌，而城墙枪炮如雨，我兵勇有逾沟直入者，竹签、木桩无可托足，又因晓雾未退，莫辨径涂，只得凫水而回，幸无伤损。旋据焦山水师泊承升、周士法禀称，是日黎明，亦因接到余万清密函，派兵赴镇江东马头登岸协同守备，各师舫同时扬帆驶攻北固山贼堤，徒见摩旗山上贼营火起，知是陆营得手，舟师益加踊跃，创逼银山，攻打击倒望台数处。适有北渡贼舫经各快艇击沉等语。此七月初五日水陆攻剿之大概情形也。再，六月二十六、七等日，管带红单之参将李新明在石埠桥与贼接仗，击毙一百余名，并将贼逆新造北渡舫只全行扫荡一空，因即分拨红单三舫在六合东沟扼驻，由李新明、陈国泰先后禀报前来无异。合并附陈，伏乞皇上圣鉴。谨奏。

咸丰六年七月十七日，奉朱批："览奏已悉。"钦此。

敬陈连日军情力图水陆进攻瓜洲折　八月十四日奉朱批

臣德兴阿、臣翁同书跪奏，为敬陈连日剿贼情形，并密约舟师水陆夹攻，力图进取瓜洲，由驿驰陈，仰祈圣鉴事。

窃查瓜洲逆党日众，谋窜显然，前经具奏在案。近日南岸逆氛甚众、瓜、镇贼匪互相联络，往来靡定。臣等于七月十九、二十一、八月初一等日督师进攻，已历数次，而五里庄、四里铺一带，该逆挖堤列流，到处环阻，官军节节凫渡，冒险而进，贼垒中枪炮较前益密，往往连日攻剿，擒斩不足百名。至朴树湾为入汉门户，经先期分兵布置，其前则有土福桥，距瓜洲最为切近，兵至则贼即潜逃，兵退则贼又纷至，连旬以来，该逆由土桥出扰朴树湾等处，屡经参领富明阿、参将王巨孝管带官兵，就近击退，每杀贼三五十名不等，并时有生擒之贼。惟近据盘获奸细极多，均有该逆欲分股由仪征窜往六合之供，讯后即予正法。并据逃出难民所供，亦金与相同，是该逆觑图蠢动，已有明（诅）[证]。现在通饬江北各营严备，一面乘其谋窜未遂之先，设法攻剿，为一举歼除之计。特于扬、仪马步各队中择其年强胆壮，尤为奋勇者，以之备设奇破敌之选，并邀水师总兵陈国泰来营密商，嘱其刻日多备火攻器具，遇风色顺利之时，即驶至瓜洲大口，乘风纵火。复饬其遴选水营兵勇，以期临时各驾小船接应，泅水登岸，与陆路兵勇表里夹击。又密饬署仪征县知县杨钟琛将该县水勇赶紧募齐，与舟师会合，届期分路齐进。臣等亦亲督东西两岸马步各军随带各项攻具，设法捣巢。连日经饬总管西昌阿、总兵鞠殿华等督队护夫，在五里庄、四里铺一带泄水修堤、填濠平路，一俟工竣，各事俱备，臣等定即水陆订期同时毕举，处处攻其必救，使该逆应接不暇，我军即乘隙而进，总期一鼓歼除，早纾圣厪。所有连旬剿贼及现在密筹水陆夹攻瓜洲情形，谨缮折具陈，伏祈圣鉴训示。谨奏。

咸丰六年八月十四日，奉朱批："览奏俱悉。"钦此。

水师截击获胜并浦口六合防剿情形折　八月二十二日奉朱批

臣德兴阿、臣翁同书跪奏，为水师截击贼舡获胜，并浦口、六合一带防剿情形恭折由六百里具奏,仰祈圣鉴事。

　　窃臣等于八月初七将约会舟师夹攻瓜洲各情具奏在案。是日拜折后,即值大雨连三昼夜,此间自入夏以来,久苦亢旱,加以飞蝗为灾,米价翔贵。今幸得此透雨,人心稍定,堪慰圣怀。初八日,据观音门水师总兵陈世忠呈报,七月二十八日五更时,瞭见贼船四五十号由燕子矶而来,势甚汹涌。我师各起碇迎击,用大炮轰打,中其巨艘篷桅,旋入洑中,登时沉没,四船即掞舵回窜,我兵且返且攻,飞掷火罐、火球,焚贼舡无数,逆众纷纷投江,经外委李赞彪等夺获炮船二只,旗帜、刀矛、铅药多件,阵擒活贼五名,解送六合县审讯。据供,扬逆定计分起先破浦口、观音门水①,即便顺系逼扰六合、仪征,以通北岸瓜洲往来之路。旋据署江浦县知县袁瑞麟禀称,八月初六日督勇擒获割稻贼首伪旅帅谭盛隆一名,供出伪北王事,始于本月初三日,自上江败回,带有逆舡二百余只下驶,已由金陵登岸,稍歇数日,即分路攻扑浦、六营盘等语,核与浦口安勇、穆克登额、罗玉斌及六合县温绍原所呈称报俱符。臣等现饬各路带兵官多设探巡,豫为戒备,遇有贼惊,彼此联络迎敌,呼吸相通,以资捍御。至瓜洲之贼欲纠南岸大股逆匪仪征西窜六合,积谋亦非一日。现拟俟天气开靖,道途修垫就绪,督饬鞠殿华、西昌阿等带领新挑奋勇精兵,会合陈国泰舟师即仪征水勇,直捣瓜巢,务期扫穴歼渠,以快人心而彰天讨。所有观音门水师胜仗暨浦口、六合防剿各情形,理合缮折具奏,伏乞皇上圣鉴。谨奏。

　　咸丰六年八月二十二日,奉朱批:"览奏均悉。"钦此。

---

① 疑作"水师",脱"师"字。

遵旨提讯被参厘局各员折　八月二十二日奉朱批

臣德兴阿、臣翁同书跪奏，为遵旨提讯被参捐局各员，业将全案讯结，谨缮折据实覆奏，恭候圣裁事。

窃臣等于本年五月初九日承准军机大臣字寄咸丰六年五月初三日奉上谕："有人奏，雷以諴军营委员等因。"钦此。臣等因案关劝捐委员假公济私，侵牟肥己，必需熟悉例案，长于听断之员随同研审，彻底根究，以成信谳，即咨会督臣怡良遴派公正廉明之员来扬承审，并咨明被参各员皆籍隶楚、浙，毋庸派委湖广、浙江籍贯人员，用杜嫌疑而免瞻徇。旋准督臣咨，派由刑部司员出身之候补道李万杰，又经署江宁藩司梁佐中派委熟习审断之通判虞运文先后抵扬，其案内各员亦经陆续提到。正在研鞫，复于六月二十五日钦奉六月十九日上谕："本日复有人奏，吴云以泰州人等因。"钦此。臣等即一面飞咨署抚臣赵德辙密查，一面密行访查，提集应讯之人，悉心研究，业经附片奏明在案。臣等于攻剿之余，督饬承审委员按照所参各款逐一严讯。查分发广东县丞黄钟籍隶湖北，系雷以諴女婿，与伊胞兄分发江苏知县黄斌同在雷以諴军营当差，原参内称黄钟有锁禁杨曾坝村民吴姓、责打霍家桥武生常姓之事，并置田产于北乡方家巷等语。臣等密查扬城北乡方家巷诸庄地方实有黄姓新置田产，与原参相符。讯据黄钟供称，上年八月间，奉委在炮艇局劝捐。十月间，到霍家桥劝捐，有典商董事常振云愿捐钱四百二十千文，外加贴夫马桥费二百千文。本年二月间，在杨曾坝劝捐，有民人吴顺祥即吴顺发愿捐钱四百千文，折银二百两，俱已缴归总局，均未给收条，并无锁禁吴顺祥、责打常振云之事。臣等恐该委员劝捐索诈，不止此数，因传集人证，隔别审讯。据捐职从九品常振云供，上年十月间，委员黄钟办艇捐，硬要职员捐钱三千串，不捐就要送营，一时无奈，著胞侄武生常怀志邀亲戚王瑞初转恳与黄钟同乡之曾传楷向黄钟哀求，讲明正捐钱四百二十千文，费钱二百千文,共钱六百二十千文,是王瑞初垫交,同曾传楷转送的。这项捐钱并未领到收条。并据武生常怀志、监生王瑞初、六品军功曾传楷及黄钟之家人王升供,俱相同。又据吴顺祥即吴顺发供:"甘泉县人,住杨兽坝,种田度日。今年二月初二日,委员黄钟到杨兽坝写捐,小的并不在家,就把小的儿子吴永贵带到庙里押了一夜,并未锁禁。次日乘空逃回,适小的回家害怕,与弟兄五家商议,公捐钱文,央素识黄钟之丁伯和说合,捐钱四百千文,折银二百两,于二月二十一日在扬城琼花观内,把银两交丁伯和转交黄钟,尚未领到收条。"并据伊子吴永贵、职员丁伯和即丁先煦及黄钟之家人王升供,亦相同。又讯出黄钟在杨兽坝劝捐,曾将地保殷标、李全等掌责。至方家巷置田一节,据黄钟供称,因母老妻病,家乡被贼滋扰,与亲戚王姓商议,置买田亩,以为栖身之所,因上年八月间奉委办理炮艇捐务,不能分身,托胞兄黄斌经手承办方家巷田亩一处,价银一千余两是实等语。臣等以黄钟于正项之外辄向常振云另索贴费至二百千文之多,是其婪赃索诈已有确据,虽未将吴永贵锁禁,而擅押庙中,意存恐吓,其狂妄横恣亦可概见,且军营人员何由积有厚资,置买沃产?恐所供尚多隐饰。正拟严切根究,旋据署江都县知县张鹏展申称,黄钟在城看管,听候传讯,于六月二十八日猝患痧气身死等情。并据署甘泉县知县胡万禧详称,带同刑作诣验,验得黄钟委系患痧证身死,并无别故。取具伊兄黄斌等亲供切结附卷存案。维时黄斌因续被诣参,甫经到案,随将黄斌亲提研鞫。据供,胞弟黄钟常说自揣不能做官,又值家乡荒乱,拟买薄田以奉老母。咸丰四年冬间,议买潘庄、俞头夫田一百八十六亩三分,言定价银一千三百八十两九钱二分,因价值过巨,一时措办不及,迟至五年八月变卖各物,始能凑偿。恰职弟黄钟奉委办炮艇差使,职员遵母命代弟办理,将田成交。本年五月间,职弟因案饬发江都县城管,职员时常探望。六月二十七日,职员与弟共食晚饭,弟称身体不爽,当卧床上。是夜,职员亦在彼住宿,讵意职弟患寒暑遏伏,痧气甚重,即于次日身故。禀经验明,具有亲供结状。今蒙传讯，实奉母命，代弟黄钟置买方家巷田亩，并非自置产业。至职弟如何派捐霍家桥常姓、杨兽坝吴姓钱文，实不知情。传讯卖田人俞头夫，居中人孙起山、柏宏义，地保薛万，据供，田亩坐落及价值数目均与黄斌所供相符。并据黄斌呈出田契一纸，查验亦均吻合，是此田为黄钟所买，伊兄黄斌代办，似尚可信。至黄钟所收常、吴二姓捐项钱文，饬查炮艇总局，据该委员候选知府陈宝龄、候选知县沈方煦禀称，常振云捐钱四百二十千文，吴顺祥捐钱四百千文，均经黄钟报解，登填印簿，核与吴顺祥所供计多钱四千文，所有印簿已先经详送粮台。随经行查粮台，据文煜覆称，检查炮艇局文卷、印簿，均属相符，是黄钟除向常姓索费二百千文之外，所收捐钱均已交局，并未入己，惟既经缴局，何以不给收条？据文煜查出此两款捐钱均已开入不请奖叙项下。今传讯该捐户常、吴二姓，并无不求奖叙之语，是该委员办理错谬，即此可见，此讯明黄钟及伊兄黄斌被参各款之实在情形也。又查，候选直隶州知州雷凤翥系雷以诚之胞侄，从前雷以诚在万福桥驻营之时，委管支发局事务，迨移营桂花庄之后，派令带勇，并收发练勇口粮。原参内虽无指出该委员专款劣迹，而该员既系雷以诚亲属，且勾稽出入归其综理，如营内委员有营私舣法之事，该委员安得诿为不知？因按照所参各款逐条严讯，据称，亩捐、厘捐、指捐、炮艇捐各局均有专管委员，并未经手，至原参内所称发饷每名日给钱三四百文不等，外示偏厚而内则每百必扣三十文一节，据雷凤翥供称，所有勇粮均系原领原放，并无丝毫克扣，现有带勇各员弁可以传质，惟因各勇队内有百总、五十总、十总、教习、总旗等，因各名目管束训练差使既有劳逸，口粮向有区别，而限于定例，每名日给钱三百文，无可筹增，不得已，始与带勇员弁商酌办理，每百名定以二十名为余勇，专司收营，日给钱一百五十文，计可赢余钱三千文，统交带勇各员弁以作津贴。各队百总一名日给钱六百文，五十总、二付总二名均每名日给钱五百文，十总十名每名日给钱四百文，总旗一名日给钱五百文，教习一名日给钱六百文，勇目马干二匹日结钱四百文，实系以公办公，并非侵蚀，惟一时疏忽，未经具禀立案，以致招人物（仪）[议]。传讯勇目苏喜胜、皋广德暨带勇千总汤继扬、姜德，佥供实系通融办理，其中并无克扣。并据供称，此时勇营尚照此章办理，如果每百文克扣三十文，势必中心不服，何肯代为容隐。自系实在情形，惟未将变通章程奏明立案，殊属不合。又原参内售买功牌，每一纸收番银二三十圆一节，讯据供称，雷以诚因钱粮支绌，初议鼓铸大钱，恐铜斤采办维艰，派员劝捐铜斤，按照斤数多寡赏给六品、八品功牌，其收铜二万三千斤，嗣经移交文煜藩司支发局委员收储，均经奏明在案等情。随经行查，文煜支发局有雷以诚移交铜二万三千斤属实。复经臣等讯出雷凤翥家人张安即张金龄充当练勇，随同打仗，曾在虹桥杀贼，禀经雷以诚，赏给六品功牌。臣等以张金龄究系长随，不应赏给顶戴，即将功牌追缴。又原参内派民勇守墙一节，查系已革扬州府知府张起瑞劝办团练之事，雷凤翥并未与闻，因札饬张廷瑞将办理情形据实禀覆。旋据禀称，该革员于五年二月间，奉托明阿、陈金绶、雷以诚、惠成会札派令调集民夫，修筑土围，曾经该革员禀称，距贼较远之乡集夫维艰，应劝令捐助钱米，以补经费之不足。嗣因贼出滋扰，武夫畏葸，情愿捐□夫价，以代工作，并无派民守墙之事。本年春间，该革员因东路勇力单薄，曾经禀明文煜劝谕仙女庙等处各乡镇捐办民勇口粮。适值扬营失事，当即捐募五百余人防守霍家桥等处，并饬各州局董自雇民勇数百名，在沙头协同官勇站墙防守。迨经克复三汊河，始将此项民勇裁撤等语。详加访察，原参内所称阳始按户出丁而阴迫之，使按日出钱自代者，自系即指此事而言。臣等伏查自东南被兵以来，民（门）[间]疲于供亿，实不堪其困苦，不独扬州为然。张廷瑞劝捐代工，系因人情恇怯，惮于工作，俯顺舆情，出资以代力役，办理尚无不合。臣等复以黄钟置买田产列入弹章，讯有确据，恐委员中似此者尚多，而雷凤翥经管钱粮，尤难保无私置产业之事，连日督饬该（逆）[道]李万杰等查传雷凤翥之家丁李德、王福等，严行讯究，始讯出雷凤翥有在扬城置买房屋，并在仙女庙徐正和炭行内寄存银两之事。据李德供称,伊主雷凤翥有银三千两,向存仙女庙潘义昌钱店。咸丰四年秋间,雷凤翥叫伊与湖北人石光达将银取出,送到徐正铭所开炭行内寄存,并无利息。去年十月间,雷凤翥因本籍房屋被贼全行烧毁,恐合家数十口迁避来扬,无处栖身,令小的看得城内教场五条巷内有钱华住房一所,用钱八百三十千文,立契成交。并据王福供亦相同。提讯雷凤翥,据供,前因淮南改运票盐,伊与雷文曜于咸丰元年携资来扬,贩运赴楚岸销售。二年秋间,雷文曜(问)[闻]家乡贼警,赶回挈眷迁避,留堂侄雷动烈在扬经理,不料雷动烈病故。三年春间,扬城失陷,其存扬未经办盐资,本银一千五百两,经店伙先期携出远避,适该员来扬效力,因将此项存留。有同乡石光达在支发局帮办各事,见有此项存款,暂挪支发局存款银三百两凑入,一并贩买过煤米各一次,前后共获利银五百两,其暂借之银,将煤米卖出后,当即归款。所有石光达贩买煤米获利银五百两,合之存扬贩盐,本银二千五百两,共银三千两,系石光达经年寄存徐正和炭栈内,又因原籍久被贼踞,汉镇盐栈房屋全行焚毁,无家可归,因思家口人众,倘迁避来扬,无处栖身,止令家人李德预为租屋一所,不意李德因租价昂贵,竟于扬城内用钱八百三十千文代买房屋一所,未经阻止,殊属非是。其房契及寄存银三千两,均经雷凤翥呈出。提讯贩买煤米之六品军功监生石光达、开设正和炭行之徐正铭、出卖房屋之钱金华暨各店户房牙及应派人证,众供如一。并据雷凤翥供,此外[无]别隐匿寄顿。严加究诘,矢口不移。雷凤翥系营中委员,即使所存银两皆系从前运盐余资,亦不应贪利营运。况听信石光达挪凑支发局银三百两,虽旋即归款,究系曾经挪移。该员虽非江苏地方官,既经在营带勇,亦不应于扬城置买房屋,实属不知自爱。物议纷纭,皆出有因。此讯明雷凤翥经手各款,并讯出买屋、存银之实在情形也。至原参知府吴云所委盐大使陈寿椿在黄珏桥勒诈湖广职员让镛番银百(园)[圆],致令自尽,案关诈赃酿命,情节尤重。讯据吴云供称,亩捐案内,并无委员陈寿椿,江、甘捐户中亦无让姓其人,请饬传陈寿椿即让姓质。随据署运司郭沛霖详称,所属各员内只有候补盐大使陈寿春从未在营当差。臣等即饬提解陈寿春,并访提侨寓扬州之湖北人让昆山到案质。讯据陈寿春供称,系两淮候补盐大使,从未在营当差,亦从未与吴云往来。前曾奉郭运司密札,以淮南商人汪福茂欠课甚巨,系让锦堂弟兄席卷避匿,任意侵用,札饬提解追缴,奉札往提,因让堂弟兄均不在家,仅将让锦堂之叔让理庵提到泰州,旋即销差,札查署运司郭沛霖。旋据详覆,情节无异。据职员让昆山供,系湖北江夏县人,兄让镛即让锦堂,向在扬州帮盐商汪福茂为伙,店东于咸丰三年避乱远出,存有本银九千四百两,窖藏店内,寇退后,被李东序等盗挖,职兄禀控江、甘两县有案后,郭运司因人传言职兄席卷商本,于咸丰四年十月内,委大使陈寿春来寓提解。适职兄弟均外出,将族叔让理庵提解泰州,职让镛闻信赶回,中途吐血,在扬兽坝身故,族叔让理庵因病保释,于本年五月亦已病故。陈委员实系运司札委,并非吴云所委,亦无被委员索去洋银之事,是让镛一案系盐务追欠,亦无酿命情事,并非营员劝捐,且于吴云毫无干涉,确凿可凭。又原参内称吴云与虞泳龄迫胁阵亡中书钟淮之子钟毓麟,诈去纹银千两。据吴云供称,向与钟淮交好,钟淮力战捐躯,家产荡然。其子钟毓麟在炮艇局具呈报捐同知,分发浙江,后因亲友中告贷不敷,改捐知县。嗣因捐项尚短银一百六十两,向吴云筹商。吴云念系世交,代为借垫,始能领给实收。至虞泳龄,从未共过差使,并据吴云钞呈钟毓麟报捐全案及钟毓麟妻父候选知县李寅清原信,情节均相符合。复传荫生钟毓麟到案对质。据供,伊父钟淮毁家纾难,家业荡尽。承亲友怜悯,集资报捐,始拟报捐同知,嗣因亲友所助不敷,呈请改捐知县,尚不敷银一百六十两,妻父李寅清函恳吴云代为设措。吴云先人情分,代措银一百六十两,捐项已费张罗,安得有银两被人索诈?吴云方代为设措,更安得有索诈之事?再,虞泳龄曾有一面之识,向无银钱往来,此次艇局报捐,虞泳[龄]并未与闻,更属无从勒诈,是吴云于钟毓龄报一案,并无迫诈情事,亦似毫无拟义。至于亩捐,禀称据吴云供称,始因沿江洲民自愿按亩出捐,接济艇师,经已故付将张攀龙禀明托明阿等批准,复经托明阿等会奏,推广扬、通两属仿照办理。洲民具禀,每亩愿捐八十文。嗣因田亩肥瘠不齐,议定腴田每亩捐钱八十文,下次者以次递减至二十文不等,其鳏寡孤独、极贫小户及(抵)[低]洼被歉之区概行剔除免捐,有原奏及各州县禀办章程可稽,共计收解钱之十万二千余串,并无四倍钱漕之事,且与钱漕一律普征者有间等语。查亩捐卷宗册籍甚为繁重,臣等办理军务,无暇专心会计,已于四月间撤停各捐之时,将亩捐及各捐局卷宗一并移交文煜悉心查核,应再行知文煜速为核办。又原参内称吴云以泰州人徐震申为牙爪,无利不搜,并在苏州开设布庄一节,据吴云供称,与徐震甲向来熟识,徐震甲本系文藩司委管向塔沙厘捐委员,嗣经托明阿等札委简办江、甘亩捐,委无徐震甲谋利之事,亦未在苏开设布庄,倘别经查出,愿甘认罪。并据徐震甲供相同,讯无为吴云谋利实据,惟徐震甲籍隶扬州,不合将吴震告示列冲钞贴。又查出徐震甲于五年正月间,随同张廷瑞劝办米捐,嗣因丁沟亩捐、米捐不应乎有杜成禄出言顶接,徐震甲性急气忿,举手自批其颊,实属举动轻躁,不知大体。正在讯办间,准赵德彻咨覆,称委员访查苏城内外,并无吴云所开布店,查阅布业抽厘局中捐簿各庄店,亦无湖州吴姓所开。继而访知,有素识吴云之蒋明斋,传到案。据称,吴云于咸丰三年曾在南浔地方开设宏春布店,已于四年冬间被烧无存,此外别无布业在苏,取具蒋明斋及布行董事切结存案等语。是吴云原有布店开在湖州南浔镇,不在苏城。其开铺被烧,均在委办亩捐之前,与捐务无涉。此讯明吴云及徐震甲被参各款之实在情形也。又查,原参委员内,有翁寿麟、虞泳龄二人。翁寿麟籍隶湖南,捐纳布政司理问。据供,前在雷以諴万福桥军营办理文案,并随同雷凤翥管理支发局。惟因雷凤翥系奏派人员,久经在局经理,是以局中公事均未经手,于公牍亦多未会行,嗣经委办高邮州亩捐,收解无误等语。查支发局虽系雷凤翥专管,而该员既经襄办,何以均未经手,于公牍亦多未会行?似未便任令诿卸,置身事外,应俟支发局报销查明有无亏短，再行核办。虞泳龄系专办宁帮米捐委员，籍隶浙江宁波。本年春间，臣等将各项捐局裁撤，酌留宁帮米捐交文煜督办，归粮台充饷。文煜另行派员管理，将虞泳龄差使撤销，迨查传虞泳龄，始知其业已回浙，当经飞咨浙江抚臣何桂清速即提解来扬候讯，迭次咨催，尚未解到。查该委员被参与吴云迫诈钟毓麟银两，既经讯明并无其事，且虞泳龄于钟毓麟报捐并未与闻，自可毋庸再讯。此外别无参款，亦无被控之案。行查文煜核对宁帮米捐卷册，收数与解数亦尚相符，未便以一人尚未到案羁延时日，应即将全案讯结缘由具奏。

查黄钟因劝捐得受夫马轿费，迹近挟势求索拲①押。吴永贵（赏）[掌]责地保，系属故勘平人，又经置买田产，皆有应得之罪，于各委员中劣迹最多，业经病故，应毋庸议。雷凤翥营运牟利，且曾挪移官项，其赏给家人张安功牌，亦涉冒滥，又将勇粮变通，未经申报，并在扬城置买房屋，种种舛谬，先行请旨革职，交刑部拟罪。石光达为雷凤翥营运图利；徐震甲因劝捐责打杜成禄，实属骚扰地方，又不应以本地人抄奉告示，辄行张贴；吴云总办亩捐，于徐震甲办理不善，未能觉察；黄斌于伊弟买田，并不阻止，反为立契；翁寿麟襄办支发局务，并不经手会行，应请饬部一并分别定拟。其虞泳龄一员，现在查无劣迹，应俟解到后，再行讯究。至黄钟、雷凤翥，置买田屋，虽与地方有司官吏在现任处所置买田宅者有间，第在营当差，理应倍加谨慎，求田问舍，大非政体，似应将田宅入官。其雷凤翥呈出寄存正和炭行银三千两，虽据供称，此项内二千五百两系盐本，余资五百两系贩卖煤米利息，其挪移公项三百两早经归款，但该员前管支发局，嗣又收放勇粮，其中有无亏短，尚未可知。现将黄钟田契、雷凤翥房契及银三千两暂行移交文煜粮台收存，应否统行入官之处，应请敕部核计遵行。除将全案供招咨送刑部外，所有臣等会讯缘由，理合缮折具奏，伏乞皇上圣鉴训示。谨奏。

———————

① 拲，疑为"拘"之误。

击退土匪并日内攻打瓜洲情形折　九月初四日奉朱批

臣德兴阿、臣翁同书跪奏,为来安县土匪扑扰六合地界,经留防兵勇连次击退,并日内攻打瓜(州)[洲]情形恭折具奏,仰祈圣鉴事。

窃查安徽省来安县向有棚民以种山为生活。近因旱蝗饥,煽结地方匪类至三四千人,到处焚掠,意欲勾通金陵逆贼,其他在滁州、六合之间,北为盱眙、天长,南则全椒、江浦,一有蠢动,水陆四达,皆属剥肤之患,乃八月二十日卯刻,果有千余人来扑六合境内之施官集,四处放火,距县城只二十里。该匪等头扎红巾,其旗大书"太平天国"字样,即经留防六合付都统富春派令委参领伊兴阿、庆德酌带马队暨专办六合防堵江苏候补道温绍原率同守备王家干等酌带练勇先期驰往扎定,俟匪扑近,向前迎剿,枪炮环施,毙四五十人,该匪即各奔逃,追杀一百余人,生擒二十七人。旋又有乌石港及石鼓山匪徒千余人间道来扑,我兵勇乘胜气壮,复阵毙一百余人,追杀三百余人,生擒一百一十余人,夺获刀矛、竹竿数百件,余匪俱纷纷回窜。据该付都统等详报,并呈验耳记、发辫六十七件前来。臣等当以江浦未复,又有粤匪八月内夹攻六合之说,今增此外侮,虽被官兵击却,难保不去而复来,即经谆饬该付都统、该道等加意防堵,尤虑贼与匪合,故为声东击西,多方误我,致使江浦贼匪得以乘虚袭转,贻本境之害。其来安土匪滋扰情形,已分咨怡良、福济、庚长妥筹剿办,期于速就扑灭,可慰宸廑。至瓜洲亟须攻克,臣德兴阿、臣翁同书于二十六日五更督队分往四里铺、马桥等处诱贼出巢,奈仍鼠伏不动。我军故作撤队之状,突于东岸虹桥一带出贼四五[①]名,意欲击我归路。鞠殿华、乌尔恭额、英贵等伏兵骤起,贼仓皇失措,四散狂奔,我马步队分股抄击,继以新挑奋勇直前掩(前)[杀],歼贼百余人。追至壕边,泥澜水深,

---

①　此处似有遗漏。

无可插足，遂各撤回。此仗虽未即捣巢，而贼众伎俩已见，经臣等与水师总兵陈国泰等密定机宜，一遇风便即水陆夹攻，大举深入，期于一鼓而下。一切攻具，早经豫备齐全。臣等总当激励驻军，以必克为期，不任再有延宕。谨将六合防兵击退隔省土匪并进攻瓜洲各情据实具陈，伏乞皇上圣鉴。谨奏。

水陆夹击瓜洲大获胜仗折　九月十一日奉朱批

臣德兴阿、臣翁同书跪奏，为督带官兵，约会水陆夹击，经马步各军分路夺险进攻，适遇顺风，师船直入瓜洲大口，大获胜仗，恭折由六百里驰奏，仰祈圣鉴事。

窃查瓜洲贼匪阻水为固，前奉谕旨："进攻之法，必须会约舟师，同时并举，使该逆应接不暇，庶剿办易于得手等因。"钦此。臣等仰奉圣谟，密筹深入，因屡约陈国泰来营面商，与鞠殿华、富明阿等订期会攻，一面修垫道途，添设桥渡，攻具均已备齐，曾于八月二十八日将密定机宜，一遇风便克期大举等情具奏在案。臣等随即遍饬诸军整装以待。是日（旁）[傍]晚，微有东风，即经派员持令飞檄焦山水师周[士]法于次日卯刻多带战船上驶，又函致余万清届时攻打镇江，以牵贼势，使不得北渡为援，并密约土桥水师陈国泰带船驶进口门。盖瓜洲有大小二口，为运河咽喉，口内贼营夹峙，凭为重险，而江南、江北两岸均有贼设炮台，中流金山又有贼垒，故江面必须先为布置，以便径捣贼巢。至二更后，东南风大作，二十九日丑刻，诸军蓐食，臣德兴阿、臣翁同书督队分东西两岸进攻，均衔枚疾走。行至四里铺，天尚未晓，已闻上下水师炮声向自远而近，遥望隔江北固山一带烟焰烛天，知镇城亦在接仗。我军蓄锐日久，勇气百倍，西岸则付将成明、参将邓凤林、付都统海全由马桥进，侍卫蕴秀、参将王建功、游击梁岂、火炮营营总德克津布同忠义勇詹起纶等由四里铺进，直越头、二两道壕沟，呼声动天，火箭、喷筒俱投入贼营中，俄见数处火起，但闻房垣倒塌及小孩哭喊之声，瞭台俱为大军飞炮击倒，战墙黄衣贼目大半被击跌毙，有坠至墙外者。贼益坚匿不敢出头，惟于墙隙开放枪炮死抵。其在朴树湾防驻之兵，经付都统衔富明阿带同参将王巨孝、游击文哲珲、郑邦俊由军桥进，营总苏冲阿、游击李现臣、都司李春芳由双桥进。苏冲阿等行至双桥东南，忽见前面芦苇中有贼五百人埋伏，即摆开马步队迎敌。贼由芦丛乱放枪炮，直扑前来，与我兵枪箭、刀矛相错。正在酣战，富明阿等已带兵绕出贼后，遏其归巢之路。我兵前后夹攻，阵斩执大旗贼三名，贼惊怖失错，纷纷投涧，死者无数，杀毙约三百余名，余贼夺路奔逃，适遇马桥、四里铺游兵，截杀无遗，即行合队向前，连绕贼卡栅五座，各各鼓锐拔桩，直扑贼垒外壕。奈第三重壕，本引江水灌注，又因雨后新涨兼值旺潮，竟有十余丈之宽，非土囊、木板所能济事，只好撤队而回。付都统衔富明阿、参将王巨孝、游击文哲珲、守守①张胜武均受枪伤，其余受伤千把总以下八员，兵丁七十三名，勇十八名，阵亡弁一员，兵丁四名，勇二名，此两岸攻剿之实在情形也。东岸则总兵鞠殿华、参将英贵、马国升、游击扎普上阿等由东四里铺之南回水湾搭桥渡过重濠，贼穴已闭，其在外败垣中伏贼二百余人，经尽先守备王富来等带勇同各营奋勇兵搜出，博战移时，聚歼殆尽。付都统衔乌尔恭额、博奇、巴林保、营总庆春、奇撤布等带领马队直入内壕，又分出马队在王家大院前接应，豫备冲锋。文煜亦派勇五百名，严扼沙头防贼东窜。其回水湾以下，游击冯化清、吴奉龙、刘琛、石皓带领各营奋勇官兵由贼穴东北搭桥三道，绕出贼垒之东，穿芦苇、深林而过，又搭桥二道，愈逼愈近，施放喷筒、火箭、火弹，贼营中大炮群子密如雨，然我军呐喊诱贼数次，俱不出巢，而环垒之第三重濠汪洋一片，无法超越，计受伤弁二员，兵丁八名，阵亡兵丁一名，此东岸攻剿之实在情形也。土桥水师总兵陈国泰因与臣等节次会商，力以破贼自效，先期调集师船，是日，接臣等密信，即于五

---

① 守守，疑为"守备"之误。

更时分督带红单十船,于卯刻戗抵瓜洲。该贼众骤见多船箭激而下,因向江中频放大炮,我水师人人勇往直前,一面顺流斜淌,作遥避之势,一面捩柁舱进大口。守口贼匪相顾愕眙,四散狂奔,我兵枪炮连环向打,毙贼无算,死尸布满江滩。其站墙之贼,亦皆惊走。遥见击倒身穿黄衣,手执黄旗贼目数人,轰塌围墙数处。口内横有大船数[只],安设多炮,均被我兵焚毁。陈国泰复挥令兵勇择隙登岸,意在必克,经游击黄郴驾放舢板、小船于中瓜洲东路登岸,各带火罐,烧其浮桥。贼众蜂拥死拒,炮伤勇目四名,阵亡二名,因前途塍埂纵横,雨后泥澜,未即深入。各船复轮流放炮攻击贼营,墙内人声鼎沸,屋瓦皆飞。攻打三时之久,因口外两旁炮台林立,又密钉桩栏,塞满水际,大船碍难周转,恐其断我出路,因即缓缓撤回。计沉失舢板二只,船身被炮击损四只。焦山水师总兵周士法是日四更正值东南风大作,即饬都司鞠耀乾、已革都司宋天麒带领象鼻炮艇及头猛艇作为头队,于寅刻拔碇先发,亲督游击叶长青、守备叶封、已革游击张翰带领捷广、红单等语,作为三队,于卯刻继进。南岸总兵泊承升亦派拖罟三只随帮助攻,其时前队师船已驶过北固山。我师开炮,与贼堤大炮对敌,连攻连驶,直抵金山,因抢进新河、七号等口,后队师船亦扬帆遥指金山,联棕向北岸进攻。该逆南北贼堤炮弹如织,突于南岸内河闸出新造两桅大战船及快划等船,冀袭我师之后。各师船因即戗过兜攻,计轰沉黄旗贼船一只,击坏贼划数只,复将镇岸马头造未完工之长大战船击碎,并击中土堤上贼台数座。我船亦有受伤,因于巳刻撤回。此上下游水师攻剿之实在情形也。臣等伏查官兵利在力战,贼智惟知死守,我攻之愈猛,贼藏之愈深。瓜逆踞穴已阅三年,沟壑墙垣日加挑筑,而其近垒一濠直成江汉。臣等从事扬营日久,非不深悉险艰,第以凶逆稽诛,又知士卒同心,可以一战,此次风色既顺,人心亦齐,是以大集诸军,分道深入,人人誓欲灭此朝食,冀得一当以慰圣主宵衣旰食之怀,乃仍以濠宽贼匿,未得扫穴擒渠,殊以恨然。此次水陆将士皆能踊跃图功,焚舟毁墙,歼贼无算,其所催败已使贼心胆

寒,且是日余万清接信后,亦即攻打镇江,大有斩①,而陈国泰来禀,
有各船兵勇经此番周历攻视,洞悉贼巢虚实难易情形,无不激愤,思
操必胜之权,以图再举,与陆营马队各军所言俱相符合。陈国泰实心
果力,诚勇可嘉,求之水师中,洵不易得。似此士卒用命,南北协心,
人和已得,容臣等力谋进取,拟仍会合紧攻,断不稍形松懈。所有八
月二十九日水陆会攻获胜情形,理合缮折由六百里驰陈,伏乞皇上圣
鉴。谨奏。

上下游军情并探报金陵内乱情形片　　九月十一日奉朱批

再:臣等前因金陵及瓜洲贼匪有秋令夹攻六合之说,当经札委参
将李新明管带所领红单十一船分防北岸段要口、东沟等处,饬归陈国
泰调遣在案。兹据李新明禀称,八月二十九日卯刻,江南石埠桥小河
突出逆艇十余只,且直向北岸横渡,即督饬师船五只戗沂江心邀击,
开放巨炮,中其头艇桅篷。贼见官军势盛,遁入小河登岸,李新明改
乘快划,向内河紧追,当获逆船二只,仍饬兵勇上岸追赶。我舟师已
抵江边,各放大炮连环轰击,毙伤贼匪多名,毁其土垒二座,夺获三百
斤铁炮二尊、抬枪七杆,六合县防兵亦驾快船帮剿,夺获逆艇一只等
语,并先后据陈国泰、温绍原呈报前来,又据派防观音门总兵陈世忠禀
称,八月廿九日四更时候,瞭见燕子矶边有贼船十余只乘风下放,即挑
派龙哨、快划等船扬戗驶,向其船内丢掷火□、火球,登时燃着,贼纷纷
跳入江中,淹毙无算。兵勇乘胜登岸,烧毁其单瓦厂屋数十间、瞭台一
所,拿获巡更贼匪三名等语。臣等伏查上下游水师同日于江岸杀贼
制胜,有类期会,均挫凶锋,似剿办尚为增色。又据温绍原禀称,来安
棚民滋事,扰及六合乡境,经我防兵击却后,复为滁州、盱眙兵勇痛剿。

---

①　此处似有脱漏。

该匪本系乌合饥民,慑于兵威,均愿就抚,现已四散,浦、六界内业已肃清等语。陈世忠又称,八月二十五、六日等日,见有长发尸骸不可数计,由观音门口漂淌出江,内有结连捆缚及身穿黄衣黄袿者,当经探得金陵逆贼内乱,自相戕害,首逆杨秀清已被杀死,并杀扬逆之党与多人等语,核与各营县所报相符,合并奏闻。伏祈圣鉴。谨奏。

咸丰六年九月十一日,奉朱批:"知道了。"钦此。

招降瓜洲敌众片① 十月十二日奉朱批

再,瓜逆自受创后,防守更加严密。外间射书招降,贼众业已周知,人心悉散,是由乘间出投者。旬日以来,虽皖、楚以上老贼亦皆相率来归,每或三四人,或六七人,均发一二尺不等。讯据供称,迭被大兵紧剿,率皆胆破。近因得见告示降者不杀,感泣甚众。伊等年久发长,出入稍可自便,故能密约出来,愿为报效等语。臣等察其情词,实属真心出投,特于三汊河毛三元营侧别设一营,派员约束,俟足敷一队,即令其随剿,俾予自新。臣等间日督队诱贼出巢,为痛歼之计。惟九月二十八日,贼见马桥官兵无多,突有逆党数百人吹螺出敌,我兵佯退至土桥一带,该逆跟踪至,经领队富明阿、参将王巨孝等分带左右伏兵,候其近扑,一时齐发,毙贼四十余名,黄旗披靡败退。该逆旋即遁回瓜洲。连日又复坚壁死拒。臣等仍当离其党与,力图捣穴,并密约余万清设法解散胁从,仍随时会攻,断其犄角。合并附陈,伏乞圣鉴。谨奏。

咸丰六年十月十二日,奉朱批:"知道了。离其党与固为上

---

① 原稿题为"德兴阿等片",本题为作者所拟。

策,然须事事示以不疑,密为防范,庶不致堕其计中。瓜洲与连镇不同,尤应慎益加慎。"钦此。

处置降敌会攻江浦并催提轮船片[①]　十月二十七日奉朱批

再,臣等前将射书贼垒,解散胁从,另设一营以处降众等情附片具奏。十月十八日奉朱批:"知道了。离其党与固为上策,然须事事示以不拟[②],密为防范,庶不致(随)[堕]其计中。瓜洲与连镇不同,尤应慎益加慎。"钦此。仰见圣主沉几广运,计出万全,臣等跪诵之余,莫名诚服。惟日来贼禁约加严,逃出较前稍稀,虽有聚齐一二百人结队乘间来归之说,臣等届时总当凛遵训示,于招纳之中仍严防范之法,断不敢稍涉大意,致有疏虞。至江浦贼情,闻因金陵内讧,[益]形慌乱,当由扬营派委黑龙江营总舒通额、西安营总奇彻布带领马队二百余名驰往浦口,会商紧攻。次据穆克登额、安勇、罗玉斌、多隆武等报称,浦口、六合及扬营马步官兵于十六日黎明齐至江浦城下,西门、南门各出贼四五百人,隔壕开炮迎拒,我兵逾沟拔桩前进,合并夹攻,或截其旁抄,或断其归路,计毙贼二百余名,夺获旗帜、枪械多件,余俱败窜回城,坚闭不出,其九洑洲接应之贼亦为兵勇掩击败走,仍拟间日接连攻扰等情。又据陈世忠呈报,九月二十六日子刻,击退窥伺观音门贼船。叶长春呈报,十月十一日未刻,击退窥伺浦口贼船,并打沉贼划二只、焚毁一只等情前来。臣等嘱其加意严防,一俟轮船入江,先攻金山、瓜洲,再行会合水军上驶,以期节节剿洗。惟此项轮船二只停泊上海三月之久,屡经遵旨催提,至今迄无起碇消息。现复

---

①　原稿题为"德兴阿等片",本题为作者所拟。
②　拟,当为"疑"之误。

分咨怡良、赵德辙、何桂清查明因何逗遛，促令星速来江，由臣等查看，若果合用，亟拟进攻及设法添雇，以资剿办。臣德兴阿已于本月十八日由仪征下船至土桥陈国泰水营，相度江面情形，豫筹安置轮船及作何合帮攻打，均已粗有端倪。理合附片具陈，伏乞圣鉴。谨奏。

咸丰六年十月二十七日，奉朱批："知道了。"钦此。

筹剿浦口六合飞调援徐官兵回扬折　十一月□日奉朱批

臣德兴阿、臣翁同书跪奏，为浦口、六合军情紧急，现筹拨兵助剿，业经飞调援徐官兵回扬，以资备御，恭折由六百里驰陈，仰祈圣鉴事。

窃查南岸数月以来，自金陵至镇江处处均有贼船麇聚，而石埠桥之贼复在内河抢夺民船数百号，筑坝蓄水，意欲出江，先围艇师，径扑北岸六合地方。臣等檄饬陈国泰将李新明红单十一只分扼东沟段要江面，以防石埠桥贼船逸出，复恐其顺流运粮接济瓜镇贼巢，并饬上下游舟师严防备拿。十月二十五日，果有鲇鱼套贼划一队乘夜潜窥焦山水营，经周士法督队击遁。二十七日酉刻，又有大木排四架，中裹船只，并随大小船数十只渡江拢围土桥水营，经陈国泰督船击遁，两仗均有斩擒，尚称得力。惟昨据署江浦县袁瑞麟探得江浦城内贼党近接首逆伪檄，令其诱攻浦口营盘，即便乘隙直扰六合，又是月初三日瞭见贼船蔽江而下，云系调来筹议攻打浦口、六合，核与富春、温绍原、安勇等所报相符。昨复据江浦县飞报，探闻贼众已到高旺，约有数万，请速拨兵驰援等语。臣等查高旺在江浦之西，距城二十余里，其意自是纠合距城之贼，图犯浦口。当即飞饬驻防兵设法捍御，复于扬营出马队一起、义勇六百名交付将成明统带,于十三日星夜驰①。又饬富春于六合防兵内拨出马队一起会合进剿。惟是扬营兵数本属不足,近日瓜洲贼众时在土桥、红桥等处窥伺,经鞠殿华、富明阿等随时击退,阵毙、生擒约二三十名,又经毛三元密派投出难民率领健壮穿过贼营,放火夜扰,直至滨江夹港其桥渡,杀毙守卡巡更贼十余名,并获坐船一只,生擒湖南长发一名,夺得银药、器械多件,贼中颇切惊慌,惟以眈眈负嵎,近在门闼,万一侦知我兵少,纠股内侵,首尾恐难兼顾,因思援徐一旅,本系勉力抽拨,现闻捻匪退皖境,福兴又已带兵赴徐,即萧、砀之间尚留有余孽,或须进至宿、亳会剿,有福兴与史荣椿两军,足资扫荡,正拟将侍卫蕴秀及所带马队二起、直隶兵四百名仍行调回扬营,适于十三日酉刻,接蕴秀自徐来函,据称,现在捻匪去徐已远,徐州安堵如常,萧县黄家口一带虽闻有匪徒踪迹,多系本境土匪,情形不甚吃紧,若越随同(坊)[防]堵,未免以有用之兵置诸无贼之地等因前来。臣等核其来禀,均属实情,且瓜洲及浦口、六合等处正在需兵,而臣等前次奏拨援兵折内原经声明,一俟解围,仍令迅速回扬,今徐、扬缓急情形迥异,军务紧要,臣等不敢稍事拘泥。谨一面拜折,一面即由六百里飞调蕴秀仍带原队兼程回扬,俾收实用。理合具折驰陈,伏乞皇上圣鉴。谨奏。

浦扬官军连次击敌大获胜仗折　　十二月初一日奉朱批

　　臣德兴阿、臣翁同书跪奏,为浦、扬官军连次击贼大获胜仗,恭折由六百里具陈,仰祈圣鉴事。

　　窃臣等前因据报江浦县高旺一带聚贼数万,即于十一月十四日将浦、六军情紧急,派员带兵助剿,并声明飞调援徐官兵回扬等情由驲驰奏在案。当即催令付将成明统带马队、义勇,兼程赴浦,

———————————

①　此处似有遗漏。

会商进攻。旋据署江浦县袁瑞麟、留防六合候补道温绍原及付都统富春等呈称，查系来安土匪汪士荣投入金陵贼党，伪授将军，令其帮守江浦，勾结来安、盱眙、天长、泗州等处匪举事北窜，粤逆派来贼头洪姓等三人竖立"奉旨安民"旗号，每人各带一二千人分扎乌江、石迹桥地方，因被和州官兵击败，聚踞高旺及陈家浅、新甸庙处，与江浦城内之贼相应，声言分扰全、滁，急图内犯，其势甚炽等语。臣等严催付将成明约齐浦口马队官兵前往剿办，毋任愈聚愈多。昨据成明等报称，探得贼匪出巢窜扰东葛、西葛、小店、汤泉一带，肆行焚抢，即于十七日夜间子刻整队分道驰往，安勇、成明等黎明行至汤泉，有贼匪二三千人直扑前来，我军枪炮齐施，窥其阵脚稍松，急用刀矛继进。游击魁霖、千总詹起伦督率兵勇绕过山头，自后截击，总管台斐音保、营总舒通额马队由两翼抄杀，贼势大败，砍毙黄衣贼目一名，生擒九名，内伪司马、旅帅各一名，阵杀贼匪约千余名。总兵罗玉斌、同营总奇彻布在小店堵御，突于黄悦岭出贼二千余人，径袭官军后，虽我兵鼓锐商进，先以马队斜冲，贼力不支，因即乘势掩杀，砍毙及跌落坑洞者不计其数，余贼四散，其分股接应之贼亦各夺路奔逃，或并归江浦城内。此仗计毙贼二千余名，我兵受伤者十三员名，夺回民间牛羊驴头百余只，当经给主认领及分资兵勇。其九洑洲之贼于十六、十七等日被我马队、水勇打败，擒斩多名，夺获抬枪、抬炮、喷筒多件。其十六日在毛汤桥放火，径至汊河抢船，窜渡多贼，复被江浦县袁瑞麟带同练勇、乡团击败，阵斩五人，夺获枪炮多件。此江浦、浦口连获大胜之实在情形也。瓜洲贼匪自八月二十九日大败后，益以深沟高垒为计，从未敢大队出巢。近因南岸贼情猖獗，党援日众，渐萌窥伺，屡被我兵击退。臣等先期约商水陆各师于本月十八日大举，是日四更蓐食，臣等亲督各队衔枚而进。总兵鞠殿华及文煜所派练勇五百名由东路进攻，付都统衔富明阿、德克津布、付将英贵、游击梁恺等带兵由西路进攻，均各逾濠拔桩，直薄逆垒，向其营墙轰打，击倒望楼砖垛无数，并将直隶运到之火攻炮子、炸子施放，但闻墙内屋瓦塌裂及呼号之声不绝。西岸上瓜洲之贼约有三百余人冒出土墙西走，适土桥水师放下船板船及仪征县快船共十余只，与贼船在江中接成①，击翻贼船六只，船内贼匪全行溺毙。值西风大作，未能驶出巨艇，其小船亦未便径入大口。正在紧攻贼堤，俄见贼众西走，把总李逢春、外委陈廷杰等因即带领兵勇于距大口里许之龙富地方登岸邀击，正与富明阿等马步追兵相值，两股鏖击，将其出墙之贼尽情掩杀无遗，付都统衔海全于阵前生擒长发老贼一名，余贼益闭壁死拒，不敢出头，炮如雨下，攻打四时之久，均各缓缓撤队。其焦山师船先于十四日由游击张瀚等将窜伏土圩、袭攻艇船之贼击退，是日因系逆风，未能遥至北岸，经周士法探〔挥〕令夷广各船溯流驶攻镇城及北固山、金山贼堤，以遏其过江救应。此十八日会攻瓜洲大获胜仗之实在情形也。二十日，贼复由东岸窜出下虹桥以东，经鞠殿华、博奇、乌尔恭额等率领马步队纵击，毙贼百余名。其窜至江边，复为文煜派防沙头练勇击退。二十一日，贼复由西岸乘夜窜出千余人至土桥挑壕筑垒，搬篷②炮械，为久踞计。富明阿会同参将王巨孝、游击文哲珲、郑邦俊带领马队由朴树湾绕道阑击，海全随带马队驰往接应，毙贼一百七十余名，立将贼垒（塌）〔踏〕平，夺获抬枪、刀矛、黄旗三四十件，并获六百余斤大炮一尊。水师陈国泰亦派兵登岸助战，夺获铁炮两尊、火枪四杆，毙贼百余名。我师水陆兵勇计受伤十四名。臣等查连旬剿贼，士卒均知用命，而高旺另股贼报，尤能及时扑灭，不致蔓延。现仍督带水陆各军紧攻瓜洲，并饬浦口、六合马步官兵会攻江浦，以图克复，不敢稍事稽延，合并声明。伏乞皇上圣鉴。谨奏。

---

① 成，似为"仗"之误。
② 篷，似为"运"之误。

进攻江浦获胜片　十二月初一日奉朱批

再：前折正在缮写，又接安勇、罗玉斌、穆克登额、台斐音保、成明等报称，探得汤泉等处败残余匪多窜江浦城内，因即会商带领扬营、浦营官兵于二十日进攻，适富春由六合带领马队，温绍原派委都司夏定邦带领练勇亦至，当分西北一路，东南一路，北门接应一路，官兵人人奋勇，越过四道壕沟，抛掷火球紧打，突由西门出贼数百名，我军连压三次，复佯退，引入平地，经马队从阵后抄出，断其归路，贼仓惶无计，弃械狂奔，为我兵追毙无算。自卯至午，正拟撤队，忽由南门出贼千余名，聚扑前来。官兵折回迎击，酣战之际，又经马队旁抄入阵，贼慌乱不支，夺路逃回，步兵枪炮攒击，计阵毙贼匪四五百名，斩割首级四颗，生擒九名，夺获器械多件，烧毁卡房五座。我兵勇受伤六七十名，阵亡二名。理合将复攻江浦获胜情形附片陈明，伏乞圣鉴。谨奏。

咸丰六年十二月初一日，奉朱批："知道了。"钦此。

水陆会攻瓜洲迭获大胜折　十二月十六日奉朱批①

臣德兴阿、臣翁同书跪奏，为水陆诸军连次会攻瓜洲，焚毁卡房、船只，阵斩多贼，迭获大胜，恭折由六百里驰陈，仰祈圣鉴事。

窃臣等于十一月二十四日将浦、扬官军连旬剿贼获胜情形据实陈奏在案。查瓜逆自十一月十八日以后迭受重创，诚恐其别施诡计，即经通饬各营昼夜严为戒备。二十三日，玉皇阁江岸果出贼匪千余

① 原稿误作"十一月十六日"，据奏折内容改。

名,总兵鞠殿华带领马步各队分路兜剿,已革付都统衔协领博奇匹冲锋,我军枪箭、刀矛争先恐后,毙二百余名,余贼夺路窜回。臣等屡次密约土桥水营多备火船,并饬陆路各军多备火器,遇风色顺利之时,即大举深入。适攻具一律整齐。二十四日卯刻,东南风大作。辰刻,臣等分督各队进取瓜洲,西岸则付将英贵、付都统衔总管海全统带马步兵勇由四里铺进,直抵瓜洲大口。该逆惊觉出拒,黄旗林立。我军先以枪炮连环攻打,愈逼愈近,旋用火攻,炸炮连向垒中轰击,砖石飞腾,并燃着房屋数处,人声鼎沸。俄由旁路绕出贼匪七八百名,继又出有大股千余名分扑而来。海全带领营总斐兴阿、吉勒图堪排开马队,劈分两翼围抄,英贵带领都司袁得名、蒋临煦以步队迎面接战,三路齐进,毙贼三百余名。臣等督饬官兵相机策应。贼见兵锐酣足,披靡遁走,又为参将马国升、王建功带领伏兵在马桥截杀四十余名。千总詹起纶带领义勇及付将衔参将毛三元所派之民勇分扼要隘,亦均有斩擒。阵亡民勇一名。盖西岸一军实为陆路之中权,处处均能联络,与水师亦互为响应,故该逆全力拒守,攻拔尤难为力。其西岸迤西之朴树湾,则有付都统衔参领富明阿统带马步兵勇由双桥进,行至高桥迤西,丛(蒂)[苇]中伏贼数百名一齐呐喊而出,力遏我兵进攻之路。正在鏖战间,已革把总王富来冲入贼队,手刃黄衣贼一名,参将王巨孝、营总苏冲阿、游击文哲珲、已革参将陈昇由军桥带领兵勇踵至,声势更壮,毙贼二百数十名,夺获器械多件。署仪征县知县杨钟琛带勇在桥堵御,败贼无路窜逸,又兼土桥师船连艕下驶,贼即遁回固守,官兵追至外壕,吊桥已撤,施放喷筒、火箭,烧毁卡房多处,我兵受伤二名。此外朴树湾一军夺险薄城之情形,实因阻于贼炮如雨,且阔濠满注,江流背水,以致未能拔。东岸则有总兵鞠殿华统带马步官兵亦由四里铺进,于锋镝中冒险搭桥,紧逼贼垒,枪炮亦多奇中,惟我攻愈急,彼踞益坚,复饬参将吴奉龙由王家大院力捣上瓜洲巢穴,以为避实击虚之计,游击冯化青、刘琼往来接应。博奇赴红桥一带进剿,遇有伏贼七八百名,挥令马队冲击,毙贼甚多,阵斩执黄旗长发老贼一名。付都统衔营总乌尔恭额带队绕至尹家桥,抄其归路,前后夹攻,歼斩贼匪二百数十名,夺获刀矛、枪械、旗帜无算,该逆惊怖失错,落水死者难以数计。其滨江间道,藩司文煜派有练勇五百余名在彼阑截,余孽漏网无多。是东岸一军亦因深沟高垒未即捣穴擒渠,而攻剿五时之久,贼匪就戮甚众,我兵并无伤亡。是日黎明,土桥水营总兵陈国泰督带各师船起碇,驶抵瓜洲中下各口。该逆瞥见,密开大炮。各船亦用炮更番攻击,顺风施放,倍为得力,贼营房屋、瞭楼、墙垒应声塌卸,毙逆无数,击倒城上抢旗贼目多名。总兵周士法督带六品顶带革任盐捕营都司宋天麒、游击叶长春等管驾捷艇、象鼻、头桥、红单、舴艇、快蟹、龙哨等水①鱼贯上驶,饱帆经指金山。该逆有大黄旗一队,自宝盖山顶贼营驰下蒜山口,任意指挥,被各艇巨炮击碎黄旗多面,拢近贼堤,枪炮甚密,上下游鼓浪环攻。陈国泰复饬已革仪征县知县范骧、尽先千总梁富扬、外委龚铨其带火舡多只设法驶放瓜洲内河,亟派仪县随剿快舡帮同(总)〔纵〕火,延烧堵塞口门之大小贼船数十号。风力正狂,火力益猛,仅有数舡避入夹港。南岸贼众因瓜洲烟焰连天,即驾舡出江救应,总兵泊承升先带各艇溯流开炮,横截江面,击翻贼舡二只,余舡亦多中炮伤,飞棹折回。周士法亦带舡力攻七号口贼营,时已未刻,风力渐微,驶攻不便,各舡间被炮伤,桅舵兼多炸损,收队后,又击倒甘露寺贼楼一角,兵勇受伤七名,阵亡一名。酉刻,瓜洲逆贼驾小船数只驶至江面窥觇,经土桥师舡开炮击沉二只,因天色已晚,未便穷追。臣等以此项水陆会攻,各军尤为用命,亟应迅图再举,即经密传各营定期于初五日以前遇东南②起,仍接续并攻。十二月初二日卯刻,风色尚利,臣等先令毛三元派令探勇前往瓜洲附近处所,窥贼动静,一面亲督各队由东西两岸分路进兵,即据探勇报称,马桥已有贼踪,因勇至惊走,夺回小铜炮一位,小舵舡二

---

① 此处疑有脱漏。
② 此处当脱一"风"字。

只。臣等即派千总詹起纶带义勇至贼营以外诱敌，大队继进，上瓜洲
出贼数千，义[勇]奋臂迎战，旋又佯退，引其深入。付将英贵，付都统
衔总管海全，委参领花沙布、忠颜，游击赵树棠等，即带领伏兵四出冲
击，该逆猝不及防，马队枪箭齐施，步队刀矛相错，毙贼四百余名，贼
即尽气狂奔，自相践踏。官兵力图聚歼，割取首级二十余颗，夺获旗
帜、器械一百余件。维时高桥等处亦有贼匪五六股，与付都统衔参领
富明阿、营总常寿、参将王巨孝、已革把总王富来等各队交仗，该逆见
官兵面面齐进，即由上瓜洲之后出援，麇聚马桥一带。营总斐兴阿、
奇彻布等及力相持，堵其旁窜，英贵、海全亦追贼赶到，悍逆死战不
退，义勇奋往前驱，毙贼二百余名，逆焰顿摧，遂与富明阿等会合夹击
防御。委参领隆山身受枪伤、矛伤二处。土桥师舡已围泊瓜洲，贼匪
应接不暇，败退回巢，水营都司赖镇海带兵勇由侧路拔桩登陆，协同
追贼，擒斩多名，其不及过濠者，均投溺水中。臣等于阵前激励驻军，
务期必克，兵勇咸知奋勉，麇战不退，至申刻径扑三重宽濠，用板支搭
浮桥，而垒矢石、火弹络绎不绝，迄未得手。查点我军受伤官弁七员，
马步兵勇五十七名，阵亡马步兵勇十五名。总兵鞠殿华督带官兵在
东岸攻至一日之久，逾沟拔桩，无计不施，该逆竟负固死守，日暮后同
时收队。总兵陈国泰于是日黎明后即带师舡箭激而下，在江面驶攻，
与贼营枪炮互相对击，并分帮往攻金山，牵缀贼势。辰刻，风帆渐饱，
各水师拢近北岸，见在黄衣贼首数人在望楼摇旗指挥，我兵用巨炮对
准开放，均经击毙，城上贼匪卡篷多被击毁，墙屋倾颓，与哭喊之声相
乱。总兵周士法所带各艇因南风过大，转棹不灵，兼之冬令水落，八
号口沙嘴突露江心，致未能直趋瓜洲，即对龙哨、快蟹各艇就攻镇岸，
不令该逆片帆北渡。瓜洲江滩一路绵延，陈国泰派令舢板小舡择隙
登岸，该逆据险抵拒，嗣又有瓜洲大股前来抗拒，我兵勇怠疲，屡进屡
退，虽击毙贼匪多名，终以不克破巢为憾。受伤兵勇八名，阵亡一名，
至申刻始行收队。臣等查连次大胜，诸军同时毕举，余万清闻炮践
约，亦攻打镇城，南北水陆处处齐心，将弁兵勇人人勠力，上下游舟师

尤能踊跃异于平时，统兵各路毙贼共有一千八九百名之多，臣等惟有督率各军，凡遇可乘之机，定即仍前剿办，殄此丑类，以冀仰慰圣慰。再，侍卫蕴秀业经带兵驰回扬营，现将其援徐马队拨出一起，饬赴浦、六驻防，合并陈明。伏乞皇上圣鉴。谨奏。

观音门水师连次获胜情形片　十二月十六日奉朱批

再：据驻泊观音门总兵陈世忠禀称，入冬以来，屡有逆船窥扑水军，均经随时击退。十一月二十七日子刻，瞭见燕子矶、巴斗山等处时影灯火，逆船蚁聚，争头出江，即令游击余荩臣、都司彭常宣带龙哨快船飞桨驶口门扼剿。该逆正在连樯出口，被我船阑要截住，陈世忠督带各艇接应，击沉口外贼船数只，嘱预派兵勇暗伏，抛掷火器，又烧毁多只，凫水逸贼尽行淹毙，其未及出口后帮贼船折回驶遁，我艇扬帆追剿，夹岸贼垒鸣锣举火，用枪炮抵拒，因乘北风正劲之时，纵烧芦洲，中有伏贼呼号，被焚殆尽，延及贼营，火光烛天。其在悬崖之上贼匪，中炮堕落死者尤多。各艇已深入十里，未便追进。计烧毁贼营两座，瞭楼两处，夺获大小船三只，旗械药弹多件，我兵亦有受伤。该逆经此痛剿后，即在巴斗山沿岸筑垒，外用大小船护泊。十二月初三日亥刻，因东北风起，陈世忠督带各艇驶入江内，长驱巴斗山一带，攻垒剿贼，枪炮对击，每时复用哨船渡兵勇潜赴江岸，水陆两路纵火围攻，焚烧贼房屋多贼处多只①，我军登岸追贼，歼毙甚众，将贼垒全行踏毁。下关贼船驶来援应，又经我艇击沉二只，兵勇在陆路得获大炮五尊，米粮二十余石，枪械、刀矛、火药、铅弹及动用各器具无数，阵亡兵丁一名等语。又据驻泊浦口总兵叶常春、付将周希濂禀称，连据探报，上河、下关贼艘鳞集，有乘夜窜攻六合之信，即饬各船加意严防。十二月初三日起更后，南岸七里洲灯光闪烁，忽远忽近，派令快船驶

---

① 此处疑作"多处、贼船多只"。

探,见大帮贼船蔽江而下,海螺吹动,七里洲亦渐有人喧嚷。叶常春、周希濂督带游击王之敬、杨冠春驾广局白□艇及红单战船起碇扬帆,分为三队,顺风邀击,迭放三千斤大炮,击沉贼船数只,岸上三贼明火助势,贼船逆风戗折,傍岸下窜,我船分帮攻打,焚毁贼船六七只,夺获二只,起出大炮四位,药弹数百斤,器械多件。总兵安勇等亦带队在宝塔山一带轰击。该逆因我水陆声势联络,转舵驶回,其七里洲之贼均纷纷败走。当即分拨哨船近岸抄截,割取长发首级一颗,一面向火光聚处连开枪炮,毙贼不少,夜深收队等语。并据安勇、罗玉斌、穆克登额具报是夜击船情形,均属相同。陆军接应时,亦在江岸遇贼,击毙数十名,我勇受伤一名。臣等查浦口、观音门水营在在均关紧要,除批令严加堵剿,毋稍疏懈外,合将连次获胜情形附片具陈,伏乞圣鉴。谨奏。

　　咸丰六年十二月十六日,奉朱批:"览奏已悉。"钦此。

咸丰七年奏稿

水陆进攻瓜洲大获胜仗折　　三月初二日奉朱批

臣德兴阿、臣翁同书跪奏，为连日约齐水陆，紧攻瓜洲贼巢，并于二十日撤队后歼击分股扑营悍贼，大获胜仗，恭折由六百里驰奏，仰祈圣鉴事。

窃臣等前以瓜洲贼匪意图铤走，亟宜乘其来窜，约齐水陆夹攻，因于雨后稍晴，与总兵陈国泰等密订连攻之期，又以水师必候风色，复议但俟得风，即同时分路并进。二月初九日黎明，臣等督率东西两岸官兵赴瓜洲围攻，先由参将毛三元密派壮勇十余人漏夜潜入贼营放火，杀死守更贼人，将其长发首级呈验，贼众大为惊扰，因坚壁不敢出头，而土桥、焦山师船甫经起碇，旋以风逆未得驶上。十五日卯刻，又整队而往，即由上瓜洲出贼一股，从军桥之富家井扑来，力遏我军深入，其续出之贼约有二三千名，分作两股，作旁抄之势，经参领富明阿带同营总常寿、参将王巨孝、游击郑邦俊管带马步兵勇为一队，营总苏冲阿、游击文哲珲、守备哈连升管带马步兵勇为一队，两路迎剿，远者击以枪炮，近者刺以刀矛，该逆仍抵拒不退。尽先守备王富来带勇由丛苇中斜击而来，与马步各队并合冲入，贼阵立见披靡，纷纷败走。陈国泰亦派勇三百余名登岸协剿。该逆腹背受敌，狂奔窜回巢穴，共毙贼匪一百数十名，查点我军，受伤马步兵勇十二名。维时总兵鞠殿华，侍卫蕴秀，副将成明、英贵，尽先总管海全，正由四里铺带兵力捣老巢，乘军桥接仗之时，连夺险要，扑濠传堞而进，火器营营总德克津布带兵施放火箭,贼中慌乱,炮弹、矢石更密,我兵仰攻三时之久,因天晚恐有挫失,遂即撤回。十七、十九等日,狂风激浪,舟师难以驶攻,陆军列阵良久,仅于下瓜洲出贼数十名、百余名不等,均被我军歼杀殆尽。二十日五更蓐食,臣等分督诸军,由四里铺进剿,衔枚疾走,越过重壕,不见贼匪踪迹,用巨炮向巢轰打,亦迄无动静。总兵周士法、泊承升督带战艇抢抵金山江面,就攻贼堤,轰毙红衣贼匪数名,受伤兵丁一名,收队已届申刻,忽由中、下瓜洲窜出贼匪数千,直向土桥奔突,扑我义勇营盘,其势极悍。适陈国泰派令兵勇由江边龙湾登岸,同营总常寿、游击文哲珲暨义勇、仪征南勇连压数次,将薄贼垒,贼复添出生力千余,径向我军直冲,正相持间,富明阿带同王巨孝、邓凤林等从间道绕至应援,捣贼中坚,哈连升、王富来亦带勇继进,分为四队,连环冲击,该匪突出不意,被我四面裹剿,毙贼二百数十名。陈国泰水师兵勇绕回截击,贼众狂奔,遂即乘胜穷追,时由大营派出接应之成明、海全各马队驰至,昏黑之中连兵并力鏖战,又毙贼百余名,夺获刀矛、旗帜多件。是日,水陆受伤官弁、兵勇六十员名,阵亡额外外委陈其祥一员,兵勇十一名。旋据逃出难民供称,二十日傍之仗,贼众拖回广西老贼死尸十余,其内有伪检点黄姓、伪将军李姓二名,其重伤抬回者复四五十名,大为夺气,互相埋怨,誓死不敢再出。又供,近来出仗,均系长发在前,故老贼伤亡最多,连日被裹男妇有接踵来归者。所供均属相符。至累次会攻与南岸密订同时攻打[各]节,据余万清咨报,开炮进攻镇城,以牵贼势。惟水师总因风色不顺,未得畅驶,现乘此次胜仗,复为悬赏激励诸军,候风利天晴,再图深入,冀得擒渠扫穴,仰慰圣廑。所有连日水陆进攻及剿败扑悍贼情形,谨缮折具陈,伏乞皇上圣鉴。谨奏。

瓜洲敌军出拒官军大获胜仗折　三月二十三日奉朱批

臣德兴阿、臣翁同书跪奏,为连旬接续紧攻瓜洲,突于十二日,该逆倾巢而出拒,经官兵并力歼击,大获胜仗,恭折由六百里具陈,仰祈圣鉴事。

　　窃瓜贼踞巢,屡攻未下。臣等因为明攻暗扰之策,使其日夜不得稍休,俟有衅瑕,即图捣穴。自二月二十九日起,屡与余万清往返驰函,密商南北同时进攻,互断贼援,奈该逆总以负固深藏为得计,水陆要口添设炮垒极多,并得巨炮,移置外壕,阻我深入。三月十二日子刻,通传各营五更蓐食,分路进剿。卯刻径抵贼壕,连环轰击,贼被我军攻紧,先由东岸尹家桥出贼六七百人,总兵鞠殿华会同协领博奇、乌尔恭额、参将吴奉龙等带领马步官兵绕至陈家湾,正与贼遇,将埋伏河坝下之贼先行搜杀,又分兵交游击刘琼、石皓等向王家大院绕出贼后,见贼众正由玉皇阁摇旗前来,因即列阵夹击,被马队抄前冲入,即时败逃,计毙贼约百余名。巳刻,西岸上瓜洲由江边出贼千余名,抢袭我附壕官军,经参领富明阿同参将邓凤①林等分左右翼击其两旁,贼窥我中路稍虚,直扑饯入,幸丛苇中先伏兵勇在彼,候贼逼近,冲坚齐出,贼首尾不能相顾,纷纷夺路奔回,轰毙骑马黄衣贼目一名,杀贼甚夥。富明阿等正在跟追,贼众突又倾巢而出,径向西路土桥、马桥、双桥一带扑去,计分九股,每股约二百余人。其时,副将英贵、总管海全、游击巢恺在四里整队继进,即分途奋力向西拦截,又添调东岸官兵过浮桥助剿,鏖战正浓,侍卫蕴秀见贼抵死不退,复调抬枪、铜炮,率同游击匡国栋带领马步队出其不意,呐喊而入,贼骤见披靡,为铜炮所击,应声而倒者甚众,登时阵乱狂奔,遂同富明阿一军会合并击,压至壕根,守备哈连升、王富来奋不顾身,逾壕追贼,手刃多名。天色昏黑,遂即撤队。计毙四五百名,生擒四名,夺获器械百余件。是日之战,自辰至酉六时之久,两岸官兵俱极奋勇,大获胜仗。查点我军,伤亡兵勇共十八名。顷接余万清来文,知镇江亦同日攻打,足资联络。十四申刻,东岸中下瓜洲又出贼匪约千名,向红桥、八里铺

---

①　凤,疑为"凰"之误。

窥觊,鞠殿华同乌尔恭额带马步队向前迎敌,贼知有备,即刻窜遁。再据各探报,有金陵逆首近添贼党往江浦拒守之语,特派总兵成明驰赴浦口察看水陆军情,合并附陈。伏乞皇上圣鉴。谨奏。

咸丰七年三月二十三日,奉朱批:"知道了。"钦此。

水师夜袭瓜洲情形片①　三月二十三日奉朱批

再,暗扰之策宜在夜,即于水师袭击尤便。顷据总兵陈国泰报称,本月十三日,密派尽先守备卢瑞祥驾舢板二只、快划四只,装配枪炮,于亥刻顺靠江边潜进至瓜洲口门,向贼垒围绕放炮,毁其望楼数间,贼中鼎沸,并未开炮相拒,旋因风大浪高驶回。十五日戌刻,又派都司黄广泰带船前往,将近口门,见有贼船数只忽前忽却,似欲诱我深入,当即齐开枪炮,击沉双桅船一只,月光中遥见投江溺毙无数,贼营喧嚷,仍未开炮抵敌,恐其有计,亦即驶回等语。除檄饬相机接续袭扰外,理合附片具陈,伏乞圣鉴。谨奏。

咸丰七年三月二十三日,奉朱批:"知道了。"钦此。

攻剿瓜洲阵擒敌目乘胜续捣敌巢折　四月十五日奉朱批

臣德兴阿、臣翁同书跪奏,为官兵叠次攻剿瓜洲,阵擒贼目,并连日水陆乘胜续捣贼巢,接仗四昼夜,叠获大胜,恭折由六百里驰陈,仰

---

①　原稿题为"德兴阿等片",本题为作者所拟。

祈圣鉴事。

窃瓜逆屡思窜逸未遂，近被我军攻扰不已，防守加严。臣等议趁久雨畅晴时，督马步各队或间日一攻，或一日数攻，水师则与陈国泰密商，连夜驾船傍岸向巢轰打，毁其楼堞，耗其火药，冀乘衰竭，以便深入。计自三月十九日至二十八日，均有斩擒，幸无挫衄。二十九日未刻，瓜洲大股贼众约二千余名忽尔出巢，直向西路之土桥、双桥奔突，经参领富明阿同参将王巨孝带领马步队驰往截剿，该逆凶悍异常，对我官兵迎面扑来，经马队分三路列阵，施放枪箭，毙贼甚众，绿营兵勇分扼隘口邀击，贼见大队阵坚，不敢再进，各兵一拥向前，横冲斜击，贼即纷纷败走。其时双桥贼匪亦与我军相持，忽然放声呐喊，败贼复结折回，并股搏战，富明阿又由小芦庄绕击贼后，委营总苏冲阿等先在郭家汉埋伏，及是合并围抄，王富来匹马摧锋，阵斩执黄旗悍贼一名，贼众为之夺气，争向瓜洲逃遁，官兵遂即合队尾追，沿途砍杀尤多，死尸枕藉，沟圳血流，共毙贼三百余名，生擒七名，内有伪水营总制黄得刑、伪旅帅潘成二名，均系广西老贼，讯明枭示，并割获首级、耳记二十余件，大小旗帜、刀矛百余件，马三匹等因。连次贼匪被创，激励将士，责以乘胜破巢。初二日起更时分，即督饬马步官兵衔枚而往，焚烧贼卡多处，并杀守更贼数名，水陆诸军轮流撤还，表里夹击。攻至初三日午后，径扑重壕，城上抛掷火包灰袋，与矢石药弹一齐俱下，不容我军近城。官兵运到巨炮，向其垛墙轰打，击倒瞭台数座，城垛塌陷数处，并经陈国泰水师击沉大船二只，多桨划船一只。初四日二更后，先饬副将毛三元密派投诚勇多名潜至贼营左近，遍插火绳，以作疑兵，意在诱敌竟夜惊惶，疲于奔命，然后大兵掩至，乘其倦惰，分路痛击，以期得手。又察知贼众死党多在上中瓜洲，其西、北两面拒守尤坚，当即分拨马步官兵五路进攻，务令于辨色之前赶到。部署已定，臣德兴阿亲往东岸王家大院督攻下瓜洲贼巢，臣翁同书亲往八里铺策应。迨四更向尽，贼众被我勇更番袭扰，不知我兵多少，但暗中施放枪炮抵拒，竟夕不绝声。我军三分，派各路者均同时一鼓齐进,连夺卡隘,逾逼逾紧,复争用火器向(叠)[垒]中抛掷,延烧贼屋,火焰烛天。人声鼎沸,而东路官兵已直扑下瓜洲、玉皇阁贼巢。臣德兴阿派令总兵成明、尽先总管海全带同守备哈连升、王富来等攻其西,协领乌尔恭额带同都司洪禄等攻其东,副将英贵、游击扎普尚阿、石皓等在后接应,即亲率游击赵树棠、都司王希堂由中间长驱直入。兵勇各冒险凫渡重壕,将城根,拔毁竹签、石桩,呼[声]动天,勇气百倍,正在支架云梯,争图拔帜先登,贼见势危急,拼命开垒齐出,与我军刀矛相接,抵死不退,又所纠金山及南岸贼党渡江麇集,经陈国泰师船截击,而高资一带均有贼船,瞬息可达北岸,焦山周士法战艇因风力稍微,未即上驶,势难尽断来援,即经派令海全同委营总通额、委参领忠龄等带马队向前迎击,俄又由间道绕出贼匪数百名,经调协领博奇剿退,旋仍会攻下瓜洲。该逆见大兵势盛,不敢恋战,退伏不出,只于墙隙放炮,子如雨下。我军贾勇再进,毁其炮台两座,兵勇仍架云梯薄城攻,多被炮伤。相持数时之久,人马俱极困乏,申刻缓缓收队,共毙贼五百余名,生擒十三名,内有已受伪职五名,割取首级、耳记三百余件,夺获抬炮、火枪、刀矛、旗帜二百五十余件。其总兵鞠殿华、侍卫蕴秀分往两岸四里铺,富明阿、王巨孝等并土桥水勇、仪征南勇分往高桥、军桥及沿江洲滩等处,或渡水捣巢,或伏兵邀击,均将出拒之贼击退,亦各毙贼数十名及百余名不等。水师陈国泰于寅刻带船拢近瓜洲江岸,回环轰打,毁其望楼,将其江边架放大炮击沉江中。又搜获芦苇中伏贼百余名,夺获黄旗多面。其由南岸渡江来援贼船,亦击翻只①,而于申刻收泊。讯据生擒贼供,初二日之仗,死伤贼匪二百余名。初五日,伪丞相吴如孝、伪将军陈磊带南岸之贼八百余人过江接应,陈磊被官兵阵斩。此三月十九日至四月初五日连次攻剿,俱获大胜之实在情形也。臣等查瓜洲之属贼巢阻江为固,偷息已久,现经连旬紧剿,俘斩至一千三四百名之多,虽未能即覆妖

---

① "只"前疑脱字。

巢，而贼胆已寒，此时尤以严防铤走为要，著除再行设法接续紧攻，不令松动外，惟自扬营官军自上年收复扬、仪，大营解围及毁其西北山之汉河等处贼垒以后一年之久，大小百余战，从来损兵折将，亦未任贼窜出，要各将士卒皆勠力用命，迄无怨咨，又经派援徐郡进剿捻匪，并派赴浦口扑灭皖界另股山匪，迨本年三月以来，几于无日不战，虽屡嘱其临阵慎重，不可轻于冒险，而该官兵等人人亟图灭贼，艰瘁不辞，是其敌忾同仇、深明大义，皆由皇上德威远被，非臣等统驭之力所能使然。惟身在行间，首以激扬士气为重，既知兵心可用，诚未便没其积劳。合无仰恳天恩，俯准择其尤为出力者，核实奏请奖励。恭候圣裁。其总兵、副都统大员，现在瓜洲未复，不敢遽请恩施。合将连日剿贼大胜情形恭折驰陈，伏乞皇上圣鉴训示。谨奏。

添派官兵严防瓜洲敌军出窜片① 　四月二十一日奉朱批

再，本月初九日，曾将叠攻瓜洲，接仗四昼夜，大获胜仗缘由驰奏在案。正拟接续紧攻，旋值连雨，今午始稍放晴。节据探报及生擒贼匪供称，瓜逆被官军剿急，合谋拼死出窜，东路则于仙女庙、邵伯掳粮，西路则袭扑西北。又据总兵陈国泰报称，有瓜洲添调贼党之说。除密饬西岸带兵官参领富明阿、参将王巨孝等扼堵朴树，陈国泰水师扼堵土桥江岸，并照饬藩司文煜督率练勇、民团严扼东路沙头，防其偷渡外，复查东岸施家桥地方最为隘要，特添派总兵成明统带汉中、直隶官兵前往驻扎，协领乌尔恭额所带吉林马队归其调遣，饬与桂花庄鞠殿华营盘互相联络，以固东北门户，遇有贼惊，彼此循环接应，一俟晴霁，仍各整队捣巢，不令松动。理合附片具陈，伏乞圣鉴。谨奏。

咸丰七年四月二十一日，奉朱批："知道了。"钦此。

---

① 原稿题为"德兴阿等片"，本题为作者所拟。

攻剿瓜洲并设伏击敌均获胜仗折　　五月初五日奉朱批

　　臣德兴阿、臣翁同书跪奏，为敬陈攻剿瓜洲并设伏伺贼出巢，痛加掩击，均获胜仗，恭折由驿具陈，仰祈圣鉴事。

　　窃臣等于本月十六日将瓜洲逆迭受重创，会谋出窜，已择要添［兵］严堵，攻守兼筹等因具奏在案。十七日天气晴朗，道路渐干，因陈贼众惊怯之余，饬令东西两岸马步兵勇分投前往，照密议机宜迅图续举。总兵陈国泰管师舡驶拢瓜堤轰打，该逆先开炮抵拒，继被我军愈逼愈紧，水陆响应，城上之贼纷纷来往喧嚷，用大炮多装群子，凭高俯击，密如雨洒。我军攻至午后，东岸官兵故作退走之状，下瓜洲果出贼匪五六百人，意图追袭，经总兵鞠殿华、成明、协领乌尔恭额带队折回向击，毙贼四十余名，砍获首级三颗，生擒长发五名，夺获刀矛、器械二十余件。余贼窜回。是日，水陆两路轰毙逆匪约有百名，其黄衣贼目在城上指挥者，亦被我炮击中三四名。十九日辰刻，先令侍卫蕴秀，副将英贵，尽先总管海全，参领富明阿，参将王巨孝、邓凤林等，带领马步兵勇佯取上瓜洲，人人呐喊争先，使贼中死党惊疑，不敷分拒，其下瓜洲贼营以外不设一兵。鞠殿华、成明、乌尔恭额等预伏兵勇于王家大院一带，当上、中瓜洲被攻紧迫之时，鞠殿华等即乘隙捣虚，将近玉皇阁贼营，适该逆突出股党三四①人，黄旗数十面，阻我进路，经官兵向前阑截，其续出之贼见前股接仗方浓，旋即退入巢内，开放枪炮。海全等由四里铺斜冲而来，首尾夹击，杀贼数十名，生擒四名，内有湖南道州贼目一名。垒中之贼摇旗吹螺，该（遂）［逆］从芦苇中抄小路败遁，刀矛、旗帜纷纷抛弃塞途。各贼营惟坚壁死守，我军日暮亦即收队。臣等当以该逆刻刻有备，屡攻未下，议令带队各将领于东西两岸逐日埋伏，若遇该逆出巢窥窜，乘便邀击。二十三日，富

---

　　①　"四"下当脱"百"字。

明阿带队在西岸迤西之富家井、白庙等处暗伏,先令马队数人行近贼营挑战。该逆见其势单,即从上瓜洲出贼三四百名。我诱敌之兵且战且走,引贼深入,伏兵闻号尽发,横冲斜击,用枪炮毙贼七八十名,贼众各不相顾,立见披靡。王巨孝等带领步队兵勇联络助势,马队驰突紧追,截其后股,生擒老贼八名,其投水未经淹毙者又被我兵活捉三名,验发均已尺余。夺获枪械、刀矛多件。计数日以来,兵勇不过间有伤亡。臣等伏查瓜逆深沟固垒,时加修筑,已历五年之久,议水陆并举者业已多方设计,议日夜紧攻者亦复余力不遗。惟年来慎固藩篱,未容拣取颗粒,冀以制其死命,并据生擒贼匪供称,现在逆匪由金陵运粮至石埠桥屯聚,拟由南岸陆续运至镇江,分给瓜洲,又称贼谋窜掠仙女庙、邵伯诸处等语,核与在前贼供及余万清密函知照悉符。臣等惟有严饬水陆各军加意扼截,仍随时密约镇江官军同时并举,竭力筹攻,断不敢稍事因循,致逋寇日久稽诛。现闻句容、溧水叠获大胜,贼情均已穷蹙,一俟两处克复,南岸官军屯扎高资,断贼接济,则瓜、镇两巢即可期其得手。所有连日攻剿获胜缘由,谨缮折驰陈,伏乞皇上圣鉴。谨奏。

　　咸丰七年五月初五日,奉朱批:"知道了。仍著实力进攻,不可专俟江南捷信。"钦此。

札饬温绍原助剿江浦片① 　五月初五日奉朱批

　　再:江浦县城尚为贼踞,逆意无非牵缀我师,亟宜急图攻拔。伏查上年五月间,毁平三汊河贼(叠)[垒]后,即经臣德兴阿亲赴仪征,特调温绍原至彼面议攻取机宜,谈次见其才辩可观,即曾专委赴浦会

剿。温绍原亦说以规复江浦自任,节次选带练勇,随同攻城,是以臣等于七日内奏保以江苏道员补用。钦奉恩谕,原为鼓励人材起见,迨江浦仍稽克复,而本年干预保举案内,两次妄称谕旨,希图映射市恩,臣德兴阿当以温绍原所犯情节过重,不敢不据实严参,又以其频年尚著积勤,仍请暂留六合防堵,俾赎前愆,均蒙允准在案。四月十七日,接浦口总兵安勇等禀报,探得江浦城内有机可乘,移令该革道拨勇助剿。旋据温绍原呈明,业经派勇分起前往。适于四月二十日接准军机大臣字寄四月十五日奉上谕,谆谆以赏罚并用,训示周详,臣等跪诵之余,莫名钦感,当即札饬温绍原,专令会合浦口大军,伺隙出奇,期于必克,毋得始勤终怠,以示责成。理合附片具陈,伏乞皇上圣鉴。谨奏。

咸丰七年五月初五日,奉朱批:"知道了。"钦此。

进剿江浦九洑洲情形片[①]　五月初五日奉朱批

再,臣等前因江浦之贼负嵎坚拒,而扬营正在力捣瓜洲,暂由浦口精挑奋勇官兵三百余名,檄调都司(五)〔王〕希堂、洪禄管带,来扬帮剿,以佐此间兵力之不足。一面饬知总兵安勇等妥为堵剿,首以固我藩篱为第一要著。三月间,浦军击贼两次,不过小有斩擒,是以未经奏报。昨据安勇等禀称,四月十六日,探知九洑洲贼匪在新埂头等处支搭跳板,意图窜扑浦口,当即亲督大队驰往迎剿,适夜队列伏之兵业经绕出城后,一齐向夹击,生擒贼匪五名,夺获旗帜、器械一百余件,烧毁卡房五座,歼毙贼匪及落水死者不计其数。俄闻江浦贼匪拨往句、溧,城内稍觉空虚之谣,安勇等密动大军,驰往攻袭,并知会水

---

①　原稿题为"德兴阿等片",本题为作者所拟。

师同时进攻九洑洲贼巢，即于十九日卯刻带同大队分两路进，副都统富春同参将黄志配攻城东南门，安勇同总管台斐音保攻城西北门，总兵罗玉斌同营总巴林保及由温绍原派来都司夏定邦等分路埋伏，署江浦县知县袁瑞麟、都司富勒浑泰带勇助剿，城内之贼亦分两路，突出五六百人拒敌，我兵以步队邀击，以马队旁抄，鏖战一时之久，贼势不支，败回，我兵奋勇力追杀，立毙手执黄旗贼目三名，生擒二名，余匪截杀过半，退回城中，计共歼贼二百余名，夺获器械一百余件，其在三板掉埋伏之兵，午刻遥见南岸驶来贼船十数只，直趋九洑洲，经我艇师轰击，当令兵勇呐喊助威。芦苇中突出贼数十名，被我军枪炮轰毙殆尽。是日，水师总兵叶常春等听闻陆路炮声，即令白皮艇及各快艇迎风上驶，将近贼船，开炮轰，并抛掷火器，立时击沉贼船三只，夺获贼船二只，逆匪落水淹毙不计其数。二十二日，安勇等复议进攻两处贼巢，马步官兵于距江浦城六七里之芦花园地方遇伏贼，奋力掩杀，马队左右抄袭，贼抵敌不住，越山败窜，我军乘胜追杀，计毙贼二十余名，砍获首级一颗，夺获器械数十件，又击退南门接应贼匪，阵毙三十余名。同时，南岸七里洲贼船连綜下驶，下关亦有贼船数十只衔尾而来。叶常春督领水师各船往来轰击，并力抵御，共击沉大小贼船十数只，拿获贼船一只，淹毙逆匪无算，并将九洑洲堤口贼匪轰毙数名，打倒贼垒四座，查点我军，计连日共阵亡兵丁三名，受伤兵勇四十一名等情前来。除饬再行实力进［剿］，力图克复外，理合将连日进［剿］江浦、九洑洲情形附片具陈，伏乞圣鉴。谨奏。

咸丰七年五月初五日，奉朱批："知道了。"钦此。

筹办上海沙船捐输并出洋货物厘金折　闰五月初八日
奉朱批

臣德兴阿、臣翁同书跪奏,为扬营饷缺已极,现据粮台筹议,仿照江南办理成案,在于上海劝谕沙船捐输,并出洋货物酌量抽厘,以济江北饷需,恭折具陈圣鉴事。

窃藩司文煜曾于本年四月间将扬营军饷万分缺乏情形奏明在案。兹据详称,自本年入夏以来,粮台益形窘迫,部拨外省之款,除山西协饷外,余皆任催罔应,即就近各属地漕及淮北盐课,亦以年荒寇扰,征解不前,至江北地方凋敝特甚,连年捐输各色不一,近则徐州、清江筹防筹剿均有委员在于江北地方劝捐,搜括几空,能再资民力,而兵丁月饷减放不已,渐至停支,诚难令其忍饥赴敌,别处又实无可经营,因查上海县地方商贾集,上年江南军饷捐助甚多,内沙船一项实为大宗,又该处出洋货物为湖丝、茶叶、大黄等件,贸易最旺,拟请仿照抽厘办法,酌量抽捐,取之甚微,积以成巨,既可借以佐饷,亦不至于病商。业经派员赴沪确查,均有头绪。刻届新茶、新丝上市,拟即出示收捐,拣委妥员经理,借可稍济急需等语,详请据情具奏前来。臣等伏思扬营饷绌情形久荷圣慈洞鉴,凡有吁请,无不立需恩施,无如用兵之处过多,帑项未能遍给,以致十拨九空。瓜洲正在并力捣巢,势难令其枵腹荷戈。文煜所议筹办上海商捐,委属万不得已之举,既具详前来,应行据情奏明,妥为办理。又查,沙船捐输应照筹饷事例、现行常例、减成章程汇核奏奖,至丝、茶等项按货抽厘,碍难计货给奖,惟据详请,查得上海各商多系大居,与他处零星抽收稍有区别,俟捐有成数,如果该商等情殷报效,踊跃急公,似应将该商另酌核请奖,其出力各员,亦应确核甄叙,以示鼓励。除已飞咨督臣、抚臣查照转饬外,合无仰恳天恩,俯念江北军需紧要,准如所请,庶近地转输,可资济急。如蒙俞允,所有派员收捐及拟定章程一切事宜,均请饬下文煜督办，俾专责成。理合据实具陈，伏乞皇上圣鉴训示。谨奏。

遵查厘捐及亩捐款项情形折　五月初五日奉朱批

臣德兴阿、臣翁同书跪奏，为遵查厘捐及亩捐款项情形，恭折覆奏，仰祈圣鉴事。

窃臣等于咸丰七年四月二十九日承准军机大臣字寄四月二十二日奉上谕："御史赵元模奏江苏现办厘捐，请饬该督抚等严禁官役勒捐舞弊一折等因。"钦此。臣等伏查捐厘之举，诚如圣谕，出于万不得已，岂容任意勒索，扰累商民。该御史折内所指小河口、普安、新港、三江营、荷花池五处，查得小河口、普安、新港三处均在大江南岸，小河口系属常州府界内，普安、新港系属镇江府界内，均由江南派员抽厘。至三江营一局，地处要津，抽捐尚旺，该处大江之北原应归江北抽捐，现在亦系江南派员收捐。以上四处均应由何桂清、赵德辙访查办理，惟荷花池一处系托明阿等奏明设局抽厘，作为江北军营赏需之用，现由文煜派员收捐。上年大江南北贼势披猖，商民裹足，复因天气亢旱，舟楫不通。该处系偏僻小路，并无商船经过，是以半年之内竟未报解丝毫。嗣由文煜另派委员抽捐，自上年冬间至今，每月仅解制钱二三百千文至四五百千文不等，以致赏需缺乏，无从筹垫。经文煜查明，实由地处僻区，该委员等尚无干没中饱情弊。臣等设法密查，如有抑勒扰累情弊，即当随时严拿惩办。此外，仙女庙、邵伯暨江北各州县厘捐均由文煜派员管理，上年亦因水道干涸，收解无从，仅能支放勇粮，不能接济兵饷，各州县委员谅不至借口饷需，扰及商旅。有无前项情弊，应由文煜就近稽查。臣等窃思设兵所以卫民，虽现值经费支绌，不能不变通筹措，仍当仰体皇上视民如伤之至意，万不容以养兵之费重累商民。上年春间，以各项捐务名目太繁，事属苛细，徒妨政体，无益军需，具折奏明，概行停止，是以上年虽值非常荒歉，而民情尚属安。所有厘捐应由江北大营稽核者，仅荷花池一处，而抽收近益不旺，为数至少，无难实力访查，以慰圣廑。至亩捐款项，业转饬文煜督率委员赶紧清厘，刻期报部，以免稽延，而杜弊混。所有遵旨饬查缘由，理合恭折覆奏，伏乞皇上圣鉴。谨奏。

　　咸丰七年闰五月初八日，奉朱批："知道了。"钦此。

侦探石达开逃走情形片　　闰五月二十九日奉朱批

　　再，臣等于本月十五日，将各路探报石逆逃走情形互异附片奏明，札饬各营县再行确侦该逆踪迹，一严访在案。兹据温绍原及署江浦县袁瑞麟禀称，探得石逆尚在安庆，似欲另立旗帜，并无投诚之意。金陵贼首深防石逆并吞，城门仍是紧闭，而逃者益多，亦有往投石逆之说等语。查此等道途传说，原难尽信为真，而石逆之现在安庆逗留，似属确耗。江、皖密迩，自应仰遵前次谕旨，相机扼剿，或设法用间擒渠，总以力遏北窜为要著。复经分檄浦口、六合马步各营严密剿防，并随时确探具报。再，连日阴晴不定，间遇阵雨滂沱，蝗蝻已渐就销灭，理合一并附陈。伏乞圣鉴。谨奏。

　　咸丰七年闰五月二十九日，奉朱批："知道了。"钦此。

水陆夹击江浦片　　六月十九日奉朱批

　　再，据安勇等禀称，探得江浦贼匪有调过江南之说，机会可乘，当即知会水师叶常春同时夹击，并函致六合温绍原派拨守备王宗幹、知县李守诚等带勇七百余名分起到浦，随于六月初五日丑刻分路衔枚而进，总兵罗玉斌带领守备冯玉亭等在陈摆渡一带列队，同艇师攻打九洑洲，安勇同总管台斐音保带同营总都隆阿、游击魁霖等攻打江浦县城西北面，参将黄志配等同六合县知县李守诚带领兵勇攻打江浦县东南面，游击富勒浑泰、知县袁瑞麟在后堵御，各路官兵同时并进，将近贼巢，见有新挖水沟无数，即令奋勇弁兵拔桩凫水，抢至三道壕边。贼中枪炮如雨，我军开炮轰打，立将望楼、更棚纷纷击倒。仰攻数时，贼总坚匿不出，我军佯作退状，忽自南面突出贼五六百人，分两股抄来。我军亦分两队迎击，接战逾时，毙贼一百余名，夺获黄旗五杆，余匪败退入城，因河宽水深未能深入。同时，罗玉斌攻打九洑洲贼匪，撤队时出贼数十名，即被官军击回，其下关接应贼船，经叶常春等挥令各船竭力轰打，登时击沉三只，焚毁二只，余均败回。是日，计受伤兵勇十一名等情。又据观音门水师总兵陈世忠禀闻，石埠桥逆匪欲从燕子矶渡江，会合七里洲贼匪北窜，即于闰五月二十六日黎明，密饬把总卢依忠等带领快船在燕子矶埋伏，果见上流有船对渡，当即扬帆直上，拦腰截击，计击沉贼船两只，仍窜回。二十八、二十九及六月初一等日，复有连樯闯窜之事，经陈世忠扼住总口，尽数轰沉，捞获船板等件，未容一船一贼飏逸等情。又据土桥水师总兵陈国泰报称，闰五月二十七日丑刻，参将李新明带同泊守段腰口各船驶抵石埠桥南岸，即有逆匪出垒抵拒，我军连环攻击，毙贼甚多。午刻复登岸搜杀，贼仍蜂拥前来，我军奋勇直前，计毙贼数十名，割取首级一颗，兵勇受伤者二名等情前来。臣等除再严饬水陆各军力保北岸，毋使南来窜匪阑入，并将江浦县城速行克复外，理合附片具陈，伏乞圣鉴。谨奏。

咸丰七年六月十九日，奉朱批："知道了。"钦此。

敌军添党图窜飞调兵勇来扬助剿折　六月二十三日奉
朱批

　　臣德兴阿、臣翁同书跪奏，为水陆官军续攻瓜洲，逆势益穷，添党
图窜，现在飞调浦口兵勇及拨赴庐州马步官兵兼程来扬助剿，恭折由
六百里驰陈，仰祈圣鉴事。

　　窃臣等于本月十二日，将三汊河造成水炮台，会合外江内河水陆
官兵逐日环攻，贼势穷蹙缘由具奏在案。旋据总兵陈国泰禀称，探闻
金陵逆首因瓜镇围剿紧迫，遣派党与由高资分援瓜镇。十一日酉刻，
果见南岸一带贼艕窥渡鲇鱼套，亦有贼船往来接应。当经守备赖镇
海带船驶近轰击，立时击沉贼船数只，余俱驶遁。十二日丑刻，瞭见
金山江面帆影摇曳，即令舢板、龙哨各快船飞桨迎剿，对影轰打，但闻
桅樯（催）[摧]折与人声相闻。旋用挠钩搭住贼船二只，兵勇奋力跃
入，砍杀贼匪四名，余俱投江淹毙。起获三百余斤铁炮三尊，火药十
六袋，铅弹、旗帜、枪械多件，我船亦被贼炮击伤五只等情。臣等当以
旬日之间该逆水陆受创，亟应乘其衰竭，力图攻复，即知会张国梁，定
于十四、十五等日水陆会攻，期与南岸声气联络。十四日寅刻，臣等
亲督鞠殿华、成明、富明阿、英贵等带领马步官兵，分路齐进。赵树棠
驾水炮台从运河下驶，向老巢轰打，炮弹所及，立将贼①上摇旗悍贼
击倒数十名，墙垒震坍二丈有余，陆军乘势凫过濠沟二道，争图攻入。
该逆即在墙缺排开抬炮，群子如雨，未能再进。直至日晡，官兵暂驻
三汊河。三更时分，复集全队而往，轰打数时，贼总坚匿墙内，频用大
炮还拒，相持至酉刻，忽自东西两岸出贼千余名，隔濠开放枪炮，我陆
路官军亦以抬炮轰打，内河水军复连开大[炮]，击倒贼匪无数，贼败
退。水师陈国泰连日均带师船驶近贼巢，更番开炮，并分帮攻打金

---

　　①　此处似有脱漏。

山，以杜贼援。两日之战，水陆各军共轰毙贼约二百余名，我兵勇、师船均间受伤。旋有泗水逃出难民，讯供系新随伪丞相李逆、陈逆由金陵窜至镇江，共带千余人，因瓜洲被攻紧急，陈逆带伊等五百余人乘夜顺风潜渡瓜洲助守，又称南岸官兵骤增，镇贼欲并入瓜巢图窜等语。南岸来信及各处侦探相符。又据探称，瓜洲贼匪先因北岸官兵用大炮攻打，日夜忧惧，连日将资粮、器械运送镇江，及张国梁移师会剿，南岸官兵声［势］浩大，贼情穷蹙，又将资粮、器械由镇城运至瓜洲等情。臣等连旬水陆会剿，贼势益穷，正期扫尽残氛，力图恢复，讵金陵援贼下窜，又已分入瓜巢，扬营马步官兵原止六千七百余名，镇江兵勇本厚，近为张国梁一军又增兵勇至九千名之多，是该处重兵齐集，数倍于扬营，万一镇城穷寇奔窜北来，诚恐兵力过单，艰于支拄，除就近飞调浦口协领巴林保所带马队一起又都司王希堂管带募勇三百名，并飞咨福济迅将前次赴援庐州之穆克登额所带马队一起、固原、大同官兵五百名星移来扬助剿，一面飞饬土桥、焦山水营实力严堵外，臣等尤当竭尽愚忱，兼筹攻守，总期力固北路藩篱，断不敢稍涉松懈。所有现在剿办情形，理合恭折驰陈，伏乞皇上圣鉴。谨奏。

咸丰七年六月二十三日，奉朱批："览奏已悉。"钦此。

复陈奉旨饬令迅速督攻瓜洲片① 　六月二十三日奉朱批

再，臣等于本月十二日承准军机大臣字寄咸丰七年六月初六日奉上谕："本月据和春等奏，克复句容县城，现筹进攻镇江，后即可专攻金陵等语。等因。"钦此。臣等跪读之下，惶悚无地。伏念臣等材庸识浅，仰蒙皇上特连之知，畀以统兵重任，收集溃残，力图振作。自

————————
① 原稿题为"德兴阿等片"，本题为作者所拟。

上年连复扬城、三汊河以来，亟思直捣瓜洲，灭此朝食，经年转斗，日久无功，臣等具有天良，深知愧负，清夜自思，实觉无颜以对圣主。惟查瓜洲之地虽弹丸蕞尔，而濒江负险，无异坚城。深堑数重，非仅（潮）[渐]车之浍；危堤一线，难施摩垒之方。所以未能克复者，实由臣等之计乏出奇，并非将士之不肯用命。近因饷需罄尽，深恐军心懈弛，日集将士，流涕抚循，该兵丁等虽久困饥瘦，一闻臣等之言，无不激昂思奋。累次攻剿，锐气转增。连日由三汊河运巨炮轰击，每见一炮飞中贼营，则三军为之色喜，内河炮声与外江水师相应，军威既盛，士气自新。臣等身行间，亲督各队，除大雨之日，无分昼夜，冒暑进攻，使贼中不得休息，或可乘其疲茶，搭桥越堑，一鼓歼除。又闻南岸金陵下关、石埠桥直至鲇鱼套，贼踪倏忽不可端倪，已饬上游浦口、观音门艇师各船严为之备，遏其北渡，并饬浦口、六合各营暨温绍原等一面规复江浦县城，一面严防沿江津要，其土桥水师协剿瓜巢最为得力，焦山水师与泊承升所带之拖罾船声势相倚，互为应援。臣等已函嘱张国梁每遇进攻，随时就近知会，立起碇会剿，倘有不遵，即行参办。如能将金山、银山、蒜山等处贼营扫荡，自当恪遵谕旨，置水军于金山，以为江心锁钥。至扬营兵食，久已罗掘一空，本月百计挪凑，仅放三成，该兵丁等日呼庚癸，将及一年，实在不敷度日，幸蒙皇上鉴及臣等苦衷，特谕何桂清等迅速酌拨，以资散放，众兵闻之，欢声雷动，军心所恃以无恐者全在乎此。业已叠次飞咨督臣、抚臣速行拨济，以苏涸辙。候其拨解到日，当即具奏，以慰宸廑。臣等受恩深重，惟当力图犬马之报，激励诸军，与南岸官[军]并力进攻，断不敢稍有延宕。所有奉旨饬令迅速督攻缘由，理合附片缕晰陈，伏乞皇上圣鉴。谨奏。

咸丰七年六月二十三日，奉朱批："知道了。"钦此。

连日攻打瓜洲并添造炮筏起运巨炮折　七月初二日奉朱批

臣德兴阿、臣翁同书跪奏，为汇陈连日昼夜攻打瓜洲情形，并添造炮筏，起运一万四千斤巨炮，力图剿洗，恭折由六百里驰陈，仰祈圣鉴事。

窃臣等于本月十六日将官军环攻瓜洲，逆势益穷，添党图窜，调兵助剿缘由具奏在案。臣等即于是日起，仍议昼夜进攻，使之图窜不遑，乘间即可捣穴。东西两岸及朴树湾诸军，由总兵鞠殿华、成明、尽先总管海全、副将英贵、参领富明阿轮流督带，分起撤援，参将赵树棠等督带内河炮船及仪征快船顺流下驶，计自十六、十七、十八、十九等日逼近贼巢，赵树棠手燃大炮，率多奇中。陆军直抵壕边，该逆惟于墙上密开枪炮，阻我深入。臣等一面于两岸排列队伍，佯为诱敌，竭两日之力将其外壕木桩、竹签拔去过半，一面密饬各将领整备板片、土包及绳索等件，于十八日三更时分乘月色朦胧，搭桥抢渡，并于阵前鼓励众心，悬示重赏。各兵勇人人思奋，至四更后，搭至近垒宽壕，我兵勇于矢石药弹之中争图先越，讵该逆用火包、火球向城下乱掷，毒焰逼人，兵勇不能立足，所搭浮桥亦几燃及，诚恐归路骤断，致有挫衄，只得渡回重壕。天明后，仍令炮船连环轰击，攻至十九日戌刻，兵力疲乏，未能再进。连日焦山、土桥水师因风力过微，驾驶舢板、龙哨、快蟹各船分向瓜洲及新河口、金山等处开炮轰击，以牵贼势，并杜贼援。数日来，水陆兵勇共计阵亡二名，受伤十余名。十八日之夜，我兵薄垒，时有从炮眼中脱出投诚，难民七名凫水来奔，当时溺死四名，其余三名随带回营，讯据供称，连旬贼众被我枪炮打死伪旅帅黄姓、伪百长刘姓、伪副丞相、伪土三将、伪指挥、协理等共五名，又牌刀手三十余人，房屋亦多被击倒，压毙男妇七十余名，其余尚未知确数。贼见攻打紧急，益怀惶惧，现将各门紧闭，并传令每馆积备土包数十个等语。臣等伏思自月初以来，轮往三汊河，不分昼夜，督队进攻，酷暑饥肠，人皆用命，迄无怨咨。每当轰击正酣，适与江南炮声相应，可令逆胆倍寒。现拟仍加激励，迅图克复，虽以贼众之环壕固守，而有此炮筏捣虚之一途，似终可制其死命。续经查出，琦善窖存一万四千斤大炮一尊，运赴三汊河，添造水炮台一座，刻期告成，即可并力剿洗，不留余孽。所有昼夜紧攻瓜洲缘由，理合恭折具陈，伏乞皇上圣鉴。谨奏。

　　咸丰七年七月初二日，奉朱批："知道了。"钦此。

江北筹办防剿情形片① 七月初二日奉朱批

　　再，据各处探报，江南溃匪金陵首逆不肯收留，往往麇集洲渚间，意在窥伺北岸。和州交界处所，已增添贼垒，聚散靡常，亟宜加以防维，毋使滋蔓。臣等伏查浦口为江浦所辖地面，紧对金陵下关，东连六合，最为江北要津。江浦县城之西有老西江口，上距芜湖百余里，下距浦口四十余里。近据温绍原禀请，拨艇师多只移泊老西江口，以杜南岸贼援江浦之路。旋据安勇、周希濂等禀，该处师舡单薄，必须添调下游师舡，方足以敷分拨，惟老西江口素为逆舡出没之区，两岸俱为贼距，中间七里洲、九洑洲对峙，贼巢更属万难飞越。从前吴全美、李德麟曾率大帮师舡四五十号驶剿该处，几为所困，是其前辙。下游师舡正在会攻扼防，亦难轻动，未便以孤军深入等，并据绘图贴说前来，与臣等所见相同，是老西江口移师舡之说碍难议行。至江浦尚为贼踞，臣等屡檄浦口诸军会同温绍原和衷商酌，会力进剿。据报，叠次会攻，尚未得手，其六合地方本有富春、多隆武所带马步官兵

---

　　①　原稿题为"德兴阿等片"，本题为作者所拟。

在彼扼守,与浦口各营密迩,不难朝发夕至,又有浦口、观音门两处水师节节扼堵,近复添派参将李新明带领红单师舡十一号分扼六合对江之石埠桥及东沟等处,皆所以为六合藩维,且六合迤东为仪征,臣等于四月间查得南岸居民有乘坐快划渡江,接济贼区粮食情事,即经出示封江,派员查出通江口岸七处,如东沟小口、五忠沟、史家港、烟墩港、新新河、小沙河六处,饬令仪征县即奇兵营概行堵塞,添设卡房,仅留猫儿头一处,以通土桥红单师舡往来,并派巡舡在江面巡缉,据获私渡多起,均经随时严办,江路为之一清。浦、仪安则六合自固,此亦地势之不可易者。至仪征与瓜洲逼近,瓜逆现处势穷,诚恐乘官兵急攻之隙潜由江边窜出,向西冲扑,现于土桥附近之卞河湾、黄泥港等处添扎营盘,酌拨兵勇扼堵。此近日江北筹办剿防之布置情形也。理合一并缕陈,伏乞圣鉴。谨奏。

　　咸丰七年七月初二日,奉朱批:"知道了。"钦此。

胪陈未便移营前进及布置情形片[①]　七月初二日奉朱批

　　再,臣德兴阿接准和春咨函,赶紧会同攻剿,一体移营前进等因。伏查南北两军自当合力攻剿,臣等日夜筹攻,不致稍有松懈,惟瓜洲与镇江虽仅一江之隔,而南北地势迥不相同,南岸京岘山、北固山、蒜山迤逦而西,重岩沓嶂,直接钟山,地形高仰;北岸自三汊河以南,沮洳浼[②],港汊纷歧,地形极为卑下。从前琦善督兵时,躬亲相度,驻大营于仪、扬要隘,分兵扼守三汊河等处,虽出队稍远,从无挫衄。托明

---

① 原稿题为"德兴阿等片",本题为作者所拟。
② 此处疑有脱字。

等以扎营较远，议运长围以困贼，曾奉谕旨，指示以瓜洲形势与高唐、连镇不同，饬令慎重办理。嗣后果有溃围陷城之事。仰见皇上圣谟广运，烛照几先，于数千外之地形了如指掌，凡我行间，同深钦服。臣等受任以来，兵数愈减，筹饷倍难，一切布置大约循琦善之成规，而稍加周密，故扎营之地亦皆琦善当时之所定，惟于仪征之朴树湾添设重兵，又于朴树湾河南之五星等处驻勇搤守，计距贼营不过数里，是前敌驻营，已不为远，臣德兴阿迭次亲至东路之沙头及西路之仪征江面，周览形势，见水陆官兵防守甚为联络，是以一载以来虽未有擒渠扫穴之功，亦尚无挫锐损威之事。近日溧水、句容连报克复，高资一带贼踪倏忽往来，臣等亟筹与南岸官兵并力图功，尤贼情叵测，见南岸官兵骤增，先后几及二万，侦知江北兵单，难保不纠合瓜、镇、金山之贼，乘虚窜突。月初以来，臣与和春、张国梁函商会剿机宜，一面激励将士，逼紧围攻，由内河运万二千[斤]大炮昼夜轰打，炮力所及，屋瓦皆飞，贼情似甚惶怖。臣等亲往八里铺迤南察看，潢潦纵横，实无可以安营之地，加以兵勇无多，非厚集其力，不敢孤注一掷，径逼贼巢，致有意[外]之虑。惟有尽力搞攻，相机进取。臣等常川驻三汊河，督队往来，炎歊烈日之中，并不敢稍留余力。前酌调浦口马队、壮勇，已经到扬，现令暂扎黄泥港、卞河湾一带。该处南控土桥，西通仪征，似已足资犄角而增藩篱。兹准和春会商移营，自系不知江北地势及臣等先已层层布置，日在三汊河亲督攻情形。所有移营前进一层，再四熟筹，与其迁就而贻悔于日后，不若慎重而计出于万全；与其蹈覆辙而有顾此失彼之虞，不若扼要冲而成以堵兼剿之势。臣等拟候积潦稍退之后，酌挑精锐于八里铺河堤两旁筑垒紧逼，与前敌诸营互相援应。其大营存兵不及千名，且抽派队伍日在三汊河助剿，似毋庸移扎险地，以免再[有]疏虞。现仍昼夜用大炮轰击，并悬重赏募敢死之士泅水越壕，贾勇先登，以期瓜洲两处先后得手。如能先克瓜洲，即严督舟师会攻金山，一面分兵攻克江浦，一俟北岸肃清，即可渡江助剿金陵。刻下各处尚未解到，近晤文煜，询知所备帐房无多，并火药亦赶造不及。臣德兴阿因即飞咨河臣庚长借拨火药一万斤,以应急需。所有未便行移营前进及布置情形,相应一并据实胪陈,伏乞圣鉴。谨奏。

咸丰七年七月初二日,奉朱批:"览奏,知道。"钦此。

连日水陆攻剿敌军益形窘急折　七月二十七日奉朱批

臣德兴阿、臣翁同书跪奏,为连日水陆攻剿,贼情益形窘急,恭折由六百里驰陈,仰祈圣鉴事。

窃查瓜、镇之贼负嵎抗拒,恃有金陵贼党由南岸下援,自和春、张国梁移师京口,连营扼险,贼匪颇耸惧。臣等虑其探知江北兵单,乘夜铤走,创造水炮台,昼夜逼攻,以冀迅拔瓜洲贼巢。臣等亲赴前敌,目睹大炮击进贼营,尘土垄起,声威极壮,而贼营亦用大炮相拒,势尚鸱张。所有叠次攻剿情形,前已缕晰奏明在案。臣等即传令水陆诸军合力进剿,与南岸铤鼓之声相应,以必克为期,逐日于寅刻由运河两岸护炮前进,直至四里铺列队,向贼巢连开大炮,贼亦开炮抵拒,意图死守,未敢出巢。十三日,德兴阿亲督总兵鞠殿华、成明、副将英贵等护运大炮进攻,列队于运河两岸,而别派马步队设伏于西路之马桥。参将赵树棠等督饬弁兵连开大炮,忽见两岸贼巢出贼数百名,意欲抢我炮筏。维时两岸官兵迎敌开放连环枪炮,赵树棠等亦用筏上大炮对贼队轰击,毙贼多名,贼势稍却,又见马桥迤南丛苇中出贼百余名,分路蜂拥而来,欲抄我军后路。伏兵齐起,向前掩击,毙贼十余名,该逆始败奔回巢。我军仍开放大炮,轰打良久,至未刻撤队。十五日,督队进剿,适值江潮大风之期,河水涨发,开炮尤为得力。西岸贼垒又出贼百余名,经岸上官军迎击,参将赵树棠、游击石皓开放大炮,用群子轰击,约毙贼十余名,贼即退回。连日伤亡兵勇数名,马队蓝翎披甲受伤一名。自十六日起,狂风骤雨昼夜不止,不能出队。此陆路官兵之攻剿情形也。又据陈国泰禀称,派防南岸高资之守备赖镇海于十三日卯刻见鲇鱼套口贼艘均已挂帆,当饬各舡准备,旋闻南岸炮声不[绝],侦知张国梁统带重兵进剿高资、鲇鱼套之贼,该守备即挥令各舡扬帆起碇,驶至鲇鱼套口门近岸攻击,该逆沿江开炮抗拒,我军用大炮轰倒江边新筑炮台数座,击沉划舡数只,溺毙贼匪数名,各舡奋勇进攻鲇鱼套口内贼巢,击毁巢内房屋,该逆亦踞巢开放大炮,适风微溜急,大船饯驶不灵,遂溯流至鲇鱼套外江,攻打柴圩贼营。攻至申刻,骤雨倾注,始各收泊。维时波涛掀簸,有防堵龙窝之红单舡碇缆忽断,飘至中瓜洲以下,与贼垒互开大炮。正在相持间,遥见鲇鱼套内驶出贼舡数只,随经尽先守备李逢春急驾舢板船只飞棹救援,击沉贼划二只,余船退入口内,亥刻始将遇风之[船]护回(龙)[拢]。是日之战,水师外委刘信卿受伤,又有兵勇受伤者数名。十四日,赖镇海复攻柴圩贼巢,该[逆]于江边芦苇中埋伏大炮,击中提标右营记委刘得明,登时阵亡,又水勇受重伤者一名。臣等前拨炮筏二座,载六千斤大炮二尊,交陈国泰由江边夹击,已于十五日运筏试攻,开放大炮六十余出,与内河炮声相应,据该禀称,击塌贼垒数处,遥望垒内房屋倾圮甚多,随将炮筏逼近贼垒西南角轰击,遣人登舡桅瞭望,该逆俱窜伏垒下,仍还炮死守。此土桥水师之攻剿情形也。至焦山水师,叠经泊承升、陈世忠禀报,会合南岸陆军攻剿镇江、金山,应由和春汇核入奏。臣等探闻南岸官兵进剿高资,杜贼外援,连营相望,声势浩大,既饬水师守备赖镇海务遵张国梁调遣,协剿高资,以冀并力图功。此股援贼,谅不日即可破灭。贼援既断,其势自孤,槛兽笼禽,计穷飞走,但使不能窜突,该逆已在掌握之中。臣等惟当多方激励,加意防维,俟天晴即严督水陆各军昼夜攻打。日前试演一万四千斤大炮,极为猛利,现已制就炮台,即可运往施放,惟期早一日扫荡游氛,即早一日稍宽圣虑。所有水陆攻剿情形,理合缮折具陈。再,臣翁同书现办文案,必须手自综理,未能随同臣德兴阿督战,如遇攻剿紧急,仍当督队接应。合并附陈。伏乞皇上圣鉴。谨奏。

咸丰七年七月二十七日,奉朱批:"览奏,俱悉。"钦此。

叠次击敌获胜及浦口六合布置侦探情形折　八月二十四日奉朱批

臣德兴阿、臣翁同书跪奏,为连旬防剿兼施,水陆夹击,谨将叠次击贼获胜及浦口、六合布置侦探情形缮折由驿六百里具奏,仰祈圣鉴事。

窃臣等于七月二十日,将水陆攻剿,贼情窘迫缘由恭折具奏在案。维时连日风雨,两昼夜不止,未能出队。至二十六日,天色渐晴,臣德兴阿即密传将领分带马步各队暨练勇于次日进攻,贼匪不出,臣等以瓜镇贼情穷蹙,防其日久生变,定计以二十八日为始,晨炊蓐食,分路进攻,一面密饬土桥水师总兵陈国泰督带舟师并力夹击,期以必克,并经飞咨和春等定期会剿,由和春等转饬焦山水师总兵泊承升、陈世忠严扼江面,断贼往来,又饬水师守备赖镇海助攻高资柴圩贼垒,以分贼势。自七月二十八日起至本月初四日,共攻五次,臣德兴阿亲督鞠殿华、成明、英贵等,每次均于寅刻进队,适万四千斤大炮之水炮台亦已工竣,因饬护运大炮三座直抵四里铺、陈家湾列队,参将赵树棠、游击石皓督令弁兵开放大炮,向贼营轰打,声威甚壮。连日均有贼匪百余各运贼炮出巢,隔壕对击,俱经我军用大炮轰退,约毙贼十余名,该匪回巢,即于墙隙暗开大炮,我军人人奋勇,每日相持良久,至未刻始行撤队。连日阵亡兵勇四名,受伤兵勇数名。陈国泰督带红单战船于七月二十五日驶近瓜洲,开炮轰击,毁其大粮船一只,适风雨骤至,将船收泊,嗣于二十八日暨本月初一、初四、初五等日,均乘风进击,并开放六千斤大炮,与三汊河炮声相应。据报,击沉小船二只,淹毙贼匪数名。泊承升、陈世忠于初四日会督艇船驶过镇江,至瓜洲新河口击塌贼堤一处,击倒贼匪二名、摇旗贼目一名,兵丁受伤一名,该镇等会攻南岸情形,应由和春等查明汇奏。又,土桥水师守备赖镇海经陈国泰派赴南岸会攻高资,据禀,连日在沿江一带击塌贼垒多处,亦应由和春等会核。臣等以三汊河迤南颇有民田,而朴树湾河之南熟田尤多,正在收割秋禾之际,防其乘隙钞掠,急令该民人赶紧收割,运往离贼较远之处,饬令富明阿每日抽派队伍护民割稻,并令于夜间暗派兵勇择要险之处埋伏。至初七日亥刻,果有瓜洲贼匪数百名向西路窜突,意欲出掠,并图袭营。行至吴家楼,伏兵猝起大呼,贼匪不测我兵多寡,颇为惊,犹敢拒战不退,各放喷筒、火箭。正在鏖战,千总詹起伦队内勇目孙文友带领忠义勇由小芦庄涉水冒险斜冲贼队,贼始回窜,轰毙及溺死者多名。时因昏夜,未敢穷追。近日仍有贼匪二三百名乘夜涉水前进,至朴树湾迤南之龙湾汊、小塘桥各处窥伺,均经富明阿设伏击退,毙贼多名,夺获刀矛十余件。臣德兴阿复于初十日、十一日督饬各镇将分两路护运大炮进攻,施放有准,击倒望楼一座,城垛数处。该逆每日出贼百余名,隔壕诱战,一经击回,即坚匿不出,惟以大炮拒守。此连旬防剿瓜洲贼匪之实在情形也。自臣等逼紧围攻之后,该逆遂依水阻壕,守御益固,难民逃出者甚少。现在张国梁驻扎高资,如遂断贼外援,则虽江北兵单,尚能遏其奔窜,惟据谍报,南岸栖霞山顶每夜举火,是金陵逆党尚思冒死下援,倘因高资屯驻重兵,不能窜越,难保不窥伺江北,而安庆逆首石达开素多诡计,善于煽惑人心,南岸败窜之匪无所归者,多往往依之,拥众日夜聚粮,传闻与金陵首逆不和,并无报诚之心,直欲别树一帜。臣等前据留防六合候补知府温绍原禀称,传闻翼贼石达开遣党数万分两路下窜,一扰江南,一扰江北。又据温绍原禀,石逆欲下窜扰滁州、来安,图攻六合、扬州等语。臣等即饬浦口、六合各营严密防范,并饬浦口各营派妥弁四出侦探。嗣据浦口总兵安勇、罗玉斌等禀称,全椒县刘令来禀,有芜湖败残千余人窜至和州近城掳掠,现已分窜各贼巢,全椒已严为设备,可无他虑。嗣又据该镇等续禀,探得由江南渡过芜湖残匪二千余人扎卡掳粮,已被总兵音德布击退,江浦贼匪于本月初七、初八等日连次出巢焚掠,皆被浦口兵勇击回,该镇整兵设伏,严为之备等情。臣等窃念石逆现在安庆,屡次扬言下援,固恐其声东击西,尤防其先声后实。扬营以省饷之故而省兵,既不能增兵添饷,只可就现有之兵申严纪律,恩威并济,庶几收以少击众之效。前已将庐州调回之马队添防浦口,仍当严密防维,如有惊报,立即援应。至瓜洲贼势已穷,惟有约回南岸,彼此紧攻,迅图克复,不敢稍事因循,上负委任。近又连旬霖雨,一俟晴霁,即当约期攻剿。所有防剿布置情形,理合恭折具陈,伏乞皇上圣鉴。谨奏。

水陆进剿九洑洲及江浦县城连获全胜折　九月初五日奉朱批

臣德兴阿、臣翁同书跪奏,为浦口水陆官兵进剿九洑洲及江浦县城,连获全胜,扬营水陆官兵会攻瓜洲,贼情穷困已极,恭折由六百里具奏,仰祈圣鉴事。

窃臣等前于本月十七日将连旬防剿兼施,水陆夹击及浦口、六合布置侦探各情形缮折驰陈在案。维时狂风大雨连日不息,自十八日以后始渐晴霁。臣德兴阿亲赴运河东西两路暨朴树湾等处察看,积水未退,一望渺渺,西路土桥一带尤甚。南圩晚禾未刈,皆为骤雨所淹,因饬富明阿排日出队,昼夜轮替,护民捞起收割,并令运赴远处,以免资贼。先是,臣等议以瓜洲贼势穷蹙已极,惟虑外援稀突。石逆潜回安庆,声言欲南北分扰,以图牵制。查江北地方欲断外援,首以浦口为重,因密饬浦口水陆各军相机攻剿,奢以兵威,庶上游之贼闻风胆落,不敢遽萌窥伺。当经陆路总兵安勇、罗玉斌、总管台斐音保与水师总兵周希濂会商,约期并举。周希濂侦知南岸有贼匪千余欲窜江北,当即知会安勇等水陆夹攻九洑洲,击「此」惊彼,以期先发制人。十九日卯刻,南岸下关一带果有贼船三十余只扬帆北渡,适东风顺利,周希濂即派游击王之敬率领局艇由北岸进攻九洑洲,世职龚保康等分带白皮艇由南岸进剿七里洲、草鞋夹,而自率游击杨冠春等由中路直捣下关,拦击贼舡。该逆见我艇师三路进攻,亦即开炮抗拒,救护其欲渡之船。我军一鼓作气,分綜傍轰打,击塌九洑洲贼营望楼两座、七里洲贼堤一座,炮毙贼匪十余名。该逆船犹敢戗风抢渡,我军愈战愈勇,击扑执旗把舵贼目数名,击损贼船数处,捞获红旗两面、黄旗一面,上书其伪职"太平天国殿前一检点"字样。该逆见势不敌,均转帆窜回南岸,方水军酣战之际,安勇在浦口金汤门登高瞭望,知艇师与贼艘接仗,即饬列队于宝塔山根江岸,呐喊助威,派令游击魁霖、都司洪禄等分兵三路进攻。魁霖行近九洑洲,四面皆水,路途泥淖,派兵数十人直前挑战。该逆三四①名凫水出巢拒敌,适洪禄等由河口进攻,亦凫水抄战,击毙执黄旗贼目二名,轰毙数十名,溺死多名,贼始败回。焚毁贼卡五座,兵勇受伤者五名。江浦之贼前来接应,台斐音保等先伏于宝风庄芦苇丛中,突出截击,安勇、罗玉斌督带大队由陈摆渡进兵接应,始将江浦之贼击退。其时,周希濂督带艇师追贼至南岸,遥见九洑洲江一带陆营出队打仗,枪炮之声络绎不绝,即挥令全帮各艇俱向北岸会攻,至午刻始各收队。二十一日,安勇、罗玉斌、台斐音保分带陆路兵勇进攻江浦县城,先派兵勇列队金汤门外,以堵九洑洲之贼,始分两路前进。罗玉斌、台斐音保率营总都隆阿、参将黄志配等攻江浦县城之东南。安勇督同游击魁霖、都司洪禄等分两路进攻城外贼垒,行至中途,毁贼卡六座,搜获长矛、短刀九件,迨抵贼垒,正在开炮对击,忽见江浦城北小水门出贼三四百名,由芦中扑出,欲截我兵归路,经魁霖等令兵兜剿,贼势不支,仍由小水门窜入。兵勇且追且击,直抵城下,有木桩数层、濠沟四道,城上炮如骤雨,兵勇弗能前进,击毙贼匪数十名。罗玉斌、台斐音保攻其东南,潢

---

① 此处疑有脱漏。

潦纵横,绕道良久方至城下,该逆由南门窜出四五百名,我军开炮迎击,贼众披靡,台斐音保率马队涉水断其归路,贼匪大败,奔回城内,约毙逆匪七八十名,共获鸟枪六杆、小火枪十九杆、刀矛七十三件、大小黄黑旗五面,看点马队,阵亡一名,受伤一名,各管兵勇受伤者十八名。此九洑洲、江浦两次获胜之情形也。至瓜洲贼匪连营阻水,意图死拒,臣等以时值深秋,运河水势尚旺,利用大炮轰打,督饬鞠殿华、成明、副将英贵等约会土桥水师于二十日、二十一日护运大炮至四里铺,向贼垒轰击。该逆死守不出,惟于巢内抬运大炮至壕边,向我水炮台对击,连日阵亡兵勇二名,受伤数名。陈国泰督带红单船暨六千斤炮筏并力会攻,而焦山水师总兵泊承升、陈世忠亦于二十二日各驾师船赴瓜洲新河口及七号口一带,直对贼堤开放大炮。该逆即开炮回拒,至未刻始行收队。臣德兴阿复亲督各队于二十四、五两日如前进攻,用大炮向其壕边安炮之处尽力轰打,据总兵鞠殿华等禀称,眼见击毙守炮贼匪约数十名,内有执大黄旗贼目二名,贼始退入,轰倒炮台一座、望楼一座,该逆始终不敢出拒,兵勇亦间有受伤。臣等自用水炮台大炮以来,每次开炮一百二三十出以及八九十出不等。近因积水过深,难民不能逃出,连日伤毙贼匪若干名,竟无从知其确数。此四次攻剿瓜洲之情形也。臣等伏思瓜镇之贼为官军所围,贼粮日少一日,则贼势自日穷一日,但能遏其外援,绝其归路,无难尽歼丑类,然逆巢一日未拔,则隐忧一日未释,所幸自上年夏间以来,防剿较严,该逆未能出掠升斗。目下秋禾成熟一律登场,贼匪无所觊觎,更成坐困之势。瞬属霜降,宿潦渐收,我兵差易于进攻,逆匪亦易于出窜,扬城东路驻扎重兵,有总兵鞠殿华、成明等统带,尚为得力,兼之江汉环通,可资扼守,其西路朴树湾一带虽有富明阿一军,声威尚壮,而地形尚漫无险可扼,是以分派兵勇移营近逼,棋布星罗,以期联为一气,易于截击,而臣等私衷惴惴,犹未敢谓西路之遂可无虞,惟有激励驻军,枕戈蓐食,以冀早就肃清,断不敢稍存玩惕。所有浦口、扬营两处水陆攻剿获胜情形,理合缮折由驿具奏,伏祈皇上圣鉴。谨奏。

咸丰七年九月初五日,奉朱批:"览奏均悉。"钦此。

调拨战船协攻南岸情形片^①　九月初五日奉朱批

再:瓜、镇贼巢互相犄角,攻克之方全在水陆并进,各用所长,尤须南北二军联为一气。前已饬焦山水师总兵泊承升、陈世忠实力整顿,严督舟师,无分南北,相机攻剿。嗣又以张国梁扼驻高资,经和春咨调土桥总兵陈国泰战船协剿,臣等以陈国泰驻泊土桥,防堵瓜洲贼匪由江岸西窜仪征之路,兼须会攻瓜巢,该镇所带红单船为数无多,几于不敷分派,而高资陆路现经扼断,急需水师会合堵剿,不容稍分畛域,因于万难抽拨之中,拨出五船,派守备赖镇海带领前往驻守高资,连次攻剿柴圩等处,尚属得力。近又拨派仪征快船四只前往高资,归南岸调遣,俾大小相辅,迭出制胜。其焦山艇师经陈世忠等统带,叠次攻剿甘露寺、金山等处,颇为奋勉,由和春等奏报在案。昨陈世忠来营,臣等复再三面嘱务与泊承升筹商,联帮进剿,倘遇南岸刻期并举,一闻和春等号令,立即扬帆起碇,毋许刻延。该镇人颇诚实助攻,臣等仍随时策励,俾上下游水师与南北官军遥相联络,断不至虚糜饷糈,呼应不灵。所有调拨战船协攻南岸情形,理合附片具陈,伏乞圣鉴。谨奏。

咸丰七年九月初五日,奉朱批:"知道了。"钦此。

---

① 原稿题为"德兴阿等片",本题为作者所拟。

围剿瓜洲并观音门浦口等处官军获胜折　九月二十一日奉朱批

　　臣德兴阿、臣翁同书跪奏，为围剿瓜洲贼巢，逆匪食尽计穷，一面迅图攻克，一面防其铤走，并观音门水师击退贼船，大获胜仗，浦口官军击败外援，夜袭洲贼续获全胜情形，恭折由六百里驰奏，仰祈圣鉴事。

　　窃臣等于八月二十八日将浦口水陆官军进剿九洑洲、江浦县城暨扬营会攻瓜洲各情缮折具奏在案。臣德兴阿以瓜洲迤西土桥系上年失事之所，地形散漫，亟宜思患豫防，因于本月初四日偕臣翁同书由朴树湾渡仪征盐河，赴五星桥至土桥一带察看地势。其时宿雨初收，积潦未退，秋禾已熟，俱从水中捞起收获，田塍极狭，才通相骑，勇营四座皆从水中稍高之处屯扎，壁垒颇坚，土桥水师帆樯在望。贼虽跣行矫捷一时，谅难飞越。是日，博奇带勇员弁申明约束，随即知会和春等以初六日为始，紧攻贼巢，其焦山水师暨防剿高资之红单船，咨请和春等就近饬知，以期捷速。旋经陆路总兵鞠殿华、成明、副将吴贵、参领富明阿等会同商议，意欲填壕直进，径薄贼垒，于初六、初七、初九、初十等日四次进攻，均蓐食衔枚，护运水炮台直抵四里铺，向贼营攻打，隔濠贼炮林立，逐日增添，我军贾勇而进，无奈贼炮如雨，加以壕堑过宽，实难填越。东西两岸贼巢每日出贼二三百名，拉运大炮安放濠边，向我水炮台轰打，我军大炮亦向贼丛对轰，约毙贼匪数十名，并轰倒瞭台一座，击塌城垛数处，兵勇时有受伤。尽先守备杨殿元挥兵开炮，奋不顾身，猝遇贼匪大炮，击断右臂，随从兵丁一名中炮坠水阵亡。土桥一带经富明阿派队昼夜埋伏，本月初六日夜间，果有贼匪百余名突至王家坝，都司哈连升带领埋伏兵勇呐喊齐出，施放鸟枪、火弹、火箭，逆贼且战且退，我兵追杀贼匪二十余名，淹毙多名。初九日，富明阿赴三汊河会攻之时，另派营总常寿等由土桥进攻，贼出数百名至军桥列队，兵勇迎击，隔水相持。守备韩魁带勇绕越水沟，从芦苇中衔枚斜击，杀贼数十名，夺获器械数件。并据土桥水师总兵陈国泰禀报，八月二十四日进攻，击倒瓜洲逆垒卡房一座，二十六日击沉贼匪划船二只，嗣值风色不合，至本月初八日，东南风渐作，即督各船驶近瓜洲，开放大炮，贼亦还炮对击。初十日，复以风利逼攻，遥见逆垒遍插黄旗，人声鼎沸，即开大炮，击倒执旗贼目二名，贼仍还炮死拒。适鲇鱼套贼划船二只飞棹渡江，守备李逢春转舵迎截，击沉一只，多淹毙，亦有凫水逃遁者，其一船顺溜遁赴瓜洲等语。前经臣发交陈国泰六千斤炮筏二座，内有炸损，已不堪用，现值西风司令，大江之中炮筏难以拢泊，因将二筏一并撤回三汊河。其九千斤炮一尊，亦已震裂损坏，现在惟用万余千大炮二尊、六千斤大炮一尊，由内河轰剿。至焦山水师，曾于前月二十六、二十八日两次会攻，直至瓜洲新河口，其攻击银山、北固山、甘露寺情形，应由和春汇核。此旬日内围剿瓜洲之情形也。臣德兴阿以六合地方紧要，对岸石埠桥现有贼营，密调副都统富春于初一日来扬，面议机宜，嘱与总兵多隆武、知府温绍原加意防堵。是日，富春即驰回六合，臣等又闻金陵之贼欲由大江运米接济瓜镇，密饬水师截击，彻夜瞭巡。初二日申刻，派防观音门水师参将黄彬、游击彭常宣、都司余荩臣等探闻港内藏匿贼船数十只，亥刻港内火光四起，未几，突出贼船十余只，我师船开炮截击，适中贼之火药船，火焰烛天，瞭见击沉贼船多只，毙贼多名，泅水而逸者无算，余船退入港内，河隘水浅，不能追剿，仍分扼江门驻泊。初三日卯刻，贼船复三路窜出，黄彬等分船截击，又[击]沉贼船数只，溺毙贼匪不少，仍分路退回。兵勇受伤者七名，船身被伤者五只。周希濂遣艇四只由浦口下援，忽闻浦口炮声大作，黄彬等因派船两只随浦口艇船上驶助战。先是，臣等因恐南岸贼援麇至，通饬江滨一带禁止过渡，列队示威。初二日亥刻，富春、多隆武、温绍原闻观音门警报，各派马步兵勇驰至通江集段要口以为援应，次日拨队由瓜埠沿江列阵，以助声威。此观音门水师击退贼船之情形也。又据浦口总兵安勇、罗玉斌、总管台斐音保、水师总兵周希濂禀称,本月初二日戌刻,见南岸七里洲列炬往来,帆樯移动,知系贼船欲乘夜北渡,周希濂亲督游击王之敬、杨冠春等分带广艇,直捣下关,迎头截击。逆船蔽江而来,两岸贼垒亦鼓噪相应,我师船三路齐进,抢取上风,抛掷喷筒、火罐,与贼鏖战。王之敬亲放大炮,击断贼船大桅,轰沉贼船两只,又以火箭焚其舵楼,烟火涨空,贼炮亦如雨至,周希濂挥督各船合力兜围,旋见草鞋夹内驶出炮船十余只,我军愈战愈勇,击翻小炮船数只,毙贼颇众,余船始退,率艇跟踪追击。维时陆军出队,分赴金汤门、新河口两处,有贼划数十只由二江口直扑新河口,游击魁霖、都司洪禄等设伏苇丛中,等登岸,齐起夹击,歼贼数十名,溺死无数,斩首五级,生擒一名。九洑洲突出大股贼数百名,安勇等督队击退,洪禄沿江冲杀,出贼不意,枪毙数十名,夺获贼划二只、枪炮器械四十余件、黄旗三杆,兵勇受伤九名。周希濂挥船追贼之际,闻九洑洲炮声,转帆向北,并力夹攻,天已黎明,轰塌九洑洲贼堤三处,夺获小炮船两只,并贼旗帜、刀矛、药弹六十余件。维时水陆官军俱有斩贼搴旗之心,人人奋勇。九洑洲之西又出贼二三百名,经安勇督带参将黄志配击退,轰毙贼匪二十余名,(枪)[抢]获刀矛十余件,水陆兵勇各有受伤。至初三日巳刻,始各撤队。是日酉刻,密约夜袭九洑洲贼营。三更时,周希濂亲督战舰,直抵九洑洲,闻贼垒中柝声不绝,纵火焚烧其护堤贼艘四只,在船之贼悉数焚溺,捞获贼尸二具,皆焦头烂额,并获大黄旗一面、红旗二面,余船惊觉,溃围南遁,经王之敬拦[截],击沉其数船,余俱星散,窜入草鞋夹、下关口内。周希濂本欲直取贼巢,奈贼已惊觉,负嵎开炮,且为重濠所阻。正在酣战间,安勇、罗玉斌、台斐音保带领各将亦衔枚潜进,逼近贼垒,用铜炮击翻贼划两只,因壕黑壕深不(重)[能]得手。艇师见岸上陆军枪炮联络,火光延互,约长三里许,围剿愈力。至丑刻,天色愈黑,水陆官兵始收令回营。此浦口水陆官兵击退贼船,夜袭贼垒之情形也。臣等伏念上游贼船屡经水师击败,南岸贼援又经官军剿散,瓜镇之贼食尽计穷,难保不铤而走险，万一大股出巢奔窜，必须设法掩杀，尽歼其众。臣等已与带兵大员一一计议布置，惟扫穴擒渠，上慰圣主宵旰之怀，下为江左闾阎之福。臣等视师逾岁，曾无尺寸之功，当此贼势日穷，何敢不倍殚心力。所有扬营、观音门、浦口三处攻剿情形，理合缮折汇奏，伏乞皇上圣鉴。谨奏。

　　咸丰七年九月二十一日，奉朱批："知道了。"钦此。

探报石达开情形并严防吴如孝北渡片① 　九月二十二日奉朱批

　　再，据开复知府温绍原禀报，探闻金陵洪逆派贼二千余名，现扎石山渡及西沟一带，声言欲援瓜镇，拟暗袭湖、熟而至东坝，又抄得石逆由安庆寄与洪逆伪章一纸，内有令贼党李寿成会合张洛行领数十万贼分攎下游，又调贼党陈玉成、洪仁常、洪寿元、韦志俊、杨来清等各率贼数万及五六千不等，概回金陵，并欲赴援江西，窜扰浙江等语，而书中之意，似与洪逆各树党援，不相附丽。洪逆伪批，亦似外示羁縻，内怀猜忌。惟贼踪分合无常，总不容稍疏防范。已令浦口、六合带兵官暨温绍原等加意严防。臣等正在缮折间，又据探报，吴逆以瓜洲被攻紧急，亲自带贼于十二日渡江，并据署仪征县知县杨钟琛禀报，亦标探得镇城贼首吴如孝欲往江北分窜，谢锦奉欲窜江南等情。伏查吴如孝系著名悍贼，今既有纠众北渡之信，则北岸情形尤为吃紧。臣等已札知带兵带勇各员申明号令，防剿兼施。理合附片具陈，伏乞圣鉴。谨奏。

　　咸丰七年九月二十二日，奉朱批："览奏已悉。"钦此。

————————————

　　① 　原稿题为"德兴阿等片"，本题为作者所拟。

南北岸布置情形片^①　十月初四日奉朱批

再,臣等连日围剿瓜洲,昼攻夜袭,不遗余力。近日射进告示,散胁招降,每夜有难民泅水遁出。据供,贼粮馨尽,房屋为大炮击毁过半。该逆等无不愁急惶怖,惟图负嵎死守,苟延旦夕。讯以逆首吴如孝所在,或云现在瓜洲,或云仍回镇江,往来无定等语。臣等以高资为南岸要津,先后派拨红单艇师、拖罾等船二十余只前往驻扎,遂成巨帮,与土桥陈国泰一军相对,俨然长江锁钥。又以江北陆路兵单而南岸兵力甚厚,咨商和春等,借拨步兵三千名,各携带锅帐渡江,暂归臣等调遣,仍由江南粮台发饷,并嘱其毋庸拨勇,以免扰民生事,尚未准其咨覆。即使不能分拨,臣等亦必就现有之兵悉力攻剿,杜其北窜,聚而歼旃。现饬江都、甘泉、仪征各县团防助威,兵心民心俱极踊跃。上游浦口地方水陆均有重兵,六合地居腹里,民情尚好,臣等已叠饬副都统富春、总兵多隆武、知府温绍[原]严密防范,又饬观音门水师紧扼口门,使贼上下不能通气。昨据水师游击彭常宜禀报,金陵贼党扬言掠船载米,大股下援,已分饬上游水陆各军昼夜侦探,合力堵剿,又因焦山水师经和春等调船十只防堵高资,恐下游空虚,致贼由东路沿江北窜,酌拨一万四千斤水炮台一座并单舡炮台一座,交游击石皓督带前往沙头江口防守。臣等无才无识,惟有崇节俭以省军储,严纪律[以]作士气,除苛累以恤民隐,化畛域以萃人和。兹幸贼势愈穷,已在掌握,仍当日夜攻剿,以期迅扫逆氛。所有布置情形,理合附片具陈,伏乞圣鉴。谨奏。

咸丰七年十月初四日,奉朱批:"知道了。"钦此。

---

① 原稿题为"德兴阿等片",本题为作者所拟。

攻剿瓜洲截回窜敌并水师击退外援折　十月十七日奉朱批

臣德兴阿、臣翁同书跪奏，为瓜洲贼匪穷极思窜，屡图窜扑，经我军截回，连次攻剿均获胜仗，并经浦口、观音门水师击退贼船，力断外援，恭折由六百里具奏，仰祈圣鉴事。

窃臣等前将围剿贼巢，防其铤走，并观音[门]水师击退贼船，大获胜仗，浦口水陆官军击败外援，夜袭洲贼，并侦探、布置情形缮折驰陈在案。维时逃出难民供称，逆首吴如孝纠党渡江，谋窜江北，臣等以吴如孝系著名悍贼，此次率众北渡，意图冒死冲突，不可不严为之备，密饬各将弁防剿兼施，昼则列队扬威，夜则衔枚设伏，虚实互用，使则①不测。九月二十三日，总兵鞠殿华、成明、副都统衔总管海全、副将英贵等护运水炮台由三汊河直抵四里铺，开放大炮，向贼垒攻打，贼亦于濠边开炮相拒。鏖战良久，我军之炮正击贼丛，不知毙贼多寡。二十八日申刻，贼匪数百名向西路窜出，分为两股，经付都统衔参领富明阿、参将王巨孝等带领马步兵勇各队至土桥、双桥两处迎敌，贼匪列队而来，我兵枪炮齐施，毙贼二十余名，夺获器械数件，将贼击回。时已曛黑，恐有埋伏，未令穷追。二十九日，鞠殿华等仍于辰刻分两路护水炮台前进，参将赵树棠等督饬弁兵开放大炮，东西两岸贼巢各出贼匪二三名，隔壕还炮，我军大炮击毙守炮贼匪多名，轰倒望楼一座，击塌城垛数处，攻打数时之久，该逆只于壕边开炮，未敢过濠，我军亦未能抢越。未刻始行撤队。臣等复饬各营不拘时刻，轮流出队，埋伏侦探，一见贼出，即奋力掩击。节据逃出难民供称，贼匪屡谋北窜，因不知江北大营布置情形，罔测我军多寡，由是北窜之谋稍阻，仍思乞援金陵，由南岸遣党接应。臣等窃见和春军营兵力甚

---

①　则，疑为"贼"之讹。

厚，而张国梁力扼高资，声威极壮，又有赖镇海所带红单艇师、拖缯等船扼驻高资港、条斗□、鲇鱼套诸要隘，知南岸贼援亦复难于窜合，惟有自浦口以至焦山江面辽阔，处处吃紧，正直节节严防，又非独高资一港为目前之要，因檄饬浦口、观音门、土桥各水师严防贼簰、贼船载米接济，无令片帆得以窜越，并饬焦山水师严防瓜镇之贼乘虚下窜。旋据观音门水师参将黄彬等禀称，该员等派弁分驾小舟昼夜侦迠，密约探见贼踪，昼则放号炮二出，夜则起火箭三枝，以便派船迎击。九月二十七日，有快船巡至天河口，见港内藏匿贼船十余只，有欲窜之势，即放火箭三枝。黄彬商令尽先游击都司彭常宣、尽先都司余茝臣二员，分带艇师驶前迎击，而自督各船紧扼观音门，以防大帮窜。不意彭常宣等正在天河口开炮迎击之际，有贼踪由观音门窜出，黄彬探令各船施[炮]轰击，贼匪亦开炮拒敌，未几而彭常宣等击退天河口贼船，驶回接应，合力围攻，彼此酣战，炮弹如雨。火光之中，见有片板随流而下，贼匪人声鼎沸，不知伤毙几许。我师愈战愈勇，贼船且拒且退。黄彬见贼船飞棹遁逃，急令小舸尾追。甫至口内，而上贼垒举炮挥击，未便深入。时将天晓，挥令收队。又据浦口水师总兵周希濂禀报，九月二十八日卯刻，瞭见上河、下关一带大小贼船挂帆林立，转舵行驶，当即挥令各船起碇迎击，一面知会陆路总兵安勇等出队会攻。该镇派游击杨冠春带领广艇攻九洑洲，游击王之敬带领局艇攻南岸下关、七里洲，该镇亲督各艇师探江堵，击沉上游大贼船一只，击仆执旗贼目一名，截获小炮船一只，立将格杀贼匪三名，搜获旗帜、长枪十余件，贼匪溺死于江者无算。各战船回环轰击，竭力鏖战，下关、九洑洲匪贼摇旗击鼓，人声喧呶，对发大炮，烟雾迷漫。杨冠春击沉大楼船两只，大炮船一只，焚毁小贼划四五只，捞获黄旗五面、藤牌三面，复击塌九洑洲贼卡两所、贼堤三处，土木纷飞。适温绍原饬令六合练勇前来沿江列队示威，亦开抬炮助战，彭常宣由下游观音门派龙哨快船接应，我师船攻扑南岸，击倒七里洲瞭望一座，焚毁贼划三只，夺获二只，搜出炮子四桶、火药三桶、腰刀一把、朴刀两把，余匪飞桨向苇丛奔逸。战至午刻,风力微弱,遂即收泊,各师船多有伤损等语,并据温绍原、富春、多隆武呈报观音门、浦口水师截击贼船情形,大略相同。又据焦山水师总兵泊承升、陈世忠禀报,十月初二日,陈世忠亲督将弁由北岸对准瓜洲新河口一带贼堤轰击大炮,复戗赴南岸,攻打龙窝。泊承升由南进攻,复驶赴北岸,继进攻剿,互相往来。该逆均隐伏堤内,还炮回拒,兵勇受重伤者二名。初四复上驶攻剿,击沉瓜洲新河口贼船一只,毙贼数名,并据守备赖镇海禀报,本月初一日、初二日会剿鲇鱼套贼堤情形。查赖镇海所带红单艇师、拖罾、龙哨等船,均拨归南岸调遣,应由和春等会核具奏。臣等仍奖饬赖镇海力扼高资港口,为南军助威。连日探报金陵逆匪复由龙潭、下蜀街等处下援,现已为张国梁击退,而南岸迤西之石埠桥等处逆党尚蜂屯蚁聚,与六合、仪征仅隔一江。日前贼援东下,沿江焚掠,据仪征县禀报,南岸难民无船过渡,用木盆浮水,欲渡江北,甫至中流,覆溺相望,其得至北岸者无几。臣等已饬妥为安插,兼防贼匪抢渡,因饬土桥水师总兵陈国泰添拨红单船三只驶赴上游江面驻泊,与参将黄彬、李新明所带之船联为一气,即有贼匪簰船窜下,无难截获。至文煜所募之勇,业经派员接管,前已奏明在案,兹又分拨水炮台二座运至沙头江口,与焦山艇师声势相倚,又添派练勇三百名赴沙头江岸防剿,东路情形稍缓,亦当不至空虚。臣等复查贼情穷蹙,势必冒死冲突,惟有激励志心,严杜北窜,但能断其添党下援,则成功已可计日而待。所有水陆攻剿、布置情形,理合缮折具奏,伏乞皇上圣鉴。谨奏。

咸丰七年十月十七日,奉朱批:"览奏均悉。"钦此。

皖敌猖獗分饬严防并飞饬伊兴额截剿折　十月二十八日奉朱批

臣德兴阿、臣翁同书跪奏，为皖境贼势猖獗，浦口、六合均形吃紧，现已分饬严防，并飞饬侍卫伊兴额由徐州带兵截剿，恭折由六百里驰奏，仰祈圣鉴事。

窃臣等接据派防浦口之总兵安勇、罗玉斌、总管台斐音保禀称，皖省舒城贼首听从洪逆伪令，勾结六安捻匪李兆受等，率党六七千人由巢县、含山至和州西门外，攻扑总兵音德布营盘，声言赴六合、扬州，援应瓜洲，并有窜据来安、盱眙之说。旋据皖省派防乌衣之守备张春发禀报，贼冒官兵顶帽，旗帜均用五色，猝不及辨，以致和州失守，贼踞州城，音德布于本月十六日退守全椒县属之官渡，探闻郑魁士亲督大队由含山驰来救援，若该逆被攻穷蹙，势必往东南逃窜，浦口防剿更属吃紧，已约会艇师并力堵御等语。并据知府温绍原禀报，大略相同。又据温绍原禀称，十九日寅刻，和州贼匪由乌江至石碛桥，欲进江浦县城，并有另股贼匪自新甸庙至汤泉，假装官①，有从小店来扰浦、六之说，该守已严为准备等情。伏查江北兵力单薄，以万余人控制二百余里之遥，刻值瓜洲贼势窘迫，正在添营紧扼，岂容分兵他往，致贼北窜。浦口设有重兵，原足以敷战守，惟当此舒城捻匪与粤匪相连，攻陷和州，贼党骤增（与）[羽]翼，冲突堪虞。音德布业经退守，郑魁士亦未知果否南来，该逆既有援应瓜洲之谋，浦口、六合实属处处吃紧。臣等已严饬安勇等力遏贼冲，毋令匪踪阑入，一面督饬富春、多隆武、温绍原等保守六合，相机援剿，如果贼匪绕越浦口，由后路窜至六合，则扬营兵力虽单，亦不得不拨兵往助。臣等又念皖境地形平衍，处处可以北窜，所关匪细，查有侍卫伊兴额现驻徐州，正

---

①　此处疑有脱字。

拟渡涡剿贼,若该侍卫移兵前进,亦可助皖军一臂之力,业经臣德兴
阿飞饬该侍卫督带马队星夜南来,迎头截剿,一面飞咨庚长、邵灿、福
济一体饬催赴援。所有皖境贼势猖獗并布置情形,理合缮折由驿具
奏,伏乞皇上圣鉴。谨奏。

　　咸丰七年十月二十八日,奉朱批:"知道了。"钦此。

续陈攻剿瓜洲情形片　　十月二十八日奉朱批

　　再:攻剿瓜洲情形,臣等前于本月十一日缮折由驿具奏在案。十
二日,付都统衔参领富明阿派委参领隆山、都司哈连升、守备韩魁、五
品勇目李有才等带领马步兵勇前赴庆桥,修路进剿,正遇瓜洲贼匪突
出二百余名,相持鏖战,□□□□击退,毙贼二十余名,夺获旗帜、刀
矛数件。十三日,富明阿率参将王巨孝、邓凤林、营总德琛、都司王希
堂、常胜、守备王富来由军营进攻,营总常寿、游击文哲珲等由高桥进
攻,连扑贼垒数次,贼炮密如雨点,濠阔水深,未能得手。是日,总兵
鞠殿华、成明、总管海全、付将英贵、参将赵树棠等护运水炮台由三汊
河赴四里铺进攻,力战良久,亦以贼(破)[炮]如雨,不能越濠,阵亡兵
丁一名,受伤一名。嗣后逐日逼紧环攻,昼夜换队,并饬陈国泰拨船
八只驻老河影以防窜走。据陆续逃出难民供称,贼粮不敷一月之食,
似属可信,臣等因即传令并力急攻。二十一日,臣德兴阿亲赴土桥督
攻,其三汊河各营仍前护运大炮进剿,讵意东西两岸贼匪竟敢出巢抗
拒,我军奋勇迎击,大获胜仗,歼贼甚多,容俟查明情形再行具奏。
再,臣等以南岸贼匪麇聚龙潭、石埠桥一带,屡图抢掠民船,因饬仪
征、六合江断渡,严为之备。据水陆探报,观音门内有贼船数十只,大
小木簰二座,即图下窜,并闻南岸贼匪欲掠小船运米接济瓜镇,现已
飞饬陈国泰暨参将黄、李新明、守备赖镇海等分带战船,节节进剿,毋

令片帆得渡。理合附片缕陈，伏乞圣鉴。谨奏。

咸丰七年十月二十八日，奉朱批："知道了。"钦此。

连次击敌获胜并防堵皖境捻军折　十一月初四日奉朱批

臣德兴阿、臣翁同书跪奏，为连次诱贼出巢，乘势痛剿，该匪迭次受重创，粮食将尽，浦口、观音门水师截击贼船，屡得胜仗，皖境捻匪亦经合力防堵，未容阑入，恭折由六百里具奏，仰祈圣鉴事。

窃臣等前于本月十一日将水陆攻剿情形缮折驰陈，嗣后复将皖境捻匪猖獗，浦口、六合吃紧，并飞饬侍卫伊兴额助剿各情恭折驰奏在案。臣等以瓜镇贼巢均已穷蹙，探闻贼粮无多，亟图攻克，又因运河水势全落，恐此后河浅岸高，水炮台不能得力，传集将领，密授机宜，务须诱贼出巢，庶可乘势攻拔，而贼情诡谲，志在负嵎，往往坚匿不出。本月二十一日，臣德兴阿亲赴土桥督工，饬令总兵鞠殿华、成明、总管海全、付将英贵等由三汊河护运大炮至四里铺进剿，该镇等设伏堤下，赢师示弱，意在诱贼出巢，讵意是日贼匪亦豫设伏于芦苇丛中，见我护炮之兵较少，伺撤队时，东西两岸伏贼齐起，竟敢过濠直扑我军，意欲抢我炮船。堤下伏兵突出，岸上大队继进，奋勇鏖战，施放连环枪炮，马队用箭雨射贼丛。维时参将赵树棠在水炮台上，亦令弁兵开炮。共计轰毙贼匪约百余名。该逆见势不敌，纷纷败走，我兵追至陈家湾，另有悍贼一股由东岸出巢接应，鞠殿华亲带绿营弁兵驰马直前冲贼队，将贼逼入泥洼，阵斩多名，并割取长发首级数颗，夺获枪炮、刀矛多件。余匪凫水回巢，溺死者不计其数。我军欲乘势抢越濠沟，而贼垒贼炮如雨，水急濠深，未能抢渡，酉刻始行收队。是日，有吉林委参领巴彦图力战受伤。臣德兴阿复饬各营枕戈蓐食，于次日黎明进攻,鞠殿华等由三汉河前进,贼匪坚匿不出,惟用大炮拒守。
付都统衔参领富明阿率参将王巨孝、邓凤林等由军桥进攻,先伏兵苇
丛以待,迫至未刻,瓜洲突出贼二百余名直扑而来,我军列阵相持,伏
兵猝至横击,毙贼三四十名,该逆败窜回巢,淹毙多名,夺获器械数
件,受伤练勇二名。自廿三日以后连日大雨,至今始霁。此连次诱贼
出巢,乘势痛剿,该匪迭受重创之实在情形也。自月初以来,逃出难
民佥供瓜镇逆匪粮食垂尽,而贼首吴如孝凶狡异常,专望金陵来援,
运粮固守。臣等以南北两军久已合围,贼匪无从出掠升斗,该匪穷极
思窜,在江南则高资最为吃紧,在江北则土桥当其要冲,高资有南岸
陆军,又经臣等添拨土桥、焦山战船助剿,归和春等调遣,声威极盛。
北岸虽苦兵单,而土桥迤西连营五座,俱系选锋扼险,其迤北又有朴
树湾马步官兵层层驻扎,遏贼西走仪、六,北走天长之路,如该匪不能
纠合外援,似可无虞窜越,惟虑金陵贼船、贼艓由南岸沿江下窜,迭饬
水师参将黄彬等节节堵剿,果有贼艁屡次乘夜思窜,均被观音门水师
击回,江面肃清,未容片帆得度。至皖境捻匪窜扑和州,欲入江浦县
城,与粤贼合伙,又欲分扰全椒等处,扬言将由浦口、六合赴瓜洲应
援,经臣等严饬浦口总兵安勇、罗玉斌等遏其来路,毋令阑入,并饬付
都统富春、总兵多隆武会同知府温绍原严防六合要隘。据温绍原禀
报,开挖长濠,团练扼守。臣等批饬悉心经理,使贼闻我有备,不敢窥
伺。近日探闻和州贼匪稍戢,或云捻匪分半由上游渡江,半归江浦城
内,臣等以捻匪与粤逆相通,忽分忽合,忽往忽来,总宜密为之备,仍
饬浦、六一带严防,勿稍懈弛。据浦口水师总兵周希濂禀称,二十日
亥刻,忽闻南岸七里洲之内人声沸腾,金鼓齐鸣,该镇一面知会陆军,
一面饬令起碇,派游击王之敬督带局艇防剿九洑洲贼营,令游击杨冠
春督带广艇溯七里洲而上,以遏南岸之贼,该镇督船接应,果见下关
一带大小贼船扬帆下驶,该镇督同杨冠春挥令各艇开炮拦击,立时击
沉划十余只,余船由南岸窜至中流,各师船开炮横击,王之敬亦由九
洑洲自北兜迎,与广艇连为一气,三面进攻,齐发大炮,并施放喷筒、

火箭,烧燃大贼船一只,复击沉大贼船二只、小贼船多只,其(色)[时]月色甚明,但见板片满江,贼尸浮流,旋见贼划无数,悉倚南岸江滩,飞棹而回,其大船遁归南岸。我师乘胜紧迫,轰倒草鞋夹炮堤一座,直逼下关贼巢,至寅刻始收令驻泊。当水师酣战之时,安勇等列队金汤门外,遥助声势。温绍原亦派练勇排列江岸,瞥见坏船、板片蔽江而下。据报情形均属相同。臣等督饬一面杜其援应,一面迅攻老巢,与和春等并力图功,冀南北同时克复,上慰宸廑。所有水陆截击累获胜仗情形,理合缮折具陈,伏乞皇上圣鉴。谨奏。

咸丰七年十一月初四日,奉朱批:"览奏俱悉。"钦此。

亲统诸军督攻瓜洲几克敌巢折　十一月十五日奉朱批

臣德兴阿、臣翁同书跪奏,为渡江截剿,擒斩甚多,嗣即亲统诸军,督攻瓜洲,大获胜仗,夺毁炮台,歼贼无算,几克贼巢,逆胆已寒,军威愈振,恭折由六百里驰奏,仰祈圣鉴事。

窃瓜洲、镇江两处逆匪被围日久,已成釜鱼阱兽,但能绝其外援,无难杜其旁窜。前因皖省捻匪窜至和州,四出焚掠,扬言赴瓜洲援应,维时浦口、六合大震,臣等迭饬满汉带兵大员严为之备,贼至即击,该匪屡次窥扑,见我军严整,无隙可处,始各退去,浦、六一带安堵无虞。旋闻金陵逆党由南岸龙潭、下蜀街等处窜至,近高资,与江南大军相持。臣等密饬水师署都司赖镇海紧扼江滨,相机夹击。适和春又檄调焦山拖罾船三只驶至高资江面,驻泊鹰洲,堵炭诸出江之路,防范愈为周密。十月二十九日,南岸官军击退外援,大获胜仗,赖镇海等管带艇船驶至炭诸口登陆追击,生擒贼匪二十九名,割获耳记四个,夺获一千斤大炮一位,器械、旗帜多件,已有和春等汇奏在案。臣等以南岸逆党麇聚江干,出没无定,难保不潜谋偷渡,分饬水陆各营暨地方文武昼夜瞭探，见有股匪，即设法赴南岸截击。三十日，仪征对岸李家沟一带江岸突有旗帜往来，经仪征县知县杨钟琛派令勇目唐红荣、把总陈廷杰等分坐快船，带勇渡江，直抵南岸，乘其不备，枪炮齐施，轰伤逆匪多人，击倒执持大旗贼目一名，余匪分路奔逃。该把总等率勇登岸，立将击倒之贼目上前拿获，割取首级，并获大黄旗一杆，各勇各路追捕，擒获长发贼目一名，被迫窘急，凫水逃窜，立经各勇泅水追获，并获黄绸伪令旗一面、伪印、护照、伪文等件及刀矛、鸟枪、火器多物。次日，又在南岸杨家沟击败贼党一股，擒获逆贼六名，戳毙黄衣贼目一名，夺获大黄旗二杆、小方旗一面、刀矛多件，并搜获印、名册，该逆堕江溺毙者甚众，余匪拼死鼠窜，将所获贼匪旗帜、器械等件申解前来。并经水师总兵陈国泰、参将黄彬、李新明、奇兵营游击景和等各派弁兵、水勇擒获南岸败残余匪多名，送解大营，讯明后均即正法。臣等当即会商，以南岸外援业经击退，瓜镇之贼顿失所望，当乘此声威，迅图攻克，即于初一日传集诸将领选锋悬赏，申严军令，一面密咨和春，约定师期，一面飞檄土桥、焦山水师同时并进。初二日子刻，分四路进攻，先遣三汉河两岸官兵蓐食衔枚，护运水炮台直至四里铺，参将赵树棠、游击石皓督兵开炮，轰打良久，迫至黎明，佯欲撤队。臣德兴阿亲率总兵鞠殿华、成明、总管海全、参领富明阿、付将英贵、王巨孝等带领马步队由王家大院芦苇丛中前进，本欲绕赴东路玉皇阁一带，先攻下瓜洲贼营，讵意新雨初晴，积潦甚深，一路泥淖，步骑俱[无]驻足之所，只得从原路折回。适臣翁同书亲督援应大队驰至，与臣德兴阿会齐。维时各镇将大员皆称马步兵勇咸有斩贼搴旗、擒渠扫穴之志，誓欲竭一日之力，攻拔贼巢。臣等当即亲督诸军由四里铺垫路前进。贼见我军声势浩大，似甚惊慌，时至辰刻，东西两岸忽出贼数百名蜂拥而来直扑，我军列阵相持，成明等先派都司王希堂、哈连升、蒋煦、常胜等设伏苇丛，猝起横击，枪炮齐施，毙贼七八十名，我军士人人奋勇直前斩馘，贼尸枕藉于路，余匪纷纷遁回，兵勇追杀直至陈家湾，斩杀十余名，落水淹毙不计其数。该逆犹敢踞守第三道濠边炮台，连开大炮。延至巳刻，逆匪未敢过濠。富明阿带领守备王富来、詹起纶等各带练勇，由东岸直前攻击，鞠殿华、成明、海全暨参将邓凤林、王巨孝、游击匡国栋、协领乌尔恭额、博奇、营总舒通额等带队继进，付将英贵、参将张维义等由西岸带兵前进，付都统穆克登额带领参将文哲珲、游击李现臣、守备韩魁等由土桥进队至军桥、富家井地方，与西岸官军夹攻运河西岸贼巢，旌旗蔽野，呼声动地。适风色忽转东南，先见焦山艇师由北固山一带转战而上，又见土桥红单船络绎下驶，炮火横飞，烟焰涨空，贼匪为之气夺。陆路兵勇夺力扑过贼濠，将守炮贼匪斩杀数十名，炮台二座立时拆毁，抢获大炮暨旗帜、刀矛数十件，余匪奔回巢，急将浮桥撤去。我军复抢渡重濠一道，直抵贼垒，仅隔一濠。臣德兴阿见我军已摩贼垒，冀可得手，跃马直前督战，臣翁同书率同付将毛三元乘坐小舟，督令水炮台向中满驶下，发炮夹击，以助声势。其时，东岸兵勇虽隔一濠，已将东岸贼营东北两面围住，努力冒险争搭浮桥，急图抢越，无如该处壕沟原系瓜洲小口，乃运河支流，宽四丈有余，深不可测，水势甚紧，未能抢渡。该逆情急，于营边墙隙施放枪炮，密如雨点，时风力已微，水师收泊，遥见金山有贼船三只飞棹来渡，炮火益多，我军攻扑益勇，炮毙之贼无算。兵勇抛放火罐、火箭，多入贼营，奈贼营均系砖墙瓦屋，未见燃烧，而兵勇伤亡亦多。鞠殿华督队直前，奋不顾身，左腿受枪子伤一处，犹裹创力战。相持数时之久，天色将暮，臣等始传令收队。伏查是日之战，臣等身在行间，目睹将士齐心，几入其巢，虽因水急濠宽未能攻拔，而该逆魂魄已褫，计日即可破灭。鞠殿华受伤虽重，幸未伤骨，旬日可期平复。共计阵亡兵勇二十名，受伤官弁、兵勇一百余名。臣等查明，咨部分别议恤。据土桥水师总兵陈国泰禀称，是日遥见击倒逆巢墙屋多处，尘瓦皆飞。金山、鲇鱼套一带有贼船数只渡江赴瓜洲接应，当经该镇挥令各船迎前截击，沉其一船，船上之贼尽行溺毙。查点各船，阵亡兵勇二名，受伤二名等情。伏查瓜、镇两巢之贼食尽援绝，谅难持久，然穷思窜，势必铤而走险，尤不可不加意严防。臣等与和春、张国梁、许乃钊时有函牍往来，总期（其）[共]矢血诚，互相援应，断不敢稍分畛域，致误事机。所有截击南岸贼匪暨攻剿瓜洲，几克贼巢，总兵受伤情形，理合恭折由驿六百里驰陈，伏乞皇上圣鉴。谨奏。

浦口水陆接仗情形片　十一月十五日奉朱批

再，（处）[据]派防浦口总兵安勇、罗玉斌、总管台斐音保禀称，屡获捻匪与粤匪遣出奸细，供称侦探浦口、六合官兵多少，讯明后俱即正法。本月初三日子刻，九洑洲贼匪在陈摆渡潜搭浮桥，侦巡兵勇见江岸火光不断，知是逆匪出巢，飞报该镇，一面约会艇师，一面出队迎击，令游击黄魁霖、都司洪禄、守备马馨冯、王高等分带兵勇，相机截剿，又令参将黄志配等防所西关及安定桥一带，该镇等分路列队前进。适贼船下窜，与水师开炮对击。其时，九洑洲之贼由宝凤庄突出，约有五六百人，洪禄等偃旗息鼓而进，直至陈摆渡，出其不意，枪炮齐施，贼匪即时回窜，魁、禄等衔枚潜至，前后夹击，溺死无算，轰毙约十名，余匪鼠窜，兵勇跟踪追剿，毁贼卡二座，夺获枪炮五尊、刀矛三十余件，抢获搭桥小划一只、木板数十块。未几，江浦之贼由石佛寺蜂拥而来，安勇等亲督马步官兵迎头堵截，将贼击退，杀毙五六十名，夺获器械四十余件，受伤兵勇二十余名。又据水师总兵周希濂禀称，初二日亥刻，瞭见帆影驶来，急发数炮，击中贼船，转瞬驶回。适接陆军知会，因令各员弁分驾战艇参差并进。甫至三江口，而小艇回报逆船齐下，北岸九洑洲一带枪炮之声不绝。将近七里洲，见上游草鞋夹贼堤开炮，大小贼船已遏堤而下，我艇师拦江迎截，贼船亦回炮相（距）[拒]，并有小贼船无数纷驰冲突，我艇炮更番不断，击沉小贼船多只，余船始转舵遁回，时因深夜未便穷追等语。所有浦口水陆接仗情形，理合附片具陈，伏乞圣鉴。谨奏。

咸丰七年十一月十五日，奉朱批："知道了。"钦此。

克复瓜洲歼敌殆尽折　　十一月十九日奉朱批

臣德兴阿、臣翁同书跪奏，为昼夜换队垫路围攻，乘风纵火，克复瓜洲，歼贼殆尽，恭折由六百里加紧驰奏，上慰宸廑，仰祈圣鉴事。

窃臣等前于本月初二日亲督诸军大举攻剿，夺毁炮台，斩馘无算，虽未得手，而贼胆已寒。嗣据逃出难民供称，是日官军大炮击毙贼匪甚多，并打毙大贼目一名，夜间皆上城打更，辄云官军将至，无故自惊。臣等因令马步各营昼夜换队，明攻暗扰，使贼不得休息，复饬扬州府督同江都、甘泉两县传集民夫千名，臣德兴阿于初九日为始，亲督官兵至八里铺一带护夫平垫道路，修筑营盘，扬言新调北路劲旅万余名移营进逼，多写告示，散胁招降，募令擒贼以献。该逆闻之，益形耸惧。适南岸外援又经和春等击败，该逆食尽援绝，万分穷蹙，连日于深夜潜出，向土桥一带冲扑，经水陆官兵击回，每次均有斩擒，并截获小划船及夺获旗帜、器械多件。每见隔江举火，辄乘闇欢躁，以冀贼援之至，而外援屡经击退，该逆无计可施，陆续投出。难民咸云贼粮已尽，采芜菁、宰牛马以为食。臣等以事机不可延缓，时与和春等会商紧攻。十二日申刻，臣等密派总兵成明、付将英贵、毛三元、参将赵树棠等于薄暮时潜师以出，偃旗息鼓而进，总管海全、协领乌尔恭额、博奇等带马队接应，别派参领富明阿带领参将王巨孝、邓凤林、都司王希堂、常胜、守备王富来、韩魁、千总詹启纶等由土桥衔枚淹集，又派付都统穆克登额带马队接应，一面饬沙头练勇堵其东走里下河之路，并饬上下游水师相机会剿，臣等以鞠殿华受伤颇重，虽得良药敷治，已能起走，究恐不便乘骑，是以未经派令出队，而该镇志图杀贼，竟自行裹创乘马，会同成明进攻。行之四里铺，见贼之侦骑探望慌张，旋闻贼营内人声鼎沸，知其胆寒惊扰，遂督队鱼贯而进，直扑贼营。该逆登陴拒战，金鼓齐鸣，枪炮乱发，我军贾勇越沟，立将火弹、火罐抛入贼营，引燃篓内火药，烟焰冲霄。适见隔江山上亦有火起，知系南岸得手,我军人人奋勇,呼声动地,分派队伍,将上、中瓜洲土城围住。维时水炮台亦已运至四里铺,臣德兴阿由西岸督攻,臣翁同书由东岸督攻,遥见大江南北同时火起,飞焰照山,江光如练,风力虽不甚大,而火势转炽,我军逾城而入,贼匪见势不敌,无心恋战,有遁入芦丛,搜出斩首者,有焦头烂额,死于火中者,共计杀毙贼匪约有一千六七百名,其投江掩毙者不计其数。间有登船而遁,欲渡南岸者,船小人多,呼号惨急,行至中流,船多覆溺,又有上下游艇师截击,想不致漏网。鞠殿华、成明等搜杀贼匪之际,有被难男妇一千余名跪地投诚,诉称指挥、丞相、检点、元勋、师帅、司马等伪官多人悉已就诛等语。天色将晓,东路下瓜洲贼营尚有余匪二百余人胆敢持械抗拒,经兵迎击,歼毙大半,余悉投水自溺,随将贼营五座一律踏毁,起获大炮三百尊,大纛、旗帜五百余杆,铜铁小炮、抬炮、鸟枪一千六百余件,大小贼船二十余只,骡马十余匹,现已于沿江一带支搭帐房,派兵看守,搜出难民,即派委员逐细研审,交地方官妥为安插,一面拣派得力大员迅带马步兵勇即日移师西上,进攻江浦。臣等伏查瓜洲乃南北咽喉、长江锁钥,自古称为险要。粤逆拒守迄今五年,自琦善、托明阿视师以来,百计围攻,不能覆其巢穴。臣等愚鲁无知,受任至今几及二载,未容其窜出一步,亦未容其出掠斗粮,兹仰仗皇上天威,诸军用命,乘其饥疲,一鼓而克,洵足以大快人心。其南岸沿江一带同时火起,想镇城亦已克复,从此大江南北可以即日廓清。凡在戎行,同声庆幸。所有昼夜换队,垫路围攻,乘风纵火,克复瓜洲大概情形,理合恭折由六百里加紧驰奏,伏乞皇上圣鉴。谨奏。

　　咸丰七年十一月十九日,奉朱批:"览奏实为欣慰。另有旨。"钦此。

浦口堵剿接仗情形片　十一月十九日奉朱批

再,据派防浦口总兵安勇、罗玉斌、总管台斐音保禀称,该镇等选据西路探报,并获奸细供称,逆捻有东窜浦、六之说。随饬各营于各扼要处所派兵严防。本月初九日辰刻,游击魁霖、丁定国、营总都隆阿、银铨等各带马步官兵出队至小店一带堵剿,行近安定桥,瞭见山头有逆匪黄旗,并闻山内有枪炮之声,探知都司洪禄带勇在骆驼岭与贼接仗,丁定国、银铨当即分队由安定桥大路迎敌,魁霖、都隆阿带兵由高李甸小路进山抄击,三面兜攻,贼势不支,即时溃退,我兵奋勇追击,愈战愈锐,直追过黄悦岭十余里,伤毙贼匪百余名,斩获长发贼首级二颗,夺获枪炮、器械三十余件,余匪遁回江浦,查点受伤兵勇十余名等语。所有浦口堵剿接仗情形,理合附片具陈,伏乞圣鉴。谨奏。

咸丰七年十一月十九日,奉朱批:"知道了。"钦此。

续陈攻克瓜洲情形折　十一月二十一日奉朱批

臣德兴阿、臣翁同书跪奏,为续据土桥、焦山水师禀报,会同陆路官兵攻克瓜洲,生擒逆匪悉数骈诛,夺获贼船、旗帜、衣物,搜获大炮、药弹,并陆路官兵搜擒余匪,斩除净尽,恭折由六百里驰奏,仰祈圣鉴事。

窃臣等于本月十二日亲督诸军攻克瓜洲,业经将大概情形由六百里加紧驰奏在案。旋闻镇城亦已克复。伏查瓜、镇两巢为金陵逆巢角距,负嵎鸥张,(芳)[劳]师五载,一旦尽行荡涤,真圣主如天之福。兹据土桥水师总兵陈国泰禀称,该镇选奉臣等密函知会,即督饬将士扼要防守,并饬守备赖镇海密饬南岸。至十二日黄昏时,遥闻北岸枪炮之声,知陆营出队,该镇即亲督守备李逢春、尽先守备龚铨、李

润雄、梁富扬等分驾红单大舡并龙快舢板等舡乘风直抵瓜洲,逼近大
口,环施大炮。该匪仍于垒上还炮死拒,该镇督舡驶进大口,斩断铁
链,该匪即于口内冲出大小船数十只,开炮迎敌。时月影中见我炮子
到处,土垒倾倒,声震江边。击沉该匪大船数只,小划舡多只,淹毙贼
匪不计其数。忽见贼垒内起有火光,知陆兵业已得手,复挥令舢板、
快船拢逼江岸,火器齐施,时江边一带火焰冲霄,该匪四出逃走,被我
军杀毙者甚多,生擒贼匪八十七名,悉行正法。夺获大小匪船三十余
只、大炮二十六位,并获大黄旗、红风帽、伪木印及抬枪等器械一百余
件、炮子四百余石、火药二十余石,随时克复瓜洲。十三日黎明收队,
兵勇受伤者九名,阵亡者一名。又据焦山水师总兵泊承升、陈世忠禀
称,十二日督令游击华封、叶长青等各带艇师进攻镇江,瞥见瓜洲小
口突出大小贼船数十只,扬帆渡南。时值风转西北,江溜湍急,陈世
忠即令各艇加桨迎击,齐开大炮,击沉贼船三十余只。其时乘间逃出
小船十五只,来投我军,口称瓜洲难民,当即派令兵过船,起获刘全富
等男妇计一百三十六名。其时贼船转帆欲遁,该镇随令大帮艇师分
两翼抄截围烧,焚毙及赴水死者约计千人。我军乘胜分帮进逼金山,
合力紧攻,见贼堤火起,当即登岸搜捕。时有迎降难民四十六名,余
贼披靡,乘势进杀,落水死者不计其数。复督各艇施桨直前,逼近瓜
洲之新河口、龙王庙等处,该逆张惶奔败,立将贼堤攻毁。泊承升之
兵勇搜获劈山大炮一尊、抬炮二尊、鸟枪八杆、贼衣、黄旗、伪文多件。
陈世忠之兵勇搜获万余斤以下一二千斤大炮四十五尊、鸟枪十五杆、
大小弹子不计其数、火药一千九百余斤、刀矛六十余件,现在分帮驻
扎金山等情。又据陆路付将英贵、总管海全等禀称,于江边芦苇丛中
搜获余匪,共获五百余名,内有难民,审明释放,其屡经与官军打仗
者,悉数骈诛,前后所获难民暨生擒贼匪,均委员研讯,将曾得为伪职
之伪总制萧礼方、胡有庆、伪元勋陆有太等概行正法,其被胁之人及
老病妇孺,取保释放,以期无枉无纵。计瓜洲一带东西数十里内,一
律肃清,实属歼除净尽,并未令其窜出一名。现已派成明、富明阿带

得胜马步诸军前往浦口,并令陈国泰督带水军西上。所有土桥、焦山水师截击贼船,会同攻克暨陆路搜拿余匪情形,理合缮折具奏,伏乞皇上圣鉴。谨奏。

敬陈克复瓜洲后布置情形及拨兵进剿事宜折　十一月二十八日奉朱批

臣德兴阿、臣翁同书跪奏,为敬陈克复瓜洲复[①]布置情形及拨兵进剿事宜,仰祈圣鉴事。

窃查瓜洲为南北要冲,现在甫经克复,民困未苏,况金陵近在肘腋,窥伺堪虞,不可不留兵防守。臣等于克复之后,即檄令黄岩镇总兵陈世忠督同署付将鞠耀乾分拨艇师驻守金山及瓜洲二处,以扼江面。又查有瓜洲守备张汉原带本汛兵丁一百名驻扎焦山,现在焦山毋庸设防,已饬该守备回瓜洲本汛,昼夜迳防备看守,起获炮位,又恐该处兵力太单,饬令总兵衔付将毛三元酌拨兵勇数百名驻守,并以毛三元在扬年久,素得民心,仍令驻扎三汊河,统带留扬兵勇。至善后事宜,查有江宁藩司杨能格、两淮运司联英、淮扬道郭沛霖前经督臣何桂清派令该司道团练民勇分防后路,深为得力,即饬令督同扬州府妥为办理。臣等复出示晓谕士民收养流亡失业之贫民,掩埋抛弃暴露之骨殖,以广皇仁而消沴气。其余无名之费、不急之务,概从节省,毋染纷华,庶几休养之余元气可期渐复。此克复瓜洲后布置情形也。至江浦县尚未攻克,新合捻匪大股,出没无常,九洑洲贼巢亦踞濒江险要,要亟图乘胜扫荡,已派委总兵成明、参领富明阿等分起带领马步兵勇由仪征、六合前往浦口,择地安营。兹以鞠殿华伤渐平复,亦令带兵前进。陈国泰所带红单船,亦已由土桥上驶。臣等俟诸军陆续行抵浦口,部署粗定,亦即起程,移营督攻。所有拨兵进剿事宜,理

———————

① 复,疑为"后"之误。

合一并陈明,伏乞皇上圣鉴。谨奏。

　　咸丰七年十一月二十八日,奉朱批:"知道了。"钦此。

陈世忠艇师拨归北岸并酌量裁撤片　　十一月二十八日奉朱批

　　再,臣德兴阿与和春在焦山面议,将前拨高资之各项战船共计二十只仍派赖镇海统带,与泊承升所带之拖罾船均归南岸调遣,其陈世忠所带之艇师,仍归北岸调遣。臣等以陈世忠所带之船内有年久失修、不甚得力者,又有船身笨重,雇价过昂者,若仍留水营,于防剿无益,徒糜饷项,已饬令该镇酌量裁撤,并裁不得力之兵勇,以节糜费。至浦口水师各船,俟臣等至浦口后,再行察核办理。除咨会两江总督何桂清、闽浙总督王懿德外,相应据实陈明,伏乞皇上圣鉴。谨奏。

　　咸丰七年十一月二十八日,奉朱批:"知道了。"钦此。

分派水师攻剿南岸大获胜仗折　　十一月二十八日奉朱批

　　臣德兴阿、臣翁同书跪奏,为分派观音门水师攻剿南岸逆匪,大获胜仗,击破(蓝)[燕]子矶贼垒,斩获贼渠首级,另派红单战船焚毁石埠贼垒,均经夺获(破)[炮]械、粮米,歼贼无算,恭折由六百里驰奏,仰祈圣鉴事。

　　窃臣等于克复瓜、镇之前,闻金陵贼匪带米下援,密札各水师严申军令,如任片帆偷越,立以军法从事。兹据派防观音门付将衔参将黄彬、尽先游击彭常宣、尽先都司余荩臣禀称,选据探报,贼匪多备炮船，装载火药、粮米觊图下窜援应。本月十二日申刻，登墙瞭望，果见南岸观[音]门口内匪船林立，当即通饬各船昼夜侦巡。十四日午刻，探见匪船均在南岸巴斗山脚寄泊，另有小舡多只，似欲接渡败残之贼，即会督各船直进观音门内河，贼匪开炮轰拒，我军还炮攻击，轰沉贼船二只，伤毙及凫水淹死无算。追获贼船二只，用火焚毁，贼料势不能敌，且拒且退，望下关而遁。黄彬等挥令各船追剿，贼见我师精锐，内有数船拢岸遁走，追获贼船一只、贼划二只，共载米二十余石，起获四百斤炮一位、二百余斤炮一位、火药三百余斤、炮弹五百余斤、刀矛四十余件，复令各勇登岸追捕。突有贼匪数百，黄旗数十，蜂拥而来，各弁勇迎前攻击，旋放抬枪，击倒执黄旗贼目二名，生擒贼匪七名，斩取首级一颗，夺获大黄旗两面、抬炮、鸟枪四杆，伤毙贼匪不知几许，余俱溃散。时适薄暮，爰令各船收队，驶出口门，仍旧防堵。是日黄昏后，彭常宣瞭见玉龙山、巴斗山、燕子矶一带火光延亘，亲带全帮快船直进口门，遥见贼舡二只在巴斗山下过渡，往来不绝，即乘月色飞驶向前截击，该逆见我军突至，四散奔逃，经我舡击毙舡上贼匪数名，旋即击沉一舡，所余一船遁至燕子矶山根，弃舡登岸，向贼垒奔走，彭常宣亲督兵勇追击，垒中突出贼百余名前来抗拒，经我军枪炮齐施，击毙贼匪数名，并密令兵勇潜赴垒右苇丛纵火，以张声势。该逆即惊惧回奔，我军跟踪追杀，一鼓作气，抢逼贼垒。该逆负嵎开炮死拒，把总钱鸣皋带领兵勇跃登贼垒，立将点炮贼匪斩首。彭常宣即督令兵勇乘势抢进，有黄衣贼目一名仍据垒门抗敌，持矛与彭常宣格斗，经彭常宣用刀砍伤该逆渠左肩，砍取首级，兵勇搜检其身，有伪炎六付将军陈恩书伪照一张。逆众见贼首伏诛，纷纷溃出该垒西门，我兵乘势掩杀，该匪投塘、落涧死者过半，余俱向山深林茂处星散逃匿。时已二鼓，未便穷追，随即回至贼垒，见有四五千斤大炮五尊，一时难于移动，当将各炮门钉塞，夺获二千斤大炮一尊、四五百斤大炮二尊、

二三百斤及百余斤炮三尊、火药三百余斤、(破)[炮]①弹二百余粒、
抬枪五杆、鸟枪七杆、大旗二面、刀矛旗帜七十余件等情,将生擒贼匪
及砍获首级、夺获旗帜、器械送解大营,又伪炎六付将军陈恩书伪照
呈验,并据彭常宣禀请委员验调所获大炮前来。此本月十四日观音
门水师大获胜仗,乘夜攻克燕子矶贼垒,歼贼无算,斩获贼渠首级之
情形也。又据管带红单战船参将李新明禀称,本月十二日二更时,联
帆巡缉至带子洲江面,见有划船四只沿南岸驶下,督令船勇开炮追
捕,贼即飞棹折回,见我师紧追,料难驶脱,弃舟登岸而逸。夺获贼划
四只,内载火药二百余斤、炮弹三百四十颗、小炮子八百余颗、米十余
石。十三日午刻,巡至郭家斗门,见南岸有贼纷纷由东而西,复令各
勇登岸兜擒,生擒长发贼四名,夺获黄旗一面。是夜四更时,石埠桥
贼垒之贼运炮至石埠桥口,攻我艇师,经李新明挥令各船开炮,贼亦
还炮,鏖战至十日卯刻,贼见我师人心踊跃,且战且退。时已天明,遂
督带兵勇各持枪械登岸尾追,贼匪弃炮而走,我师直捣贼垒,贼匪见
势不支,全行溃败,立将贼垒焚毁,夺获六百斤炮一位、三百斤觔②炮
二位、抬炮四十二位,运至我船配用。正在派勇防守间,适南岸带兵
官陶茂森带兵会剿,遂将未经抬回之炮械、粮米等项交陶茂森收管防
守等语。此红单水师截击援窜各匪,十四日攻克石埠桥贼垒之情形
也。臣等查燕子矶为钟山之分支,石埠桥居龙潭之孔道,皆系南岸滨
江险要,贼匪连营负固,未易划除,今经水军按剿,扫荡无遗,金陵贼
势日孤,想南军乘胜长驱,不日即可殄灭。该水师上下夹攻,其功甚
伟。相应吁恳恩准于克复瓜洲案内,一律从优奖叙,以昭激劝。所有
水师击破燕子矶、石埠桥二处贼垒,大获胜仗情形,理合缮折由六百
里具奏,伏乞皇上圣鉴。谨奏。

---

① 破,疑为"炮"之误。
② "觔"字疑衍。

艇师巡哨巴斗山根生擒敌首折　十二月初二日奉朱批

臣德兴阿、臣翁同书跪奏，为艇师巡哨金陵城外巴斗山根，遇贼围山，生擒贼首，恭折由六百里驰奏，仰祈圣鉴事。

窃臣等前据观音门水师尽先游击彭常宣禀报，于本月十四日攻克燕子矶贼垒，斩获贼渠首级，业已具折驰陈在案。兹复据该游击彭常宣禀称，十七日申刻，带同都司江立坦分驾快船巡哨至南岸巴斗山根，瞭见有尼①到之人数起，或十余人，或数十人不等，汲汲而行，神色可疑。先据土民探报，有贼匪在改装易服，暗藏刀械、火药，沿江窥探之语。彭常宣即与江立坦带领兵勇数十名登岸探路盘诘。该逆见我兵上前查拿，齐向山岭林内奔逸，彭常宣即督带兵勇跟踪登山追擒。该逆乃据险抗敌，掷石下击。我兵围山搜捕，用抬枪环攻，多有立时击毙者，不料为首之贼藏有海角在身，取出鸣吹，则数处之贼闻声俱向此聚来。彭常宣即一面分头探截，一面密令人矫捷兵丁飞赴船上添调兵勇，抄击其后。该逆见外援之贼闻角声而麇至，迭次拼命下山冲突，我兵俱竭力击回，未使其突围兔脱。其来援贼党经我师先据山口小路迎击，亦未使其扑近。该逆俱各藏有洋枪，取出多向我军施放，我军用鸟枪对击，相持移时，适我船密调之兵已抄袭其尾，前后夹击，毙贼甚众。贼势不支，纷纷越岭星散逃匿，其山上被围之贼见外援先溃，当时多有惧而自刎及投崖死者。彭常宣乘势督令兵勇奋力登先，将吹角贼首生擒，其余俱被我军逼杀、坠崖落涧而死。我军仅受伤二名。旋即收队回船。在该逆身上搜获木印一颗，上刻伪"太平天国殿左一后队中赤忠勇敢冲锋元帅"字样，又伪"赤忠勇敢冲锋元帅职同丞相官"执照一纸，讯据该逆首供称，年三十二岁，系广西人，名赖元益，现为伪元帅兼丞相之职，与伪照俱符。并获逃出被胁

---

①　此字疑有讹误。

难民，均称此贼系最凶悍之逆首，现奉洪逆伪令，率党数百人，俱分路改装易服，暗藏兵器，欲仍往石埠桥举事图功。又据该逆首赖元益供称，系洪逆妻舅，于道光三十年在广西入伙，为伪侍卫亲军，由广西、湖广至江南，水陆共见仗二百余次，破城池无数，记忆不清，破南京、镇江等处，俱悉该逆为首冲锋，迭次加封，升正指挥、将军等职，又为首破九华山大营，加封检点之职，又上年夏间曾剃发改装，带领贼党攻破溧水县，加封丞相，今年七月又加封为殿左后队中赤忠勇敢冲锋元帅兼丞相之职。所有贼内一切事宜，除洪逆、黄逆外，即系该逆主事，其冲锋打仗则俱听该逆指挥等语。游击彭常宣派弁将该逆首伪元帅、丞相赖元益并伪官执照一纸、木印一颗一并解送臣德兴阿大营。复讯供认不讳，并令投诚义勇识认，据称实系贼中著名凶渠赖姓等情。伏查洪逆倡乱粤西，流毒数省，其蔓延寖广，而其同起之真正悍贼，除剿灭伏诛之外，所余实亦无几，惟是各处剿办每次克捷，俘获伪职虽多，未必系洪逆之心腹，其贼渠之凶悍者被官军剿急，非歼毙则即自戕，鲜有生擒伏法者，虽已伏辜，而犹未快人意，兹提讯生擒逆首赖元益，既系洪逆妻舅，又同起粤西，为乱七八年，身经二百战，攻陷九华山、溧水县皆其主谋，不意恶贯满盈，竟究俘执，得以明正典刑，实足以彰国宪而快人[心]。本拟带往浦口寸磔示众，因该逆被获时足带矛伤，且自知罪大恶极，不肯饮食，恐沿途槛送奄奄就毙，转得倖逃显戮，谨于审录供词后，绑赴广野，使兵民聚观，即将该逆首伪元帅兼丞相赖元益凌迟处死，剜取心肝以祭阵亡将士，万众欢呼，齐声称快。该游击新破燕子矶贼垒，兹复出贼不意，手缚凶渠，其胆智非常人可及。此等凶悍逆首剪除一人，洪逆即少一死党，足使金陵城内闻而瓦解。除优加赏犒外，应请恩准尽先游击彭常宣赏加参将衔，并请赏给勇号，以为果敢有为者劝。其余出力员弁兵勇，容臣等查明（黄）[汇]保。所有艇师遇贼围山，生擒贼首缘由，理合恭折由六百里驰奏，伏乞皇上圣鉴。谨奏。

浦口水陆官军进攻获胜情形片　十二月初二日奉朱批

再，臣等派付都统衔参领富明阿带兵先赴浦口，会同总兵安勇等进攻江浦。兹据禀称，十九日丑刻出队，并约会艇师夹击，罗玉斌率同营总银铨、都司吴奉龙等列队金汤门一带，以堵九洑洲逆匪，安勇、台斐音保带营总都隆阿等攻打江浦西北面贼营，派令参将黄志配等进攻江浦城东南面，富明阿带领马步官兵在□花园督队，两路接应，并令带六合勇之都司夏定邦等随同攻打大小东门，密令各队掩旗息鼓而进，都司洪禄、守备马馨各带兵勇，拔桩抢过二道濠沟。贼营知觉，枪炮外施，安勇令游击魁霖等带领兵勇暗由土岭绕至贼营南面，前后夹攻，环开枪炮，但闻贼垒内人声鼎沸，忽自江浦西、南二门突出贼匪二股，每股约四五百人，分扑拒敌。富明阿即亲带马队赴城西接应，安勇等随挥令兵勇直前迎击，毙贼四五千①名，贼势不支，败入城内。黄志配等见贼由南门扑来，急令兵勇列队迎敌。正相持间，六合勇一鼓齐进，施放铜炮，立将执黄旗贼目击倒，贼即溃败，窜回南门。我军追至河边，约毙贼三十余名。城上枪（破）[炮]如雨，未能再进，两路同时撤队。共夺获黄旗四面、火枪五杆、刀矛五十余件。查点兵勇，受伤二十余名，阵亡一名等情。并据温绍原禀报相符。又据浦口水师总兵周希濂禀称，十八日未刻，见南岸贼帆影动，饬派全帮快桨由北岸攻九洑洲，该镇亲督各艇由南岸攻七里洲，并邀截贼船。两岸贼垒开炮抗拒，贼船亦乘风抢渡。我军且剿且围，击沉贼炮船一只，溺毙贼匪多名。余船转帆南遁。时已薄暮，收队回泊。次日卯时，知陆营出队，又见上游贼船络绎下驿，当令各船起程迎击，直捣下关，讵九洑洲、七里洲及下关贼垒、贼船三面开炮拒，我军一鼓作气，分踪回环攻打。游击王之敬等在炮火丛中（描）[瞄]准，亲开大炮，击中九洑

---

① 千，疑为"十"之误。

洲护堤大炮船，引燃药船，即时火起，延烧贼艘两只，在船之贼悉数焚溺。各艇乘胜直取下关贼船，该逆纷纷遁驶，我军且追且击，轰毙匪数十名，落水死者无算，夺获大铜炮三尊、抬炮四尊、鸟枪、刀矛、旗帜三十余件，内有大黄旗一面，上书"水师水台总制欧宏发"字样等情。又据总兵成明到浦口后会同富明阿等禀称，二十三日，进攻江浦，直至城下施放枪炮攻击，又令兵勇向前诱敌，该逆惟于城上贼垒内开（破）[炮]死守，并未出巢。午刻大雨，因即撤队等情，并会图样呈阅前来。所有浦口水陆官军进攻获胜情形，理合附片具陈，伏乞圣鉴。谨奏。

咸丰七年十二月初二日，奉朱批："知道了。"钦此。

进攻江浦九洑洲获胜现拟亲往督攻折　十二月十四日奉朱批

臣德兴阿、臣翁同书跪奏，为据禀进攻江浦、九洑洲二处水陆获胜，现拟亲往督攻，恭折由六百里具奏，仰祈圣鉴事。

查江浦县城为贼所踞，历时既久，其守已坚，瓜洲未复之前，皖境捻匪大股东趋，浦口首当其冲，六合亦复震动，彼时兵无可分，檄令各军不动声色，防剿兼施，虚实互用，该捻匪见无隙可乘，始由和州分众渡江。其至下蜀街图援镇江者，尚称数万，则皖北之捻匪猖獗可知。目下渡江之匪虽经南军剿散，而分留江北及由六安、舒城等处陆续后至者蚁聚蜂屯，皆在皖北沿江一带，江浦之贼得此援应，势益鸱张。此剿办之所以未易也。臣等于克复瓜洲之后，即派令成明、富明阿等分带马步队拔营西上，会同原驻浦口之总兵安勇等妥筹会剿。所有攻剿情形，前已奏明在案。鞠殿华等亦已带兵起程，先赴该处，相度地势，密议进兵之策。兹据成明等禀称，十一月二十四日丑刻，成明、富明阿等带领马队兵勇由黄悦岭进攻江浦城西北，安勇、罗玉斌、台斐音保等带领马步勇由石佛寺进攻江浦城东南,派令营总银铨、游击丁定国等带兵列队金汤门,以扼九洑洲之贼,卯刻齐抵下关,成明、富明阿即派参将邓凤林、马国升、游击刘琼分带奋勇兵丁攻江浦城西北邱峒山贼营,安勇等亦即于东南面挥令兵勇奋力进攻,我军枪炮齐施,该逆惟于城上还炮相拒。攻至辰刻,忽由南门内出贼数百名,蜂拥而来。安勇令游击魁霖、都司洪禄带领兵勇迎头截击,该镇即带队由小东门地埂绕出贼匪之后,两路夹攻,登时毙贼数十名,割获首级四颗,该逆力不能支,败退回城,我军进杀直至濠边。维时温绍原所派都司夏定邦、守备王家干等亦带领六合练勇驰至,该头起勇一拥直前,拔去梅花桩,抢过二道濠沟,城上枪炮如雨,该逆并于城门内开放大炮,死力抗拒。我军奋欲抢进,以桥梁被贼撤去,未能径越。成明、富明阿见西面城上贼匪执旗向东援应,即派都司王希堂、蒋临照、哈连升、守备韩魁、千总詹起纶等各带兵勇,乘其西面空虚,直攻西门外贼营。我军踊跃争先,用火箭、火弹抛入贼营,燃烧药篓,贼众惊扰,我军一拥而进,立将守炮贼匪斩杀殆尽,夺获枪炮、旗帜、刀矛多件,割取首级二十余颗,当欲乘胜攻取西门,突由西路高旺来贼数百名,欲抄我军之后,兵勇分头迎击,营总德珍、常寿带领马队两翼抄杀,贼即纷纷逃窜。官兵追杀数里,击毙贼匪数十名。时已申刻,正在出队间,西北贼营忽出贼百余名来援。协领博奇、乌尔恭额率马队分路抄截,枪箭齐施,毙贼十余名,贼匪败回。旋于酉刻全行撤队。是日之战,计共毙贼三百余名,割获首级三十余颗,踏毁贼营一座,烧毁贼卡十余座,夺获枪炮、旗帜、刀矛多件。查点我军,阵亡六品顶翎候补把总刘潮地一员、六合勇一名,受伤兵勇四十余名等语。并将砍获首级及风帽、号衣等件呈送前来。又据水师总兵陈国泰、周希濂禀称,该镇等于十一月二十二日卯刻会督各艇将弁同时起碇,分两翼直捣下关,讵九洑洲、七里洲及下关贼堤齐开大炮,并护堤贼船亦扬帆开炮拒敌。该镇等亦亲督各师船奋力攻打,击沉贼船两只,并轰倒贼船大桅,见在船之贼纷纷落水溺毙。该逆艘转帆逃遁,当即探令各船连樯直上，围攻九洑洲贼垒，分饬快艇追击贼踪，以遏北渡。我军乘势紧攻，环开大炮，击倒九洑洲大望台一座，轰倒执旗贼目数名。其时人声鼎沸，瞭见贼匪被炮击毙者不计其数。鏖战至午，风力渐微，方始收泊等语。嗣又据成明禀称，鞠殿华于十一月二十九日驰至浦口，三十日探问有乌江贼匪大股前来，成明等即会同协领博奇、乌尔恭额各带马队前赴汤泉、新店一带设伏截击，鞠殿华督办兵勇在小店列队接应，旋闻是晚由乌江来贼数百名从山南高旺窜进江浦县城等情。所有进攻江浦、九洑洲情形，理合据禀先行具奏。臣等于奏折后，亦即起程，由仪征、六合前往督攻，合并陈明。伏乞皇上圣鉴。谨奏。

咸丰七年十二月十四日，奉朱批："览奏均悉。"钦此。

敬陈防剿布置事宜暨近日水陆进攻情形折　咸丰八年正月初二日奉朱批

臣德兴阿、臣翁同书、臣鞠殿华跪奏，为驰抵浦口察看形势，敬陈防剿布置事宜暨近日水陆进攻情形，恭折由六百里具奏，仰祈圣鉴事。

窃臣等于克复瓜洲后，即陆续移师西上。臣鞠殿华督兵先赴浦口，臣德兴阿、臣翁同书于本月初八日拜发奏折后，由扬起程，路过仪征、六合之县，市廛乐业，桴鼓不惊，水陆设防亦均严密。行抵浦口，察看浦城，距江浦县城二十里，两城皆倚山临江，其间冈岭相连，逶迤起伏，满汉防兵向在浦口城北陡冈驻扎，其金汤门等处亦扎数营，与金陵仪凤门外下关隔江相对，山后之东葛驿为直北冲衢，江浦之贼若由城北窜越黄悦岭，便可北犯全椒，东扰六合。臣鞠殿华带兵暂驻江浦北路之小店，扼黄悦岭北趋之路。该处附近居民见大兵云集，鼓舞欢欣，壶浆载道，迤西之汤泉地方民心亦绥辑，惟西南之高旺、石碛桥一带与和州、乌江等处毗连，时有贼众往来。目下皖北捻匪动称数万,自当堵剿兼施,方操胜算。臣德兴阿、臣翁同书扎营于浦口西北定山麓之安定桥,其地居江浦、浦口之适中,兼可控滁、和、全椒之后路,自陡冈、安定桥直至小店,连营数十座,声威极壮。臣德兴阿到营后,即驰赴江浦县城东西两面,细察贼情。城上遍插黄旗,兼列五色旗帜,城外西北隅有贼营一座,据山为营,四面皆挖重濠,见我队伍向前,即施放大炮,其守御颇坚,幸城外重峦迭阜,居高临下,既便俯击,而亦易于设伏,与瓜洲之地处沮洲者情形迥不相同,攻剿易为力。至九洑洲贼巢,则在江心芦苇之中,与南岸下关、七里洲联成一气,而上溜直趋南岸,水师非傍七里洲、下关逆折而上,无由进攻。据水师各镇禀称,宜先于南岸水军会攻七里洲,既拔七里洲,则九洑势孤易拔。现已函商和春办理。此江浦县城及九洑洲之地势、贼情也。臣德兴阿前于仪征途次接据成明、安[勇]等禀称,本月十一日,九洑洲出贼四五百人,沿江西窜。该镇等分三路截剿,贼势披靡,溃藏江滩芦苇之中,我军枪炮齐施,毙贼四五十名,即将芦苇燃烧,断其归路,焚溺无算。适艇师扬帆西上,即时会攻洲巢,击倒更楼数座,夺获器械二十余件。嗣又据周希濂、陈国泰禀称,十五日黎明,各艇进攻七里洲、下关、九洑洲一带,该处贼垒、贼船齐开大炮拒敌,我军冒险直前,鏖战多时,复见由金陵仪凤、金川两门来贼无数分投援应,倚垒抗拒。攻至未刻,击焚贼卡、望楼数处,毙贼甚多。是日,安勇等亦分督夹击九洑洲,突出贼匪数百余人,意图冲扑,我军会合痛剿,乘势追杀,斩馘甚多各等语。臣等伏念师克在和,必须谋定后战,按之舆图,参诸舆论,由浦口缘江进攻,而别以重兵断其西路,兼防其由黄悦岭番山而逸,容俟□审地形再为布置。又查,浦口既驻大军,六合地方安堵,臣德兴阿已酌调温绍原之勇一起来浦,并拟调温绍原来营差遣,随攻剿。所有布置情形,理合缮折具奏。再,刻下连日雨雪,尚未晴霁,合并声明。伏乞皇上圣鉴。谨奏。

咸丰八年正月初二日,奉朱批:"知道了。"钦此。

咸丰八年奏稿

围攻江浦击破外援大获全胜折　二月初六日奉朱批

　　臣德兴阿、臣翁同书、臣鞠殿华跪奏，为围攻江浦，击破大股外援，毙贼千余人，生擒二百余名，并擒贼渠十余名，斩馘数百人，大获全胜，恭折由六百[里]驰奏，仰祈圣鉴事。

　　窃臣等前于本月二十二日将移营布置及迭次攻剿情形缮折驰陈在案。适据探报，金陵贼援渡江接应江浦，并据署江浦县知县同知陶金治禀称，探闻有大股贼匪，内有骑马贼百余名，系由南岸渡江而来，将至石碛桥地方，民情甚属惊惶。臣德兴阿一面移营，一面密饬成明、富明阿带领将弁兵勇由汤泉一带前进至石碛桥迎截外援之贼，乘其无备，猝往掩击。是日，九洑洲贼匪数百名于巳刻出巢，罗玉斌派游击苟兰芳等迎剿，该逆三百余名渡河直扑我军，苟兰芳带队直前攻击，又经游击丁定国带兵截其左，署都司海亮等带兵扼其右，共毙贼数十名，将贼击退，夺获马一匹、刀矛数十件、鸟枪一杆。其时金陵援贼纠党皖境乌江贼匪窜踞石碛桥，正在添筑营垒，意图援应江浦城内之贼。成明、富明阿会同博奇、乌尔恭额带领营总常寿、舒通额、参将邓凤林、游击魁霖、都司王希堂、守备俞承恩等各带马步兵勇于廿四日四鼓蓐食，衔枚卷甲，疾趋直抵该处，成明、富明阿即派王希堂直冲贼队，而以忠义勇及六合勇继至，邓凤林带陕安兵继之，魁霖带山东、固原兵又继之，共分五队，齐抵贼垒，四面围攻。王希堂首先抢入贼垒东门，手刃悍贼二人，该逆不虞我兵之至也，大惊扰乱，突由贼垒西门窜出二千余名，旋分为三股前来抗拒，我兵勇枪炮齐施，协领博奇、营总舒通额各带马队由左翼斜击，协领乌尔恭额、营总常寿等带马队由右翼横冲，成明、富明阿带领马步兵勇由中路兜剿。博奇、舒通额身先士卒，冲入贼阵，射毙黄衣贼目二名，击倒执黄旗悍贼三名。贼见我军势猛，纷纷败窜，三路马队分头追剿，沿途杀毙贼匪尸横遍野。邓凤林、魁霖等带领兵勇在后搜杀余党，尽先守备千总许得、尽先把总马庆长、五品顶带勇目孙文友、李有才等愈战愈酣，勇气百倍，阵斩及生擒伪应天候、伪元戎、伪检点、伪指挥、伪总制、伪队将等官，共获伪印五十颗、伪官凭二十七张。凡追剿三十余里，距乌江贼垒约仅三四里，直达江边。余匪争渡江汉，又经官兵蹙之于渡口，枪箭齐施，应手歼毙并拥挤溺死者不可胜数，约共杀贼匪千余名，生擒贼匪二百余名、割获首级、耳记四百余件，夺获大小黄旗二百余面、骡马五六十匹、枪炮、刀矛、器械无数。立将石碛桥贼垒踏平，所有此股援应江浦之贼悉数歼除，剿灭净尽，于未刻由石碛桥收队回至高旺地方。成明、富明阿密行商议，先令马队设伏于山谷间，而令兵勇执所获贼匪黄旗展布摇飏，假充贼援，以为诱贼之计。维时江浦城内之贼瞥见黄旗，拟系外援已至，果由西门出贼千余人接应。迨至，该逆知觉，而我军业已拢逼，马步兵勇一鼓作气，奋勇直冲，刀矛相错。我军人人贾勇，击中骑马黄衣贼目一名，坠立毙。逆众豕突狼奔，纷纷败退，经付都统富春督领营总德珍、庆春、庆成各带马队由北面横冲，将贼追至城濠边。该逆逃遁回巢，立将浮桥撤去。计又杀贼百余名，生擒五名，砍获首级十余颗。是日阵亡吉林兵丁一名，受伤兵勇十余名。连日委员将所获贼匪逐一审讯，内有伪东殿将军龙得舟系湖北江夏人，伪总制江得义系湖南道州人，伪总制陈国寿系湖北潜江人，伪指挥陈天燕系湖北黄州人，伪总制穆得春系湖南人，伪功勋方得系湖北汉阳人，伪总制杨开发系江西南昌人，伪检点黄松林系江西浮县人，伪协理张泰富系江西九江人，伪典罪囚总制蔡丙交系湖[北]黄冈人，又有伪司马、伪传事官及牌刀手多名，佥称贼首伪应天侯胡翼德已被官兵杀毙，认明首级属实。当将该逆等悉数骈诛，兵民无不称快。臣等窃查此次外援大股希图接应，经马步兵勇一鼓歼擒，实足以壮军声而夺贼气。成明、富明阿谋勇兼优，诸将士亦皆奋勇出力，实属著有劳绩。查有尤为出力之尽先协领舒[通]额、尽先游击都司王希堂俱能深入力战，勇敢出众，拟请赏加勇号；骁骑校德升厄拟请[以]佐领尽先即补；骁骑校巴彦图、尽先骁骑校魁成拟请以防御尽先即补；尽先守备蓝翎千总许得、五品顶带尽先把总蓝翎外委马庆长拟请赏换花翎；候补千总孙文友、李有才拟请以守备即补；甘肃督标蓝翎马兵鲜玉龙拟请以把总尽先即补；吉林披甲庆顺拟请以骁骑校尽先即补。其余尤为出力之弁兵三四十名，拟由臣等查明奏请赏给顶翎，其次者容臣等咨部酌奖。伏念此股外援既经歼(珍)[殄]，不独江浦之贼顿失所恃，即金陵逆党亦应闻而丧胆。惟江北皖境多为贼踞，风闻皖南贼情亦甚吃紧，难保不再添大股前来接应，并恐石达开闻金陵剿急，以江西逆党并力来助。臣等断不敢因新获大胜稍弛防闲。现调水师驶泊江西口，一俟风利上驶，即拟水陆会攻，规复江浦，夺其犄角之形，绝其牵制之计，庶江北地方可期静谧，即金陵巨憝亦可冀不日成擒矣。所有击灭外援，大获胜仗缘由，理合恭折驰奏，伏乞皇上圣鉴。谨奏。

酌调水师进泊西江口暨陆路兵勇围攻江浦折　二月十五日奉朱批

臣德兴阿、臣翁同书、臣鞠殿华跪奏，为酌调水师乘风冲击，进泊西江口，复经陆路兵勇攻毁贼营三座，现在附城环攻，围逼愈紧，恭折由六百里驰奏，仰祈圣鉴事。

窃臣移营之后，随于正月二十九日将击破碛桥外援，大获胜仗情形缮折驰陈在案。是日早晨，江浦东门出贼五六百名，又自南门出贼四五百名，经安勇派令将备分带兵勇击退。迨至酉刻，遥见自九洑洲、乌江两处来援贼船二十余只连帆驶赴西江口，参将马国升等带队赴江岸截击，该匪等先已登岸，约有四百余名，我兵开炮轰击，毙贼五十余名。正在围剿间，又自南门突出贼匪四五百人，复经都司蒋临照、夏定邦等带队截剿，马队从后兜剿，前后夹攻，杀贼百余名，乌江、九洑洲两处援贼同江浦之贼俱败窜入城。适据报，有乌江援贼千余人自陆路窜至石碛桥屯集，臣德兴阿即派成明、富明阿等督带兵勇，蓐食衔枚，驰往围剿，并以江浦西路直逼石碛桥，宜于适中之高旺地方屯扎马步队，以遏外援，方有把握，饬令付将英贵带马队一千名，付都统富春带马队五百名驻扎高旺。维时石碛桥援匪闻我军将至，不敢抵战，窜回乌江，而江浦城内之贼乘高瞭望，知我兵勇西击外援，意谓营内空虚，遂于二月初一日由四门倾巢突出，因喷筒、火箭攻扑北面。守营之勇皆死战不退，都司常胜亲带各勇出营抄击，毙贼多名，贼不敢进。臣德兴阿亲督安勇、海全、博奇等由东路迎剿，臣鞠殿华亲督将弁由西路迎剿，贾勇齐进，贼势稍却。乘势掩杀，该逆等纷纷败窜入城，共计击毙贼匪百余名，兵勇受伤数名。夜间复出城窥扑，适成明等已带队还营，彻夜守御，枪炮所至，贼皆辟昌，旋即鼠窜而回，我兵勇亦间有受伤。其西路高旺营盘，业已扎定，西面后路得有屏蔽。臣鞠殿华因遂移营前进，直逼城西，与东、北两面安勇、富明阿各营为掎角之势。惟南面江滩芦(席)〔苇〕沮洳汉①环通，不能扎营。其城南二三里间，贼炮雨注，亦无安营之地。臣等公同密商，以为江浦虽蕞尔孤城，而与江心九洑洲声势相倚，南则直对下关，西则斜通乌江，舟楫往来，顷刻可至。自上年冬间以来，已添党数千，聚粮不少。官军虽三面图逼，而南面不能驻兵，难保不由江岸接应，乘夜直至城下。惟有分调水师停泊于县南之西江口及迤西石碛桥相近之老西江口，则既可以防下关之贼，又可断乌江之来路，实为此事围攻要著，惟下关及七里、九洑二洲贼炮林立，冒炮火风涛而上，颇非易事，兼以水师当饷绌船单之际，筹借口粮、悬赏激励，倍形竭蹶。当饬水

---

①　此处当为"江汉"，脱漏"江"字。

师各镇议派总兵衔参将黄彬、参将李新明带本帮红单二十只上驶进泊，臣德兴阿初二日亲至艇船，面授机宜，催令候风上驶。其夕，西北风大作，至初三日黎明渐转东北，臣德兴阿饬派海全暨付将王巨孝等督带兵勇至宝凤庄埋伏，以牵九洑洲贼势，复偕臣翁同书至金汤门，登城上敌台观战。时至午刻，各船扬帆溯流，李新明带船当其前，黄彬押队断后，七里洲、下关、九洑洲贼垒皆开炮拒阻，南岸贼船联帆迎敌，炮如雨至。黄彬、李新明挥令各船开炮对击，自午至申，鏖战三时之久，用火箭焚烧九洑洲（毙）[贼]巢一处，击沉贼船三只，夺获小船八只、铁炮数位及火药、铅丸、竹枪等件，伤毙贼匪及溺死者不计其数，生擒贼匪二名，因其格杀受伤过重，逾时殒命。贼仍联帆尾追，我师船驶将贼船击退，遂于酉刻驶至西江口驻泊。查验各船，受伤兵勇共二十八人，阵亡水勇六名，各船只横具各有受伤。当黄彬等成船之衔尾而上也，陈国泰、周希濂、陈世忠各带师船护成战①，见上河一带有逆艘数十只蜂拥来扑，当即分督各艇逼近贼堤，连环开炮，击倒执旗贼目数名，焚毁贼船数只，遥见黄彬等战船，均乘风直上，始回帆收队。臣德兴阿于初五日亲至高旺察看营盘地势，并令温绍原督饬六合、江浦民夫抢筑城西各营。温绍原亲往鸠工，不避难险。次日，臣德兴阿复由高旺前赴江干，面谕黄彬、李新明以防剿章程。连日江浦城内之贼见我水陆围攻，援路将绝，迭出攻扑，均被我军（亦）[以]尽夜出队，明攻暗扰，使之不得休息。初七日，贼出南门扎营，图通江边往来之路。臣德兴阿密饬成明、富明阿、安勇、海全等于初八日巳刻进攻南门外贼营，先伏马队于东门外龙华院，而令步队兵潜师绕道突至南门外，见有贼垒三座，该处有小河一道，守备王富来带勇攻其左，千总詹启纶继[之]；都司常胜带勇攻其右，守备韩魁继之，都司寿扬又继之，都司洪禄带勇由中路进，都司夏定邦、千总俞承恩继之，营总都隆阿带领马队为三路接应。贼匪二千余名由垒中蜂拥而出，隔河

---

① 战，疑为"船"之讹。

拒战,对放枪炮。相持良久,我勇泅水过水,贼见不敌,纷纷败溃。我勇直压贼垒,抛掷火弹,并施放喷筒、火箭,立将贼垒更棚烧毁。各勇乘势拔桩垫濠,抢入垒内,引燃药篓,火焰冲天。三垒之贼皆惊惶狂窜,争向南门逃遁。我军争先追杀,贼尸枕藉于道。追至城边,忽由东门夺出贼匪五六百名直扑我军,经安勇带领参将马国升等迎击,总管海全、营总舒通额等带马队从旁抄袭,该逆败退回城,我军均于戌刻撤队。是日接仗,计踏毁贼垒三座,生擒贼匪数名,割获首级二十一颗,落水淹毙及枪炮所殪者不计其数。夺获旗帜、刀矛约二百余件、伪印二颗,阵亡练勇四名,受伤二十余名。臣等伏查江浦与金陵仅隔一江,故金陵之贼以全力争之,与南岸秣陵关吃紧之情形相等。目下办法,自以严断接济为第一要义。此次水师上驶,贼舡有所畏惮,南门外新筑贼垒又经我师踏毁,尤足使贼众破胆,然困兽犹斗,势必铤而走险,冒死决战,且难保不就已毁之垒尽思修缮。惟有防剿兼施,昼夜不懈,以期早复坚城,翦金陵之羽翼。所有水师进泊西江口暨陆军踏平贼垒各情形,合缮折具奏,伏乞皇上圣鉴。谨奏。

咸丰八年二月十五日,奉朱批:“览奏均悉。”钦此。

水陆围攻江浦分扼要隘折　三月初二日奉朱批

臣德兴阿、臣翁同书、臣鞠殿华跪奏,为水陆围攻江浦,迭挫贼锋,断其援应,现在分扼要隘,以冀一鼓歼擒,恭折由六百里驰奏,仰祈圣鉴事。

窃查江浦贼巢为金陵之角距,南通下关,西连皖境,运粮[贼]党朝发夕至,臣等再三会议,以为非逼近围攻,无以迅图克复,非严扼江面,无以杜绝外援,是以冒险移营,环城攻剿,并檄调水师参将黄彬、李新明带红单战船乘风上驶,冲过九洑洲,进泊西江口,均经节次奏明在案。自水师进泊以来，金陵之贼知江岸分泊舟师，有所畏惮，贼船不敢循江上下，而江浦之贼恐粮尽援绝，亦颇惊慌。臣等因督饬诸军一面严防九洑洲，一面迅攻江浦，以图早复县城，肃清江北。因传令于十二日黎明进攻。臣鞠殿华亲督参将邓凤林、游击李现臣、刘琮、吴奉龙等带陕安、汉中官兵进攻求雨山之西南，越濠拔桩，烧毁贼匪更棚二座，毙贼三四十名，内有执大黄旗贼目一名、红旗贼二名。维时富明阿督带营总常寿、德珍、都司哈连升、常胜、蒋临照、尽先守备詹启纶等带领马步兵勇会攻求雨山贼垒，亦已扑过贼濠二道，拔其木桩，贾勇向前。该逆拼死抗拒，各用火攻轰击，相持良久，城内之贼运炮至城西北隅，并力齐发，以护城垒，密如雨点，我军鏖战两时之(之)[久]，轰毙贼数十名，枪毙站墙执旗悍贼六七名，烧毁贼卡篷七座、更棚四座，贼炮愈密，不能前进，瞥见山之东南出贼二三百名，意欲截陕安、汉中弁兵后路，经都司王云庆带兵击退，毙贼十余名。尽先付将赵树棠、尽先参将魁霖各带弁兵攻南门外贼垒，直抵濠边，贼匪胆敢出拒，两相对敌，赵树棠等会同付都统富春马队，将贼冲散，又自江浦西门突出贼六七百名，意图援应，经尽先参将张东皋等击退，毙贼三十余名，内有骑马贼目二名。旋值大雨如注，各路官兵陆续撤队。是日之战，毙贼二百余名，阵亡兵勇五名，受伤官弁兵勇五十余员。此陆路攻剿之情形也。至江浦所辖之江面，其在城南十余里，遥对县城者为江西口，迤西为老西江口，均系要隘。黄彬、李新明所带师船分泊二处，互相策应。初十日夜间丑刻，西江口师船探得下关贼船联帆上驶，尽先都司李廷邦等饬各船严备。未几，贼船驶近，开炮轰击，贼亦还炮拒敌。黄彬等在老西江口闻炮声突作，知系与贼对仗，李新明即带六船协击。贼见势不支，且战且退。我师船尾追至下关而回。二十一日夜间丑刻，西江口师船忽见岸上有喷筒火光向船施放，火光中见岸上贼匪并有小艇数十只蚁泊岸边，随放抬炮击我艇师，经千总黄正荣等还炮抵敌，战至一时之久，亦经黄彬等派令守备李定勋等驾船助剿，合力夹攻，击贼船二只，溺毙贼众不知几许，即败回。追获贼船一只,受伤兵勇六名。又据水师总兵陈国泰、陈世忠、周希濂等禀称,十七日申刻,有船数只在七里洲江面窥伺,时值风力甚微,大船难以驶动,当饬升用游击杨冠春、守备花彪开炮轰打,该匪立即驾船退回。旋有贼船(墙)[樯]悬三色旗帜,随带贼船二十余只蜂拥扑来,经各员弁鼓锐前进,轮番开炮,集中三色旗帜之船,伤毙贼匪数名,击沉贼划三只,其余贼船飞棹遁回。此水师攻剿之情形也。至于西路皖境贼踪充斥,自成明、富明阿击败石碛桥援贼之后,和州贼党不敢至石碛桥一带,该处民情稍安。现饬温绍原及署江浦县陶金治办理团练,并令富春等时往巡视。近因南岸官兵已克秣陵关,密饬水陆各军防金陵之贼分股北渡,凡遇南岸出队之日,即令艇师赴南岸助攻。陆军一面攻城,一面列队江干,以壮声威。现在江浦之贼势已穷困,惟恃九洑洲贼巢盘踞江心,地连沮洳鬼域,潜谋难不[①]昼伏夜行,暗通金陵消息,为苟延旦夕之计。臣等现已选锋犒赏,步步为营,断其外援,绝其粮道,使之孤立无助,庶几旦夕可克。惟江北军营兵本不多,近因节饷裁兵,益觉不敷攻剿,目下正值吃紧之际,南军方厚集兵力,陆续招募,此间虽因饷无所出,不敢增兵,亦恐兵力过单,致有贻误。兹拟酌量情形,略添练勇,以补撤回兵额。至于南北会剿,本属同办一事,臣等移营浦口,正对金陵,与和春等函牍往来更为近便,于剿办甚属有裨。所有水陆围剿情形,理合恭折由六百里具奏,伏乞皇上圣鉴。谨奏。

　　咸丰(九)[八]年三月初二日,奉朱批:"览奏,各情均悉。"钦此。

---

①　难不,疑当作"不轨"。

水陆进攻九洑洲并筹拨官兵驰赴徐州折　四月初五日奉朱批

臣德兴阿、臣翁同书、臣鞠殿华跪奏，为水陆进攻九洑洲，逼近扎营，运置大炮轰击，以冀早克，并筹拨马步官兵驰赴徐州会剿，恭折由六百里驰奏，仰祈圣鉴事。

窃臣德兴阿前拨得力兵勇二千名渡江归和春等调遣，业已奏明在案，又将兵力单弱，未能拨赴皖北情形缕晰驰陈在案。查江北官军自到浦口以来，步步为营，进攻江浦，迭次血战，阵斩凶渠，遂得克复坚城。所余九洑洲贼垒一座，在江浦县东南浦口正南，正对金陵下关、仪凤门一带，该处江流最狭，与南岸钲鼓相闻，旌旗相睹，两岸贼营与江中贼船联成一气，地形略似瓜洲，非旦夕之所能得手。臣德兴阿相度地形，万分焦急，因于附近之宝凤庄迤东扎营三座，该处有宽河一道，搭桥过河，又于沮洳芦苇之中择稍高之地扎营三座，距城营不过二里许，选锋贾勇，悬赏先登。又令水师参将黄彬、李新明将西江口战船调派十六只移泊九洑洲之西，岸上营盘相望，贼见逼紧围攻，屡出抗阻，我兵一面兜击，一面抢筑工竣。二十二日辰刻，臣德兴阿、臣翁同书亲督成明、罗玉斌、富明阿、博奇等带领马步兵勇由新筑营盘分路进攻，臣鞠殿华亲督海全等带领马步由江岸进攻，均直扑贼营，枪炮齐施，呼声动地。贼匪匿不敢出，惟用大炮抗拒。维时上下游水师并进，隔江之下关贼营倾巢出队，以示援助，黄旗数百，布满南岸，并将火箭沿江抛放，意欲烧我师船，又见下关贼船亦联帆进驶。黄彬等意欲诱令近前，易于截击，讵意贼船延不肯进，惟开大炮。当即挥令各船一面还炮攻其船，一面用炮击其垒，贼亦分放大炮抵击，势如雨注。我师轮番开炮，鏖战计已三时之久，伤毙匪不知凡几，贼始渐退。黄彬等鼓锐尾追，直至下关，陆军同时进攻，迨至申刻，风力渐微，水师撤队，陆兵已力战竟日，亦即收队。是日，臣德兴阿传令水师总兵陈国泰、周希濂饬令各船带水炮台三座起碇进攻,陈世忠亦自观音门江面派快船三只随剿,驶近下关、七里洲攻击,该匪各于垒内开炮迎敌。瞭见我军大炮轰倒贼营望楼、房台数处,击倒大黄旗数杆,毙贼无算,人声鼎沸。当酣战时,下关窜出贼艘数十只,蚁聚蜂屯,欲直扑水炮台。该镇等挥令各船直向贼艕开炮迎击,立折贼船大桅一根,击沉贼划数只,毙匪及逆水淹毙者不计其数,贼势衰竭溃退,即撤退回泊所。水陆兵勇均有受伤,容查明办理。现将瓜洲所存之万余斤炮一尊、数千斤炮数遵悉行运至浦口,安放前敌各营炮台,对准贼垒轰击。此攻剿九洑洲及一切布置之情形也。至江北一军减兵节饷,正苦兵力不敷,本月二十五日,臣德兴阿接准庚长、邵灿咨称,徐、宿一带贼众麇至,请拨马步精兵援剿等语。臣念兵只万余,拨二千名渡江,实难再顾他处,惟徐、宿切近清江,既系北窜要冲,亦系大军后路,不能不保全大局,又于万难抽调之中酌拨马队二起,交付都统穆克登额管带,并拨宣化兵六百余名交总兵罗玉斌管带,均支给口粮,配齐器械,于二十七日起程驰赴徐州,与伊兴额会剿,仍俟情形稍松,即行调回。伏念九洑洲凭江负固,该逆窥伺之心未息,金陵大兵数万开挖长濠,围已将合,仅余下关一带披猖如故,设竟倾巢北窜,则浦口首当其冲,况西路皖北一带贼踪飘忽无常,而徐、宿吃紧,势将蔓延,恐五河、盱眙有惊,东犯天长,南犯全椒,均悉大营之后路,即有数万兵勇,尚难竭力支持,况以万余之兵勇,又经纷纷调拨,反致本地空虚,揆顾情形,乃系三面受敌,设有紧急,何以兼顾? 真属不堪设想。臣等受皇上厚恩,未能迅扫逆氛,值此(蜂)[烽]烟四起,警报络绎,真属寝食不安。又以力图节饷,兵力太单,几至不敷防剿。再四思维,尤深揣悚,不得不将实在情形略陈于圣主之前。所有攻剿九洑洲及撤兵赴徐会剿缘由,理合恭折具奏,伏乞皇上圣鉴。谨奏。

咸丰八年四月初五日,奉朱批:"知道了。"钦此。

派拨重兵驰救和州军营片　四月初五日奉朱批

再：臣等兵力极单，不能再顾皖省，久已仰蒙圣明洞鉴，是以前此福济奏请拨兵防守和州，钦奉谕旨，毋庸调拨，原以浦口重地系属金陵对岸直北要冲，未便顾彼失此，自应钦遵办理。惟是江、皖两省有辅车相依之势，不容不随时策应。日前攻克浦，而和州之贼瓦解，臣等乘胜扫荡芝麻河何贼巢，数年坚垒，一旦廓清，凡力所能为，从不敢稍[分]畛域，乃和州既复之后，方冀以次剪除，不意贼踪出没，又逼和州，皖省付将惠成、鲍云鹙以贼众兵力单，迭次乞援，声情迫切。臣等以和州兵勇共有三千余名，尚不为单，一面饬令力图守御，仍详其遇有紧急，拨兵救援。兹于二十五日，据署江浦县知县陶金治禀报，侦探贼踪已近和州，臣德兴阿即派成明、富春、博奇、英贵等分带马步队三千名即驰往救援，一面函致福济援兵援应，适经福济来咨，又以和州紧急，意欲专恃臣营援剿，节节置守。窃思皖北数府之地，设有军营数处，即以庐州所辖各营而论，每月所需饷项多于江北饷需，庐营兵力较厚于此间，和州毗连江浦，偶由臣等派援，原属不可，若欲久为守御，则实力有未能。倘必节节置守，非增兵万余，不足以备皖省之急，乃实在情形也。此时成明等计已抵和州，现又据惠成飞禀，二十五日夜间，各勇溃散，该员督率云南官兵死守营盘等情。臣德兴阿与臣翁同书、臣鞠殿华商议，恐成明兵尚单，未能迅速解围，即添派马队一百余名，并挑步队八百余名，由臣鞠殿华亲督，星驰前往。所有派拨重兵驰救和州军营缘由，理合先行附片具陈，俟得有确实奏报及如何剿办情形，再行驰奏。伏乞圣鉴。谨奏。

敌军攻入和州城外勇营溃散片　四月初五日奉朱批

再：正在封折间，据成明、富春、博奇、英贵等禀称，二十六日午刻行抵乌江，据马报陆续报称，和州贼匪数千人先在城西一带焚掠，讵二十五日由北门窜入城内，其城外各勇营因众寡不敌，全行溃散。付将鲍云鸾于是日打仗带伤，城北香泉集地方已有贼匪放火，其他距全椒仅五十里，并城东北距乌江二十里之黄泥坝地方亦有贼匪盘踞，探马已经目睹，并据和州营守备陈连魁报称，贼匪有万余人，城内付将惠成所带云南官兵六百名被贼围困，危在旦夕，其营失与未失，尚未可知，现时望救甚切各等情。成明等并探数次，皆未能入城得实，即于廿七日寅刻会同整队前进，察看情形，相机进剿。其攻剿一切情形，容当续陈等语。臣等接阅之下，不胜愤懑。除由臣鞠殿华亲督援剿外，理合附片具陈，伏乞圣鉴。谨奏。

分兵援剿皖境大获胜仗并紧攻九洑洲折　四月初六日奉朱批

臣德兴阿、臣翁同书、臣鞠殿华跪奏，为分兵援剿皖境，大获胜仗，俘斩数千，救出皖省滇兵，分堵要隘，一面紧攻九洑洲以防窥伺，恭折由六百里驰奏，仰祈圣鉴事。

窃臣等前将拨兵过江及援应徐州等情各具奏，复将水陆攻剿九洑洲暨援剿和州等续行驰陈在案。查此次窜犯和州之贼系从芜湖大股过江，与皖北巢县、无为州之贼合而为一，由含山、昭关一带前来，皖省兵勇纷纷溃退，突至和境。臣德兴阿接据皖省付将惠成、鲍云鸾等连禀乞援，内称庐营援兵万不能到，情迫词迫切，即饬派成明、富春、英贵、博奇等蓐食裹粮，卷甲疾趋以赴其急。臣鞠殿华复简选精锐，亲往督攻。二十六日，成明等先抵乌江，闻贼匪与捻匪共有数万，蚁聚和州，即于二十七日寅刻衔枚进队，行至黄泥坝一带，贼众数千分路来（讵）[拒]，经成明、富春督同英贵、博奇、付将邓凤林、参将赵树棠、都司王兴、刘润、守备哈桂湘分投迎敌，枪炮齐施，刀矛交错。鏖战良久，贼势不支，纷纷溃走。我军分路兜围，共毙贼二千余名，生擒二百余名,砍获首级三百余颗,夺获骒马二十余匹、器械无数。乘胜掩杀,贼尸枕藉于道。直抵城下,和州城垣已坍卸,破坏附城营盘九座,悉已溃散。鲍云鬐身受重伤,不知下落,惟惠成所带滇兵一营尚在死守,力战四日,存亡在于呼吸,若非援师驰至,势将悉数战没。及重围已解,正思进攻贼营,而士卒干粮已尽,粒米勺浆俱不可得。忽报西路贼匪数千自西梁山而来,势甚鸱张,将断我军后路。成明等急返旗回队,与之相抵。适臣鞠殿华督带营总常寿、游击吴奉龙等驰至乌江,两面游击,毙贼数百。该逆等始向西溃走,追捕十余里,日暮收队,暂驻乌江。其时,惠成亦带滇兵整众以出。臣德兴阿因饬惠成收集皖省溃残兵勇,再为区置。讯问生擒贼匪,据供,有伪将军何姓从芜湖过江,到运漕镇住数日,又有伪丞相沃天幅、万国安与捻首薛老小皆由芜湖江面渡江,共有三队,每队号称一万人,实有六七千人,共约贼二万余,现在贼首何姓窜踞和州,其薛老小一队即从后路攻扑全椒。此次经官兵将城外沃天幅一队冲散,杀死数千,余俱(炮)[跑]回无为州去了,听见伪将军与沃天幅计议,破了和州,还要到全椒、乌江、江浦,再打浦口等语。此二十七日大获胜仗,俘斩数千之实在情形也。二十八日,谍报和州贼匪分八九股来扑。臣德兴阿因逆路纷散,处处可以窜入,因嘱臣翁同书亲督富明阿带马步队驰往高旺,分布要隘,未容窜入。臣德兴阿亦于刻亲督马步兵勇暨上下游师力攻九洑洲,陆路用大炮奋击贼营,(破)[炮]子所中,瓦碎尘飞。[贼]亦开炮对击,兵勇攻扑数次,皆[因]桩密濠深,未能飞渡。上下游水师同时并进,炮声不绝。南岸贼垒、贼船亦各开炮阻(距)[拒]。陈国泰等以战船护运水炮台遥击九洑洲,响振空江,以声威尤盛。惟江南大狭势连下关,骤难攻克,日暮始行收队。此二十八日分路堵剿并进攻九洑洲之实在情形也。二十九日,仍拟进攻,因值大雨,回驻高旺,俟天气晴霁,探明何处堵剿。臣等查芜湖贼匪数万渡江,而皖北捻匪纵横,为其向导,皖营一时俱溃,贼到之处糜烂不可收拾。臣等派兵赴援,幸获大胜,大挫凶锋,护出滇兵,保全乌江,而全椒、滁州皆在十分危险。该处为北窜要冲,又为浦口后路,东连六合,在在堪虞,吃紧情形不可殚述。所有援剿和州,大获胜仗,俘斩数千情形,理合恭折驰奏,伏乞皇上圣鉴。谨奏。

江北兵力过单请饬福济迅筹援剿片　四月初六日奉朱批

再:臣等攻克江浦后,与南军合剿金陵逆匪,节经奉旨拨兵过江,并赴援徐州。正虑金陵之贼被南军围急,倾巢北窜,不意又有芜湖大股贼众数万在上游渡江,会合巢县、无为州之贼由含山一带窜入和州,分众攻扑全椒,如入无人之境,未闻庐即援师有驰至者。伏思江北饷需之樽节甲于天下,供支之核实,可知兵数之单薄,亦可知今日江北之兵杜金陵北窜之路,尚恐力有不继,乃皖境处处皆贼,听其所之,一旦竟成燎原之势,实非意想所及,况五河县新为土匪占踞,睢宁戒严,已虑其抄我后路,目下贼窜全椒,并滁州亦为震动,不特六合吃紧,即浦口大营亦有腹背受敌之虞。如果贼众东趋,则扬州、仪征等处必且纷纷告急,纵有兵勇数万,不敷分布,矧止万余之众,何以御之? 惟有据实奏陈,仰恳饬下福济,迅筹援剿,遏其北窜清、淮,南窜滁州之路,庶可顾全大局。至臣营兵力过单,已飞咨和春仍将游击魁霖原带之兵调回,以资防剿。现派富明阿酌带马步队驰往六合察看情形,巡哨后路,用示声威,合并陈明。伏乞圣鉴。谨奏。

飞调温绍原回六合片　四月初六日奉朱批

再:江浦克复后,分拨六合之勇赴南岸听和春调遣,候补道温绍原面请暂往常州,谒见督臣何桂清。刻当防堵吃紧之际,业已飞调温绍原回六布置,不日定可抵境。合并附陈。谨奏。

咸丰八年四月初六日,奉朱批:"知道了。"钦此。

乘胜急攻西路敌巢大获胜仗折　五月初六日奉朱批

　　臣德兴阿、臣翁同书、臣鞠殿华跪奏，为乘胜急攻西路贼巢，大获胜仗，踏平贼垒十三座，歼贼六七千名，擒贼逾千，夺获帐房、旗帜、枪炮、驴马不计其数，大楼庄、雀庙集数十里内一律肃清，恭折由六百里具陈，仰祈圣鉴事。

　　窃臣德兴阿前以攻克乌江，并遴派将领坚扎石碛桥堵剿各情缮折驰陈在案。查皖匪自芜湖、无为、含山与和州通连一气，屡讯生擒长发贼供，确知逆情急欲驰救金陵，必打通江北，始畅其南北应援之路。自受乌江痛剿，又知石碛桥、高旺层设重兵，其力图报复，潜窥江浦之心尤形亟亟。近日密探和州、全、滁之贼纠合捻众，各挑悍贼，合成一股，不下一万余人，焚烧村社，虏劫人丁，弥布山野，其桀结老贼多屯于大刘庄、雀庙集一带，而七里塔、深井、九里塍、小石桥、青山寺、杨家庙、赵家油坊、石灰窑迤逦四十里内，悉有贼营，联为一气，野田山径又路路可通，真有防不及防、剿不胜剿之势。连日山气阴濛，少晴多雨，进攻恐难爽手，少迟，又虑纵养贼锋。臣等飞札密商，同深焦灼，通盘策画，急其所先，又以贼众兵单，每虞轻敌，且贼所踞之地距大营八十余里，必得临机审变，乃出万全。臣德兴阿先令海全潜师哨探，一面飞商臣鞠殿华协同攻剿，一面将西路紧急，大营空[虚]情形函达翁同书。旋据海全、乌尔恭额禀报，侦知窜离石碛桥、八里、蒋家山口地方，一夜扎营三座，营内约有贼三四千名，经海全、乌尔恭额、魁霖等各带马步，分路紧攻，贼众惊溃，乘胜追杀，毙贼一千余名，生擒长发二百一十六名，立将贼垒三座毁平，官兵受伤三名。此二十三日海全等接仗获胜情形也。臣德兴阿亲提是日获俘，据供，贼自蒋家山口往里分散扎营，接连不断。全椒大贼伪武将帅陈坤书又带三千余人在深井各处商议打仗等语。臣德兴阿伏思匝月以来，连获六次胜仗，今西路群凶结垒，必乘其根基未固，立予剿除。臣德兴阿因

约臣鞠殿华合师并进，并令成明、博奇镇守大营，密饬赵树棠镇守九
洑洲前敌，加意严防，复函知臣翁同书远近声援，应时兼顾。臣德兴
阿遂于二十四日酉刻潜带随身劲旅行抵高旺，时深夜，臣鞠殿华亦率
师自小店来会。黎明，督同诸军由[石]碛桥发。臣德兴阿、臣鞠殿华
合海全、乌尔恭额、魁霖所带马步官兵不下三千名派队雁行，多张旗
帜，使贼不然测其多寡。臣德兴阿于海全所获生俘中，择黠虏四人，
贷其一死，俾为向道。甫至青山等口，即见贼垒重重，沿山起伏，分列
帐房，皆新布做成，青白相间，兼有五色回环，连续约十余里。臣德兴
阿、臣鞠殿华于正东山岭最高处详览形势。其布帐攒簇，旗帜最多
处，皆在山坡低洼之中，外树木栅，缭绕周密，土墙坚厚，濠亦渐成。
远望贼众纷纷，多如蚁聚。随令营总富庆阿、尽先总管忠额各带吉
林、黑龙江马队由山外小路分驰南北，伏于陈村石桥之间，预断其败
窜和州之路。贼众惊见我师，不及列队，杂沓纷抵西山，仰扑而来。
海全带领营总舒通额、富明阿、尽先守备詹启纶带同忠义勇自东山右
首指认栅门，飞驰直下。乌尔恭额带领尽先游击王希堂、都司洪禄、
营总庆春、双成自东山左首斜冲而下。臣鞠殿华带领总管台斐音保、
尽先参将梁恺、游击秦兆、参领常奎、尽先守备傅纬作为头队，分两起
绕出山南，包抄横击。臣德兴阿亲带记名总兵英贵、尽先付将王巨
孝、参领花沙布周驰出入，应变指挥。尚未接仗以先，风色清紧，密雨
欲下，诸军奋锐向前，其势已不可遏。贼垒中突出一白发难民，悲号
声跃，且至臣德兴阿马前，诉言贼势难作，各垒中亦多胁良民，哀求活
命等语。臣德兴阿随即飞催进攻各队骑兵不准下马，步兵不准搜物，
凡遇短发，不准挥刀望砍。其时各贼垒中民贼哄夺门争出，早已不击
自乱，加以大雨如注，我军奋勇疾呼，贼众践踏狂奔，势如瓦解。臣德
兴阿复派富春、安勇、魁霖排队于山溪间，尽毙其窜归滁、全之贼。其
奔往和州者，适富庆阿、忠额两路伏兵张翼齐出，以丧魄之余当及锋
之锐，泥深没踝，贼不能逃，马队腾逴泥淖中，飞行甚驰，是以伺南西
翻山一路之贼，颠踣蹂躏几无遗类。是日之战，自辰至酉，我兵刃无

虚发,各有斩擒。臣德兴阿、臣鞠殿华以及大小官兵无不湿体沾衣,同声称快,所有大刘庄、雀庙集一带贼营十三座登时悉数踏平,救出被掳难民约二千余人,毙贼六七千名,内有贼首伪武将帅陈坤书一名,其黄衣、红衣骑马贼不计其数,生擒长发活贼九百二十名,内有伪尚书、伪元戎、伪指挥、伪检点、伪参军、伪总制、伪师帅、旅帅、司马、百长等一百余名,砍获首级一千三百余颗,大小黄旗及各色旗帜一千余杆,枪炮刀矛二千余件,布帐房余顶,贼马骡驴六百余匹,贼粮八百余石,铅弹火药一百三十余篓,伪印、伪照六十余件。查点官兵,并无一名阵亡,满地遗弃衣服、包裹,各队兵勇以所得骡马分驮所获米石,散给难民。其帐房饬交行营粮台搬夫搬运,两日始尽。臣等自带师以来,躬亲数百战,斩获之多未过于此者。今幸仰赖皇上天威,目睹此捷,实非梦想所能。伏思臣等毫无知识,一秉天良,上荷圣主指示之方,下倚将佐心膂之力,前经迭获胜仗,臣德兴阿已随折悬恩奖叙,此次行间将领勠力同心,臣等尤乞逾格鸿施,随时鼓励。付都统富春拟请交部议叙;总兵安勇、黑龙江尽先总管忠额,以上二员均拟请赏加勇号;吉林总管台斐音保,拟请交军机处记名,以付都统用;黑龙江尽先协领富庆阿,拟请赏加付都统衔;尽先参将梁恺,拟请赏加付将衔;游击秦兆,拟请以参将尽先即补;都司洪禄,请游击尽先即用;蓝翎侍卫傅祥,拟请赏加都司衔,并赏换花翎;吉林蓝翎尽先骁骑校永禄,拟请免补骁骑校,以防御尽先即补,并赏换花翎。其余出力员弁,吁恳俯准臣等另行择尤具保,俾得激励人材,以坚其始终敌忾之心,臣等愈收其指臂之助。臣德兴阿细揣贼情,每于所踞两城之间必择要扎营,以助声援,兼辟窜路。雀庙等集适界和、全,南趋江浦,经此项痛剿,悉已胆寒,不独西路可保无虞,即江南大股亦必闻风生惧,不敢图窜江浦口一带。臣等益当速筹荡寇,以纾宵旰之忧。臣翁同书前在六合接臣德兴阿信函,具知西路急须进攻,而大营前敌,所关亦重,遂冒雨驰回策应,即行抵浦口,即闻西路大捷。二十六日,臣德兴阿自西路回营面商各路剿办事宜。此时来安有罗玉斌、惠成驻扎,六合有温绍原防守；富明阿带兵驻扎施官集，布置均已严密。如遇会剿滁、巢及六合有惊，臣翁同书仍即驰往六合，亲督防剿。所有西路进攻，歼贼踏垒，大刘庄等处一律肃清缘由，缮折驰陈，伏乞皇上圣鉴训示。谨奏。

咸丰八年五月初六日，奉朱批："知道了。此捷实为痛快，剿办颇觉应手。仍另有旨。"钦此。

进攻滁州情形片　　五月初六日奉朱批

再：据（再）[富]明阿、温绍原禀称，十八日进攻滁州，付将邓凤林、营总常寿、德珍、都司哈连升、王富来、千总胡德义带领马队五鼓时由来安前进，都司夏廷邦等带领六合勇由水口前进，总兵罗玉斌带兵前往接应。我马步队行至滁州附近，见贼匪四百名在四乡抢掳，人声鼎沸。该逆遥见官兵，吹号齐队前来抗拒，我兵列阵迎敌，两相枪炮齐施，刀矛并错。鏖战之际，营总常寿、德珍带领马队由两翼兜击，见我势猛，贼队溃散，马步兵勇奋力加攻，贼匪纷纷败窜，追至城下，城上贼枪（破）[炮]齐施，密如雨注，我兵将贼所踞买卖库焚毁，毙贼一百余名，夺获器械多件等因。理合附片具陈，伏乞圣鉴。谨奏。

咸丰八年五月初六日，奉朱批："知道了。"钦此。

侦探临淮关失守情形片　　五月十五日奉朱批

再：正在缮折间，臣等接准富明阿、温绍原禀称，盱眙县绅士候补知府吴棠函开，另股贼匪窜至，临淮关已于初四日失守，其地南滁州关山一百五六十里，一与贼匪勾连，大局弥（怀）［坏］，请转禀浦营拨兵进剿等语。又据江南探报称，金陵城内悍贼多屯于三汊河一带，力图外窜，如南岸不能窜出，即改窜北岸等语。此时浦营万分吃紧，虽九洑洲为水所阻，不能不派兵四堵，而滁州防剿亦不可稍松。刻下胜保、袁甲三自必追至临淮，遏其窥伺盱眙之路。倘滁州再有添贼之信，来安、六合一有警急，臣翁同书仍即赴六合堵剿，断不令其内窜。谨将各路侦探情形附片具陈，伏乞圣鉴。谨奏。

咸丰八年五月十五日，奉朱批："览奏均悉。"钦此。

进剿全滁获胜并饬水师递攻九洑洲敌巢折　六月十三日奉朱批

臣德兴阿、臣翁同书、臣鞠殿华跪奏，为分兵进剿全、滁，踏平贼垒三座，俱获胜仗及水师夺获贼艇并饬上下游相机递攻九洑洲贼巢各情形，恭折由六百里驰陈，仰祈圣鉴事。

窃臣等前将防范江南窜贼，赶紧布置江面，拟分兵进剿全、滁各情具陈在案。臣等随定于前月二十六、二十九等日分投攻打全、滁，先期咨会德安，临期会剿，一面行知富明阿等分由施官、来安等处如期进兵合剿滁州。臣鞠殿华一面督同海全等进剿全椒，二十四日，海全进扎雀庙集，二十五日，臣鞠殿华雨中自小店拔营，与海全合兵一处，并饬石碛桥、高旺等处分兵助剿。是夜大雨如注，连日未霁。二十九日，近逼全邑城南半里，贼于城外筑垒五座，环包东、西、南三面，其接空处密订桩木，编结栅栏。官兵甫到未齐，突出贼万余，排列栅外，蜂拥迎敌。臣鞠殿华与海全等定议在先，兵分三路，海全带领营总舒通额、参将张维义、都司常胜、韩魁、詹起纶等由东路进攻，乌尔恭额带领庆春等由西路裹抄，臣鞠殿华带领参将陈昇、马国升、营总德云、游击王希堂、洪禄等由中路直冲，斫劈正南栅门，深入贼队。贼数虽众，惮我兵威，其胆先怯。适海全由东南角上率马步兵勇踏通贼营，斜贯腹里，海全所乘之骑重受枪伤，遂下马步战，勇气百倍，与臣鞠殿华等所带队伍首尾相连，呼声动地，随将东首贼垒三座即时一律踹平。贼众惊窜，自相践踏。时已向晚，遂亦收军。是日毙贼八百余名，生擒贼二十四名，割获长发首级数十颗，夺获旗帜、器械无数。本月初一日，臣鞠殿华带同海全整队继进，城根设伏，百计诱之。〔贼〕坚闭不出，臣鞠殿华意在获贼下城，必期得手，又以德安相约会攻，谅必来助，于初三日与海全仍带马步兵勇直薄城下，并劝该处乡民输草千余石，立将前获贼垒尽行烧毁，燃及城门。臣鞠殿华从火光中带众扑灭，该逆仍坚匿不出，惟于城下开放枪炮，弹子如雨。适枪子从臣鞠殿华左颊穿过耳根，左胯亦被枪子穿透，力战正酣，不敢少却。时东门突出贼一股约二三千名，海全勒回攻城之众，追获三百余名，婴城之贼终匿不出，遂亦收军。此自前月二十九至本月初三等日全椒之捷也。再，前月二十六日，富明阿带领营总常寿等冒雨列阵，进逼滁城西北。温绍原、俞承恩带六合勇亦自水口随同进队。罗玉斌、穆克登额带领邓凤林等由东北进。两路兵勇冲至沙河，城内出贼二三千名迎敌，不支，未及入城，四散奔窜，我军追压，斩获甚众。二十七日，仍分两路进攻，忽由西南山洼出长发贼一千余名，由关山一路出捻匪二三千名，官军奋不顾身，迎头冲拒，分翼挑压，追杀无算。二十九日进攻，午刻骤雨倾盆，时已撤队，贼众忽乘风冒雨，裸体跣足，约有五六千名，奔跃而来。我军布阵，坚立不动。富明阿率带马队驶入贼丛，纵横驰突，贼队自乱，惊窜回奔。自二十六至二十九等日，共杀贼千余名，生擒三十余名，落河毙贼不计其数。此施官、雷官、来安三路攻滁之捷也。查两踞贼为数太多，此次分兵，究形单薄。幸赖天威，以少克敌，虽（地）〔城〕池未能即复，而自将领以次无不人人血战，以死相争，深足以挫凶锋而坚士气。计其阵亡兵勇三四十名，受伤官弁兵勇百余员名。连日炎暑正盛，雨晴无准，我军暂撤回营，俟机以图续剿。又，九洑洲一带阻水防范，弥当严密。前月二十二日亥刻，哨见贼众撑驾小船随潮出没，经赵树棠开炮轰击，即时遁去。二十四日，贼复乘夜以篙代棹，船行无声，绕至上游之龙王庙，围裹袭前敌营盘，经赵树棠、刘琼分路齐出，沿岸开炮枪环打，毙贼数名，余亦败退。是夜，水师黄彬、李新明等分哨江面，于西江口闻有船行，旋即施放喷筒，火光中间有贼艇无数，挥令快艇钩围夹击，夺获贼艇二只，贼匪落水甚众，生擒长发老贼三名，搜获伪文、贼信十六件，伪印一颗。查阅伪文，金陵城中油米实系缺乏，并有伪将帅张落刑与定天义相率继进等语。初三日，又据禀称，巡获贼船二只，并食物、火枪、药弹甚多。臣等因南贼势穷蹙，料其必由水路分窜，尤虑与九洑洲一水通连。今果获有偷渡贼船，则江面节节梭巡，断不容丝毫松懈。除加饬陈世忠等于通江各港口盘查偷外，拟乘江水平复进攻九洑洲贼巢，已密饬陈国泰、周希濂、黄彬、李新明等各相上下游风色，更番递进，接续分攻，虽前敌阻隔风潮，即用水军以防兼剿，务使贼劳我逸，接应不遑，庶足疲其凶锋而成攻克。臣等用兵江北，断不敢畛域稍分。前闻逆陷关山，皖北更添贼路，而江南窜贼亦复刻刻堪虞，惟有勉竭寸心，乘机图剿，用期得手，以慰宸怀。所有分兵进攻全、滁，踏垒获胜及水师夺获贼船，并拟进剿九洑洲各情，理合缮折具奏，伏乞皇上圣鉴。谨奏。

附：上谕翁同书补授安徽巡抚督办军务　六月十三日

咸丰八年六月十三日，内阁奉上谕："翁同书著补安徽巡抚，督办军务。"钦此。

军（寄）[机]大臣字寄上谕："德兴阿奏福济办理安徽军务不事攻剿，恐致贻误，请饬翁同书前往安徽剿办，并抄录德安信函呈览一折。福济徒知株守，日久无功，已明降谕旨，革去头品顶带、太子少保衔，令其来京另候简用，并授翁同书为安徽巡抚矣。翁同书接奉此旨，即酌带官兵驰赴新任，务须力图整顿，俾皖省军务日有起色，方为不负委任。德兴阿军营办理文案需人，著即拣选结实可靠之员接手办理为要。此时金陵尚未克复，江北之防不容稍懈，若克复九洑洲后，该大臣移营赴皖，恐该逆乘虚北窜，实于大局攸关。现在李续宾已由楚赴皖，扫荡皖北贼匪，都兴阿亦由宿、太前来庐州一带，攻剿可期得力。德兴阿请带兵前往安徽之处，著毋庸议。此次鞠殿华攻剿全椒身受重伤，实属奋勇可嘉，著发去如意拔毒散四料，交该总兵祗领。将此由六百里谕令知之。"钦此。

补授安徽巡抚谢恩折　七月初二日奉朱批

新授安徽巡抚臣翁同书跪奏，为恭谢天[恩]，仰祈圣鉴事。

本月二十日，准德兴阿咨开咸丰八年六月十三日内阁奉上谕："翁同书著补授安徽巡抚，督办军务。"钦此。当即恭设香案，望阙叩头祗谢。窃臣菰芦下士，樗栎庸材，咸丰三年以侍讲学士驰抵扬营，膺圣主特达之知荐跻詹尹，兼佐戎旃。上年冬间，攻克瓜洲，奉旨以侍郎候补，并赏穿黄马褂。涓埃未效，兢惕方深。兹复仰蒙简折，俾抚严疆，并授以督办军务重任。闻命之余，悚惶无地。伏念皖省列郡跨越大江，今巡抚所治者仅有皖北，而皖北州郡近日又多沦陷，粤逆与捻匪势将合而为一，庐郡孤悬，情形岌岌。前任抚臣福济扬历有年，悉心经画，犹以兵单饷绌未能迅速蒇功，况臣侣毕儒[1]，骤膺重寄，当此万难支持之际，深恐力小任重，上负帱载鸿慈，惟是时值其难，正臣下勉矣靖共，力图报效之日，亦何敢畏难退诿，暴弃自甘？惟有力竭血诚，力图振作，庶几尽一分之心力，或可期一分之效验，借以仰慰高厚生成于万一。至江北一军，前遏金陵逆巢窜逸之路，后为滁、全外援奔突之冲，刻下军情与庐营同一吃重。臣抵任之日，自当与德兴阿、鞠殿华随时函商，合力堵剿。德兴阿军营文案，现经选派

---

[1]　臣侣毕儒，疑为"臣以愚儒"之误。

朱履恒、孔继杰二员办理，该二员品学俱优，均属可靠，可以上纾宸念。臣现与德兴阿、鞠殿华商议一切，俟部署已定，即当遵旨酌带官兵驰赴新任。所有微臣感激惶恐下忱，理合缮折，恭谢天恩，并因事关军务，由驿五百里具奏，伏乞皇上圣鉴。谨奏。

　　咸丰八年七月初二日，奉朱批："知道了。"钦此。

吁陈私情片　七月初二日奉朱批

　　再，刻下军务倥偬，臣惟以灭贼为心，不敢循例奏请陛见，更不敢以家事为念。特是臣有肺腑之私，不得不先陈于圣主之前者，臣虽久任京秩，驰驱十载，尚未得瞻仰天颜。依恋阙廷，至今莫释。又，臣于道光二十一年在编修任内乞假回籍省亲，迄今已阅十有七载。今臣之父母皆在京师，年皆已近七旬。臣母尤时多疾病，每一念及，寤寐难忘。本冀早克金陵，肃清江上，凯旋之日，既得以近光供职，亦得以侍养娱亲，在臣下忱，可为至愿。恭蒙天恩优渥，授以封疆重任，实非梦想所敢期。以臣之愚，揆度时势，虽皖北军情正在吃紧，而北有胜保、袁甲三，南有德兴阿、鞠殿华，并能公忠任事，犄角图攻，加以我师水陆东下，都兴阿、李续宾、杨载福分道齐驱，更足使贼破胆，诚如圣谕，攻剿可期得力。臣必当和衷共事，以期早奏肤功。倘遂愿迅扫逆氛，臣即当具折，奏请进京，泥首宫门，面聆训诲，并求赏给京秩，以遂臣乌鸟之私，则臣感荷皇仁，沦肌浃髓，更无涯涘矣。臣有膺恩命，本不当以此渎陈，惟念三代盛时，凡臣子难言之隐，无不可以上达，而臣就日望云之志，实已蕴结有年。为此附片吁陈，伏乞圣鉴。无任依恋屏营之至。谨奏。

　　咸丰八年七月初二[日]，奉朱批："知道了。俟逆氛肃清，候朕酌度。"钦此。

恭报起程日期折　七月初八日

奏为恭报起程日期事。

窃臣奉旨补授安徽巡抚,督办军务,业经缮折恭谢天恩在案。连日与德兴阿、鞠殿华等议,一切部署已定,应即起程。查探和州、全椒、滁州一带遍地皆贼,行旅不通,惟自六合、来安间道前进较为便捷。现定于初九日督带马步官兵一千名由浦口起程。理合缮折由驿五百里奏报,伏乞皇上圣鉴。谨奏。

咸丰八年七月初八日奏,七月日①奉朱批:"知道了。"

调用文案委员片

再:军营文案关系綦重,臣虽亲自综核,亦需妥实之员缮录收发。初抵新任于庐营,人才未能遽悉,兹查有主事马汝楫、直隶州知州周镇、县丞田大年、钱英、袁培厚向在臣营办理文案,均能谨慎。此次带往皖省军营,以资熟手。理合附片陈明,伏乞圣鉴。谨奏。

奉朱批:"知道了。"

恭录谕旨移咨胜保片

再:臣于本月初三日承准军机大臣字寄咸丰八年六月二十二日

---

① 原稿日期空缺。

奉上谕:"前因捻匪窜踞临淮、凤阳,北路紧要,传谕李孟群与福济商酌,或仍赴临淮,或援应滁、全,俟北路稍定,再图舒、桐。兹据该藩司奏称,南路霍、潜一带贼踪出没无常,现已约集马步各兵赴霍山合剿,并派副将卢又熊分攻舒城,已接仗数次等语。捻匪窜踞怀远、凤阳,势成犄角。胜保督兵先攻怀远,袁甲三亦进驻宿州。此时情形是否尚须李孟群前往协剿,该藩司现在分攻霍山、舒城,意在肃清南路。翁同书已补授安徽巡抚,南北两路均宜统筹兼顾。著与胜保悉心商酌,如怀、凤紧要,仍传谕该藩司驰往协剿,归胜保节制。其霍山、舒城之贼,亦须派员接办,毋令该匪窥伺六安,为庐州、正阳后路之患,方为妥善。李孟群请留湖北马队,已谕令官文等饬令营总讷依瑑阿毋庸折回,并马干口粮由湖北粮台给领矣。将此由六百里谕知胜保、翁同书,并传谕安徽布政使李孟群知之等因。"钦此。遵旨寄信前来。臣查怀、凤为捻匪蹂躏之区,舒、桐为粤贼屯聚之数,南北两路剿办俱关紧要。臣当于接奉谕旨后,即恭录移咨胜保,并函商办理,一面转行李孟群,令其将南路情形据实具覆,仍俟臣驰抵庐营后,体察两路情形,统筹全局,与胜保悉心商定。理合附片先行陈明,伏乞圣鉴。谨奏。

奉朱批:"知道了。"

拟通盘筹画敌势军情兵饷数片　七月初八日

再:皖北目下军情,北路凤阳、临淮之捻匪有胜保、袁甲三夹击,自可不至蔓延,南路舒、桐之贼现经李孟群扼剿,倘得都兴阿马队由宿松、太湖、潜山而来,正可腹背合攻,并力制胜。至东路滁、全之贼,必由庐营派兵与德兴阿军营派出之官兵约期会剿,方可徐图规复。其巢县、无为州之贼,或剿或堵,应由庐营布置。此皖北全局事宜之大略也。臣莅任之初,即当遵旨将皖北军务实力整顿,不敢稍事因循。惟筹兵必先筹饷,当此征缮连年,度支日困,筹饷者又当于裕饷之中寓节饷之道,但闻庐营兵饷过形短绌,以致兵勇借为口实,不听调遣。臣仰沐殊恩,畀以疆寄,将欲力振颓风,不得不先筹饷糈,必使目前可以补葺,庶几日后可期撙节。一俟到任后,即当将贼势军情以及兵数饷数通盘筹画,再行缕晰具奏,合并附陈。伏乞圣鉴。谨奏。

奉朱批:"知道了。"

庐城失守请拨兵筹饷并简派大臣会同剿办折　七月十六日奉朱批

奏为行抵定远,据报庐城失守,兵溃饷竭,皖事大坏,恭折由六百里加紧驰奏,吁恳天恩,拨兵筹饷,并简派统帅大臣会同剿办,以维大局事。

且臣于本月初九日督带步兵九百名、马队一百名自浦口起程,前已将起程日期奏报在案。十二日,由来安山僻小路驰至盱眙县之三界地方,途遇福济,始知巡抚印务现交藩司李孟群署理,其庐城内有副都统麟瑞等驻守,德安亦以养病回庐等情。次日途中,接胜保来函,据称已先至清流关受李兆受之降,并有机密军情等候面议。旋晤胜保于池河驿,讯悉招抚大略情形,臣以胜保所办固有把握,谅不至有诡诈,惟防反覆而生变,兼恐漏泄而败谋。胜保亦以臣言为然,当迅速办理,嗣后当随时函商。臣仍饬总兵塔思哈督带兵勇三千余人严守关山,毋以李兆受业已投诚稍涉大意。又以胜保言及李兆受供称贼欲扑扰庐州,如庐城不能袭取,即饱掠粮食,再图接济金陵等语。适接署抚臣李孟群函牍及署藩司张光第禀函,并言舒城贼氛甚炽,庐城吃紧,与李兆受之供相符,深为焦灼,第念庐城尚有马步兵勇数千,又有李孟群带来之勇万人在南路扎营,计尚足敷防剿。迨十五日,臣在定远途中复接李孟群咨呈，称三河贼匪大股出窜桃镇，窥伺庐郡，存城兵勇为数过单，防剿吃紧，请拨马队援应。正在饬拨间，复于十六日丑刻接据署藩司张光第禀称，接李孟群函称，庐郡兵勇于十五日早间出队，贼有数万，兵一败回即不入营，贼已入城，现在店埠无兵无饷等语。臣接阅之下，不胜愤诧。伏思庐营兵疲饷绌，臣正思力加振作，不意忽有此变。查庐郡为南北要冲，前庐郡失陷时，兵力、饷源尚属可恃。今日情形迥非昔比，即收集溃兵，亦非可以枵腹从事，而皖北军政废弛，亦非溃兵所能支持。惟有吁恳天恩，饬拨精兵数千前来堵剿，并请特旨饬拨近省饷银二十万两，暂济目前之急。又查胜保现驻怀远，与定远、红心驿相近，况已在关山受降，兵机正在吃紧，可否即简派胜保统师，与臣会剿皖北之贼？抑或饬令和春、张国梁兼统江北防剿事务，而命德兴阿移师前来，会臣剿办？出自圣裁。臣因皖北军情疲敝已极，非有钦差大臣督办，不足以重事权而资震慑，是以冒昧陈情，无任迫切待命之至。其庐城失陷，各官下落情形，署抚臣李孟群当已缮折入奏。臣接印后，当即竭力堵剿。为此由驿六百里加紧驰奏，伏乞皇上圣鉴训示。谨奏。

咸丰八年七月十六日，奉朱批："另有旨。"

目前布置情形片

再：臣已将带来马队百名拨往店埠堵剿，并拨步队九百名保护后路粮台，仍虑贼踪分路窜犯，防不胜防，一面函请胜保随时分兵救援，一面咨商德兴阿迅派得力马队二百余名，交记名副都统富明阿管带，星夜来庐，以资助剿。合并附片陈明，伏乞圣鉴。谨奏。

奉朱批："知道了。"

拟整顿皖营请特降谕旨片

再：军营以兵权为重，臣在江北帮办军务，见满汉带兵大员皆知谨畏统帅，恪遵约束，是以所至有功。闻皖营镇将多骄恣性成，视巡抚为地方官，往往不听调遣。臣奉命力加整顿，自当不避嫌怨，参劾一二员，以儆其余。仍请皇上俯鉴积习已深，特降谕旨，责臣实力奉行，庶足以挽颓风而肃军令。理合附片具陈，是否有当，伏乞圣鉴训示。谨奏。

奉朱批："另有旨。"

附陈庐营情形片

再：臣闻庐营将骄卒惰，驯至不遵调遣。郑魁士以善战之名，为士卒之所服，而不为众人之所喜。自郑魁士去，而人皆知收庐之难矣。但闻郑魁士素性直率，或言其兼有调度，或言其略少机谋，大抵有良将之风而无大将之才。臣素未识面，不敢不以所闻者上达宸聪。理合附陈，伏乞圣鉴。谨奏。

奉朱批："览。"

附：上谕胜保督办安徽全省军务翁同书帮办军务
七月二十三日

咸丰八年七月二十三日，内阁奉上谕：厢黄旗蒙古都统胜保，著颁给钦差大臣关防，督办安徽全省军务。安徽巡抚翁同书，著帮办军务。所有皖境各军,均归节制,以资统率。其三省剿匪事宜,即著袁甲三督办。钦此。

上谕:"翁同书奏到抵定远,据报庐州失守一折,三河等处贼匪窥伺庐城,本月十五日,官军出队挫败,贼即乘虚外窜,以致庐州失守。现已授胜保为钦差大臣,令翁同书帮办军务,著即督饬将士,实力攻剿,务将庐城即日克复,毋任逆贼久踞。署安徽巡抚李孟群驻兵店埠,省城是其专责,何以不豫筹援救,以致省垣失守?著即革职留营,以观后效,并著胜保、翁同书查明该革员失事情形及在城文武下落,一并参奏。"钦此。

恭报到任接印日期折　七月二十七日奉朱批

奏为恭报微臣到[任]接印日期,仰祈圣鉴事。

窃臣奉旨补授安徽巡抚,即于浦口军营缮折恭谢天恩,嗣又具折,恭报起程日期在案。本月十六日,在定远途次闻庐城失守,一面将带来马步各队分派堵剿,臣即于是日驰抵梁园,署抚臣藩司李孟群委员赍送钦颁安徽巡抚关防一颗,及令箭、文卷等项前来。臣当于十八日在梁园行营恭设香案,望阙叩头任事讫,伏念皖北地方多已沦陷,军务疲敝,士卒嗟怨,粮台无隔宿之储,臣惟有竭力血忱,挽回全局。如得锐卒数千,以易孱军,并给全饷数月,以固士气,臣必能克复疆土,上答主知。但目下情形,兵心涣散,一饱难图,是否尚可补苴,非臣所能逆睹。所有接印任事日期,理合恭折具奏。再,皖省军务倥偬,未及循例具题。其芜湖关关防,经福济于上年发司储库。合并声明,伏乞皇上圣鉴。谨奏。

咸丰八年七月二十七日①，奉朱批："知道了。"

查明庐州失守情形竭力筹剿折　七月二十七日奉朱批

　　奏为查明庐城失守情形，连日堵剿兼施，粮台银米俱罄，现在竭力支持，未容逆匪北窜，恭折由六百里驰奏，仰祈圣鉴事。

　　窃臣于本月十六日，在定远途次闻庐郡失陷，业经将大略情形驰陈在案。维时臣即将带来马队一百名、步队数百名饬令先行赴援。适闻溃兵溃勇均由梁园散走，臣随即驰赴梁园，沿途谆切开导，督令折回。迨行抵梁园，居民正在惊扰，臣百端劝谕，人心稍定。接见管理粮台之署藩司张光第，据称饷银适已用尽，粮米无担石之储，帐房、军械久未制造，庐城各营之炮已尽资贼，即火药、火绳皆形缺短。臣见溃兵鹑衣鹄面，饥饿难堪，且多系空手而来，不持寸刃，必须稍给口粮，酌配兵仗，不意粮台罄洗竟至于此，实属束手无策，令人焦急万分。是日，接据署抚臣李孟群函称，三河之贼初十日已至上派河，经副将余应彪带兵迎剿，因饥退回。十二日，贼至二十里铺，余应彪复督兵勇迎战失利，该逆即以万余之众直扑至十八里岗。十三日，副都统麟瑞、总兵萧开甲、副将余成蛟并署臬司马新贻率城外各营迎战获胜，贼略退数里。十四日，复纠合大股二万余人，直到十三里站扎营四座，并横亘至西路大蜀山，共扎贼营十余座。麟瑞带兵迎剿，自巳至未，杀贼数十人，李孟群复派知府伍成功带领该司亲军三百名前往协助。不意十五日五鼓，该逆分为五路，直扑城垣。萧开甲在南门外

---

　　①　本件奏稿《会奏稿》与《皖北奏报》标注日期不同，《会奏稿》作"七月二十日"，《皖北奏报》作"七月二十七日"。但《皖北奏报》中本件编排在七月二十三日上谕之后，故从之。下件同。

接仗,麟瑞在西南接仗①,逆众数万漫山遍野而来,我军势不能支,又见该逆另分二股,突由西北绕抵庐城城外,各军首尾不能相顾,纷纷惊溃。萧开甲驰马冲杀,被贼刺伤下马。麟瑞率马队左右驰突,亦被贼伤,冒围而出。知府伍成功赶往救援,陷没贼中。麟瑞、余成蛟等纠合余众,退守店埠,该逆遂于午刻入城。城内本无官兵,仅有署臬司马新贻集有团练数百名,是日出城援应,与贼血战多时,各营败兵多由北门小路溃往梁园等语。十六日夜间,贼匪数千进踞店埠,臣一面收集溃兵,一面催令李孟群、麟瑞堵剿,并饬署臬司马新贻购办米石,以济饥军饘粥之需。十七日早晨,营总富明阿击贼于店埠之北,以马队百人冲入贼队,杀贼六七十人,生擒长发贼一名,割获首级一颗,贼始不敢前进,仍退回店埠。臣查庐城再陷,固由贼众兵单,而诸将守御不力,亦难辞咎。惟是众兵勇糊口无资,同时溃退,其情亦实有可原。署总兵副将萧开甲、知府伍成功力战捐躯,大节凛然,应请旨交部从优议恤,以慰忠魂。署合肥县知县王应奎尚无下落,应俟查明办理。署臬司庐州府知府马新贻督带团练出城御贼,仓卒失守,致将臬司印及庐州府印一并遗失,实有应得之咎,惟念该员宦皖有年,心地朴诚,民情爱戴,且一时更换乏人,合无仰恳天恩,将该员革职暂行留任,以观后效。署巡抚李孟群于艰难拮据之中,慷慨誓师,不辞劳瘁,且当连营溃败,力遏凶锋,实属文臣中所罕有;副都统麟瑞受伤力战,至今尚在敌堵御,应请均免置议。其余各将领有无退缩畏葸之员,容臣再行细察。现已飞咨胜保、德兴阿各拨马队助剿,并抽调附近兵勇力扼店埠北路,以杜北窜。但使兵饷稍集,大局尚可无虞。所有庐城失守及竭力筹剿情形,理合由六百里具奏,伏乞皇上圣鉴。谨奏。

　　咸丰八年七月二十七日,奉朱批:"另有旨。"

------

　　①　《皖北奏报》无"麟瑞在西南接仗"一句。

附陈店埠失陷文卷遗失情形片　七月二十七日奉朱批

再：署抚臣藩司李孟群交来文卷，尚留店埠该藩司寓所。闻店埠失陷，文卷多未携出，从前稿案无从查对，是以调兵、征饷，一切倍难办理；至本省刑名、钱谷、吏治、讼狱等事，亦且无从稽考。臣本无才具，而百事草创，百事掣肘，当亦在九重洞鉴之中。为此附陈，伏乞圣鉴。谨奏。

咸丰八年七月二十七日，奉朱批："览。"

请饬何桂清派员总办粮台事务片

再：此次庐郡复陷，贼氛直过店埠，不独庐营兵勇四路溃走，即附近各营亦皆奔溃移避。臣将庐营溃散渐次召集，其附近溃退之兵，或令御贼立功，或令回扎原处，尚不敢抗违军令，惟粮台并无铢两之银、颗粒之米，并帐房、枪械扫数无存，各路军营从未闻有此等奇事。署藩司张光第甫经到任，其咎与该员无涉，惟该员亦无应变治剧之才，仰恳天恩，饬令督臣何桂清奏派明干司道一员前来总办粮台事务，或有转机。理合附片陈请，伏乞圣鉴示遵。谨奏。

奉朱批："另有旨。"

续陈庐营情形请增兵拨饷片

再：庐营兵数原不为单，饷需亦不为少，惜不知练兵理饷之要，以致兵不用命，饷尽虚糜，即如马队向为得力，庐营马队本少，止有四百余名，技艺生疏，马疲人怯，远不如浦口军营之得力，其余兵勇概可知矣。又发饷不均，以致士不宿饱，各营纷纷沿途截饷，可谓漫无章程。所有新募之勇，多系游惰乌合，留之则转至累及于兵，遣之则必致尽归于贼。臣以谍报贼数万欲扑梁园，而村落之中人稠地窄，必须扎营列守，方有归宿，无如居民已尽逃亡，而粮台又不能筹给分文之夫价，现在一面激励行间自兴工作，一面劝谕团练略助役夫，但期营垒克成，或可勉资战守。总之皖省兵勇万不足恃，饷需又无半日之储，加以民力已竭，民心已离，臣从戎六年，未尝遇此奇穷之境，令人智勇俱困，惟有竭此血诚，以报知遇之恩。藩司李孟群在前敌村舍，相距十余里，尚未晤面。臣闻其忠孝性成，兼有文武才，颇欲倚以为助。此番堵御，亦极认真，而胜保极言其不善用兵、耻受节制，不知果否。惟所带之勇实属不能得力，其勇粮虽极撙节，而骤增万余人就食于皖，以致皖兵愈饥，亦有难支之势。此时皖疆几尽没于贼，臣只手之力，难障江淮，若非增有用之兵，拨有着之饷，虽孙吴复生，不能任战。伏乞皇上圣鉴施行，无任悚切待命之至。谨奏。

奉朱批："另有旨。"

截留两淮新拨甘饷片

再：皖营兵饷丝毫无存，查陕西欠解庐营协饷至一百五十余万两之多，前抚臣福济两次奏奉谕旨："饬于两淮欠解甘饷内划拨皖饷，全数解庐等因。"钦此。业经福济迭次咨催，未据报解。督臣何桂清拟将新拨甘饷十万两移缓就急，户部以甘饷紧急，不准挪动新饷驳饬。现闻两淮奏解新拨甘饷数万两，不日起解，当此皖中兵溃饷竭之时，朝不谋夕，臣再四思维，不得不先其所急，委员前赴清江、徐州一带就近截留解皖，以济燃眉。除咨明户部暨两江督臣查照外，理合附片陈明，伏乞皇上圣鉴。谨奏。

奉朱批："知道了。"

定远危急请饬拨饷接济折 七月二十四日(八月初二日奉朱批)[①]

奏为店埠贼匪纠合全椒逆党围扑梁园，兵勇全溃，粮台罄洗，定远危急，恭折由六百里加紧驰奏，仰祈圣鉴事。

窃臣于二十日将接印任事及贼踞店埠、窥扑梁园万分危急情形缮折驰陈在案。先是，庐州兵溃，店埠继失，而柘皋、杨徐山及大树街同时溃走，其退至梁园者均徒手无械，枵腹而哗，加以李孟群之勇，亦来索饷，奸细满地，莫别良莠。庐州之贼自店埠西路而来，全椒之贼由大树街至石塘桥，距梁园十余里。臣于二十日拜折后，饬令总兵吉顺等分路迎剿，而派带来亲军数百人勒阵以待。至辰刻，吉顺及副将鲍云翥等迎战失利，兵勇全溃，贼直扑梁园，进入街内。臣亲督小队开放枪炮，扼桥相持，贼愈来愈众，约有数万，皖军已无一人。臣所带之队仅数百人，力不能支，臣怀印突围而出，将贼追骑击退，沿途见溃兵四散，土匪尽化为贼，百里之间无所得食。李孟群消息不通，传闻已西赴六安，臣只得收集溃残，退保定远，尚恐定远亦不可保，幸先期咨请胜保援救，适胜保遣副都统穆腾阿带马队四百余名驰至定远，共

① 此折《皖北奏报》作"八月初二日奉朱批"，《会奏稿》作"七月二十四日奉朱批"。查《随手登记档》，该折七月二十四日发，八月初二日奉朱批；以下四个附片同。参见中国第一历史档案馆编：《清代军机处随手登记档》第88册，北京：国家图书馆出版社，2013年，第545页。

议捍御之策。查定远北路红心驿为防堵捻匪至要之区，其清流关迫近滁州，虽李兆受有投降之说，而臣接德兴阿来咨，又称滁贼窥扰浦口，情形正急，不能不防。今南路全失，三面受敌，兵勇虽有万余，而将不听令，兵尽苦饥，实难以一篑障江河，俱在圣明洞鉴之中。总之各省之军务无如皖省之疲玩者，由赏罚不明之故也；各路之粮台亦无如皖省之罄洗者，由章程不立之故也。事已至此，可为叹息，可为痛哭。臣受皇上厚恩，惟有力图补救，倘大局尚可收罗，自当破除情面，实心整顿，惟目前之计，粮台不名一钱，最为危急。臣向胜保借银二千两，分给饥军每人一钱，流涕抚循，士心尚有可用，奈镇将不听号令，已非一朝一夕之故，若非钦派统师大臣另带精锐前来，难期其用命。至饷需一层，尤属无从措手。仰恳天恩，饬江南江北粮台各借银二三万两，稍救眉急，庶定远不至有失。此次庐州、柘皋、大树街兵勇尽溃，所存止及其半，伤亡官兵甚多，容臣查明分别奏咨办理。所有兵勇尽溃、定远危急情形，理合据实具奏。再，德安亦在定远，臣往看视，据云，庐州失守以前，曾由李孟群将患病情形代奏，现在臣与德安亦时晤商公事，因其患病未愈，是以未经会衔。合并陈明，伏乞皇上圣鉴。谨奏。

奉朱批："另有旨。"

派穆腾阿统带马队片　七月二十四日(八月初二日奉朱批)

再：胜保派来之副都统穆腾阿实心任事，谋勇兼优，臣已将庐营马队四起及带来之一起俱交穆腾阿统带，以资驾驭。合并附陈，伏乞圣鉴。谨奏。

奉朱批："好。"

参劾吉顺鲍云鸁等片　七月二十四日(八月初二日奉朱批)

再:总兵吉顺驻扎柘皋、杨徐山,副将鲍云鸁驻扎大树街,闻店埠失事,俱自行溃退,臣以使功不如使过,饬令击贼自效,及鲍云鸁屡次迎战失利,吉顺派队接应,旋即溃败,臣饬吉顺收集溃兵进驻蒋家巷,种种借口,迁延不遵调度,实属巧滑畏葸。副将鲍云鸁虽有擅自撤退之咎,尚能耐苦堵剿,当此疲玩日久,军令不行,亟应分别参办。应请旨将总兵吉顺即行革职,留营效力;副将鲍云鸁以参将降补,用示薄惩,如不知愧奋,再行严参。又有总兵嵩瑞、扎隆武二员,平日皆畏葸无能,屡膺优保,见时事危急,皆托病不出。嵩瑞闻臣将特疏纠劾,始来求见,察看无病容。扎隆武并未来谒。相应请旨,将总兵嵩瑞、扎隆武一并革职,永不叙用,以肃戎行而资振作。为此附片具奏,伏乞圣鉴训示。谨奏。

奉朱批:"另有旨。"

督令李孟群溃勇赴六安归队片　七月二十四日(八月初二日奉朱批)

再:士卒徒手枵腹,万无可战可守之理。目下兵勇多有掘草根充饥者,目击此时苦累之状,痛心往日虚縻之多,现饬署藩司张光第筹捐银五百两,买米分给兵勇,又向胜保处借得火药四十余斤,然粮米不足充半日之饥,火药不能敷百人之用,而三面之贼均有数万,岂溃卒所能支持?又查李孟群之勇良莠不分,最不可恃。现在该藩司退往六安,其溃勇多至定远,臣恐其聚众生事,现在督令赴六安归队。(朱:溃勇即使尚未生事,何不责以失律,聚而杀之? 汝在军营,岂犹存书生之见耶?)合并陈明,伏乞圣鉴。谨奏。

奉朱批:"另有旨。"

敌窥六合请派和春郑魁士会办片　七月二十四日(八月初二日奉朱批)

再:顷接德兴阿函称,水口已为贼踞,六合危急,是李兆受投降万不可恃等语。窃查贼扰六合,则德兴阿必不能遣马队前来,粤捻勾合,而李兆受为之线索,则不特定远不保,大局不可问矣。伏乞皇上简任统师大臣,一切断自圣心,庶可以图补救。至于皖营用人不当,驭军不严,给饷不均,以致兵民怨愤,譬诸膏肓,非和扁不能治疗。臣以为胜保、德兴阿皆有专司攻剿之责,如一时不能前来,可否简派和春前来视师,或命郑魁士督兵与臣会办,或可勉力支持。理合附陈,伏乞圣鉴。谨奏。

奉朱批:"另有旨。"

饷道将绝定远危急折　七月二十八日(八月初八日奉朱批)①

奏为抚慰饥军,堵剿南路庐郡、全椒之贼,并将近城一带严密布置,忽报滁贼又入盱眙县之三界镇,粤捻合趋,饷道将绝,定远危急万分,恭折由六百里驰奏,仰祈圣鉴事。

---

①　奉朱批时间据《随手登记档》补。参见中国第一历史档案馆编:《清代军机处随手登记档》第88册,第565页。下件附片同。

窃臣于本月二十四日将贼扑梁园，兵勇全溃，粮台罄洗情形驰陈在案。维时溃军全至定远，多手无寸铁，囊无一钱，臣流涕抚循，急将胜保所借银二千两分散，每人给银一钱，军中士卒见臣粝饭不饱，困苦颠连，颇有闻臣言而感动者。谍报庐城、全椒之贼有数万，往来店埠、梁园间，北过护城驿，将窥张桥，臣拟于蒋家巷、张桥屯兵筑垒以捍贼，无如兵心久已涣散，饷需罗掘早空，枪炮、铅药、刀矛、旗帜十无一存，是以收集甚难，及督令扎营前敌，尤多不愿。臣百端晓谕，军士惟指口言饥，藩司张光第捐廉买米，臣复饬出示劝捐，并募首先扎营者，许以优保，一面将庐营马队四起及带来一起俱交副都统穆腾阿带，穆腾阿勇于任事，即与麟瑞先率马队赴南路以为之倡。二十五日，穆腾阿列马队于蒋家巷、张桥一带，而遣劲骑直至巴斗岭，去护城不远，掠粮之贼俱退回梁园，日暮始行收队。二十六日，复督马队全赴蒋家巷以南，驰骤示威，贼不敢出。各营兵勇见马队向前，亦陆续南行，由总兵吉顺、副将余成蛟等统带，屯扎张桥。现在粮台既无分文，惟有劝谕民团助兵筑垒。又查定远、合肥民情素悍，张桥以南土匪蜂起，甚至与贼相应，其间亦有自相保卫，不与贼通者，然道途荆棘，行旅久绝，即李孟群就食六安，亦无从深悉其行止。此南路防剿之情形也。定远地贫城小，遥对清流关，东面逼近滁城，西南悉通庐郡，其北又为临淮驿路，四面受敌，实已在贼围中。臣派参将尹善廷率兵勇九百名守城，仅开一门以通出入，城外西南一带派参将马昇平带勇一千六百余名平列四营，其迤东一带，臣亲督陕甘官兵结营四座，声势尚为联络。惟粮台既无夫债，民情又不急公，即锹锄亦不可得，是以垒壁久而未就，加以帐房并无一架，将士相率露处，并无编营之赀，又无枪炮以资捍御。臣在浦口扶病触暑而来，及在梁园冒刃突围而出，险阻艰难，兵民共见。圣主明见万里，自已洞烛无遗。当溃兵之初至定远也，兵勇无所得食，居民市肆一空，流言四起，当即擒斩奸细数名，人心始定。此近城一带布置之情形也。乃人心甫定，忽报滁州贼匪突至三界镇，在籍候补道吴棠带勇迎战，众寡不敌，退往后

路。臣一面派川勇四百名赴池河防堵，一面飞咨胜保协剿，并饬署庐
凤道黄元吉防堵盱眙之明光镇。顷据探报，三界之贼已退，然贼情诡
诈，据驻守关山之总兵塔思哈函称，滁贼将合舒城、无为、巢县、庐江之
贼攻扑寿州、定远等情。伏思定远四围皆贼，若断我饷道，别无援师，
则全军无复生机，必致尽覆，即淮、徐、兖、豫亦必震动。臣之一身不足
惜，其若中原之大局何？臣此时之所恃者，惟有与胜保相依。如皇上
准臣前奏，令胜保统领皖军，则事权既专，将领皆知用命，臣亦得从容
展布，以尽其力，否则以一身兼筹饷统兵、综理地方之责，而又值饷竭
兵溃、地方沦陷之余，臣实不才，深恐上负委任。所有定远危急情形，
理合据实驰陈，不敢一字欺饰。再，李孟群才颇可爱，但用兵恐非所
长，其勇丁亦不可恃。至都兴阿、李续宾所带楚军，毫无消息，庐郡既
失，相隔益远，更无从收夹攻之效。合并陈明，伏乞皇上圣鉴。谨奏。

咸丰八年七月二十八日奏，奉朱批："另有旨。"

参革于昌鳞片　七月二十八日(八月初八日奉朱批)

再：饥军度日如年，饷鞘皆逗不进，惟望蒋坝厘捐二千串解到，每
人可分给制钱百文，乃据署藩司张光第面禀，称福济路过盱眙，有随
行之参将于昌鳞竟将此项提用，作为勇粮等情。当此庐城再失，万众
断炊，岂得诿为不知，且闻该参将声明素属平常，管带安勇侵吞肥己，
军中无不嗟怨。今既置身事外，尚敢擅动官项，坐视兵溃，实出情理
之外。相应请旨，将参将于昌鳞即行革职拿问，勒缴钱文，如皖省现
存之兵复因乏食而溃，即从重处治，以快兵心。为此附片具陈，伏乞
圣鉴训示。谨奏。

奉朱批："另有旨。"

密陈李兆受投诚未可信片　八月初八日奉朱批

再：李兆受投诚一节，未分真伪，最为紧要军情。胜保深信不疑，而德兴阿极言其难恃。目下滁州之贼大股攻扰江浦、六合、来安边境，势将包钞定远，若李兆受投降属实，何以又有此事？万一绝我饷道，则皖军全覆，粤、捻合而北窜，中原大局不堪设想。为此附片密陈，伏乞圣鉴。谨奏。

请以余成蛟护理寿春镇总兵片　八月初八日奉朱批

再：寿春镇总兵郑魁士前奉旨调赴江南军营，所有寿春镇印务，经福济奏，委付将萧开甲署理。前萧开甲在庐城御贼阵亡，经臣奏明在案。闻总兵印信亦已遗失，容再查明办理。该管兵勇及营务事宜，亟应派员护理，以专责成而统带。查有甘肃永固协付将余成蛟剿贼奋勇，办事小心，以之护理寿春镇总兵，堪以胜任。除札委外，理合附片陈明，伏乞圣鉴。谨奏。

咸丰八年八月初八日，奉朱批："知道了。"钦此。

拟咨商胜保派穆腾阿驻定远片　八月初八日奉朱批

再：正在缮折间，探闻南路贼氛稍退，逃出难民一名，据供，贼欲绕道来攻定远。与总兵塔思哈函会探报情形相符。臣以贼踪飘忽，来去靡常，尤善于乘虚抄集，不敢因南路稍退略涉大意。除南路节节驻防，并防关山等处外，复于附城增立营盘，以壮声威，并群行团练，搜拿奸细，务令无隙可乘，庶几危城可保。又查胜保派来之穆腾阿忠勤素著,布置合宜,现在庐城马队并归统帅。胜保以进剿滁、淮,调穆腾阿之马队回营,臣拟咨商胜保,仍派穆腾阿前来留驻定远,于军务实有裨益。合并陈明,伏祈圣鉴。谨奏。

　　咸丰八年八月初八日,奉朱批:"知道了。"钦此。

附陈皖军支饷弊端并拟整顿片　八月初八日奉朱批

　　再:皖饷亦不为少,而皖军终岁苦饥。推原其故,乃由兵勇口粮多寡不均,支发日期早晚不一,大约徇情滋弊皆所不免,即拟镇将以下,盐粮银两与江北军营大不相同。臣窃思军营难分两地,而粮台岂有异例。今拟汰其老弱,核其虚伍,以清弊源,复酌减支销,明改章程,以省饷数,然后力矫数年来积习,俾各营皆归画一,无时轻时重之心,亦无偏爱偏增之弊,庶群情皆服其公允,即军务可借以振兴。但使目前给臣四五月之需,臣必能为国家节数十万之饷。特恐饷源已竭,饷道已绝,则臣亦无能为矣。愚昧愤懑,用敢附片直陈,伏祈圣鉴。谨奏。

　　咸丰八年八月初八日,奉朱批:"所奏已悉。"钦此。

附:军机大臣字寄上谕　八月初八日

　　军机大臣字寄钦差大臣镶黄旗蒙古都统[胜保]、帮办军务安徽巡抚翁[同书]:咸丰八年八月初八日,奉上谕:"翁同书奏饷道将绝,定远危急情形一折,庐城、全椒之贼欲向张桥掠粮,虽退回梁园,而土匪蜂起,深虑与逆贼相应,且定远遥对清流关,东通滁城,北达临淮,西南悉通庐郡,有四面受敌之势。若饷道被断,外无援师,大局不堪设想。胜保已移营凤南一带,著即统领各军迅速前进,与翁同书妥筹堵剿,毋令定远再有疏虞。现在翁同书兵饷既断,又无军械,何能进兵却敌? 本日据何桂清奏,已酌拨军饷,由德兴阿拨兵护送,未知何日解到。并著胜保就近通融办理。至李兆受纳款投诚,前据胜保奏到;朕即拟滁州城内有伪国宗杨逆盘踞,何以李兆受出城投降及委员出入城中,杨逆竟若罔闻? 其中恐有诡计。昨闻滁贼有占据乌衣,扰及东西葛,及由水口图窥六合之信,并闻李兆受在乌衣等处督战。既有投诚之言,复有抗拒之事,是其居心叵测,欲令官兵漫于设备,堕其诡谋。胜保久历行间,或有成算,然仍宜密加防范,未可深信不疑,致有意外之患。将此由六百里加紧谕令知之。”钦此。

附:军机大臣字寄上谕　八月初八日

军机大臣字寄钦差大臣厢黄旗蒙古都统胜[保]、帮办军务安徽巡抚翁[同书]、太仆寺卿袁[甲三]:咸丰八年八月十一日奉上谕:“本日据袁甲三奏,贼图北犯,官军先胜后挫,请调各兵应援,并庚长奏,拟派傅振邦赴浮山堵剿;瑛棨奏请由皖省接办胜保粮台;翁同书奏请催山西等省协饷各折片。已谕令官文酌量情形,将李续宾等所带各官兵分为南北两路进剿,以免贼势全趋北路,并谕崇恩仍派郝上庠带兵出境至徐州协剿,恒福、曾望颜各将应解饷银速行筹解矣。此次捻匪纠约各路贼援,倾巢出扑,经付都统伊兴额于铁佛寺等处极力堵剿,先胜后挫,退守萧县,自因众寡不敌,非由该付都统畏葸所致,著照袁甲三所请,免其惩处。惟贼众聚至数万,虽溪口营盘复为匪踞,北路情形万分吃紧,袁甲三现已将陕西兵拨交伊兴额调遣,著即饬令该付都统相机堵截,务须痛加勒洗,严遏北窜,勿任再有延蔓。庚长所请派令傅振邦驰赴浮山会剿,该处系通清江要路,惟距徐州较远,傅振邦能否带兵前往驻扎,著袁甲三斟酌情形,妥为调度,并知照庚长可也。至袁甲三请调马队官兵,吉林等处马队未便再拨,前拨绥远城马队五百名往胜保军营,现在胜保专办南路军务,据袁甲三奏,淮南田塍交错,马队难于施展,此项马队自可分赴北路,以期得力。其如何分拨之处,即著胜保、袁甲三会同商办,务以布置得宜、先其所急为要。至瑛棨所称,胜保行营粮台请由皖省派员接办,其饷项仍由豫省协济等语,此时胜保军营虽距豫省较远,而粮饷仍由豫协济,是否必须另派办之员,著胜保、翁同书酌量情形,咨照瑛棨知悉。至现在胜保虽已与翁同书谋面,而仍即回去,相距尚在百里之外,袁甲三为徐贼牵掣,一时未能兼顾,甚为可虑。前命胜保、袁甲三遴武职大员,帮同袁甲三统兵剿捕,尚未据奏拟派何人,著即商定具奏,俾北路剿匪事宜得有把握,胜保即可前往南路,与翁同书援剿庐州,渐图进取,毋再日久迁延,致负委任。将此由六百里各谕令知[之]。"钦此。遵旨寄信前来。

谢帮办军务恩折　八月初三日

奏为奉旨帮办军务,恭谢天恩,仰祈圣鉴事。[①]

窃臣承准军机处恭录行知咸丰八年七月二十三日内阁奉上谕:"镶黄旗蒙古都统胜保,著颁给钦差大臣关防,督办安徽全省军务。安徽巡抚翁同书,著帮办军务。所有皖境各军,均归节制,以资统率等因。"钦此。伏念臣通籍以来,十有九载,父子兄弟并沐殊恩,臣无颇、牧之才,而以词臣居军幕;无范、韩之望,而以詹尹赞戎机。上年瓜洲克复,蒙恩以侍郎候补,并赏穿黄马褂。本年夏间,攻克来安县城,奉旨下部优叙,旋授安徽巡抚。高厚鸿慈,有加无已。臣闻命后,束装冒暑,力疾起程,问途虎落之间,叱驭狼烟之侧,入皖境而庐垣已陷,抵梁园而溃卒难收,不自意全,若有天幸,兹蒙皇上俯鉴庐营疲敝,特简胜

***

① 《会奏稿》本件在下件之后,《皖北奏报》顺序反之。由于下件文中自述官衔已有"帮办军务",故从《皖北奏报》。

保视师，而以臣帮办军务。伏念胜保久总师干，必能使孱军顿壮，微臣忝膺疆寄，犹欲期危地复安，惟有尽心而为之，断不敢因时事至难，稍存推诿。所有微臣感奋下忱，理合缮折恭谢天恩。伏乞皇上圣鉴。谨奏。

咸丰八年八月初三日奏，奉朱批："知道了。"①

请饬山西陕西按期咨解协饷片　八月初三日

再：臣承准军机大臣字寄咸丰八年七月二十三日钦奉谕旨一道：庐营将骄兵惰，谕令从严参劾，按律重惩。臣即传集诸将，宣示纶音，俾知儆畏，如敢仍蹈故辙，当即随时惩办。至都兴阿、李续宾诸军，虽已行入皖境，而定远以南贼境辽隔，土匪横行，数百里之间声息不通，文报久断，前经福济委员收支楚军饷项，竟无道路可达。此时庐城既陷，更属无从咨商。又接德兴阿来函，知水口、来安正在吃紧，即东葛、乌江亦须防堵，恐江北军营亦复无兵可分，容臣再行驰函熟商。李孟群自店埠溃退，即率其溃勇西赴六安，曾接其中途禀函，嗣后杳无信息，臣已遵旨行知，令其力图自效。又查山西、陕西协饷向系每月二万两，七月中山西并未报解，山西仅解一万二千两，尚在河南开封府存储，现已委弁迎提，庐营有着之款惟山西、陕西尚为可恃，兹又或停或减，无怪庚癸频呼。目下新拨之款未知何日方来，而例拨之银又复逾期不解，皖军之溃，可计日而待。伏祈敕下山西巡抚恒福、陕西巡抚曾望颜，务将每月协饷二万两按期咨解，以应急需而维大局。合并附陈，伏祈圣鉴。谨奏。

奉朱批："另有旨。"

---

① 据《皖北奏报》，朱批日期在八月十一日。

胜保德兴阿接济粮饷军火片　八月初三日

再：粮台罄洗，毫无所储，臣向胜保借银二千两，分给诸军，前已奏明在案。兹由胜保复拨银一千两、火药三百斤、铅丸八十斤、火箭五十枝、火绳三百根到来，当交粮台收明备用。德兴阿接臣函会，知此间粮饷军火均无，饬藩司杨能格酌拨接济，杨能格申报已筹拨银五千两、抬枪一百杆、鸟枪二百杆、火药五千斤、铅丸八千斤、火绳一万盘，起解未到。臣已委弁迎提，借济目前之急。理合附片陈明，伏乞圣鉴。谨奏。

奉朱批："知道了。"

请将萧开甲等从优议恤片　八月初三日

再：署寿春镇总兵记名总兵广西平乐协副将萧开甲在庐州打仗阵亡，业经臣奏请议恤在案。兹查有尽先副将云南龙陵营参将胡会龙于七月二十日在梁园打仗阵亡，副将衔尽先参将四川川北镇中营游击余应彪、尽先游击云南临元镇都司闪云泰，均在庐州与贼对敌，力竭阵亡。该员等临难捐躯，殊堪悯恻。相应请旨，饬部照阵亡例从优议恤，以慰忠魂。所有阵亡弁兵及受伤员弁、兵勇，容再查明，分别办理。合并陈明，伏乞圣鉴。谨奏。

奉朱批："另有旨。"

请饬金安清前往皖南劝办捐输片

再：皖北地瘠民贫，逆氛四扰，几无完土，劝捐筹饷势处万难，迥非皖南情形可比。因念徽、宁二府及广德州等处本隶皖疆，其地向称富厚，民情好义急公，现当皖北军需孔棘之时，该处绅民定能谊关桑梓，乐输助饷。查有候补盐运使金安清向在浙江办理筹饷，集成巨款，经理裕如，浙界毗连皖南，该员于彼处情形较为谙熟，以之劝办徽、宁、广德等处捐输，接济皖北军饷，自可得力。相应请旨饬下督臣何桂清，就近派委该员前往劝办，按月解赴臣营，以资接济，于饥军不无少裨。理合附片具陈，伏乞圣鉴。谨奏。

奉朱批："另有旨。"

布置迎敌并知会胜保接应片

再：正在缮折间，据报贼已至古城集，距界牌不远。臣已饬马步队联络民团迎敌，一面飞骑知会胜保派兵接应。查胜保昨驻殷家涧，据此六十里，即马头城大营距此亦百余里，胜保屡至红心驿，一至清流关，昨又曾至定远，与臣相晤，朝发可以夕至，但究有百余里之隔，觉得胜保早来一日，则人心早定一日，否则溃兵溃勇恐难支持。除函会胜保外，理合据实附陈，伏乞圣鉴。谨奏。

奉朱批："知道了。"

防护定远分堵要隘布置情形折　八月初三日（十一日奉朱批）

　　奏为庐郡、全椒逆匪注意定远，现在一面防护县城，一面分堵要隘，谨将布置情形恭折由六百里驰奏，仰祈圣鉴事。

　　窃臣于七月二十八日将定远危急万分情形缮折驰陈在案。旋闻梁园之贼已退往店埠，及石塘桥等处逃出难民金称贼有窥伺定远之意，臣窃查逆贼狡狯异常，最善于捣虚袭后，梁园之贼所以忽退者，盖探知马队向前，欲诱我深入尾追，意图间道兜抄，断我后路，并欲乘虚以袭定远，臣因饬总兵吉顺、副将鲍云鹜等督带兵勇二千名驻扎张桥等处以顾南路，而令署总兵余成蛟收拾溃兵扎营城外。又以新溃之兵恐不足恃，因传集近城十六堡乡耆劝行团练，许以优奖，即令乡团助兵勇筑营，用秫杆搭小窝棚居住，倘有贼至，各营兵勇联络出战，各团亦鸣锣集众，列阵助威，并将各起马队分布东西两路，以备抄袭。县城东、西、南三乡距城三四十里许，各有团练数千人，用为屏蔽。此定远城乡屯兵团勇之大略情形也。布置已定，侦探贼情果欲袭取定远，与捻匪联为一气，有搜获伪文可凭。又据驻守关山之总兵塔思哈函称，接滁州李兆受来信，内称梁园贼首来文，云欲三股攻扑定远，右二武军逆贼钱姓带领一股约万余人，抄路到大柳驿、池河镇一带，与捻首张瀍等合队等语。查池河、大柳均在关山之北，为通定大道，贼若大股绕扑，则关山难守，而县城亦将震动。臣即添派凯勇二百余名前往关山，其池河地方先经臣派川勇六百名驻防，兹又派川兵二百余名助剿，又派都司吉昌等带寿春兵四百名，会同寿勇三百余名驻于附近池河之藕塘，俱听塔思哈调遣，以期有备无患，一面飞咨胜保速拨马步队严防关山要隘，庶不令粤捻得合。又查盱眙之明光镇为臣营一线饷道，彼处虽有泗州兵驻防，殊形单薄，当经臣饬派参将崔万清带领固原兵二百余名前赴明光协守，以通饷道。旋准胜保咨称，已派副都统穆腾阿督带马步队驰至池河堵御。本月初一日,胜保由红心驿驰至定远,与臣会议防剿机宜,即于是日仍回殷家涧行营驻扎,此又闻警调派之大略情形也。至皖军既已屡溃,又无口粮军械,掣肘情形前已缕晰,无待再述,兹幸简派胜保统师,臣得以赞画之余,督同藩司考核军储,整饬吏治,庶几使士气一新,民心胥定,俟胜保全军调集,即可规复庐城。所有日下布置情形,理合缮折具奏,伏祈圣鉴。谨奏。

咸丰八年八月初三日[奏]①,奉朱批:"览奏均悉。乡团非募勇可比,以助官军之威,恐其临时一溃,受累不浅。总应饬乡团居前以御,官兵接应抄袭以壮其胆,庶有把握。朕看汝大败之后,布置或有未周,殊为可虑。"

拟补军营遗缺人选片

再:军营缺出,例应以军营人员升补。所有广西平乐营副将萧开甲阵亡遗缺,查有副将衔山西平阳营参将庆瑞年富才明,素能勤奋,闻其带队亦甚得力,堪以拟补。所遗平阳营参将员缺,查有副将衔安徽宿州营游击马昇平带勇有方,颇知纪律,曾得勇号,此番敛众而退,首先扎营,堪以拟补。所遗宿州营游击员缺,查有游击衔安庆城守营都司韩殿甲办事勤能,布置周密,现带寿勇驻守藕塘,尚能整顿民团,堪以拟补所遗。安庆城守营都司员缺,查有候补都司彭楚文平日勇往,不辞劳瘁,堪以拟补。又云南龙陵营参将胡会龙阵亡遗缺,查有

---

① 《皖北奏报》此件时间标注为"八月十一日奉朱批",《会奏稿》则作"八月初三日奉朱批"。查《随手登记档》,该折八月初三日发出,十一日奉朱批。参见中国第一历史档案馆编:《清代军机处随手登记档》第88册,第582页。

副将衔陕西平凉营游击程友胜打仗勇敢,心地朴实,曾得勇号,堪以拟补。所遗平凉营游击员缺,查有尽先游击西宁威远堡都司哈连升战守皆优,谋勇俱备,系臣由浦口带来,素知其人,堪以拟补。所(有)〔遗〕威远堡都司员缺,查有尽先都司西宁镇标后营守备杨殿林人颇老成,带兵整肃,堪以拟补。所遗西宁镇标后营守备员缺,查有河州镇标左营千总张悦胆气过人,素称奋勇,堪以拟补。又四川川北镇中营游击余应彪阵亡遗缺,查有尽先游击六安营守备朱淮森打仗颇勇,管勇亦严,堪以拟补。所遗六安营守备员缺,查有五品顶戴花翎寿春镇右营把总吉学盛勇敢有为,现办团练,堪以拟补。又云南临元镇都司闪云泰阵亡遗缺,查有颍州营守备郭清标才具开展,临敌奋勉,堪以拟补。所遗颍州营守备员缺,查有潜山营千总叶廷杓差探得力,遇事奋勉,堪以拟补。当此军政疲玩之际,臣方加意整饬,首期遴拔得人,所拟皆出色之员,如蒙俞允,实足以昭激劝。至所遗千把外委各缺,容再拣补咨部。理合附片陈请,伏乞圣鉴。谨奏。

奉朱批:"兵部查议具奏。"

陈开玉等请补军营遗缺片

再:前抚臣福济任内,有游兵营游击景昌、寿春镇中营游击吉昌,该二员缘事降补都司,又徐州镇标中营守备张春发前在昭关阵亡,均经福济奏明在案,至今尚未拟补。查游兵营游击景昌降调员缺,有山西保德营都司彭得老成稳练,带队整齐,堪以拟补。所遗保德营都司员缺,查有尽先都司湖南镇筸营把总陈开玉打仗勇往,临阵直前,堪以拟补。其寿春镇中营游击吉昌降调一缺,查有尽先游击陕西陕安左营守备邹学镛熟悉营务,年力正强,堪以拟补。所遗陕安左营守备员缺,查有汉中宁陕营千总汪朝海叠受重伤,御贼出力,堪以拟补。

其徐州镇标中营守备张春发阵亡遗缺,查有密云武进士常庆投效有年,勇往奋勉,堪以拟补。如蒙俞允,俾行间将士皆知观感。理合附片陈请,伏乞圣鉴示遵。谨奏。

奉朱批:"兵部查议具奏。"

定远军情及地方事件单衔奏陈片

再:军情紧急,往往有迫不及待者。目下胜保尚未前来,所有定远军情,臣当一面具奏,一面飞咨胜保查照。其军情稍缓者,仍咨请胜保核定,各自具奏。一俟胜保移营定远,均由胜保主稿,会同具奏。至地方事件不关军务者,均应由臣单衔缮折奏陈。理合附片陈明,伏乞圣鉴。谨奏。

奉朱批:"知道了。"

敌扑藕塘马队失利县城危急折　八月初六日(十三日奉朱批)①

奏为贼扑藕塘,马队失利,池河及县城危急,恭折由六百里驰奏,仰祈圣鉴事。

窃臣前于本月初三日将定远危急情形驰陈在案。是日,贼众数万由界牌直扑藕塘,经穆腾阿带马队击退,斩馘其多,大获胜仗,而贼匪数万盘踞界牌不退。臣屡次告急于胜保。初四日,胜保派马步八

① 此篇亦见《皖北奏报》。

百余名接应,旋即折回,仅留马队百名。初五日,亦折回红心驿。适接胜保来函,系刘府行营所发,据云,初五日必到定远,而竟日不到。戌刻,据穆腾阿遣人告知,本日贼骑数千来扑藕塘,我军马队众寡不敌,迎战不利,贼已占据藕塘,穆腾阿退五里许驻扎。查藕塘距池河驿只三十里,距城六十里,贼有数万,而兵皆无械无食,危城何以支持? 若贼由池河北犯明光镇,则饷道及文报俱绝,即胜保一军亦受其困。计胜保离此不过四五十里,臣已飞函请胜保亲督马步队星夜南来。如贼匪来犯,臣当亲率饥军,背城一战。所有危急情形,理合缮折具陈,伏乞皇上圣鉴。谨奏。

咸丰八年八月初六日奏。奉朱批:"另有旨。"

整饬戎行群行团练请恩旨鼓励折　八月十二日(二十一日奉朱批)[①]

奏为庐营兵力未充,逆氛正炽,一面整饬戎行,力图振作,一面群行团练,拟请恩旨鼓励,谨将布置情形恭折由五百里具奏,仰祈圣鉴事。

窃臣前因定远危急,函请胜保来援,贼匪退走,业经会奏在案。查庐郡为粤贼所陷,而凤、临又为捻匪所踞,粤、捻之未合者,仅有定远一县,粮台乏铢金瓶粟之储,饥军无挟纩投醪之感,兼以粤捻各匪奸细满地,臣初到之时,情形汹汹,若稍涉姑息,变且立生。因申严军令,约束行伍,盘查奸宄,有滋扰闾阎以及语言、衣服、形迹诡秘者,缉拿到案,讯出实情,皆斩首以徇,旬日之间,诛戮颇多,兵勇始驯,民心始定。臣前次折内所陈,钦奉朱批,荷蒙训诲周详,虑臣身在戎行,犹

---

①　此篇亦见《皖北奏报》。

存书生之见。跪诵之下,感悚交深。伏念臣虽庸懦无能,犹愿激昂自奋。咸丰六年春间,扬营兵溃,贼踞郡城。臣至邵伯镇,招集溃兵,扼守要隘,彼时即以重法从事,得免蔓延。今蒙圣恩,擢任封圻,岂敢转从姑息。第以庐营积弊已久,梁园之变,臣视事甫二日,兵心民心俱未浃洽,若骤行严酷,非惟无益戎行,转恐因而决裂,此臣所以斟酌机宜而不敢过刻,仍从严驾驭而未尝稍宽也。目下地方安静,奸匪敛迹,壁垒渐次筑成,编营如帐房之式,兵勇用资栖止。扬州解来之军械尚未运到,胜保略分火器以给各营,而缺用尚多,因伐关山之竹作为长矛,稍供击刺,臣每延见将领,不惮口讲指画,军伍似稍整齐,且汰除游惰、抽撤老弱,于军饷亦可节省。惟饷需之奉旨新拨者,固未知何日方来,而山西、陕西、江苏之按月拨解者,又未见如期报解,即起解在途者,闻沿路戒严,亦逗留不进,实属焦灼万分。至新溃之余,兵力未可全恃,胜保军声固壮,尚须兼顾风、临。臣窃见寿州、定远、合肥等处民情强悍,且有器械武艺,知皖省团练尚可用以御贼,胜保且亦劝臣力行团防。臣因饬两司督饬地方官广行团练,各保身家,许以杀贼立功必有重赏优奖,并由臣遴委妥员干弁认真督办。旬日之间,远近响应,颇有同仇偕作之风。庐州、和州之贼累出焚掠,多为乡团击回。此次贼匪由界牌窜至藕塘、池河,亦惮民团层叠,未敢骤扑县城。各乡团练与贼接仗,往往斩获长发首级并生擒贼匪,夺获鸟枪、旗帜、器械,悉解送臣营,臣优加奖励,或给六七品功牌,或给粮台饷票犒赏,令其益知鼓舞。如该地方委员、董事以及练总人等有能始终奋勉杀贼立功,著有成效者,亟宜优加奖励。合无仰恳恩旨,准臣择尤酌保,以期收众志成城之益。是否有当,恭候训示遵行。所有布置情形,理合缮折缕陈,伏乞皇上圣鉴。谨奏。

咸丰八年八月十二日奏。奉朱批:"另有旨。"

广德州建平县地漕请悉解皖北片

再：皖北地瘠民贫，本非皖南之比，然从前庐、凤郡城未陷，临淮盐引通行，而全滁产米之区亦未为贼所踞，地丁税课尚可稍济急需。今皖北贼势披猖，地方糜烂，加以连年亢旱，颍郡亦未开征，不独兵丁一饱无时，即官吏亦百用俱绌。因思皖南地方有宁池徽太四府、广德一州素称繁富，军兴以来，凡皖南各属地丁、漕米、杂税、捐输皆拨充皖南军需，今皖南军务未息，诚未能遽省度支，而皖北筹措尤艰，自可以量力分润。臣拟将宁池徽太四府地漕仍归皖南军营济用，其广德州所辖仅建平一县，应请旨将广德州建平县地漕正杂款项悉解皖北，以免偏枯而昭公允。如蒙恩准，庶司库糈台稍有接济。为此附片吁陈，伏乞圣鉴训示。谨奏。

奉朱批："另有旨。"

查明王应奎殉难情形请从优议恤片

再：前据藩司李孟群禀称，庐城失陷，候补知州署合肥县知县王应奎不知下落，当经臣具奏在案。兹据革职暂留庐州府知府马新贻详称，据王应奎家人国顺禀称，本年七月十五日，贼匪攻扑庐城，王应奎激励团练，登城守陴，奈兵单贼众，官军溃散，贼拥入城，王应奎带家丁数人折回县署，端坐大堂，骂贼被害。幼子年甫二岁，家丁护送出署，家丁为贼所掠，乘隙遁出，而其子已无下落等语，详请具奏前来。查该员王应奎系汉军镶白旗人，由举人出身，效力行间，历任年余，办理团防均称得力，兹因守陴力竭，矢志捐躯，无忝城亡与亡之义，深堪悯恻。理合附片陈奏，请旨将殉难之候补知州署合肥县知县王应奎敕部照知州殉难例从优议恤，以慰忠魂。伏乞圣鉴施行。谨奏。

奉朱批："另有旨。"

裁勇撤兵撙节饷项片[①]

再：庐营兵勇之数将及二万，臣收集溃兵，除阵亡、散失外，又将不得力之新勇痛加裁汰，共裁三千余名，目下止存一万四千余名，连臣浦口带来之一千名亦在其内，比较原数，已减六千余名，然犹无饷以赡其饥。近奉恩旨，饬部拨银二十万两。虽经户部指拨，不知何日始能解到。其从前例拨之银，仅有山东省拨银八千两、官票二千两起解在途，迎提未到，或绕道纡远，或闻警逗留，俱未可知。其山西省仅解一万二千两，寄存河南开封府，臣委弁迎提，亦需时日。兵多饷少，更无制造之资，不得不竭力撙节，先裁冗食以杜虚糜。查有热河兵二百余员名、云南兵四百余员名，闻从前打仗甚属得力，从征多年，多阵亡、病故，其现存者皆系伤病之余，留之殊属无益，即将该二起兵撤回。其积欠未能补给，臣婉曲开导，该兵丁等深知筹饷孔艰，不敢吁求补领。臣已咨明原省，并知照沿途地方官，查照奏撤之例办理。所有裁勇撤兵情形，理合附片具陈，伏乞圣鉴。谨奏。

奉朱批："知道了。"

马新贻请仍护臬司李孟群责令立功自赎片

再：庐州府知府马新贻因庐城失陷，前经臣参奏，奉旨革职暂行留任。查该员兼护臬司印务，一时乏员更换，仍令兼护。又查已革藩司李孟群现在寿州，臣已将叠奉谕旨行知，责令立功自赎。合并陈明，伏乞圣鉴。谨奏。

奉朱批："知道了。"

附：军机大臣字寄上谕　八月十三日

军机大臣字寄钦差大臣厢黄旗蒙古都统胜[保]、帮办军务安徽巡抚翁[同书]：

咸丰八年八月十三日奉上谕："翁同书奏贼扑藕塘，马队失利，池河及定远县城危急一折，前因贼逼定远，当即谕令胜保统领各军迅速前进，妥筹堵剿。现在贼众数万由界牌直扑藕塘，穆腾阿带领马队迎击，已获胜仗，卒因众寡不敌，失利退却。该大臣曾于初四日派马步八百余名接应，何以复行折回，仅留马队百余名，亦折回红心驿？所寄翁同[书]函信云，初五日必到定远，复竟日不到，何迁延若此？粤匪与捻匪意在勾结一气，现在愈逼愈近，惟恃定远一城为之间隔，设有疏虞，则贼势益张，剿办更形棘手。胜保现为钦差大臣，剿办皖匪是其专责，既距翁同书军营仅四五十里，著即亲率各军驰往截剿，毋得再事延误，致干咎戾。李孟群系革职留营之员，应责令简练兵勇，由六安进援定远，冀可稍赎前愆。翁同书仍督同现有兵勇，实力防剿。其池河以北明光镇，为饷道、文报要路，关系尤重，著胜保、翁同书迅筹布置，遏贼北窜，毋许疏懈。将此由六百里加紧各谕令知之。"

钦此。

附：军机大臣字寄上谕　八月十九日

军机大臣字寄钦差大臣厢黄旗蒙古都统胜[保]、帮办军务安徽巡抚翁[同书]：

咸丰八年八月十九日奉上谕："胜保等奏，粮台饷需请仍由豫筹解，并所拨官兵饷项他省不得截留等语，前因瑛棨奏胜保行营粮台请由皖省接办，当经谕令胜保等斟酌情形，咨照瑛棨办理。兹据胜保等奏称，皖省残破之余，库藏罄洗，奉拨饷银均未解到，请饬河南省照旧筹拨，以免万余兵悬釜待炊。所奏均属实情。所有胜保粮台饷需，著仍由河南军需局照旧筹拨，俟两三月后各省饷项解到，定有章程，再由皖省接办。即著胜保将现奉谕旨咨明瑛棨遵办。至各路调拨兵勇，均属迫于待用，而军情旦夕不同，亦不免有已奉谕旨，复行改调之处。胜保所请饬下各路统兵大员，遇有该营请调官兵，均不准擅行截留，在该大臣专办一路，故有此请，而全局情形则不能无移缓就急，未可稍存拘泥也。昨因丰县失守，谕令袁甲三亲往督剿。本日复据崇恩奏，捻匪扰及单县、鱼台两县，金乡亦甚危急，复谕袁甲三将该营之山东兵一千余名交史荣椿带回东省防剿，此为堵剿北窜起见，而淮南北兵(兵)[勇]愈形单薄，所有怀、凤、临各路兵勇，该大臣既请加徐广缙卿衔，暂留统带，遇有缓急仍须随时策应，勿致南下以后，北路转有疏失，是为至要。将此由六百里谕令知之。"钦此。

整顿营伍相机防剿规复庐城折　八月十九日(二十七日奉朱批)①

奏为逐日裁汰老羸,简阅营伍,并饬前敌各营相机防剿,一俟劲兵云集,即拟规复庐城,恭折由六百里驰陈,仰祈圣鉴事。

窃查庐、和贼匪谋扑定远,胜保督兵援剿,大获胜仗,将贼击退,业经会奏在案。胜保于拜折后,即日回马头城大营料理怀、凤防剿事宜。臣因庐营积弊已久,士卒之老羸者固多,勇丁之游惰者尤众,设法稽查,逐日亲自点验,计陆续裁汰数千名,每月可减发饷银二万②两。此臣区区苦心,冀省虚糜之饷,以养有用之兵,为国用期撙节,即为军务期振兴也。现于定远城外建立壁坞,兵勇有所栖止,形势尚为联络。德兴阿饬拨之军装、器械俱已解齐,又经胜保量为分给,虽一时尚不敷用,而部伍气象顿殊。臣令将弁分带兵勇,时常操演。俟③饷需稍裕,尚须赶造帐房,以便移军进剿。又查定远南控庐郡,北通临淮,东对滁州,处处吃紧,目下滁州尚未献出,则关山之防不可稍疏。现饬总兵塔思哈仍驻珠龙桥,并经胜保派拨马步队驻扎大柳、池河等处,东路设防已为严密。北路红心驿、黄泥铺等处,向④由胜保督饬署庐凤道黄元吉专司堵剿。臣因红心之东有⑤明光镇地近浮山,路通盱眙,为饷道所必经,原派泗州营官兵尚形单薄,添派参将崔万清管带固原官兵协同驻守,又派潜山营兵驻扎明光迤东之涧溪,以资策应。其南路则有已革总兵吉顺带兵勇一千八百余名驻扎张桥,副将张得胜带勇千余名驻扎蒋家巷。张得胜屡次出队至梁园一带,

---

① 此篇亦见《皖北奏报》。
② 二万,《皖北奏报》作"二万余"。
③ 俟,《皖北奏报》作"虽"。
④ 向,《皖北奏报》作"即"。
⑤ 《皖北奏报》无"东有"二字。

与贼接仗获胜，夺获贼马二匹，旗帜多件，嗣又砍获首级二颗，并获米、豆等物。臣叠次与胜保函商，一面传集诸将，密授机宜，总期步步为营，节节进剿，一俟胜保移军定远，兵力较厚，或可乘贼不备，掩袭庐城。惟此间地形平旷，利于骑战，庐营马队本少，又因马匹倒毙，内多无马之人，改为步队，殊不得力，专盼胜保所调察哈尔马队暨随带马匹前来，可以配齐队伍，借壮声威。乃闻此项马队为袁甲三截留，殊深焦急。又闻和州逆首李寿成等扬言欲窜来安，虽虚实难测，而不可不防。胜保与臣函商，已令穆腾阿派马队一百五十余名驰往来安，觇其动静，以为江北声援，如无寇警，仍即撤回。所有布置情形，除随时与胜保函商外，理合恭折驰陈。再，提督德安腿疾已愈，与臣时相接晤。合并声明，伏乞皇上圣鉴。谨奏。

　　咸丰八年八月十九日奏。奉朱批："知道了。"

浦口吃紧严防定远折　八月二十二日（三十日奉朱批）[①]

　　奏为侦探浦口军情吃紧，贼势披猖，恐其回扑定远，现已严加防范，恭折由六百里驰陈，仰祈圣鉴事。

　　窃查庐、和之贼窜至池河，旋经官军击退，过清流关[②]而去。臣即虑其窜扰浦口，驰书嘱德兴阿加意严防。胜保亦函会臣探来安消息，密派马队以备接应。顷据侦骑回营报称，贼匪直扑江浦、小店地方，势颇猖獗，鞠殿华裹创力战，将贼击退。该逆裹胁数万，占踞东葛、西葛等处，连营数十里，意图打通江浦，接应金陵。幸江南大营拨兵援剿，近日连得胜仗，贼锋稍挫，来安县城一带近亦戒严，尚不至十

---

① 　此篇亦见《皖北奏报》。
② 　清流关，《皖北奏报》作"清淮"。

分吃紧等语。伏念贼踪来去靡常，若为浦口官军击败，势必回扑定远。以浦口兵多精锐，尚难遏彼凶锋，况庐营师已溃残，岂易制其铤走？幸胜保派来兵勇皆系节制之师，分屯要隘，臣亦将庐营兵勇汰弱选锋，与相犄角。查贼匪尚踞东葛、西葛等处，万一向原路回窜，则关山、珠龙桥首当其冲，大柳、池河即其后路。珠龙桥有总兵塔思哈一军，枪炮尚属整齐，臣又添派壮勇前往协防。其大柳地方有马队一百名驻守，池河地方经胜保派勇八百名驻守。红心迤东之明光镇，系属一线仅通之饷道，亦有兵勇千余在彼驻扎，布置防范实已不遗余力。至定远城外分列十余营，臣亲督署总兵余成蛟等逐日操演，申明纪律，期有起色。南路张桥、蒋家巷一带驻扎兵勇，拟令步步为营，相机进剿。惟东葛、西葛等处，逆贼早就歼除，后路既已无虞，即庐郡可以规复。臣惟有与胜保同心戮力，以冀克奏肤功，上纾宸念。所有侦探军情，除函会胜保外，理合缮折驰奏。再，李孟群现在寿州，胜保已饬其进扎吴山庙一带，与此间南路官军联络进剿，臣亦已一体饬遵，勉以立功自赎。合并声明，伏乞皇上圣鉴。谨奏。

咸丰八年八月二十二日奏。奉朱批："知道了。"

督臣顾全大局兼筹皖北协饷片

再：各省协济皖北军饷，除德兴阿饬令杨能格借拨银五千两，又经淮关解到银五千两，督臣何桂清接臣信函，知庐营兵溃，定远危急，甚为焦虑，已饬江苏藩司王有龄筹解银二万两，又饬运司联英筹解银一万两，尚未解到。近接督臣来函云以后必源源接济，臣即传谕兵勇，以安其心。军士虽饥寒交迫，闻饷需将至，无不倍加踊跃，奈驿程梗塞，绕道（纡）[迂]回，加以沿路戒严，委员各顾考成，逗留不进，以此抚慰饥军，无异望梅止渴，然犹赖督臣顾全大局，尽力兼筹，臣得恃以无恐。理合附片具陈，伏乞圣鉴。谨奏。

奉朱批："知道了。"

特参声名平常罔知愧奋及办事迟误各员折　八月二十二日

奏为特参声名平常，罔知愧奋以及办事迟误之员，分别革职、摘顶、撤任，恭折具奏，仰祈圣鉴事。

窃臣到任后，因皖省吏治废弛已久，若不认真整顿，无以肃法纪而儆官邪，饬令藩、臬两司通查各属，秉公考核，务将庸劣不职之员从严揭参，以期仰副皇上澄叙官方之至意。兹据署臬司张光第、署藩司马新贻会详称，查有庐州府通判荣昌人本平庸，且不能廉洁自持，历署泗州、滁州知州，声名狼（籍）[藉]，控案累累；前署滁州知州蒋翰英、前任五河县知县孙超操守平常，且于失守城池后仍不知愧奋，以上三员均请革职，永不叙用。又署来安县知县刘锡龄于军火、饷银过境时，不能迅速转运，人地不甚相宜；署天长县知县胡玉坦，前闻该县劝捐银五千两，业经严札提解，迟之又久，始据批解银三百两，实属不知缓急，以上二员均请摘取顶戴，刘锡龄并请撤任。详请分别奏参前来。臣覆加查核，均系应行甄劾之员，请旨将庐州府通判荣昌革职永不叙用；已革滁州知州蒋翰英、已革五河县知县孙超永不叙用；署来安县知县刘锡龄摘取顶戴，即行撤任，委员前往接署，查其任内有无经手未完事件，再行核办；署天长县知县胡玉坦摘取顶戴，以示薄惩，仍严饬将已收劝捐银两扫数批解，倘再迟延，即行严参。所有参办缘由，谨会同两江总督臣何桂清合词恭折具奏，伏乞皇上圣鉴训示。谨奏。

咸丰八年八月二十二日奏。奉朱批："另有旨。"

江北大局决裂酌派马队驰赴天长折　九月初六日奉朱批

　　臣胜保、臣翁同书跪奏，为江北大局决裂，贼势猖獗异常，业已不可收拾，臣等惟有先其所急，酌派马队数百名驰赴天长一带暂资扼剿，极力图维，庶期补救万一，恭折驰奏，仰祈圣鉴事。

　　臣胜保于三十三日驰抵江河后，连夜布置安营。因来安空虚吃紧，当经飞拨马步，防御来安，并拟不分畛域，探明确切贼情，以便策应江浦。旋据滁州李昭寿即李世忠飞禀，粤逆陈玉成、李寿成、李士显等大股东窜，注意江浦一带，世忠暗中只能固守滁州，堵御长毛北窜，请速发兵援剿等语。臣以虽经李世忠密禀，并未接据德兴阿来文及江北各郡县禀报，又以池河地方紧要[未]可轻动，旋于二十五、六、七日，迭据节次侦探回禀，该逆业于十九、二十等日扑陷江浦、浦口江北大营，兵勇全数溃散等语。臣闻信之下，已深焦急，继思江北大营马步兵勇尚有一万数千，犹冀德兴阿收集溃军，堵截要隘，庶使大局不致十分决裂，尚可设法应援，力图补救。兹后接江宁藩司杨能格专勇飞函禀称，贼已麇集六合城外，攻围甚紧，仪、扬一带均已震动，德兴阿病居广艇，兵勇寥寥，请臣由天长一带越境驰救，兼保仪、扬等语。臣不意江北之师溃散决裂遂至于此，深恐江南数载经营前功尽弃于一旦，且清江一路南北咽喉，又为皖北军营东路一线仅通之饷道，设或六合、天长再有疏失，臣军必致立形坐困，况粤逆凶悍剿①疾，异常于他贼，若不设法迅速遏截，不知彼猖胡底，而臣营兵勇只有此数，前奏已屡次详陈。八月初一日，甫膺简命统帅皖军，即值粤逆窜至池河，亲督马步，尽力扼击，幸免北犯。现在驻师池河，已会同臣翁同书饬派付将张得胜等带勇一千五百名，会合已革总兵吉顺，进扎

---

　　①　"剿"当为"剽"或"矫"字。

梁园、蒋家巷、张桥等处，相机规取庐城，其余兵勇暂扎池河，俟收复滁州，拟即督带李世忠新附之众相机进剿，现已据禀，剃发献城，率带有日，乃旬日之内，江北变局又至如此。臣以一军通筹皖北，仍顾淮南，现又须策应江北，即真有兼人之勇，亦属应接不暇。因与臣翁同书往返筹商，论刻下贼势军情，庐营新溃，正在养锐蓄锋，江北一军又复大挫，势已不可收拾，臣等独力支持，自宜先固吾圉，待时而动，惟再四思维，时当其难，本无动出万全之策，明知贼众兵单，岂能坐视不救。因函商臣翁同书，一面于定远、池河各营步队中设法抽拨若干名，一面先派马队三百余名，刻即催督分起东行，由来安、天长一带视贼所向，迎头兜剿。倘能仰仗天威，于贼锋甚锐之时力能扼截，庶几挽回一分，有一分之益，然踪既飘忽靡常，马队又为数较少，步队兵勇势又缓不济急，臣等虽尽力为之，而剿办能否得手，殊无把握。受恩至重，目睹时艰至于此极，唯有不避危险，竭力图维，以稍尽臣子之分。成败利钝，非所敢知，惟有仰恳天恩，俯念臣等一军孤（意）[悬]，四面受敌，事处万难，必不得已之苦衷，敕催前请调拨马队官兵及马匹四百迅速来营，勿任以打粮、捻匪之故借口全数截留，致臣等语诸事掣肘，庶可以少维大局。无任迫切待命之至。所有江北大局溃裂，臣等统筹兼顾，越境赴援，极力补救缘由，谨缮折由六百里加紧驰奏，伏乞圣鉴训示。谨奏。

附陈胜保暂难抽身缘由片　　九月初六日奉朱批

再：臣胜保正缮折，接据署庐凤道黄元吉禀称，探知捻首张落刑在怀被剿穷蹙，又知臣督师南下，后路兵力较单，因由淮河北岸潜窜凤阳，意在逼令张瀓等攻扑刘府，以冀断臣营饷道。臣查凤阳迤南官沟、大庙一带，虽径派兵勇严密堵剿，但贼数尚多，若以全力相注，恐有不支。臣再三筹度，兵无可分身处，贼中腹背受敌，万分焦灼，莫可名言。现因汀北师溃，粤逆披猖，本拟亲往来安一带相机扼击，适闻后路警报,深恐臣一东行,西路稍有疏虞,则臣一军几无立足之地,皖中大局更难支持。不得已先饬营总莫尔赓阿由来安就近驰赴天长迎剿,臣再三察看,日内后路情形如果稍松,仍拟驰往,力图补救。所有臣万分棘手,暂难抽身缘由,谨附片具奏。

附:军机大臣字寄上谕　九月初六日

上谕:"胜保、翁同书奏江北大局决裂,派兵驰赴天长扼剿,并以后路有警,胜保未能亲赴来安截击各等语。江北自浦口失守后,德兴阿等退仪征。本日选据邵灿、庚长、杨能格奏报,仪征、天长相继失守,扬州危急,胜保等谅已续经探悉。该大臣等急须攻复庐州,仍应兼顾怀、凤,于东路攻剿自觉鞭长莫及。现既派马队驰赴天长,亦足以分贼势。此时六合一县被困日久,温绍原素得民心,尚能婴城固守。但使此城得保无虞,则规复仪征等处尚易措手。所有胜保等派出之莫尔赓阿马队,著即饬令迅速统带超程前往六合援剿。前因德兴阿病重,鞠殿华受伤,谕令传知德安带兵前赴浦口,帮同德兴阿等调度一切。此时德兴阿等远驻仪征,未能与之会合。德安著即带兵迅速前赴安、合,会同莫尔赓阿所带马队,力解城围,总须于有贼之处认真击剿,毋许观望不前,致滋贻误。胜保另片奏,袁甲三奏丰县收复日期与该大臣所闻不符,并马队、马匹尽数截留等语,本日已谕令袁甲三遵照前旨,将绥远城马队分出三百名,并将另备马匹分拨一半,一并驰往胜保军营。至丰县贼匪,据袁甲三奏称,因闻官兵大至,弃城逃遁,于初十日将县城收复。既据胜保奏,收复日期不符,已谕令袁甲三明白覆奏矣。值此时事多艰,该大臣等共办一事,惟应和衷共济,以期稍纾朕忧,不得以小嫌细故动辄争执,致误紧要机宜。将此由六百里谕令知之。"钦[此]。

遵旨寄信前来。咸丰八年九月初六日。

缕陈皖省筹饷艰窘情形通筹淮扬形势折　九月初一日(初八日奉朱批)①

奏为南路贼势披猖,北路捻踪充斥,寇氛日逼,饷道堪虞,谨将皖省筹饷艰窘情形缕晰驰陈,并将淮扬形势通盘筹画,敬掳管见,恭折由六百里具奏,仰祈圣鉴事。

窃臣前闻浦口紧急,即缮折驰奏,一面勒兵严防。嗣又因江北大局决裂,经胜保与臣会商,酌派马队数百名驰赴天长一带,暂资扼剿,具折会奏在案。伏查浦口直对金陵,固为南北要津,而六合一县人烟凑密,城池坚固,尚系完善之区,实系淮扬门户。臣于本年四月间,因全滁连陷,急与德兴阿筹商,驰救六合,幸即攻克来安,未至蔓延贻祸,盖保六合即所以保淮扬也。今贼势愈炽,浦口仓卒失事,六合恐不能支,扬州、天长等处俱已震动,虽经拨派马队驰救天长,未知能否有济。目下滁城尚未献出,清流关②不能撤防,来安亦须驻守,庐垣近已添贼,南路张桥一带亦形吃紧,贼情诡谲,处处牵制,以分我兵力。倘贼由浦、六愈窜愈东,必将北瞰清淮,南袭扬郡,其势更难收拾。臣收集溃军,除派防各路外,其驻守定远者多系孱弱,即胜保一军随带南来者,不过数千,分道驰援,亦且日不暇给,此其可虑者一也。定远北邻临、凤,捻匪知粤逆窜陷浦口,亦即乘间东趋,意图冲突。臣闻八月二十八日,捻匪窥伺刘府一带,又闻马头城亦有警报,恐定远北路稍有疏虞,即嘱副都统麟瑞督同营总富明阿带领臣亲随马队五十名,驰往北路殷家涧埋伏,并令署总兵余成蛟督同参将滕仲武、都司彭楚文带领兵勇六百余名,同往殷家涧暂驻,以备防剿,如无警报,即行撤回。臣窃观捻匪意存叵测,总欲与粤匪合而为一,故粤

---

① 此篇亦见《皖北奏报》。
② 清流关,《皖北奏报》作"清淮"。

贼东趋，捻匪亦随而东窜，遥相应和，此其可虑者又一也。又查定远孤城，介在粤、捻之交，无异在贼围中。饷道之可恃者，仅有明光镇一线之路，向来未经设防。嗣经署庐凤道黄元吉派拨兵勇驻守，不满千人。臣到任后，即派参将崔万清带固原兵三百名协防，昨又添派川兵二百名、川勇三百二十名驰往协守，计明光兵力不为单薄，又思兵勇既多，不可无统带之员，饬派熟悉营务之副将惠成前往暂资统带，其迤东之涧溪，派游击岳克清阿带潜山营兵驻守。查明光距盱眙县城不远，如有紧急，尚可随时兼顾，然总须天长无失，然后盱眙可保，否则饷道已绝，兵力难分，非特臣有跋前疐后之虞，即胜保亦有左支右绌之势，日后情形，真属不堪设想。而此时之所焦急者，尤在于饷需不继。督臣何桂清知皖营待饷，尽力兼筹，无如水程纡滞，风鹤惊传，未能源源解到。此外部议奏拨之山东地丁银五万两，特旨饬催之山西、陕西月拨银二万两，迄今未准咨解。万一饟①饷不来，程途梗阻，势成坐困，何以图全？臣与胜保焦心劳思，不遑寝食，往返函商，每日数次，有时约期会晤，互相策励，力任其难，同矢血诚，不存形迹。凡此艰窘情形，谅早为圣明洞鉴。至于淮、扬形势，臣从戎邗上，至今六年，素所深悉。若贼由天长东趋蒋坝，则清江必危；南犯扬州，则瓜、仪②必失。现在胜保派援天长之马步队已倍道前行，万一事已无及，当力保盱眙后路，与河臣庚长派防蒋坝之兵并力夹击，或尚可通饷道而遏北窜。除与胜保函商外，理合缕晰具陈。又念浦、六一失，则长江之险仍为贼有，倘金陵之贼倾巢北渡，燎原之势何以御之？近日慧出西方，天象垂示，至为明显。臣仰观乾文，俯验时事，揽衣（傍）[徬]徨，夜不能寐。窃谓清江、蒋坝宜有雄师，以资阻遏，恐河臣现有之兵力未足恃也③。悃愊颛愚，忘其出位，惟望圣主俯加裁择，并请敕下

① 饟，《皖北奏报》作"军"。
② 瓜、仪，《皖北奏报》作"瓜洲"。
③ "现有之兵力未足恃也"，《皖北奏报》作"所派之兵勇不足恃也"。

山东抚臣崇恩，速将部拨地丁银起解；山西、陕西二省，速将奉旨月拨二万两星夜解至臣营，以全皖北兵民之命，无任迫切屏营待命之至，伏乞皇上圣鉴。谨奏。

咸丰八年九月初一日奏。奉朱批："另有旨。"

核减皖饷请由豫省拨解胜保军饷片

再：皖省兵骄将惰，已非一日。稍缺口食，连营鼓噪，久在圣鉴之中。从前每兵一名月支银四两五钱，臣按江北粮台之例减至三两；各镇将盐折之从丰，几如江南之数，臣概令照江北章程核减支放；其余一切浮支冒领，悉从删汰。众将士见臣公允，无一人敢哗于庭，亦无一人敢索旧欠者，计每月可节省饷需五六万两。然皖饷本乏来源，自顾尚且不暇，而目下胜保移师南下，又骤增兵勇六七千人，若须由臣兼筹，实属力有不给。因思胜保军饷本由河南省供支，近日河南巡抚亦奏称，仍由豫省拨解，自应遵照前奉谕旨办理，如皖台能有盈余，仍可随时协济，庶不至悬釜待炊，临时有误。至臣营章程，系臣在扬州时与文煜商定，较诸他处军营小有参差，要归撙节。合并声明，伏乞圣鉴。谨奏。

奉朱批："另有旨。"

探闻天长警报现筹防剿片

再：正在缮折间，闻天长警报沓至，或云贼踪阑入，或云似系溃兵，尚未据该县知县禀报前来。臣一面饬探虚实，一面函会胜保设法截剿，又因北路捻氛正炽，札饬已革藩司李孟群督饬文武各员在寿州一带严密防剿。合并附陈，伏乞圣鉴。谨奏。

奉朱批："知道了。"

请拨直隶正定大名镇兵片

再：用兵日久，各营伤亡缺额就地募补，人多游惰，易紊营规，以致西北劲旅皆成疲软，所以鲜能得力。至募勇则皆市井乌合之徒，本无斗志，所谓羊质虎皮，见草则悦，见豺则慑者，更无论矣。臣此次汰除疲兵，简核虚伍，业已不避嫌怨，极力整顿，然兵非豫教之兵，临阵交锋尚未可信也。臣拟请酌调西北之兵，因念津、潞滨海未可空虚，陕甘距皖太远，又恐缓不济急，不揣冒昧，请旨敕下直隶总督挑选正定镇兵五百名、大名镇兵五百，务择年力强壮者，配带枪炮器械，拣派得力参、游等官管带，由清江浦赴臣定远军营，听候调遣。如蒋坝紧急，即可暂留蒋坝协剿，一俟蒋坝解严，仍即来皖。臣俟此军一到，当即将此间老病之兵照数抽撤，以期易丁壮而省虚糜。是否有当，伏乞皇上圣鉴训示。谨奏。

奉朱批："另有旨。"

派委官绅办理皖北团练片

再：皖北团练，臣谨遵谕旨，认真督办，惟臣事务殷繁，必得官绅中有素洽士民、不辞劳瘁者专司其事，方有实效。查有兼护臬司已革暂留庐州府知府马新贻心地朴诚，舆情爱戴，堪以派令总司稽查，又有合肥县在籍礼部主事黄先瑜品行醇正,见重里闬,堪以总办合肥东乡团练。至盱眙县正在吃紧,臣素知在籍道员吴棠勇敢有为,血诚自矢,平日带勇杀贼,屡著劳绩,臣已札委吴棠激励民团,捍御桑梓。除分别督办外,理合附陈,伏乞圣鉴。谨奏。

奉朱批:"知道了。"

附:军机大臣字寄上谕　九月初八日

上谕:"翁同书奏募兵不能得力,请饬直隶省挑选精兵一千名赴皖听调等语。现在皖省南北两路贼捻俱炽,自应汰除疲兵,添益劲旅,以资攻剿。惟山东曹、单等处甫经解围,而土匪蜂起,尚烦兵力扫荡。昨因清江告警,命调山东兵一二千名前赴江苏,尚未知能否如数拨往。直隶与山东交界地方,亦须防范。所有正定、大名镇标各兵,断不能远赴皖省,转致北地空虚。前据官文奏,李续宾等军仍由潜山、舒、桐步步进逼,当可与胜保大军会合。又,江西吉安业已克复,普承尧一军亦由英、霍一带进援定远。皖省得此两路官兵,当可分投剿办,此外各路现俱无兵可拨。至所请饬催山东省地丁银两及陕月拨饷银,已谕知各该抚赶紧筹解矣。将此由六百里谕令知之。"钦此。

遵旨寄信前来。咸丰八年九月初八日。

怀远捻军出扑先赴盱眙察看情形片　九月初九日奉朱批[1]

再:臣胜保正在缮折间,接据刘府营中禀报,怀城捻逆于二十九、

---

[1] 该附片为胜保所上。

三十等日两次复行出扑,均经官军击退,侍卫穆腾阿业经赶到。其如何接仗获胜详细情形,容俟续行奏报。惟该逆既已窜扑马头城,是否因怀远窘迫,意图他徙,抑否乏食情急,扑出掳粮,均未可定,而怀远留营兵勇甫经撤退,又值粮饷匮乏,虽经臣持之催督,能否奋力将贼击回,尚无把握。臣若非为南路粤氛牵制,自当亲往督留,方免疏虞,无如盱眙、天长一路自浦口失事后,日警一日,顷又探知粤逆李受惩已由六合驱赴天长,是皖省东北一面更形吃重。臣此时苦无分身之术,惟有先其所急,察看盱眙情形,如果逆势日形逼近,臣即督兵迎剿,挫扼凶锋,以杜北侵之路;傥前派去之马步官军果已足资扼击,而西路捻氛仍然恣肆,臣亦当抽身驰往,设法图维,以固全局。臣既有督师全皖之责,毋分粤捻,皆当兼顾。此时虽因兵力所限,筹措殊难,但力所能为,断不稍存畛域之见。谨附片具奏。

咸丰八年九月初九日,奉朱批:"览奏已悉。"钦此。

附:军机大臣字寄上谕　九月初九日

上谕:"胜保等奏南北军情并紧,分筹堵剿一折。现在皖省南路逆焰方张,北路捻氛复炽,加以东面天长既失,盱眙为我军通饷之路,不容再有疏虞。该大臣业派保英等带兵会合莫尔赓阿马队赴天长迎头截剿,并经翁同书添派兵勇,饬付将惠成带赴明光镇扼扎。此时总〔须〕力护饷道,勿令阻梗,并严堵怀远,免令蔓延。胜保等兵力虽难兼顾,惟须探明有贼之区,向前迎击,若使逆踪侵入定远、池河,则受困埃心,更难展布。谅该大臣等必能妥筹办理。龙泽厚一军在涡河挫败,本应将该总兵及带兵各员弁治以应得之罪,姑念溃军由于缺饷,免予惩办,著胜保等饬其勉图后效,以赎前愆,倘再不知愧奋,即著从严参办。前因胜保奏徐广缙患病,怀、凤各军无人统率。曾谕瑛棻查明贵州臬司王庭兰行抵何处,饬令折回,代徐广缙带兵剿匪。本日复谕饬催,想可迅速赶到。其豫省应解饷需,并谕飞速筹解,以济要需。此外如山、陕两省按月协拨银二万两,山东尚有部拨地丁银五万两,昨已谕各该抚如数赶解赴翁同书军营,俟解到时,该大臣等均可通融接济。至绥远城马队三百名,迭谕袁甲三遵照前旨,拨往胜保军营,并带所拨马匹一并催令迅速遄行。该大臣即可就近咨催,以资攻剿。将此由六百里谕令知之。"钦此。

遵旨寄信前来。咸丰八年九月初九日。

东西两路迭获胜仗军情仍属危急折　九月十四日奉朱批

臣胜保、臣翁同书跪奏,为东西两路击贼营迭获胜仗,兵力尚单,军情仍属危急缘由,恭折仰祈圣鉴事。

窃臣等前因天长被匪窜陷,怀城捻逆出扑,南北贼氛同时并警,即赶紧设法抽拨马步官军,令侍卫穆腾阿会同游击唐玉辉、都司金泰同截剿西路,复派营总莫尔赓阿会同游击保英、都司程占鳌迎击东路,分驰前往,当将极力支持情形据实驰陈在案。自派拨去后,臣等审[时]度势,际此粤捻交乘、腹背受敌,深虑两路添拨之军为数尚单,脱令再有疏失,则匪势将成燎原,大局几不可回,殊深焦灼。幸日内先后接据穆腾阿及署总兵龙泽厚、游击唐玉辉等禀报,该匪于上月二十九、三十两日迭受惩创,仍分屯马头城附近各村集,恣意焚掠。初一日早,穆腾阿商同唐玉辉,派定马步队伍,并带同练总五品衔孝廉方正王世溥乡团,即由刘府集会合诸军,分路迎击。逆众瞥见大队突至,立即惊溃。各军奋力赶杀,追至怀远对岸之峡山口,毙匪二百余名,生擒三名,夺获骡马十余匹,天晚收队,又于各村庄搜杀余匪三十余名。初二日,我兵复出全队,向峡山口、上洪一路进剿。甫行至数里,据探马飞报,匪众大股约出贼五千余名已由上窑、考城一带分扑前来,排列五队,势甚汹汹。我军当即迎头截杀,营总萨萨布、景林、西蒙额等与唐玉[辉]各带马队马勇,分由东西两路同时冲入贼队,人人奋勇争先,一齐施放连环枪箭,登时毙匪百余名,击伤青衣贼目,继以火箭、火弹纷纷抛掷,匪众应声倒地,逆势披靡。我军酣战之余,该逆忽于村后突来马步援贼二三千,死力抵拒,我军勇气百倍,并力冲杀,乘势将该匪全行压下,逆众亡命狂奔,官军亦下马手刃,直由马头城一带追过天河桥二十余里,遍地贼尸枕藉,填满沟渠。共计毙贼一千余名,生擒二十余名,夺获骡马、旗帜、枪炮、刀矛不计其数,仍由峡山口、上洪一路收队而回。适遇附近村集掳粮余匪数百人,亦被我军马队乘胜掩杀百余名,生擒数名,余匪悉皆抱头鼠窜,逃入老巢。水路贼船,亦经游击黄开榜带领炮船、炮划顺流迎击,于黄盆窑地方接仗,直将贼众压过马头城,夺获贼船二十余只,并枪炮、粮米甚夥,击毙贼匪数百名。此派兵西路,击回怀城大股捻匪获胜之实在情形也。又据莫尔赓阿禀称,该营总遵派驰赴东路,即于天长、盱眙交界适中之地择妥安营,一面密派差弁,分向东南二路出探贼情,以便迎截。初一日,探知南路贼队马队数千名奔扑距盱眙正南之汉涧集地方,尚未进至街口,即经该营总带队迎击,该逆狠命抵御,相持时许,我军枪箭齐施,奋前赶杀。适东路来匪众数千名,直扑汉涧街内,经该营总商定,吉隆额迎攻中路,乌尔滚布、穆克登额分攻左右两路,若□轰击,枪箭、火箭一齐施放,逆势不支。该营总先将南路一股奋力击退,追杀二十余里,沿途毙贼不少,飞即回兵,与吉隆额、乌尔滚布等并力合击东路一股。该逆见南路之贼已败,亦遂纷纷舍命狂奔,向东南一带败窜。我军又乘势追杀十余里,天色已暮,撤队回至汉涧西十余里扎住。共毙匪二百余名,生擒五名,夺获刀矛百余件,旗帜十三面,内有伪粤天侯汪姓大旗一面。我兵阵亡一名,委参领胜安手受刀伤一处。适游击保普所带步队亦修[①]赶到,会合扼剿。此派兵东路,迎剿

---

① 此字疑"倏"之误。

天长粤匪获胜之实在情形也。臣等伏查东西两路粤捻贼势过众，此次派兵分路截剿，仰赖天威远播，竟能以少胜多，殊为幸事，但臣等揆以现在贼情、皖中全局，捻逆、粤匪时图勾结一气，几于四面皆贼，无处非危地、危机，而以兵力通盘筹计，原存残溃皖军尚有万数千人，臣胜保抽带南剿者，计有五六千名，合之本非有余，分之愈形不足。臣等一扎池河，以扼东面狂气；一扎定远，以顾庐州后路，均属万难轻动。他如拨赴张家桥、蒋家巷各军，系严截梁园、店埠要道；驻守清流关一军，乃专扼和、巢、无为逆踪。此外分布殷家涧、红心驿、明光镇一带兵勇，又皆北路堵剿捻匪险要之区，明光镇一带兵勇又皆北路堵剿捻匪险要之区，或千余名，或数百名，亦均万难抽撤，遇有缓急，仅能于随营中派出二三千名，以资策应各路。当数百里猖狂贼势，只仗此孤军相与支持，虽此次东西两路之捷稍震军威，究竟贼众兵单，情形仍然危急。臣等力任其难，艰险固所不避，设再粤、捻四路齐逼，不但饷道断绝，即奏报亦无路可通，非得请调新兵及早到营，难望补救挽回于万一。再四筹思，焦心萦切。所有臣等派兵援剿，迭获胜仗及实在情形仍属危急缘由，谨合词由驿六百里驰奏，伏乞皇上圣鉴训示。再：此次派赴两路援剿逆匪之营总、将弁均异常奋勇，陷阵冲锋，容臣分别查明存记，另行汇案奏［请］恩奖以鼓励。合并陈明。谨奏。

怀远凤阳等处捻军情形片　九月十四日奉朱批

再：臣等于初四日接据探报禀称，怀远逆捻于初二日受创遁回后，于初三日晚间又有另股捻逆由新城口一带绕至定远以西九十里之北炉桥镇地方，大肆焚掳，经该镇团练击杀甚多，逆众尚未退回。经臣飞饬侍卫穆腾阿带领马队，由刘府集一带就近驰往兜击，并由臣翁同书派令参将尹善廷带领步队前往助剿，复抽派付将张得胜带勇五百名为之策应，俟剿办如何情形再行奏闻。又据署庐凤道黄元吉禀称，凤阳捻匪亟图东窜，因淮南官兵堵剿严密，遂由北岸攻破张家沟，窜扰五河，情形危急，盱眙西路浮山口一带倍形吃重等语。除由臣等设法抽拨兵勇，前往截击外，理合附片具奏。

　　咸丰八年九月十四日，奉朱批："知道了。"钦此。

附：军机大臣字寄上谕　九月十四日

　　上谕："前因扬州失陷，谕令胜保派兵前往德兴阿军营助剿。本日据和春奏，江北军情紧急，张国梁亲统大兵六千余名渡江剿办，德兴阿等收集溃兵，已不能自振，得此重兵相助，尚可克复扬城。兹据胜保等奏，东西两路击贼获胜，但兵力不敷，军情仍属危急，天长逆匪直扑盱眙，经营总莫尔赓阿等截击败回。设盱眙再有疏失，则清淮亦属可虞。该大臣派莫尔赓阿驻扎天长、盱眙之间，即饬该营总乘此贼势挫败，速行进剿，筹复天长。至前命胜保拨兵绕往扬州，如道路难通，兵少未能深入，则扬州既有张国梁重兵前往，胜保等又须兼顾定远，未可偏重东路，即以莫尔赓阿一军进剿东路，毋庸再行分兵赴扬。前调湖南、四川官兵，现据王庆云奏，已遵拨一千名，派付将成兴统带，于九月初二日起程，湖南省尚未奏到。至六合孤城被围日久，浙中调回周天培等所带兵勇，深恐缓不济急，前谕胜保等派令德安统兵往援，即著饬令迅速前进，实力援应，不得稍涉迟误。袁甲三现驻宿南，务与胜保等和衷共济，南北夹击，以免捻匪再图北犯。前谕饬令傅振邦前赴清淮，并令崇恩拨兵一二千名交该总兵统带助剿，此时天长贼匪图扑宝应，是邵伯后路已不免有贼踪，清淮万分危急，著袁甲三即饬傅振邦迅速前进，迎头截击，勿使贼氛蔓延。所拨山东官兵，并著飞催应调，毋任迟误，并著迎调未到马队毋任逗留。将此由六百里各谕令知之。"钦此。

遵旨寄信前来。咸丰八年九月十四日。

附：军机大臣字寄上谕　九月十八日

军机大臣字寄钦差大臣镶黄旗蒙古都统胜［保］、帮办军务安徽巡抚翁［同书］：

咸丰八年九月十八日奉上谕："胜保奏德兴阿自浦口失事以后，节节退避，请饬实力前扎，抑或另派重臣等语。此次德兴阿堵剿不力，以致重兵溃散，仪、扬等处相继失守，一败涂地，实所不料。因念德兴阿患病，鞠殿华受伤，故仅予薄惩，责令其收集溃兵，迅图克复，复派总兵毛三元、成明帮办军务。昨据德兴阿等奏称，张国梁亲督重兵渡江赴援，已抵万福桥，现已预派兵勇随同南岸官军进剿，邵伯等处亦连次击贼获胜，该匪尚未北窜。胜保因仪、扬失守，驰抵盱眙，力筹扼剿，实属不分畛域，深合机宜。此时东路有张国梁等剿办，一经得手，该逆势必回窜，自应扼要堵剿，未便深入，致西北空虚。盱眙密迩天长，该大臣业经派兵攻击，若能迅拔天长，则亦可孤六合、仪、扬之贼势。惟凤、临捻匪尚未剿除，庐州亦未收复，贼踪纷窜，在在堪虞。如翁同书一军堪资御侮，则胜保自应仍驻盱眙，以壮声威而筹攻剿；设或定远等处情形紧急，该大臣仍当折回策应，未可偏重东路，致有疏虞。将此由六百里谕令知之。"钦此。

遵旨寄信前来。

东路情形吃重会筹西路布置驰赴盱眙扼剿折　九月十八日奉朱批

臣胜保、臣翁同书跪奏，为东路贼势日益北趋，情形实属吃重，赶将西路会筹布置，即由臣亲督官军，驰赴盱眙，就近调派扼剿，严杜北窜，恭折仰祈圣鉴事。

　　窃臣等前因派赴东路一军于天、盱接界之汉涧地方击贼获胜，西路怀远出扑捻逆亦经援剿各军合力击败窜回，当将两路迭获胜仗及四面贼数过多缘由驰陈在案，一面严饬原驻怀营之署总兵龙泽厚等迅统水陆各队，由洛河街、马头城一带步步进扎，仍前逼近围攻，并令侍卫穆腾阿之马队仍驻彼处，暂资堵截，俟察看情形缓急，再行酌量撤调，随营进剿；其东路窜陷天长粤匪，虽经派去之军奋力一击，第匪势蔓延，肆犹猖獗，殊甚于盱眙，前路能否扼截得住，正不可知，而后路五河县城复被凤、临捻匪绕越扑扰，旋即退窜回临，匪徒踪飘忽，难保其不往来滋犹^①意掳掠，是盱眙两面受敌，东路情形已属万紧。又据报称，天长匪众已窜至县北五十里之同城镇。该镇紧接盱境，且西北六十里即系蒋坝要地，距清江止百二十里，上犯之路最为便捷。臣等权度重轻，自不得不先其所急，力扼同镇一路，以顾北窜大局。当即抽调得力之付将张得胜带兵暂驻池河，以扼要隘；臣翁同书仍扎定远，策应各路，并于殷家涧、明光一带添兵堵剿。臣胜保初七日亲赴定营，会商一切布置后，即将池河随营各队调令由明光、涧溪一路亲督东行。中途连接各路探报，知六合尚在危急，扬州、仪征已相继复失，闻之殊深愤愕。又接据河臣庚长来咨，清淮俱已震动，该处原设防军正单，不得已将此前派防洪湖要隘之浮山口兵勇全行撤调，回浦堵御北路门户，嘱由臣等另行拨兵防守浮山。查浮山系皖中由淮入湖隘口，防捻逆水路东窜清江之路，关系亦重，现已抽派守备许保清中正营勇星驰前往，随同候补道张清元所带炮船水勇，实力防堵。适奉九月初三日寄谕，以六合被围，令臣等移饬提督德安由皖统带劲旅驰往救援，并助德兴阿调度等因。该提督前由江南赴皖时，本未带有官兵，臣等一面遵旨飞饬赴援，并由臣函致臣翁同书，只能就皖军内酌拨若干，令其带同前往，只恐为数无多，亦难尽称得力。刻下仪、扬并

　　① 原文如此。

失，与前此奉旨止于援救六合时，情形又自不同，该提督必须由定远绕道清江东岸，方能与德兴阿会面，深恐缓不济急。且天长与扬城犄角，今该逆又分踞同镇，情殊诡谲，若复长驱而北，直达清江，一无险隘可扼，是此时北窜情形万分紧急。臣现已倍道疾驰，行抵盱眙，日内惟当审定贼情，自揣兵力，或先规同镇，或径捣天长，总以力扼北犯为主。如何进仗情形，随时驰报。至池河与定远辅车相依，臣若久离池营，则臣翁同书一军遇有缓急，势成孤立。拟察度东路攻剿事机，倘能于旬日半月内得手，或可以扼住北窜凶锋，臣仍即驰回池河，居中调度，以顾全局。所有臣等筹商力固东路缘由，谨合词恭折具奏，伏乞皇上圣鉴训示。谨奏。

咸丰八年九月十八日，奉朱批："知道了。"钦此。

探闻敌军窜回天长飞饬马队痛剿片　九月十八日奉朱批

再：正缮折间，接据探报，同镇粤逆因臣已派莫尔赓阿等由穆店进兵攻剿，又闻臣亲督大队驰抵盱眙，该逆闻风窜回天长等语。臣现复飞饬营总莫尔赓阿、景林等带领马队，直扑天长一带，跟踪痛剿，并派步队兵勇相机会合进击，但逆情诡谲，是否实系胆寒，抑或另图旁窜，均未可知。统俟进如何，再行续陈。谨附片具奏。

咸丰八年九月十八日，奉朱批："知道了。"钦此。

再陈淮扬形势请扼要设防以维东南大局折　九月十五日(二十三日奉朱批)①

奏为再陈淮扬形势,仰祈圣明采择,扼要设防,以维东南大局事。

窃臣前闻浦口官军失利,曾将淮扬形势通盘筹画,于折内附陈在案。兹闻德兴阿全军溃散,退至万福桥,扬城业已失守,曷胜愤懑。伏思扬城三次失陷,而危急情形惟此次为甚,臣于咸丰三年夏间由贵州驰抵扬营,今年七月始离浦口,首尾六年情形,悉敬为我皇上陈之。当咸丰三年扬城之初陷也,琦善提西北重兵悉锐南征,带兵大员如双来、瞿腾龙皆有名将风,仅能支持狂寇,杜其北窜。其时浦、六、全、滁等处皆晏然无事故,官兵得以全力注之,贼未能过湾头一步也。及六年之春,金陵援贼由京口渡江北犯,长围失事,扬城再陷,托明阿、德兴阿督率马队力图补救,臣以七百人扼邵伯之六闸口,阻遏凶锋,徐收溃卒。其时浦、六虽告警,而全、滁、天长无事,故官军犹得以虚声詟之,贼未能过邵伯一步也。今则浦、六先受其灾,仪、扬相继而失,藩篱先坏,堂奥无备,各路并急,莫为赴援,故曰危莫危于此时也。为今之计,莫急于杜北窜。杜北窜之道,仍莫急于守邵伯。臣常周视其形势,前临长川,后倚平陆,苟宿重兵,可战可守,若令贼得过此,则清江危矣。是故先扼邵伯,断其北走之路,而稍分其兵以守万福桥,及兵力有余,则分守霍家桥、汤家洼、施家桥等处,以断东走里下河之路,此上策也。悉力扼湾头,为背城借一之计,此中策也。舍是而守高邮,守平桥,征兵远地,缓不济急,则下策也。臣之所尤虑者,又在

---

① 　奉朱批日期据《随手登记档》补。按,本折与下文《请简放藩司折》同日发出,附片共十件。原稿《请简放藩司折》时间登记错误,正折与附片排列顺序亦有混淆。整理者根据《随手登记档》对此两折及各附片位置进行了调整。参见中国第一历史档案馆编:《清代军机处随手登记档》第89册,第107—108页。

瓜、镇。此时贼氛虽炽,京口尚无桴鼓之警,法宜移南岸一军严扼京口,酌分水师战艇驻泊金、焦,庶长江下游不至复为贼踞。倘六合之围已解,则上游宝塔根、观音门诸处之水师仍不宜撤防,但使长江之险未失,俾金陵逆贼上游所顾忌,即仪、扬之贼犹可冀其廓清。若水师全数退泊,则金陵、芜湖之贼必将大股北渡,真成燎原之势,不特江淮震惊,并兖、豫亦将骚动矣。臣本系词臣,不习骑战,虽从戎日久,终不能摧锋陷阵,为士卒先,而在扬州数年,枕戈待旦,屡濒九死,亦未敢稍萌退阻,上负生成。今诚恨已成之功隳于一旦,犹愿挽回全局,勉思善策,故敢献其刍荛之愚,如蒙皇上鉴其微忱,以为可采,敕下大江南北统师大臣试行其言,或冀于溃败之余有丝毫之补。冒昧陈请,缮折由六百里具奏,伏候圣裁。再:湖北提督德安遵旨前赴扬营,已于本月十二日由定远起程。合并陈明,统祈皇上圣鉴。谨奏。

　　咸丰八年九月十五日奏。奉朱批:"览奏已悉。现在扬州已克,军务自有转机。"

委令刘兆彭等办理楚军支销事务片　　九月十五日(二十三日奉朱批)

　　再:臣裁汰兵勇,删除浮费,粮台稍具规模,营务亦略有起色,惟是扬郡失事,饷道梗阻,且江北军务决裂,局面与前顿殊,恐督臣筹措维艰,皖饷更形支绌。惟有竭力撙节,以省度支。又据英山县知县何家骢禀报,李续宾于八月十六日攻克太湖县城,探闻潜山县亦于十八日克复等语。查楚师水陆东下,势若高屋建瓴,李续宾忠勇过人,于兵机尤所洞悉,是以战无不利。今太湖、潜山相继克复,岂特舒、桐可拔,即安庆之贼亦将胆落。一俟东路逆氛稍敛,臣即当与胜保厚集兵力,规复庐城,以收腹背夹攻之效。臣一面飞咨李续宾分兵前来会攻庐郡,一面委候补知县刘兆彭、候补布政司经历熊英驰赴李续宾行营,办理楚军支销事务。理合附片陈明,伏乞圣鉴。谨奏。

奉朱批:"知道了。"

练勇势孤炉桥被陷情形片　　九月十五日(二十三日奉朱批)①

再:怀远捻匪窜扑马头城后,经胜保派[穆]腾阿等截剿,大获胜仗,将贼击退,讵意该捻分股南趋,于九月初三日窜至定远县西九十里之炉桥地方。该处民风素称刚劲,当即集团抵御,鏖战良久,讵该捻愈来愈众,是夜,四出(踪)[纵]火,以致附近各图不能策应,炉桥练勇势孤,捻匪登时扑入,焚掠一空,火光烛天,随于初四日清晨退回怀远而去。查炉桥为定远西路屏蔽,团练向称得力。此次逆捻突犯,该处练丁寡不敌众,竟被毁陷。臣于闻警之初,一面飞咨胜保,一面与德安商定,派兵千余名随德安驰剿。比至官兵驰至,该捻业已远飏。现在申谕附近各团自相保卫,并密饬各营整队严堵,以防该捻回扑。所有伤亡团练民勇,容臣查明办理。理合附片具陈,伏乞圣鉴。谨奏。

咸丰八年九月二十三日,奉朱批:"知道了。"钦此。

---

①　发折日期、奉朱批日期均据《随手登记档》补。参见中国第一历史档案馆编:《清代军机处随手登记档》第89册,第107—108页。其他各附片同。

委署安庆府知府同知片　九月十五日(二十三日奉朱批)

再:署安庆府事安庆府同知陈庆瀛现据禀报,闻讣丁母忧,除另行核办外,所遗安庆府知府及同知员缺,例应委署。查有知府衔候补同知陈采纶老成稳重,堪以署理安庆府知府印务;拣发同知张鹏飞人尚谨饬,堪以署理安庆府同知印务,据藩臬两司会详前来。臣覆核无异,除饬遵外,理合会同两江总督臣何桂清合词附片具奏,伏乞圣鉴。谨奏。

奉朱批:"知道了。"

马振邦金梁请照军营病故例议恤片　九月十五日(二十三日奉朱批)

再:陕西岷州营花翎都司马振邦、署陕西陕安镇属洵阳营守备世袭云骑尉党金梁先后在定远军营病故。查该二员随征数载,著有劳绩,兹因积劳病故,殊堪悯恻。仰恳天恩,饬部照军营病故例议恤,以昭激劝。除咨明兵部外,理合附片具奏,伏乞圣鉴训示。谨奏。

奉朱批:"均著照军营病故例议恤。"

请展缓办理咸丰八年秋成情形片　九月十五日(二十三日奉朱批)

再:据署藩司张光第详称,安省各属咸丰八年秋灾情形例应由司确核,于九月底详请具奏。前虽移行该管道府委员会同该州县勘办,无如各属非因办理团练,即属防剿未遑,且司中历办文案业于庐郡失陷时被毁,尚须详请抄发七年成案核办,势难依限办理,详请奏恳暂予展缓等情前来。臣覆核无异,除一面移咨督臣将咸丰七年秋灾地漕司详抄发,以凭核办外,相应据详奏请恩准将咸丰八年秋成情形一案暂予展缓办理,以昭详慎。理合附片具奏,伏乞圣鉴训示。谨奏。

奉朱批:"著照所请。"

庐营兵勇未能拨赴六合片　九月十五日(二十三日奉朱批)

再:准德兴阿来咨,请派拨劲旅解六合之围。查庐营兵数本单,又经溃散,复因饷需匮乏,裁汰兵勇六七千人,仅存一万一千余名。目下定远孤城,南控庐、和,东扼全、滁,北堵临淮,西防怀、凤,正虑不敷分布。臣与胜保函商,适值东路紧急,亦无以应,同深焦灼。臣又查定远东南一带处处皆贼,无论兵力难分,亦正无路可通六合。理合据实附陈,伏乞圣鉴。谨奏。

奉朱批:"知道了。"

请简放藩司折　九月十五日(二十三日奉朱批)①

奏为藩司员缺久悬,请旨简放,以重职守,仰祈圣鉴事。

---

①　原稿注为"九月十五日奉朱批"。查《随手登记档》,该折实为九月十五日发出,奉朱批时间为九月二十三日。据此修改,并调整了原折与附片的位置。

　　窃查安徽布政使李孟群前在署巡抚任内，因庐州省城失守，奉特旨革职，其藩司印务仍系臬司张光第署理。该员植品端方，办事详慎，当此军务倥偬，地方凋敝之际，竭力维持，毫无贻误，惟究非实任人员。所有安徽布政使一缺，应请旨迅赐简放，以重职守。臣为监司大员需人起见，是否有当，理合恭折具奏，伏乞皇上圣鉴训示。谨奏。

　　咸丰八年九月十五日［具奏］，［二十三日］奉朱批："另有旨。"

阵亡各员请议恤片　九月十五日（二十三日奉朱批）

　　再：庐城被陷，所有阵亡将领职分较大者，业经臣先后奏请恩准议恤在案。兹查由游击衔尽先都司陕西固原城守营守备邓超胜、都司衔尽先守备云南曲浔协千总吴泰利、尽先守备余得胜、五品花翎即补千总黄得贵、即补千总李昇、五品花翎尽先把总杨得兴、五品蓝翎尽先把总甘长泰、汤建容、六品蓝翎尽先外委胡昌信、黄日盛、六品军功外委李官保、陕西陕安镇中营蓝翎把总杨明礼、固原提属盐茶营经制外委李生春、陕西河州镇属西固营峰叠城汛经制外委吴喜、署陕安镇中营经制外委蓝翎马兵陈相得、甘肃提标后营蓝翎额外外委尽先千总朱元、右营额外外委吕天喜、吉林蓝翎领催尽先骁骑校委防御豁隆武、领催尽先骁骑校委防御多明、黑龙江蓝翎披甲德英额等，均于七月十五日在庐州七里站地方遇贼打仗，力竭阵亡。又甘肃提属山丹营额外外委胡元、安徽抚标右营蓝翎把总祝长荣、云南镇雄营外委曹永祥、尽先外委王元清、陕西汉中城守营尽先把总马兵邹光福、汉中营尽先外委马兵李连魁、东江口营尽先外委马兵张正喜、西凤营岐山汛经制外委马廷玉、陕甘督标后营尽先经制外委蓝翎马兵朱占魁、尽先经制外委六品军功马兵高炳贵、右营蓝翎马兵杨宗祥、前营蓝翎马兵李成得、甘肃提标中营蓝翎马兵尽先把总海瑞珍、广东提标中营千总尽先都司黄安邦、尽先守备王定国、林开泰、蓝翎尽先把总骆春生、五品衔尽先外委桂正茂、蓝翎尽先外委吴兴高、王安国、谢仁魁、尽先外委李荣馨、五品蓝翎勇目张长顺、利妹、杨胜才、五品花翎勇目吴喜、六品蓝翎勇目林庭芳、邝恒源、梁得才、罗国友、邓升麒、蓝翎即补县丞王松林、贡生程永祥、文生张瀛、监生梁超然、程质朝、黎浩天、吉林蓝翎骁骑校尽先防御委防御常魁、蓝翎领催尽先骁骑校奎德、蓝翎披甲尽先骁骑校委防御富兴阿、披甲尽先骁骑校来福、披甲委官全德、乌春、黑龙江蓝翎披甲乌尔庆额、密云领催尽先骁骑校常永、蓝翎马甲定升等于七月十七、十九、二十等日在店埠、边鱼桥、梁园地方遇贼打仗,力竭阵亡,据各该管官查明呈报前来。相应请旨,饬部将该员等照阵亡例议恤,以慰忠魂。又,吉林佐领委参领尽先协领常寿于七月二十日在店埠遇贼接仗,身受重伤,医治罔效,于八月三十日因伤身故。仰恳天恩,一并饬部照阵亡例议恤,以昭激劝。其余阵亡兵勇,容俟查明咨部办理,合并声明。为此附片具陈,伏乞圣鉴训示。谨奏。

奉朱批:"均照所请议恤。"

定远附近布置情形片　九月十五日(二十三日奉朱批)

再:臣前因怀、凤捻氛紧急,亲督将领在定远西北一带出队设伏,昼夜防守。捻匪侦知有备,未敢深入肆扰。嗣因胜保亲督各军往东路相机防剿,恐附近空虚,派参将鲍云鬵带勇千名暂驻池河,与副将张得胜联络扼守。复因河臣庚长将浮山防兵撤回,檄饬副将惠成统带中正勇三百五十名、川勇二百余名,由明光驰往浮山,会同知府张清元督带炮船、炮划协力防剿,又派都司戎琨带宣化兵二百四十名驻扎殷家涧,以防定远后路。合并附陈,伏乞圣鉴。谨奏。

奉朱批:"知道了。"

仙踪地方团练屡获胜仗情形片　九月十五日(二十三日奉朱批)

再:据署含山县运漕巡检徐模禀称,自七月十七日始,粤逆由和州、全椒、巢县、合肥等处窥扰仙踪地方,计经一月有余,殆无虚日。该巡检会同教谕张玉康、典史钟鸣阳督率民团练勇严密堵剿,屡获胜仗。八月二十九日,大股贼匪猝抵营壕,五品军功、记名把总宇安邦会同把总杨占发亲督练勇设法围攻,毙贼数十名,追至清水塘、昭关,会合民团,擒获身穿黄马褂贼目一名,斩贼匪无数,逆众弃械奔逃,追袭二十余里等语。查仙踪地近昭关,形势孤悬,自庐城攻陷后,附近皆为贼踞。该巡检徐模尚能齐集团练,奋勇杀贼,保卫地方,间道驰禀以表士民向义之忱,殊堪嘉尚。除饬查明出力员弁、绅董、练勇,酌量存记,俟汇案奏请奖励,并将伤亡丁勇妥为抚恤外,理合附片具陈,伏乞圣鉴。谨奏。

咸丰八年九月二十三日,奉朱批:"知道了。"钦此。

请饬催恩锡孙衣言到省片　九月十五日(二十三日奉朱批)

再:臣前因司库粮台款目纷繁,恐藩司一人难于兼顾,是以奏请饬令督臣何桂清于江苏司道中遴派一员前来专办粮台。嗣准督臣咨开十六员,嘱臣自择,臣实未能深知,因思前任臬司恩锡丁忧回旗,经前抚臣福济奏令于百日后仍来皖省。该员曾办粮台,拟俟其到省后,试令接办。兹闻恩锡早已出京,日久未到,不知何故。应请旨催令恩锡迅速前来。又查新授安庆府知府孙衣言亦未到省,应请一并饬催。理合附片具陈,伏乞圣鉴训示。谨奏。

　　　　奉朱批:"另有旨。"

探闻六合失陷情形片　九月十九日(二十六日奉朱批)[①]

　　再:臣此次攻剿北犯逆匪,擒获生贼多有金陵逃出者。据供,系由浦口各营撤退,复沿江北岸皆贼,虽江南官兵堵剿严密,而贼之粮米、火药接济已多,并金陵逆首伪令将江北各贼及新胁之众(权)[收]入城中,约有万余,各令其守城,又将城内长发之贼若干驱至江北,归各逆统辖,令向各路扑窜。据称,浦营未溃之先,金陵贼众起粮,每日勇丁权粮四两,(归)[妇]女二两,饿毙者填塞道路,众心业已涣散,若无此变,总在九、十月间必能克复,全数歼尽等语。不意江北大局一旦决裂,至于此极,诚为可惜。又据候补道吴棠禀呈温绍原在六合城中派勇偷越重围,呈递提臣张国梁禀函底稿,臣接阅之下,几欲陨涕。苦于臣军为皖省贼势牵制,天长之股北窜,清淮危急,剿办正在吃紧,竟不能越境分兵往援,焦急万状,而江北各营退守逾远,无可如何。臣连日督兵盱眙,力挫北窜凶锋,本拟节节扫荡,即日直捣天长,再分奇兵以援六合。不期于十九日,有六合城中溃勇缒城逃出,连夜由小路前来,抵营报信,据称,县城已于十八日寅刻力竭失陷,温绍原不知下落。臣反复诘其情状,不觉愤懑填胸。如果属实,该道数载守城,

────────

　　① 该奏片发出日期据《随手登记档》补。参见中国第一历史档案馆编:《清代军机处随手登记档》第89册,第122—123页。

保全甚大,此次婴城效命,更为人所难为,乃竟因德兴阿浦口退军,不保六合,岂登舟自全,三军溃退相效,竟令忠臣良吏坐陷贼手而不一援,数万生灵尽为齑粉,失职之罪,实所难避。兹将温绍原禀稿抄呈御览,除由臣一面督饬官兵乘胜进击天长,并一面密探六合实在情形外,谨就所知所闻据实附片具奏。

皖省州县悬缺请准变通拟补折　九月二十四日

奏为皖省州县悬缺太多,有关吏治,请旨准令皖南、皖北各就人地相宜,酌量拟补,免计出缺后先,以专责成而资整饬,恭折具奏,仰祈圣鉴事。

窃臣到任后,查得皖省州县各缺例由外补者,数年之久并未请补一人,以致员缺虚悬,久无实任,此乃他省之所未有,即用兵省分亦未有如此办理者。臣深为诧异,莫测其由。细加访察,盖因用兵日久,稿案均已遗失,其出缺之先后既难悬拟,无从积缺,即轮补章程亦多未谙悉,是以一概停补,拟俟逆氛肃清之日,再行核办,殊不知年复一年,悬缺日多,目下既不能清查,将来更何从稽考?俟此相沿日久,势必至通省州县各缺尽属虚悬,殊乖政体。况地方不靖,官皆代庖,人人怀五日京兆之心,安望其治士民而安闾阎?于吏治、民风极有关系,似非整饬官常之道。臣伏思皖省应题之件现俱改题为奏,则题补各缺亦可改为奏补,即出缺后先已无可考,轮补章程或有未谙,当此皖省多事之秋,尽可于皖北、皖南候补人员内各就人地相宜从权酌补,俟全省肃清之日,再请由部抄发题调选定例及轮补章程,按照办理,庶不至因噎废食,瘝职旷官。除札饬藩司及皖南道查明核办外,合将拟办缘由专折奏明,请旨饬下吏部,准令皖南、皖北各就人地相宜酌量拟补,免计出缺后先,俾缺不虚悬,官皆实任,以专责成而资整饬。如蒙俞允,臣即当将所空各缺一律请补,此后留心察访,秉公举劾,皖省吏治或能稍有起色。臣为司牧得人起见,是否有当,伏乞皇上圣鉴训示。谨奏。

　　咸丰八年九月二十四日奏,奉朱批:"依议办理,该部知道。片一件留中。"

变通皖营兵丁口粮章程片

　　再:皖营兵丁口粮,每月每名向给银四两五钱,臣因饷需支绌,照扬营章程一律裁减,每月每名给银三两,计按月撙节颇多,前已奏明在案。惟查军营给饷有征兵、防兵之分,外省之兵为征兵,本省之兵为防兵,地有远近,故饷有厚薄,原为允洽,但各省官兵在原营皆有坐粮,今皖省安庆等处沦陷多年,尚未克复,所有本省坐粮无从筹给,若照防兵之例再行减放口粮,当此银贱米贵之时,实在不敷糊口。臣与藩臬两司熟商,现在随同攻剿之皖兵既无坐粮,即照征兵之例,一律支给三两,较诸他处防兵另有坐粮者尚为节省,因令与征兵概发三两,以示体恤而昭公允。其余本省营兵并不随同征剿,仅在城汛驻守者,仍饬令地方官各按旧章量为筹济口食,不得在粮台领饷,用示区别。除咨明户、兵二部外,理合附片具陈,伏乞圣鉴。谨奏。

　　奉朱批:"知道了。"

增调文案委员片

　　再:臣营文案纷繁,委员仅有四人,不敷襄办。查有候选直隶州州判舒世琛、候选县丞桂中行均属小心勤慎,除饬令来营差委,随同办理文案外,理合附片陈明,伏乞圣鉴。谨奏。

奉朱批："知道了。"

官军攻克马家集迅图克复天长县城折　十月初二日奉朱批

臣胜保、臣翁同书跪奏，为亲督官军南剿天长逆匪，攻克马家集，连破贼巢，大获全捷，乘机迅图克复县城，以清东路，恭折仰祈圣鉴事。

窃照前由天长北窜粤匪经官军于马坝地方续行痛剿南遁，臣等已将获胜追杀各情驰报在案。所有派令追剿之营总莫尔赓阿、景林，游击保英等马步各队并付将张得胜一军，当即饬由铜城镇迤南分扎进攻，以扼天长西北，一面兼堵回窜蒋坝之路。该营总等节节近逼，于附城十里内外，先用游兵往来请战，二十、二十一等日，城逆出贼七八百名，或一二千名向前迎扑，我军奋力迎剿，并以两马间一步卒驰骤抄击，随时将该匪击败回巢，歼毙不少。该逆惮我北路军力，已不敢仍前窜突，而天长西南四十余里之马家集一带，尚有大股匪众一二万人筑垒分屯，负嵎自固，该匪持此为县城犄角，且系六合接壤之所，意在连络两城声势，踞守滋扰。臣因思该逆自三河、马坝屡次被剿穷蹙，丧胆南趋，是天长已有可乘之机，则大军断无中止之势。惟马家集之贼垒不除，则天长之图功不易。查有天长界内之汊涧镇，前曾为贼窜扰，经莫尔赓阿等击回，其地距马家集止三十余里，距天长亦止四十余里，为县西重镇，既可直达盱眙，并可旁扰池河，最为扼要之区。臣遂于二十一日自盱眙起程，疾驰九十里，亲督随营各军移扎该处。附近各乡居民苦贼荼毒，见臣官军一至，均为炊（馆）〔饭〕相饷，一日两餐，输将恐后，是见民情向义。询悉该逆连日于左近数十里以内村庄大肆焚掳，烽烟不断，殊形猖獗。二十二日五鼓，臣一面选派精锐，准备进剿，一面派令马队前往哨探动静。南行至十数里外，即遇马家集贼匪出巢肆扰,经分军分由东王庙、虞家洼两路包抄而进,齐声呐喊,一拥直前。该逆猝不及防,登时败窜。我军刀矛刺击,且战且追,杀毙老贼二百余,生擒二十余名,夺获红黄旗十数面。余逆齐向马家集贼巢踉跄奔回,我军亦即撤队。是晚,密令都司张玉荣选派精健队伍,多带喷筒、火弹,乘夜潜赴马家集,出贼不意,以备攻袭。讵该逆趁我军营垒未就,胆敢纠众来扑。张玉荣等兵勇适与中途相值,鏖战多时,屡压不退。臣闻报探,派马步兵勇分于前路列阵以待。相持至天明,匪众愈积愈多,抵死抗拒,经臣派令侍卫穆腾阿率领马队向前抄截,又派付将格洪额、游击德元带领甘兵及臣亲军各队为之策应。贼见我军大队掩至,势遂不支。各军一齐奋猛直前,由大圣庙、徐家营一路赶杀二十余里,直抵马家集贼垒。该逆复纠合大股万余人倾巢出拒,我军纵横驰突,枪炮连环,继以火弹、火箭纷纷抛掷,垒内火起,各马步奋力冲杀,刀砍矛刺,所向披靡。村旁复出悍贼一股,狠命迎扑,适臣亲率劲旅赶至,挥军猛击,众将士见臣督阵前来,勇气百倍,再接再厉,该逆抵敌不住,亡命奔逃,立将贼垒五座全行踏毁,毙匪约二千名,救出被胁难民一千余名,夺获枪炮、器械、旗帜五百余件,牲畜粮米不计其数,余匪分向六合、天长窜去,天色将暮,我军撤队回营,查兵阵亡兵勇三人,受伤数人,营总乌勒勒兴阿争先扑垒,手中枪伤,尚不甚重。伏查此股窜踞天长粤逆,迭据生擒贼供,系伪秋官燕黄姓自南京渡江北来,受洪逆伪制,纠合逆首陈玉成、李受成[1]率领数万之众,潜图乘虚北犯,由天长、蒋坝一路窜越而至清淮,其势颇张,幸臣迅速移师东路,迎贼所向,克日进兵,一战于三河而贼遁马坝,再战于马坝而贼(并)[遁]天长,此次马家集之役又复大挫凶锋,旬日之间三获大捷,洵足以振军威而褫贼魄。现在天长一城已成孤立,自可乘机拔取,以期全数殄灭。臣现派都司黄得魁持令催饬莫尔赓阿、景林、保英、张得胜等即日会合进攻,迅图克复坚城。一俟复

---

① 李受成,应为"李寿成"。

城以后，即与臣翁同书斟酌缓急，或乘势攻剿东路，与张国梁一军会合；或仍即折回西路，会督皖军规复庐郡，临时相机办理。臣往来驰逐，昼夜焦劳，不觉肝气、痔疾同时并作。当此剿贼吃紧，惟有勉力支持，以报圣恩万一。谨将连次获胜、攻毁马家集贼垒缘由合词由六百里驰奏，伏乞皇上圣鉴训示。谨奏。

官军大获胜仗克复天长县城折　十月初三日奉朱批

臣胜保、臣翁同书跪奏，为官军进剿天长，大获胜仗，攻克县城缘由，恭折仰祈圣鉴事。

窃查粤逆李受成①及伪秋官燕黄姓等拥众数万，由天长长驱而入，意图北犯清淮，经臣督兵迎剿，屡挫凶锋，余众仍遁回天长，分踞马家集一带犄角。该逆惮我兵围攻，其胆颇寒，复修城濬濠，多备雷石滚木，以图抗拒我师，凭借此城为六合、江浦障蔽，所聚老毛已属不少，犹恐不敷抵御，先期令李兆受即李世忠由滁州多带人众前往协守。臣侦知李世忠因粤逆势盛，为其所迫，不得不尔，并非真心协助，是以臣移师汉涧镇时即设计密谕李世忠，俟兵临城下，相机内应，即可从此举事。昨于攻破马家集贼垒后，羽翼既除，城逆已成孤立，臣因乘此声威，饬派都司黄得魁连夜持令催督营总莫尔赓阿、景林，付将张得胜，游击保英，千总汪大发、黄诚忠等率领马步精兵锐勇迅即前进攻剿。各军于二十四日五鼓，进由城北五里之护城桥，分三路直薄城下。该逆出悍贼万人迎拒，凶狠莫当。我军马队先进，步队继至，交战时许，进退数十次，相持未下，该将弁等极力环攻，另分一军由西北抄裹贼后，贼阵遂乱，马步各队乘势冲杀，枪炮、火箭一齐施放，匪众无不应声倒地，加以刀矛并举，一刺辄中两三人，尸骸枕藉，血肉淋漓。计杀死逆贼二三千名，歼毙黄衣贼目多名，其自相拥挤，

---

①　李受成，应为"李寿成"。

被我人马践踏死毙者无算。该逆败退，将抵濠边，李世忠见我兵大至，率众突由城内杀出，前后夹击，众军勇气愈奋，喊声大震。该逆回城无路，丧胆夺路南奔。我军一面追杀，一面整队由北门入城。李世忠带勇随同官军将城内老毛歼除殆尽，各军复加搜杀，生擒匪党五十余名，夺获器械、旗帜、鸟枪、抬炮、米粮、辎重不计其数，救出难民数千人，残匪悉窜向六合一路而去，当于是日午刻将县城克复。现由臣派令保英所带兵勇千余名并派马队数十名留城驻守，以资堵扼，其一切巡缉抚绥善后事宜，会同臣翁同书派委地方各官妥为料理。是役也，以数千官军敌万余强寇，又得李世忠效命输诚，为之内应，得以收克坚城，借掣东南贼势，不独皖省东北自固藩篱，且绝该逆北犯去路，实足以彰天讨而快人心。此次臣整旅东驰，三军用命，旬日之间数获大捷，攻拔城池，且当饥疲已久，御寒无依，卒能枵腹荷戈，奏功尚称迅速。所有在事出力文武员弁、兵勇、绅练，合无仰恳天恩，俯准臣等择尤保奖，以示鼓励戎行之意，出自圣主逾格鸿慈。谨将克复天长县城缘由合词由驿六百里加紧驰奏，伏乞皇上圣鉴训示。再，谨就现在进兵处所及贼扰情形绘图贴说，恭呈御览。谨奏。

西路捻氛紧急还顾根本折　九月二十四日（十月初三日奉朱批）①

奏为探闻楚师东下，亟谋攻克庐城，并力灭贼，正在布置，忽闻西路捻氛紧急，敛兵保卫，还顾根本，俟有机会再图大举，恭折由六百里具奏，仰祈圣鉴事。

窃臣忝佐戎旃，与胜保和衷商办。自胜保移师东指，叠次剿办情形，均经胜保会衔驰奏在案。至定远军务，胜保嘱臣自行酌办，臣亦

---

①　此篇亦见《皖北奏报》。

必随时函商，期以^①师克在和之效。臣自闻楚师东下，即欲及早进兵，规复庐城，以次扫荡贼氛，廓清江上。惟臣所统皖军溃败之后，裁汰之余，兵力既苦不敷，饷需又虞不继。胜保统带劲旅悉力东征，东路^②借固藩篱，而西路又形单薄，加以捻氛日炽，愈趋愈南，势将与粤匪并而为一。臣驻扎定远，如处囊中，以弹丸黑子^③之地当粤逆、捻匪之冲，徒言株守则恐失民心，欲事攻剿则无此兵力，此臣与胜保往返函商而互深焦虑者也。然臣以为株守日久，不惟生灵涂炭，民切怨咨，并恐南北逆捻日夜通谋，狡焉思启，合力来攻，沦胥及溺，将来并无驻足之地。故臣之愚见，以为议守仍不如议战，而胜保之意，亦以为移师东指即当返旆西征也。顾天长尚未克复，则胜保自未能即日旋师，而楚师自克复潜、太之后，传闻已进克桐城、围攻舒城，庐郡之贼虽多，料已闻风胆落，大有可乘之机，且近城数十里内受贼荼毒至为惨烈，呼吁拯救，耳不忍闻，何敢以兵单为词，致失士民之望？臣一面函商胜保，一面按照前次会奏机宜，派令已革总兵吉顺、署总兵余成蛟督带兵勇二千余人由张桥、蒋家巷取道护城前进，以为正兵；派令游击马昇平、营总富明阿等管带马步兵勇二千人由青龙厂间道前进，以为奇兵，并饬署臬司马新贻、署合肥县知县英翰督带团练民勇万余人以助声威，于二十一日齐抵前敌。臣正拟亲往督办，相机布置，不意是日晚间探闻怀远捻逆于十八日攻扑寿州，焚掠数十里，至今未退，且有窜扑定远之说。臣查临淮、凤阳、怀远三处捻巢皆近在定远之北，臣匝月之间，分派兵勇防浮山、防明光、防殷家涧，皆于无可抽撤之中设法抽调。前闻凤阳捻逆欲于十六日围攻定远，经臣拨派马步队会同胜保所派马步队昼夜严防，该捻逆侦知有备，未敢来犯。今怀远捻匪滋扰寿州各乡，距定远县城不过数十里，倘我军深入

---

① 以，《皖北奏报》作"收"。

② 《皖北奏报》无"东路"二字。

③ 《皖北奏报》无"黑子"二字。

攻庐,捻匪袭我后路,庐城未必能得,而根本一摇,大局不堪设想。因檄令驻城各军迅回定远,惟吉顺一军仍留张桥、蒋家巷驻扎。臣已连用函牍飞致胜保拨兵援应,以厚兵力。俟西路捻氛稍退,如有机会,再图大举,冀早克庐城,仰纾宸念。至寿州与凤台县同城,城小而坚,濠水深阔,城外并无民房,土风颇为刚劲。署知州任春和、署知县姚德宾素得人心,兼谙武事,可期固守,且北有龙泽厚一军,南有李孟群一军联络应援,谅不至于有失。顷闻捻氛已向怀远退去,尚未得有确据,即果饱掠远飏,亦须防其由他路寇钞。所有防剿情形,除随时与胜保函商外,理合缮折驰陈,伏乞皇上圣鉴。谨奏。

　　咸丰八年九月二十四日奏,奉朱批:"另有旨。"

敬陈防患未然片

　　再:查皖省原有巢湖水师战艇,素称船坚炮利,贼陷庐城时,此项炮船或云被毁无存,或云为贼所得,应请饬下水师提督杨载福、总兵吴全美、李德麟酌派师船驻泊裕溪口、针鱼嘴等处,杜其出江之路,以清江面。至东坝为商船云集之所,向有厘捐,贼匪于太平府之金柱关设卡抽厘,直达东坝,诚恐东坝厘捐委员识见卑浅,但知按货抽厘,不知诘奸弭患,应请旨,由江苏巡抚派令公正道府大员驻守东坝,专司盘诘,以塞乱源。又查逆匪所至之处,必先遣奸匪侦探,或为内应,苏州府人烟稠密,五方杂处,必有奸徒溷迹其中,似宜于省城及浒墅关认真稽查,毋令往来偷度。臣为防患未然起见,理合附片敬陈,伏乞圣鉴、采择施行。谨奏。

　　奉朱批:"另有旨。"

探报贼欲袭江苏情形片

再：据驻扎关山、珠龙桥之副将庆瑞禀称，李世忠密禀，以贼欲袭江苏，现在无为州扣民船千余号，欲将各船扮作民船，径发东坝，继取苏州，里应外合等语。查逆首李寿成、陈玉成二贼惯用乘虚袭后之法，该逆未陷浦口之前，此间生擒贼匪，臣亲加研鞫，知将图窜浦口，即密函飞致德兴阿严防，并告以此股贼匪人众计诡，善于捣虚，工于饵敌，嘱其保守后路，讵意函未达而贼已先至，致有挫失。今据该副将侦探贼情，有欲先犯东坝，继取苏州之意，显系探知张国梁亲带重兵渡江援应，料南岸兵力必致空虚，是以有此狡计，亟应严防。臣已飞咨和春、何桂清、赵德辙密饬文武各员扼守要津，缉拿奸宄，以防窜犯。理合附片具陈，伏乞圣鉴。谨奏。

奉朱批："知道了。"

附陈筹饷竭蹶情形片

再：皖北地方沦陷者尚未克复，其仅存者又因累年蝗旱多未开征，一切军火饷需全赖他省协济，动形匮乏。本年庐城之变亦因逆匪探知饷缺兵饥，军心不固，故敢乘机豨突，几至不可收拾。臣到任后，稔知庐营筹饷之难，不得不破除情面，汰撤羸兵，力裁杂费，计撙节之数不少，复赖督臣何桂清及山东、河南、山西、陕西等省畛域不分，顾全大局，均有报解之饷，得以勉力支持，但逆捻纷乘，道途梗塞，蒋坝有寇警则清江之路不通，寿州有捻则豫省之饷不至。臣慰拊饥军，无异望梅止渴。目下徐州告警，扬郡被兵，更恐饷需不继，至胜保统帅劲旅，总制皖军，臣职任封圻，尤应兼筹军食，乃豫省饷源亦复不裕，而皖省拨款又不见到,月余以来,仅能接济银万余两,仍属无补于事,皆有悬釜待炊之势,寸衷焦灼,莫可名言。近接胜保来函,以李世忠业经就抚,所需赏犒银一万两前已储备,旋经动用,嘱令凑给银六千两。臣已饬知粮台,但有饷项解到,即先尽此数飞速解交胜保大营,以应急需。所有筹饷竭蹶情形,理合附片具陈,伏乞圣鉴。谨奏。

　　　　奉朱批:"知道了。"

联络楚师情形片

　　再:臣于本年夏间,由浦口驰援六合,幸而获全,此次逆匪窜陷浦口,围攻六合,温绍原婴城固守,臣远隔逆氛,无从援救,顷闻六合已于十八日失陷,可为愤恨。且查六合既陷,与浦口、江浦联为一气,金陵隔江之地皆为贼有,万一倾巢北渡,则定远尤为吃紧,不可不防。现据驻守关山之副将庆瑞禀称,探闻逆首陈玉成大股折回白果树地方,距珠龙桥仅十五里,鬼蜮阴谋,殊难测度。臣惟有就现有之兵力防剿兼施,冀楚军迅克舒城,互相犄角。臣已飞咨都兴阿、李续宾询问军情,以期相机会办。至普承尧一军,尚无入境消息。理合附片陈明,伏乞圣鉴。谨奏。

　　　　奉朱批:"知道了。"

附:军机大臣字寄上谕　十月初三日

　　军机大臣字寄钦差大臣厢黄旗蒙古都统胜[保]、帮办军务安徽巡抚翁[同书]:

　　咸丰八年十月初三日奉上谕："胜保奏官军克复天长,并李世忠投诚出力各折,均已明降谕旨,照所请奖励矣。另片奏称,怀远捻匪复扑马头城,徐广缙等兵勇失散,与翁同书奏报怀远捻逆于十八日攻扑寿州、焚掠数十里情形相同。翁同书因有贼匪窜扑定远之信,已将派往庐州之兵撤回定远,并函致胜保拨兵援应,是尚未知龙得厚一军已有挫失。现在天长已复,胜保即日折回西路,定远当可无虞。其攻扑寿州之匪,据翁同书又称,已向怀远退去。其出没靡常,尤应严加防范。著胜保于折回后,与翁同书妥筹堵剿,并查明徐广缙、龙泽厚所带兵勇退至何处,有无溃散情形。至楚军已克舒城,进攻三河,相距庐州不远,南北夹击之机亦不可失。李世忠既有攻袭全椒之举,则由和州、无为而下,皆可责令设法攻拔。各该处城贼与李世忠素相熟习者自复不少,或设法内应,或以次进攻,但须官军为之协助,亦未可任其独往独来,自成一队也。胜保请拨江北步队一千名驻守天长,已谕知德兴阿拨往。至该处马队,恐难分拨。翁同书所请酌派师船驻泊裕溪口等处,除谕知和春,令吴全美、李德麟分拨布置外,杨载福水师现在图攻安庆,踪迹无定,如能攻剿得手,自可通融兼顾,此时尚难抽拨。东坝应防之处,亦谕知何桂清、赵德辙派员严密盘查矣。将此由六百里各谕令知之。"

请严禁徽宁等府传习花会折　九月二十九日(十月初七日奉朱批)①

　　奏为访闻皖南徽宁等府传习花会,大为风俗人心之害,现已严饬查拿,出示禁止,请旨饬令张芾、胡兴仁一体严禁,以靖地方而维风俗,仰祈圣鉴事。

　　窃维吏治与军务相表里,吏治日坏而欲期军务之肃清,不可得

---

　　①　此篇亦见《皖北奏报》。

也。民风视吏治为转移,民风日漓而求吏治之整饬,不可得也。军兴以来,皖南各郡远隔逆氛,为巡抚耳目所不及。察臣莅任以来,于皖南事宜留心访问,知其为害于风俗人心者,莫如花会一事。查徽州府处万山之中,四面皆崇冈复岭,最称易守,故罕遭兵燹,其民俗朴茂勤俭,最称易治,故向鲜莠民。道光二十八、九年间,忽有人自闽省传来花会,用射覆之法避聚赌之名,角胜分曹,注金夺彩,分三十六门,其中者偿之以三十,而开花会者坐收其六。浸相传习,举国若狂。土豪、恶棍公然渔利,滑吏奸胥为之隐庇,乡间棚厂林立,刀矛杂陈,每局输赢,一日之间,钱数千百缗不等。愚民堕其术中,废时失业,败产倾家,因之酿成命案者不可胜计。识者谓徽郡乱源已伏于此,乃地方有司不能禁止,而转欲用其人以御贼,此无异扬汤止沸,固无怪地方之日以不靖也。又闻自张芾之至,始加示禁,郡中赖以稍安,四乡传习如故,并传染至宁国。此风不禁,患将靡已。臣严饬徽宁道邓瀛通饬各府县严行访拿,并责令地保、图差切实举报,如有劣绅包庇、恶棍把持,及地保、图差通同容隐者,一体从重治罪;地方官奉行不力,视为具文,别经发觉,亦必从严参劾。如果徽宁道实心任事,当可划绝根株,惟皖南有一江之隔,逆氛梗阻,声息难通,臣即申儆再三,仍恐有名无实。伏查徽郡军务,现有张芾驻扎督办,前此既曾示禁,自当嫉恶维严,而皖南与浙省毗连,军务亦相关涉,皖南既有花会,恐浙省亦所难免。相应请旨,饬令张芾、胡兴仁一体严禁,以绝乱萌,非惟于民风、吏治可望振兴,即于军务亦实有裨益。是否有当,理合缮折具陈,伏乞皇上圣鉴训示。谨奏。

咸丰八年九月二十九日奏,奉朱批:"另有旨。"

请简派大员总办粮台并饬部筹拨皖饷片

再：皖营缺饷，经臣撙节支放，尚形匮乏，久在圣明洞鉴之中。现增胜保重兵，局面较前更大，藩司事务较紧，势难兼顾。臣本拟俟前任臬司恩锡来皖，再行察看，近闻恩锡中途患病，并须设措资斧，一时未必能到。查各路统师大臣军营，粮台多由钦派大员总理。相应请旨，简派京卿大员一人即日来皖总办粮台，以专责成而重军实。至胜保一军饷项向由豫省筹解，该省尚称完善之区，自应仍照旧章源源接济。应请旨饬下河南巡抚，按月仍前措解，以济急需。再：臣前请皖军专饷，蒙恩饬部指拨银二十万两，内有江海关银十万两，准督臣何桂清咨称，江海关征收夷税均解交苏州筹饷局，苏省月协皖营二万两，即由筹饷局拨解，此外未能再筹等因。并据上海道呈称，奉拨之款已详请督抚奏咨改拨等语。伏念江海关夷税全行解交筹饷局，该局月协皖饷之外，势难兼筹此项，拨款竟成无着，应请饬部另行筹拨，以符原拨之数。理合附片吁陈，伏乞圣鉴训示。谨奏。

奉朱批："另有旨。"

联络楚师规复庐郡并严防捻逆折　九月二十九日（十月初七日奉朱批）①

奏为联络楚师规复庐郡，一面严防捻逆，恭折由六百里驰奏，仰祈圣鉴事。

窃臣前于本月二十四日将进攻庐城，旋闻捻警，暂行撤兵以俟机

---

①　此篇亦见《皖北奏报》。

会缘由缮折驰陈。旋据李孟群禀报,会合楚师于十八日夜间攻克舒城,臣以事关紧急军务,当即飞咨胜保会同核奏在案。伏查进攻庐城机宜,先经胜保与臣密商,定计相时而动,嗣因东路吃紧,胜保悉锐东征,未能兼筹西路,又因捻逆肆扰,由马头城直窜寿州,欲攻定远,焚掠截杀几不可遏,势不得不还顾根本,是以未能迅发。今楚师已克舒城,距庐郡仅有百余里,犄角之势已成,自需表里夹攻,方可得手,且闻潜、太、舒、桐余贼尽入于庐,若不并力兜围,必至冲突定远。连日探闻捻匪大股已回马头城,西路情形稍松,臣仍饬署总兵余成蛟酌带兵勇赴蒋家巷地方,与吉顺会商,相机进剿,又派游击马昇平赴青龙厂一带会同署臬司马新贻联络民团,潜构内应。余成蛟已于二十八日酌带精锐进扎护城,附近乡民受贼荼毒,各怀义愤,皆执梃裹粮,愿为向导。臣以谍报庐城逆众尚有三万余人,店埠扎有石营①,全椒亦其后路,困兽犹斗,不可不防,谆嘱诸将于勇敢之中寓慎重之意,切不可冒险轻敌,深入损威。惟是逆捻信息时通,难保不四出旁扰,意图牵制。兵力太薄,兼顾未遑。顷接胜保来函,亦以为会剿之举势难再缓,天长现已克复,即当分兵西行,但得马步劲旅来援,则西防捻匪,可制披猖;南击庐州,无虞单弱矣。至都兴阿、李续宾处,经臣叠次飞函询问进兵方略,尚未准其函复。臣又饬李孟群所部诸军由寿州、六安两路节节进剿,南为楚师声援,东与庐军相望,以期同仇敌忾,灭此朝食。臣现在仍驻定远,以便兼筹地方公事,并防后路捻匪,俟庐城一有可克之机,即当亲督进攻。除随时咨商胜保,如有紧要事宜,仍随时会奏外,所有现在商办情形理合先行具奏,伏乞皇上圣鉴。谨奏。

    咸丰八年九月二十九日奏。奉朱批:"览奏均悉。"

---

    ①   石营,《皖北奏报》作"右营"。

李世忠献出滁州现办善后片①

再：正在缮折间，准胜保函开，天长克复之后，李世忠至汉涧行营伏谒，遵令剃发，定于二十五日回滁献城举事等情。臣已与胜保会衔札饬署滁州知州何辉（级）[绥]、署来安县知县褚维垲入城，会同李世忠办理善后事宜。此时天长已复，六合无贼，闻浦口亦已空虚，倘得德兴阿大军迅攻浦口，李世忠以新附之众迅攻全椒，则庐贼外援已绝，臣与胜保力攻庐城，可期一鼓而下。臣一面布置行军事宜，一面专弁催提各路饷糈，以期无误。理合附陈，伏乞圣鉴。谨奏。

奉朱批："知道了。"

饬令杜滋办理桐城善后事宜片

再：用兵日久，吏治忽而不讲。臣以为盗贼之多，即吏治弗修所致。若再使贪黩之辈刻削吾民，是驱之使从贼也。欲为吾民求良司牧，即不得才德兼备，犹取其悃愊无华，庶不致剥民膏而戕元气。臣又查外省之弊，动以人地相宜为名，遂使要缺皆属代庖，而实任反置闲散，甚至以佐杂代理，累月经年，显违定例。叠次奉旨通饬，终不能改此习。现在潜、太、舒、桐四邑相继克复，内惟桐城一县尚无署任人员。臣以该处迫近省垣，素称繁剧，抚绥凋瘵须得其人，饬藩臬两司委本班贤员前往署理，据详，有即用知县杜滋品端守洁，堪以署理。除饬令赶紧前往办理善后事宜外，是否胜任，容臣随时查看。理合附

①　此条亦见《皖北奏报》。

片具陈,伏乞圣鉴。谨奏。

奉朱批:"知道了。"

难民供称敌欲径扑苏州情形片

再:近日逃出难民金供贼欲潜趋东坝,径扑苏州等情。查三吴财赋甲于天下,尚系完善之区,若再被逆氛,则国赋军需更何从出?臣籍隶苏州,素知该处民情浮动,五方杂处,议守议战均未易言,惟有扼守东坝以固藩篱,稽查关津以诘奸宄。前已敬摅管见,以供圣明采择,兹因难民所供与前探报相辅,飞咨和春、何桂清、赵德辙严加防范。理合附陈,伏乞圣鉴。谨奏。

奉朱批:"览。"

确查六合城内各员及兵勇下落片

再:准德兴阿咨称,六合县城被陷,罗玉斌、温绍原不知下落。并闻有兵勇由西门而出,想赴皖境,飞咨确查等因。查此间但闻贼陷六合,拟即向浦口、乌衣退去,并未有城内各员消息,亦无六合城内逃来兵勇,除咨复外,相应附片陈明,伏乞圣鉴。谨奏。

奉朱批:"知道了。"

庐城添敌捻军南趋及饷道梗阻情形折　十月十二日

(二十一日奉朱批)[①]

奏为庐城添贼死守,捻逆分路南趋,饷需既乏来源,饷道又虞梗阻,缮折由五百里具陈,仰祈圣鉴事。

窃查克复天长之后,胜保旋师定远,所有剿办捻逆暨布置攻庐各情,均经会奏在案。伏念目下皖北军务以李世忠投诚一事为一大转机,盖以积年负固之众一旦革彼鸮音,化其鹰眼,贼中闻之,自当瓦解,加以楚师东下,连复四城,有破竹数节之势,臣是以亟图进兵,与相犄角。乃谍报楚师方攻庐江、三河,未能即抵庐郡,而东路大股贼匪又从全椒、和州跳踉西窜,号称数万。传闻庐城益党守陴,其屯聚运漕镇一带者亦复不少,此庐城添贼固守,意图死拒之情形也。臣与胜保熟商,非厚集兵力不能深入环攻。正在筹画间,临、凤捻逆忽分两路南犯,若虑我师攻庐为之牵制者。西路一股幸胜保督师迎剿,有殷贾[②]涧之捷阻遏凶锋;东路一股窜陷五河,径扑浮山。该处为清淮门户,臣与胜保拨兵驰剿,实已不遗余力,而贼势太众,兵力苦单,幸与庚长、邵灿、袁甲三驻军之地相去不远,若得庚长、邵灿仍派原拨兵勇协守浮山,袁甲三派拨劲旅协剿五河,则不独浮山、五河贼踪必退,即临、凤捻巢亦可相机攻取。臣已咨商会办,尚未接准咨覆。此临凤捻逆分路南趋,踪迹未定之情形也。至皖营饷需,前蒙圣恩饬拨,原不为少。督臣何桂清顾全大局,许为尽力筹拨,每月拟解三万金[③]。无如扬州被扰之际,大江南北道路梗阻,盱眙、蒋坝一带解饷委员视为畏途,迁延不进,山西、陕西之饷取道颍郡、寿州,亦复捻踪遍地,跬

①　此篇亦见《皖北奏报》。
②　贾,《皖北奏报》作"家"。
③　金,《皖北奏报》作"两"。

步荆榛，以此饷不时至，士卒半菽不饱，臣日夜拊循，心力交瘁。此又粤、捻分趋，饷道梗阻之情形也。现在胜保驻扎殷贾涧，捻氛顿敛，定远借以无虞。臣与胜保函牍往来，每日数次。一俟浮山息警，临、凤或有捷音，即可专力以图庐郡。又查潜、太、舒、桐疮痍未复，滁州、来安喘息甫苏，臣已谆饬地方官尽心抚字，无令残黎失所，一面函致都兴阿、李续宾相机会攻，并饬已革藩司李孟群督令副将卢又熊等由西路进兵，与吉顺、余成蛟、马昇平、马新贻诸军联络一气，又有在籍候选道李元华、礼部主事黄先瑜等各带团练助剿，亦尚得力。所有筹办情形，理合缮折具陈，伏乞皇上圣鉴。谨奏。

　　咸丰八年十月十二日奏。奉朱批："知道了。"

祁全邦遗缺拣员升补片

　　再：陕西芦塘营游击祁全邦因在军营患痢日久，呈请开缺回籍调养。该员从征数载，素称得力，兹因积劳成疾，自应准其开缺回籍调理。除咨明兵部及原省外，所遗陕西芦塘营游击员缺，系军营所出之缺，例应由军营拣员升补。兹查有游击衔江南青村营都司王新桂年富力强，战功迭著，堪以升补。所遗江南青村营都司员缺，查有尽先都司甘肃凉州镇标右营守备徐胜熟悉营务，管兵严肃，堪以拟补。所遗甘肃凉州镇标右营守备员缺，查有尽先守备陕西汉中镇属阳平关经制外委唐举技艺娴熟，临阵争先，堪以升补。合无仰恳天恩，准令该员等递相升补，实于军务有裨。其递出之经制外委员缺，容臣再行拔补。合并声明，为此附片吁陈，伏乞圣鉴训示。谨奏。

　　奉朱批："王新桂等依拟升补。"

锡昌请议恤片

再：尽先副将江苏苏州城守营参将锡昌从征数载，积劳成疾，兹于九月十五日在定远军营病故，殊堪悯恻。相应请旨饬部照军营病故例议恤。理合附片具陈，伏乞圣鉴。谨奏。

奉朱批："著照所请议恤。"

驾驭李世忠情形片

再：李世忠剃发献城之后，遣人投递禀帖，情词颇为驯谨。臣即给予札谕，嘉其自新，勖以图报。所有善后事宜，已饬地方官随同贾臻妥为办理。又探闻六合城陷后，贼匪去而复来，仍在城厢盘踞，未知其详。合并附陈，伏乞圣鉴。谨奏。

奉朱批："知道了。"

特参何辉级请旨降补折　十月十二日

奏为特参办理滁州善后，延不进城之员，请旨降补，以惩疲玩事。

窃查署滁州直隶州候补知县何辉级自委署以来，尚属勤慎。前因滁州新复，抚绥善后诸关紧要，经臣饬令入城办理。该员年力正强，亟宜振刷精神，力图报称，乃忽以患病请假，延不进城。当经另行委员前往接署，并饬查明该员患病是否属实，据实参办。兹据藩臬两司会同详称，查得该员患病尚无捏饰，惟当此需人孔亟之时，不思力疾从公,率以微疴请假,虽非规避,亦未便稍事姑容,详请奏参前来。相应请旨,将署滁州直隶州候补知县何辉级以府经历县丞降补,仍留安徽补用,以观后效而示薄惩。理合会同两江总督臣何桂清合词恭折具奏,伏乞皇上圣鉴训示。谨奏。

咸丰八年十月十二日奏。奉朱批:"何辉级依议降补。"

请以施照接署滁州片

再:前因滁州收复,经臣饬令署知州何辉级入城办理善后事宜,业经奏明在案。兹据藩司张光第、署臬司马新贻详称,该员何辉级染患微疴,延不赴任。除查明虚实,另行参办外,惟滁州甫经收复,抚绥整顿诸关紧要,必需明白干练之员前往接署,方足以资治理。查有现署全椒县候补知县施照朴实详慎,勇敢有为,堪以署任。所遗全椒县知县员缺,查有知州衔拣发知县盛安年富才优,安详稳练,堪以接署等语。臣覆核无异,除批饬遵照外,谨会同两江总督臣何桂清合词附片具奏,伏乞圣鉴。谨奏。

奉朱批:"知道了。"

宽缓监追革员亏短盈余银两片

再:已革知府前署凤阳关监督立诚应赔咸丰四五两年分少收盈余银两,除节次完缴外,尚有未完银五千零六两九钱七分六厘七毫四丝,经户部奏请监追,奉旨:"依议。"钦此。臣接准部文,即札行两司,正在饬催起解间,据布政司张光第详称,该革守立诚前在凤阳关任内少收盈余银两,共应赔缴银八千六两零,前已两次完缴银三千两,今又措缴银二千七百两到司,业经兑收充饷,其未缴银二千三百零六两九钱七分六厘七毫四丝,据称实已筋疲力尽,无可措完,委系实在情形。查此项系属罚赔,计完缴已在七成以上,其余银两可否奏请免其着赔,以示优恤等语。臣查该革员亏短盈余银两计赔缴已在七成以上,自可宽缓监追,至下短银两,可否免其着赔之处,臣未敢冒昧具请,且皖省兵燹之余,案卷尽失,亦无条理可查。理(片)〔合〕附片具陈,请旨祗遵。伏乞圣鉴训示。谨奏。

奉朱批:"另有旨。"

请准姬鸿元升补海州营守备片

再:安庆营千总姬鸿元于咸丰二年题升海州营守备,嗣因潜山失守,以该员曾署潜山营守备,正在庐州差委,应予免议,奉部饬查该员署任月日,奏明核办,业经前抚臣福济将该弁署任差委月日声覆到部。兹又准兵部咨称,查该弁既于失守时均未在本任,应仍查照章程奏明办理等因。臣查潜山失守时,该员姬鸿元既未在任,并无应得之咎,以之题升海州营守备,并无不合,辗转驳查,已逾数载,所有海州营守备一缺,至今虚悬。臣验看该员姬鸿元年力强健,心地明白,于营伍战守事宜亦俱谙悉,升补守备可期胜任,即在军营带队亦可期其得力。相应据实具奏,请旨准予升补海州营守备员缺,以励人才而免悬旷。谨会同两江总督臣何桂清合词附片具奏,伏乞圣鉴训示。谨奏。

奉朱批:"依议。"

参曾廷楷片

再:寿春镇标凤阳营守备曾廷楷本系失守应议之员,不知奋勉,近益任性妄为,种种荒谬,若不从严惩办,无以肃军令而惕戎行。相应请旨,将曾廷楷即行革职,以示惩儆。理合附片具奏,伏乞圣鉴训示。谨奏。

奉朱批:"依议。"

督臣咨开外国船只驶赴汉口片

再:准督臣何桂清咨开,风闻英吉利、米利坚、佛兰西三国派船前赴汉口查看情形,一去即回,并不羁留等情。臣即飞咨官文暨都兴阿、李续宾、杨载福等,并行文两司及营务处一体转饬沿江水路地方各官及带兵将弁,如有外国船只驶入长江,前赴汉口,不必惊疑,仍当妥为防护。理合附陈,伏乞圣鉴。谨奏。

奉朱批:"览。"

楚军退挫桐城南北发捻鸱张定远危急折　十月二十日(二十九日奉朱批)①

奏为楚军挫退桐城,传闻舒邑被扰,庐城贼骤添数万,两次大股

————————————

① 此篇亦见《皖北奏报》。

攻扑，均经迎剿获胜，适准胜保函会，怀远捻匪数万倾巢出扑刘府，正在亲督防剿^①，南北逆捻鸱张，定远万分危急，缮折由六百里据实驰陈，仰祈圣鉴事。

窃臣前因楚军已克舒、桐，与胜保商定进兵犄角。嗣值临凤捻逆东窜五河、浮山，西攻大庙、殷贾涧等处，胜保与臣随时筹兵援剿，迭次大捷，均经奏明在案。伏念粤逆之精悍过于捻逆，而捻逆裹胁以数十万计，其势又炽于粤逆。自马头城两次溃退，无复北门之锁钥，是以南至炉桥皆遭焚掠，又欲袭黄泥铺、殷贾涧二军，直趋定远。据李世忠告贾臻云，粤逆亦欲由庐州进攻定远，是南北二逆皆注意定远，其通谋并举，已无可疑。胜保驻师殷贾涧，闻张潋有通款受抚之意，臣以受降如受敌，饬各营严防，并饬定远县增埤掘堑，为固守计。正在布置间，连据探报，逆首陈玉成率众数万由江南败回，李寿成尽调悍贼与之会合，由和州直趋庐州，凡贼酋之凶悍者麇集于庐，四出滋扰。本月初十日夜间，吉顺、余成蛟与游击马昇平等分路进攻。马昇平直抵庐州城外，焚毁贼卡一座，杀贼数名。正拟越濠竖梯，城上燃灯列炬，矢石枪炮齐发，官军亦举火鼓噪，施放枪炮。相持良久，未能得手，以我兵队单，未至天明即行撤退，勇丁受伤者七名。讵意庐贼数万援应三河贼巢，探闻楚军于初十日接仗失利，被陷营盘三座，李续宾已将全军撤至桐城，并闻舒城空虚无兵，情形岌岌，或云舒城已失，未得其详。臣以此间兵力孱弱，深盼楚师夹攻，今楚师挫败至此，可为愤懑。推原其故，盖因悍贼大股全在皖北。前此楚师攻克四邑，乃袭后捣虚，适逢其会；今贼以全力相持，自形棘手。楚师之众，尚为所挫，庐军单薄，更何所恃？臣分饬各军暨李孟群一军分路防剿，虽屡烧贼卡，时有斩擒，并不能挫其凶锋。游击马昇平最为勇往，带队直至横店驻扎，距城太近，臣防其轻进有失，正拟令其回扎草庙集、蒋家巷一带，与护城各营连络，十四日有大股贼匪约计万人出庐郡北门，围马昇平营盘。马昇平坚守三时

① 正在亲督防剿，《皖北奏报》此句作"已拨劲旅赴援"。

之久,枪炮齐施,毙贼不下七八百人,至午时败退,马昇平带队追击,阵斩伪典红粉总制一名,将首级、伪印呈验。是日,余成蛟督兵援应,途次闻贼已退,始行折回。十七日卯刻,该逆仍大股出扑,经马昇平督勇拒守,用火器轰毙多名。该逆畏伏濠外,一面沿村掠取门板,就民村扎营七座,四面兜围,枪炮、火箭飞天如织,遣骑告急。臣一面派副将袁学忠带兵勇五百余名驰救,一面令余成蛟就近赴援。十八日黎明,余成蛟驰至横店会剿,遥见贼队约共七八千人。我兵锐气百倍,一拥而上,鏖战移时,经游击陆广山等各带兵勇冲锋直前;营总常寿等带马队分抄贼后,奋力齐进,枪毙矛刺,贼始败退。我军分路追杀,斩馘数十,夺获黄旗、枪炮多件。参将程友胜等带队扑入贼濠,踏毁贼垒三座。酣战竟日,直至申刻,贼始溃退。我军尾追数里,毙贼三四百人。马昇平以孤军深入,火药、粮食已尽,逆焰披猖,势将乘夜复来围扑,遂整饬队伍,各携刀矛枪炮,拔队移扎余家集。臣饬其择要安营,连络护城官军,互相策应。因庐贼数万眈视定城,此间兵力太单,函致胜保派马步官兵来援。适胜保已由殷贾涧西赴刘府,窃谓后路军威方振,捻氛可以少衰,不意于二十日卯刻接胜保函称,十九日早晨怀捻倾巢出扑,直趋刘府,东、西、南三面遍地皆贼,马步以万计,官军迎战至申刻,屡压屡扑,贼数太多,有寡不敌众之势,刻下该逆仍麇聚营外,三面环绕,诚恐捻众南趋定远,不可不防等语。臣恐胜保有失,即饬副将张得胜星驰援剿,由殷贾涧前进,并饬各营严防。惟查胜保全军精锐悉在刘府,若刘府不能支持,即全局不堪设想。庐营单弱,久在圣明洞鉴之中,今以大队南驻护城、张桥,又分兵东防浮山、明光,东南防藕塘,西防炉桥,西北防殷贾涧,北防黄泥铺,以致定远大营尽行调空,设有警报,恐赤手空拳难支剧寇。所有攻庐获胜及粤捻交乘,定远万分危急情形,理合据实驰陈。以胜保正在督剿紧急,未及俟胜保会奏。其捻匪攻扰详细情节,应由胜保查明,再行奏报。合并声明,伏乞皇上圣鉴。谨奏。

咸丰八年十月二十日奏。奉朱批:"另有旨。"

定远四面受敌各路接济军械饷需情形片

再:各省军营同一吃紧,而定远尤甚者,以各处不过一两面受敌,独定远四面受敌也。幸臣与各路统兵大臣互相联络,共矢血诚,不独胜保与臣共办一事,德兴阿、鞠殿华与臣六载至交,即和春、张国梁、许乃钊、袁甲三、李续宾等亦皆深知臣之诚恳,是以每遇剿办事宜,毫无掣肘。督臣何桂清及直隶、山东、山西、陕西、河南等省筹解军械、饷需、火药等项,值此百用俱绌,赖以接济。恒福筹解尤多,而军械尚未运到。臣前在六合,因督攻来安,积受暑热,回至浦口,旧患肝疾及目疾、痢疾交作,适奉抚皖恩命,带病来皖,时止时发,迄今未痊,夙夜焦劳,心力已尽。睹此粤捻环攻、兵饷俱绌,深恐上负圣明委任,皖北为贼所扰,地尽污莱。目下天气亢旱,数月不雨,……①驱贼党,裹胁日众,筹思无策,忧心如焚。理合附片陈明,伏乞圣鉴。谨奏。

奉朱批:"知道了。"

李世忠来营叩谒情形片②

再:参将李世忠由殷贾涧回滁,[路过定远,来至行营叩谒。]察看人颇爽快,臣慰勉[有加。其带来豫胜勇约三百余名,酌]③犒银五百两及猪羊米面等物,随即赶程回滁,据称拟进攻全椒。理合附片具

---

① 　此处纸张残损数字。
② 　此篇亦见《皖北奏报》。
③ 　括号内文字据《皖北奏报》补。

陈,伏乞圣鉴。谨奏。

奉朱批:"知道了。"

刘府被据现筹布置情形片

再:正在缮折间,又接胜保函称,昨日怀逆倾巢……①我军回守营盘,竟将刘府占住,胜保于今日寅刻即带马队一二百名暗行回驻殷贾涧,以保定远后路,仍将大队暂扎刘府等语。臣查刘府被踞,则寿州、定远处处可通,寿州正解山、陕之饷前来,臣已飞骑谕令暂缓起解,不知有无疏失。贼骑越山而来,顷刻可至……理合附陈,伏乞圣鉴。谨奏。

奉朱批:"知道了。"

请拣发知县十员来皖差委折　十月二十日

奏为请旨拣发知县十员来皖差委,仰祈圣鉴事。

窃据藩司张光第、署臬司马新贻详称,皖省自咸丰三年省城失陷后,所出州县各缺至今未经请补。现经奏准,无论出缺先后,酌量才具拟补,应即遵照,将空悬各缺遴员请补。惟查皖省候补知县无多,桐、舒一带现已克复,均应派员往署,即军营内一切差务,亦需委员经理,实在不敷差遣,详请奏恳恩旨,拣发曾任实缺知县十员来皖差委等情前来。臣覆核无异。相应请旨,饬部于曾任实缺人员内拣发十

---

① 省略号处原稿残损,下同。

员,迅速前来,以资差委。理合会同两江总督臣何桂清合词恭折具奏,伏乞皇上圣鉴。谨奏。

咸丰八年十月二十日奏,奉朱批:"著照所请。吏部知道。"

五河县阵亡各员请从优议恤片

再:五河县于九月二十八日被捻匪窜踞,业经会同胜保具奏在案。兹据署泗州直隶州知州李承颖禀称,捻匪窜陷五河,时署知县狄融已殉难,甚为惨烈等语。又怀远县洛河巡检窦尔畿于九月初二日逆捻窜扰上窑,该员集团迎剿被围,身受四伤,登时阵亡。查五河及洛河地方捻踪现已退去,除将五河县知县暨洛河巡检员缺饬司委员接署,另行办理外,相应请旨,将署五河县候补知县狄融、怀远县洛河巡检窦尔畿饬部照例从优议恤,以慰忠魂。理合附片具陈,伏乞圣鉴施行。谨奏。

奉朱批:"另有旨。"

鲍云鹬请补授参将片

再:军营缺出,例应以军营人员拟补。山西宁武营参将于昌鳞,经臣参奏革职,所遗山西宁武营参将员缺,查有降补参将鲍云鹬耿直果敢,曾得勇号,本系皖营出色之员,近日颇知愧奋,带队直前,不辞劳瘁,堪以降补斯缺。如蒙俞允,该员必益加感勉。理合附片具陈,伏乞圣鉴训示。谨奏。

奉朱批："依议补授。"

庐州失事殉难员弁请照例议恤片

再：庐州失事，所有阵亡官弁，业经臣陆续查明，奏请恩恤在案。兹复查有寿春镇标效力世袭云骑尉李从龙、四川龙安营把总花翎尽先都司何泗霖、巴州营千总花翎尽先守备王大伦、建昌营把总花翎尽先守备田现龙、会盐营外委蓝翎尽先把总曹正春、川北镇兵丁蓝翎尽先千总曾文品、蓝翎尽先外委王占魁、六品蓝翎李正朝、松潘镇兵丁六品蓝翎陈启华、王治安、郁进恩、蔡廷彪、建昌镇兵丁蓝翎尽先外委施永祥、杨文忠、谌谟春、田治邦、六品蓝翎何如华、蓝翎马兵边怀魁、阜和协兵丁蓝翎尽先外委刘应喜、何万荣、陈应章、六品蓝翎马得胜、赵全忠、懋功协蓝翎尽先外委唐元清，又陕西鳌屋营经制外委杨茂林、平凉城守营经制外委周文炳、额外外委张廷仪、靖远协兵丁武生常寅，均于本年七月十五、二十等日在庐州七里站、梁园等处地方遇贼打仗，力竭阵亡，殊堪悯恻。相应请旨，饬部将该员弁等照阵亡例议恤，以慰忠魂。理合附片具奏，伏乞圣鉴施行。谨奏。

奉朱批："均照所请议恤。"

彭侍清请照军营病故例议恤片

再：署理庐州营都司寿州营守备彭侍清随征数载，身经百战，兹以积劳成疾，于十月初三日在军营病故，殊堪悯恻。相应请旨，饬部照军营病故例议恤。理合附片具陈，伏乞圣鉴。谨奏。

奉朱批:"著照所请议恤。"

怀远捻众图扑定远竭力剿办并分兵炉桥折　十一月

初三日奉朱批

臣胜保、臣翁同书跪奏,为怀远大股捻众倾巢而出,窜踞刘府集,图扑定远,经臣力疾督兵痛剿,仍分兵炉桥,堵击窜匪并南路粤匪情形,恭折仰祈圣鉴事。窃前次东窜五河之捻被兵勇扼击,旋遁归临淮老巢,该首逆张落刑乃诡约凤、怀捻众,大举南犯,意在勾通粤逆,并股肆扰。幸踞守凤阳之捻首张滦即张元龙有鉴于即补参将李世忠之投诚效用,颇知观感,未为其所动。臣胜保因即因势利导,密由滁州调令李世忠来营,持臣谕函,遣亲信入城,设法招抚,使之及早自拔来归,一面添调水陆各军堵御怀城龚得一股,为剿抚兼施之计。讵龚逆本与张逆狼狈,自我马头城营盘两次失利,遂复纠合淮北各股捻逆,归并大股,锐意趋扑定远,谍报甚警。时臣得力劲旅皆已四处分布,除游击保英之队留守天长,付将张得胜之队拨赴定远,游击德元所带甘兵甫由盱眙调回,尚未赶到,其股家涧一路仅有开化勇、川勇、游击戎琨所带宣化兵,均系同防要隘,未便撤调,其实在随臣左右、听臣指挥之军,步队不满二千,马队不过三百,为数极单,且人马东奔西驰,昨来今往,无片刻休息,日久疲乏殊甚。因事关紧急,并臣亦不能稍惜病躯,即由股家涧统师驰赴刘府集,一路迎剿。适值该逆果由怀远倾巢扑出,十九日辰、巳间,已窜至刘府,贼势之众不下数万,该集团练、居民登时警溃一空,匪众亦即乘虚阑入,纵火焚毁,凶焰莫当。其原驻防剿之游击唐玉辉一军仅及千余名,力难抵御。臣军一经赶到,正接其锋,只见逆势漫山遍野,奔突而来,当即挥令步军先行分股进击,每路毙匪数十、百余名不等。该逆自恃人多,直向我营围扑,臣赶令步队一律入营固守。该逆蜂拥扑来,势益凶猛,经我军施放连环枪炮,奋力轰击,匪势稍却,另分大股一二万人直向东南殷家涧、定远一路趋扑。臣亲挟弓矢,以身带先,督同付都统穆腾阿、麟瑞等带领马队迎前,横冲入阵,毙贼甚多。该逆抵死抗拒,复以大队悍众奋猛包抄,愈来愈多,视我军不啻十倍,竟将臣军围困垓心。臣跃马登山,督令各将弁枪箭奋击,而贼之枪炮子落如雨,由臣面旁、腋下飞过者不知凡几,贼之刀矛距臣不过二三丈,臣马中贼飞石,幸亦无伤,左右亲随护卫受伤数人,群马亦被枪伤数匹。臣屹立不少动,誓必压退此贼。众将士见臣坚志力战,亦有奋不顾身,勇气百倍,压击数十回合,歼其悍目数十名,该逆始卷旗拖尸,败退山下。我兵乘势抢杀,复毙匪数百名,逆众披靡,尽归刘府死拒。臣即撤队回营,借定众心,当传令各将弁进帐熟商进剿之策,一面多发侦探,将马队布列营外,巡哨往来。三更时分,见贼明火一二十里,全向东南入扑窜。当据逻卒擒获生贼供称,该逆本欲直趋殷涧,径犯定远,惮我马队遏其凶锋,未容东窜。回巢后,仍欲乘夜潜行,由南山夸内绕扑定城,并抄殷家涧后路等语。臣酌度再四,设殷涧为其所乘,则定远亦属危急,遂即密传号令,饬步队星夜拔营,先回殷家涧,以便拦头截剿,臣亲督马队断后,一面派章京恒禄选带精锐马队五十名,先由射子口入山,前赴曹家店,以扼其吭,臣亦即于二十日黎明率师折回殷涧,居中调度,冀可就近策应定远。当派张得胜与营总景林分带马步队赴马头岭,一路迎击,派穆腾阿等带马队、甘肃兵、开化勇由卸甲店一路进剿,又派营总乌勒滚布带马队由苗家营一路兜截。该逆全股正在曹家店四路焚掳,声言扑扰定邑,悉锐东趋,不料我兵马步各队一齐分路迎剿而来,该逆自知诡谋已破,于二十一日四鼓踉跄回遁。穆腾阿、景林、张得胜等跟踪追蹑,直抵刘府。该逆见我兵赶至,不敢屯踞,分股向西南、西北两路遁去,我兵当将刘府夺回,即令穆腾阿、景林、张得胜向西南之炉桥一路截剿,复派麟瑞向怀远一带跟追,并饬游击唐玉辉带领步队仍即前往刘府一带,以资策应。此次我军势分力薄之余,该逆大股骤然扑至,几至众寡不敌。臣力疾督战,幸得力遏狂氛。惟查炉桥在定远正西、殷家涧之西南,距臣等两营皆八九十里,相去较远。现经分兵前往,会合该处兵练协力堵剿,能击败回巢,究[1]臣等察看情形,相机办理。至南路庐郡军情,接据署总兵余成蛟、护臬司马新贻等禀报,李续宾楚军于三河失挫后,已退扎桐城,其舒城尤有空虚之患。目下大股悍匪聚集庐城,四出滋扰。游击马昇平横店营盘已被该逆冲扑,虽经迭次截剿获胜,惟逆众过多,恶气太近,只得权为撤退,连络护城各营互相策应。刻又闻楚军复遭挫衄,尚不得其详,是粤逆又复鸱张,与捻氛同时并警,曷胜焦灼。其一切详细情形,已由臣翁同书具折之便先行奏陈圣听。臣视为北路捻逆牵制,自须先其所急,俟此路情势稍松,方能统军南剿,第兵力只有此数,历次所调官兵及所请马队、马匹,迄今仍无到来消息。每当势处万难,空愤不能因手。昨因积劳失血,兼之肝患、痔疾一时并发,万不得已,吁恳恩施,赏假二十日调理,不期军事又非顷[2],复力疾奔驰,亲督战阵。机势所迫,曷敢稍辞危险。惟身心交瘁,更觉气促心跳,彻夜不能安枕,胸(隔)[膈]、膀胯时复牵痛异常。臣受恩深重,只知以身报国,其他成败利钝非所敢计。区区微忱,谅已久荷圣明洞察。臣日内察看南北军情缓急何如,能否抽身回定,再定进止。所有西路捻氛复炽,竭[力]剿办,并南路粤匪同属吃紧各缘由,谨合词由驿六百里驰奏,伏乞皇上圣鉴训示。谨奏。

张元龙有意投诚设法筹办片

再:臣查皖北怀、凤、临数城皆为捻(聚)[踞],贼数甚众,非以全力制之,不能急切见功。臣现在兵力已分,北捻、南粤皆须兼顾,而我皇上特派兵专司剿匪之员如袁甲三、王庭兰或为一隅牵制,或尚迟滞

---

① 此处疑有脱误。
② 此两字疑抄写有误。

未来，是责成仍在臣之一身。臣督剿全皖，既不能以全力专办此股，恐养痈日久，咎将谁归？此臣之所以昼夜焦急，心力尽瘁，患病情形较前益重。因思剿抚并用，自古为然。我朝如额勒登保，卓然为一代名将，当日剿办川、楚、陕三省教匪，蒙仁宗睿皇帝任以经略、重以事权，卒仍归于先剿①而后剿，宇内用以乂安，丑类悉皆向化，可见教无尽教，苟使翻然悔罪，无不可予以自新。如蓝旗捻首张潆即张元龙及任乾、韩秀峰等据有凤、临，其人数之多寡，较黄、白、红、黑四旗为最。此时倘能招抚，蓝旗捻圩亦可望一律归顺，张、龚二逆党势自孤。臣前此调合李世忠前来与张元龙会晤，后该参将面禀一切，即日回滁。臣复连派妥弁赍谕入城，默化其心。兹据张元龙来禀，情词恳切，大有回心向善之机，但其所领人众，凤、临大股及宿南一带零股不下十数万，剃发献城事关重大，其中筹办机宜殊非易易，设操纵一不得，转恐别启事［端］。臣惟殚心竭虑，设法图维，断不敢稍涉大意。统俟办有端倪，再当详细报慰圣怀。谨先行附片具奏。

　　咸丰八年十一月初三日，奉朱批："览奏均悉。"钦此。

附：军机大臣字寄上谕　　十一月初三日

　　军机大臣字寄钦差大臣厢黄旗蒙古都统胜［保］、帮办军务安徽巡抚翁［同书］：

　　咸丰八年十一月初三日奉上谕：昨因翁同书奏捻逆交乘，定远危急，当经谕令胜保、翁同书妥筹堵剿，其川楚援军俟西南道路稍通，即可迎提前进。本日据胜保奏，捻众围扑刘府，图袭殷涧，该大臣躬亲督战，贼众遁回，我军夺回刘府，分兵向炉桥、怀远跟追，并请饬令袁

_____

①　剿，当为"抚"之误。

甲三或唐训方专办怀远捻匪各等语。现在粤捻纷窜，胜保难于兼顾，自系实情，惟唐训方等尚在潜、太，袁甲三为徐、宿匪徒牵制，一时未必能即赴怀远，此外更无简派之人。仍著胜保统筹兼顾，俟楚北布置稍定，都兴阿、李续宜等援应桐城，扼守要隘，不至窜入楚境，则官文截留之湖南、四川兵即可次第前来，唐训方等所带兵勇亦可前赴徐、宿，其时袁甲三自能前赴怀远，与该大臣相助为理。至所调马队、匹，除已由袁甲三营分拨外，其后起未到者，前据该大臣奏称专弁迎提，何以至今尚未赶到？著即查明逗留何处，严催前进，毋任耽延。将此由六百里谕令知之。

缕陈近日筹办粤捻情形折　十一月初九日奉朱批

臣胜保、臣翁同书跪奏，为缕陈近日筹办粤、捻各匪情形，并臣胜保暂回定远，居中策应，兼资静摄病躯缘由，恭折仰祈圣鉴事。

窃前次怀远逆捻窜扰刘府，经我兵击退之后，分为两股，一回怀远县城，一由武店集直奔炉桥。该处于九月间被怀捻焚烧，嗣经臣等派游击王懋勋带山东官兵四百余名驻守。此次该逆党窜至，王懋勋迎剿，先获胜仗，将贼击退，不料贼匪大股猝至，愈来愈众，兵力难支，退保三十里店。臣虑其翻山而逸，直扑定远，先遣营总景林、付将张得胜设法邀击于马头岭，另派兵勇跟踪追剿，臣力疾督队，由山路绕至永康镇，以备迎击。讵意该逆由炉桥南遁，窜往庐城。该处为定远县之西境、寿州之东境，素为土匪出没之区，并无城市、关津，亦无兵勇驻扎可拦截。该捻沿途焚掠，裹胁愈多，步骑不下三万。景林于二十五日带领马队驰至荒沛桥以南，追及贼之后队，纵辔直前，贼骑辟易，因连发火箭，毙贼目数人，余众惊溃。我兵乘势掩杀，毙贼三四百名，斩馘甚多，并夺获骡马数十匹暨枪炮、刀械多件。惟时贼之前队已由双灯集窜近庐城，未能穷追。臣于二十五日，由永康镇亲督马步队至炉桥巡阅，见该处镇市、民房烧毁殆尽，正饬整顿团练，适闻该处附近不法奸民带多从逆，皆思蠢动，道路为之梗阻。有单老湾者，聚众千余名，为著名巨捻。臣思若不立予惩创，难以消反侧之[患]而靖人心，因密[饬]付都统穆腾阿、付将张得胜等前往相机剿办。该犯公然抗拒，于圩内开枪炮，经我兵分路攻扑，立破其圩，诛杀匪犯多名，于是邻近各圩皆畏惧乞恩，愿奉约束。各保自相团练，助官兵杀贼，臣遂用剿抚并行之策，散其胁从而还。二十六日，至定远县城，暂资调养病躯，兼与翁同书面议防剿事宜。旋据探报，怀远捻匪分股窜至庐城，粤逆并未容其入城，在双灯集及迤东之众兴集一带屯看扎营，声称欲纠合粤逆攻扑护城营盘，并图分股来扑定远。臣等查庐城之贼本不过二万余人，自楚师攻克舒、桐之后，金陵首逆遂将东犯扬、仪、浦、六之贼续调来凤，李寿（城）[成]、陈玉成等著名凶悍逆首悉在其内，计贼党已有十余万人。今捻匪窜往合伙，所以[未]容入城者，或惩李世忠投诚之事，惧其反间内应，不免猜疑，亦未可知，但庐贼既多，又益以捻匪大股，如果并力来犯，殊有贼众兵单之虞。业经严饬已革总兵吉顺、署总兵余成蛟等力守护城，严加防范，并将马步兵勇分路布置，一面联络前敌，一面防护县城。现在此股捻踪未测所向，倘侦知定远有备，难保不向六安州一带窜扰，李孟群一军恐不能遏其凶锋。臣等已饬令六安州知州茅念劬严行防守，并经臣飞札催调唐训方一军由六安前进，兼护颍①、寿，或可借以无虞。至楚军退驻后，久未得李续宾消息，传言不一，或云军声复振，已次舒城境内。如果连挫贼锋，直抵庐郡，即可收腹背夹攻之效。其全椒一邑，西援庐城，该逆踞为犄角，臣等已饬即补参将李世忠带队驰往进攻，以期早复坚城，牵制贼势。现据禀报，该参将已分兵于乌衣地方扎营三座，扼防江浦、浦口、六合三面之冲，并遵令于二十四日亲带队伍由滁州东面攻取全椒。俟其剿办如何，再为报闻。臣胜保现在赶紧医调病躯，以冀速痊。谨将近日筹办情形合词由驿六百里驰奏，伏乞皇上圣鉴训

———————————

①　此字疑误抄。

示。谨奏。

咸丰八年十一月初九日,奉朱批:"览奏均悉。"钦此。

请饬唐训方一军择要进扎攻剿怀远捻逆片

再:道员唐训方所带楚军,本系奉旨派赴徐、宿一带,会同傅振邦办理剿匪事宜。前奉寄谕,以淮南剿务吃紧,谕令俟唐训方兵勇行抵徐、宿后,即著袁甲三移师前赴正阳关堵剿等因。臣等自应钦遵办理,惟臣接准袁甲三函称,总须后路余捻永清,方可南下,揆其词意,恐唐训方一军赶到,仍为北路牵制,该京卿亦未能遽行前来,而现在张、龚二首逆共踞怀远,久无专力督办之人,顷又分股勾合庐郡粤逆,倘乘虚复窜西路,不独正阳等①寿州岌岌震动,即颍郡、霍邱、固始已经廓清之区,必致前功尽弃。豫疆为北窜门户,所关匪细,且李续宾自三河失利后退扎桐城,并闻舒城又陷,该藩司受伤轻重传闻不一,尚未可知,是此时南路粤贼鸱张,臣等极力图维,断不能分兵西路。因思唐训方一军与其绕赴淮北,而袁甲三仍不能遵旨前来,不如先其所急,就令此军由六安、正阳一路扼要进扎,攻剿怀远逆捻,就近听候臣等调遣,于剿务实有裨益。计该道员入皖在即,相应请旨,饬下官文,即令唐训方统带所部兵勇四千名由六安、正阳一带迅速前进,一俟此路情形较松,臣等仍即饬令该道员前赴徐、宿一带协同剿办,亦不敢稍涉拘泥。理合附片陈明,伏乞圣鉴训示。谨奏。

---

① 此处衍一"等"字。

请饬新任臬司迅速赴任折　　十一月初六日

奏为粮台事务繁赜，请旨饬催新任臬司迅速赴任，以专责成而免贻误，恭折由驿五百里具奏，仰祈圣鉴事。

窃臣前因司库粮台并已罄洗，且款目樛轕，最易混淆，恐藩司一人难以兼顾，奏请派员总办粮台。钦奉上谕："安徽办理粮台之署臬司恩锡，昨据崇恩奏，该员在途患病，恳请回旗，已降旨准其暂行回京就医，一俟病痊，即行赴任，不准逗留。如该员回京后，一时不能就痊，恐耽延时日。此时着翁同书即于皖省道府中遴派一员暂行办理粮台事务，以专责成等因。"钦此。查皖北军情紧急，仕宦者视为畏途，以致道府厅州县各班皆乏员差委，在省知府止有丁忧知府辛本栴一员。该员清绝一尘，才兼肆应，在皖年久，官声素好，最为出色，经胜保委令办理随营粮台事务，可期胜任。惟总理粮台责任尤重，事务较多，该员甫经病痊，气体未充，恐未能膺斯繁剧。此外惟有候选道潘筠基一员老成练达，善于勾稽，堪以暂行办理粮台事务。现已遵旨遴派该道潘筠基暂办粮台，以专责成。至臬司恩锡本系粮台熟手，正资督办报销，现经简放，仍以臬司专办粮台，尤望其早来整顿。该司奉旨"即行赴任，不准逗留"，谅已起程出京，不致借病推延，置军事于不顾。应请敕下该旗，查明恩锡是否已经启程，催令沿途迅速行走，来皖办理粮台，以资驾轻就熟之效。是否有当，恭候训示祗遵。为此由驿恭折具奏，伏乞皇上圣鉴。谨奏。

咸丰八年十一月初六日奏。奉朱批："另有旨。"

请留李锟于安徽酌量补用片

再：皖省知县乏员差委，虽经奏请由部拣发十员来皖，计到省尚需时日。查有即选知县李锟，四川举人，向在胜保军营差遣，该员年力正强，才猷练达。相应附片奏请留于安徽，酌量补用。伏乞恩准施行。谨奏。

奉朱批："另有旨。"

金安清捐资购炮请旨议叙片

再：枪炮为军中要需，洋炮、洋枪尤为利器。兹据候补运司金安清捐备小洋炮二尊、大洋枪八十杆、洋药五十九瓶，由上海购办，解送定远大营，核其价值约需二千两以上。臣已饬营验收演习。查皖营正缺枪炮，该运司捐资购备，实属急公。虽据禀为数无多，不敢仰邀奏奖，臣未敢没其报效之微忱。可否给予议叙之处，恭候钦定。理合附片具陈，伏乞圣鉴。谨奏。

奉朱批："另有旨。"

彭侍清出缺拣员请补片

再：安徽寿州营守备彭侍清病故遗缺，系军营所出之缺，例应由军营拣员请补。兹查有尽先守备潜山营望江汛左哨千总曹发魁老成稳练，技艺素娴，堪以升补。又寿春镇标凤阳营守备曾廷楷参革遗缺,查有安徽抚标左营千总尽先守备杨万林弓马娴熟,带队得力,堪以升补。合无仰恳天恩,准予升补,实于军务有裨。如蒙俞允,其递出之千把弁缺,容再拔补,咨部办理。合并附片具奏,伏乞圣鉴训示。谨奏。

奉朱批:"兵部查议具奏。"

遵旨饬查皖省被灾被扰情形片

再:臣于本年十月十四日承准军机大臣字寄咸丰八年十月初三日奉上谕:"本年江苏宿迁县骆马湖滩地被旱,安徽宿州等州县被灾、被扰,霍邱、亳州、蒙城、南陵、泾县五州县被扰、被灾,江西南昌等州县被水被旱,收成歉薄,义宁等州县被扰及逼近贼氛,浙江定海厅塘碶坍损,咸潮内灌,横浦等场被扰,福建浦城等县被匪攻陷,建阳、崇安等厅县被扰,龙溪等县猝被水患,冲坍民房,湖北武昌、咸丰等州县被扰、被旱,陕西吴堡县被雹,广西马平等州县被扰,贵州都匀等府厅州县被扰,节经各该省奏到,已分别豁免、蠲缓、展缓带征,散放口粮,给予修费,量为抚恤。又安徽颖、亳等府州,寿州、六安、霍邱三州县,河南固始县地方被旱、被蝗、被扰,并经降旨拨给漕米,由该地方官分途散放。江西各属兵燹后民困未苏,复降旨令该抚查明,奏请蠲免钱粮,小民谅可不至失所。惟念来春青黄不接之时,民力未免拮据,着传谕该督抚等体察情形,各有应行接济之处,即查明据实覆奏,务于封印以前奏到,候朕于新正降旨加恩。再,江苏武进等县螟子萌生,各属低洼之处积水较深,淮、徐等属禾稻杂粮黄萎,低洼积水未涸,江西南昌等属河水增涨,义宁等州县低田被淹,武宁等县蛟水涨发,低田被淹,庐舍冲塌,乐安等县禾苗黄萎,瑞昌县低田间被水冲沙压,乐安县被旱歉收,德化县低田被淹,浙江富阳等县、武康等州县田禾被淹，慈溪等县低洼，田禾被淹，仁和等县禾棉被淹、被风，於潜等县被旱，临安等县被风、被旱，湖北汉川、天门二县大雨滂沱，江水涨发，武昌等府属高阜间有蝗蝻，湖南武陵等县低田被淹，湘阴、益阳等州县被水，河南、河北三府亢旱，麦收歉薄，安阳等县二麦被旱，睢州被雨，内黄县秋禾被淹，光州等州县秋禾被旱，山东濮州等州县黄水漫溢，各属间被水旱，甘肃渭源等县被雹，宁州等州县被霜，河州等州县卫被雹、被水、被旱，广西修仁等十一州县被扰，收成稍歉，均据该督抚等奏明，委员查勘，并酌予赈济抚恤，即着迅速办理，并将来春应否接济之处一并查明，于封印前奏到。此外被贼扰害地方有应行调济抚恤之处，均着一并查奏，候朕加恩。将此各谕令知之。"钦此。遵旨寄信前来。

　　跽诵之余，仰见我皇上轸念民依，不忍一夫失所之至意。伏查军兴以来，各省多遭兵燹，而以皖省为尤甚，皖北安庆省城久为贼踞，庐郡再经沦陷，凤郡尚为捻巢，颍、亳、泗、宿、寿六各府州逼近捻氛，闾巷小民皆不得安居乐业，滁、来虽经纳款，民间元气凋残已极，加以蝗旱累年，现又数月不雨，污莱满目，爨突无烟，原野萧条，生灵涂炭，直有郑侠所不能图者。皖南地方素称饶裕，近以密迩金陵，屡遭蹂躏，几无完土，亦迥非往日富庶情形。臣忝任封圻，蒿目疚心，难安寝食。兹蒙圣主勤求民瘼，广沛皇仁，率土臣民同深感戴。惟查臣衙门文卷前在李孟群店埠寓内全行遗失，即两司衙门稿案亦片纸无存，所有被灾被扰轻重情形一时无从稽核，秋成分数至今尚未报齐，前已奏明展限办理，此次钦奉恩旨，即经札饬藩司及徽宁道确查详覆，以便由臣汇核，遵旨于封印以前奏到，恭候恩施。现又飞催该司等迅速办理，倘逾限迟延，当即严参。所有遵旨饬查缘由，理合先行附片覆奏，伏乞圣鉴。谨奏。

　　奉朱批："知道了。"

请饬浒墅关筹拨买马经费片

再：粤逆与捻匪向多步贼而少骑贼，故畏我马队如虎，遇辄败北。今粤逆骤添马匹，捻匪亦驰骑成群，动以千计，正不知何从得如许马匹。我之马队虽精，而贼之马队太众，此其所以难取胜也。伏查马队技艺自以吉林、黑龙江为最，第关东与俄罗斯接壤，未便尽行调出，致本地空虚，且支领行装等款每名所费不赀，未便轻言添调。臣在扬营时，曾与德兴阿商定，将绿营兵丁配给马匹，作为马队，虽不及吉林、黑龙江之精，亦颇利于驰逐。曾奉旨通行各省军营取以为法。今庐营马队既少，不得已而思其次，莫若用绿营骑兵，尚可得力。惟察哈尔等处程途太远，若请调马匹，既恐缓不济急，且沿途马力既尽，喂养缺乏，往往多报倒毙，迨到营时，所剩无多，殊属有名无实。臣请查照扬营之例，就地采买，每匹不过银十余两，计用银万余两，可增马千匹，军威顿壮，于计甚便。但目下饷需太绌，无从筹措，若非专款筹买，则饷银朝至夕罄，购买无期。各省皆形拮据，十拨九空，惟浒墅关原有应拨皖省之款，而丝毫未经拨解，若得浒墅关措银一万五千两作为买马之费，专款报销，则于关税之所拨无几而马匹可以骤增，足以制贼马之众。惟是该关监督每次咨商，率以织造紧急为词，未肯通融，必得特旨饬拨，始能筹解。臣为堵剿得力起见，不揣冒昧，附片吁请，如蒙俞允，于军务实有裨益。伏乞圣鉴训示。谨奏。

奉朱批："另有旨。"

截击捻军并侦探各路及筹办南北情形折　十一月二十一日奉朱批

臣胜保、臣翁同书跪奏，为南窜捻匪被兵截击，遁回怀远，并侦探各路及近日筹办南北情形，恭折仰祈圣鉴事。

窃臣自击退怀远窜出大股捻匪，夺回刘府，于殷家涧地方布置妥协后，并派兵将西路炉桥一带土匪剿洗，即日折回定远，居中筹策防剿机宜，业经驰报在案。旋探知该捻南窜庐州，一股尚在庐城，迤迤北之双墩集及三十里头，迤东之家兴集等处，屯聚扎营，仍欲勾合粤逆，同扑定远，经臣等商派营总莫尔赓阿带领马队由张家桥、青龙厂前进扼剿，复派穆腾阿、张得胜等分带马队，驰赴永康镇、炉桥一带，以备横截该逆归路。讵匪众闻知我兵直捣其后，遂连夜绕由马厂集、洛河街僻路沿淮奔逃，经我马步官兵两路夹击，逆踪不致停留，跟踪遁回怀远老巢。又派马队章京二(登)[员]，布置追至怀远南岸上下洪一带，该逆悉数过河，沿途抛掷枪炮、器械、辎重不少，马头城附近现无贼踪。已饬殷家涧以西各处防军带队往来巡哨，连络各圩乡团声势，以堵为剿，但该逆出没无常，兵至即遁，兵撤即来，种种牵制，狡猾异常，非有专办大员驻以重兵，难期制其死命。现据臬司王庭兰报称，仅带勇数百名由豫省绕道清江而来，查其为数太单，于事无济，到营后仍须由臣等抽拨大队，方敷剿办。臣等专盼新调川楚兵到，方足以资分拨。昨奉寄谕，又以李续宾三河失利，川楚各兵已被楚北暂行截留。跪诵之下，正在焦灼万分，适据探禀，张落刑大股水陆东窜，又蹈五河故辙，声言图扑明光、盱眙，意在断我东路饷道。当已飞饬穆腾阿统带马队二百余名星速驰往冈子集要隘，会合原派防剿之营总萨萨布一队迎头截击，尚不知能否以寡敌众。日内察看情形何如，臣当力疾前赴红心驿，亲督剿堵。其定远西北炉桥地方，屡被捻蹂躏之余，团练不齐，人心涣散，经臣等派令总办团练之护臬司马新贻前往劝办。又因该处接壤寿州，境内之马厂集、王家嘴一带素为土匪啸聚出没之区，复添派付将庆瑞、参将尹善廷、候选县知县凌树荃、李锟带领兵勇前往，相机剿抚，务令[化]莠为良，以期肃清地方，兼可疏通饷道。又据西路探称，舒、桐二城均复失陷，李续宾之兵不期竟至大挫，退往潜山、宿松一带，逆众数万跟踪，分股西窜，一趋石牌，一趋潜山，又闻已被楚师马队击回，该逆现俱屯踞桐、怀等语。臣等统筹全局，此时若以全力进攻庐郡，当可力制粤氛，以击西窜楚境之贼势。无如北路捻焰仍炽，一举足恃，必蹑我之后，则定远恐不能支。若先办北路，亦非臣胜保亲统重师驰往扼驻，痛力剿洗，难图次第扫荡，而臣既督师北剿，设未能即时得手，为所牵制，则粤逆必伺定远空虚，大股北抵，其将何以御之？此臣等所以再四筹思，不得不以重军先图固守定远，扼制南北贼冲，而以余力东西兼顾，察看吃重，即向(河)[何]路剿办，为战守皆备之计。现在南北贼众每一窜突，动辄数万，窥伺定远已非一日。臣等就现有兵力横截其中，设法图维，未容粤逆、捻匪勾结肆扰，已属极力支撑。幸东南有参将李世忠一军为之屏蔽，前因庐贼图扑定邑，当调该参将拨队八千暂扎藕塘，为官军策应，该逆知我有备，遂即未敢前来。现经臣等仍饬进攻全椒，于上月二十五日，李世忠亲自带队力攻全邑东门，直薄城关。逆众防备甚严，枪炮抵扼，李世忠身受矛伤，尚不甚重，幸于二十六日勉得胜仗。臣等现已派拨即补协领常海带领精壮马队前往协助进攻，以期及早拔取此城，便可分兵他剿。惟是目前四面皆贼，而兵只有此数，此剿彼防，应接不暇。如请调之马队、马匹，历时半年之久，仅到绥远城官兵百名，余俱未到。其奉旨拨调之普承尧一军，(倾)[顷]准官文咨催，七次飞催，未据江西照覆，一时已无可指望。惟有请旨饬下官文，查看楚东情形稍松，务将截留前项川楚官兵仍即催令赶赴臣等军营，以敷调遣之用。该省需兵之处，即可就近另调得力兵勇防剿。并恳饬将臣上次所请吉林、黑龙江两省额补兵丁迅速照数挑补，派令兼程前来归队，用资攻剿，庶不致皖事再行决裂，亦于大局有裨。臣胜保前因积劳呕血，前蒙天恩，赏假二十日调养。现当军情孔亟，竟不能容臣片刻安心。仰叩皇上福庇，连日服药，精神稍可支持，而于贼众兵单，办理棘手情形，每一念及，尤觉难安寝馈。且臣等伏思各路军营剿贼难易不等，然皆尚有后路可通，惟皖军前后受敌，被困垓心，几于不能施展，迥非他路可比。一切情形，谅邀圣鉴明洞鉴垂察。所有近日竭力筹办缘由，谨合词由驿六百里驰陈，伏乞皇上圣鉴训示。谨奏。

截剿东窜五河捻军连获胜仗折　　十一月十九日（二十九日奉朱批）①

臣胜保、臣翁同书跪奏，为派兵截剿东窜五河捻匪，于小溪一带连获胜仗，挫遏凶锋，逆众被剿回遁缘由，恭折仰祈圣鉴事。

窃臣等前因逆捻张落刑大股水陆东窜，复蹈五河故辙，狓猖而来，当即饬派侍卫穆腾阿统带马队驰往岗子集要隘，会合原派防剿之营总萨萨布一队迎前扼击。旋据驻守明光之付将惠成、办理盱眙厘捐之同知陈采纶及署知县许垣，又署泗州知府李承款先后禀报，据称该逆马步万余人于初七、八等日窜由五河，纷纷东下，其自浮山以至石家巷、查家渡一带沿河南岸劫掠焚毁，遍地匪踪。河下有贼船千余号，已于小溪地方筑壕盘踞，声言夺路明光，扑犯盱眙，为东扰清淮之计，并分股蔓延泗州境内，到处抢掳，情形均属吃重各等语前来。臣等接阅之下，莫名焦灼。查明光为盱眙前路重镇，小溪又为赴明光捷径，要以严堵岗子集来路为扼要之地，一面飞饬穆腾阿等赶紧进兵，一面添派游击德元带领甘肃兵、（堵）[都]司何绍棠带领开化勇前赴明光一带，与惠成原驻一军协力堵剿，臣胜保即于月之十一日由定远移师红心驿，就近调度。先是，惠成派令即补参将崔万清、已革都司

张绍飚等迎截查家渡一路,将搭造浮桥逆众奋力击退,未容其偷渡过河。初十日午前,萨萨布带队进至司家巷迤东溪河一带,马步贼一千余名蜂拥迎拒,即经施放连环枪箭,分路包抄,逆势不支,我军一齐压下,歼毙三四百名,生擒三十余名,追杀十余里,夺获骡马数十匹,器械多件。十一日,穆腾阿由然灯寺进抵恒塘,遥见贼旗数百林立村外,正在焚掠。我马队奋勇前进,先施火箭数支,该逆立即败退,复经追杀百余名,生擒贼目王朝王等十余名,夺获骡马十余匹,旗帜、器械一百余件。十三日,穆腾阿督率营总乌勒兴阿、得春等整队由岗子集一路进攻,于巳刻驰抵小溪地方。该逆环村扎营,见我兵掩至,登时惊慌失措。该侍卫率同各军乘势冲入,立毁贼巢,沿途追杀五六百名。另股旁窜之贼,经萨萨布、吉隆阿、金山、乌章阿等飞马绕出贼前,迎头截杀,枪毙箭殪者不计其数。余匪抛弃刀矛,沿河亡命奔逃,落水淹毙者又不下六七百名。官兵追杀二十余里,直至淮河南岸,此股逆匪歼毙殆尽。河内贼船,又经设伏岸傍之参领诺蒙阿率领火器营、蓝翎长玉泰、护军瑞升等施放火箭,射中多只,立时焚毁沉水中,余船顺河西驶,河北之贼亦同时遁回上窜。时已日暮,收队回营。是日之战,共毙匪二千余名,生擒四十九名,夺获器械、衣物、粮米尤夥,淮河南岸小溪一带遂无贼踪。伏查此次穆腾阿等督率官兵在小溪等处连日剿洗,将窜扰淮南一股悉力歼除,因大河阻隔,未能飞渡追剿,而五河以北及泗州一带贼警能否稍松,无从探悉。臣等一军力顾东南一面,已属支拄万分,于淮北诸路实有鞭长莫及之势,若派兵绕越前往,转于南岸不免空虚之患,已由臣等飞咨袁甲三就近于泗州、五河策应剿堵。至此股逆捻悉众东趋,心怀叵测,今获此大捷,则盱眙既可安枕,即清淮得保无虞。现当张落刑与凤阳之张元龙、临淮之李允构衅争杀,内讧已成,臣等惟有相机行事,期于剿抚兼施。总俟办理北路捻氛,或剿或抚,后路情形稍松,方能并力南路,规复庐郡,以无负圣明委任。所有派兵剿办东窜捻匪,连获胜仗缘由,谨合词由驿六百里驰奏,伏乞皇上圣鉴训示。再,所调之湖南官兵一千五百名,经臣迭次专弁飞提，现已据管带之署参将滕遇春禀报，于十四日行抵定远。臣现因东路布置稍安，仍即回定，居中调度，与臣翁同书妥商剿办。合并陈明。谨奏。

咸丰八年十一月二十九日，奉朱批："览奏，各情均悉。"钦此。

招降张元龙李允情形片　十一月十九日（二十九日奉朱批）

再：凤阳捻首张滦即张元龙前此具禀投诚，业将筹办情形附片奏明在案。兹踞守临淮之李允亦具有乞降之禀，察其情词甚为恳切，现复与张元龙及韩秀峰即韩四老万等先遣亲信斯同到营请谒，臣即于红心驿地方设（张）［帐］传见，由办理招降之绅练朱寿延、朱桂森、张葆和带同凤、临城内遣出之赵毓麒、史芳云、韩府修、姜懋昭、邵汝璋、吴锦章等前来，以次叩谒。臣一一宣示皇仁，晓以大义，劝勉有加。该斯同人等跪泣伏地，矢以悔罪自新，缕述张元龙、李允等感激情形，情愿投诚，杀贼效用。当经按名酌给军功饷项，并谕令传知张元龙、李允从速剃发献城，克期来见。去后臣伏思受降如受敌，非威足以慑其志、恩足以感其心，安能不战而屈人之兵？况攻夺城邑止于收复地方，断难尽数歼除，永绝后患；而此时抚议一成，不独临、凤之城传檄而定，可以肃清臣等后路，且翦张、龚之羽翼，即怀远踞贼其势自孤，实较之寻常战胜之方善于十倍，而难于万分。现在逆首张落刑因彼等皆愿归正，业与凤阳、临淮兴兵构衅，臣惟当乘其（庐）［角］触相争，设法筹维，因势利导。其中操纵机宜，间不容发。倘仰托皇上洪福，果能收此蓝旗捻众，用以制伏群逆，以后剿办捻、粤均易措手，诚为皖北军务一大转机。至于不烦兵力而可图复数城，且能弭患无形，使之

不为我敌而为我用,(询)[洵]为补救良策。惟此股人数众多,既收其
众以用其力,即不能不酌给犒赏、预筹军粮。查从前嘉庆年间国帑充
裕,故一切抚绥安集事宜均措置裕如,今则兵饷维[艰],正之需尚弗
源源接济,焉能有此余力以充招抚之用? 此臣所以每一念及,几至束
手无策也。况惟有与臣翁同书竭力设法筹措,容俟察度能否就绪,再
行奉恳恩施,裁夺示遵。兹将张元龙、李允历次所具禀函及臣先后给
发札谕分别照钞呈、原件一并封送军机处,以备呈览。其中有先行酌
给武职、顶翎,在一时权宜之计,援照李世忠成案,暂示羁縻,事成之
日奏明请旨办理,合并声明。伏乞圣鉴训示。谨奏。

　　咸丰八年十一月二十九日,奉朱批:"知道了。"钦此。

李孟群等进扎庐城于四十里铺获胜片　　十一月十九日
(二十九日奉朱批)

　　再:臣等因定远后路贼氛未靖,不克分身亲督南剿,当饬已革藩
司李孟群进扎庐西路,已革总兵吉顺、署总兵余成蛟进扎庐城东北,
随时堵剿,相机进攻。昨据李孟群禀称,据桐城县东乡练总从九品疏
长庚、生员慈沛霖于该县石溪地方率练生擒逆贼九人,内有贼首凌联
第一名,讯据供称,系伪王亲洪秀全表弟,奉洪逆之命,出南京接伊母
归;伪王四胞叔洪发扬,并带领匪党由无[为]起身,意欲袭桐城之后,
解安庆之围,窜入潜山、太湖一带,腰间搜出伪文、伪印、伪凭等件。
当经讯明同获之伪协理倪大青、伪典圣粮万采臣、伪指挥刘义方、伪
司马屠士起等,一并正法,并将伪印、伪凭转解前来。又据禀称,上月
二十八日申刻,庐州逆匪由西门突出大股,分扰四十里铺,分路口黄
旗遍野,势甚猖獗。该革司连夜调派各营兵勇,令知府袁怀忠、付将
卢又熊等管带,分路抄截。次日黎明,各军奋力迎击,自辰至午鏖战

三时,该逆不支,全股败退回战①,官军直抵小蜀山。三路共计杀贼数百名,割取首级、耳记四十余颗,生擒三十二名,夺获大黄旗十七杆,抬枪、刀矛一百余件。又据余成蛟禀称,前经探报,庐逆约于初三日由店埠运解火(约)[药]赴全椒,经该总兵派兵于扼要之石塘桥地方埋伏邀截,将逆众击退,歼毙不少,未容该逆窜往各等语,先后禀报前来。臣等伏查自楚军三河之败,舒、桐攻陷,南路贼势大张。该逆虽分股西趋,而和州、全椒、庐郡、三河一带匪势尚众。现据探称,庐州城内不下三万余贼,多系凶悍死党。该逆恐我兵潜(龚)[袭]其后,故为此拼命死拒之计,实属奸狡已极。臣等此时为北路牵制,未能以全力进取,已飞饬李孟群及吉顺、余成蛟等务就现有兵力相机实力堵御,一俟臣等续调之兵到齐,再行酌度扼要布置,亲督剿办,以期早殄妖氛。兹将现在南北贼踞情形绘图贴说,恭呈御览。为此附片具奏,伏乞圣鉴。

　　咸丰八年十一月二十九日,奉朱批:“知道了。图留览。”钦此。

通查皖境近日军情折　　十一月二十一日

奏为通查皖境近日军情,恭折由驿五百里具陈,仰祈圣鉴事。

窃查定远一县介在粤逆、捻匪之间,弹丸小邑,南北逆匪各十余万,啸聚跳梁,腹背受敌,其危险情形视各路军营为尤甚。所有剿办情形,均经胜保与臣会奏在案。伏念臣前在浦营奉命抚皖,彼时力疾登程,间道赴任。原以庐州军情正在吃紧,所冀北路捻匪有胜保、袁甲三并力夹攻,南路粤逆臣与德兴阿掎角图功,或可殄除丑类。乃臣

---

①　战,疑为“城”之误。

行至中途,闻庐州再陷,而局面一变;泊浦、六告警,而局面又一变,此非德兴阿与臣所及料也。胜保率师南征,定远借以无虞,天长旋即克复。乃捻匪东犯五河、浮山,势将直扑清淮,其西扰刘府、炉桥者,则尤近在臣营肘腋,贼帜如林,贼骑如蚁,其众又过于粤匪,居民尽被焚掠,惨不可言,土匪应之者蜂起,剿捕万分棘手,此又非胜保与臣所及料也。所可幸者,李世忠业经受抚,张潆亦欲乞降,咸思革面洗心,以听约束,此则胜保招徕之有法、驾驭之得宜,诚非臣所及也。然粤逆李寿成、陈玉成等麇聚于庐、舒,捻首张乐行、龚得等鸱张于怀远,以臣管见论之,窃以为皖省之忧方大。况乎兵力未增、饷需将竭,虽有山、陕、苏、豫等省之接济,终恐入不敷出,兵食之匮近在岁秒,远在来春。臣与胜保通盘筹画,计无所出,所为万分焦灼,寝食俱废者也。都兴阿一军与杨载福水师合攻安庆,计日可拨。自楚师挫于三河而舒、桐等处复沦于贼,安庆亦未能藏功。近日楚师虽屡获胜仗,似有转机,而贼势尚属狼狈,庐城之贼踞守者仍有数万。臣与胜保悉心商议,不先制捻众,断不能遽歼庐逆。捻匪拥众四十余万,其伪官、伪令,一同粤逆,种类虽异,声息相通,我欲悉力进征,则彼必多方挠制。近日复由临淮水陆东下,窥扰五河。查五河并无城垣,贼踪时去时来,出没无定,尚畏马队截击,往往四出纵掠,旋即鼠窜回巢。如果张潆、李允等真心投诚,怀远捻匪不日削平,袁甲三董率各军坐镇临淮,胜保与臣即可专图庐郡,南连都兴阿楚北雄师,东合德兴阿江北劲旅。诸臣皆有□谟勇略,必能合力破贼。臣虽占毕书生,一无所能,亦不敢不勉竭驽驷,以期上纾宵旰南顾之忧。目下定远情形稍形安堵,臣与胜保共在一处,徐商剿抚之策;李孟群、余成蛟等在南路扎营堵剿庐逆,时有斩擒,声势尚为联络;皖南相距较远,风闻贼匪悉聚芜湖县境内,湾沚、黄池等处情形吃重,宁国一郡岌岌可虞。所有近日皖境军情,理合汇叙驰陈,伏乞皇上圣鉴。谨奏。

咸丰八年十一月二十一日奏。奉朱批:"览奏已悉。"

何殿庆请以教职改补片

再：知县为亲民之官，当此逆匪纷乘，地方凋敝，尤须明白干练之员，方足以资治理。兹查有颍上县知县何殿庆系镶红旗汉军举人，自选授今职到任以来，办理地方一切事宜未能妥协，经前抚臣福济撤任留省察看在案。兹据藩司张光第、署臬司马新贻详称，该司等密加查察，该员才识迂拘，办事迟钝，难胜民社之任，惟系举人出身，文理尚优，应请以教职改补，归部铨选，会详请奏前来。相应请旨，将颍上县知县何殿庆以教职改补，归部铨选，以重吏治而示甄别。至所遗员缺，安省现有应补人员，容另遴员请补。合并声明。谨会同两江总督臣何桂清合词附片具奏，伏乞圣鉴训示。谨奏。

奉朱批："依议。"

请补铸印信片

再：寿春镇总兵印，前因署总兵萧开甲阵亡遗失，安庆按察使印及庐州府印、合肥县印，均于庐城失陷时遗失，业经奏明在案。又捻匪窜犯五河，署知县狄融殉难，印亦遗失，当经饬令各刊木质关防铃记，暂行盖用。惟查印信遗失，例应由礼部另铸补给。应请旨饬下礼部铸造寿春镇总兵、安徽按察使、庐州府、合肥县、五河县印各一颗，颁发来皖，以资铃用而昭信守。理合附片具奏，伏乞圣鉴施行。谨奏。

奉朱批："礼部知道。"

奏报庐凤定远晴雨情形片

再:庐、凤等处蝗旱累年,本年自七月不雨,至于十月。定远本系山城,井泉皆已枯涸,近始得透雨一次,麦苗普律沾濡,即未经栽种者,亦尚可以补种。理合附片具陈,上纾宸念。谨奏。

奉朱批:"知道了。"

遵旨酌保劝捐出力官绅折　十一月二十一日

奏为遵旨酌保劝捐出力官绅,缮具清单,吁恳恩施,仰祈圣鉴事。窃查咸丰八年六月十四日钦奉上谕:"福济奏,臬司劝捐出力,恳请奖励等语。安徽按察使张光第督劝泗州等属捐输,接济军饷一年之久,尚属得力。张光第着赏加布政使衔,其余出力官绅,并准该抚择尤保奏,以示奖励。"钦此。当经前抚臣福济行司查开出力官绅,详请奖叙。去后福济旋经卸事,臣到任后,屡次饬催,兹据藩司张光第详称,遵查上年五月间该司在臬司任内奉派赴盱督劝泗属捐输,当即督同委员设局分赴泗、天、盱、五各州县,会同绅董设法劝谕,共收捐实银六万八千四百余两,钱三万七千六十余串,均已批解庐营充饷。又,该司前在庐凤道任内统带兵勇办理滁、和防剿,就地劝捐,共收捐银一万八千四百二十两,钱十一万四十八千,调赴临淮防剿,又收捐银七百九两,钱三万九千四百三十余串,亦俱随时发给兵勇口粮。统计先后实收银钱不下三十万,该官绅于瘠苦荒旱之区竟能任怨任劳,劝集成数,既少裨于军食,复无拂乎民情,现据各属开折呈送,详请奏奖前来。臣查足兵必先足食,饷糈不继则士气不扬,是筹饷出力实与陷阵冲锋者无异。所有随同该藩司劝捐出力人员,自应遵旨择尤酌保。合无吁恳天恩，准予奖叙，以示鼓励。实于筹办饷糈大有裨益。
理合缮具清单，恭折具奏，伏乞皇上圣鉴训示。谨奏。

　　咸丰八年十一月二十一日奏。奉朱批："另有旨。"

　　谨将劝捐出力官绅缮具清单，恭呈御览。
　　计开：
　　署泗州直隶州即补知州李承颖，拟请赏加运司衔；
　　同知衔署盱眙县候补知县许垣，拟请补缺后以同知直隶州用；
　　运同衔署天长县候补知县胡玉坦，拟请先行开复摘顶处分；
　　署来安县即补知县褚维垲，拟请补缺后以同知用，先换顶戴；
　　建德县知县耿机、署颍上县知县周赏实，均拟请赏加同知衔；
　　都司衔泗州卫守备吴儒珍，拟请赏加游击衔；
　　凤阳县临淮乡训导戴家麟，拟请以教谕不论双单月即选；
　　署盱眙县典史候补从九品周来豫，拟请以府经历县丞即补；
　　六品军功安庆府照磨陆以忠，拟请赏加五品衔；
　　六品军功安徽遇缺即补府经历王九皋，拟请以知县即补；
　　世袭云骑尉即选教谕郑福申，拟请以知县不论双单月即选；
　　拣选知县黄调佑，拟请以知县不论双单月遇缺即选；
　　安徽试用直隶州州判胡嘉槐、遇缺尽先补用府经历韩镜清，均请
拟请以知县即补；
　　六品军功安徽试用从九品吴维垫，拟请以府经历县丞即补；
　　六品军功安徽试用府经历周筠，拟请以府经历尽先补用；
　　六品蓝翎安徽分缺间用未入流陆费保，拟请补缺后以府经历
即补；
　　六品军功应升安徽候补未入流姚光鑫，拟请以县丞即补；
　　候选从九品钱福祚，拟请以从九品不论双单月遇缺即选；
　　候补员外郎杨鸿弼，拟请以员外郎不论双单月尽先选用；

江苏试用知州范基调,拟请赏加运同衔;

拣选知县李济,拟请以知县不论双单月选用;

知州衔分发河南知县汪根兰,拟请以知县遇缺即补;

同知衔候选知县施湖、拣选知县张榆,均拟请以知县不论双单月尽先选用;

州同衔候选教谕周曰庠,候选州同朱桂生,试用训导吴鑫、郭鼇,均拟请赏加五品衔;

通判衔王大松,拟请赏加同知衔;

候选府经历张保和,拟请遇缺后以应升之缺升用;

县丞衔谢濂,拟请以县丞不论双单月选用;

举人汪鎏、候选训导孙玉堂,均拟请以教谕不论双单月遇缺即选;

岁贡生崇国品、附贡生姚名楷、崇家丞,均拟请以教谕不论双单月选用;

文生程学铣、辛华林,附生张桐,均拟请以训导不论双单月即选;

卫守备用浙江宁波后帮千总杨芸生,拟请以卫守备遇缺即补;

卫守备马昌明、守御所千总衔费荣昌,均拟请赏加都司衔;

江南白粮帮千总张炳泰,拟请赏加卫守备衔;

书吏刘松年,拟请以未入流不论双单月选用。

请革职提讯邹筥折　十一月二十一日

奏为查出失守城池漏未参办之知县,请旨革职提讯,以昭惩儆而服众心事。

窃查候补同知署怀远县知县邹筥由监生报捐未入流,投效军营,屡经保举,以知县补用。自署理怀远县以来,整饬乡团,剿散土匪,颇著勤劳,经前抚臣福济保奏,免补本班,以同知补用。乃本年捻逆大股将至怀远,邹筥严禁居民迁徙,迨捻逆陷城,城中居民被害甚惨,妇女死者甚众，以致士民怨恨，至今未释。彼时因军务倥偬，漏未参办，该员仍署该县印务。数月以来，在四乡团练尚为出力。但其失守城池一案，原有应得罪名，若不褫革查讯，殊不足以服众心。相应请旨，将候补同知署怀远县知县邹笴即行革职提讯，庶足以儆官邪而重民命。为此恭折参奏，伏乞皇上圣鉴训示。谨奏。

　　咸丰八年十一月二十一日奏。奉朱批："另有旨。"

巢县含山团练御贼情形片

　　再：皖省团练，经臣奏奉恩旨，加意整饬，该官绅咸能实力奉行。巢县、含山久陷贼中，该处绅民尚能集团御敌，尤为难得。前据含山县运漕镇巡检徐模禀报，会同把总宇安邦、杨占发等督练击贼获胜情形，业经附片奏明在案。嗣又据该巡检禀称，九月初五日，在昭关地方防堵，擒获著名通贼土匪邹家连，讯明正法等语。并据署含山县知县宋德谦详称，十月十五日，贼匪大股由全椒窜入含境之胡塘口地方，经该处练首从九衔王琢等齐集练丁迎击，斩获贼目伪丞相衔豫尉左五校尉周连甲等多名，夺获大旗、伪印、枪械、马匹多件，追杀十余里等语。又据委带巢县练勇即选守备张遇春禀称，自七月内柘皋官军移退后，诸路贼匪蜂拥而至，该员带领勇练扼守黄山，屡有斩擒。九月初八、初九等日，逆匪窜入山内焚掳，经该员派练埋伏，四路截击，斩馘颇多，并于夜间袭破西峰庵贼营二座等语。嗣据署巢县知县茹晋禀称，该令奉饬回县整顿团练，于十月初二日行抵该县境内之小焰山暂驻，探闻九月二十八、九等日逆匪打粮掳众，势甚猖獗，经守备张遇春率勇协同练丁极力攻剿，即将夏阁贼众击散，仍扎黄山堵御。该令并将黄山附近十七界团练一律举行等语。查含山、巢县地当匪丛，四围皆贼，该巡检徐模、守备张遇春、把总宇安邦、杨占发及练首王琢等均能督率勇练，力挫凶锋，该署令宋德谦、茹晋并能间道前往，整顿团练，虽值此豺虎横行，衣冠沦陷，而官吏尚能奉法，士民倍切同仇忠义之风，勃然难犯，洵堪嘉尚。合无仰恳天恩，俯准将署含山县知县即补知州宋德谦、署巢县知县候补知县茹晋均赏戴蓝翎，署运漕镇巡检试用从九品徐模以县丞尽先升用，并赏给六品顶翎；花翎即选守备张遇春以都司尽先选用，五品顶戴把总宇安邦、含山县汛把总杨占发均以千总尽先补用，练首从九衔王琢以从九品尽先选用，以示鼓励而昭激劝。除仍饬令会同实力防剿外，理合附片吁陈，伏乞圣鉴训示。谨奏。

奉朱批："另有旨。"

荣绥请坐补巢县知县片

再：坐选巢县知县荣绥，前在吏部告假来皖，经前抚臣福济留皖差委，已逾限期，尚未奏明。该员因有差委，未能赴部投供。查该员本系坐选巢县知县，合无仰恳天恩，准令留于安徽坐补巢县知县，以免闲旷而杜规避。理合附片吁陈，伏乞圣鉴训示。谨奏。

奉朱批："著照所请。"

崔万清请补苏州城守营参将片

再：苏州城守营参将锡昌在营病故，业经奏蒙恩恤在案。该员所遗之缺，查系军营所出，例应由军营拣员请补。兹查，有尽先参将陕西汉中镇中营游击崔万清驭兵整肃，堪以拟补。所遗汉中镇中营游击员缺,查有尽先游击甘肃横城营都司李璋熟悉营务,堪以拟补。所遗横城营都司员缺,查有尽先都司甘肃花马池营守备周胜打仗勇敢,堪以拟补。所遗花马池营守备员缺,查有尽先守备甘肃凉州镇右营千总李绣春带队勤能,堪以拟补。如蒙俞允,实于军务有裨。至所遗千把弁缺,容再拣选拔补,咨部办理。合并附片具陈,伏乞圣鉴训示。谨奏。

　　　　奉朱批:"兵部查议具奏。"

统筹全皖大局折　十二月十二日奉朱批

　　臣胜保、臣翁同书跪奏,为统筹全皖大局,谨将时势危急情形、现在竭力筹办缘由,恭折仰祈圣鉴事。

　　窃臣等前将皖省贼踞地方及官兵扎营处所绘图贴说,附折恭呈御览在案。伏查安徽全省所辖八府、五直隶州,除皖南各郡县均尚未能一律规复外,而皖北全境除颍州府属阜阳、太和尚少贼踪,此外庐州、安庆、凤阳数十郡县尽陷于贼,除定远、盱眙、寿州三州县未至沦没,其霍邱、六安、正阳等处虽先后克复,而无兵留守;滁州、来安、天长抵能拨兵二千余名尽力堵御,赖有参将李世忠一军稍壮声势。本年入秋以来,如江浦数万劲旅一旦溃营,楚军始入皖境,即克四城,不期为贼所乘,前功尽弃,因之进攻安庆之师亦遂撤退楚境,是贼势衰而未衰,仍然日形猖炽,正未可以轻视也。而皖居江淮之中,东西南北纵横四达,尤为腹心之患,更非边陲偏隅者也。从前周天爵、李嘉端各统重军防剿皖境,当蹂躏未甚,团练兵勇均尚足恃。嗣至和春、福济进兵庐州,师旅甚盛,饷需亦可源源接济,犹不免大股粤逆先后两次皆由皖境假道,长驱北犯,其时巨捻未起,后路无虞。今则兵单饷匮,南有粤匪数十万,北有捻匪十余万,环伺眈眈,腹背受敌,较之昔日情形虽①啻倍徙，识者无不谓皖军之危如累卵，岌岌不可终日。臣等本托皇上之福，犹能以孤军横截数百里之中，支撑数日之久，屡获胜仗，迭挫凶锋，使粤、捻各贼不敢遽然合股北窜，其危急情状，日甚一日，可想而知，此臣所以屡次请兵而昼夜筹思，不禁痛心疾首也。袁甲三责任剿匪，驻军徐、宿，固属吃重，然亦只能堵蒙、宿一带捻踪之纷扑耳，于张、龚大股狂氛未暇办及，仍须臣军之兼顾。迨九月以后，余捻孙葵心、刘狗等扰及东境，复侵豫疆。蒙皇上饬派关保带马队一千七百五十名驰赴淮北军营，厚其兵力，仰见圣谟周远，思患预防。窃念臣等一军前后皆贼，南北分剿，竭蹶不遑。前此调拨之绥远城马队、马匹，始因袁甲三截留，致误攻剿，继因道途梗阻，空马无一匹到来，马队仅二百赶到，而马之倒毙已半，此马队之兵无可望者一也。又如所请之湖南兵，虽已到营，数仅千余，而普承尧一军已据官文咨称，难期援皖，且不得力；四川之兵又为本省截留西阳防堵，此步队之兵无可望者二也。兵力如此，贼势如彼，臣等此军设有不测，则粤逆与捻匪勾结，合两股数十万之众，并力北趋，断非袁甲三所能扼截，其蔓延肆扰之区当更不止于东豫，是捻匪之北扰其患显而微，而粤捻之所连其祸隐而巨。臣向来力任艰难，不避危险，久在圣明洞鉴之中，而此时皖军支拄最难，关系亦最重，实有甲于他路军营者，若不亟图补救，恐全为决裂即在目前。臣等步队暂可勉强支持，马队实无从筹措，已遵照谕旨，与袁甲三函商，于新到之吉林、黑龙江、察哈尔马队内酌留一千名，以固北路，其余七百五十名迅速拨归臣营调遣；其前截留之绥远城官兵，既已疲乏，即留徐、宿军营，毋烦抽拨，徒劳往返。仍恳敕下袁甲三，务照臣等函商飞速拨来，以期皖军大局。现在臣正办理招抚张元龙、李允等投诚之事，设法羁（縻）[縻]，（不）[示]以恩信，将有成为。讵怀远捻首张、龚二逆深恨张元龙等就抚在即，突出马队大股数万，越过上下洪，窜至上窑、新城口、考城一带，甚

---

① 　虽，当为"何"之误。

形狷獗，扰我军心，声言欲由炉桥图扑定远。先经臣等派令原扎炉桥一带之总兵张得胜、付将庆瑞、游击王懋勋、都司白显彩等带领防兵二千余名迎前堵剿，复添派侍卫穆腾阿带同营总景林、萨萨布、乌勒兴阿等全起马队五百余名星夜驰往，迎贼所向，夹力兜击，以期一鼓歼除，但贼数众多，能否痛加剿洗、力遏狂氛，尚未可定。臣现已移师殷家涧，一面筹办临、凤招抚事宜，一面就近调度堵剿窜出怀逆，而南路粤焰又复大炽。据密探报称，舒、桐调回贼匪数万，麇聚巢县，别有诡谋，非援全椒即袭定远，并闻庐贼遍令四乡居民交纳背枪五百杆，并索妇女亵服千余件，以为厌避官军枪炮之用，约于年内攻扑定城前路营盘等语。已由臣等豫为布置，并飞饬总兵余成蛟、吉顺等严密防范，以备不虞。设使怀逆一时尚未击回，而此贼同时并犯，臣等仅此兵力，实有应暇之势。惟盼所请救调之马队官兵早一日到营，庶得早济一日之用，免致别生枝节，逆势更张，否则贼众兵单，万分棘手。臣等受恩深重，亦必竭其力之所能为，而成败利钝非所敢知矣。所有皖省需兵甚亟危急情形及现在竭力办理缘由，谨合词由驿六百里驰奏，伏乞皇上圣鉴。谨奏。

附：军机大臣字寄上谕　十二月十二日

军机大臣字寄钦差大臣厢黄旗蒙古都统胜[保]、帮办军务安徽巡抚翁[同书]、太仆寺卿袁[甲三]：

咸丰八年十二月十二日奉上谕：胜保等奏遵筹皖省大局，需兵甚急，请饬催拨马队官兵一折。皖省南路庐州贼势鸱张，北路复有捻匪麇聚，自应酌添劲旅，以杜其北窜之路。本日据官文奏，四川官兵该省并无截留，即日东下，湖南兵一千五百名亦已到营，惟普承尧一军留防九江未能赴援。胜保军营兵数已不为少，其所调吉林、黑龙江补额兵丁，亦已据报起程。至关保所带之吉林、黑龙江、察哈尔兵一千七百五十名前赴徐、宿，原为严防北路而设。昨据崇恩奏请裁①留黑龙江官兵五百名，驻扎韩庄，暂为东境边防之助，其余吉林官兵二百五十名、察哈尔官兵一千名，已催令关保管带，前赴袁甲三军营。现据胜保等奏，需兵甚急，马队无从筹措。著即咨商袁甲三，于吉林、察哈尔马队内酌拨二三百名归胜保调遣，其余仍须严防北路，不得再行调拨。胜保前两次保举军营出力人员，至一千余名之多，其中文员不少，据单开劳绩，亦俱称其随同剿贼，未免失诸冒滥。嗣后务当核实酌保，以昭激劝，毋得沾染外间恶习，市恩邀誉，致开幸进之门。将此由六百里各谕令知之。

怀远捻军南窜炉桥督军击退并添兵布置折　十二月二十三日奉朱批

臣胜保、臣翁同书跪奏，为怀远捻逆大股南窜炉桥，臣等督军于东西两路连获胜仗，击败回巢，并添兵布置，仍即折赴定远，策应南路各缘由，恭折仰祈圣鉴事。

窃自上月下旬，迭据怀城内探及擒获奸细供称，张、龚两逆首意欲西趋寿州，南扑炉桥，纠合庐郡粤匪夹攻定远，诡谋甚秘者。及月杪，果即突出老巢，而南路粤匪亦有蠢动之意。业将定远危急大概情形附奏在案。臣等权度缓急，以南路相距较远，尚有余成蛟、吉顺等各营扼扎护城前敌，此时自以先扼西北贼氛为重。前经抽拨精锐一千五百，令平乐协付将庆瑞、游击王懋勋等带赴炉桥扼扎，与原驻刘府一带之游击唐玉辉一军互为声援，复添总兵张得胜，游击胜②遇春、德元，都司谭玉龙等各起兵勇于西三十里店、永康镇、青龙涧等处层层接应，以固定远来路，一面飞饬总兵龙泽厚、游击黄开榜等管带

---

① 裁，疑为"截"之误。

② 胜，疑为"滕"之误。

炮船、炮划、水陆兵勇二千余名迎前扼堵，以固西趋寿州之路，尚恐兵力单薄，预调苗沛霖迅拨勇渡淮而南，协力夹击，又派侍卫穆腾阿飞带全起马队，迎贼所向星夜前进。(距)[讵]该逆于一二日自上下洪搭桥过河后，马步贼众约二三万，节节南趋，分为三路，一窜炉桥西北之洛河街，一踞东北之考城、上窑，一扑刘府附近之全家圩，四处狓猖，凶焰大炽。唐玉辉会同营总景林于初四截剿考城一股，小有斩擒，暂扼凶锋，未容东窜。初五日，穆腾阿赶至，带同营总萨萨布、乌勒兴阿、得春、全山等近击，于距炉桥二十里之龙头坝地方与贼接仗。匪众蜂拥来扑，经我马队先放火箭数支，射入贼队，伤毙数十人，我兵乘势纵马喊杀，枪箭齐施，贼阵兵乱。炉桥步队时亦赶到，一齐冲杀，贼势不支，毙匪一千余名，生擒数十名，夺获贼马五六十(名)[匹]，追杀被迫落河之匪，淹毙三四百名，余逆遁入上窑集内，抵死负固。其西窜洛河街一股，经龙泽厚等预为备，由革留都司黄鸣铎、(堵)[都]司张得魁分带炮船、炮划自石头埠要隘驶进迎击，该逆数千沿岸开炮近拒，我勇阵亡四人，受伤二十余人，水①炮船水勇分前后两路环攻，鏖战多时，立毙步贼四五百名，马贼数十名，逆势退却，均即背河飞遁。维时我军全注西南，而西南一股之贼围攻金家圩甚急。臣胜保正在殷家涧办理临、凤招抚事宜，闻报后即统亲军小队赶赴刘府一带相机救援。该逆闻臣军已至，为经圩内民团齐心坚守，遂撤退二十余里，仍以马贼往来围绕。即上窑贼众又复于初六日悉锐扑犯炉桥，经付将庆瑞带领在防弁兵扼守桥口营垒，讵炮迎击，腿中枪伤，负枪②力战，逆众不敢扑营，但恃其人多，胆敢将该付将营盘重重围裹。庆瑞等固守待援，甚为迫切。臣等一面檄派已革总兵柏山会同穆腾阿、张得胜、滕遇春等迅速进兵，并令唐玉辉由老城一带亟攻上窑之背，以牵贼势。适苗沛霖派来之守备刘兰馨所带头起练勇三千名亦已赶

---

① 此处疑衍一"水"字。
② 枪，疑为"伤"之误。

到,臣胜保当即由靠山集间道翻山驰往青龙涧,亲督诸军进剿,臣翁同书带兵勇千人驰赴西三十里店为之策应。初七日五鼓,穆腾阿、张得胜、滕遇春等由炉桥东南进攻,刘兰馨一军由西南会剿,庆瑞等亦即带队突围,内外夹击,枪炮连环,总以短兵相接,无不奋勇争先。逆势披靡,遂即立足不住,大败狂奔。我马步队跟踪追杀,枕骸遍野,夺获旗帜、械器、火药极多,不计其数。余匪均由黄盆窑、新城口一带跟踪回窜;所有围扑金家圩一股,亦即闻风丧胆,同时遁回怀城;其上窑、考城零匪,均经唐玉辉等搜杀殆尽。苗沛霖亦于是日淮北赵家嘴进兵,乘虚攻毁怀远北关,贼胆并寒。伏查此项怀捻大股南窜,意在纠约粤匪夹攻定远,势大人众,心怀叵测,设□炉桥要地被贼踞守,坐待粤逆勾合,恐定远一城腹背受敌,必不能支。经臣等先期布置,二面兜剿,将此大股击败回巢,始不得与南路粤寇并股肆扰。且得苗沛霖两起练勇,不下一万余人,尚皆精壮得力。臣等已饬令该管带之刘兰馨、徐立壮等于马头城一带节节扼扎,与西路龙泽厚等所带师船、陆队及唐玉辉兵勇联络声势,并拟令臬司王庭兰前往督带办理,以期重复旧规,相机实力攻剿,早拔坚城。至东北临、凤之城抚议,经臣设法驾驭羁縻,尚可不致反覆。俟有成局,另行奏报。惟逆时图窥扑护城营盘,前有宿、太败退之贼万余窜至小岘山、油坊街一带,声言即日分路北来,经吉顺、余成蛟拨队前往石塘桥迎堵,并经合肥民团于兴隆集地方截剿获胜,毙匪多名。仍饬察探贼情缓急,实力堵剿,随时禀报,以便相机策应。其全椒逆匪,经参将李世忠极力进攻,日日接仗,该逆近复添贼数千,拼死抵拒,时出悍匪冲扑我营,臣等节次酌拨子药、喷筒接济应用,并饬李世忠一面迅图规取,仍应严密防范,毋堕奸计。此时但得新调之川兵暨请拨之马队及早到营,则北制捻氛、南剿粤匪,当可竭力图维,较之前此危急情形自觉措手稍易。所有此次尤为出力之广西平乐协付将庆瑞,守营击贼,裹创力战,应请旨赏给巴图[鲁]名号;又黑龙江即补协领善庆首先带领马队冲入贼阵,杀贼最多,应请赏给付都统衔,以示奖励;又已革游击衔都司黄鸣铎管

（队）[带]水队，奋勇出力，应一并请旨开复革职处分。谨将击退大股南窜逆捻并筹策剿办粤逆各情形，合词由六百里驰奏，伏祈皇上圣鉴训示。谨奏。

捻军扑犯颍州拨兵堵剿片　十二月二十八日奉朱批

再：顷据颍州府知府才宇和及颍上县知县周尚实等禀称，西北大股捻匪孙葵心等带众数万，图扑府县城池，于本月初七、八等日已窜至交界之六十里铺一带，肆行焚掠，匪踪已逼郡城，情形甚为危急，请兵驰援。臣等闻报，万分焦灼。伏查颍郡一城为西北屏蔽，且系大营西路一线饷道，其正阳关、三河尖等处皆臣胜保上年攻克要区，万一再经窜踞，更属不可收拾。袁甲三虽任三省剿匪，远在徐、宿，鞭长莫及，而臣等军营相距颍郡亦四百余里，不得已于无可抽拨之中凑调步队千名、马队百名，统归驻守正阳之付将闫丕敏会同派去之马队委参领讷蒙阿等，带往驰赴六十里铺一带相机剿办，并飞调知州苗沛霖选带精锐练勇前赴江口集一路，合力攻击。但贼众兵单，能否足资剿堵，尚无把握。臣等惟盼新调马队早日到来，庶可分军西顾。谨附片具奏。

咸丰八年十二月二十八日，奉朱批："知道了。"钦此。

护城官军乡团堵剿庐郡并西路击敌获胜情形折　十二月二十八日奉朱批

臣胜保、臣翁同书跪奏，为护城官军会集乡团堵剿庐郡窜匪，并西路舒、六、英山等处击贼获胜情形，恭折仰祈圣鉴事。

窃臣前因庐贼屡图窥扑护城营盘，随时严饬在防镇将实力堵击，业已前折陈明在案。并因西路自楚军溃退之后,贼踪四突,飞饬舒城、六安、英山各州县就地集团,协助官军,以资防剿。兹据总兵吉顺、余成蛟及代理合肥县知县英翰先后禀称,该逆于附近护城之油坊集扎营踞守,分股于迤东曹家巷一带焚掠。吉顺等会商英翰,分带兵练相机迎剿;一面于十一日派参将李玉珍、游击林丛文等分带队伍前往梁园以北,遥作声势,以扼店埠一路。十二、三两日,逆众扑出,吉顺带参将滕仲武、图克坦,游击邵学墉,都司利超鸿等马步各队前赴张兴隆集,迎堵小岘山、南冈集来路。余成蛟派英勇各队往兴隆集,堵截石塘桥、平塘一带。英翰会同在籍主事英尧瑜带领千总张致音等带勇分扼要隘,先期将鲁家桥、销家集、司家巷贼卡三座焚毁,即随同余成蛟带领马步兵练由张兴隆集抄至高梁集。遥见匪众越岭而来,先以马贼向前窜扑,我军奋力前击,歼杀数十名,贼即回遁,日暮未便穷追。又据六安县知县茅念劬、舒城县知县甘文澜禀报,潜、太败贼窜至舒城者约数千人,由桐城续到之贼亦计五六千人,均分踞城外。十一月二十四日,大股贼匪窜至张母桥、鹭庙一带大肆焚掠,图扑营盘,当经该州县等集舒、六团练四五千名,由甘文澜带同把总万重宣及得力绅董分两路进击,贼亦分两路迎距。我军待其逼近,枪炮齐施,立毙骑马贼目十数人。逆众前后受敌,我勇乘势喊杀,歼毙贼匪百名,逆势纷纷退窜。复经我军鼓锐追杀,夺获枪械百余件,黄旗十数面,内有伪"圣粮"大旗一面,又检获伪照纸、号衣多件。同日窜犯小官亭一股,亦经该绅董带团奋力迎击,斩擒不少,夺获旗帜、号衣、腰牌等件,各匪亦即回遁各等语。其英山县西与潜、太接壤,据该知县何家骢禀称,先经练丁多名并亲带兵勇于交界扼要处所严密设防,一面与楚军联络声势。十一月初七日,将军都兴阿等统带劲旅击贼,(与)[于]亮天河地方大获胜仗。余匪蜂至太湖、南阳河,由碎石岭至平土造卡竖楼,其地直犯英山东界,当由该县带领在防兵勇、乡团星驰前往,适唐训方等楚北官军已到,即于十一日合力夹击,均有斩获,即将该二处贼馆、卡楼同时烧毁净尽。其南阳一带,亦经楚军会同太湖团练将贼卡踏毁,余逆回窜各等情,禀报前来。除由臣等分饬各该文武实力防剿,毋稍疏懈外,由合词由驲五百里驰奏,伏乞皇上圣鉴。谨奏。

　　咸丰八年十二月二十八日,奉朱批:"知道了。"钦此。

堵剿庐敌进攻全椒获胜请饬拨协饷折　十二月二十五日①

　　奏为堵剿庐贼及进攻全椒,各获胜仗,并北路捻匪东西肆扰,以致皖军饷道尽行隔绝,请旨就近饬拨协饷,以拯危急缘由,恭折仰祈圣鉴事。

　　窃臣等督兵将南窜炉桥大股捻逆击退后,即飞饬南路各营带兵文武认真防剿,以伐粤匪北窥之谋。臣等一面回扎定远,策应缓急,业将居中调度情形于前次折报内陈明在案,旋据已革藩司李孟群禀称,探知庐逆意图分股西窜,当即派队扼要准备。十五日早晨,该逆果由四十里铺分路来扑,经副将卢又熊带领马步兵勇迎前截剿,行至昆仑山下,逆众大股蜂拥而至,抄袭我军之后,各军奋勇轰击,该逆退回岗子集,踞卡抵拒。卢又熊督率马勇冲入,将贼卡立时平毁,先后毙匪百余名,生擒悍贼多名,并获伪将军姚得胜一名,夺获骡马九匹、大旗九面,抬枪、小枪四十余杆,刀矛百余件。适小蜀山突来一股扑救,又经我军直前迎击,逆势不支,纷纷败逃。各军合力追杀,擒斩甚夥,余贼抱头鼠窜,遁回庐城。讯据伪将军姚得胜供称,受贼伪制,防守西路,逆首纵天燕、吴如孝令其带队攻营,趁势直扑寿州,夹攻定城等语。当饬分别严防。讵该逆果于十七日突出大股,仍由四十里铺

---

　　①　此折为胜保所发。

向分路口一带扑来,先经卢又熊整军以待,俟该逆逼近,我军枪炮齐发,轰毙贼先锋数名,马军趁势左右分抄,贼众奔回。追至三十岗,该逆大队用回马枪抵敌,马军奋力冲击,歼毙无算。步军继至,四路抄杀,贼势大败,我军跟追至五里墩贼营,该逆回巢不及,尽被我军歼杀,填尸满濠。城中由水西门出贼一股接应,都司马陞带队冲上,手刃悍贼数名,余匪退却,各勇一齐赶至城根,火箭射中城上贼棚,匪众纷纷乱窜,城内人声喧沸,孤军日暮,未能攻入,收队后二鼓回营。共计毙贼四五百名,生擒三十三名,夺获大炮四尊,黄旗四十余面,抬枪、刀矛二百余件,叠获胜仗。又据参将李世忠、署滁州知州施照等先后禀称,全椒发逆屡次出扑,均经豫胜营奋力击退。十六日,我勇攻入东关,将屋宇尽行烧毁,该逆坚伏未出。十九日午前,突有大股出巢猛扑,都司朱元兴及江泗霖、倪文藻等分东西北三门截剿,鏖战三时,每处杀伤贼匪数十名、百余名不等,割取首级五十余颗,铳毙黄衣贼目一名,贼众败退。我兵乘胜直抵城下,因天色将暮,收队回营。查点马队受伤四人,勇丁被擒一名,阵亡六人,受伤四十余名各等情前来。臣等伏查庐郡贼数尚多,逆情凶狡,难以揣测,非厚集兵力难望攻克,总须定远后路捻匪稍松,楚军复振,臣等即可以全力径捣坚城,痛剿丑类。此时攻庐之军,惟当以堵为剿,先在扼其北窜。其全椒一邑与和、含、六合相为犄角,李世忠部勇合之大营派去马队,兵力尚敷攻剿,一俟有隙可乘,自无难一鼓而下。惟是日臣等各军介南粤北捻之间,三面皆贼,饷糈未裕,已觉难以支持,所赖东西饷道可通,尚可借此惟①系军心,设法剿办。前因马头城两次失利,西路时塞时通,是以奏改饷道由淮、徐解运,乃至十月以后,捻逆屡次由金乡境内蔓及济宁州,商旅难行,要津遮断,而颍州又叠次告警,河北大股捻众窜至南岸肆扰,自颍上以至郡城,节节梗塞,虽经臣抽拨马步千名驰往击剿,能否得手尚不可知,是皖军东西两饷道均已隔绝,此时山陕

---

① 惟,当为"维"之讹。

河南各省饷银无路绕越，不能解运前来，虽经派弁持令迎提，渺无音耗。当饷需积欠之余，又值年近岁逼，众口嗷嗷待哺，粮台不名一钱，急迫情形危如累卵，且现在办理凤、临招抚事宜即日可就，口粮、犒赏更无从筹措，必致误事。臣等万分焦灼，徒切殷忧。再四思维，皖省与江苏较近，且查知该藩库尚有存款可拨，除由臣翁[同书]另折具奏，请旨饬令于苏省藩库中无论何项，迅速筹拨银四五万两，星夜解赴臣等军营，以济危急而免饥溃外，查前经户部奏准由淮北盐课协贴项下，每月拨解臣营银二万两，以资攻剿，经臣与袁甲三商定，每处分解银一万两。乃自十月以来迄今三月之久，未据分毫解到。现在皖军饷道已断，兵食无出，且筹办张元龙等抚议及年终李世忠一军犒赏，在在需用孔亟。此项银两，既系部臣议准奏明指拨之款，即不得日久拖欠，惟有仰恳天恩，饬下两江总督臣、江南河臣迅将此项饷银三万两星夜拨解来营，以济急需，毋得仍前推托，往返函商，徒稽时日。并不得以皖省他款作抵，致形牵混，有误全局。伏候命下，臣即派员前往守提，以期迅速。所有南路击贼获胜，并饷道不通，急迫万分各缘由，合词由六百里驰奏，伏乞圣鉴训示。谨奏。

复陈保举冒滥片

再：臣于十二月二十一日钦奉寄谕："胜[保]前两次保举军营出力人员至一千余名之多，其中文员不少，据单开劳绩亦称其随同剿贼，未免失诸冒滥。嗣后务当核实酌保，以昭激劝等因。"钦此。臣跪诵之下，惶悚难名。伏查六安、天长两案一系本年四月间事，一系九月间事，六安之役，臣与袁甲三合军攻克，单开各员，内有袁甲三营中文武，其文员较多于臣营，经臣核定缮奏。至天长一案，由三河、马坝、马家集等处胜仗，以至克复县城，并附入藕塘、界牌、池河各次出力人员，汇单遵旨保奏，其中马队、炮营官兵将及十成之五，而步队兵勇及各将弁计有十成之四，其在事尤为出力各项委员，均经臣等公同核实酌保,不过十成之一,然请保升阶官职者,仅居其半,余则曾著功绩,有蓝翎者保换花翎,或仅请赏蓝翎、请加虚衔,并有开复原官、顶戴之员在内,实因皖省军务难于他省,兵单饷匮,棘手万分,幸赖圣明洞鉴下情,微劳必录,文武将士皆能同心效用,不避艰危,惟将届岁终,是以并案汇齐核奏,又因各营南北剿贼获胜数十次,历时已久,积少成多,故臣等两次先后请奖,随不觉其名数较众。兹承训示,并仍荷鸿施,俯准鼓励,不但臣等感激无地,即在营文武、大小将弁无不同声欢跃,咸颂天恩。至单开文员劳绩内,曾经注明"或草檄设谋,昼夜劳苦;或阵前驰送军火,转运兵食"字样,并未敢一概列入随同剿贼项下,只以全单人数众多,未能一一分晰,不免稍觉牵混。臣等受恩深重,嗣后惟当益加核实,严杜冒滥,以昭激劝,断不敢稍染外间恶习,市恩邀誉,致开倖进之门,以期仰副圣主慎重名器,甄拔人才至意。理合附片陈明,伏乞皇上圣鉴。谨奏。

代奏麟瑞谢恩片　　十二月二十五日

再:臣营吉林副都统麟瑞于天长保案内钦奉上谕:"着开复革职留任处分,并免缴捐顶。"钦此。经臣恭录行知去后,兹据该副都统呈称,数载军营,寸功未效,乃荷天恩高厚,念微劳之足录,宽既往之愆尤。惟有感戴鸿慈,益当奋勉图报,以冀仰答生成于万一。请由臣据情代奏前来。理合附片陈明,伏乞圣鉴。谨奏。

咸丰八年十二月二十五日奏。

讯明擅离职守之知县会同定拟折　　十二月二十七日

奏为讯明擅离职守之知县尚无有心逃避情事,谨会同定拟,恭折奏祈圣鉴事。

窃臣等前以署来安县知县刘锡龄擅离城守奏,奉上谕:"胜[保]、翁[同书]请将擅离职守之知县革职拿问一折。安徽来安县现在逼近贼氛，署知县刘锡龄并不保守城池，擅自出城，不知下落，实属畏葸贻误。刘锡龄着即革职拿问，交胜[保]等讯明，如系有心逃避，即以军法从事。"钦此。当经臣等饬委藩臬两司会同提讯。去后兹据布政司张光第兼护按察使马新贻讯明确情，会详解勘前来。臣等亲提研鞫，缘该革员刘锡龄由四川举人大挑知县，分发安徽，咸丰四年到省，委署来安县事，拿获要犯，奉旨赏戴蓝翎，并因经征七年上忙钱粮全完，奉旨以同知直隶州留安即补。本年八月，因运解饷银、军火迟延，经臣翁[同书]同督臣何[桂清]参奏撤任摘顶，尚未交卸，旋因浦口、六合告警，所有江浦军营派防来安之兵于八月十四、二十等日先后调回浦、六，该革员因闻粤逆陈玉成有分遣大股攻扑来安之信，随于十五、二十一等日两次禀请拨兵救援。正值驿递绕道，未能即时递到，而来城商民见官兵撤回信紧急，惊恐迁徙，该革员以守城无兵，惟有赶调乡团以资防御，而该县城守外委卢理堂又先经调赴浦口未回，随饬同城教佐各员分路往调，至晚未及调到，该革员焦急万分，遂于二十一日派勇六十名守护四城，亲附东北附城各保，多方激励，即在距城十二里之张山集驻扎守催。二十三日午后，始催集团丁二三百人督带进城。维时臣等派拨赴援之莫尔庚阿等各起兵勇均已先期到齐，分投堵御。该逆知有准备，未敢侵犯来境，随即窜赴六合一带，来安城池幸保无虞。当该革员出城调团之时，适臣等差探到城，遂以城内并无官兵禀报，经臣等参奏，钦奉谕旨革职拿问，当经饬交藩臬两司讯明拟议，解勘前来。臣等亲提研鞫，供悉前情，尚非有心逃避，究诘至再，矢口不移，案无遁饰，即拟结查。已革同知直隶州署来安县知县刘锡龄当贼氛逼近之时，既经禀请援兵，自应婴城固守，乃于发禀后，以调团为词率行出城，设被逆众乘虚窜扑城池，致有疏失，即以军法从事，亦属罪所应得。幸臣等所派援兵均能迅速赶到，扼要堵御，并谕调李世忠滁州就近派队驰往协守，贼知有备，未敢侵犯。该革员刘锡龄虽因调团出城，讯无有心逃避情事，究属临事张皇，擅离职守，业经革职，请免其治罪。除供招咨部外，所有臣等会同讯明定拟缘由，理合恭折附驿具奏，伏乞圣鉴。谨奏。

咸丰八年十二月二十七日。

附：咨吏部、刑部等

为移咨事。照得本大臣、部院前因探报江浦军营派防来安县城马步官兵俱已撤回，城内并无官兵等语。当即派令管总莫尔庚阿等带领马步兵勇一千余名驰往扼守。惟查署来安县知县刘锡龄人本平庸，遇事畏葸，前因运解饷糈军火迟延，甫经参奏撤任摘顶，尚未交卸，适值来安告警，防兵撤回，该员有地方之责，自应婴城固守，具禀飞报，乃官民俱已出城，并无一字禀报，若不从严查办，何以肃法纪而儆安邪？请旨将署来安县知县刘锡龄革职拿问，查明擅离职守情形，另行办理等情具奏。九月十一日奉到朱批："另有旨。"同日奉上谕一道：咸丰八年九月初五日内阁奉上谕："胜[保]、翁[同书]奏请将擅离职守之知县革职拿问一折。安徽来安县现在逼近贼氛，署知县刘锡龄并不保守城池，擅自出城，不知下落，实属畏葸贻误，着即革职拿问，交胜[保]等讯明，如系有心逃避，即以军法从事。"钦此。并准贵部恭录移咨到营，当经饬委安徽藩臬两司饬提。去后兹据布政使张光第兼护按察使马新贻会详称，奉经饬据该革员刘锡龄投到，会同提讯。据该革员呈具亲供内开：据参革前署来安县知县候补同知直隶州刘锡龄实供得，革员由四川廪生中式，道光庚子科本省乡试举人，咸丰三年会试后，大挑知县，分发安徽，四年四月到省。六年九月，奉委署理来安县事。七年九月，拿获淮北逸匪，蒙河宪庚[长]、漕宪邵[灿]保举，赏戴蓝翎。十月，因经征是年上忙钱粮扫数全完，蒙前抚宪福[济]保举，以同知直隶州留安即补。本年四月初一日，来城猝被粤匪窜扰，旋经革员随同大兵克复，蒙钦差大臣德[兴阿]派拨马步队官兵一千四百余名督同革员所募各勇驻城防守。各员抚恤流亡，筹济军食,以及修城挖濠,挑筑营垒,一切守御事宜无不实力攒办,均经禀报在案。迨至八月中旬,浦口告警,英游击所带八沟营官兵三百名先于十四日奉调回浦。其时来境亦正吃紧,并闻粤逆陈玉成有分遣大股扑扰来安之信。革员即于十五日据实具禀钦宪胜[保]暨抚宪翁[同书],请拨劲旅四五百名来县协守。讵自十五日以后,贼信愈紧,二十日夜间,宣化罗总镇、穆都统所带马步队兵共一千一百余名又奉全数调援六合,其扎驻来、六交界之施官集、雷官集等处各起官兵亦均拔营回六,来境未留一兵。革员所募乡勇一百五十名,除分派各处巡查侦探外,存城不足百名,情形万分危急。随又于二十一日将驻守官兵均奉调回浦、六,缘由具禀胜、翁二宪,沥恳迅赐拨兵救援,而城内商民因连日贼信甚紧,援师未至,转奉撤兵,均各惊皇迁徙。革员因守城无兵,惟有赶调各乡团练,以资防御。因查城守外委卢理堂又先经浦口营富都司调赴浦口未回,革员当即分委同城交杂各员驰赴各乡调集团练,至晚并无一保来城。筹思辗转,焦急万分,计惟亲往严催,庶免团丁畏缩。遂于二十二日留勇六十名守护城门,亲诣东北附城各保,多方激励,并在距城十二里之张山集驻扎守催。二十三日午后,始催集团丁二三百人督带回城,分布四门,严密防御。又奉钦宪胜[保]并抚宪所派援兵已到,该逆知有准备,未敢侵犯来境,遂窜六合,讵料革员赴乡调团之时,正值大营差探到来,是以回报来安城内并无官兵,兼之革员于十五、二十一等日两次具禀求援,正值道路戒严,文报必须探路绕递,均到在探报之后,致干严参。至革员前次运解饷需军火迟延,缘江浦德帅协济皖营饷需军火头批到境,适值三界道路不通,须由盱眙绕道明光以达定远,管解委员因中途改道,恐干结责,必须具禀粮台请示,以致转解未能迅速,迟延实出有因。兹奉查讯,所具亲供是实。等供。据此,该安徽布政使张光第、署安徽按察使马新贻会审,看得前署来安县知县刘锡龄擅离职守,革职拿问一案,缘革员刘锡龄籍隶四川,由廪生中式,道光庚子科本省乡试举人,咸丰三年会试后大挑知县,分发安徽。四年四月到省,六年九月奉委署理来安县事。七年九月，因拿获淮北逸匪，蒙河宪庚[长]、漕宪邵[灿]保举，赏戴蓝翎，复因经征是年上忙钱粮扫数全完，蒙前抚宪福[济]保举，以同知直隶州留安即补。八年四月初一日，来城猝被粤匪窜扰，该革员当时随同大兵克复，蒙钦宪德[兴阿]派拨马步官兵一千四百余名督同该革员所募各勇驻城防守，该革员抚恤流亡，筹济军食，修城挖濠，挑筑垒营，一切守御事宜，办理均属勤奋，俱经禀报有案。嗣因转运军火饷鞘绕道迟延，奏参摘顶撤任，尚未交卸，迨至八月中旬，浦口、六合告警，所有驻扎来安之兵于八月十四日先奉调回浦口三百名，二十日又奉全数调赴六合，以致来安境内并无一兵防守。该革员因闻粤逆陈玉成有分遣大股攻扑来城之信，于八月十五及二十一等日将官兵陆续调尽，存城乡勇不足百名，来城危急情形两次禀请速派拨援兵。维时正值道路戒严，文报必须绕递，未能即时递到，而来城商民见官兵尽撤，贼信紧急，援师未至，于二十一、二等日惊恐迁徙，该革员因守城无兵，惟有赶调各乡团练，以资防御。因查该县城守外委卢理堂已先经浦口营富都司调赴浦口未回，随即分饬同城教杂各员赶紧赴乡往调，至晚亦未赶到。该革员焦急万分，计惟亲往严催，庶免团丁畏缩，遂于二十二日留勇六十名守护城门，亲诣东北附城各保，多方激励，并在距城十二里之张山集驻扎守催。二十三日午后，始催集团丁二三百人，督带进城，分布四门，严密防堵。维时派援兵勇先已陆续到齐，该逆知有准备，未敢侵犯来境，随即窜赴六合一带，来安城池幸保无虞。不期该革员赴乡调团之时，适值大营差探到来，因见城内空虚，遂以城内并无官兵，知县不知何往之语转禀，致蒙会折奏参，钦奉谕旨革职拿问，札饬本司等会同提讯，供悉前情不谬，委非有心逃避，亦非并未禀报，究诘至再，矢口不移。本司等诚恐尚有避就，又复会同访查，与该革员所供情节无异，案无遁饰。此案已革即补同知直隶州署来安县知县刘锡龄于贼氛逼近之时，自应婴城固守，乃于发禀后，因城内无兵，援师未到，率即赴乡催团，虽于次日带练进城，援兵亦先期赶到，分投堵御，贼匪知已有备，未敢侵犯来境，城池得保无虞，讯无有心逃避情事，但当贼信紧迫，未能先事预防，临时始行出城调团，究属擅离职守。业已革职，应毋庸议等情，解勘前来。本大臣、部院会同亲提研鞫无异，究诘至再，矢口不移，案无遁饰，应即拟结。查已革同知直隶州署来安县知县刘锡龄当贼氛逼近之时，既经禀请援兵，自应婴城固守，乃于发禀后，以调团为词率行出城，设被逆众乘虚窜扑城池，致有疏失，即以军法从事，亦属罪所应得。幸本大臣、部院所派援兵均能迅速赶到，扼要堵御，又添调李世忠就近由滁州派队前往协守，贼知有备，未敢侵犯，城池得保无虞。该革员虽因调团出城，讯无有心逃避情事，究属临事张皇，擅离职守，业经革职，应请免其治罪。除恭折具奏外，相应移咨贵部，请烦查照。须至咨者。一咨吏部、刑部。

为移咨事。照得本大臣、部院前以署来安县知县刘锡龄擅离职守，请旨革职拿问，恭奉上谕："刘锡龄著即革职拿问，交胜[保]等讯明，如系有心逃避，即以军法从事等因。"钦此。钦遵。饬据藩臬两司解由本大臣、部院讯明定拟，恭折具奏在案。除俟奉到谕旨，另行恭录咨会外，先抄折移咨。为此合咨贵部堂，请烦查照。须至咨者。

一（计抄折）咨两江总督。
札藩臬两司知悉。照得云云。饬据该司解由本大臣、部院讯明云云。另行恭录札行外，合先折札知。札到，该司立即查照。此札。
（计抄折）

咸丰九年奏稿

攻剿店埠颖郡大获胜仗折　正月十五日（二十四日奉朱批）①

奏为派兵攻剿店埠粤匪，并分兵剿办颖郡捻匪，先后大获胜仗情形，恭折仰祈圣鉴事。

窃查粤贼盘踞庐郡，分屯店埠、梁园，时及半载。臣等为凤、怀大股捻氛牵制后路，未能即时亲督大举南剿，然亦不敢顿兵日久，致误南剿事机。叠经严饬在防镇将由护城节节进逼，堵剿兼施，该逆侦知官军势乘盛，梁园之贼逐渐南退，以全力踞守店埠，为庐城犄角，冀抗官兵，仍纠合潜、太败回贼众，于油坊集一带大肆焚掠，声言攻扑护城营盘，图犯定远。经臣等熟商，以该逆既思北逞，不如添兵迎剿，先发制人，因密授机宜，饬总兵吉顺、余成蛟等督率在防各军乘机径攻店埠，并于署合肥知县英翰、在借办团之主事黄先瑜来营谒见之时，令即速集各起练丁，随同官军约期进剿，复由定远大营添派记名副都统乌尔滚布、协领富明阿带领精壮马队先期驰往，为各军策应，以便分路进攻。本月十一日五鼓，吉顺带同游击聂桂荣，协领常升保，佐领额勒春，参将图克坦布，都司恩清、周胜、王士元、王升，守备姚长龄、胡荣先，知县杨定升及黑龙江参领依兴额、随队尽先员外郎阿克达春等各统所带兵勇，由东南一路而进；参将马昇平，游击朱淮森，守备刘

---

①　此篇亦见《皖北奏报》。

大用、王世熙、滕传述，县丞马虎臣等带领头二起锐勇、峰勇由东北一路而进；余成蛟带同参领程友胜、滕仲武，游击陆广山、林丛文、邹学镛，都司利超鸿、马世泰，守备张家瑜、王仲英，千总张正松等带领广勇、陕甘兵由正北一路而进；又派都司陈开玉、彭楚文，守备马云卿、唐启焜、张璋、陈钰、邓绍级①等带领楚良精强各勇，及合肥县英翰，守备吴斌、吴长庆，千总张志富等带领英勇，并会同乌尔滚布、富明阿等马队，均在正北一面接应；黄先瑜所带练勇即扼扎梁园，以防后路。布置已定，各军同时并进。距店埠三里许地方，遥见该匪数千人伏巢以待。我军先令步队三四百名前往诱战，逆众来迎，我军枪炮齐发，各路步队一拥而进，该逆胆敢分股迎扑，众军勇气百倍，齐声呐喊，直前奋击。富明阿率领马队抄袭贼后，与步队合力夹攻，逆势纷纷回遁。突有骑马黄衣贼目挥众回拒，我军愈加奋勇，立将贼目阵毙，逆众登时大败狂奔，我兵勇紧蹑追击，刀砍矛刺，斜击横冲，一气赶杀，毙匪不计其数，进至贼垒外濠，拥挤落水者甚多，其未及过濠及落水之贼悉被我军刺杀无余。正在催队环攻，忽西南复来贼众千余，意图援应，经富明阿、程友胜、陈开玉等会合马步队疾驰前往，并力迎剿。该逆抵敌不住，翻身回窜，我军奋猛追杀，贼众应手辄倒，夺获枪炮、器械数百件，两次约毙匪五六百名。余逆退窜入巢，抵死拒守，我军日暮整队回营，再图进取，洵足以挫凶锋而寒贼胆。此派兵攻剿店埠粤匪获胜之实在情形也。至颍郡一带为西路饷道所关，相隔大营较远，鞭长莫及，前因长发蒙捻窜过沙河，勾结土匪，逼近府县城，蔓延南召集、三河尖一带，大肆猖獗，当经臣等选派得力马队，会同副将阎丕敏、游击黄开榜等带兵千名，由正阳关一路驰往截剿。上年十二月二十七日，我兵甫抵颍上，适值捻匪扰及县城东南五里墩一带，城中居民纷纷逃避，惊慌无措，甚为危急，经阎丕敏等带领马步全队会合帮办颍州府知府程钰、知县何殿庆、周尚实等齐集团练，立即向前迎

---

①　据《皖北奏报》，"邓绍级"前有"千总"二字。

击。行近五里墩，见该匪步贼万余、马贼数百蜂拥前来，胆敢列队抗拒。我军施放连环枪炮，自巳至申鏖战四时之久，贼阵渐乱。参领诺蒙阿、守备李殿甲首先冲杀，营总吉隆额带队继进，阎丕敏、黄开榜等步队兵勇乘势分两翼抄击，无不奋勇争先，一可当十。贼势大溃，尽向西路奔逃。我马步官军跟踪掩杀四十余里，直至曹家庙地方始行收队，沿途尸骸枕藉，共计毙贼千余名，生擒二百数十名，夺获旗帜百余面、牛驴骡马数十头、刀矛器械五百余件。败匪纷纷逃散，阎丕敏等遂乘胜节节剿洗，直至颍郡，而滋扰三河尖、南召集捻匪仍有数千，闻知官军获胜，遂即窜并①郡城迤南五十里之曹家集、叶家圩一带，与另股土捻蚁集一处，筑圩盘踞肆扰。该副将等复会同颍州府知府才宇和，于本月初六日驰往剿办。该匪等见我兵掩至，公然负嵎抗拒。阎丕敏等率领马步官兵及该郡团勇四面环击，直至日晡，匪势不支，我兵填濠一拥而入，立将匪巢攻破，毙贼约近千名，救出被掳妇女数百口，其捻首李保佑、胡镇苍、梁住、戴小落、门冻五名俱已擒斩，巢内房屋数百间一律焚毁，夺获枪械、旗帜无算。我兵旋即于初七、八日就便驰赴三河尖、南召集等处弹压土匪、抚绥居民，西路匪踪渐就肃清。此分兵剿办颍郡一带捻匪获胜之实在情形也。伏查全皖境内群盗如毛，几于防不胜防、剿不胜剿。臣等设法抽拨官军，相度缓急，四面兼顾。幸赖皇上洪福，每战皆捷，将士用命，军威得以渐振，但必须后路匪势稍松，方可专力粤贼；亦必须饷需稍裕，庶易剿抚兼筹。所有现在剿办粤、捻各匪叠获全胜缘由，谨合词由驿六百里驰奏，伏乞皇上圣鉴训示。谨奏。

请饬禁止接济敌军片

再：臣等接据参将李世忠禀称，以欲平粤逆惟在先断私矿，次及

---

① 并，据《皖北奏报》，当作"保"。

米粮货物,庶可制贼死命,并指出大江南北水陆口岸要隘,各处奸商通匪偷贩各情,请严断往来,禁绝接济等语。臣等详阅禀词,不为无见。如果照其所禀,实力奉行,亦未始非困贼之一道,但袤延数省,地方辽阔,隘口过多,断制不易,且私矿关系尤重,盘查口岸固属紧要,而于各省会及著名镇市,商贾辐辏、囤积之所,盘查更宜加严,非有督师大臣及地方督抚印文知照,不准采买,其经过关津隘卡,亦非有印文护票不得私放走。兹将李世忠原禀钞咨军机处,以备呈览。应如何请旨饬下各路统兵大臣及各省督抚严定章程,实力严禁,以杜偷贩接济之处,伏候训示祗遵。谨附片具奏。

庐营马队仍拨归麟瑞管带片

再:查上年庐郡失陷时,副都统麟瑞受伤患病,适臣派副都统穆腾阿赴援来定,经臣翁[同书]奏将庐营马队并归穆腾阿管带,借资整顿。现查臣所请饬令补额之吉林、黑龙江两项马队兵丁三百余名,据报早经起程入关,二月初间可以到营,并准袁[甲三]咨称,分拨察哈尔官兵二百五十名前来臣营,马队较前加增,据穆腾阿呈称,该员腿疾时发时愈,恐一人照料难周,请添派大员经理。臣等公同商酌,查副都统麟瑞本在皖省管带马队,屡著战功,今伤病已痊,自应将庐营马队仍拨归该副都统管带,以专责成,俟吉林、黑龙江两起补额之兵及察哈尔官兵一并到营后,再由臣等酌令该副都统等两人分带,俾厚集兵力。除分饬遵照外,理合附片具奏。

请奖励周佩濂片　正月十五日

再:查定远为大营驻扎之地,四面逼近贼氛,一切抚绥不易,署定远县知县周佩濂朴实无华,勤求政理,数月以来劝办团练、弹压地方并挑挖城濠,修筑城墙,诸事不辞劳瘁,认真经理,实属勤奋出力之员。合无仰恳天恩，俯准将署定远县知县周佩濂赏加同知衔，并赏戴蓝翎，以示鼓励之处，出自鸿施逾格。谨附片具奏，伏乞圣鉴训示。

咸丰九年正月十五日。

招抚临凤捻圩截击张乐行片　正月十五日（二十四日奉朱批）①

再：臣办理临、凤招抚事宜，已有成议，业经节次缕晰陈奏在案。近准袁甲三函称，浍河南北各捻圩均已遍插由臣颁给官军旗帜，是其圩众归顺已属显然。凤、临捻首韩狼孜之弟韩秀峰已于上年十二月二十八日及本年正月初十日两次赴殷家涧行营谒见，经臣谆切开导，晓以大义，该捻首颇知利害，于畏惧之中寓悦服之意，输诚悔罪，情见词张。张元龙、李允二人俟任乾一回，即可定期出谒，剃发献〔城〕。臣连日正在筹办间，讵张落刑因官军、练勇紧逼环攻，势极穷蹙，又以临、凤就抚在即，意欲寻衅称兵，遂留龙逆死踞怀远，胆敢于十一日率众万余，水陆东窜，欲扑临淮，当经臣派拨兵练截击，并凤、临就抚之韩秀峰、张元龙亦俱列队抵御，未容扑过淮河。该逆遂沿淮北岸复趋五河打粮，并声言东窜清淮。贼情诡诈，是否仅止抢掳，抑或别图占踞，均不可不防。臣等已飞札守浮山之知府张清元严督在防兵勇实力堵截，一面抽拨马队前往明光一带，力遏窜路。臣营兵力止能顾及南岸，而于五河、双沟一带远隔湖河，势难飞渡，实有鞭长莫及之势。现已函咨傅振邦等迅速派兵，于灵、泗一路就近迎前截剿，并飞咨河东庚长一体严防东路。谨附片具陈，伏乞圣鉴。谨奏。

---

①　该片题为"胜保等片"，随《攻剿店埠粤匪颍郡捻匪大获胜仗折》一同发出。参见中国第一历史档案馆编：《清代军机处随手登记档》第89册，第652—653页。

咸丰九年正月二十四日,奉朱批:"知道了。"钦此。

怀捻东窜飞饬堵御片　正月十七日(二十六日奉朱批)①

再:进剿店埠及派援颍县情形,均经胜保与臣具折会奏在案。胜保现驻殷家涧,招抚临、凤捻众,其化导谆恳,可谓开诚布公、殚心竭虑,臣实谓其料事之神、任事之勇。颍州现已安静,蒙城、亳州捻氛尚炽,倘孙葵心一股果肯投诚,则捻患自可稍戢,惟查张乐行、龚得二逆怙恶不悛,负嵎抗拒。刻下龚得尚踞怀远;张乐行自率大股水陆东窜,已过临淮,扬言将犯五河。臣已飞饬驻守明光之副将惠成、驻守浮山之知府张清元督率兵勇,联络蒋坝防兵,严密堵御;一面飞咨庚长、邵灿、袁甲三派兵援剿,并由胜保派马队截击。现值长淮浅涸,或可阻滞贼船。此股悍而且众,巨患未除,终为可虑。至江北官军围攻六合,闻贼势已穷蹙,臣与德兴阿、鞠殿华共事日久,知其忠勇过人,必能迅速图功。昨据德安函开,六合贼匪有谋窜天长之意,已分饬天长、汉间两军加意防范。理合附片具陈,伏乞圣鉴。谨奏。

咸丰九年正月二十六日,奉朱批:"知道了。"钦此。

----

① 该片题为"翁同书片"。据《随手登记档》,该片是《徐州粮台承办皖省军装至八年四月收支各款折》的附片,正月十七日发出,二十六日奉朱批。下件同。见中国第一历史档案馆编:《清代军机处随手登记档》第89册,第665页。原稿似未抄录正折。

敌军开河接济咨水师严防片　正月十七日(二十六日奉朱批)①

再:据总兵吉顺函称,本月十一日夜,有民人阚广和自店埠出,供称是日贼匪为官军击败,被胁者乘间逃逸,营内之贼亦颇惊慌。又供,逆匪近因大江阻塞,迫令民间派夫挑运粮,由旱路自梁山至江浦之九洑洲交卸,送入金陵,数月以来不绝于道,现复令每一伪军帅出民夫五百名,于乌江开凿新河,直抵江浦,以便往来等语。臣查瓜镇克复之后,自浦口以至金、焦江面肃清渔火,估帆络驿上下,即九洑洲左近亦皆艇师驻守,接济已断,目下局面变更,未知陈国泰、黄彬、李新明所带红单师船移泊何处,能否遏九洑洲对渡之路。业经飞咨和春、德兴阿转饬水师镇将设法严防。理合附片具陈,伏乞圣鉴。谨奏。

咸丰九年正月二十六日,奉朱批:"览。"钦此。

请饬部剔除恤典积弊折　正月十七日(二十六日奉朱批)②

奏为请旨饬部,剔除恤典积弊,以慰忠魂,恭折仰祈圣鉴事。

窃维自军兴以来,凡疆场死事之臣,无论文武大小员弁及绅民士庶,一经统兵大臣或地方大吏奏到,罔弗立荷温纶,优予恤典,恩至渥也。无如内自在部核议之始,外至督抚司道州县衙门,其中逐层积压,弊窦丛生,往往有特奉谕旨议恤之案,而阵亡子孙转不能上沾朝

---

① 该片题为"翁同书片"。
② 该折系与胜保会奏。

廷实惠，一切祭葬荫袭，未奉行知，无从闻问，在死者不免赍恨于九泉，在生者亦不觉颠连而无告。即如曾经随臣剿贼之道员朱镇，在独流军营受伤殒命；又五品花翎盐知事张翊国，于镇将军营随同前江苏抚臣吉尔杭阿临阵捐躯；又如怀庆军营阵亡之把总王武泰等，其应得恤典，早经随时奏奉恩旨，饬部照例议给在案，乃迄今数年之久，各该家属皆尚不知有无恤荫，屡遣抱告来至臣营，禀请查办。臣细加访察此外各路军营死难文武，似此有议恤之名而不得恤典之实者，正复不一而足。推广其故，总由于内外大小衙门胥吏舞弊，需索重费，几成积重难返之势，或业经部议，行查本籍，而孤寒无费可图，有司遂延不上报，或家属自行呈请到部，而费用未餍所欲，书吏遂借以居奇，是赐恤之恩施几同贿纳，捐躯之忠荩竟等鸿毛，致使富而有力者尚可仰沐褒荣，贫而无资者莫获稍伸冤愤，彼致身锋刃，暴骨战场，死则徒死耳，其将何以励军心、作士气乎？臣窃以为，纲常节义所关殊非浅鲜，惟有请旨，饬下该部妥议章程，应如何严定查办限期，重予迟延处分，并以后无论在部在籍，凡遇有仍前索费舞弊者，准阵亡子孙家属指名控告，即当重治其罪，庶期可以除积弊而慰忠魂。谨合词由驿驰奏，伏候皇上训示遵行。谨奏。

敌军开河接济请饬德兴阿等派兵堵截片　正月十七日（二十六日奉朱批）

再：臣等接据总兵吉顺函禀称，讯据民人阚广和自店埠逃出，供称粤逆近因大江阻塞，于去冬迫令民间派夫挑运粮米，由旱路自梁山至江浦之九洑洲送入金陵。数月以来络绎不绝，现复令每一伪旅帅出夫五百名，于乌江开挖新河，直抵江浦，以便往来。该逆得以横行无忌等语。查臣等现在兵力只能由北而南逐节进捣，其乌江、江浦一带尚为贼陷，相隔较远，非皖营兵力之所能及，自应由和春、德兴阿就近派兵，设法严行堵截，以期断贼粮道。除飞咨外，理合附片奏闻。

伏乞圣鉴饬遵。谨奏。

咸丰九年正月十七日。

请饬催各省协饷并严定迟延处分折　正月二十四日

奏为各省协饷悬欠太多,请旨分别饬催解营,并严定迟延处分,以济皖军急需而维大局,仰祈圣鉴事。

窃皖北军饷全仗外省拨济,而各省往往拨不即解,解不足数,日欠日多,有名无实。阖营兵勇众口嗷嗷,几至朝不谋夕。臣等睹此情形,焦灼万状。当饬前办总粮台之藩司张光第详查各省悬欠若干。去后兹据禀称,所有各省奏拨之饷,总未能一律如数依期而至,现在大兵进剿,若不豫为筹策,恐饷匮兵哗,难以为计,且一切恤赏暨制造军火器械所费,尤属不资,遵即查明协饷省分已解未解银数,开列清单,呈请奏催前来。伏查方今军务之难,无过于皖省,而饷需之绌,亦莫甚于皖省,久在圣明洞鉴之中。前因安徽东省蹂躏殆遍,就地无可筹画,万不得已而有特拨协拨之请,屡蒙皇上允准、部臣指拨。各省督抚以及藩司均系受恩深重,自应设法筹维,顾全大局,若果库藏空虚,亦当于奉文之始由该省大吏奏明,臣等仍可另行请拨,以济急用。今奉拨本为有着之实银,部册即由此开销,即军营应得此实惠。臣等责任剿贼,极力维持,但使帑项稍充,即日率旅进攻,与楚军声势相联,则江北可有肃清之望。乃各省应解皖饷,除前抚臣福[济]任内积欠日久,为数过巨,姑置勿论,即以臣等自上年七八月间抵皖之后,奏请协拨及奉部指拨之款,半载以来,新欠又至七十余万两之多,以致庚癸频呼,军务无从措手,无怪从前皖军屡次溃营,大局决裂。况此时北路抚局将成,尤有必不可少之需,无如各该藩司畛域过分,于指拨军饷率皆习为故常,一味延容,视同秦越,漠不相关,以为延解一万,即可扣留一万,以供本省别项需用,而于紧要军糈竟置不问,任催罔应,比比皆然。姑无论因此贻误,致失事机,剿办迄无了期,即目下皖军缺饷已久,势将有溃散之虞。夫以行间将士与完善地方官吏相较,其中甘苦劳逸之别,不待智者而知。在臣等身受倚畀殊恩,卧薪尝胆,肝脑涂地,原属分所常然,而各该省藩司纵使持筹匪易,究不失为安富尊荣,公然坐视大局贻误,于心何忍?溯查从前遇有统兵大臣请拨之饷,各省克期起解,不准延宕时日,拖欠分毫,如有贻误,定例极严,处分甚众,故军务亦易于蒇功。今则以部拨有着实银留作该省自便之计,甚至每遇催饷函信,谆恳至再至三,即稍有接济,竟若以正供国帑为市惠私情,不但以咨催为故事,并视饬拨为虚文。展转思维,惟有仰恳皇上天恩,俯念皖军需饷紧迫,关系甚重,准照臣等单开各款,饬将已经报解而不能足数之淮南盐课、淮安关税及山西、陕西、江苏等省予以限期,严饬补解,并从重核定迟延处分,如再有不能依限解到者,由臣等指名查参;其并未报解分毫,与报解最少之浙江、山东两藩司,尤为玩视军需,任意延宕,相应请旨,先行交部从重议处,以示惩儆,仍责令迅速如数筹拨起解,俟到营之日再由臣等奏恳恩施开复,倘仍前延玩,抗不遵拨,即当据实奏明,请旨惩办。并请通饬协饷之省按定月分,声明某批所解系某月之饷,一面随时报部,一面由臣等稽核,免致前后牵混,庶足以挽回因循积弊,而期鼓舞军心,于军务全局实属大有裨益。至臣前次因办理招抚事宜需费浩繁,无可如何,请饬筹拨银二三十万两,上廑宵旰忧劳,曲荷圣明指示,臣跪读之下,感激涕零。值此时势多艰,惟当善体宸衷,自茹其苦,但求部拨欠解之款,及早陆续催解来营,臣等即此饷需,就此兵力,竭尽才力所及,设法剿抚兼筹,收揽众以制粤氛,办理不致十分掣肘,必可稍有成效,以仰副圣主轸恤戎行、荡平丑类至意。所有据实查参欠饷缘由,理合缮具清单,恭呈御览,伏乞皇上圣鉴训示施行。谨奏。

谨将藩司张光第开呈奉部指拨各省协济皖省饷银自咸丰八年八月起,至十二月止欠解未解各数缮具清单,并分晰登明,恭呈御览。

奉部月拨协济皖饷项下:

浙江省每月协饷银三万两,经臣翁[同书]于咸丰八年七月奏准部议,奉旨饬催后,仍旧丝毫未解,计自八月起至十二月止,共欠解饷银十五万两。臣等拟请饬令照数补解后,仍照臣翁[同书]续行奏准,自九年正月为始,每月解银二万两,不得再有拖欠。

山东省每月协饷银五万两,于咸丰八年七月部议,奉旨饬催后,除特拨项下之地丁银五万两丝毫未解,其月拨项下,计自八月起截至十二月止,仅解到银六万两、官票银一万两,仍欠解银十八万两。臣等查该省拨项为数较多,所欠亦巨,拟请于欠解月饷款内,按月拨银五万两之数,酌减成数,仍将九月至十二月按每月三万两迅速补解,共应解银十二万两。以后仍照臣翁[同书]续行奏准。自九年正月为始,每月解银二万两,不得再有拖欠。至其欠解特拨之五万两,应否一并令其补解,出自圣裁。

山西省每月协饷银五万两,于咸丰八年七月部议,奉旨饬催后,计自八月起截至十二月止,仅解到银八万四千两,仍欠解银十六万六千两。臣等查该省拨款亦属为数较多,拟请于欠解月饷款内按月拨银五万两之数酌减成数,仍将十月至十二月按每月三万两迅速补解,共应解银九万两。以后仍照臣翁[同书]续行奏准,自九年正月为始,每月解银二万两,不得再有拖欠。

陕西省每月协饷银二万两,于咸丰八年七月部议,奉旨饬催后,计自八月起截至十二月止,仅解到银四万五千两,仍欠解银五万五千两,应令照数补解,以后仍照臣翁[同书]续行奏准,自九年正月起,按月解银二万两,不得再有拖欠。

江苏江海关,每月协饷银二万两,咸丰八年七月部议奉旨饬催后,计补解到前欠五、六、七、八、九月银十万两,仍欠解十月、十一、十二等月银六万,应令照数补解,以后仍按月二万报解,不得拖欠。

浒墅关每月协饷银一万两,于咸丰八年七月部议,奉旨饬催后,分毫未解,共欠银五万两。应令照数补解,不得再延。

淮安关每月协饷银一万两,于咸丰八年七月部议,奉旨饬催后,计自八月起截至十二月止,解到一万五千两,仍欠银三万五千两。应令照数补解。又查臣翁[同书]前次奏奉特拨项下,除山东省银五万两丝毫未解外,淮南盐课银五万两已解到四万两,尚欠银一万两,江海关银十万两,嗣奉部改拨河南银二万两,已如数解清,又改拨山西银三万两,即在月饷内筹解,应归月饷内扣算。又改拨浙江银五万两,屡催未解,现又据浙江抚臣奏归河南抵拨,现尚未据解到。合并声明。

滕家胜击退捻军请旨奖励片　正月二十四日

再:臣等前因怀远捻首张落刑纠众出巢,水陆万余人沿淮东窜,扬言直犯五河,图扑清淮,当即添调马步官军分扼明光、岗子集两路,杜其下窜盱眙要隘,一面飞咨庚长、傅振邦等派兵分投堵剿,业于上次附片,奏邀圣鉴。兹据营总萨萨布、克蒙额等禀称,于沼河、小溪一带列队轰击,未容匪众窜过南岸。又据探禀,十四日,该匪扑至王家园地方屯踞,遂连日分股至泗州、灵璧关厢焚掠,并分扰牛庄、曹沟民圩,掳粮万余石,势极猖獗。经驻守固镇之游击滕家胜带兵勇、团练于十八日赶到,营总关保带领马队五百名亦于是日赶至,一齐进攻。滕家胜先带步队乘夜攻入贼巢,与马队会合,杀毙长发贼极多,夺获辎重、粮食甚夥,并闻生擒张逆之子,解送宿州军营。贼败四散狂奔,复经官军搜杀,余匪踉跄回窜,经过临淮,投诚之韩秀峰等在彼整军邀截,该逆亦遂不敢停留,仍由北岸遁归怀远,并经萨萨布、克蒙额等带领马队于二十、二十一等日探至五河境内一无贼踪,现复由臣等饬令西路各营乘势会合各起练勇,以期进攻怀远,迅复城池。至滕家胜屡次击贼获胜,但有禀报到臣,而此次击回东窜贼匪,大获胜仗,尤属奋勇可嘉,洵为备弁中得力之员,特所称以三百余名兵勇联络乡团,击退捻匪数万之语,臣等相隔较远,尚不知其详。前因该游击本隶袁甲三军营,臣是以未经随时保奖。兹奉谕旨垂询,理合据实覆奏,并请旨,将即补游击滕家胜赏给巴图鲁名号,并加副将衔,借资鼓励。

出自鸿施逾格，伏乞圣鉴训示。谨附片具奏。

咸丰九年正月二十四日奏。

据李世忠禀薛之元投诚江浦可图折　正月二十九日
(二月初七日奉朱批)①

奏为江浦、浦口有机可图，已饬副将阿克敦会同参将李世忠带兵前往，妥为筹办，以期及早挽回江北大局，恭折仰祈圣鉴事。

窃自江浦失事之后，贼势益张，与皖北安、庐诸城联为一气，勾结蔓延。臣等明知江北大局必须及早挽回，庶金陵攻剿可望渐有头绪，而皖营诸军为南粤北捻所牵制，仅能勉强支撑，殊无余力前往协助。上次接据探报，粤逆于乌江一带开挖新河，直抵江浦，由九洑洲运粮送入金陵城内，往来络绎，任意横行，臣等阅之更为焦急。设使运道常通，源源接济，则金陵无粮绝之期，而南军有坐困之势，蒇事无日，攻克良艰。前经奏明，饬下和春、德兴阿派兵严堵，然其地在贼腹心，六合一城尚未攻复，德兴阿又焉能深入兼顾？是此时以大局而讫②，欲办金陵之贼，必先断江北粮道；欲断江北粮道，必先复江浦、浦口为要着。臣等惟盼德兴阿攻六之军及早得手，天长防军即可撤去。臣等大举进兵，自必较易为力。无如六合地险难攻，而贼又善守，江北官军虽由猴子铺进取，而立下坚城尚无把握。且查其扎营多在东南面，西北、正北仍属空虚，皆可分窜。节据探称，六邑逆匪屡欲图扑天长，并分股扰至马家集、竹镇一带，均经驻守汉涧兵勇随时击退，叠有斩擒。该逆侦知我军有备，亦未敢窜入，经提督德安呈报及在防将备保英、张玉荣、黄诚忠等先后函禀，大略相同。臣等当饬保英等将所

---

① 奉朱批日期据《随手登记档》补充。参见中国第一历史档案馆编：《清代军机处随手登记档》第90册，第30页。

② 讫，疑为"计"之误。

带各起防军统归德安调度，以堵六合北窜之路，并经添派兵勇协同李世忠设法攻取全椒，一面由大营集、乌衣一带扎营，牵制六合西路贼势，兼可观江浦贼踪动静，相机以次进剿。旋据李世忠密禀，以粤逆现在派守江浦、浦口者系薛之元即薛小为之主持，薛之元在长毛中从前与李世忠最称莫逆，今知其归正授官，又因臣等所拨会攻全椒之兵叠挫凶锋，军威甚盛，薛之元遂转念投诚，屡次密遣亲信持书潜赴滁营乞降，情愿作为内应，献出江浦城池，冀为赎罪立功券证，禀请示遵前来。臣等密为从长计议，江浦、浦口为金陵对面锁钥，又为江北紧要咽喉，贼据之则水陆任其纵横，我得之则南北皆可控扼，自须先图规复此城，方足以扼贼之吭而制金陵首逆之死命。从前江浦县城为贼所踞，经江北官军竭力图攻，始能克复，一旦复遭沦陷，城固濠深，垒坚炮利，尽为贼之所有。细审目下情形，即使六合复后，而浦城要地亦断非一时所能力争，又不知当糜军饷若干方克有济。今幸有此机会，诚觉未易力争者，无难智取。但使江浦、浦口为我所得，窃料六合一城势成孤注，亦将不攻自破，不独为江北军务一大转机，即剿办全局亦渐有头绪。现已由臣等饬令副将阿克敦会同李世忠暨帮办滁州知州孙禧、知县李元忠、都司蒋立功等带兵前往，相机妥办，其应如何扼要扎营接应，并如何剃发献城，以及拨军防守，不致得而复失，均由臣等密授机宜，分饬悉心筹画，以期迅速用妥，免致生变。至浦六蒇功之后，自应与德兴阿和衷会商，再将布置机宜缕晰具奏。目下事之成否，尚未可知，未便掉以轻心，豫设成见。臣等因皖境贼数过多，剿抚兼施，办理已非易易，原乏兵力越境他顾，惟是大局所关，曷敢稍分畛域，但力所能及，则必竭力图全，以上副我皇上委任责成、殄除群丑至意。除咨德兴阿乘此机会迅速进兵，力复六城外，谨将江浦可图大概情形先行陈明，伏乞皇上圣鉴训示。谨奏。

李世忠攻剿全椒情形片　正月二十九日（二月初七日奉朱批）①

再：全椒逆匪负嵎坚拒，叠经官军实力进攻，该逆仍复伺隙出扑，并声言攻打滁、来，意图报复。臣等以滁、来两城逼近全、六贼氛，均不可不严为之备，节次谆饬李世忠一面激励诸军，设法早克全邑，一面于滁、来城外增垒修壕，自固吾圉。兹据管带马队之委参领恒禄及李世忠先后禀称，正月初一日巳刻，城逆突出大股直扑我营，恒禄带领马队会合都司朱元兴及江为霖、蒋立功、倪文藻等步勇迎头冲击，另拨大队绕抄贼之归路，匪众惊败，我马步各军一齐赶杀，直追至东关。贼紧闭城门，未容败匪入，被官军歼毙殆尽，夺获旗帜、枪炮多件，日暮撤队。十三日，该逆复出大股来扑，先元奥带队截杀，鏖战多时，毙匪一百余名，割取首级二十七颗，夺获大旗二十六杆，余匪回窜入城。十五日，出贼三千余名，由来安东南之葛塘集一路图攻大营集官军营盘，幸我军预为准备，立即出营分途迎击，枪炮连环，毙匪无数，该逆踉跄回巢，割取首级数十颗，夺获大方旗六面、抬枪十余杆。同日六合逆匪亦窜出二千余名，围扑竹镇集营盘，经李世忠亲带各队前往奋力歼剿，杀贼尤夥，阵毙悍贼多名，概行割取首级，逆势大败而归。现在滁、来两城增修沟垒，均已一律浚筑完竣，足资堵御各等情。除仍饬严密防剿外，理合附片具奏，伏乞圣鉴。谨奏。

咸丰九年二月初七日，奉朱批："知道了。"钦此。

---

① 该片题为"胜保等片"。发出日期据《随手登记档》补充。参见中国第一历史档案馆编：《清代军机处随手登记档》第 90 册，第 30 页。

中国近现代稀见史料丛刊 【第十辑】

张剑 徐雁平 彭国忠 主编

翁同书奏稿（下）

（清）翁同书 著

张易和 整理

本辑执行主编 张剑

凤凰出版社

派李世忠招抚薛之元献出江浦城并攻克浦口折　正月三十日

奏为官军星驰前进,立复江浦县城,乘胜攻克浦口,大挫凶锋,并派军驻守及收服降众各缘由,恭折驰奏,以慰宸廑,仰祈圣鉴事。

窃臣等前因江浦、浦口有机可图,为釜底抽薪之计,密派副将阿克敦会同参将李世忠带领马步官兵前往妥办,业经专折奏陈大概情形在案。李世忠与阿克敦于正月二十五日带同知县孙禧、李元忠、都司蒋立功等选带精锐各队,星速驰抵江浦,一面知会都司朱元兴等由全椒分拨马步自乌衣前进,即于是日同进江浦县城,与贼首答天侯薛之元晤面。先是,薛之元前期数日续遣亲信至滁营乞降,订期举事,值李世忠往来安布置防守,道途稽延,本月二十四日,长毛老贼闻薛之元立意投诚,遂以大股围扑江浦,事起仓促,外无援兵,因江南水师游击赖镇海管带炮船近在新江口屯扎,薛之元遂往乞援,即经水师炮船会合夹攻,杀贼甚多。时江南提臣张国梁亲自前往江干,与薛之元会面,并接济火药,许以五品顶翎,招其来降。薛之元当以与李世忠已有成约,未便异而之他,旋即仍回江浦城中,率众固守。二十六日下午,李世忠等带兵四千余名赶到,即将臣等招抚密谕交给阅看,准其立功赎罪。薛之元心悦诚服,遂即率众一万二千余人一律剃发,献出江浦县城,即于二十七日五鼓会同参将李世忠、副将阿克敦、知县孙禧、李元忠、都司蒋立功等统带马步全队分路前进,直抵浦口,趁大雾之际,出贼不易,奋力进攻,讵该逆因闻李世忠等兵到,预调六合贼众协防浦口,见我兵至,即拥众出拒。李世忠、薛之元首先带队呐喊直前,枪炮齐施,刀矛并进,自巳至未鏖战三时之久,逆势不支,纷纷败退。我军乘势踹毁贼营二座,遂由西关冲入,尽力轰击,沿路尸骸枕藉,遇贼悉奔东关,向江边退窜。我兵追剿十余里,阵斩怀天福贼目并伪头目七人,杀毙长发粤贼一百数十名,生擒湖南老贼一百余名,歼毙贼众一千余名,夺获大炮四十余尊、抬炮抬枪七百余杆,立将浦口要隘克复,实足以寒贼胆而快人心。并据薛之元缴出伪冠伪袍、伪印九十八颗、伪照一捆,由知县孙禧赍呈前来。臣等伏查江浦、浦口为局紧要关键,江浦一日不复,则金陵一日不能得手,况其城坚贼众,断非旦夕所易奏功,诚恐师老饷糜,难操胜算。前次密令李世忠等驰往剿办,原不敢必其有成,幸托皇上洪福,天威震叠,三日之内连复两城,竟能获此奇功,实非臣等意料所及。现已飞饬李世忠等扼要扎营,联络固守,并就此得胜之师、新降之众趁势进攻高旺、石碛桥一带贼营,以期一鼓而下,直捣和州,并可寒六合、全椒贼众之胆,与大江南北诸军为犄角之势。臣胜[保]即日移军池河、珠龙桥等处,居中控制,相机调度,惟六合逆众穷蹙已极,难保不铤险他窜,已飞咨德兴阿等迅速围攻六合县城,期殄丑类,并令李世忠一面相机由西面会剿逆巢。此次参将李世忠奉令进兵,竟能设计出奇招降大股贼众,连复坚城,洵为奋勉出力,忠勇可嘉。相应请旨,以副将即行升用,并赏给巴图鲁名号,以示鼓励。其投诚之贼首薛之元率众剃发献城,即时随同攻克浦口,亦属坚心归正,立建厥功,应请皇上格外天恩,免其前罪,先行赏给三品顶戴花翎,以昭激劝,其余在事出力人员及薛之元手下头目人众,容臣分别查明,另行奏恳恩施。伏乞准予奖励。至江南水师游击赖镇海素有胆智,为臣等所深知,兹于未经复城以前,会同夹击,如何获胜情形,臣等不知其详,应由和[春]、张[国梁]等自行具奏。谨将薛之元投诚原禀及洪逆所给伪诏一并恭呈御览。所有派兵攻克江浦、浦口各城并收服降众各缘由,理合由六百里加紧恭折驰奏,伏乞皇上圣鉴训示。谨奏。

请饬催苏省拨解协饷片

再:臣等前因各省协饷延不起解,业已分晰开单,奏请饬催在案。现查新正一月仅收到河南、陕西协饷四万余两,不敷十日之粮。众口嗷嗷，立形饥溃。即使各省欠饷迅速筹解，已成缓不济急之势，目下又增此新降之众，一切犒赏抚恤在在需用甚殷，竟至一无所出。臣等虽竭力筹办，军务即有转机，而饷需久无接济，必致贻误事机，无从措手。前经奏奉谕旨，催令河南督臣将淮北盐课协贴项下应解臣营银三万两，并令江南总督另行拨银四五万以济皖军急用，迄今仍未准起解。臣查淮北盐课本无征存，而江南库储实有余款可拨。相应再行吁恳饬下苏省大吏赶紧将前此特拨四五万两之数迅速委解臣等军营，暂救眉急，则大局尚可勉强支持，不致坐视决裂。况皖省距苏最近，且同系江南总督所辖，尤为义不容辞。倘该藩司仍延不报解，臣惟有指名严参，以为玩视军需者戒。谨附片具奏，伏乞圣鉴训示。

请准令郭沛霖来营效力赎罪片　正月三十日

再：已革淮扬道郭沛霖前经德兴阿以该员妄禀军情，奏奉谕旨先行革职，交邵灿、庚长查办，旋经邵灿、庚长查明覆奏，奉旨交部议罪在案。臣等查该革员此次妄禀军情，咎由自取，现在听候部议，未知得何罪名，惟其平日居官尚为谨饬，于团练事宜亦尚熟悉，目下江浦投诚，浦口克复，临凤抚议已有成局，办理善后在在需人，皖省道府大员人数本少，又皆有地方差务要任，一时乏员差遣，恐致贻误。可否仰恳天恩，准令该革员郭沛霖前来皖省军营效力赎罪，俾得借资驱策？倘不知愧奋，仍即从严撤参，治以原定罪名。臣等为差遣需员起见，是否有当，理合附片吁陈，伏乞圣鉴训示。谨奏。

咸丰九年正月三十日

进攻高旺并截剿浦口敌军获胜折　二月初二日

奏为皖军进攻高旺，续获胜仗，踏毁贼营三座，并截剿回扑浦口大股贼匪，复获全胜，及现在布置分守江浦、浦口情形，恭折仰祈圣鉴事。

窃臣等昨将官军计复江浦、攻克浦口各情专折驰报,上慰宸廑。臣等一面密谕李世忠等,我军现既深入腹地,不可因大捷之后小有疏防,务期战守兼筹,免致堕贼奸计。臣胜[保]即一面移营池河、珠龙桥一带,相机前进,以便策应调度。二月初一日,池河途次接据参将李世忠等禀报,遵令于克复浦口后,二十八日即乘机带领精锐兵勇攻剿江浦以西二十余里之高旺地方贼营。我军甫抵该处,即见逆众列队迎敌。李世忠率众一拥上前,枪炮连环,马步并进,该逆抵死抗拒,我军一鼓作气,直前冲杀,逆势渐不能支,纷纷退入垒内。我军勇气倍奋,乘势掩杀,直抵贼濠,呐喊环攻,立将该逆头敌一营踏破,擒斩甚多。其余各垒踞贼望风胆寒,俱各弃垒四散奔逃。我军当将贼营三座全行踏毁。讵该逆诡谲万状,乘我兵进攻高旺之际,浦口残败匪众又复纠合小店贼众数千瞰虚回扑浦口。李世忠闻信,旋即由高旺撤队驰旋,因与薛之元密商分军严守江浦县城。李世忠挑选精锐一万数千人,亲带前往,于二十九日寅刻折赴浦口。其留守之军因贼数过众,难以支持,贼遂拼命复拥入城。适李世忠带兵赶到,乘其喘息未定,分路围攻,该逆即由西门扑出。我兵枪箭齐施,奋力迎击,鏖战多时,贼势渐却。时都司朱元兴带兵由东门进攻,蒋立功等由北门冲击,该逆见我兵三面环攻甚急,遂尽行出城迎拒。我兵马步往来冲杀,无不夺勇争先。该逆抵挡不住,犹欲退入城中,为拒守之计。我兵跟踪杀入,该逆入城不及,贼队大乱。我兵分路抄击,毙贼无算。李世忠登时带兵入城镇守,搜杀余匪多名,生擒老贼一百数十人。贼匪远遁无踪,浦口城关内外一律肃清。此次踏毁贼营、击败援贼,叠获全胜,贼胆益寒,剿办甚为得手。惟查江浦、浦口两城为沿江北岸要隘,逼近金陵,乃贼所必争之地,一旦为我兵所得,又大受我兵惩创,该逆时图报复,势所必然。目前惟应以全师专力坚守,不宜遽贪他处旦夕之功。但能先将要隘据定,然后相机而动,次第剿洗,庶亦无难制贼死命。臣等已飞饬李世忠先行添兵暂扎浦口,并令薛之元仍率新附之众固守江浦县城，一面由臣飞咨江南统兵大臣和[春]与张[国梁]等严饬新江口一带水师各队就近联络声势，互为防剿，以期水陆相依，战守有备。仍即咨明德[兴阿]，俟克复六合后，察看情形，再行会商办理。所有皖军进剿浦口一带，攻夺贼垒，续获胜仗及现筹布置防守情形，谨合词由驿六百里驰奏，伏乞皇上圣鉴训示。谨奏。

请饬德兴阿拨兵驻守浦口片　二月初二日

再：臣等此次密令李世忠以奇兵克复江浦、浦口，以事关大江南北全局，曷敢稍失机会。要之，论地势则属江北，论攻克则系皖军，而既克之后，亟须守御。德兴阿于上月二十九日酉刻驰抵江浦，正值李世忠击贼回营之后，当经面谒德兴阿，陈述连日接仗情形。德兴阿见李世忠已复浦口，带兵屯扎，遂即撤至江浦(已)[以]北五里之陡岗扎营。查德兴阿既已带兵前来，臣等即可将李世忠之队撤调回皖。但六合现当攻剿吃紧，恐德兴阿兵力不足，分守各处，设或再有疏失，致蹈覆辙，岂非前功又弃。是以臣等不敢稍分畛域，先行饬令李世忠在彼固守。惟李世忠机警多谋，即臣亦须善为驾驭，断非德兴阿所能羁束，必臣亲往操纵，方可得宜，于事有济。而臣因北捻未清，须顾后路，六合未复，窜突堪虞，势既难以抽身，殊觉鞭长莫及，且庐贼时有蠢动，李世忠一军亦未便遽留江北。再四思维，此时浦口一无贼踪，已商由德兴阿迅速派兵驻守浦口要隘，并饬李世忠俟将浦口防守事宜交割后，即将全队抽撤回皖，或令顺捣全、和，或令会攻六邑，由臣随时相机办理，其江浦一城，尚恐江北兵力所不及防，仍由臣等酌拨官军会合新附之众并力协守，以联声势。应请饬下德兴阿即行遵照妥办，谨附片具奏，伏乞圣明训示。谨奏。

咸丰九年二月初二日

办理浦口江浦防守事宜拟巡历皖境东北各营折 二月初六日(十五日奉朱批)①

奏为亲赴乌衣镇,权宜筹办浦口、江浦防守事机,拟即日顺道巡历皖境东北各营,布置防剿,仍驰回定远居中策应缘由,恭折仰祈圣鉴事。

窃臣等前将密派参将李世忠带兵驰赴江浦,收抚薛之元暨乘机攻克浦口,叠获胜仗各情两次驰报在案。臣即于初二日由池河、珠龙桥、滁州一路冒雪疾驰,抵皖境东南边界、距江浦七十余里之乌衣镇地方暂扎,权宜调度。旋据李世忠禀称,薛之元献城后,已由江南大营就近收降,经和[春]等将薛之元更名薛成良,奏请先行赏给四品顶戴、花翎,立其部众为安义勇,一体给与口粮。惟薛之元因世忠而投降,现为江南军营招之使往,请示遵办前来,臣维皖北、江南同一军务,臣与和春同办一事,薛之元效力金陵与效力臣营无异,只因南军相距甚近,臣营相距较远,故两路奏报情形不免参差先后,今薛之元已为和春等收用,在江南增一新军,即江北消一巨患,而皖饷竭蹶异常,又非江南充裕可比,即如李世忠部下勇丁,尚不能稍加接济,若益以薛之元新附人众,更无从筹给分毫,此时自应归入江南军营,随同官兵进剿,用收饷足兵强之效。臣已剀切谕令薛之元,既经真心归正,即当力矢坚诚、专心一志,率领降卒听候和春等调度攻剿,以为图功自效地步,万不得因与李世忠判分两地军营稍怀歧异。伏查招抚机宜关系甚巨,闻风观感有所由来,惟因李世忠开其先,是以有薛之元承其后。臣等此时但求于事有济,未尝略分彼此之见,又奚必争此尺寸之功? 现在防守江浦事宜,业由江南大营就近布置,并闻艇师扼驻新江口,与薛之元陆勇相为依辅,已足资堵剿,而浦口要隘为金陵

① 此篇亦见《皖北奏报》。

对岸锁钥，断不可一日空虚。经臣叠次飞咨德兴阿迅派江北军前往扼扎，尚未接准咨覆，则李世忠一军自未便遽行撤下。现已令该参将酌留豫胜营勇精锐数千，在彼扼要分扎营垒八座，以期严密堵守，其余勇丁即行酌调回皖，相机图剿全、和一带，统俟六合克复后，再由臣等咨商，或由江南分兵协守，或由德兴阿相机分军之处，随时妥筹办理。目下六合一城势成孤注，穷贼图窜，奔突堪虞，且皖境庐、桐一带贼数甚众，待剿甚殷。臣于日内即顺道前往竹镇、汊涧一带，亲历皖境东北各营，筹防六合后路，以期有备无患，仍即日由天、盱境内驰回定远大营，统筹南北剿抚机宜，为居中控制之计。至臣等前此吁恳天恩，赏给薛之元三品顶戴、花翎，与和春等所请四品顶戴、花翎未免两歧，惟臣系查照李世忠成案，又因薛之元献出江浦，旋即随同攻克浦口，奏功甚捷，是以保奖稍优。应否俯允所请，仍准先行赏给三品顶戴、花翎，出自圣主鸿慈。所有筹办南北诸路防剿情形，谨合词由驿六百里驰奏，伏乞皇上圣鉴训示。谨奏。

咸丰九年二月初六日

六安失事情形折　二月十六日奉朱批

帮办军务安徽巡抚臣翁同书跪奏，为据报潜、霍大股贼匪由南路闯入六安，急需调兵攻剿，现在临、凤尚未献出，土匪蜂起，饷久不至，兵溃堪虞，业已咨请胜保回定远筹办，恭折由六百里驰奏，仰祈圣鉴事。

窃查胜保招抚临、凤捻首张潍等正在垂成，适闻江浦薛之元投诚，浦口亦已克复，遂带亲军东行，由池河、清流关、滁城直抵乌衣。臣因临、凤尚未献出，而张乐行败归怀远，仍复负嵎倔强，土匪应之者蜂起，恐捻势复炽，亟请胜保仍用前议，先清捻氛，即可并力以剿粤逆。昨接胜保来函，知浦口系李世忠分军驻守，德兴阿一军正攻六合，尚未克复，胜保拟由竹镇集、汊涧赴天长、盱眙一行，即当折回定远。臣又闻庐逆聚众日多，潜谋北窜，分饬护城、藕塘诸军多加侦探，严密堵剿。忽据驻兵寿、六交界之已革藩司李孟群于二月初三日禀称，先后接据各路探报，舒、桐、潜、太逆匪侦知楚军复由宿松进兵，遂纠约伪中军将李侍贤、伪前军将李寿成、伪后军将陈玉成等分路拒敌，并有伪札，调贼分为三路，一由庐州西窜，一由舒城之中梅河窜扑六安，一由潜山天堂汛窜扑霍山，再行合伙，径由商城边界（统）〔绕〕出麻城，以为牵制楚军之计。嗣又接南路探报，潜山逆匪拥众万余，由天堂窜至霍山之管家渡，扬言欲由霍、六一带窜往商城，又云欲由叶家集直扑固始，此股逆匪即逆贼陈玉成所带，最为凶悍，风闻已窜至霍山等语。又据该革员李孟群于初五日飞禀，南路潜山贼匪突扑六安州，该革员闻警，即派知府袁怀忠乘夜冒雪带队往援，初五日行抵三十里铺，即闻该匪于初四日晚间已进州城，未知该文武下落，因舒城、霍山两路均来有大股贼匪，该州兵练本单，是以防备不及。袁怀忠将所带兵勇分扎七里墩、二十铺、三十铺一带，即当设法进攻等情。臣接阅之余，曷胜愤懑。伏查六安州甫经兵燹，比户流亡，正在委员前往垦开荒芜、掩埋骨殖，讵意又为贼所闯入。计目下楚师云集，自宿松转战而上，该匪剿急纷窜，乘虚铤走，势所必然；兼之江浦来归，贼所深恨，又将攻我所必救，以牵我之兵力。贼势猰㺄，未可轻视。以臣管见，察贼之情，不特江南、江北声息相通，即粤逆之与捻逆何尝不联为一气。今粤逆窜入六安，亦似因张乐行势渐穷蹙，为之援应。查六安失守，在毗连之颍、寿固形吃紧，即楚、豫边界亦正可虞，李孟群一军恐未足敷剿。臣一面飞饬新到之川兵暂留寿州境内，协同李孟群进剿，一面飞咨胜保速回定远，筹议添兵会剿。抑臣尤有深虑者，刻下军储罄尽，各省协济之饷久不见到，即有解到，亦不过敷三五日之用，军士长年苦饥，朝不谋夕，刻刻有溃散之势。臣目击情形，殊深焦灼。此时胜保正赴天长一带，计数日内即可折回。臣已飞咨官文、胡林翼、恒福、傅振邦一体设法兜剿，以免蔓延。其六安城内文武各官下落，容臣查明办理。所有六安失事情形，理合由驿驰奏，伏乞皇上圣鉴。谨奏。

严防定远以固根本片　二月十六日奉朱批

再：据署合肥县知县吴翰禀称，探得庐贼数万势焰甚炽，有北窜之意，又有贼众十余万聚于油坊集，各带七日干糒，欲由滁州攻打江浦，以图报复等情。查粤逆势甚狓猖，难保不谋扑定远。值此兵单饷竭，危急万分，除分饬严防，并飞咨胜保飞速旋师，以固根本外，理合附片具[奏]，伏乞圣鉴。谨奏。

咸丰九年二月十六日，奉朱批："览奏俱悉。"钦此。

拨兵驰往乌衣镇并西南两路剿敌获胜情形折　二月二十日

奏为浦口待援急迫，先拨重兵驰至乌衣镇，直捣贼后，以全大局，并西南庐、六两路各军叠次剿匪获胜情形，现在筹度缓急，调度布置缘由，恭折仰祈圣鉴事。

窃臣等前以浦口要地不可得而复失，副将李世忠一军粮道断绝，围困垓心，亟须先将后路乌衣一带贼窟扫除，方能联络声势，力扫妖氛。而江北援师迄未派往，李世忠飞禀告急，一日数至，臣等先期派令营总乌尔兴额、章京常喜等带领马队驰赴乌衣进剿，旋复添调营总萨萨布等各起马队暨总兵张得胜，游击滕遇春等川楚兵勇、开化勇共四千余名，并令知县李元忠由来安防军内抽拨马步锐勇一二千名，统由滁州一路分道直前，仍于庐营内分拨勇丁五百名，令都司孙维、韩殿甲扼扎珠龙桥，层层接应，臣即扎营池河，以便居中调度。昨甫接据李世忠禀称，十一日午前，贼由西北面突来三万余人，环逼浦口四

门,筑垒攻营,南路九洑洲亦来贼七八千人,拼死围扑。该副将随即
督同都司朱元兴、蒋立功等带勇分投迎击,生擒逆贼一百余人,歼毙
千余名,夺获枪炮、旗械甚夥,逆势稍却。是夜,并踏破贼营数座。十
二日,九洑洲之贼复有大股蜂拥而来,后面小店、汉河匪众同时来扑
营盘,该副将一面留兵固营,且守且战,一面出队,先将九洑洲之贼击
退,直追至近洲濠边。该逆落江死者不计其数,夺获抬枪、大旗多件,
日暮收队。十三日,该逆又来围营,约二万之众。李世忠率同士卒竭
一昼夜之力,忍饥固守。十四日天明,亲带队伍出至东门外三里岗地
方,死力鏖杀,连破贼营七座,乘势追至小店,又破贼营四座,杀贼无
数,割取首级一百零四颗,生擒九十六名,夺获大旗一百八十七面,其
余军装、器械无算。我兵伤亡数百名。朱元兴身受重伤。十五日,仍
带队至东门外扼剿,于抢筑营盘之际,突来贼三万余众,向前猛扑。
该都司奋力截杀,幸未挫衄。该营缺乏军食,由江南大营拨运米石,
稍资接济,提督张国梁已由新江口扎营多座,连至浦口南面,似可无
虞。惟后路小店、汉河贼势甚众,坚意图浦,情形仍属危迫,力恳发兵
援救等语。查现因道途隔绝,该参将禀报绕越递营,未能迅速,不知
连日军情何似,良深焦灼。臣等业已飞饬派援各项马步兵勇均皆星
夜前进,据探,乌衣距贼闻我大队将至,全行窜并汉河、小店二处,则
各军即当乘势进扎乌衣要隘,疾攻汉河,顺捣小店,庶可成破竹之势,
由臣等密授机宜,令其利在速战,不可为所牵制。但六安一城复被贼
据,只仗已革藩司李孟群庐西一军就近援应堵剿。昨据禀称,该匪纠
集舒城逆众分股窜至半个店地方,距该革司长城营盘止十余里。初
八日五鼓,亲带各营前往迎击,讵匪众已先扑至官亭,大肆焚掠,距营
更近。当即赶紧派队分路前进。副将邓清等进剿官亭一路,卢又熊
等抄击江家店一路,李孟群居中策应。该逆每股数百人,向前迎拒。
我军人人奋勇,枪炮刀矛直前鏖战,先将官亭一股击散,即时由西北
退去,旋由金桥分出一股,欲从江家店绕出我军之后,经我军合力冲
杀,立毙悍匪多名。官亭败贼又复窜至,合伙拒敌,当又歼毙数十名,

生擒十余名。该逆立足不住，纷纷奔溃。我军并力追杀，毙贼不知其数，即将半个店一带贼匪全行击走。时知府袁怀忠因老营有警，率勇回救，适遇此股败匪向六城回窜，复又迎头截杀多名，共计夺获旗帜数十件。回营后，查点受伤弁勇五人等语。其盘踞庐城附近贼匪，臣等以店埠之贼既图北窜，自应先发制人，而油坊集大股已分调他往，正可乘虚攻袭，即经密饬该文武将弁相机设法进剿。节据总兵吉顺、余成蛟、署合肥县知县英翰禀称，初八日，官军由护城疾驰数十里，申刻行持将近油坊集一带，当即派定队伍，令参将程友胜、都司陈开玉、参领李玉珍、图克坦布等三路并进，先攻鲁家桥贼卡。守卡贼百余名意欲抗拒，因见我军势猛，登时弃卡逃走。我军追杀数名，忽正南方涂村出贼数百名，呐喊来迎，各军无不奋勇争先，该逆死力相持，我马队突抄至贼后，施放连环枪箭，逆众腹背受敌，骇聚奔走，不敢归村，尽并入油坊集贼巢内。我军一拥前进，将方涂村贼营立时踏破。时北面之队亦经赶到，即将油坊集三面围住，正欲攻入，忽黄山来贼一股约千人，我军两面截击，歼毙大半，余贼奔入山中，马队追过大衕口，余成蛟等遂督领各营枪炮队伍连环进攻老巢。适英翰及主事黄先瑜、守备吴长庆等率领各弁勇由东路邹扬兴村贼营而来，出其不意，越过贼濠，施放火弹。各军同时杀入，营内火起，该逆立足不住，纷纷弃垒逃遁，我军追杀十余里，刀砍矛刺，应手辄倒，立将油坊集贼营全行踏毁，共计破垒四座，毙贼八九百名，夺获旗帜、器械不计其数。十三日，余成蛟会合参将马昇平、知县英翰等乘胜袭攻店埠，各军偃旗疾走，黎明行抵(拒)[距]贼七里之唐家桥，密分地段，整队而进。该逆约二三千人分路扑来，各军四面分敌，鏖战逾时，马队官兵绕从旁面斜击，贼势不支，退入巢内。我军分布环攻，枪炮齐发，人人勇气百倍，奋不顾身，直扑过贼营二道濠沟，拔去梅花桩大半，仅能将喷筒、火弹抛向垒中。相持两时之久，贼墙坚固，急切不能攻破，日暮收队回营，另由店埠街石营出贼三百余人，从后追截我军归路，经马昇平带队迎击，仍将该匪击退回巢各等情，先后禀报前来。臣等查大营兵勇既以全力注于浦口后路，乃先其所急之计，迫于势之不得不然。目前皖境西南各路均行吃重，虽叠经获胜，未容该逆趋扑定城，而六安远在数百里外，现既未能添拨师旅前往攻剿，其地紧接豫疆，颍郡、光、固门户洞开，头头是道，一经纷窜，又滋蔓延。臣等鞭长莫及，殊切隐忧。前经奏明，饬令邱联恩之军移扎商、固，另由傅振邦等拨军协守鹿、太，淮北军情靡常，该总兵等能否移拨前往，尚在未定，即臣等饬调副将闫丕敏等回顾正阳一军，亦属力单，难期严密。因思此时既无多分之兵力，惟有先集民团，暂资堵御。从前剿办固始、六安时，有霍、六一带练总赵春和、赵德蕴、李道南、杨天林等所带练丁数千，极其精壮，打仗亦甚出力，已飞檄严饬赵春和等带练在隐贤、马头等集专堵正阳窜路，李道南等带练在洪家河口等集专堵固始窜路，并令霍邱县叶春培统带调遣，以资堵剿。第究属乡练，尚须辅以官兵。伏查臣等兵力止有此数，而皖境三面受敌，群盗如毛，勉强支持，几至防不胜防、剿不胜剿，久在圣明洞鉴。李世忠豫胜营勇扼剿全、和一路，为皖东必不可少之师，此次浦口有机可乘，臣等以大局所关，不敢稍分畛域，是以密饬李世忠带队前往攻取。惟既克之后，即应由江北派军驻守，六合现虽未复，兵力尚厚，而皖营之军本属不敷分布，断难牵制一隅，致误各路防剿。及贼窜乌衣、汊河，截断浦口后路，又经臣等派兵往援，并就近叠次飞咨鞠殿华、成明迅速拨兵驰捣贼后，乃至今并无只字见覆，殊不知浦口援贼不亟行派兵合力歼剿，则六合一城亦终觉攻克为难。现虽有江南张国梁新调之军在江浦驻扎，亦止能顾及浦口之南，而不能顾及浦口之北。今江北军杳不到来，若使汊河一带无皖兵进击，浦口一军势必立足不住，为患何可胜言。是此时不但李世忠部勇为江北所牵制，即全皖各军亦皆因而掣肘，以致西南各路待剿甚亟，而无从拨兵。现在江北军无统帅，已统归和春节制，第皖境与江北毗连，彼此应援之事甚多，必待该帮办等展转咨商南岸，然后遵行，旷日持久，必致呼应不灵，势不至将紧要机宜坐视延误不止。臣等为军情紧迫起见，应请旨饬下鞠殿华、成明，嗣后凡遇有臣咨调之事务,即迅速照办,仍由臣一面咨明和春,似此通融筹画,庶可缓急有恃,免失事机。俟将浦口援贼尽行击退后,再将皖军酌量撤回他剿,并令李世忠一军或会攻六合,或进捣全、和,方为胜算。至豫境接壤六安之处,应如何请旨饬令河南抚臣速即筹度情形,拨兵扼要堵剿,以固北犯要冲之处,伏候训示遵行。所有臣等现在筹办各路防剿及据报各获胜仗缘由,谨合词由驿六百里驰陈,伏乞皇上圣鉴。谨奏。

咸丰九年二月二十日奏。

请奖励浮山口员弁绅练片

再:浮山口为由淮入湖要隘,上连临凤,下达清江,一切防守事宜,最关紧要。臣等于上年七月间,派令道员用候补知府张清元统带官兵勇练,以及炮船、炮划,会同南河督臣等所派文武员弁在彼驻扎防剿。数月以来,大股捻匪屡次顺流下窜,均经该员弁绅练等随时奋力迎剿,每仗皆有斩擒,并击沉、夺获贼船多只,卒未容匪势东趋,地方得以安堵。平时梭巡查缉拿奸细,亦能事事认真,洵为始终出力。其清江派防人员,业由漕、河两臣据实保奏,仰恳恩奖在案。嗣准庚长等咨会,所有皖省派防浮山员弁,应由臣等自行奏明请奖等因。伏查该文武员弁绅练驻守浮山,水陆防剿,积久罔懈,均属著有微劳。兹谨汇案择其尤为出力者,缮具清单,恭呈御览。合无仰恳天恩,俯准给予奖励,以昭激劝。出自鸿慈逾格。谨附片具奏,伏乞圣鉴训示。

谨将防剿浮山口文武员弁绅练,择其尤为出力者,缮具清单,恭呈御览:

道员用安徽候补知府张清元,拟请旨交部从优议叙;

保升知府萧南、同知丁承钧,拟请赏戴花翎;

南河候补通判刘春芳、保升县丞训导朱得心,以上二员均拟请赏戴蓝翎；

即选府经历县丞高保昌，拟请免选本班，以知县即选；

五品蓝翎把总陈占元，拟请以守备补用；

六品军功文生林之辉，拟请以主簿归部选用；

六品军功蓝翎外委龚文林、六品军功蓝翎外委杨正清，以上二弁均拟请以把总补用；

六品军功文生林之桢、六品军功文生傅棠，以上二名均拟请以从九品归部选用；

五品把总黎占雄、把总李作禄、六品军功外委周洪泰、六品军功刘洪山、外委翟占标，以上五名均拟请赏戴蓝翎；

六品军功景占鳌、六品军功李作章，以上二名均拟请以把总补用，并赏戴蓝翎。

请议恤唐玉辉片

再：皖省之西北一带各乡率皆筑圩为堡，聚族而居，各圩强弱不齐，往往彼此争斗，仇杀相寻，几成习俗。臣等派兵驻扎之地，所以防剿贼匪，亦所以弹压居民，乃本月初六日，怀远县属之康家圩民人辄敢纠众出外抢粮，势甚汹汹，经驻守刘府之游击唐玉辉会同委参领佛崇阿等带领马步队就近前往拦阻。唐玉辉以圩内练丁多系良民，是以策马当先，向前据理训斥，讵圩首康锦文心怀莫测，不服约束，胆敢率领人众一拥上前，乘唐玉辉猝不及防之际，竟将该游击登时戕害殒命。当经佛崇阿带队追压，匪党被击，入圩拒守，官兵即将唐玉辉尸身检获回营。臣等闻信后，以该民人等似此情同叛逆，实属罪不容诛，即饬臬司王庭兰由殷贾涧拨带队伍迅往查办，谕以如能速即交出正凶，其余可免一概歼戮。附近各圩激于义愤，协助官军进攻，旋将康圩平毁，并拿解凶犯多名解营，惟首犯康锦文尚未就获，闻已畏罪潜逃，未得的耗，现复由臣等谆饬王庭兰设法购线，将该犯赶紧擒拿务获,以凭惩办而儆刁顽。至游击唐玉辉谋勇兼优,战守足恃,实为将备中出色人员。从前臣因其屡次打仗出力,由备弁保至都司,以游击补用,并蒙赏给巴图鲁名号,加副将衔。今因带队弹压掳粮奸民,遽被戕害,身受刀矛重伤二十余处,死事甚惨,与临阵捐躯无异,殊堪悯恻。合无仰恳天恩,将副将衔游击补用之山东安东营都司唐玉辉饬部照副将阵亡例议恤,以慰忠魂。出自圣主鸿施。谨附片具奏。

参革岳维勋片

再:查管带川兵之署漳腊营参将会盐营游击世袭一等轻车都尉岳维勋奉调带兵赴皖,宜如何恪遵军令,迅速趱行,洁己奉公,约束队伍,乃前据臣营派往迎提之差弁回禀,访闻该游击沿途种种需索,声名甚属平常。川兵所以迟滞入皖之由,半系乎此。臣等正拟俟其到营后,查明惩办,嗣准官文函称,查知岳维勋人品贪鄙无耻,嘱臣留心访查,莫误此项劲旅等语。兹复据统带官副将成兴到营禀称,该游击于原营起程时,即节节逗留,始则于荆州将所领水脚口粮意存侵蚀,希图短发,遂致兵丁鼓噪;继则于川省带解皖饷内任意动借盐粮,意图要结兵心,禀请查办前来。臣等伏查该游击以带兵剿贼之员,乃敢沿途逗留,已属非是;至应发兵丁口粮,既希图侵蚀于先,又复冒领市恩于复,种种玩误,贪婪不法已极,立予正法军前,亦属罪有应得,惟查该游击系我朝勋臣岳钟琪后嗣,所袭即系伊祖世职,臣等详度再三,拟请旨,将署参将会盐营游击岳维勋从宽即行革职,并革去世袭一等轻车都尉,饬部咨令该省查明应袭嫡支,另行办理,暂令岳维勋随营效力,以赎前愆。此后如能出力打仗,立有劳绩,再由臣等酌量仰乞恩施;倘仍不知愧奋,即行从严参办,奏明重治其罪,以肃军令。谨附片具陈,伏乞圣鉴训示。谨奏。

附:军机大臣字寄上谕　二月二十六日

军机大臣字寄钦差大臣厢黄旗蒙古都统胜[保]、帮办军务安徽巡抚翁[同书]:

咸丰九年二月十六日奉上谕:翁同书奏贼匪闯入六安,急需调兵攻剿一折。据称潜山、霍山贼匪突扑六安,已革藩司李孟群派兵往援,该匪已进州城,现在飞咨胜保速回定远筹议会剿等语。逆贼因楚军自宿松上剿,兼之江浦来归,势急纷窜,以冀牵制我兵。六安州城收复未久,复被贼踞,亟应赶紧堵剿,以免蔓延。本日已谕知官文、胡林翼、恒福分路兜截,并谕傅振邦、伊兴额派兵进剿。胜保现由竹镇集、汉涧赴天长、盱眙,著即折回定远,督饬各军奋力剿击,迅克州城。临、凤尚未献出,张落刑败归怀远,仍负抗拒,土匪蜂起,捻势复张,粤、捻联为一气,李孟群一军恐不足剿办六安之贼,著胜保、翁同书迅派弁兵驰往协剿,毋令该匪久踞,并查明文武下落具奏。本日据德兴阿奏,进攻六合,踏平逆垒三座等语。六合之贼经德兴阿奏进攻六合,踏平逆垒三座等语。[1] 六合之贼经德兴阿奋力剿洗,计日可以克复,著胜保仍遵前旨,饬令李世忠协力攻剿,毋稍迟延。至兵饷梗阻,亦须自行提催、拨兵护送,方无迟误。将此由六百里谕令知之。

派援浦口官军叠获胜仗请催拨协饷折　二月二十三日
(三月初一日奉朱批)[2]

奏为派援浦口后路官军叠获胜仗,攻破汉河贼营,相机进剿小店,力遏凶锋,并请旨饬部速筹前请捐款章程暨催拨各省欠解饷需,

---

①　本句疑抄写重复。
②　此篇亦见《皖北奏报》。

以济饥军而维大局缘由，恭折仰祈圣鉴事。

　　窃臣等前因贼踞汊河、小店，已断浦营饷道，不得不先其所急，派拨马步重兵驰往援剿，节经奏报在案。兹据营总乌尔兴阿、萨萨布，总兵张得胜，知府颜怀忠等先后禀称，十七日统带各军进至乌衣镇，探知附近之东西阁、城水口一带均有贼踪，随带队先赴西阁城之东迎击，见贼众正在掳粮，当即出其不意，杀毙百余名，生擒十一名。旋赴水口，距集六七里地方，遇贼数百在彼游驶，瞥见官军掩至，登时遁回。十八日卯刻，萨萨布率同章京常喜带领马队并知县李元忠等勇队由相官集直前进攻。甫行十数里，遇步贼千余名列队扑来，我军纵马驰骤，一拥而进，贼势退散，立即歼毙百余名，生擒九名，夺获旗帜数十面。时张得胜由东路迎战，亦毙匪数十名，割取首级二十一颗，生擒十四名。乌尔兴阿、颜怀忠督带后队继至，合力攻剿，枪箭齐发，毙匪不少。贼力不支，纷纷退奔汊河老巢，踞营施放火器抵拒。我兵直至贼营墙外，察哈尔甲兵冲入街头，阵亡二人。各军更番诱战，贼众死守不出。沿河以南复有悍匪前来接应，常喜带绥远城马队，将未及归营之贼全数杀尽，生擒十八名。参领高福亦带队直抵东阁城，杀贼数十名。乌尔兴阿、萨萨布等在上游河边列阵接应，张得胜、善庆各带兵勇渡河，会合高福之队并力回击。余贼无路奔逃，扑河淹毙者不计其数。自辰至未，鏖战四时之久，共毙匪四五百名，生擒五十余名，夺获大旗、小枪、刀矛、器械无算，日暮收队。十九日巳刻，马步各队仍抵汊河。张得胜奋猛当先，亲领队伍进攻河北贼营。该逆抵死抗拒，我兵勇气百倍，呐喊直前，于枪炮雨密之中冒烟填濠而进，四面环击，无不一以当百。乌尔兴阿、萨萨布、常喜带队过河，抄击河西贼垒，候选[①]知府龚继勋带开化勇亦凫水而渡，接踵进扑。颜怀忠、善庆等带队由东路过河，以袭其后。逆众见我兵三面齐攻，抵敌不住，尽弃营争抢浮桥向南奔窜，拥挤落水死者甚夥。东西两路之贼亦皆

---

　　① 候选，《皖北奏报》作"候补"。

丧胆溃逃。我军连踏贼营六座，马队官兵分路追杀二十余里，直至小店以北，杀毙贼匪约千余名，生擒二百余名，夺获旗帜、刀矛、器械无数。小店之贼复于申刻纠众回战，适副都统麟瑞所带马队赶到，会合各项马步官兵奋力渡河迎击，复歼毙悍逆多名，逆势跟踉遁回小店，我军即在汊河扎营，以休兵力，仍即进剿等情，禀报前来。臣等伏查浦口援贼不下数万，后路汊河一带势极鸱张。此次赴援兵勇仅有数千，正虑寡不敌众，不知能否迅速得手，今幸连战皆捷，立复汊河，洵足以挫凶锋而寒贼胆。惟小店踞贼尚多，亟应乘胜扫除，方免后患，而江北之军竟未分兵往援，现在皖境西南诸路又复吃紧万分，若留兵东偏，必致顾彼失此；若撤兵西剿，不免尽弃前功。左绌右支，倍形棘手。且各路军营如楚北入皖之师，地势虽宽，要皆由西而东节节进逼，仅顾一面尚易为力。至于江南、江北各军，核其兵数，或与皖营相埒，或视皖营倍蓰，此剿彼防，均在一二百里以内，独皖省三面贼氛，腹背受敌，南北相距三百余里，东西相隔五六百里，到处分布，无往不单，而马步精锐又为浦口后路所牵制，江北军以六合残贼所牵，近在咫尺，竟至任催罔顾，呼应不灵。缓急机宜，深虞颠倒。事势至此，万分焦灼，莫可名言。此时设使皖饷仍前掣肘，则坐视大局决裂，必更无从措手。前此奏请推广捐章，并续请催解各省欠解协饷，皆迫于万不得已之举，业蒙恩允，先后饬下户部速议具奏。臣等此时尚未接准行知，悬盼殊甚，再四思维，惟有渎恳天恩，再行饬部迅速定议，将如何奉旨准行之处赶紧飞咨到臣，庶阖营将士知有饷需陆续接济，共存望梅止渴之心，臣等亦得借此激励拊循，以期踊跃用命，而免饥溃之虞，曷胜感幸。所有浦口援师叠获胜仗及饷需万分支绌各缘由，谨合词由驿六百里驰陈，伏乞皇上圣鉴训示。谨奏。

攻毁油坊集等处敌巢片　三月初一日奉朱批^①

再：据署巢县知县茹晋禀称，油坊集贼巢业经官军率同练勇一律攻毁，而该县接壤之西岸庵、尉子桥两处，距油坊集仅一山之隔，尚有贼营二座，聚匪千余名，盘踞肆扰，诚恐日聚日多，别滋延蔓，因于十七日夜，密派监生赵璧楚、千总耿思义等带领练丁，先行进攻尉子桥贼营，自率各勇会同前进，暗遣勇目多人越过贼卡，将馆内子药燃烧，登时火起，群贼惊窜，练勇奋前，毙匪多名，立将尉子桥贼营踏毁。旋乘胜进剿西岸庵，贼势披靡，不能抵敌，纷纷弃垒而逃，各练首率同练丁一路追杀，又径歼毙无数，割取首级十一颗，共夺获器械、旗帜数十件，粮米数十石，贼垒悉平，余匪遁回巢城。将生擒贼匪三名解送大营讯办，据供，伪丞相万姓由池州渡江，来至舍山，派伊等赴各属掳人，往救江浦、浦口，并呈到伪文一纸各等情，禀报前来。除饬令设法激励练勇，协力堵剿外，谨附片呈奏。

咸丰九年三月初一日，奉朱批："知道了。"钦此。

回驻定远调度各军御敌片^②

再：西路潜、太大股粤逆被楚师击败，穷无所归，猖獗东窜，又因大营官军多半拨赴乌衣、汊河，援剿浦口，伺我兵力空虚，且自六安陷后，攻溃李孟群长城营盘，与庐逆联为一气，更得肆行无阻。前据探报，已由长城趋至（分）[合]肥县境之五十里头、青龙厂一带，有图扑

① 该片题为"胜保等片"。
② 此篇小见《皖北奏报》。

护城、潜谋北窜之意,当经臣等飞饬在防之总兵吉顺、余成蛟等务就现有兵勇固守待援,一面抽拨官兵前往协剿。兹据报称,贼众已窜赴草庙集,店埠之贼突过梁园,并分股扑至护城东南之刘兴集,三路而来,紧逼我军营垒,于二十、二十一①等日分股四面来攻,贼数不下数万余人,情形甚为危急,请添兵援剿等情。又据探,六安匪众复分股北窜寿州境内之余家集,怀远龚逆一股南窜至石头埠地方,声言勾通粤匪,合股肆扰各等语。臣等闻信之余,焦愤万状。查寿、六紧接颍郡,设被粤、捻联络盘踞,必致蔓延西北,贻患无穷。此时大营相距较远,实有鞭长莫及之势,已由臣等严饬游击黄鸣铎等于洛河街一带率领原驻该处防军扼截怀逆窜路,总以严密堵剿、杜其勾结为主,而南路护城一营实为定远前路屏障,距县城仅及百里,关系至为紧要,现复调令副将成兴、参将马昇平、都司何绍棠等甘肃、四川兵勇二千余名②并营总景林、克蒙额等马队星速由江家巷、八斗岭一带扼要进扎。臣已由池河回至定城,即日亲督各军前往,相机调度,以期痛歼丑类,力遏凶锋。惟贼势过重,兵分力单,能否即时得手,尚未可必。俟进仗后如何情形,再为驰报,以慰宸廑。谨附片具陈,伏乞皇上圣鉴。谨奏。

请准予李孟群开复原官并议恤片　二月二十三日

再:已革安徽布政司李孟群统带弁勇扎营官亭、长城一路,堵剿庐城西面。本月初四日,潜、霍之贼由南路窜陷六安,该员一军孤立,遂成腹背受敌之势。自是逆众屡以大股扑营,该员愤激誓师,当粮饷罄尽之余,日哺稀粥一餐,犹能使将士踊跃用命,每仗皆有斩擒。初八日获胜之后,十三、十四日奋力督令饥军以四千之众击退围营贼匪

---

① 二十、二十一,《皖北奏报》作"二十一、二十二"。
② 《皖北奏报》无"二千余名"四字。

二万有余,斩馘亦复不少。讵十五日贼众大至,由官亭而达长城,遍地皆匪,庐贼复出大股自分路口来犯,蜂屯潮涌,重重围裹,由辰至午,先攻破副将邓清广勇营盘,并候选知县李孟荃昌字营,旋即合股并攻左右两营,副将卢又熊、知府袁怀忠各出营迎战,相持至戌刻,各军援尽力绝,左营溃陷,右营继失,中营力不能支。是夜丑刻,贼势愈来愈众,一拥而入。李孟群执矛立围墙缺处,厉声骂贼,手刃悍贼三名,力竭身倒,登时阵亡,全营俱溃。现由卢又熊、袁怀忠收集溃军,一扎三觉寺以扼寿州前路,一扎隐贤集以堵六安后路,先期力固北面,以免上窜正阳,然后再图南剿。据该副将等禀报前来。臣等接阅之下,曷胜骇异。从前西路贼势时复鸱张,李孟群一军虽属单弱,然已相持数月,何期一旦挫失,至于此极。此次六安复陷,臣等两营兵力为南北诸路粤捻所牵制,急切无可派援,当饬该员竭力固守,惟在以堵为剿,免致疏虞,并以该员一军无专拨之饷,臣等每于饷到时,通融匀拨,设法量为筹给。昨复先后拨解银四千两,以济急需,讵饷未到而营已溃,殊非意料所及。伏思李孟群系原任湖北臬司李卿谷之子,历广西、湖南、湖北、安徽数省军营,无不亲冒矢石,奋勇当先。皇上念其父殉难武昌,又嘉其战功卓著,不数年间,由县令超擢藩司。上年于署理皖抚任内,因庐州失守,奉旨革职,责令图功自效。半载以来,设防筹剿,竭虑殚心,臣等方以该员庐西一军倚作干城之寄,今以兵单饷竭,营溃捐躯,忠烈一门后先相继。闻其老母在堂,一子年幼,尤堪矜悯。合无仰恳逾格恩施,将前署安徽巡抚已革安徽布政司李孟群准予开复原官,饬部照布政司阵亡例赐恤,以慰忠魂。其营内粮台、营务、文案委员同时死难者,容俟查明,再行奏请分别议恤。至副将卢又熊、知府袁怀忠,皆为李孟群部下带队之员,此次全营溃失,虽因饷乏兵溃,究属咎无可辞,应请旨,将该二员即行革职,仍留军营戴罪立功,以观后效。谨附片具奏,伏乞圣鉴训示。

咸丰九年二月二十三日。

扼剿围扑护城敌军连获胜仗折　二月二十九日

奏为亲督官军扼剿围扑护城大股逆匪，连获胜仗，重围暂解，贼势犹众，现已抽调马步各军协助援剿，以期力挫凶锋而遏北窜，恭折仰祈圣鉴事。

窃粤逆因浦口要地为我所据，阻绝金陵老巢，南有张国梁之军率同李世忠截其前，北有皖营兵勇于汊河一带截其后，又知臣军精锐多半拨赴东南一路，遂用围魏救赵之计，自安庆纠集数万之众，率皆凶悍死党，由逆首伪成天安陈玉成即四眼狗亲率前来，坚意捣虚，袭破护城营盘，便可北扑定远，然后绕越东窜，借图报复，其计甚狡，而其势甚张。臣等闻信，当以北路捻患未清，南路粤氛大警，数千得力之旅已为浦口后路所牵制，筹度再四，焦急万分，比即定议，臣翁［同书］仍驻定远，策应西北，臣即于二十三日卯刻疾驰而南，由张桥驰抵江家巷。据前路禀报，护城营盘八座均已被围，逆垒布满西、南、北三面，层层包裹，我营粮道、水薪已断，子药缺乏，急迫情形危在呼吸。臣连夜派拨营总景林、克蒙额会同参将马昇平、都司何绍棠等勇丁共马步一千数百名，于二十四日早出其不意，由东南突入重围，先将火药、铅丸运进。该逆瞥见援师，即率众分股抄扑，经我军力战逾时，杀贼二三百名，仍复带队冲出，即在护城迤北扼要屯扎，以待大军。臣于是日申刻督军进扎距护城二十里之八斗岭，臣翁［同书］知逆焰猖炽，深恐大军后路空虚，亦于是日驰赴张桥，亲为布置，即日仍折回定远，催济粮饷军火，镇抚居民。臣因思贼势浩大，锐意北趋，断非此数千兵力所能一击而退，而护营待援紧急，又断［非］能俟兵力调齐，再行出战，是以即于二十五日亲督大队，先行进剿，以冀迅速解围。当派副将格洪额、都司马振瀛带领亲军五队由东北面进，副将成兴带川兵由西北面进，马昇平、何绍棠带川勇由正北面进，派景林、克蒙额等马队为东路接应，萨萨布、乌勒兴阿、善庆等马队为西路接应。先时拣派妥弁乘夜间道前赴护城，密谕吉顺、余成蛟俟大队进剿时，亦即出队夹击。是日卯刻，臣亲往督阵，该逆于黎明即扑至护城以北之王家桥，众约三四万，列队西、南、北三面山岗之上，重重屯聚，旗帜如林，几无罅隙。我兵前队排阵过桥，逼贼切近，即用连环枪炮向贼轰击。该逆亦以枪炮回拒，抵死不退。众兵勇鼓锐直前，一齐喊杀，贼阵冲动，渐形退却，我兵乘势进逼贼垒，匪众迎拒，我兵用火箭、喷筒抛入垒中，先将木城燃着，登时火起，贼众大乱。我兵一拥而入，刀砍矛刺，毙贼甚众，余逆弃垒狂奔，我兵随剿随进，立将护城西北贼营两座一律平毁，讵该逆复由南岗分数股接应，匝地而来，势如潮涌。我军后队兵勇亦分路迎战，人人奋勇争先，一可当十。逆众支持不住，纷纷败走护城。营内官军见援师获胜，遂亦整队而出，内外合击，即将东面围营之贼亦俱冲散，尽行退聚西南岗上。臣一面挥兵掩杀，一面亲带小队直抵护城营外，吉顺、余成蛟来至马前谒见，臣面加慰劳，当令率同各兵勇悉力守御，并运入京营大炮三尊暨军火、粮饷等件，以资接济。臣因护城重围已解，众军酣战多时，饥疲殊甚，传令将步队暂撤数里，以马队迎前扼驻，乃该逆乘我兵撤之际，突将西南面贼众全股调来，死力冲扑，层层围裹，四眼狗手执蜈蚣大旗，率领贼目则天福、仍天侯、宣天豫等多名，立马指挥，往来冲突，剽悍凶狠，几于其锋莫当，经臣挥令马队官兵分两翼包抄，枪箭齐施，并令亲军小队及新募川勇以短兵回击，刀矛并进，再接再厉，鏖战良久，毙匪不计其数，始将贼众仍行压回西南岗，沿途尸骸枕藉，器械抛弃满路，我军日暮收队。计连踏贼营四座，歼毙长发老贼约二千余名，阵殪其则天福、仍天侯等五名，四眼狗落马，混入贼队，踉跄遁回贼营，我兵大获胜仗，贼胆已寒。连日吉顺、余成蛟等领本营兵勇随时出队，协同臣派去运送米粮火药之马队官兵，叠将东面出巢零股贼匪奋击败，每次擒斩数十名、百余名不等，并破其小垒一座。但该逆于西南一带分屯贼众，西接庐城，南抵梁园，连营数十座，现虽护城暂时解围，而逆垒仍复逼近，势将擒命相争，正未可以忽视。屡次讯据生擒贼供，该逆意欲由护城趋扑定远，以与怀捻勾连，分股由藕塘、池河径犯滁、来，图报李世忠之仇，再行围困江浦、浦口，以通金陵窜路。是此时护城一营之得失，关系綦重。臣现就随营兵力由八斗岭节节前扎，尚恐兵单，不足剿洗，已饬调练总守备邵徵祥、徐立壮、邹兆元等马步练勇数千星速前进，由青龙厂一带进剿，协助官军，以扼该逆西北窜路，仍即将乌衣、汉河之军暂行撤回，俾资痛剿。顷准和[春]来咨，商由臣营派军夹击浦口，是尚不知庐北情形万分急迫，已由臣等咨覆，统俟将围攻护城之贼大加惩创，全股击退后，定远庶可无虞，方能分军他顾，而现在贼援又复大至，据探新由舒、桐、三河一带添调悍匪万余，均集至护城附近，分东、西、南三面蚁聚蜂屯，大有愈来愈众之势，较前情形更觉吃紧。臣等惟有先其所急，相机竭力妥筹办理。所有大股贼匪围扑护城，督兵连获胜仗，现在力图扼剿缘由，谨合词由驿六百里驰陈，伏乞皇上圣鉴训示。谨奏。

咸丰九年二月二十九日。

护城敌军屡击不退移军力扼后路折　三月初六日

奏为大股贼匪围攻护城，屡击不退，现将被围营盘官兵救出，移军力扼后路，以固定远，仍以马队官兵扼扎八斗岭，相机迅筹进剿缘由，恭折仰祈圣鉴事。

窃臣等前因粤逆大股围扑护营，虽经官军叠加剿洗，惟贼数过众，复添集舒城、三河一带援贼，死力来争，业将竭力剿办情形驰报在案。二十九日以后，其乌衣、汉河调回之张德胜湖南勇、龚继勋开化勇均已陆续到齐，由臣亲统各军自八斗岭地方连日迎战，昼夜不休。该逆大股伏巢不出，官军不过小有斩擒，而逆垒紧逼护营，林立数十座，据探又由南岸新调贼众渡江而来，纠合庐、巢、无为等处之贼，坚意并扑北路，因慑臣虚声，故调集贼众七八万，誓欲拼命死斗，匪势日聚日多，护城之围日紧一日。初三日卯刻，臣复亲督大队合力进剿，

派令张得胜、成兴等带川楚各项兵勇由中路进攻,守备徐立壮等练勇
由西路进攻,穆腾阿、麟瑞等各起马队分左右两翼兜击,该逆分十数
股,凶猛扑来,每股约有贼二三千不等,共约数万,势不可遏。我西路
之兵待其扑至,奋前轰击,毙贼甚多,中路之兵一齐迎剿,该逆来势潮
涌,抵死抗拒,屡压屡进,鏖战多时,连环枪炮击毙贼匪一二千名,马
队官兵乘势冲杀,各军人人奋勇,已将护城东面贼营四座全行踏毁。
正在得手之际,诇逆首陈玉成四眼狗见匪势不支,率悍贼万余突由西
北面旁抄而来,顷刻间红黄旗布满阵后。时天色将暮,臣以该逆诡计
多端,设使由此经袭八斗岭营盘,则我军退无归路,当于阵前亟令步
队撤由东北绕回迎截,仍以马队往来冲击。该逆见我步队回营守御,
未堕奸计,恃其人众,竟将我前敌马队层层围裹。臣亦身在围中,四
面受困,悍贼刀矛猬集马前,经臣大声疾呼,亲放枪箭,该逆畏不敢
进,当即挥令各军一齐施放连环枪炮,奋力鏖杀,始行冲开贼阵,复激
励官兵将匪众全股压退,收队回营,而随臣左右之将弁、戈什哈、章京
及近身仆从,中贼枪阵亡并身受矛伤者已有数人。臣仰托福庇,得以
无恙,尚称万幸。惟是贼众我寡,护城之围既非旦夕所能解,其粮缺
药尽,水薪不通,已非一日。设有不保,全师溃陷,徒张贼焰而捐军
威。先经臣密令吉顺、余成蛟等可守则守,固为胜算,若竟不能为久
守之计,则是我军进队,由内杀出全军为上。该总兵等果于是日乘官
兵酣战,贼势渐却之际,率领兵勇冲杀而出,且战且撤,至夜分撤尽,
仓猝之间,器械不免遗失,士卒亦小有伤亡,未致挫折锐气。查此次
贼扑护城,意在直犯定远。臣师进扎八斗岭,原期击退此股,力救护
城,今护营被围日久,不得不撤。八斗岭虽属中路扼要,而东西两路
皆可分越包抄,长驱内窜。此时定远一城为根本重地,前路之张桥乃
紧要屏蔽,欲保定城,自以严扼张桥为主。现由臣等会商,迅已移拨
重兵,于张桥连营扎堵,以固后路,而以马队扼截八斗岭,为前路锁
钥,并移护城撤出之军扎扎老人仓,以堵东面窜赴定城之路。臣暂扎
适中之江家巷地方,居中策应,仍不时亲往八斗岭,督率堵剿。如该

逆绕越北来，臣必绕出贼前，拦头截剿。倘逆众尚不敢遽萌北窥之志，臣亦即应贼所向，实力歼洗，总期先顾定城，痛遏凶焰，方不致别有疏失。第贼势之众，十倍我兵，连次以少击多，实已不遗余力，深恐该逆长此扼扰，终为肘腋之虑。因思江北军内马队甚多，刻下围剿六合一城，步队已属敷用，其马队尚可抽撤他剿，又淮北马队马勇合计约有三千余名，傅振邦等派援豫境之师，谅可将贼击败回巢，捻势渐衰，自一时不敢北犯。且东豫会剿各军均可出境会合抄击，较之皖境粤逆大股并力北扑，危急万分情形，轻重悬殊。自应先其所急，以顾皖军大局。顷已分别咨商和[春]、傅振邦等各拨马队数百名迅速驰赴臣营，协助进攻，以期厚集而资痛剿，俟此股击退，再当酌量拨还。惟能否作速筹拨前来，尚未可知，殊深焦灼。现据安庆一带逃出难民金供，舒、桐、三河、巢、无等处境内均少贼踪，仅令伪乡官在彼守城踞卡，其大股贼众悉数调赴护城，锐意北扰，是该逆之并力坚踞于此，人多势众，情尤叵测。目下臣等一军力扼南路狂氛，严杜北捻勾结，苦于贼势过众，兵力不足，若得马队，兵力加厚，则合以臣等现有之兵，鼓锐直前，不但此股妖氛可期痛剿，即乘势进捣庐郡、巢、和一带贼窟，亦可望渐次廓清。此时臣等惟有竭尽心力，相机而图，勉撑全局，先行力堵北窜。所有近日剿办庐北贼匪情形，谨合词由驿六百里驰陈，伏乞皇上圣鉴训示。再：此次中枪身死之火器营六品军功鸟枪护军孝顺，又矛刺殒命之五品军功武生迟乃光，平日打仗奋勇，兹因随臣冲杀贼匪，遽尔阵殁，均堪悯惜。相应请旨，将孝顺照护军校阵亡例、迟乃光照把总阵亡例饬部议恤，以慰忠魂。合并吁恳天恩，俯允施行。谨奏。

咸丰九年三月初六日。

附：军机大臣字寄上谕　三月十一日

军机大臣字寄钦差大臣厢黄旗蒙古都统胜[保]、帮办军务安徽巡抚翁[同书]：

咸丰九年三月十一日奉上谕：本日据伊兴额奏，袁甲三军营委员弊窦多端，请饬查办等语。据称该付(堵)[都]统接任后，查点兵马、钱粮，管理营务处委员徐晓峰等日久并未造册禀覆，又不将底账呈缴，并据委员孙洪金面禀，袁甲三粮台有二万余金无着各情。伊兴额现派帮办剿匪事宜，袁甲三军营委员自应将马、钱、粮数目详细造册呈送，以凭查核，乃该委员等并无一字禀覆，经付都统严行札饬，又复含混具禀。似此任意延玩，难保无希图浮冒开销情弊。著胜保、翁同书按照所奏秉公查办，如有虚报勇数、冒销钱粮，即将委员徐晓峰等奏请革职拿问，以杜冒滥而饬戎行。原片著抄给阅看。将此由五百里谕令知之。

击败护城敌军折回定远办理防剿折　三月初十日(十七日奉朱批)[①]

奏为官军击败护城大股粤逆，叠获胜仗，逆众穷蹙潜逃，复派兵跟踪追剿，仍酌留原驻各军扼扎北窜要隘，再图进剿，现已统师折回定远，会筹防剿大局，择要办理缘由，恭折仰祈圣鉴事。

窃臣等前以粤逆陈玉成亲率大股北来，图由护城直扑定远，经我军痛歼之后，犹复抵死不退，添集安庆、舒、桐等处悍贼并南岸宁国败匪渡江来援，人数多至六七万众，悉锐死争，叠将亲督进剿，乘胜撤救护城营盘，全师而出各情形驰报在案。当于护城后路、定远前路之张桥、江家巷一带地方连夜布置，节节扼扎重兵，连营十余座，以壮声势。另拨兵勇驻守老人仓，严扼东北绕窜之路。仍令守备徐立壮、邹兆元等扎护城西北之辛家岗，而以马队精锐分屯于八斗岭东西，紧逼贼营列阵，并挑选奋勇官兵于山岗上下节节设伏，以待贼至，合力兜

----

①　此篇亦见《皖北奏报》。

击,臣即居中调度,往来策应。初四、五等日,该逆率众分三路出扑,意图北窜,前队已抵八斗岭,经臣挥令各军奋力迎击,该逆恃其人众,拼死迎拒,随扑随进,极其凶猛。我军马队直前,分由两翼包抄,四路伏兵齐起,枪炮连环,刀矛并进。该逆知已中计,遂各慌乱,我兵乘势冲杀,逆众卷旗回奔,我马步各队人人奋勇呐喊,追击十余里,约毙一二千名,沿途夺获牲畜、旗械不计其数,该逆跟跄败归入巢。其西路之贼甫行扑近辛家岗,即经徐立壮等带领马步练丁奋猛直前,迎头拦截。该逆见我兵列队堵其窜路,又见中路大股被官兵击败,遂即无心恋战,鸟兽纷散,徐立壮等亦即乘势掩杀,擒斩甚多,余众悉数败退,我兵两路大获胜仗。该逆败回后,知我兵节节有备,无隙可乘,遂不敢正视定远,仍盘踞护城,另图诡谋。臣以该逆叠经受创之余,其锋已挫,其胆已寒,正可乘此机会,多方误之,庶使立足不住。因密令穆腾阿、麟瑞等带领得力马队,绕由东面趋赴梁园一路,出其不意,以捣贼后。初六日黎明,我兵甫抵护城以东之葛家集,适遇该逆大股排队而来,将有绕窜东北之势。该逆瞥见我军掩至,惊惶无措,旋分三路死命冲扑,愈来愈多。我兵暂撤(段)[数]武,退上山梁,(余)[佯]败以诱,待其扑近,我军骤马回击,枪箭齐施,一拥喊杀,歼毙贼匪无算,追压十余里。逆首陈玉成自知诡谋已破,势甚穷蹙,遂率领大股由护城直奔东路,尽向界牌一带纷纷遁逃。臣当即一面派兵将护城余匪搜杀殆尽,并贼营二十余座一律焚毁,护城一路均已肃清;一面派令营总乌尔滚布、吉隆额、阿昌阿等分带马队跟踪追剿。惟贼势过重,断非数百马队所能截杀净尽,而臣惟恐该逆穷蹙之余铤而走险,复由界牌绕越藕塘、老人仓,窥伺东北,则仍可径达池河、定远,是以统带穆腾阿、麟瑞、张得胜、格洪额、滕遇春等各起马步兵勇连夜驰赴老人仓一带,亲督扼堵,以备兜击。臣翁[同书]知护城之贼被剿东窜,东北后路不可空虚,即选带兵勇千名来至老人仓,为之接应,与臣胜[保]会晤筹商一切机宜,即日折回定城。臣等查此股粤逆锐意北犯,臣等以数千分布之兵敌数万方张之寇,其时定远一城岌岌不可终日。

今幸屡获大捷，挫遏凶锋，得以转危为安，保全北路，殊非臣等意料所及。现在该逆被剿遁回，大股全趋东南，是否并入全椒，抑系分窜六合、浦口，均不可不严为之备。已由臣等飞咨和[春]，迅饬沿江各处及江北各军认真严防截击，免致为贼所乘。至滁州一城，刻下极形吃重，副将李世忠一军现尚为浦口牵制，未能回顾，臣已饬驻滁王①副将阿克敦及该地方文武率领存城兵勇妥筹固守，仍由大营酌拨马队前往协助防剿。其六合逆匪，连据德安等函禀，该逆被困，穷蹙已极，屡次扑向西北窜突，难保不仍犯天、盱。汉涧、东王庙一带防军甚形单薄，而怀远捻逆当大股粤匪扑犯护城之时，辄搭桥渡河，意欲图扑定远后路，勾结粤逆，经股家涧一带官军堵截甚严，未容窜越。今粤匪既经击退，怀捻亦即遁归。臣等再四思维，军情变幻靡常，或应力图粤逆，进剿东南；抑或乘机力攻怀城，先清后路，当随时酌度缓急情形，竭力办理。目下探闻庐郡城内仍复添集悍贼死党，悉力坚踞，自非全力不能进取；护城街市既被焚毁，兵无觅食之所，其后路八斗岭、江家巷、张桥一带关系内窜要隘，仍饬原驻各军联络扼扎，以堵为剿。所有前此商调之江北、淮北各马队，原为贼数众多、定城危急起见，兹护城情形已松，昨已咨明和[春]、傅[振邦]毋庸派拨前来，致分兵力。谨将击退护城大股北窜粤匪，并通筹防剿大局缘由，合词由六百里驰奏，伏乞皇上圣鉴训示。

附陈胜保旧疾复发片

再：臣胜[保]素有肝患，每于春间偶或举发。前因粤匪围扑护城营盘紧急，饷绌兵单，深为可虑，臣身在前敌，竭力筹策，不免昼夜焦劳，触动旧疾。昨在八斗岭行营，忽又呕血数口，左肋痛如刀刺，夜不成寐，加以头目昏晕、心神恍惚，颇形委顿。当此军务吃紧，但能勉强

---

①　王，似为"之"之误。

支持，断不敢遽请假期，上烦宸廑。现臣已回至定远，赶紧服药调理，仍力疾筹办戎机，冀图报效。合并陈明。谨奏。

参革吴新恩片

再：江南南汇营都司吴新恩由江北大营带兵随同德安赴天长防剿，乃当兵饷未能如期而发，该都司辄敢引兵索闹，大肆凶横，实属目无法纪。据德安呈请奏参前来。相应请旨，将南汇营都司吴新恩即行革职，仍留军营效力，以肃军令。谨附片具奏。

扎隆武请给假百日在营守制片　三月初十日

再：已革湖南绥靖镇总兵扎隆武，经臣等奏明留营差委，当以珠龙桥地方防堵紧要，派令带兵扼守，并随时盘查奸细、弹压土匪。兹据呈称，接到家信，知亲母在旗病故，请给假百日，在营守制等情。查现值全椒、六合尚为贼踞，时虞匪踪乘虚窜突，防务正当吃紧，自应给假守制，百日孝满后，仍留营当差，以资得力。谨附片具奏。

咸丰九年三月初十日。

督军亲赴殷家涧迎剿获胜折　三月二十三日奉朱批

臣胜保、臣翁同书跪奏，为臣督军亲赴殷家涧布置北路进攻事宜，适值怀远龚逆出巢扑扰，于胡家集地集①方迎头截剿，大获胜仗，现在力筹剿办，以清后路缘由，恭折仰祈圣鉴事。

窃臣前自击败护城大股粤逆南遁后，一面留军分布各要隘，一面派兵赴滁州、关山一带分路防剿，即日回师定远。臣翁同书以臣呕血

---

① 此字疑衍。

未痊，嘱留静慑数日，借资调养。惟查凤、临抚议虽定，尚未剃发献城，亟须亲往筹办；怀远捻逆粮药渐缺，其机大有可乘，尤应迅筹规复，肃清后路。臣因于十一日力疾而行，移扎殷家涧。讵怀远捻首龚得以臣尚在南路迎剿粤匪，不期旋兵如此之速，初十日夜，纠众万余出巢，向南岸偷搭浮桥渡河，径趋刘府一路，诡谋袭破殷家涧营盘，直犯定远。臣于未刻甫抵殷涧，该逆全股已越过苗家营，扑至前路之胡家集，业经臬司王庭兰率同游击黄得魁等带兵迎击，因贼众我寡，正在相持。臣闻信，未及解鞍，当派副都统穆腾阿、麟瑞统带马队由中路进，营总景林由南路进，萨萨布由北路进，臣旋即疾驰进至距殷家涧十五[里]之庙山口，亲督策应。遥见贼队横列村前，蚁聚蜂屯，层层密布。我前敌各军一见接应大至，勇气倍加。该逆拥众扑来，势如潮涌。我步队分路相迎，待其扑近，施放连环枪炮，继以短兵相接，毙匪不少。该逆犹复抵死抗拒，悍众数千狠命前扑，川楚各勇且前且却，诱上山冈，黄得魁首先带队猛进，人人奋勇冲杀，刀矛并举。鏖战时许，匪势渐觉不支。火器营委参领双兴等乘势施放火箭，射入贼队，我马队官兵即由山冈左右分两翼包抄，横冲直突，锐不可当。臣复挥令戈什哈、章京弁兵等百数十人作为接应，一齐压入贼阵，该逆立时败退，四散狂奔，抛弃辎重、衣物遍满道路。我马步各军由西北面大庙、官沟一带追杀三十余里，歼毙匪众一二千名，生擒数十名，夺获旗帜、枪炮数百余件。龚逆仅以身免，时因天色已暮，未能生擒，实为憾事。其余逃散之匪，均经附近各民圩就地歼戮，复据拘获二百余名，(溥)[缚]送大营。臣亲提讯问，据供，张、龚二逆缘受粤逆陈玉成伪令，由北而南两路夹犯定远，便可一气勾结，合股肆意北扰，故悉众前来，乘我不备，以为必能逞志，而适遇臣督师北来，受此大创，实出逆等意料所不及。查此次逆众胆寒势蹙之余，自应乘此机会进攻，以期迅拔坚城。已由臣等飞咨傅振邦，迅即分拨马步精锐，直捣怀城北岸，并饬令驻泊洛河街之都司黄鸣铎等所带炮船划进，抵上、下洪一带，紧扼上游河道；其守备徐立壮、邹兆元等练丁，即令会同前知县邹笐,分扎近城东西两岸,并力环攻,仍由臣派拨官军节节策应,以为水陆并进、四面夹击之计。且凤、临两城近在咫尺,捻首张元龙等领旗出见,本已议有成局,只因臣两次南剿,未及料理,又以畏惮张、龚二逆之置逼处此,受其胁制,转未敢遽然来归,至令伏而未动,尚不免观望游移。但期怀城速下,然后移军他剿,兵力自可抽出,庶免复顾之虞,即临、凤之张元龙等亦不再有顾忌,以剿为抚,自易就绪。臣此时惟有先其所急,将怀远进攻事宜布置妥当,仍不敢以此身为北路所牵。目下全椒之贼并援六合、汉涧一带,情形甚急,天、盱前路吃紧万分。臣等已派总兵张得胜带兵前往援剿,仍当随时察看缓急,南北兼筹,不致顾此失彼。所有乘机派兵筹攻怀远,适遇逆众出扑,中途迎剿大获胜仗缘由,谨合词由驿六百里驰奏,伏乞皇上圣鉴训示。谨奏。

南北粤捻鸱张兵饷交绌现筹防剿折　三月二十七日奉朱批

帮办军务安徽巡抚臣翁同书跪奏,为粤匪、捻匪南北鸱张,现于兵饷交绌之时,防剿兼①之策,恭折由五百里具奏,仰祈圣鉴事。

窃臣前已将击退大股粤逆及剿办怀远捻匪情形,会同胜保叠次驰陈在案。伏查匪首陈玉成等拥众十余万,东窜浦、六,难保无窥伺天长、盱眙之意。天长虽有德安一军驻守,兵力尚单,现经胜保派总兵张得胜统率劲旅,驰往汉涧,相机进剿,足资控扼。连日探闻六合官军围剿甚严,江浦官军亦连获胜仗,贼在四乡掠粮不敷食用,其势难以持久。但使能阻遏凶锋,旬日之后,贼势自衰,或可乘彼溃退,击其惰归。倘浦、六早就肃清,则皖北官军无难迅拔全椒,江北官军亦可助攻和、含,于剿办大局即有转机。至西路霍山、六安虽尚为贼所

---

① “兼”后疑脱一字。

踞，每处不过数千人，尚不至十分猖獗，前经臣飞咨楚、豫两省扼要严防，嗣接恒福、胡林翼来函，知已妥为布置。臣以贼踪无定，虽目下大股东趋，不可不防其回窜，仍令署总兵余成蛟等在南路蒋家巷等驻扎重兵，筑营固守。此筹办粤匪之情形也。至怀远捻匪，先经袁甲三、傅振邦在淮北痛剿，及窜至淮南，又经胜保截剿，大获胜仗，其势愈穷，其计愈诡。臣于上年冬间已策其志在东窜，入春以来果有此事，幸叠次南北击退，未得逞其狡谋。现在胜保驻师殷家涧，招抚临、凤，并图进剿怀远捻巢。臣以怀远被剿既急，则张乐行、龚得二逆势必水陆东窜，已函会胜保、咨商傅振邦，密为之备，并饬署庐凤道黄元吉驰赴张家沟一带查勘地形，以便派兵扼截。此筹办捻匪之情形也。再，查皖北于上年及今春连次得雪，嗣后又形亢旱，虽得雨二次，而入土未能深透，井泉并已枯涸。直至本月十六、七日，澍雨滂沱，连宵达旦，土膏滋润，四野青葱，庶几二麦可望有秋，穷民不至流而为匪。此皆圣主诚意感孚，太和翔洽之所致。惟是怀远捻匪所得船只甚多，前此连樯东下，因淮水浅阻未能窜入洪湖。当此春雨初晴，长淮骤涨，浮山、蒋坝等处更形吃重。臣现与胜保悉心筹画，并咨会庚长、邵灿先事豫防。合并陈明，伏乞皇上圣鉴。谨奏。

咸丰九年三月二十七日，奉朱批："知道了。"钦此。

官军会合团练克复六安州城折　四月初一日奉朱批

臣胜保、臣翁同书跪奏，为饬派官军会合团练进攻六安踞贼，连日叠获胜仗，于本月十九日攻克州城，恭折奏慰宸廑，仰祈圣鉴事。

窃臣等前以霍山之贼闯入六安，该州北连颍、寿，西达光、固，关系綦重，断不可任令久踞，而大军精锐正在援剿乌衣、汊河，东西相距远在数百里外，同时又有护城之警，势不得不用全力严扼北路，以固定远，因飞饬副将闰丕敏一军迅自颍郡移扎正阳，堵遏要隘，一面札调霍邱县练总守备赵春和、捐职州同王道全、从九衔赵德蕴等号令附近乡团，以助兵力之不逮，由该州知州茅念劬率领进攻，并令已革副将卢又熊、已革知府袁怀忠等整集兵勇，于隐贤集、三觉寺一带扼要分扎，合力堵剿。该逆恃与庐贼联为一气，贼酋伪怡天福黄姓拥众万人，悉力死守，其米、粮、油、盐尽从舒、霍一路接济。该逆自前月窜踞以来，时向正北、东北之马头集、丁家集、四十里铺等处窜突，意图旁扰，并于四乡到处抢掳，颇形猖獗，均经官兵、练勇随时击败回巢，每仗擒斩百余人、数十人不等。查该逆志在负嵎坚拒，日久必致添贼，另生诡谋，而民力既有可用，正当乘贼全力东注之时，紧逼围攻，克期大举，早图克复，方为胜算。臣等因即密授机宜，严饬该文武将弁及各练总等认真设法攻剿，当经茅念劬率同赵春和及寿州练总州同姚有志等商定进攻之策，邀集练董胡常山等共百余人，各带敢死之士，同心相助，集众万余，皆自备粮饷、军装、器械，于十四日齐赴隐贤集，椎牛犒士，誓灭此贼。十五日，连夜前进，直薄六安城外，分扎东、西、北三面，步步为营，令各团助壮声势，以卢又熊等军为之接应，大举攻城。十六、十七等日，旋因大雨滂沱，道途泥淖，未能依期进兵。十八日，天色稍霁，各军整齐队伍，准备攻击。十九日黎明，我军顺河岸直上，该逆亦出队迎拒。鏖战三时之久，该逆抵死不退。我军枪箭齐施，继用劈山大炮向城根轰击，逆势渐却，我军同时渡河，呐喊而进。该州会同参将蔡昌言，署守备张骏，练总赵春和、赵德蕴、王道全、姚有志及卢又熊等，分由东西两面一齐冲杀，约毙匪三四百名，立将附城贼卡十余处并城外关厢木栅一律踏毁。逆众入城死踞，城上开枪抵拒。各军勇气百倍，奋不顾身，乘夜环攻，于起更时分路齐抵城下，悉用草把、布袋填满城壕，蜂拥而上，将火箭、火弹打入城中，登时火起，贼众大乱。茅念劬、赵春和、赵德蕴等带勇由便储门首先登城，卢又熊、赵连璧、赵廷等分由东西两门登城，袁怀忠带领淠东练总由北门登城。逆众见各军奋力杀入，势不能支，纷纷向南门亡命狂奔。我军乘势掩杀，毙贼无算，夺获伪印、黄旗、刀矛、器械一千数百件，内有"怡天福""淳天豫""亶天侯"等字样。余贼尽向舒城、霍山两路窜逸，我军追杀三十余里，又经州南连城等处圩勇截杀殆尽，直追至城南四十里铺，收队而回，当于十九日夜子刻克复州城。是役，以义勇、乡团协助官军之力，痛歼丑类，立复坚城，洵足以挫凶锋而寒贼胆。查该州为皖西门户，界连豫、楚之交，关系北窜冲要，而且饶富之区，几经刁敝，茶、麻、竹、木之所自出亦尚可助饷便民。上年四月，洵经臣胜保亲督官军，竭两月之力，始能克复。此次突被窜陷，幸收功尚速，未致日久蔓延。惟霍、舒踞匪现尚稽诛，西南防维不可一日松劲，现已由臣等檄令该知州茅念劻率领地方文武、绅练在城妥为布置，认真守御。所有安集流亡、抚绥士庶各事宜，并由臣翁同书责令次第筹办。即饬卢又熊一军暂留该州协防，以厚兵力，毋令再有疏虞。该州知州茅念劻于失守城池后，旋即督练会合官军一鼓而克，功过尚足相抵，应请旨将该员革职留任处分准予开复，免缴指项，并拟请将尤为出力之练总、花翎守备赵春和以都司留于安徽，即行补用；州同姚有志、王道全均赏加五品衔，并赏戴蓝翎；从九衔赵德蕴以县丞不论双单月选用，以示鼓励。其余在事出力员弁、绅练人等，可否容臣等查明核实，择尤保奏？出自圣主逾格鸿慈。至已革副将卢又熊等随同克复州城，尚知愧奋出力，应候汇案由臣等酌核，奏明办理。所有克复六安州城缘由，谨合词由驿六百里驰奏，伏乞皇上圣鉴训示。谨奏。

来安等处官军击敌获胜片　四月初一日奉朱批[①]

再：臣等前因浦、六之贼窥伺皖境，麇集乌衣、水口一带，扰及竹镇、施官集，天长、来安前路均形吃重。当派总兵张得胜带同都司向显彰率领兵勇赴援汊涧，一面调令营总乌尔滚布、吉隆额、常海带领

---

①　该片题为"胜保等片"。

原派马队由来一路迎前扼剿。该营总等于十五日五鼓会同知县李元忠统领马步各队齐赴六合西南之大营集、雷官集一带，直前迎击。该逆蜂拥扑出，抵死抗拒。我马步一拥冲进，逆众登时鼠窜，当将雷官集贼营二座攻毁，马队乘势跟踪追杀，歼毙、殪毙之贼尸横遍野，约计五百余名。夺获抬炮、抬枪、刀矛、旗帜数十件，生擒匪众八十余名，解营正法。查六合一邑紧接天长，与滁、来两城均属逼近贼氛，有□一捷，自觉情形稍松。现仍由臣等严饬张得胜等会合马队，扼要堵剿，以期力遏凶锋而杜北扰。谨附片具奏。

咸丰九年四月初一日，奉朱批："知道了。"钦此。

招抚张元龙收复凤阳府县及临淮关折　　四月初三日奉朱批

臣胜保、臣翁同书跪奏，为筹办淮南大股捻匪，设法剿抚兼施，现在抚局已成，捻首张元龙业经率众剃发归顺，同日将凤阳府县两城及临淮关一律收复，当派地方道府各员入城料理善后，并现筹安辑降众各缘由，恭折驰奏，以慰宸廑，仰祈圣鉴事。

窃查张元龙即张瀹为贼中渠魁，结党数万，以蓝旗自树一帜，于上年五月间突入怀远，破竹而取凤阳府县，直走临淮，遂与黄、白两旗捻首张落刑、龚得共踞长淮之险，旋以怀远属之张、龚二逆，而自纠韩秀峰、李允、任乾等据有凤、临，梗我要津，塞我饷道，负嵎雄视，大肆鸱张。经臣亲督淮南官军设备筹攻，路路布置，累日歼剿，叠挫凶锋，只因地广城坚，急切未能遽下，而匪众势蹙胆寒，亦止能为死守计，无复仍前猖獗。时值李世忠献滁就抚，赦罪授官，张元龙等既慑军威，顿生观感，一旦翻然悔悟，遂有乞降之请。臣初未敢深信，特以其既有向善之机，何妨开以自新之路，一面派员进城察看动静，一面力攻怀贼,间离党援。旋张元龙等叠具禀函,情词至为真切。臣即迎机而导,随时颁示谕帖,多方劝诫。张元龙之母与其妻刘氏均暗中激励,使之及早弃邪归正,即据遣令亲信数人随同韩秀峰于腊底春初先行两次来营请谒,业将一切筹办情形节次奏邀圣明洞鉴。惟张元龙一日不出,则抚局一日不定。自正月以来,屡次传令来见,总因畏罪不前。其妻刘氏深明大义,竟挺身而出,竟赴大营,匍匐军门,代夫请罪。臣传令进见,开导再三,嘉其女流伉爽,有巾帼丈夫风,赏以冠、帔等件,而其妻遂感激涕零,誓以死报。回城后,催促张元龙即于次日率领头等来营叩谒,备述被胁之由,情愿率众投诚,杀贼自效。经臣一一宣示朝廷德威,于词严义正之中寓矜恤成全之意,谆谆劝勉,不惮烦劳。权宜给予顶、翎,示以逾恒荣宠。据张元[龙]禀称,一俟手下人众安置妥洽后,即行剃发献城。臣察其词意似无反覆,但以城池未献,臣等终不释然。受降之慎,有如受敌;筹抚之难,甚于筹剿。操纵稍有未宜,必致事机不测。彼时适当江浦新克,臣恐穷寇北趋,亟须亲往乌衣一带相机调度,力固滁、来前路,因而阳示羁縻,阴予钤制,严饬刘府、殷家涧一路驻守各军加意准备,为明堵怀捻,暗防凤、临之计。迨来路旋师,又有护城之警,未能分身料理抚局。讵怀城张逆谂知张元龙等抚议将成,屡遣其侄张从道等来至城关,从中阻挠,加以胁制,而张元龙亦畏首畏尾,因惧生疑,总以守候韩秀峰、任乾、李允自西路毕圩接取眷口回城,方能一齐剃发为词,不免游移观望。幸而护城之蕆事尚速,臣返定两日,刻即统师北行,审定机宜,赶将围攻怀远各事宜,调派官军布置周密,于临、凤之城或剿或抚,亦即相机图之。十一日,甫抵殷家涧,即值龚逆亲率大股悍匪扑至胡家集地方,经臣亲督进剿,几令片甲不还,首逆仅以身免。十八日,怀逆又复分股越过临淮,由燃灯寺、冈子集一路东窜梅城寺,意在扑扰明光、肆其焚掳,又经臣先期派拨营总萨萨布带领马队尽力截杀,歼毙数百名,落河淹毙者不计其数,贼锋为之大挫,临、凤人众闻之亦皆气夺。臣一面声言取道凤阳进规怀远,一面亲统马步各队排列凤阳城南之甄家冈,巡城周历,大耀兵威。张元龙怀德之余,愈加畏服,又因怀远张、龚二逆屡受大创,匪势已穷,遂不复俟韩秀峰等到齐,竟先毅然自拔来归,因遣亲信到营,禀请派员进城,张元龙当即率众剃发。臣即于二十三日统兵亲赴临淮,张元龙伏迎道旁,叩头谒见。臣曲加慰劳,策其奋勉图功,并设法筹画饷银万两作为众丁赏犒,以溥皇仁。饬将所部人众选其精壮一二万立为淮胜营,分前、后、左、右、中五队,听候调令,随同官军进剿,其余酌令归农。张元龙听受惟谨,并据面禀,拟往淮北,将附从数十捻圩令其均行剃发归正,臣深为许可。受降毕,即日折回殷家涧,商之臣翁同书,会派署庐凤道黄元吉、署凤阳府知府文光、署凤阳知县董声元及在营游击黄得魁、守备李得英等于二十五日同由临淮前往凤阳,入城安抚。士民、降卒夹道欢呼,争迎恐后,群谓从此复睹天日,永为盛世良民。当于是日将凤阳府县两城及临淮关一律收复。臣等伏维捻匪顽梗,万众齐心,徐、宿、蒙、亳、凤、颍数百里中皆为捻薮,若专事剿办,实觉诛不胜诛。从前膺办捻之任者,人非一人,兵皆劲旅,几于扫穴擒渠、尽行殄灭,而旋散旋聚,愈杀愈多,猖炽蔓延,迄无了局,是知攻城不如攻心。制贼之方,以攻心为上。攻心之法,以剿抚兼施,但今剿易而言抚难,非威足以摄之、恩足以感之,断不能心悦诚服、收为我用。臣当此群盗如毛、饷需支绌,万难措手之时而为竭力补救之计,是以立定主见,抚捻匪而制粤氛,清北路以图南剿。幸托皇上威福远被,群丑输诚,半载经营尚称得手,翦其党羽,捣其腹心,以贼攻贼,斯为上策。自有李世忠之受抚,而粤逆寒心;有张元龙之来归,而捻匪解体。不独粤逆外援难逞凶狡,即金陵贼势日孤;不但淮南捻匪可望肃清,即怀远众心愈散。此臣等以为收复凤、临数城非止为皖北幸,而实为大局幸也。查张元龙以数万之众帖然归化,立献三城,以视李世忠、薛成良,自属事同一律,而其所献城池、归降人众较有加多,伏恳皇上特沛恩施,将张元龙宽免前罪,赏给三品顶戴、花翎,以都司即补;其妻刘氏并赏给四品封典,以资观感而昭激励。所有一切善后事宜,容臣等悉心妥筹,次第办理。其手下出力头目人等，并俟查明核实，分别奏恳恩施。至此次办理招抚在事之文武、员弁，或随同运筹，不遗余力；或深入虎穴，不避艰危。数月以来，倍极劳瘁，实与带队进剿、攻克城池出力者无异。合无仰恳天恩，一并准臣等择尤保奏，伏候圣鉴训示。所有筹办淮南大股捻匪，招抚事成，收复凤阳府县及临淮关缘由，谨合词由驿六百里驰奏，伏乞皇上圣鉴。谨奏。

太和县勇团平毁敌圩截剿捻军获胜折　四月初八日奉朱批

帮办军务安徽巡抚臣翁同书跪奏，为太和县勇团越境平毁贼圩，并乘势攻破捻首龚得老巢，又截剿由豫回窜大股马步捻匪，毙匪至千余名，夺获马骡、旗帜、器械无算，大获胜仗，恭折由六百里驰奏，仰祈圣鉴事。

窃查太和县城地方界连阜、亳，又当皖、豫要冲，夙为捻匪出没窥伺之地。该署知县侯枢臣督率阖境团练，防剿兼施。上年冬间，捻匪窜扰周家口后拥众回巢，经该署令禀报督截，截剿大获奇捷，并准恒福、袁甲三、傅振邦先后咨会前来，当经臣恭折驰奏，并遵旨将在事出力官绅、练勇择尤酌保，吁恳恩施在案。臣以该县团练为捻匪所惮，受此大创，势必复图报复，密饬严为之备。本年二月初间，亳东大股捻匪由亳北绕窜豫境。臣闻报后，复饬该署令齐集各团，一面严防该逆回窜，一面乘虚直捣亳捻老巢，为攻所必救之计，以牵制其狂窜。兹据署太和县知县侯枢臣先后禀报，本年正月下旬，捻匪两次逼扰该县边境，均经各路勇练立时击退。二月二十一日，该署令督团进至亳境东南之张村铺。该处有新筑贼圩，当即饬令亳团练总、五品蓝翎亳州武举高兆祥等率领团勇前驱。各团同时并进，直抵贼圩，逼近攻击。该[逆]负固抗拒，枪炮如雨。各团勇踊跃直前，愈攻愈力，夜以继日，奋勇环扑，并飞掷火球、火罐。攻至二十二日丑刻，贼圩火起，捻众仓皇欲图逃窜。各团呐喊拥上，武举高兆祥等越壕先登，众练同时扑进，刀砍矛刺，歼毙蓄发逆捻多名，立时该圩平毁。其被胁未经蓄发者，讯明遣散。当乘势分路进剿，并函会阜阳、亳州，饬各境团练并力会攻。该署令因贼圩林立，连日督率勇练声东击西，使各圩贼众奔救不暇，莫测我军所向。正当攻剿吃紧之际，探闻西路窜扰河南宁陵、睢州各大股捻匪马步数万由太康、西华等处飞驰东来，已将逼境。该署令一面照会在城留防之候补知县谢定通、升用知县府经圣灏、教谕戴汉翔、巡检刘观恩、典史赵濂、城守汛千总柏云庆等协办筹防，飞谕西北各团遵照节次布置章程一律准备，并饬令管带锐勇分发河南县丞侯乃炜、候选府历戴成志分路迎剿，一面乘该捻大股未经窜回之时定计先攻捻首龚得老巢，以免各逆依附。因密饬亳州武举高兆祥挑选各团精锐，于二月十五日，先令各勇练尽攻南路各圩，傍晚收队后，随令该武举带勇星驰，各团继进，直趋亳东楚店集、北宫、吉寺捻首龚得老巢，并力环击。在巢各逆不虞我师猝至，仓皇拒敌，经各团勇枪齐施，破圩直入，立将长发逆捻歼戮净尽，即时平毁贼垒。适据探报，是日该县西路近境已有回窜匪踪，因即督勇飞驰截剿。是夜，大股马步捻匪一万数千在该县西北信阳城一带蜂拥狂冲，经该县信阳城、胡家集、黑虎庙等处团练节节截击，自夜达旦，斩擒捻逆五六百名，夺获马骡一千余匹。二十六日，该逆败窜彭家庙地方，又经东路各团并力截杀，设伏夹攻，毙匪获马无算。二十七日黎明，败匪拼命夺路凫过茨河。该署令催督勇团跟踪追剿，茨东各寨勇练齐至夹击，擒斩、淹毙不计其数。该署令督剿一路，已计毙贼五六百名，夺获骡马四百余匹，其先后随到随剿各团，毙贼夺马更难数计。当将余匪追击出境。又经附近阜、亳各团扼泚截击，各毙捻逆数百名，夺马数百匹。共计太和境内各路勇团生擒著名捻首康升、侯贯玉、任平、周玉、王安、王红狷、葛淙因、孙秀考及伙匪王彩训等一百数十名，毙匪三千余名，夺获马、骡二千余匹，旗帜、枪械等件不可胜数。当将生擒该捻首、伙康升等讯明正法，并将夺获马骡、器械给团充赏，仍饬各团加意严防东路败匪报复，及西路余匪续窜。声明阵亡练丁，俟查明另行禀报等情。并据颍州府知府才宇和禀报，情形无异。臣查太和县勇练自去冬截剿捻匪，大获奇捷，特奉谕旨褒嘉，并蒙恩准鼓励，人人感激思奋。此次越境攻毁贼圩，并乘势计破积年从未受创之亳东宫寺捻首龚得老巢，净歼丑类，洵足以大快人心。龚得现踞怀远，闻之亦应胆落。迨捻匪大股由豫回窜，蜂拥入境，该署令又能先期布置勇[练]驰击，阖境团练踊跃用命，节节截剿，毙匪至三千余名之多，大获胜仗，实属异常奇捷。因该县官绅、练勇甫经奏奖，未敢渎恳恩施，应由臣先行存记，俟后续有劳绩，汇案核办。惟查有五品蓝翎亳州武举高兆祥尤为出力，前次未经与保，拟请赏换花翎，以都司归部选用，俾各处乡团益知观感。除仍饬令激励各团随时严密防剿外，所有太和县勇团越境平毁贼圩，并攻破捻首龚得老巢，及截剿由豫回窜捻匪，大获胜仗缘由，谨会同臣胜保合词缮折具奏，伏乞皇上圣鉴训示。谨奏。

乘胜克复霍山县城折　四月初九日奉朱批

臣胜保、臣翁同书跪奏，为饬派兵练乘胜进剿霍山踞贼，立克县城，并于中途击剿获胜缘由，恭折仰祈圣鉴事。

窃臣等前将官军攻克六安情形专折驰报在案。其霍山一城与六安西南紧相接壤，存贼止数千人，设法规复尚易为力。先经臣等节次严饬署知县王自籍募勇集团，以图进取，并饬令进剿六安之已革副将卢又熊、已革知府袁怀忠及知州茅念劬等相机同时并进，无论六、霍两城何处先能得手，即乘势并力会攻，庶使该逆应接不暇，自可一气扫荡。该署知县王自籍即遵照臣等密谕，于三月十六、七日亲带勇练进攻附城贼，旋将西、南两门外匪卡攻破，贼众迎拒，各勇奋前轰击，毙匪数百名，败贼回城拒守。十九日，该署县添调西乡各保团练，选其精壮者数丁，会合勇丁逼城而营。适值是夜六安城已复，败贼分窜舒城、霍山,其舒城一路已经官军直追至城南四十里铺始行收队,擒斩甚夥;霍山一路经茅念劬、卢又熊、袁怀忠等分拨得胜兵练五千余名,带同守备万重暄,千总段佩、吕廷连,把总陈发魁、吴春山,外委曹复泰、吴远成,练总谢文科、张巨川、胡应恺、吴荣发等分道由芮草凹、莱家埠、郝家集一路跟踪追杀,毙贼无数,贼尸狼藉。追获乘轿贼酋伪怡天福黄英兆一名,斩其首级呈献到营,并缴验旗械、枪炮数百件。卢又熊、茅念劬等仍即乘胜追赶,直至霍山北面。该县王自籍正在进攻霍城,见北路大队齐到,兵气愈扬,人人奋勇,随剿随进,先行开炮仰攻,立将守陴之贼全行击退,乘势竖梯登城。城内贼匪见兵勇环集,俱各立足不住,夺路尽向东门出窜。兵勇一面入城,一面追杀数十里,歼毙贼匪数百名,生擒百余名,内有实系被掳入伙者,释放回籍,余俱正法。夺获铜炮五尊,旗帜、器械、枪炮三百余件。即于二十日未刻克复霍山县城。当霍山未克以先,有舒城发逆二三千人于是日辰刻来援,亦经我军于白洋铺地方奋力截剿,逆势不支,纷纷回窜,歼毙匪众千名,我兵大获全胜。此次该逆分踞霍山,以为舒、六两城犄角。今六、霍相继而克,实足以寒贼胆而挫贼锋。惟潜、舒逆踪俱属逼近,已饬该署县等认真严密筹防,毋涉大意。查六安、霍山为窜犯楚、豫要道。既经克复,即须扎以重兵,方免再有疏失。臣前次请旨饬催楚师前进,会捣皖疆,以掣东南贼势。原不知江西之贼窜入湖南桂阳等县,有绕道趋鄂之意。现在楚北军情又自不同,一时恐难以重兵大举入皖,而皖军仅有此数,四路分布,尚属不敷,又值东路万分吃紧,仅能就六、霍现有防兵力筹堵剿,而不能另行抽拨,增益新军,殊深焦急。因思前奉谕旨,饬令楚师拨防豫境,原为堵扼六、霍窜贼起见,今此二城既克,自应将此项楚师迅速移扎霍、六一带,与皖军联络声势,同顾边防,既以固豫疆东南门户,即以防抄越楚境后,似于大局两有裨益。至该署知县王自籍于失守城池后,旋即带勇进剿,奋勉图功,尚为迅速。相应请旨,将署理霍山县知县候补府经历县丞王自籍原参革职暂行留任处分准予开复,以昭激劝。其已革副将卢又熊、已革知府袁怀忠前于贼扑官亭营盘,竟置主将于不顾,致令李孟群营陷身亡,厥咎甚重,本应由臣等详细查明情形,奏请将该革员等从重治罪,因一时攻剿吃紧,姑令戴罪图功,杀贼自效。月余以来,该革员等带领官军协同乡团实力攻剿,连复六、霍两城,颇知愧奋。相应请旨,将卢又熊免其治罪,仍带革职处分留营效力,以观后效。至袁怀忠一员,尚有应行查办纵勇滋事等情,容臣等查明再行具奏。其余在事出力员弁、兵练,合无仰恳天恩,俯准臣等并入克复六安案内择尤保奖,伏候训示遵行。所有克复霍山县城缘由,谨合词由驿六百里驰奏,伏乞皇上圣鉴。谨奏。

攻剿怀远折回皖东布置防剿片　四月初九日奉朱批[①]

再:臣因临、凤两城虽经收抚,一切安置遣散及地方善后各事,均须妥筹料理,而怀捻穷贼思窜,又复时图夺路东窜。昨于前月二十七日,臣由殷家涧亲赴刘府一路,督同臬司王庭兰调集游击黄鸣铎、都司邵徽祥、通判徐立壮等水陆兵练,饬令赶紧进攻怀远,立复坚城。正在筹办间,接据东路带兵官营总吉隆额、常海及副将李世忠等禀报,三月二十八日,浦口粤逆分由水口集扑至六合北面之竹镇,距天长甚近,马步贼匪约三四万人,势甚猖獗。我军寡不敌众,止得退扎汊涧,并讯据生贼供称,逆首伪令纠集浦口等大股逆众,势欲统犯淮扬等语。查逆踪飘忽,或援救六合,或窜犯天、盱,皆未可定。设使皖东稍有疏失,无论北突南奔,关系均属紧要。臣闻报之余,焦灼万状,刻将攻剿怀城事宜稍为布置,于即日折回池河、明光一带,相机督军迎剿,以期力挫凶锋而杜窜逸。至李世忠浦口一军,前因滁、来紧急,经臣咨商和春、张国梁等,就近酌夺,饬令回皖。兹由江南已派接替之兵到浦,该副将即纡道江南渡江,于三月二十七日带队回滁。臣当

察看情形,何路吃重,即调赴何路随同攻剿,以资得力。惟皖北贼势众多,几至应接不暇,臣营马队除分剿各路外,随臣攻剿者不过四百余名,以之当此大股狂寇,实形太单。现知淮北毕圩已克,捻首任乾授首,军声颇振,匪势稍松,而东南粤氛猖炽,业由臣飞咨傅振邦迅即酌拨马队四百名,经由泗州,渡河直赴盱眙,听候调遣,以为移缓就急之计。一俟皖东贼情稍定,再由臣酌会拨归淮北原营,以资堵剿。谨附片具奏。

咸丰九年四月初九日,奉朱批:"览奏。一切布置情形尚属妥协。"钦此。

迎击六合天长境内窜敌获胜亲赴东路督军折　四月十六日奉朱批

臣胜保、臣翁同书跪奏,为派兵截剿东南窜匪,力扼北犯,于六合、天长境内分股迎击,叠获胜仗,并臣亲赴东路督军,相机策应,以顾大局各缘由,恭折仰祈圣鉴事。

窃臣前因皖东天、盱一带军情骤紧,即日移师池河。后节据提督德安、总兵张得胜、副将李世忠等及来安、天长、盱眙各知县函禀,粤逆大股四五万人由浦口一路东趋六合,分屯附近一二百里内之天、来、盱三县,所属各乡镇遍地匪踪,大肆猖獗,有愈逼愈近之势。探系伪前军主将四眼狗陈玉成受洪逆伪谕,以江浦、浦口猝难力争,虽有九洑洲一线粮道可通,究以官兵扼堵严密,不能来往自如,意欲绕由天长、扬州,假道渡江,直捣江南大营之后,并分股攻袭江北官军营盘,以图解六合之围,便可再谋大逞。又据富明阿两次飞函告急,据称贼援大至,情形危迫万分,请速发救兵等语。臣等闻信之余,莫名焦灼。查西路凤、临三城捻匪虽经受降,而一切抚绥事宜尚须妥为料理。其怀城张、龚捻逆势穷突窜，尤在意中。定远为皖军根本，更不可不防益加防，而金陵正当攻剿吃紧之时，设或该逆遂其假道之志，南北勾结蔓延，大局又不[可]问。因添派游击滕遇春带湖南兵一千五百名驰赴东路，与总兵张得胜，都司向显彰、黄诚忠等各起兵勇会合，由汉涧镇前扼击，即令李世忠一军为之接应，并派游击尚阿布带领安徽巡标官兵前往天长，归德安调遣。仍恐前派之营总常海、吉隆阿等马队稍单，复添拨记名副都统营总得春、西蒙额等带领二百余名驰往助剿，以厚兵力。自初一至初二、三等日，该逆由六合所属之竹镇集一带连次出扑掠粮，均经我军分路击退。初四日，逆众大股复扑至黄泥坝地方，张得胜率同向显彰等带队奋力鏖战，毙贼二百余名，生擒长发老贼三十余名，均就地正法。夺获旗帜、器械百余件。李世忠亦带领都司江为霖等迎剿张山集一股，阵毙、生擒者亦复不少。初五日，逆众千余复扑至盱境之王家集，蜂拥而来，适与我兵相值，出其不意，四面轰击，登时毙匪百余名，余皆回窜竹镇，我军追杀极多。初七日卯刻，常海、西蒙额、得春、吉隆阿等带领马队，向竹镇一路直进剿，该逆马步约二三千名前来迎拒。该营等分由南北两路冲杀，枪箭齐发，立毙悍贼数十名，贼队散乱，乘势追赶二十余里，沿途毙贼五六百名，生擒四十余名，解营正法。夺获贼马二十余匹，贼旗五十余杆，伪木印十三颗，洋枪五杆，刀矛不计其数。张得胜亦于是日由六合以北之八步桥出队，截杀逆贼三百余名，得贼辎重、旗械无算。五日之间，屡获胜仗。其东王庙德安一军连日迎击，亦有斩擒，惟因四合墩一带踞贼甚众，该提督兵不满千，该逆抄后，力单难以抵御，旋即撤至天长东关外扎扎，与参将保英等协力守御。该逆屡受惩创，虽不敢遽然北犯，惟据擒获生贼供称，该逆锐意欲由仪征一带渡江，救援金陵，为官军阻截，不得逞志，即全股扑犯淮扬，另作诡谋。臣思汉涧一镇为天、盱前路紧要门户，上年臣督军攻克天长，始得扼其北犯。今该逆萌窥伺，是天长一城关系甚巨。臣权度重轻，不得不先其所急，当将定城后路布置事宜商由臣翁同书就近调度，并派侍卫穆腾阿分带精壮马队扼扎明光，随时与臬司王庭兰驻守殷家涧之军联络援应，一面催令傅振邦星速进兵，以分怀捻之势。臣即于初八日亲督大队由池河驰赴汊涧，相机策应，期于一切剿办机宜较为妥速。惟臣前因积劳失血，肝热脾虚，加以深受湿毒，引动足疾，肿痛异常，行步需人扶掖，乘骑甚不得力。但值此军情紧急，是以力疾登程前进。惟有竭尽力所能为，（怨）[亟]图扫荡，断不敢稍分畛域而误大局。所有派兵扼剿东南大股窜匪，叠次获胜，并臣亲督策应缘由，谨合词由驿六百里驰奏，伏乞皇上圣鉴。谨奏。

咸丰九年四月十六日，奉朱批："知道了。"钦此。

抽派张得胜等驰援江北片　四月十六日奉朱批

再：正在缮折间，据探报，该逆仍盘踞竹镇一带，牵制我兵，已分大股由六合官军后路窜扑仪征，势将逼近扬城，情形危急，是此时江北一军将有受困之势。臣再四思维，拟抽派张得胜带领兵勇三千余名，并加派马队三四百名，即令星夜由天长南路飞速前进，以捣其后而牵贼势。但贼数众多，能否即时剿办得手，再当续行奏报，以慰宸廑。谨附片具奏。

江北大股敌军窜入天盱境内现筹堵剿折　四月二十六日奉朱批

臣胜保、臣翁同书跪奏，为江北大股粤逆悉数窜入天、盱境内，现在竭力分军堵剿，以扼北犯，屡获胜仗，无如贼势太重、兵力过单，谨将危迫情形据实沥陈，恭折仰祈圣鉴事。

窃自天长复陷，臣当即移师扼守盱眙前路，业将统筹布置防剿各

缘由专折驰报在案。旋派副将格洪额分带各军赶赴盱、天适中之旧
铺地方,择要安营,堵其北窜正路,并于泥沛湾、马家坝一带分兵堵
御,一面令侍卫穆腾阿带同营总萨萨布、得春、乌勒兴阿等各起马队
及新到之淮北、察哈尔官兵,由天长迤西之汉涧镇一路会同原扎该处
之总兵张得胜、副将成兴、都司黄诚忠等相机进剿。适值怀远捻逆出
巢东犯,同时警信叠至,幸西路防军立将匪众击回,臣暂得稍纾回顾
之虑,并即驰至旧铺,亲为布置。讵逆众倚恃人众,逞其围营故技,竟
敢率众攻我汉涧官军营盘。经守营兵勇连环枪炮轰击,毙贼五六百
名,贼犹抵死不退,舍命扑至濠墙,势极凶猛。又经各兵勇刀砍矛刺,
并用火弹焚烧,复毙贼十余名,该逆始不能支,撤退二三里,扎营二十
余座,层层围裹,致米粮、火药不能运送入营,颇形危急。臣当以张得
胜等所带川楚兵勇三千余名,皆系臣营劲旅,与其为贼所困,或有意
外之失,不如全师而出,再图进取,较为上策,因即密授机宜。令穆腾
阿先行救撤各营。十六日,马队官兵向前冲击,只踏毁贼垒二座,毙
贼一二百名,而贼势之众十倍于我,殊难得手,且该处稻田埂坎太多,
不利驰逐。十七日,我马队复鼓锐前进,张得胜楚军一营见援兵近
前,遂整队伍出营夹击,踏毁贼营四座,且战且退,立即突出重围。该
逆见我兵全师而出,遂用大股扑裹而来,经我马队官兵登时击退,我
军并无伤亡。即令于旧铺一带建营扼扎,以资协力。其成兴、黄诚忠
等川兵川勇二营,因相距稍[远],被困垓心,尚未能立时撤出,殊深焦
灼。查逆首四眼狗陈玉成狡悍凶顽,贼中称最,逆踪所至,到处狼
狈。上年浦口之失、三河之陷,皆系该逆为之。今春二月间,该逆大犯护
城,经臣以全力击退。此次复出我不意,突入天长,其始由于江浦扼
截甚严,不能直达金陵,逼而自六合东趋;继由于扬州防堵甚力,不能
绕窜江南,逼而自仪征北走。臣前此通筹南北大局折内,以为纵使围
师必缺,亦不应令北路有缺也,意正谓此。今该逆死党六七万悉数麇
集于皖境,计自六合以达天长,横轶四出,匪势蔓延,颇难收拾,一经
窜突,路路可通。但使有得心应手之兵、足以收扼[吭]拊背之势,则

决策制胜,亦自无难图功;无如皖营兵勇虽有二万数千人,分布四路,无防不单,且分防之兵相距数百里,一时亦难抽调。非若江南北各军兵力较厚,近在咫尺、可以联络声援者,比况随臣进剿者,步卒不满五千,骑兵不过八百,东逐西驰,疲于奔命,以之当此方张之寇,扼此四达之冲,实觉应接不遑。况盱眙向无城池,蒋坝尤为切近,臣此时惟有以堵为剿、以守为战,先固北窜之路,并即咨催和春、张国梁等迅由江南北调派援军,克日越境会剿,直抵天长东南,既以力顾仪,即可牵制贼势,庶臣得以相度情形,由西北面统军会合前进。惟是臣之一身,既须统筹调度,又须策马战争,臂助无人,兵力有限,每一念及,寝馈难安。设使稍误事机,臣一身不足惜,其如国事何? 前此屡欲请兵而未果者,深知当此多事之秋,征调匪易,苟可竭力图维,亦何以此上烦宵盱? 现在贼众兵单,竟至万分棘手。思维再四,计无复之,步队一项,即使请调,已恐缓不济急,因思就近之马队尚可期其便捷。臣闻天津防务业经亲王僧格林沁妥为办理,悉臻稳善,总兵乐善本为臣营得力之人,现闻有统带马队一千名赴大名一带防堵之说。目下此路捻患势已大衰,臣稔知其一时决不敢萌北犯之念,况有傅振邦、关保等节节堵剿,可资遏截,较之皖北粤焰大张情形,轻重不啻倍蓰。合无仰恳皇上天恩,俯念全局攸关,同一北路之患,饬下乐善统领马队一千名星夜取道清江来盱,归臣调遣,实于紧要军情裨益匪浅。臣曷胜激切待命之至。再,该逆大股现图北[窜],臣此时驻扼盱眙,力保清淮,但恐逆众不得北犯,折而西趋,则滁、来、定远皆当其冲。臣兼顾不及,已函嘱臣翁同书就近设法调拨堵剿。惟定远兵力不厚,设有缓急,臣再当酌量抽拨马步兵勇驰往应援,以固根本。所有堵剿大股粤逆,兵力尚单,势属危迫各缘由,谨合词由驿六百里驰陈,伏乞皇上圣鉴训示。谨奏。

剿抚浍河南北民圩片　四月二十六日奉朱批

再：浍河南北民圩林立，其中被贼逼胁入伙及甘心从逆者，良莠本属不齐。经臣等节次谕令带兵驻扎固镇之参将滕家胜随时随地就近剿抚兼施，设法办理，兹据禀称，该参将探知附近之何家圩素为捻匪聚集之所，预行挑选各寨精壮马步练勇千名，于三月二十四日饬派蓝翎守备蒋得遇，把总邵礼杰、孙璞，忠勇目丁大斌等分路前进，乘黑夜间出其不意，扑进圩内，一拥冲杀，立毙长发多名，生擒数十名。该圩主等随即俯首乞降，当令概行剃发。二十七日，又派都司贾鹏霄、守备吴士玉等选带练勇一千余名，前往张家沟、杨家集一带巡哨，见有长发多人隐伏各庄内，我军沿途搜杀殆尽。复行至黄土庙等处，查知久为贼薮，我军直入该圩，枪炮连环，轰毙百余名，余皆生擒，就地正法，立将黄土庙圩、杨家圩一律平毁等语。除饬令认真剿匪安民，以靖地方外，谨将附片具奏。

咸丰九年四月二十六日，奉朱批："知道了。"钦此。

民团截剿窜敌情形折　四月二十六日奉朱批

帮办军务安徽巡抚臣翁同书跪奏，为各路民团截剿窜匪，踏毁贼垒，擒斩逆首，毙匪多名，夺获旗帜、器械无算，查明属实情形，恭折由六百里具奏，仰祈圣鉴事。

窃官军会合团练克复六安、霍山缘由，节经会合驰陈在案。臣以六、霍既复，败匪必思纷窜，不可不严行遏截，当经飞饬各路民团一体防剿。去后兹据按察使衔记名道李元华禀称，六安克复后，逆首怡天福、沛天候纠合残贼四千余名，窜至董家岗、花子岗、小青阳镇一带扎营十余座,距该员马步寺营盘二十里,连日攻俱获胜仗。三月二十八日,该员亲督团勇并广调各练四面兜击。二十九日辰刻,五品顶戴候选知县潘鼎新等带勇由花子冈攻其后路,该逆大股出拒。蓝翎守备衔解先亮复乘胜追赶,合力围攻,败残之贼不得入营,守营余贼不能抵拒。我勇枪炮齐施,立将贼营全行踏毁,贼众歼毙殆尽。获旗帜、械器、枪炮、马匹不计其数,生擒贼匪六十九名,内有贼首伪怡天福一名,均经该员讯明正法等情,并将该逆首衣帽等件及耳级、旗帜、伪文、伪印一并解送前来,查验属实。又据潜山县知县叶兆兰禀称,该县天堂之逆大股从霍山纷窜,余贼仍踞天堂、水吼岭等处,麇聚死守。二月二十八日,该员亲督团勇,分路由牛肩岭、乌石岭直扑水吼岭贼巢,复分派勇练由长岭潜出天堂,两路夹击。是日午刻,该逆见乌衣岭兵至,齐出拒敌。正鏖战间,我勇之由牛肩岭取道进攻者已将水吼岭贼巢焚烧,乘势前后夹攻,逆势不支,夺路奔逃。我勇追杀十余里,毙贼十一名,夺获旗械七十余件。其时进剿天长。① 其时进剿天堂之勇见水吼岭火光烛天,知已得手,奋勇齐进,四面环攻。该逆惊慌,不战而走。我勇分路截剿,杀贼十五名,生擒黄衣贼目伪检点张大用一名,就近解赴唐训方军营,讯明正法等语。又据署巢县知县茹晋禀称,三月二十一日,梁园贼匪移屯石塘桥,于二十二、三等日赴北山口、曹家巷等处掳粮,经蓝翎守御所千总苏世常带同勇练迎剿,杀贼十余名,夺获大旗四面。二十五日②、二十七等日,该逆又至王兴隆集、大张村一带焚掠,势极猖獗。苏世常复约同练首赵璧楚等集练分路往剿,毙贼多名,砍获首级三颗,夺获器械七十余件,逆势大溃,遁回店埠等语。又据花翎尽先都司张遇春禀称,该员带勇驻扎黄山,于三月初三日,含山逆匪由葛家集直扑前来,当即出队迎剿,轰毙骑马贼一名,贼队惊乱,登时败回。该员带勇追过含邑东洪桥,生擒贼匪

---

① "其时进剿天长。"疑衍。
② "日"字疑衍。

二名，夺获红旗四面。初八日，该逆青桥制船，经该员带勇擒获贼魁赵连升一名，搜有伪文呈验。十四日，柘皋之逆由上生寺来扑尉子桥，该员派拨勇丁，于夜间由黄山西面冲出，举火呐喊，复由山凹直出迎敌。该逆不知我兵多少，未敢前进，即行遁走等语。臣查粤逆大股现虽东窜，而余匪仍复各路纷扰，叠经民团遏击，歼毙匪首，挫其凶锋，不任乘虚稀突，剿办尚为得手。除饬各该员等督练仍前严行防剿外，合将各路民团剿贼获胜情形一并汇陈。谨合胜保合词缮折具奏，伏乞皇上圣鉴。谨奏。

咸丰九年四月二十六日，奉朱批："知道了。"钦此。

敬陈皖北吃紧情形折　四月二十六日奉朱批

帮办军务安徽巡抚臣翁同书跪奏，为敬陈目下皖北吃紧情形，仰祈圣鉴事。

窃查逆贼陈玉成拥众十余万，先扑护城，继攻浦口，旋由六合窥伺仪、扬，窜扰天长，叠经胜保与臣会奏在案。胜保甫抵汊涧，提督德安一军即退至天长，警报踵至，胜保急派兵赴援，臣亦派副将衔游击尚阿布管带臣抚标右营兵策应。讵意援兵未到，天长即已失事，闻德安业经殉难。维时贼匪分股攻扑汊涧，并图直窜盱眙。胜保留兵汊涧，以防其旁窜定远，而亲赴盱眙督剿，以顾后路。适怀远捻匪由上、下洪搭桥渡淮，窥伺凤、临，意欲直扑殷家涧，贵州按察使王庭兰暨游击戎琨、黄得魁等遣骑络绎告急。臣以粤匪方图东窜，我兵亦悉力东征，以致定远及殷家涧兵力皆形单弱。若令怀捻得由殷家涧攻扑，定远孤城，势不能支，即大局将不可问。莫若先固北路门户，庶堂奥可以无虞。因派副都统衔营总富明阿、都司谭玉龙带领马步队驰赴殷家涧援剿，会同该处原驻兵勇，出队迎击。该捻众不意我兵掩袭，闻风先遁，仍回怀远老巢，现仍由王庭兰督率兵勇，联络淮南、北民团，相机防剿。臣一面飞饬署庐凤道黄元吉、副将惠成、知府秦荣等严防黄宜铺、明光镇、浮山等处。此南北粤匪滋扰之大略情形也。伏念金陵贼巢被围日久，贼势已久穹蹙，惟恃外援猖獗，到处冲突，以图分我兵力。贼渠中凶悍者，以陈玉成、李寿成、吴如孝三逆首为最著。今陈玉成踞天长，李寿成踞和州，吴如孝踞庐郡，忽东忽西，倏分倏合，形同鬼蜮。江北官军现与江南并而为一，兵多饷足，军威甚盛，浦、六、仪、扬一带或尚可以支持，此间则饷缺兵疲，路歧地广，虽胜保善于督战，尚恐难资控扼。若北瞰清淮，阻我饷道；西袭定远，乘我空虚，静言思之，实可寒心。臣已饬池河、藕塘等处带兵官昼夜侦探，防其分股窜扰。其南路蒋家巷等处亦未可以弛备，照旧驻军严防。至北路捻匪数十万，尤为心腹之患。张乐行、龚得二逆困守怀远，时思东窜，与粤匪相合。目下天长有警，更难保不乘机铤走。张元龙虽已就抚，而临淮道路尚未疏通，其人亦未可遽用，若欲倚以破怀捻，则更有所不能。臣揣量兵力，审度权宜，固不敢专恃剿，而参究贼情，图维后患，亦不敢专恃抚。时与胜保、傅振邦函牍往来，和衷商办，期于万难措手之中得刚柔并济之益。臣素有肝郁之疾，抵皖以来，形神交瘁，左体风痹。惟感荷圣主特达之知，尚能激昂自奋，力疾从公，誓以灭贼以为期，不敢畏难自沮。抑臣常思皖北一隅，论物产似不若苏、杭为财赋之区，论地形似不若兖、豫为屏藩之域，然粤捻纷乘，仅恃此一军为阻遏，若一有蹉跌，则南北咽喉必致为贼所据，所关于天下大势者，实非浅鲜。惟有与胜保互相策励，竭尽犬马之力，上答鸿慈。所有皖北吃紧情形，理合缮折具奏，伏乞皇上圣鉴。谨奏。

咸丰九年四月二十六日，奉朱批："览奏俱悉。"钦此。

官军进攻汉涧获胜直逼天长折　　五月初三日奉朱批

臣胜保、臣翁同书跪奏,为督饬官军连夜乘胜进攻汉涧,毁贼巢,毙无算,大获全胜,现复飞饬各军追剿环攻,直逼天长,以期早克坚城缘由,恭折仰祈圣鉴事。

窃臣等昨将迎击北窜大股逆匪,三路皆捷情形驰报在案。查该逆踞守汉涧,以为天长犄角,牵制我兵。该处为盱、六、滁、来要道,四通八达,若令其日久踞守,必致另生诡谋,不但盱眙、蒋坝同形危急,即西窜定远,一路空虚,尤为可虑。臣仅此兵力,面面兼筹,计惟有设法相机力图补救,亟应乘贼受创胆寒之际,出奇进捣,及早歼除,方为胜算。臣因分饬副都统穆腾阿、总兵张得胜、副将格额及营总萨萨布、景林、得春等,激励将士,授以机宜,分为三路,连夜进兵,于二十五日四鼓马步各军驰抵汉涧。该逆用木石填塞各路隘口,贼巢林立,凭负岖坚力死守。我兵先用大炮轰开贼栅,继以火箭、喷筒连环射入。匪众拼命出巢,列队抵拒,经我兵勇枪箭齐施,立毙凶悍贼目数名,该逆仍复抵死不退。我军先以马队往来冲突,步卒大队乘之,火器、刀矛更番鏖战,毙匪六七百名,逆势始不能支,且却且拒。我兵呐喊直前,勇气百倍。群匪兽奔鸟散,纷纷遁逃。各军一齐掩杀,斩关而入,立将贼垒二十余座一律踏平。萨萨布、张得胜等向南跟踪追杀三十余里,直至马家集一带,尸横遍野,血溢沟渠。其东王庙一股贼势最重,亦经营总西蒙额、乌尔滚布,章京善庆等分带官兵,尽力击杀,毙贼极多。计各路斩擒逆众不下三四千名,夺获枪炮、器械、旗帜六百余件,骡马一百余匹,我军大获全胜,实足以挫凶焰而快人心。现在天长之贼势成孤注,已密派副将格洪额、营总得春等带领各起马步官兵乘势直逼天长,并力环攻,冀可早复坚城。臣仍当相度情形,妥为调度,以期力殄狂氛。此次粤逆大股猝然北犯,猖獗万分,经臣统师前进,力遏其锋,而众寡悬殊,竟有岌岌不可终日之势。幸托圣主洪福，连获全捷，北路暂可保全，皆由将士用命，故得以少胜多，节节扫荡。其出力将弁，容俟攻克天长后再当择尤保奏，仰恳恩施。所有攻克汉涧贼巢，大获胜仗，并派兵追剿，进攻天长各缘由，谨合词由驿驰陈，伏乞皇上圣鉴。谨奏。

连日进攻天长并派兵绕赴西南折　　五月十八日奉朱批

臣胜保、臣翁同书跪奏，为连日派兵进攻天长，直薄城，毙贼甚众，该逆被创，负嵎死守不出，现臣亲赴石梁、护城桥一带详加布置，分饬官军移营进扎，相机规取，并派兵绕赴西南，以断六合贼援各缘由，恭折仰祈圣鉴事。

窃臣等前将击贼获胜、收复汉涧情形驰[奏]后，即径饬令副都统[穆]腾阿、麟瑞率领各起营总及总兵张得胜、副将格洪额、已革参将保英等会合马步各军，乘势直捣天长，以图迅复城邑。上月二十七、二十九，本月初三、初六等日，均经我军连次进攻，每仗皆有斩擒，无如该逆一味死守，加以月来雨水过多，该处地势洼下，积潦环城，稻塍鳞次，马步各队均难进退自由，以致急切未能得手。复于初九日，严饬各队设法迅速进兵，由距城五里之护城桥分为三路，排队而进，并挑选奋勇数百人直薄城圈搦战，先于桥北沿堤一带设伏以待。该逆猝见我兵已抵城下，遂由北门出贼千名，摇旗迎击。我军奋力迎战，鏖杀两时，逆众又由东门突出一股约二千余人，各军短兵相接，将贼诱至进前。张得胜、格洪额带领各队奋前猛击，斩杀多名，贼势败退。我军随杀随进，直追至城根。城上枪炮雨密，兵勇伤亡数十名，势难立足，各军整队缓退。该[逆]见官军遽撤，遂倾巢而出，紧蹑我后。我军诱至堤前，伏兵齐起，施放连环枪箭。该逆自知中计，负创回奔，我军从后掩杀，击毙、淹毙者不计其数。余逆鼠窜入城，闭门坚伏不出，城上枪炮、矢石守御加严，我兵暂撤归营，再图进取。查此股踞城粤逆数不满万，大半系两广、湖南老毛居多，最善死守，而且凶悍，现以天长一城为六合之犄角，显系牵制我兵，仍图南犯仪、扬，北窥清淮、蒋坝，近因连日官军攻剿甚紧，又将六合之贼分来数千，并力死踞，凶狡情形殊堪发指。昨接总兵张玉良禀函，据称天长之贼回窜六合，麇集八埠桥、新篁巷一带，江北军营后路情形甚为吃重等语，是盖不知回窜六合境内者，系由汊涧、马家集、东王庙一带击败之贼，而天长踞守之贼仍复如故，且有增而无减。前项所请饬拨江北会剿天长之军，恐一时尚难指望。臣前因湿毒流注，四肢肿痛异常，乘骑甚不得力，而当此事机吃[紧]万分，只得力疾忍痛，策骑前往，于初十日亲赴天长，绕城周视，详加布置。指令张得胜、格洪额及候选知府李保邦、已革参将保英暨统带开化勇之候选知府龚继勋于石梁、护城桥、三里湾一带扼要分扎，以期逼近城垣，相机攻取，并令于近城西面连获捻筑炮台，以便安设大炮，随时轰[击]。俟分布妥洽后，拟即分拨马队绕至天长以南、六合以北扼要横截，既可以杜六合贼援，并可以捣八埠桥贼营后路，庶足以制贼死命。惟天长一日不克，则东北一日不可稍松，且逆首四眼狗陈玉成倏东倏西，旋来旋往，行踪飘忽，诡谲万端。臣再四重度，当此贼穿四突之时，自应力扼北犯清淮为最要，臣此时仍当驻扎盱眙，居中调度，未便轻为移动，致匪贼窥伺之心。至西路怀捻时思东窜勾结，而探闻庐郡又添贼众，不知是何诡谋。定远前后受敌，兵力亦颇不厚，臣昨已抽拨营总萨萨布、乌尔滚布统带吉林、黑龙江马队三百名先行驰往殷家涧，与该处留防之臬司王庭兰、营总克蒙额、游击黄得魁等马步各军协力防剿，如定城南路有警，即由臣翁同书就近调遣，俾资得力。臣仍随时酌度，何路紧急，亲往策应，以期兼顾。惟兵力只有此数，实觉不敷分拨，然盼新拨马队及早到来，庶臣可以稍易筹措。至副将李世忠，经前次意外之挫折，深知愧励，昨因病给假数日，刻已渐痊。其所部一军，饬令都司朱元兴暂为管带，已由半塔集进至竹镇地方，将该处打粮之贼尽行击退，每次接仗颇[有]斩擒。臣现饬营即在竹镇妥为扼扎，以堵六合西北来路，兼断浦贼粮道。所有连日进攻天长，并设法布置一切情形，谨合词由驿驰奏,伏乞皇上圣鉴。谨奏。

傅振邦率同苗沛霖攻克板桥片　　五月十八日奉朱批

再:淮北自攻毕圩后,傅振邦乘势进攻板桥贼巢,适值捻首陆连科外出求援,该提督密构内线,趁其归巢而邀击之,遂率同苗沛霖练勇如期伏兵截杀,攻入圩内,立将陆连科生擒正法,并其死党多名一概歼戮,附近捻圩悉平,办理甚为得手。现在怀城张、龚二逆势极穷蹙,自应乘此机会迅速进兵,会合淮南防剿各军协力环攻,以期早克城池,肃清长淮要道,不但于军务渐有转机,即饷源亦可借资筹济。已由臣统筹机宜,函致傅振邦从速妥为办理。谨附片具奏。

　　咸丰九年五月十八日,奉朱批:"知道了。"钦此。

怀远剿捻情形片　　五月十八日奉朱批

再:怀远捻匪前此纠众东扑,经官军击败回巢后,臣等恐该逆粮乏势蹙之余,难保不急图铤走,即经饬令游击黄得魁于殷家涧防军内酌抽精锐数百名,由守备李德英带赴河东蚌埠一带,紧逼扎营,扼其东窜,一面飞饬通判徐立壮、都司邵徵祥等由考城地方移进距城十余里之王家圩一带,堵截淮河西岸,与守备张建猷一军相为犄角。兹据臬司王庭兰等禀称,该逆于前月二十一日乘徐立壮等抢筑营垒之际,凶猛扑出,以死力来争,经我军登时击退,将营盘扎。二十四日,复出贼三四千人,由上游渡河,窜至枣林一带,抢割在田麦苗,经王庭兰派令都司程占鳌、吴竣基,州同方模勋等各率本队勇丁,会同练总、知县柳增秀等带领练勇一千余名前往迎剿。该逆瞥见我兵掩至,仓皇失措,各军[枪]炮齐施,轰毙贼匪百余人,余众退却,纷纷弃麦而逃。我军追至近城茶庵地方，沿途又歼毙不少，日暮撤队。游击黄开榜、黄鸣铎等亦于是日带领水师由西面进剿，逆众驾船迎拒。队目王正彪、张得贵率炮船、炮划首先冲驶，各船一齐拥上，悉用大炮更番轰击，毙贼不计其数。徐立壮、邵徵祥等同日出队，至九龙集，杀毙贼匪数十名，生擒十余名，就地正法。讯据生贼供称，逆自因官军连日轮番攻击，时图窜逸，若不能乘虚东窜，即欲伺隙西扰颍州等情。臣等伏查该逆穷极思遁，本在意中，当已飞饬颍、寿一带各地方官及带兵文武实力严防，仍饬水陆各军乘势四面围攻，以期早复坚城，勿令再致他窜，庶可肃清丑类。谨附片具奏。

咸丰九年五月十八日，奉朱批："知道了。"钦此。

击退天长敌军并截剿援敌获胜折 五月二十一日奉朱批

臣胜保、臣翁同书跪奏，为天长逆匪分路出扑护城桥营盘，旋经官军奋击回巢，并派兵天、六之后，截剿援贼，均获胜仗，现仍力筹攻剿缘由，恭折仰祈圣鉴事。

窃臣日前亲赴天长城外，相度地势，详加布置，指令各军迅速移营分扎进攻。讵逆众侦知臣甫回盱，即于十二日全股扑出，一由三里湾凫水过河，一由护城桥直向北扑。已革参将保英见贼踪已近，恐众寡不敷，未能迎截，遽行撤退。贼众突过河岸，意图踞守桥口，阻我进路。付将格洪额赶由石梁带同知府龚继勋开化营勇并都司陈德雄之队迎前拦击，总兵张得胜同时带队渡河，绕至南面，抄袭贼后。该逆分股迎拒，摇旗呐喊而来，势极凶猛。我军一拥直前，奋力鏖战回合数次，毙匪数十名。时营总都兴阿亦带领马队驰至，与各军会合夹击，枪炮、火箭一齐施放，歼殪甚众，匪势不支，继以刀矛刺杀，愈战愈

酣。匪众奔突无路,纷纷洇水而逃。我马步各队沿河排仗轰击,毙匪
又数百名,落水死者不计其数。该逆败退回巢,复经张得胜由南岸击
杀多名。我军立将护城桥营盘夺回,即派令龚继勋、陈德雄两军在彼
扼要堵扎,以资得力。此迎剿天长出扑之匪获胜情形也。其天长西
南一带与六合接壤之区,逆踪出没往来,蔓延几遍。据张玉良探禀,
该逆大股皆麇聚六、仪、陈家集,显系阻截官军,故以天长一城牵制之
计,自应另出奇兵,无分畛域,直捣八埠桥后路,即可以杜南贼来援。
因即密派营总得寿、乌勒兴阿等选带精锐马队官兵,间道驰赴天、六
之交,相机雕剿,先行遏贼援,力图制胜。该营总等即于十二日黎明,
出其不意,由东王庙一路疾驰而往。逆众瞥见官兵骤至,即突出二三
千,仓皇迎拒。我军人人奋勇当先,怒马直冲贼阵,登时贼乱不复成
队,遂乘势分两翼包抄,枪箭连环,应手辄倒,匪势大败奔逃,我军由
四合墩一带跟踪追杀二十余里,直至六合以北之大仪山,沿途毙贼约
五六百名,尸骸枕藉,贼遗器械、旗帜载道。时已日暮,未便深入,我
军整队而回。生擒发逆三十余名,解营正法。此派兵绕赴南路,截剿
六合援匪,同日获胜之情形也。臣查现在贼踞天长东路,攻剿情形正
当吃紧,而西路怀城未复,捻逆时思窜逸,亦须妥筹兼顾。加之前敌
各营粮米、火药屡形缺乏,前此粤逆围营,苦于不能(欠)[久]支者,正
由于此。亟须由后路赶紧措办运济,方能有备无虞。臣此时驻扼盱
眙,居中调度,既可就便策应西路,且以借壮前敌声威,使该逆不敢再
萌北窥之心,庶免后路空虚之患。仍一面督饬各军进逼天长,极力环
攻,并由臣酌拨亲军队伍,由旧铺、石梁一带节节移前进扎,为之接
应,以期早复坚城,肃清东路。所有天长南北两路剿贼获胜,及布置
进攻各情形,谨合词由驿驰陈,伏乞皇上圣鉴。谨奏。

咸丰九年五月二十一日,奉朱批:"览奏均悉。"钦此。

定远情形吃重派兵援应片　五月二十一日奉朱批

再：正在缮折间，接据臣翁同书来咨，庐州逆匪已窜至距界牌之五里地方，有先扑江家巷营盘、后至定远之说。又接副将李世忠探禀，本月十一日，黄山突出贼五六千人，窜至藕塘以东二十五里之长沙岭地方，扬言先攻藕塘，后扑定远，以分天、盱官军之势等语。查逆情诡诈，显系因我兵剿东路甚紧，故以另股图扑定远，使我撤军西顾，应接不暇，而彼仍得乘虚扰犯东北。臣伏思定远、盱眙同为重地，此时进攻天长正当吃重万分，自未便轻为移动，致堕奸谋。顷已飞咨翁同书，一面就西路现有步队筹防剿，一面即于留防殷家涧、黄宜铺并续经派往之营总萨萨布、克蒙额、乌尔滚布等各起马队五百名内就近抽调迎剿，并由臣添派副都统麟瑞即日驰回定远，复抽拨随营马队百余名，一并饬其星速前往西路，听候翁同书调遣，以资策应。所有定远一带情形吃重，派兵援应缘由，谨附片具奏。

咸丰九年五月二十一日，奉朱批："知道了。"钦此。

沥陈饷绌及招抚掣肘情形片　五月二十一日奉朱批

再：查皖北境内前有粤匪数十万，后有捻匪十数万，贼踪遍地，体无完肤，臣知断非现在兵力所能廓。设使滁、来、凤、临之众迄今尚未收抚，则盱眙、定远孤处贼中，腹背受敌，恐无以至今日。以皖营有限之师旅而制无穷之盗贼，虽智者处此，亦将束手无策。臣审时度势，所以力主剿抚兼施而为釜底抽薪之策者，实出于事之无可如何，在当时者独尝其苦，而局外者不知其难。今幸不为我敌，而为我用，殊非臣初念所及料。惟是就抚之后，即不能不给以招抚之资。果使饷项充盈，一面给资，遣散安置，一面选其精壮，按月给以勇粮，岂不游刃有余、指挥如意？虽近来皖饷较前充，而断无余资筹备抚费。即如副将李世忠一军，所部不下两万人，自上年九月归顺以来，屡次随同官军进剿，著有成效，而其部勇口粮每月必需三四万金，计数已成巨款，大营粮台无力助给分毫。前据该副将禀请，愿以自□豆饼三十万片贩运至莱，易银充饷，可得银十余万两，亦系自食其力之意，当经臣据禀咨行江、莱督抚在案。嗣准覆称，恐其人数众多，未便任令贩运前往，致多窒碍。在该督抚原为地方起见，但该副将从前亦曾由臣营请给路票，派弁前赴上海制备军火、器械，并未闻有稍涉骚扰之事。况臣前经行知各该地方官，如遇胜营勇丁经过之处有不安本分者，即由该处查明惩办。此时苏省既不欲其运销前往，臣亦未便与争，只可不论价值之多寡，但有销路，即行就地变卖，冀可早抵饷需之用，已由臣札令遵照妥办。又查张元龙新抚之众，除前此酌给犒赏银万两外，现亦别无可筹之粮。昨经臣檄饬署庐凤道黄元吉等，即就淮河南北两岸民圩内酌量匀拨熟麦若干，暂济该营口食。据张元龙禀称，极为悦服，然亦究非长久之计。窃维饷绌之患，至皖省为已极。若欲驱降卒为我用，既无自然之粮饷以养之，而又逼之无谋生之路，则平日豢养之兵亦将驾驭为难，何况此新附不驯之（中）〔众〕？古人谓"饥寒所迫，虽慈父母不能保其子"，而欲令降众枵腹荷戈，能乎？不能乎？总之，臣今以抚而济剿之穷，因饷绌而转为招抚之累，现在所处时事竟至掣肘万分。而区区不得已之苦衷，与夫委曲难言之隐，可以上邀圣明之洞鉴，或不免谤议于他人。臣亦惟秉此血诚，竭此才力，相机行事，力济时艰，以期仰副委任至专之意，人言固所不恤耳。谨附片据沥陈明，伏乞皇上垂察，幸甚。谨奏。

咸丰九年五月二十一日，奉朱批："知道了。"钦此。

参革王逢韶片　五月二十一日奉朱批

再:军心首重镇定,法令惟在严明。兹有臣营投效委员、候选主簿王逢韶因其差遣不甚得力,于四月初间撤令仍回河南本(藉)［籍］。该员路过盱眙,正值粤逆大股扑扰天长,其时臣［在］石梁、汊涧一带极力截剿,一面拨兵于各要隘严密布置,并未容该逆北趋一步。乃该员由盱眙而蒋坝、清江,一路妄听流言,谓盱邑已不可守,以致数百里之内人心惶恐,探禀纷纷,居民俱为震动,几致后路一空,启贼窥伺。经臣飞檄四出,即速广张告示,晓谕居民,众情始定。且查其前于贼扑护城之际,闻警先逃,几惑军心。该员虽非带兵将弁,而屡次张皇畏葸,造言生事,情殊可恶。若非严加惩办,何以肃军令而儆效尤?相应请旨,将候选主簿王逢韶即行革职,发往军台充当苦差,以为妄言轻动者戒。谨附片具陈,伏乞圣鉴。谨奏。

沥陈皖省情形请拨精兵片　五月二十一日奉朱批

再:贼匪四眼狗陈玉成为粤逆洪秀泉爪牙,凶悍狡猾,贼中称最。上年江北溃营,庐郡复陷,以及三河、长城之失,折我良将,覆我劲旅,皆系该匪为首。凶锋所至,几无坚城。近据生擒发贼供称,陈玉成在贼中总率左、右、前、后各军,自安庆、潜、太、全、和、庐州等处贼众均归调度,数百里外驰一纸伪檄,逆旅即星飞而至,故缓急策应,军易胜而难败。洪逆以陈玉成所至能出死力,伪封吴王。近往金陵,与洪逆会商事件。是否仍图北窜,抑或另营巢窟之处,皆未可定等语。窃惟当今大势,以天下之全力而反不能制逆贼之死命者,其弊在于贼合而我分,故其势常若不及。贼残忍性成,每以杀戮为威,然而行军之际,其下奉令无敢犯。因粮于民,所至掳掠金帛子女,任众分携;以伪官牢笼党与,动辄封王。彼贼中赏罚虽不足论,然威行法立,赏重士奋,

盗亦未尝无术也。逆氛之兴，近十年矣，而犹未能扑灭者，岂果贼众
而我寡哉？贼以合而见众，我以分而见寡也。自金陵被扰后，贼之散
踞皖境者，合计十中有七，负固凭坚，匪朝伊夕。臣受命督办以来，夙
夜忧虑。窃见贼中情景，未易一旦歼除。粤逆洪秀泉元恶大憝，其志
不在小，又得陈玉成凶狡之徒为之与翼，狼奔（豕）［豕］突，在在堪虞。
今日之事，思患预防，当以遏贼北犯为先。查该逆等以金陵为巨巢，
以所据江、皖各城为犄角，而东、南、西三面有江南北及楚北、江右、皖
南各军周遭围绕，其计不下十数万众，皖则止二万数千军，独当北方
一面。自英、霍以东、天长以西，长且七百余里，地广而师少，又有捻
匪窃发，牵制后路。臣只此二万数千之军，当此金、皖之贼，既须处处
留防，又须时时进剿。现在江南等处师众力厚，亦止能围及三面。设
该逆被剿穷蹙，即乘虚向北面逸出，不至全行驱入皖境不止。是今日
贼势之重无过于皖，将来受害之甚亦即在皖矣。前次请旨饬下江楚
各军自拨来皖，绕至北面合击，臣非好事、欲揽事权，实缘时势所在，
几逃①已萌，不可不先事预防也。查蒋坝、盱眙故为北通清淮门户，
陈玉成两次由天长窜出北扰，其垂涎于清淮者已非一日。今虽被臣
督师击退，窃恐贼众未必即皆甘心。臣总统全皖，处处皆须兼筹。目
下庐州之逆、怀远之捻均时怀窥伺，他处亦多有不虞。今进攻天长，
急欲灭此朝食，而兵不厚，以之取负嵎死守之贼，未能即操左券。如
此城不下，或西路有警，臣且疲于奔命；即此城立下，而六合、江浦之
贼为数尚多，后患何时可释？臣每询贼，供此次窜入汉涧之贼多系陈
玉成由金陵、宁国等处调到。倘陈玉成以其凶狡之资，竟敢统率其
前、后、左、右之军及各处贼倾巢大举，直向北犯，臣将少兵微，纵能以
少胜多，督御一时，焉能持久？迨至临事急迫，始议调江、楚之师以为
援应，岂不难哉？在各省统兵大臣同舟共济，自无不共协和衷、罔分
畛域，然而各省之师各有节制，即遇缓急，安能此剿彼应？而贼则能

---

①　逃，疑为"兆"之误。

远调其各路之众，以全力注我，指挥自如，而无所牵制，是彼援贼反可克期而集，而我之援军每多空乏无补。臣故曰，当今之弊，在贼合而我分也。闻江南大营原存兵五万，添募二万，月饷五十余万，源源不误。以皖相较，奚翅霄壤。臣愚伏思江南财赋之区，固宜厚集兵力，以冀保全，而清淮直达东、直北路咽喉，关系根本，尤为紧要。目下蒋坝防军恐不足恃。此次北窜之贼数倍于上年，蒋坝之防则较单于上年，若使该逆大股果能来，臣料其堵御之方未必确把握也。再四思维，拟请旨饬拨精兵数千名，于清淮一带驻扎，专防东北一面，遇有缓急，仍应归臣调遣，庶可会合一气，有备无患。臣受恩深重，一身早经许国。顾古人愿为良臣，不愿忠臣。区区之心，窃冀宸谟广运，烛照几先，俾臣得所展施，不致措手不及，致贻后悔。当兹兵食难艰，臣亦极知我皇上圣虑之劳，且皖军情形前已屡经缕及，何敢再有干请，上渎宸总，然中夜拊心，国事为重，时势所迫，大局攸关，不敢不再沥陈于圣主之前，伏乞训示遵行。谨奏。

粤捻合谋窥伺定远目下防剿情形折　五月十七日（二十五日奉朱批）

［帮办军务安徽巡抚臣翁同书跪］奏[1]，为南北粤捻合谋窜扑窥伺定远，谨将目下布置防剿及击贼获胜缘由，恭折由六百里驰陈，仰祈圣鉴事。

窃臣前将皖北吃紧情形缮折驰陈在案。本月初四日，怀捻龚得大股窜至刘府一带滋扰，声言攻扑殷家涧，直窜定远，候补臬司王庭兰禀请拨兵援应，臣当于存定兵勇内，抽拨陕甘兵丁及凯勇、护勇共

　　① 本奏折根据《奏稿》整理，方括号内文字根据《皖北奏报》补充。该册封面题："奏稿第一号：咸丰九年五月十七日，定远六百拜发，七月□日寿州奉批回，并五月二十五日内阁奉上谕一道。"

千余名,派候补副将鲍云翥、平乐协副将庆瑞带领,并营总富明阿马队星赴殷家涧,协同原驻兵勇实力防剿。该捻侦知我军堵御甚众,遂由上窑一带图扑炉桥,沿途焚掠,势甚凶猛,经驻守炉桥参将尹善廷等严阵设伏以待,未容冲突。询据被掳乡民供称,该逆有窜定远、庐州之意,适据署庐凤道黄元吉禀称,探得怀捻张落刑勾结粤逆,订期十八日夹攻定远等语。臣查怀捻势穷思窜,屡图扑犯东南。近日浦六粤逆先后分股回窜,据各路探报,贼众数万,充斥东南,逼近藕塘等处,盘踞滋扰。又准驻防江家巷之总兵吉顺函称,探知庐贼调集舒桐、三河等处匪党,会合东路逆匪,谋图北窜等语。其为粤捻勾结,已可概见,亟应严密防剿,以杜贼突,惟现值胜保大军东驻天、盱,防剿正当吃紧,而定远兵力本单,且乏马队,设南北粤捻同时乘虚窜扑,必有前后受敌、力难兼顾之虞。因思与其临时接应不遑,莫若先期布置防剿,冀牵贼势,以杜逆谋。当饬派援殷家涧之副将鲍云翥、庆瑞等暂驻该处,扼守一面,由臬司王庭兰带领原驻兵勇驰赴刘府一带,乘怀逆回巢,督同该处团练并调集炮船,更番进攻怀远,使之不得休息,无暇图窜。兹据该司禀称,初十、十二等日两次进攻获胜,毙匪数百人,夺毁贼炮台一座、贼卡二座,夺获大小船十余只,米粮器械无算。所有攻剿情形应俟查明,会同胜保具奏,现仍函嘱该司乘胜督队环攻,以剿为堵,俾不得渡河肆扰,以绝诡谋。至南路粤逆于前月二十四、五等日,陆续窜至大马厂地方焚掳,贼踪诡秘,时去时来。本月初五日,复有另股贼匪由江浦窜回,初七、八等日分途窜扰佛新集、卧龙寺、西王集等处,放火掳粮,又由黄山突出贼众万余,窜至藕塘以东之长山岭、张官集、得胜集等处骚扰窥伺,计图内窜。准已革总兵扎隆武探明函会,当即飞饬游击尚阿布带领抚标右营兵丁二百余名,驰往协剿,并饬驻守池河之副将阿克敦督队就近策应。十二日,阿克敦带队行抵藕塘,探明贼踪,会同藕塘防兵前赴张官集一带进剿。该逆不虞官军突至,惊慌奔逋,我军乘势追赶十余里,因天晚撤队,阿克敦一军仍回池河驻守,以防抄袭。查藕塘地方逼近贼氛,防兵较单,该逆觊觎日久，并探有欲由藕塘窜扑定远之谣，正拟添兵驻守，以固东路门户。适已革副将卢又熊经胜保调令统率原带勇丁二千名由六安来定，臣以六安新复，该处防剿攸资，本拟即令回六驻防，而该副将既已远道前来，又值东路告警，乏兵调拨，因饬暂赴藕塘驻扎，以资扼堵。所有原驻藕塘防兵，饬令分赴老人仓、张桥等处扼守防剿，以期周密。其南路江家巷兵勇现因署总兵余成蛟病故，均已饬归总兵吉顺统带驻防，资据探报，庐城贼目伪洪天幅、翼天幅调集南路贼众，于十一日窜至文子集地方会合东路逆匪，谋欲先扑江家巷营盘，再窜定远等语。臣以该逆诡谋百出，又有怀捻勾结于十八日夹攻定远之谣，不可不密为之备，当派参将马昇平带领锐勇前往协剿，并照会总兵吉顺严督各营力扼要隘，一面飞咨胜保，酌拨马队前来，俟何路紧急，即赴何路驰剿。此南北各路防剿布置之实在情形也。日来阴雨泥涂，该逆凶锋稍戢，惟探闻贼众愈聚愈多，仍在大马厂一带屯扎，其心叵测。该处距藕塘、江家巷均不甚远，臣惟有随时饬令各该防兵严密堵遏，如果逆谋属实，同时蜂拥豨突，臣自当调集兵勇，力疾督战，以挫其锋。所有粤合谋窥扑、布置防剿缘由，理合缮折具陈，伏乞皇上圣鉴。谨奏。

［五月二十五日］奉朱批："览奏已悉。"

请补军营所出各缺片

再：军营所出之缺，例应由军营拣员请补。兹查有密云镶黄旗佐令额勒春阵亡遗缺，拣得密云镶白、正蓝旗蓝翎防御七十六，年壮勇敢，堪以升补所遗。防御员缺，拣得密云武进士常庆，勤奋出力，堪以拟补。又密云正白旗骁骑校乌勒希松阿阵亡遗缺，拣得密云正黄旗蓝翎委前锋校尽先骁骑校乌勒希松额打仗奋勇，堪以拟补。又密云镶红、镶蓝旗骁骑校额尔格春阵亡遗缺,拣得密云镶红、镶蓝旗蓝翎六品委骁骑校恩福技艺娴熟,堪以拟补。又密云镶黄、正白旗骁骑校乌勒希春阵亡遗缺,拣得密云镶黄、正白旗蓝翎委前锋校武举富车贺临敌争先,堪以拟补。又甘肃永固协副将余成蛟病故遗缺,查有记名总兵候补副将鲍云鸁练达有为,带队得力,堪以拟补。又直隶大沽协都司王连陞病故遗缺,查有尽先都司安徽抚标左营守备翁开甲当差勤奋,堪以升补。所遗徽抚标左营守备员缺,查有五品衔安庆营千总柏云凌打仗得力,堪以升补。又福建汀州镇右营守备寇国禄阵亡遗缺,查有尽先守备山东莱州营把总姚长龄临阵奋勉,堪以升补。以上各员均系在营日久,著有劳绩,拣补各缺均堪胜任,合无仰恳天恩,俯准升补,俾收指臂之效,实于军务有裨,理合附片吁陈。伏乞圣鉴训示,谨奏。

奉朱批:"七十六等依拟升补,鲍云鸁等著兵部查议具奏。"

请从优议恤余成蛟并以惠成接署遗缺片

再:署寿春镇总兵、记名总兵、甘肃永固协副将余成蛟经臣于上年奏明,委署寿春镇总兵印务,督带兵勇驻扎护城前敌防剿,屡获胜仗。本年二月间,大股粤逆围扑营盘,该署镇于粮药罄尽之时,尚能激励众心,坚守十余昼夜,嗣以樵汲俱穷,全师而出,仍复驻守前路,力扼贼氛。兹因积劳成疾,旧伤亦发,于五月初六日在营因病出缺。该署镇年力正壮,谋勇兼优,正资臂助。臣闻报之余,深为悼惜。合无仰恳天恩,俯准饬部将署寿春镇总兵记名总兵甘肃永固协副将余成蛟照总兵军营病故例从优议恤,以慰荩劳而昭激励。至所遗寿春镇总兵印务,现在升署总兵熊天喜尚未来皖,自应委员接署,以专责成。兹查有记名总兵云南维西协副将惠成老成干练,晓畅营务,堪以委令接署。除檄饬遵照外，合并声明，为此附片具陈，伏乞圣鉴施行，谨奏。

奉朱批："另有旨。"

遵旨接济滁州霍邱贫民口粮片

再：前奉恩旨，赏给滁州、霍邱二州县被灾乏食贫民一月口粮等因，钦此。当即钦遵行司刊刻誊黄，遍行晓谕，嗣以皖省库款空虚，恳恩饬由邻省拨解银一万两来皖，以资散放，旋准督臣何桂清咨称，接准部文，于上海丝茶捐输项下拨解银一万两，为皖省赈需之用，因丝茶捐项均随时凑解饷需，并无存剩，无可动拨，已由督臣何桂清、抚臣徐有壬率属捐廉集款解济。兹于四月二十五日由江苏解到前项银一万两，臣当即饬令藩司照数验收，一面飞催滁、霍二州县查明实在乏食贫民户口若干，酌发银两易钱乘时散放，以资接济而广皇仁，除俟放竣后，饬司核实造报外，为此附版具奏，伏乞圣鉴，谨奏。

奉朱批："知道了。"

代奏恩锡谢恩片

再：据署按察使恩锡禀称，该司于本年二月二十四日报明本旗都统，力疾就道，三月十四日行抵清江，调理十余日，于四月十二日行至凤阳之红心驿，经护臬司马新贻委员赍送木质关防前来，当即祗领，恭设香案，望阙叩头，谨接臬司关防视事。及抵定远，又经接办总理粮台事务。感知遇之非常，愧涓埃之未报。查臬司为刑名总汇，现在土匪渐次就抚,粤寇未尽歼除,锄莠安良,均关紧要,兼之粮台任重,勾稽支发,总理尤难,惟有勉竭驽骀,以图报称,所有感激下忱,禀请附驿代奏等情前来。为此据情附片代陈,伏乞圣鉴。谨奏。

奉朱批:"知道了。"

据情代陈凤阳关税短征缘由折　五月十七日

奏为关税一年期满,短征实属有因,据情恭折代陈,仰祈圣鉴事。

窃据署庐凤道、督理凤阳关税务黄元吉详称,该关每年正额银九万一百五十九两六钱,盈余银一万七千两,共应征银十万七千一百五十九两六钱,所征商税以粮食为大宗,杂货旱税次之。粮食载船,系从豫省贩运,顺流而下,经正阳、怀远、临淮、盱眙各口,入洪泽湖,赴江苏销售。至杂货旱税,则贩自湖广、苏扬、常镇等处,须楚、豫、江南道涂无阻,商贩通行,课税方能畅纳。自咸丰三年贼由楚省扰及江、扬,分窜皖省之凤阳、怀远、蒙城、亳州,道路梗塞,商贾皆有戒心,以致关税减少,当经前任监督奎绶奏恳尽征尽解。嗣因户部议陈关税情形,又奉上谕:"著照部议,嗣后各关均宜设法整顿,仍遵额定税数照常征收,不准以尽征尽解违例奏请,致滋流弊。如将来亏短实属有因,著俟一年期满,奏报时由户部酌量情形,分别奏明,请旨核办。"钦此。钦遵在案。嗣立诚、张光第、金光箴接任。值六安被陷,正阳被扰,凤、颍大半残破,水陆不通,关税减少更甚。该署道于七年署,五月十二日接任后,六安贼势披猖,正阳复为捻踞。迨秋间,正阳虽复而水陆仍未通行。所有上届自七年三月十五日起,至八年二月十四日止,一年期满,收数短绌缘由,业经前抚臣福济据情代奏在案,自上年期满之后,接办新季钱粮,满望淮河畅通,或可以赢补绌。讵意大股捻匪南北勾通,于上年四月间,由六安窜越,正阳、怀远、临淮相继失陷。该署道督队进剿，昕夕靡遑。计凤阳五关内，怀、临二关为捻占踞，无从征税，亳口向设亳州城外，为捻匪出没之区，久已无收，正阳大关屡经残破，虽于捻匪窜后设法稽征，而上下游均不通行，盱眙一关滨临洪湖，仅止附近零星小贩，所征无几。计自咸丰八年二月十五日起，至九年二月十四日止一年期满，共收银六千六百五十两九钱七分六厘七毫，按照定额短收正盈银十万五百八两六钱二分三厘三毫，比较上届尤为短绌，此非稽征不力，实缘长淮之险为贼所踞，舟楫不通，赋税无出等情，详请据情代奏前来。臣伏查怀、凤被陷以来，长淮梗塞，商贾不前，货物既阻于转输，缗钱何由而榷算，该署道所详尚系实情，合无仰恳天恩，俯念关税短绌有因，免其按额计考，并免著赔，以示体恤，除将额支凤阳府县、临淮乡学廪饩银，并例支经费及拨发军需造册报部外，理合恭折，附驿代奏，伏乞皇上圣鉴。谨奏。

奉朱批："户部议奏。"

凤阳关归公银请归军需项下报销片

再：凤阳关应解造办处归公银一百十三两一钱六分三厘九毫、倾销银一百十三两一钱六分三厘九毫、充公余存银十两一钱四分，共银二百三十六两四钱六分七厘八毫，因皖省军食窘迫，锱铢皆凑应急需，业经提充军饷，无可解交，应统归军需项下报销，除咨部外，为此附片具陈，伏乞圣鉴。谨奏。

奉朱批："该部知道。"

查明徐宿粮台收支钱粮数目折　五月十七日

奏为据详查明徐、宿粮台自咸丰三年二月起至四年四月止，收支各款钱粮数目，恭折仰祈圣鉴事。

窃查前安徽颍州府知府张清元前在周天爵行营总办粮台，所有经手钱粮，接准部咨，勒限造报，当即转饬督催造送，去后兹据署庐凤道黄元吉、徐州道王梦龄会同详称，该道等催据该员呈送销册前来，因安徽粮台所用钱粮款目繁多，必须通盘清查，逐款勾稽，庶得水落石出，现会查得，自咸丰三年二月起至四年四月止，共收山陕等省奉拨，并协皖饷内就近截留银五十五万九千两，又庐州府团练局捐项并捐生李萼藩等共捐银一万二千九百四十两，二共收银五十七万一千九百四十两，又收官票银五万两，又附收徐州粮台截留京铅四万斤、江宁军硝九万八千十七斤，内除拨解浮山口、凤阳粮台、提督和春行营并安藩司等处银十五万八百七十八两三钱一分八厘二毫一丝一忽五微、官票银四万三千两、京铅一万斤应归各粮台及安藩司造报外，统计宿州分局，徐州粮台，周天爵、袁甲三行营共收银四十二万一千六十一两六钱八分一厘七毫八丝八忽五微，内除易换钱文银十一万八千七十二两五分八厘五毫九忽另归钱款支销外，实在净收银三十万二千九百八十九两六钱二分三厘二毫七丝九忽五微，又附收制造、采办、运脚、修筑等项例扣平余银四百二十七两五钱八分三厘五毫二丝一忽，二共收银三十万三千四百十七两二钱六厘八毫五微，官票银七千两，京铅三万斤，军硝九万八千十七斤，又收北炉桥绅商并各捐生捐项钱二万三千三百二十千六百四十文，又钱易钱共二十三万六千六百三十七千四百八十七文，二共收钱二十五万九千九百五十八千一百二十七文，内除拨解河南江北两粮台借支钱二万七百八十二千二百六十九文应归河南江北粮台造报，又宿州营守备方豫功借领制造军装钱一千千文应归安藩司转饬报销外，实计收钱二十三万八千一百七十五千八百五十八文，内宿州分局收银十五万三千一百九十两八钱四分五厘五毫，内除易钱银四万五千一百四十八两三钱八分四厘六毫四丝八忽，净收银十万八千四十二两四钱六分八毫五丝二忽，又附收制造、采办、修筑，并钱款内采办等项例扣平余银八十七两七钱四分三厘七毫三丝六忽，二共收银十万八千一百三十两二钱四厘五毫八丝八忽，又收银易钱并徐州粮台转解共钱九万五千四百二十二千六百六文，实计宿州分局支过官员、兵勇盐粮、马干及制造、军火、修筑、运脚、采办、雇备、杂支、书食等项共银十万八千一百三十两二钱四厘五毫八丝八忽，钱九万五千四百二十二千六百六文。又徐州粮台收银十五万一千九百十八两九钱六分六厘二毫八丝八忽五微，内除易钱银三万九千六百五十九两八钱八分四厘五毫，净收银十一万二千二百五十九两八分一厘七毫八丝八忽五微，又附收制造、采办各款例扣平余银二百六十七两三钱八厘九毫三忽，二共收银十一万二千五百二十六两三钱九分六毫九丝一忽五微，又官票银五千两，又收银易钱二万三千七百八十七千五百文，实计徐州粮台支过官员、兵勇盐粮、马干及制造、军火、修筑、采办、运脚、雇备、书食等项共银十二万九千九百八十五两六钱七分八毫九丝六忽，钱三万三千九百二千五百文，又制造内动用京铅三万斤，军硝三万二千十七斤，计实存官票银五千两，军硝六万六千斤，不敷银一万七千四百五十九两二钱八分二毫四忽五微，不敷钱一万一百十五千文，均系徐州粮台捐输等款动支垫发。又周天爵行营收银四万五千十一两八钱七分，内除易钱银四千五百二十八两八分六厘二丝四忽，净收银四万四百八十三两七钱八分三厘九毫七丝六忽，又收银易钱并宿州分局、徐州粮台转解及附收捐项共钱三万五千二百二千四百文，实计周天爵行营支过官员、兵勇盐粮、马干及雇备、书食等项银三万九千三百四十五两六钱三厘九毫七丝六忽，钱三万五千二百二千四百文，实存银一千一百三十八两一钱八分，业已解归袁甲三粮台接收造报。又袁甲三粮台收银七万九百四十两，又收周天爵行营解到支发余剩银一千一百三十八两一钱八分,内除易钱银二万八千七百三十五两七钱三厘三毫三丝七忽,净收银四万三千三百四十二两四钱七分六厘六毫六丝三忽,又附收制造、采办等项例扣平余银七十二两五钱三分八毫八丝二忽,二共收银四万三千四百十五两七厘五毫四丝五忽,又官票银二千两,又收银易钱并徐州粮台转解及附收捐项共钱八万三千七百六十三千三百五十二文,实计袁甲三粮台支过官员、兵勇盐粮、马干及制造、采办、雇备、书食等项银四万三千二百十六两八钱一分七厘五毫二丝二忽,钱八万三千六百六十四千八百六十五文,官票银七十四两,实存银一百九十八两一钱九分二丝三忽,钱九十八千四百八十七文,官票银一千九百二十六两,一并解归于临淮粮台接收造报。以上各款均属收放有据,与例相符,并无含混冒滥,开具清单,详请具奏前来。臣查该粮台远在徐、宿,一切收支款目,臣衙门本无案卷可稽,该道等所呈清单无凭覆核,谨拟将原单照录一分,随折咨送户部查核,除再催令赶造细数清册,另行咨送外,理合会同两江总督臣何桂清合词恭折具奏,伏乞皇上圣鉴,饬部查核施行。谨奏。

奉朱批:"户部核议具奏。"

东剿天长西攻怀远两路获胜情形折　五月二十九日奉朱批①

臣胜保、臣翁同书跪奏,为东剿天长,西攻怀远,连日两路击贼获胜情形,并筹办一切机宜,恭折仰祈圣鉴事。

窃天长踞贼意在负嵎死守,牵制我军,业经臣督饬前敌各营层层布置,以期周密,仍随时设法实力进剿,痛遏凶锋。讵该逆惮我官兵

---

①　据《皖北奏报》整理。

逼近扎营,于十六日早突出千余人,扑至西面三里湾地方,当经我马步兵勇施放枪炮,登时击退回巢。十七日黎明,贼逆复由北门出贼三四千人,直扑护城桥营盘,势甚汹涌。副将格洪额率同都司陈德雄、王佐臣等,立即带领队伍奋前迎击。总兵张得胜带队由石梁绕至城西设伏,以袭其后。另派营总郭兴阿带马队由护城桥东面旁抄截杀。该逆蜂拥而来,格洪额等连开大炮,轰毙悍贼数十名。该逆抵死不退,亦用枪炮迎拒。时郭兴阿率领马队已由阵旁冲进,各军三面夹击,毙贼不少。正在鏖战之际,张得胜亦由西路杀入,逆众瞥见,仓惶撤队回顾,我军乘势一齐掩杀,且战且追,直至近城里许,该逆鼠窜入巢,坚闭不出。生擒贼匪十余名,斩获首级数十颗,夺取贼马多匹、器械甚颗①。其西南马家集一路,紧接六合境内,该逆屯集大股万人,亦于是日分出一半,向北面冲扑,声言欲由汉涧抄袭石梁营盘,以解天长之围,经营总得春、善庆等正由汉涧带领马队向前截击,适与逆贼迎头相遇。该逆分列数层,拼命抵拒,我兵分路抄击,枪箭齐施。匪势不支,纷纷败退,我兵追杀十余里,立毙贼匪百余名,生擒二十余名,夺获贼旗多件,因日[晚]未便穷追,收队回营。现查首逆陈玉成仍麇聚六合一带,分股坚踞天长,牵制我兵,自应速筹攻克,痛加歼剿,无如天长地处洼下,现当大雨时行,环城皆水,仅有一线堤岸可以进攻,加以稻田密布,马步队均难施展。揆之目下军情,急切殊难得手。节据搜获伪文内称,逆首洪秀泉复令伪英王陈四眼狗率众,总欲图扑清淮,广其粮道,更肆诡谋。其锋甚锐,其势甚众。臣此时就此兵勇,先固北窜要隘,已属极力撑持,现仍当堵剿兼施,设法筹办,待其稍惫而复以全力乘之,当可得手。此进剿天长一路、通筹攻守之情形也。其西路怀远捻逆,经臣等叠饬水陆官军严密围攻之后,该匪实已计穷势蹙。兹据臬司王庭兰禀报,初十日,川楚铁虎各军会同各圩练丁由上洪进攻,炮船由水路夹击该逆,于淮河西岸洪山口向设有炮

① 颗,疑为"夥"之误。

台一座、大船十只,以遏上流。是日黎明,游击黄开榜、黄鸣铎带领炮船、炮划先至,驶赴上洪,直抵贼卡,齐开大炮轰击,立将贼卡攻破二座,当即上岸追杀,毙贼二三百名,夺获台枪、旗帜数十件。东岸步队亦到,见炮划正攻贼船,逆匪出队千余人,由艮山之北趋往救应,我军即由东岸施放天门炮、抬枪,轰毙数十人,隔岸贼匪遂不能绕山往救。炮划乘势逼近贼船,抛掷火弹,船上贼匪纷纷逃窜,水军登时过船,杀散余贼,夺获大船三只、大炮五尊,余船因载有石块,不能驶动。另股贼匪由山上驶下救援,经水军把总赵得龙奋勇上呼,手刃悍贼三人。贼匪大众拥至,我军隔河施炮,自辰至申鏖战数时,杀贼无算,日[晚]收队。其河西驻扎之前怀远县知县邹筠亦于是日率练进攻古西门,杀贼十余人。我军于十一日复挑选步队奋勇三百余人,渡河西岸,为背水之战,以捣贼巢。都司陈祥兴、州同方模勋黄夜带赴马头城,与炮船会合。至十二日黎明,都司程占鳌、吴竣基带队在上洪接战,徐立壮驻扎峡山口以防抄袭,王庭兰在上洪督阵。是日辰刻,炮船大至,步队得登西岸,先夺炮台,杀贼十余人。该逆势不能支,弃垒逃遁,我军立将炮台平毁,由山南取道前进。炮划既送步队登岸,亦驶过艮山脚下进攻。适张逆在河西掠粮败回,分头迎拒。步队由山南奋勇登山,一鼓而上,缘岭互施枪炮,毙贼多名。该逆退屯艮山之东山顶之上,我军夺获艮山,逾岭而上。至山北,将及平地,该逆于河滩突出马队百匹,直冲而南,分股千人,绕过山脚,欲截后路,山顶之匪亦乘势压下。我军三面受敌,立脚不住。维时炮船正在河中轰击,即将步队渡回。该逆跟至河边,被炮船及东岸各炮连环击退,又于下洪夺获大小粮船七只,装载粮盐等物。是日,共踏平炮台一座,夺船七只,杀贼百余人,夺获旗帜无算。此次水路各军奋勇争先,剿办尚为得手。怀远捻逆穹蹙已极,急宜厚集兵力,步骑相辅,以期迅克坚城。现探闻怀逆有纠约粤逆夹攻定远、殷涧之说,虽传闻未必尽确,然不可不加意严防。且守在奥,不如守在藩篱;守以待攻,何如以攻为守。臣等已飞饬水陆各军乘此声势,合力环剿,并饬克蒙额马队及绥远城马队共二百余名即日随同王庭兰等进攻怀城，以歼丑虏。仍飞饬各地方官弁实力严防，毋令他窜。此进攻怀远叠次获胜，并添兵布置之情形也。至定远南路之贼，现踞大马厂一带，较之日前窥逼藕塘，情形已觉稍松。已商由臣翁同书就近调拨已革总兵扎隆武、已革副将卢又熊及副将阿克敦、游击尚阿布等各起兵勇，于藕塘、张桥、池河、老人仓各路分布屯扎，严加堵遏，以免疏虞之患。惟竹镇一路复有大股匪众由六合境内窜至，大肆扰掠，意在图扑滁、来两城，张其凶焰，亦由臣飞饬副将李世忠及都司朱元兴等认真防剿，力保池河，期于有备无患。所有东西两路剿贼获胜及分别布置各缘由，谨合词由驿驰陈，伏乞皇上圣鉴。谨奏。

　　咸丰九年五月二十九日，奉朱批："览奏均悉。"钦此。

敌军北扑盱眙亲督迎剿折　　六月初三日奉朱批①

　　臣胜保、臣翁同书跪奏，为大股粤逆突由六合分路北扑，各路援兵未至，官军众寡悬殊，恐难抵御，盱眙情形万分危急，臣现在力疾亲督迎剿缘由，恭折仰祈圣鉴事。

　　窃臣前因贼踞天长，节经饬令副都统穆腾阿会同总兵张得胜、副将格洪额率同各起营总、备弁，带领马步队，由旧铺进扎石梁、护城桥，节节进逼围攻，另拨马队官兵绕至天长西南东王庙、马家集一带，连获胜仗，业已奏明在案。第恐该逆集大江南北之众，由金陵、六合悉锐北犯，则断非臣军数千兵力之所能制，是以叠将实情奏邀圣鉴，并飞咨和春等迅速拨兵援剿，一面专弁迎提饬拨之马队五百名，以资扼截。昨准和春函覆，据称首逆陈四眼狗纠集二十五股匪众，号称十

————————————

　　① 据《皖北奏报》整理。

数万,在六合以北、天长以南之八埠桥一带屯踞肆扰,六营饷道甚关紧要,不能拨兵赴援皖北。臣再四思维,殊深焦急。以江南北七八万兵勇,而竟不能分拨一旅之师为皖军之助,设将逆众逼而北窜,以臣有限之兵力,将何(述)[术]以御之?正在竭力筹办间,适闻定远南吃重,臣翁同书屡次飞函告警,不得已又复先后抽拨麟瑞、萨萨布、乌尔滚布马队四百余名前往援应,以顾西路。讵陈逆窥知我兵屡分之余愈形单薄,又因进攻天长之军业已深入,遂(奏)[率]其大股匪众,由马家集、东王庙直扑至汊涧、旧铺,绕出进攻天长各军之后。其原派防剿竹镇之副将李世忠、都司朱元兴所部豫胜营勇,因该处贼势过重,力难抵敌,不得不退保滁、来,并竹镇之贼亦窜由马家集一带,悉数前来。臣闻报后,即飞饬石梁、护城桥各营极力固守营盘。该逆于二十三日,竟敢分股来扑,经我军枪炮齐施,登时毙匪不少,未容扑动。乃该逆恃其人众,又生诡谋,竟于二十四日由旧铺一路直扑盱眙而来。臣因飞调穆腾阿等马队绕赴旧铺以北,迎头截击。臣以腿疾未愈,不能乘骑,但事已危急,势不得不力疾前往,而随臣驻盱之军仅止四五百名,只可尽数赴洪子桥一路,亲督迎剿。合、六马队官兵数不满千,与该逆相持数时之久,幸将逆众暂行击回旧铺,而大股狂氛正当势不可遏。现在剿办大局惟皖省地最广,而兵最少,而臣分军东路进攻,更觉单弱。楚军远在西偏,不能前进,江南策应之兵又未免意存畛域,不肯派拨。臣昨已飞檄麟瑞、萨萨布等,如果定远情形稍松,即将派去原队星驰回援,现尚未能赶到。其天津分拨之黑龙江马队,更非一时所能到来,此臣跋前疐后,忧心棘棘之苦情,亦惟圣明可以洞鉴。查旧铺距盱眙不过五六十里,该县本无城垣,又无险隘,贼势如彼,兵力如此,设再添贼分路北趋,实有寡不敌众之势。臣惟有力遏前路,迅图扼截。倘能仰托皇上福威远被,得以即时击退贼氛,保全盱眙,固属厚幸,否则,亦必竭尽心力为之,至成败利钝,非所敢知矣。所有粤逆大股扑至旧铺,紧逼盱眙,情形危迫,竭力筹办缘由,谨合词由驿六百里驰陈,伏乞皇上圣鉴训示。谨奏。

附：军机大臣字寄上谕　六月初三日①

军机大臣字寄钦差大臣厢黄旗蒙古都统胜[保]、帮办军务安徽巡抚翁[同书]：

咸丰九年六月初三日，奉上谕："胜保等奏粤逆由六合分股窜扑，盱眙危急，江南援兵尚未派往一折。前因天长未复，贼焰甚炽，迭经谕令和春等就近于张玉良、熊天喜等所统各军内派拨数千名前往，会同胜保攻剿。现在大股逆匪由马家集等处窜扑天长各军之后，胜保兵力过单，难于抵御。所有张玉良等兵勇现俱驻扎扬州、六合等处，著胜保飞咨和春催提。所派镇将，酌带兵三四千，驰赴天长，会同胜保兵勇，将该城速筹克复。倘盱眙需兵，即提此项官兵自北向南堵剿，更为得势。惟江南、北军务均归和春督办，地方甚广，需兵较多，前因和春未即拨兵赴援天长，业经谕令俟克复天长后，仍将所拨之兵回至江南、北军营，归和春调度，胜保不得截留，致滋贻误。至定远南路吃紧，胜保已派马队援应，仍著翁同书督饬弁兵实力堵扼，毋稍疏懈。其黑龙江马队，并著该大臣等催提，以资助剿。将此由六百里谕令知之。"

捻军扑犯定远调兵解围折　六月初二日（十二日奉朱批）

[臣翁同书跪]奏②，为怀远捻逆万余突扑定远，适防兵空虚，寡不敌众，县城闭门坚守，经臣调兵解围，将贼击退，孤城危而复全，恭

---

①　据《皖北奏报》整理。

②　该折及附片据《奏稿》整理，方括号内文字根据《皖北奏报》补充。该册封面题："奏稿第二号：咸丰九年六月初二日定远六百里拜发，七月日寿州奉批回，并六月十二日内阁奉上谕一道，又同日军机大臣寄奉上谕一道。"

折由六百里具奏，吁请恩施容将守城赴援文武员弁、绅董，查明保奏，从优奖励，以劝有功事。

窃臣前因捻匪窥伺殷家涧，王庭兰连禀告急，于无可抽拨之中，派副将庆瑞带陕甘兵及凯勇、护勇驰往协剿，嗣后王庭兰酌带队伍，由刘府赴上下洪进攻怀远，暂留定城，兵勇协防殷家涧。臣以定远兵单未便多拨，而捻匪心怀叵测，恐其诱我深入，袭后乘虚，必受其困，叠次函嘱王庭兰诸宜慎重，早图撤回。近准胜保函牍及各路探报俱云粤匪四眼狗陈玉成拥众十余万欲攻滁、来，并扑定远，当将新调已革副将卢又熊一军驻扎藕塘，并将兵勇分拨池河、老人仓、张桥等处，所有胜保调回西路之马队三百余名，俱令堵截殷家涧、黄宜铺，以拒北路捻踪。其麟瑞所带之马队百余名，甫经调回定远，仍因东路紧急，经胜保调赴天长之汊涧，计定远城外仅存马队数十名，兵勇一千余名，饷竭兵单，正深焦虑，讵意怀远捻匪于五月二十四日搭桥渡淮，潜至凤阳府城外龙兴寺屯聚，即于二十五日晚间直扑距殷家涧十五里之梁家岗，庆瑞飞禀乞援，署卢凤道黄元吉亦禀报黄宜铺吃紧，正在檄调援兵间，二十六日早晨探报贼匪于五鼓攻扰殷家涧，我军马队迎战失利，贼匪不扑营盘，绕越山梁直趋定远，已过沙涧，旋报齐朗铺火起。是日大雨如注，山水涨发，该逆骑马者数百，步行者万余冒雨直趋，顷刻将至。臣急派营总富明阿带领马队四十余名，副将惠成、鲍云鸁等带领七成步队分路迎剿，将捻众冲压数次，毙贼甚多，而该捻愈来愈众，漫山遍野，我军渐有不能支持之势，又因大雨之中，弓软不能发箭，药湿不能发枪，臣患风痹甚剧，力疾亲自督队，悬赏激励，众心颇奋。该逆见我兵单薄，以一股由西路呼家仓绕至城下，又有一股由东路粮台后身包抄，以致三面受敌。贼已绕出我军之后，臣急整队敛兵，且战且退，暂扎池河，以便调集各军为兜剿之计。先是定远城门止开东北二门，臣于是日饬令先闭北门，止开东门，迨贼匪大至，知县周佩濂即坚闭东门，登埤固守。旋有驻扎殷家涧之营总乌尔滚布、萨萨布、克蒙额三员来见，据云伊等见贼骑越过山梁直趋定远，欲绕出贼前至红心驿路上迎头拦截，因雨后溪桥水急，马不得渡而返，仍由沙涧尾追，是以落后。臣留乌尔滚布马队六十名自随，而令萨萨布、克蒙额仍回殷家涧、红心一带。臣于二十七日黎明派马队直至定远城下，以张声势，又令抚标右营游击尚阿布等带队直至南门外三里许，施放排枪，使城中知援兵已至，一面飞调卢又熊队伍至池河，臣面授机宜，加以激励，令其带勇二千赴定城援剿，而令副将鲍云翥带勇千余名继之，又调总兵吉顺五成队伍由南路进兵，皆会定远城下，以必克为期。臣即统率援兵，督令冒雨进队，途次接据定远县知县周佩濂禀称，二十六日捻逆龚得纠众数万直扑城池，四面环攻，该令商请已革淮扬道郭沛霖、已革参将即选副将于昌鳞邀集文武官绅，号召团练，登城守御。相持两日夜，该逆见攻扑不下，于二十七日夜开放大炮对城轰击，并乘夜爬城，经官弁、团勇用火球、石块抛击，连开大炮，毙贼多名。该逆伏匿城匦民房，该令即令城上齐抛火球，将近城房屋燃烧，施放火箭枪炮，又毙贼无数。复于北门缒出团勇五百余名绕至贼后，该匪意为外援，前后受敌，并闻各路援军大至，惊慌夺路，从西南一带逃窜。适卢又熊等带马步兵丁齐至城下会剿，城围已解等语，并据已革淮扬道郭沛霖、已革参将即选副将于昌鳞禀报，情形相同，又据已革副将卢又熊禀称，该员带队于二十八日巳刻驰抵定远，见该逆大股因被团练剿败，直向南窜，当即带队返杀十余里，截毙捻匪一百余名，阵斩伪将军一名，夺获黄旗五面、伪印一颗、马一匹，因城围甫解，未敢远追等语。臣当即驰至定远，一面安抚居民，察看城外房屋多被焚烧，现将兵勇均行扎定，一面查探贼踪窜往何处，力图扼截，并闻北路捻匪、土匪蜂起滋扰，仍饬殷家涧、炉桥等处各军加意严防，势仍危急。惟查此次定城围解，虽因臣迅调援军，大张声势，故该逆胆落窜遁，亦由该文武昼夜守御，无懈可乘，出奇制胜，并力待援，因得危而复安，实非寻常劳绩可比。蓝翎同知衔定远县知县周佩濂拟请赏换花翎，以同知直隶州补用，已革淮扬道郭沛霖拟请赏给五品顶戴，已革参将即选副将于昌鳞拟请开复原官，仍以副将即选,已革副将卢又熊拟请开复原官,候选训导张倬拟请以知县尽先即选,其余守城赴援员弁绅董,容臣查明系奏,从优奖励,以劝有功,理合将调兵解围、孤城复全、恳恩鼓励缘由缮折具陈,伏乞皇上圣鉴训示。谨奏。

[六月十二日]奉朱批:"另有旨。"

附陈饷道不通情形请饬催各省协饷片

再:胜保以全力注天长、盱眙,原以皖北饷道所关,清淮大局所系,不意天长失守,盱眙危迫万分,传闻截剿之时,为贼冲断,致步骑纷纷西下。探得涧溪以上,贼众弥山,一面滨湖,无从探知消息。胜保久无信来,臣军饷道已断,即有起解在途者,亦无从达。四面受敌,如在网罗,现在粮台并无粒米铢金,协饷又复不至,臣军及胜保所留之兵共约有二万余人,立可饿毙。当此之时,虽有劲兵良将,亦无所施其技。以臣受恩深重,自束发读书即慕杀身成仁之义,不难以一死报国。第臣之一身原无足惜,而兵勇二万余人义愤填膺,肝脑涂地,实可伤心,且皖北之地势将尽归沦陷,所系于大局者实非浅鲜,臣此时惟以通筹全局、力保危疆为补救之计。查寿春重镇、颍郡偏隅,皆系皖北要区,亦可通一线之饷道,若居中扼要,尚可有为,愈于束手就毙。倘胜保杳无信息,臣惟有力顾颍、寿,联络傅振邦一军,以图再振。至饷道,向由清江、盱眙行走,现已派委员弁间道迎提,改道颍、寿,第非四五十日后不能到营,尚恐中途梗阻,而军无一日之粮,势将立溃,臣流涕誓师,食不下咽,风痹日甚,力疾扶循。仰祈敕下河南巡抚,先拨银五六万两,由颍、寿迅解臣营,以济眉急,其山东、山西、陕西、江苏各省仍源源拨解,庶不致全军瓦解。臣已飞咨各省,以期迅速。所有饷道不通,全军绝食情形,理合附片吁陈,伏乞皇上圣鉴训示。谨奏。

　　奉朱批:"另有旨。"

坚守定远并盱眙失守情形折　　六月初七日(十七日奉朱批)①

[帮办军务安徽巡抚臣翁同书跪]奏②,为南北贼踪环逼,饥军困守危城,现仍拊众誓师,待援待饷,谨将尽瘁血忱,及盱眙不守、胜保移驻蒋坝情形恭折由六百里驰陈,仰恳天恩,速筹接济以全大局事。

　　窃臣于本月初二日将定远解围情形缮折驰陈在案,伏查皖营兵疲饷绌,久在圣明洞鉴之中。定远孤城,南有粤逆数十万,北有捻逆数十万,臣以胜保一军号称精锐,恃以无恐。此次胜保简师悉锐,鼓行而东,原以天盱为北窜门户,饷道攸关,臣万不敢以定远空虚为词,致令掣肘,乃汉涧等处屡有挫失,而怀逆觇定远空虚,冒大雨翻山来袭,遂有五月二十六日之变。臣在池河即闻盱眙失事,因贼骑满山,东道不通,无从探实,是以不敢登诸奏牍。当时定远被围,军心震动,臣诡词抚慰,仍督诸军疾驰赴援。幸城中文武士民合力固守,不及两日,城围立解。然盱眙音问不通,或云胜保已至蒋坝或云渡洪泽湖西赴泗州,风鹤惊传,人言不一。盱眙饷道已绝,军无隔宿之储,即城中米面火药亦已罄尽,且此地兵民本乏食,一经兵火,更无从购买。臣尝终日无所得食,则将士之苦可知,而捻众之南窜者尚在梁园一带,勾结庐逆,

---

　　①　此折与附片据《奏稿》整理。该册封面题:"奏稿第三号:咸丰九年六月初七日,定远六百里拜发,七月□日寿州奉批回,并六月十七日军机大臣寄奉上谕一道。"
　　②　该折亦见《皖北奏报》。方括号内文字据《皖北奏报》补充,下同。

意图北犯。初二日夜间，讹传寇至，臣树麾幢于道侧，彻夜列炬，以静待动，黎明派马步大队由副都统麟瑞、署总兵惠成等统带，过岩涧桥，至高塘铺一带列队示威，探闻南路贼踪相去尚远，恐北捻又有蠢动，遂令折回。县城食尽援绝，困守围中，臣日夜抚循，军中尚无怨望，惟东路溃兵日至，总不得胜保消息，臣分遣干弁绕道迎提饷糈，又乞暂借饷银于胡林翼、傅振邦。直至初四日戌刻，始得胜保来书，知盱眙业已失守，胜保移驻蒋坝。臣既喜胜保之无恙，又恨贼焰之日张。窃谓盱眙门户既失，则清江岌岌可危，臣早见及此，曾奏请豫防，不幸斯言竟验，而臣军饷道不通，兵勇二万余人几无生路，淮南数百里地岂复能全，欲移营则无锅帐，欲筑垒则无锹锄，捻匪所过，四境绝无人烟，百里不闻鸡犬，土匪蜂起，驿路不通，揆之地势，已在重围之中。捻首龚得现往庐郡，勾合粤逆，四出焚掠，逼近县城，屡图攻扑。臣亲率饥军，联络民圩，昼夜堵剿，然强寇伏莽，近在卧榻之侧，防不胜防，兼之凤阳一带另股捻匪日出打粮，其志叵测，实有进退维谷之势。粤逆陈玉成大股由盱眙退向来安，于初三日围来安县城，以云梯数千具攻打，其众数万，前队已及滁城，李世忠飞禀告急。现闻清流关、珠龙桥等处皆有贼踪，势将与捻逆为一。臣查皖军精锐尽随胜保东剿天、盱，自天、盱失事，川楚劲旅几无孑遗，臣兵力虽孱，兵数不少，加以胜保派防之兵及所留马队皆向臣索饷，无如饷需止能到蒋坝而不能解至定远，屡次函恳胜保接济，昨始准胜保解银八千两，三军欢呼动地，然仅敷兵勇一二日之粮，文武盐折一概未发，杂项更何从给。臣业已再恳分饷四五万两，若饷项不来，援兵不至，则旬日之间兵勇不战自溃，淮南之地非复国家所有，臣惟有以一死谢兵民而已。臣素不能骑马，自在江北军中恒以肩舆督战，近日左臂几痹，彻夜呻吟，流涕誓师，糠核不饱。不特为疆吏者无此奇穷，即绾军符者亦未闻若此困乏。区区犬马之诚，每以未得仰觐天颜、一吐悃忱为憾，然犹愿竭此心力，少补涓埃，乃自与胜保相隔，饷项又不能来，恐此后文报折奏亦无由得达，椎心饮恨，计惟圣主鉴而怜之。臣现将马队归麟瑞统带，将步队派署总兵惠成统带，悬赏破贼,期于出奇制胜。倘得保此绝地之残黎、绝食之疲卒,斯乃圣主如天之福,非臣材力之所敢期。伏祈敕下胜保、傅振邦联络臣军,勿令陷没,则淮南兵民幸甚!所有尽瘁血诚,理合缮折驰奏,不胜悚息待命之至,伏乞皇上圣鉴训示。谨奏。

[六月十七日]奉朱批:“另有旨。”

请调兵拨饷片

再:皖军惟胜保旧部曲及新调之川楚兵为劲旅,臣所统庐营兵勇出征年久,其精锐善战者皆随和春、秦定三、郑魁士前往江南,所留所系疲惫,新募者又皆乌合之众,奸细遍地,良莠难分,若非另调西北劲兵,实难得力。仰恳恩旨,饬令陕甘总督调派甘肃督标兵一千名、汉中镇兵一千名、固原提标兵一千名,配齐枪炮、锅帐,遴派得力镇将,大员统带,星夜来臣军营助剿,臣即当将疲弱之兵勇悉行裁撤,庶令士气一新,军威再振。又师行以裕饷为先,臣营用度之撙节,实为他处所无。若竟令枵腹,万难责其用命。仰祈圣主鸿慈,俯念臣数载从戎,与士卒同甘苦,并无丝毫滥用,饬部于协饷之外,迅拨有著之款十万两,专济奇穷。感戴天恩,实无既极。所有请兵请饷缘由,理合附片吁陈,伏乞圣鉴施行。谨奏。

奉朱批:“另有旨。”

附陈粤捻将合攻定远片　六月十七日奉朱批

再:正在缮折间,据探报,盱眙退回之粤逆已扰至大柳驿等处,是其与捻逆合攻定远，形迹显然。闻盱眙现已退出，想胜保已由蒋坝进兵，惟驿路未通，情形万分危迫。合并陈明，伏乞圣鉴。谨奏。

　　［六月十七日］①奉朱批："览。"

定远诸军失利退守炉桥情形折　六月十二日（二十二日奉朱批）

　　［帮办军务安徽巡抚臣翁同书跪］奏②，为捻逆龚得勾合庐贼回扑定远县城，诸军迎战失利，臣扼西路炉桥，督兵集团，并力援剿，现在城内登陴固守，城外尚有三营，派去马步兵勇民团云集郊坰，惟孤军饷道久绝，折报亦复难通，胜保尚在蒋坝，援兵不至，谨陈危急情形，由六百里驰奏，仰祈圣鉴事。

　　窃怀远捻匪龚得觇知定远空虚，冒雨突扑，经城内官民固守，臣调兵赴援，立解城围，已将前后情形缕晰具陈。嗣又因盱眙退出后，粤逆陈玉成围攻滁、来，分趋定远，而龚逆又勾合庐贼回扑定城，臣军无食无援，枵腹露宿，复将尽瘁血忱，缮折具奏。维时定远城外几无人烟，兵勇无从买食，又无帐房栖止，露宿郊外，惟副将卢又熊一军就旧营破庙三座驻扎。谍报东路陈玉成大股、南路龚得大股，各肆焚掠，火光四起，临、凤、怀远捻匪又分路打粮，人情惶惧。臣昼则列队示威，夜则偃旗设伏，目不交睫、食不下咽者凡五昼夜，又因兵食久缺，恐军心不固，悬示重赏，斩首一级者俟饷到给银十两，队伍能奋勇

---

　　①　奉朱批时间据《皖北奏报》补充。

　　②　据《奏稿》整理，方括号内文字根据《皖北奏报》补充。该册封面题："奏稿第四号：咸丰九年六月十二日，炉桥六百里拜发，七月□日寿州奉批回，并六月二十二日军机大臣寄奉上谕一道，又同日内阁奉上谕一道。"

破贼者，兵勇另赏重资，将领立予优奖。初六、初七两日，贼屡次窥扑，均经出队截回。正拟分路进剿，讵意于初七日酉刻，有贼骑十余至岩涧桥窥探，臣急饬惠成派队扼桥，一面齐集队伍，并饬麟瑞亲督马队，与步军相为掎角。初八日黎明，贼匪大股冲过岩涧桥，蚁聚蜂屯直前，与官军相持。官军共分三路，惠成、吉顺、扎隆武等由中西两路前进，麟瑞督马队继进，卢又熊由东路进队。三路枪炮齐施，将贼击退，阵毙多名，卢又熊督战尤力，毙贼数百，俘获贼匪甚多，并夺贼马。正在得手，不料该逆裹胁过众，又有庐贼助之，愈聚愈多，胆敢冒死冲突，官军寡不敌众，中、西两路以次撤退。臣急出堵截，势不可遏。幸卢又熊一军退回庙内三营，守御城内，官民亦已闭门登陴。贼骑千余向东包裹，截红心驿路。臣见诸军已向西移撤，只得亲往定远西乡、炉桥地方收兵集团，回救定远。在永康镇途次，嘱麟瑞带马队四百名，惠成、吉顺、扎隆武带步队二千余名留于永康镇，并令于初九日黎明派营总萨萨布、乌尔棍布、善庆、金山带马队四百驰赴定远城下，以张声势。是日，该马队驰至西门外，近城数里，见贼结营三座，出大股迎敌，我马队击败其黑旗队，斩杀数十名，生擒二名。臣驰至炉桥，适闻张乐行带领捻匪，由考城、上窑水陆南下，而临、凤另股捻匪复有分路打粮之事，急饬原驻炉桥之参将尹善廷分路布置。臣一面飞咨胜保、傅振邦拨兵合援定远，并札饬王庭兰、黄元吉等坚守黄宜铺、殷家涧、明光镇等处，仍合力派援定城，一面知照麟瑞、惠成等速集马步队，星夜援救，力解城围。臣复亲励诸军，有能直前破贼者，加给口粮，以示鼓励，当有守备吉学盛愿率募勇、乡团疾驰决战，臣复令参将程友胜、游击马昇平带勇同往，各营兵勇继之，复遣人持令严督马队，星夜前进，毋得仍前观望，坐失事机。正在布置间，讯据生擒贼匪供称，庐城添贼助攻，意在必得定远，并议用地道、火攻。臣遣人间道持书密嘱城内严防，穴地置瓮，使人伏听，而急募死士纵火焚东关房屋，以阻奸谋。旋接定远县知县周佩濂、副将卢又熊飞禀告急，亦已知贼匪有挖地道之计。臣又闻副将鲍云鼇、都司谭玉龙、周胜驰入卢又熊营中，游击黄得魁在殷家涧军营，派都司陈祥兴带川勇七百名亦至定远城外协守，城内屡次分缒弁勇，奋力截杀，毙贼多名，卢又熊等亦屡派马步兵勇出营掩杀，击毙极多，兵心民心尚属坚定，惜兵力太单，粮食已尽，危急情形，陷在旦夕。臣复严檄马步诸军，实力援剿，拯民水火，若始终不肯用命，坐视城陷，臣惟有严行奏参，以为偾事者戒。至胜保一军，久已隔绝，闻尚驻扎蒋坝，叠次咨请赴援，未有回信，此间三军久已绝食，民贫俗悍，无可捐借，兵勇皆噉草根瓜实，借以充饥。颍寿虽有饷道，而捻股纵横，提解杳无信息，臣奉命抚皖，在皖兵极疲，皖饷日竭之余，自愧才不足以经武，而耿耿此衷，力图补救。即今淮南数百里内，贼众兵寡，若一篑之难障江河，犹欲力守残区，不忍舍而他去，无奈待援而援不至，待饷而饷不来，受困若斯，虽死不能瞑目。臣心力已竭，血泪已枯，惟有据情直陈，仰祈圣主重治臣罪，仍乞俯采臣言，另简武职知兵帮办大员，多拨专饷，以全民命而振士气，则微臣幸甚，淮南兵民幸甚！无任迫切待命之至，伏乞皇上圣鉴训示。谨奏。

　　[六月二十二日]奉朱批："另有旨。"

请饬郑魁士前来剿办片

　　再：郑魁士在皖北威名素著，兵民至今思念之。若欲令皖北军威再振，非得此人整顿不可。臣上年曾经奏请，以皖南乏人总统，事遂中止，今皖北决裂至此，臣若隐忍不言，实无以仰对圣主。为此，再申前请，务祈恩旨，饬令郑魁士前来剿办，以孚兵民之望。理合附版吁陈，伏乞圣鉴训示。谨奏。

　　奉朱批："另有旨。"

附陈卢又熊尹善廷胜任总兵片

再：查开复副将卢又熊天性忠直，训练勤能，亦尚有识，此次孤军死守，任人之所不敢任，洵属异常出力。副将衔沙州营参将尹善廷驻守炉桥，系土匪啸聚之数，一军屹然，兵民帖服。该员前在蒙城，尽心战守，为民望所归。该二员皆系才识出众，加以磨练，可成将才，堪胜总兵之任。臣目击时艰，思得将才为国家任使，不敢不据实附陈，伏乞圣鉴采择施行。谨奏。

奉朱批："另有旨。"

督援定远大获奇捷现调苗练助剿折　六月十五日（二十五日奉朱批）

［帮办军务安徽巡抚臣翁同书跪］奏①，为督援定远，大获奇捷，无如捻粤逆匪数万四面来乘，饷绝食尽，现调苗练助剿，恭折由六百里驰陈，仰祈圣鉴事。

窃查捻逆龚得纠合粤逆再攻定远，臣已将驻师炉桥、竭力督援情形间道驰陈在案。嗣闻粤逆四眼狗陈玉成拥众数万，横踞关山、藕塘一带，庐贼鸥张于南，捻匪狶突于北，与龚贼相应。臣军与定城皆在围中，臣流涕拊军，使之忍饥赴援，自初九日起，三昼夜目不交睫，始得催军向前。十二日，副都统麟瑞、署总兵惠成统带马步队伍及守备

---

① 据《奏稿》整理，方括号内文字根据《皖北奏报》补充。该册封面题："奏稿第五号：咸丰九年六月十五日，炉桥六百里拜发，七月□日寿州奉批回，并军机大臣字寄六月二十五日奉上谕一道。"

吉学盛带领奋勇并各保团练于午刻齐抵定城。麟瑞派令营总得春、萨萨布、善庆、富明阿等奋力直冲城西，逆匪出营死拒，各官兵同声呐喊，枪箭齐发，立将城西贼营四座踏毁，乘胜追过南门，该逆尽向东面窜逃，毙贼数百名，擒斩割取耳级，夺获枪炮器械、骡马牲畜颇多。正欲冲压间，我军步军团练已于城北面与贼接仗。卢又熊出队夹击，该逆于城东突出，贼众数千抗死与我军相持。维时城上亦缒勇数百名，下城协剿，马队乘胜抄袭，步队、团练亦各极力抵御。相持至晚，始将该逆击退，尽行遁入东面各巢，伏匿不出。惠成等因即驰入卢又熊营中，将兵勇暂行布置于营旁，以防宵突。此十二日督军援剿大获奇捷之实在情形也。是役也，马步兵勇及四路民团，无不人人用命，方谓贼可退而围可解，无如贼数太众，我兵乏食，既毁之营，次早复为贼踞，并于卢又熊营之东北又建木城数座，断红心驿道，并绝臣军之赴援。其冲进城下之兵勇、民团，无营垒、帐房以栖身，无粒米勺浆之沾口，战至四鼓，城上缒下稀糜，多有未得食者。经两日之久，退扎五里之外，每日马步队仍会同进剿。城中久已食尽，臣之食亦尽。不得已，用印票劝借兵粮，而此地俗悍民贫，屡遭兵火，以是沿村劝借百无一应，勉强凑得数十石，悉送前敌。自臣以下，皆藜藿不充。遣人至楚、豫借饷，尚无回信。今因定城危急，檄调苗练沛霖带练来援，惟恐缓不济急，即有城陷师溃之虞。所有大获胜仗，仍万分危急情形，理合据实具陈，伏乞皇上圣鉴。谨奏。

[六月二十五日]奉朱批："另有旨。"

拟率兵驰会胜保商办一切片

再：臣前准胜保函会，如定远有失，嘱臣至明光、津泥一带，庶与蒋坝联络，或渡湖扼守。臣现驻炉桥，系为力援定城起见，惟炉桥之西即寿州境,向无驿站,且颍、亳一带尽系捻巢,饷道难通,折报亦不易达,如胜保驰至红心,臣拟留兵布置三十里店、永康镇等处,联络炉桥,而自率亲兵驰会胜保,以便商办一切,但贼众横亘,能否冲过尚未可知。臣风痹虽重,当此情形危迫,尚能力疾视事。合并陈明,伏乞圣鉴。谨奏。

　　　　奉朱批:"知道了。"

定远失陷情形折　六月十九日(二十七日奉朱批)

　　[帮办军务安徽巡抚臣翁同书跪]奏①,为危城力竭无援,饥军食绝将散,据报地雷猝发,定远遂陷,恭折由六百里加紧驰奏,仰祈圣鉴事。
　　窃查龚逆勾合庐贼,围扑定远,臣已将本月十二日大获胜仗、飞调苗练赴援情形具折驰奏在案。十四日,卢又熊因贼攻营过急,支持不住,于夜间杀出重围,退扎城西十余里外。城内人心惊惶,定远县知县周佩濂晓谕居民誓死固守,士民感其忠义,守御愈坚,贼百计围攻,讫不能破。周佩濂募人缒城,泣禀胜保及臣,求为援救,臣切责诸将,令立功自赎,而飞檄庐凤道黄元吉等集黄宜铺、殷家涧、明光镇诸军,由红心大路援剿,与臣军相应,一面飞函乞援于胜保,一面密嘱城内文武严防东南隅地道。臣督令麟瑞、吉顺、惠成等逐日进队。十六日,麟瑞督同得春、萨萨布等带领马队前往,距城六七里,遇马步贼三四千名,登时接仗。我队来往冲击,贼势不支,纷纷败回。我军追杀五六里,直抵贼营,营内连开枪炮,只得收队。计毙贼匪一百余名,生

_____

　　① 据《奏稿》整理,方括号内文字根据《皖北奏报》补充。该册封面题:"奏稿第六号:咸丰九年六月十九日,在炉桥拜发,六百里加紧,七月□日寿州奉到批回,并军机大臣寄奉六月二十七日上谕一道,同日内阁奉上谕一道。"

擒三名，割取耳级数颗，夺获抬枪、小枪多件。据黄元吉禀称，拿获奸
细，有四眼狗陈玉成伪文，招张元龙共攻南路。旋闻张元龙带数百骑
行山谷间赴定远，又闻其劝龚逆解围，龚逆坚执不从，围攻愈急。并
闻陈玉成欲窜扑寿州，断我后路，讯生擒贼匪，供亦相符。总之粤捻
合而为一，已历三年，其中鬼蜮阴谋，实难揣测。臣之初至炉桥也，即
飞饬已革怀远县知县邹笴率领民团进攻怀远老西门，以分贼势。旋
据禀，频获胜仗，颇有俘斩，惟张乐行留众踞守，急切难于得手。臣查
陈玉成知三河之险，不能飞越蒋坝，故退出盱眙，悉众东趋，志在鲸吞
滁来、定远，以遂其北窜之计。胜保在蒋坝，兵力虽属无多，而威名足
资镇慑，窃翼其回救定远，以顾大局。乃闻十三日舟抵津泥，距定远
仅百余里，十六日仍折回蒋坝。所有明光、红心一带，一夜数惊，虽有
黄元吉一军暨明光、殷涧诸营，恐尚难以堵遏。尤可虑者，饷项止到
蒋坝，臣军有兵无饷，士卒昼炙烈日，夜栖草中，有三日不得食者。劝
借麦面五千斤，仅敷一日之食，次日仍复困饿。臣风痹日甚，焦灼难
名，犹翼苗练听调，饷道稍通，庶几淮南大局尚可挽回。不意于十八
日，探闻十七日五更，定远东门地雷猝发，县城遂陷，城内文武各官未
知下落，闻之发指。臣现在于永康镇、清洛涧等处派兵守御，拟酌带
队伍退扎寿州，以防断我后路，并疏通颍州饷道，以裕兵食，然后相机
进剿，早图恢复。至此次迎剿不利，救援不力，虽由贼众兵饥，该统带
官署总兵惠成究属调度乖方，咎有难辞，相应请旨，将署寿春镇总兵、
云南维西协副将惠成即行革职，留营效力，副都统麟瑞统带马队，河
州镇总兵吉顺系属大员，亦有应得之咎，应请旨革职留任，以观后效。
开复副将卢又熊虽能固守数日，忽于黑夜拔营，应请拔去花翎，仍交
部议处。臣以病躯供职，不知振作，应请旨从重治罪。所有城内文武
各官下落，应俟查明办理。臣与胜保隔绝，非惟难望其合兵，抑且难
望其分饷，仰祈皇上另派重臣，统兵来援，并命山东、山西、陕西、河南
各省抚臣，速拨饷银，由颍、寿接济臣营，庶月饷尚有来源，淮南不致
全失。所有定远失守情形，理合恭折绕道由驿驰奏，伏乞皇上圣鉴训

示,不胜战栗待命之至。谨奏。

[六月二十七日]奉朱批:"另有旨。"

沥陈未能与胜保会兵实情暨酌分饷糈缘由片

再:胜保叠次书来,劝臣赴明光、津泥一带,或渡湖扼守。臣非不欲与胜保合军,兼便于就饷,而遣人间道侦视,贼骑充斥,处处梗阻,实无北达殷涧、红心之路。况就皖北大势言之,定远小邑,实当南北之冲,其西路颍、寿各属,虽尽凋残,而地方尚广。今胜保已在蒋坝,若臣亦拔军北去,恐颍、寿数百里内,声息不通,禀承无目,土匪揭竿而起,势必一朝沦陷,是举淮南之地而尽委之贼也。臣此时驻兵炉桥,明知地危饷阻,不敢就易避难,倘贼氛稍敛,自当一面布置西路,徐图冲出贼围,与胜保大军相会,否则止可驻师颍、寿,北合傅振邦一军,并与楚、豫诸军相联络,东瞰定远,北规怀远,南控庐、舒,庶淮南不致全陷,亦可杜贼由豫北趋之路。惟行师必先足食,拟将山东、山西、陕西每月协饷二万两,尽解臣营,河南协饷亦必就近分给银三万两,计军得月饷九万两,即可支持。其胜保一军,应由河南月拨银三万两,江苏拨银二万两,淮南拨银一万两,淮关拨银一万两,加以运司金安清捐款暨淮北盐课,其数略与臣军相等。军装、铅药、弓箭、枪械,亦由各省分解两营,以资应用,方足以昭公允。臣具有天良,尚思大改皖军积弊,以图恢复疆土,若使臣军有兵无饷,枵腹荷戈,无论臣之庸才,即孙吴复生,难以再振。伏思臣守土吏也,安敢全身远害。臣中下才也,又岂敢一字欺饰。所有未能与胜保会兵实情暨酌分饷糈缘由,理合附片沥陈,是否有当,伏乞皇上圣鉴训示。谨奏。

奉朱批:"另有旨。"

附陈病势沉重兵饷缺乏片　六月二十七日奉朱批

再:臣多病早衰,年未五十,须发全白。跃马提戈,本非所能,决策运筹,自知不足。徒以六载从戎,仰蒙皇上畀以封圻重任,闻命之时正抱沉疴,力疾赴任,而庐郡已失,皖事大坏,幸荷特简胜保督办全皖军务,臣方冀稍有余力理饷治民,不意贼势日张,军饷日缺,臣旧患肝疾、目疾,忽加风痹,左体木强,痛彻心腑,服药无效,所以不敢以病陈请者,良因军事旁午,胜保方任驰驱,微臣敢图安逸。扶病治事,撑持至今,乃天长、盱眙失守,胜保移驻蒋坝以固河防,臣拥羸兵数千,独任西路之责,既无粮饷,亦无军装,五内焚如,百病交作。固不敢推诿以误公,亦惟恐病躯之误国,用敢不揣冒昧,据实附陈,伏乞圣鉴。谨奏。

[六月二十七日]①奉朱批:"览。"

请撤销卢又熊记名片

再:卢又熊前经臣片奏,堪胜总兵。如奉旨记名,应请一并撤销。谨奏。

奉朱批:"览。"

_____

①　奉朱批时间根据《皖北奏报》补。

移驻寿州扼守炉桥进攻怀远布置情形折　七月初二日（初九日奉朱批）

[臣翁同书跪]奏①，为移驻寿州，疏通饷道，仍扼守炉桥，杜贼西窜，一面进攻怀远，分防霍、六，谨将筹备布置情形恭折由六百里驰奏，仰祈圣鉴事。

窃臣于六月十九日将定远失守情形缮折驰陈，请旨从重治罪在案。维时粤捻联为一气，临凤遍地贼踪，殷家涧、黄宜铺防兵悉经胜保撤赴明光，消息不通，声援久绝。臣初欲整队冲过贼中，以就胜保，而红心、沙涧等处悉为贼踞，兼之土匪蜂起，领旗应贼，弥满山谷，寸步荆榛。前派营总乌尔棍布带马队百余名绕道赴明光护饷，一去不还，道途之梗塞可知。据探报，粤捻逆匪合谋，欲绕越炉桥，断大军后路，三面围攻寿州。将领士民金劝移驻寿城，疏通颍郡饷路。臣以兵食早尽，军心民心均形浮动，复留炉桥数日，留兵布置，派参将程友胜等带勇千余名，会合马队扼守清洛涧一带，并派兵勇会同参将尹善廷一军驻守炉桥。其炉桥以西，节节安营，以制奸匪之啸聚。布置已定，臣始于六月二十四日移驻寿州，以亲随兵勇二千余名分布城外。寿州城郭坚固，控引淮、湖，烟波弥望，洵称险要。惟北接怀远，南逼庐、舒，以此日军情论之，极为吃紧。伏查定远已经失陷，若就炉桥进兵，规复定邑，非得胜保、傅振邦并力相助，三面合围，难以成功，不若跨越长淮，进攻怀远，有高屋建瓴之势。近饬候补臬司王庭兰于二十五、六等日，督令副将衔游击黄开榜、都司黄鸣铎等带水师、炮船，沿淮而下，攻逼怀远县城，距临淮关十余里而返，炮毙逆匪百余人，生擒

---

① 据《奏稿》整理，方括号内文字根据《皖北奏报》补充。该册封面题："奏稿第七号：咸丰九年七月初二日在寿州六百里拜发，七月十四日奉批回，并军机大臣寄奉七月初九日上谕一道，又同日内阁奉上谕一道。"

十余名,夺获贼船数十只,并获旗帜、枪炮多件。其陆路兵勇、团练冲逼怀远老西门,亦有斩擒,卒以贼骑过多,虑其绕出我后,只得撤队。现在天时酷暑,兵力饥疲,一时骤难得手。且俟暑退凉生,兵饷渐集,当与傅振邦约期并举,攻取怀远,直达临淮,与胜保大军相会,再由红心、池河、炉桥三路合捣定远,方足以遏贼凶锋,制其死命。至南路庐、舒之贼,日夜跳梁,防不胜防,剿不胜剿,惟有激励民团,晓以忠义,俾与官军互相援应,苟非大股来扑,尚可勉力支持。惟六安州在寿州西南,近日贼踞毛竹园一带,其氛甚恶,倘复窜犯六安,不独楚、豫边界在在堪虞,而正阳关近居肘腋,为臣军一线饷道,一有阻隔,立受其困。因查副将卢又熊一军尚称骁勇,熟悉彼处地形,饬令星夜驰赴六安,防其阑入。其正阳关地方有副将闫丕敏带兵驻扎,不及千名,尚拟酌添劲兵以资镇压。又查颍上、阜阳二县之间,沙河以北,悉为捻巢,沙河以南亦为所胁,水陆两路均已不通。现拟酌驻兵勇于陆路,兼用炮船上下梭巡,庶饷糈文报均可往来。其由三河尖赴正阳关之路亦有梗阻,容俟相机办理。颍郡之北为亳州、太和两属,皆系捻逆老巢。颍郡、太和两处若有重兵,即可据皖西上游,杜贼窥伺豫省之计。合无请旨,饬令关保移驻太和,分兵颍郡,以握要区而全大局,此臣移驻寿州以来,通盘筹画之情形也。至皖军积习已深,非易以精兵,统以良将,难以当数十万粤捻通谋之悍贼。倘蒙皇上垂念皖疆,允臣所请,亟调陕甘精兵三千名,命郑魁士前来督剿,犹可冀军声之再振,而臣所尤为焦急者,皖北军饷维艰,臣营缺食尤甚。胜保前奏拨银二万八千两,查自五月中旬以来,仅解到银八千两,其续解之二万两始终未见绕解前来,遣弁迎提,亦无音信,兵勇日有饿毙,尚无哗噪恶习。兹令寿州凤台县督率绅士捐借米面,一日之中,仅得薄糜一瓯。屡次告急于胜保、傅振邦,请拨兵助饷,尚未准其函覆,正在万难撑持,幸接湖北抚臣胡林翼回信,允借饷银二万两,虽目下尚未解到,而望梅止渴,阖军咸庆更生。第思缺饷日久,楚饷尚不足以济事,合无吁恳天恩,催山西、山东、陕西等省按照臣前次所奏,每月饬解银二万两,河南一省每月解银三万两,并请饬令山西、山东、河南三省各解火药一万斤、铅丸一万斤、抬枪一百杆、鸟枪二百杆,庶军食有资,军械无阙,于皖北军务实有裨益。再,刻下天气亢旱,雨泽愆期,臣现在率同文武各官,设坛虔祷。合并陈明,伏乞皇上圣鉴训示。谨奏。

[七月初九日]奉朱批:"另有旨。"

密陈寿州临淮局势请令郑魁士前来督战片

再:蒋坝画淮而守,形势天然,目下淮水盛涨,贼匪无从飞渡。闻庚长、袁甲三已派兵沿淮列炮,足资控扼。至红心驿路为北建通衢,今黄宜铺、殷家涧之兵,经胜保撤向明光,约有四千余名。查明光原有臣所派一军驻守,系参将崔万清统带,其东涧溪地方有潜山营兵驻扎,又经臣派知府秦荣带浮山水陆兵勇移驻张家沟,与滕家胜淮北一军夹淮屯守,为掎角之势。刻下胜保驻师东路,兵力骤增,足为泗、灵屏蔽,惟红心既撤,贼骑可直达临淮。踞临、凤者,则张澹之人也。张澹,即张元龙,为胜保所抚,然其众剃发者无多,其剃者亦聊应虚名。黄元吉仅率府县进城一次,人人视为虎穴。臣前具奏,谓临淮道路尚未疏通,乃系实在情形。张澹受抚之后,四出打粮。胜保以为其意无他,曲示羁縻,厚加犒赏。此番到定远,劝龚得解围,卒不见听。其诚伪虚实,无从辨别,而不能与捻粤二逆交锋,则灼然无疑。是临淮之阻遏,断不可恃矣。所可恃者,傅振邦意主于剿,威名颇重,其兵力尚不为薄,其饷需亦足自供,赖以为淮北之锁钥耳。此中原之大势,所关甚巨,不敢不以实上闻者也。至臣所部诸将,实鲜奇才,臣不能骑战,近又患偏痹之证,深思得当代虎臣与之共事。前在江北,尝与同心戮力者有德兴阿、鞠殿华二人,当时文武交资,故战无不克。今皖北之事败坏已极,如蒙皇上允臣所请,令郑魁士前来督战,臣与之定谋,为之筹饷,庶克有望,否则颍、寿等处,亦皆四面受敌,东面一片贼氛,北近怀、凤,南接庐、舒,西路虽有一线饷道,而颍上至阜阳即为捻匪隔绝,孙葵心等著名大股出没其间。据探报及逃出难民,贼有三面围攻寿州之议,其危如一发之引千钧,失此不周,后且无及,而非有知兵之大将,断难倚以成功。惟圣主知人善任,于刍荛之言,幸赐采择。为此据实附片密陈,伏乞圣鉴,无任激切屏营之至。谨奏。

奉朱批:"览。"

附陈王庭兰调度情形请饬川督筹拨协饷片

再:候补臬司王庭兰由殷家涧带队至炉桥来谒,据称胜保已将黄宜铺、殷家涧两军兵勇暂撤东路,并令该司驰赴明光,该司以红心驿路梗阻,恐此后难以进攻怀远,自念有奉旨剿办怀捻之责,未敢远离,是以由刘府一带前来。臣嘱其仍由间道赴明光,听候胜保调遣。据称山中土匪蜂起,捻踪遍地,实无道路可通,与臣处查探情形相符,因令会合苗沛霖练勇暨副将黄开榜炮船,并联络民圩相机攻取怀远,并堵怀捻水陆窜犯寿州之路。至该司及卢又熊所部口粮,既未能赴蒋坝支领,而臣军自顾不暇,实难分润,惟有仰恳饬下四川总督,每月筹拨银一万五千两,取道湖北,迅解臣寿州军营,随时支给,以期迅克怀远,此系万不可少之款,务祈恩准施行,理合附片具陈,伏乞圣鉴。谨奏。

奉朱批:"另有旨。"

附陈文报梗阻情形片　七月初九日奉朱批

再:臣前在定远,即值盱眙道梗,历次所发折报,迄今四十余日,未奉朱批、谕旨,一切无从钦遵办理。绕道挨查,仍未递到。臣具函牍,咨商胜保、傅振邦及江浙、山东、河南等省,从未接有回文。又查临、凤仍为张滩所踞,一切文报须由颍州绕至徐、宿,方通清江。理合据实附陈,伏乞圣鉴。谨奏。

[七月初九日]①奉朱批:"知道了。"

参劾田大年片

再:文案处委员六品蓝翎候选知县田大年当贼氛紧急之时,私自离营,日久不还。似此有心规避,若不据实参劾,何以杜取巧而儆效尤? 相应请旨将六品蓝翎候选知县田大年即行革职,以示惩儆。理合附片参奏,付乞圣鉴训示。谨奏。

奉朱批:"依议。"

查明周佩濂殉难情形请予优恤并敕建专祠折　七月初二日

奏为查明定远县知县周佩濂殉难情形,恭折具奏,吁恳天恩优

---

①　奉朱批日期据《皖北奏报》补。

恤，并敕建专祠以慰忠魂，仰祈圣鉴事。

　　窃查定远县知县周佩濂自咸丰八年三月间莅任以来，戢暴安良，民情爱戴。本年五月二十六日，怀逆大股突窜至城，该员登陴守御，屡次缒勇击贼，迨二十八日，东路援兵大至，内外夹击，立解城围。经臣恭折奏报，并因该员守城出力，恳恩以同知直隶州即补，并赏换花翎，以示鼓励等情在案。六月初八日，捻逆勾引庐逆，合众数万，复攻定远。该员率民登城，仍前固守，虽经官兵屡次赴援，踏毁贼营，毙贼无算，无如贼势太众，抵死抗拒，未得解围。该员昼夜巡城，啮指出血，激励众心，誓以死守。十七日夜五更时，贼用地雷将东城轰塌数十丈。该员率民抢救，贼已乘势入城，遂即迎头巷战。贼势少却，而西南各城外之贼俱乘乱用梯扒城，齐入纵火。该员率众转战，自东而西，项受矛伤，犹复挺刃迎击。贼来愈众，小腹复中数伤，伏不能起，贼遂刀矛攒刺于西门大街，登时殉难。时有家丁庞贵相从目击，因见该员已死，突围缒城而出，具报情形，确凿可凭。伏查该员周佩濂平日宽猛兼施，官声素好，为州县中不可多得之员。今两次婴城固守，城破后复率民巷战，力竭捐躯，洵属忠荩性成，不愧守土之吏，殊堪痛惜。该员前经臣以守城出力，奏请以同知直隶州即补，谅邀恩准。此番临危殉难，拟诸从前殉节之安徽候补道金光筋、江苏候补道温绍原，殆无多让，自当恳恩优恤，以昭激励。相应请旨，将保升同知直隶州定远县知县周佩濂赏加道衔，照道员阵亡例，从优议恤，并请俟克复定远县城后，于该员死事地方敕建专祠，以慰忠魂。再，该员族亲、幕友查明同时殉难者，蓝翎外委周汝谘、六品军功周炳濂、廪生沈云登、文童沈梁、候选从九品舒习谦、廪生沈仁普、文童赖文光、蓝翎尽先守备蒋有龙、附生金福鸿、从九品章懋、文童宋锡祥及家丁汪炳等十余名，均属义烈可风，应请一并敕部查例议恤，其余在城文武各员死节者甚多，应俟查明，再行办理。合并声明，谨缮折具陈，伏乞皇上圣鉴训示。谨奏。

　　　奉朱批："另有旨。"

请将周景濂以直隶州知州补用片

再:拣选知县周景濂,贵州举人,系殉难定远县知县周佩濂之胞兄,自备资斧,在臣营效力。该员素敦孝友,有守有为。初次贼至定远,与其弟昼夜守城,尤为出力,臣即拟登诸奏牍,吁请恩施。迨二次守城,益为艰苦。城陷之时,伊弟以母老家贫与兄泣诀,挺身死难。该员向城塌处,持矛堵贼,受伤踣仆,至夜复苏。有逃出勇丁识之,掖救得免,遂达臣营。伏念该员忠义性成,才猷夙裕,今以其弟婴城死难,方思破贼复仇,若留诸皖营,必能得力,未可因危城不保,没其两旬坚守之劳。相应附片,奏请恩旨,将拣选知县周景濂留于安徽,以直隶州知州补用,实足以敦风化而励人才。是否有当,伏乞圣鉴训示。谨奏。

奉朱批:"另有旨。"

分路布置谋攻怀远迎击炉桥粤捻获胜折　七月二十日(二十七日奉朱批)

[臣翁同书跪]奏①,为分路布置,谋攻怀远,适粤捻逆贼勾结土匪,围扑炉桥,连日督援迎击获胜,现因援军为贼所隔,飞调苗练助剿,兼派水师策应,恭折由六百里具奏,仰祈圣鉴事。

窃臣前将移驻寿州,布置一切情形缕晰驰陈,叠奉上谕,仰蒙圣谟广运,指示周详,跪读之余,莫名钦感。自定远失陷以来,捻粤

---

① 据《奏稿》整理,方括号内文字根据《皖北奏报》补充。该册封面题:"奏稿第八号:咸丰九年七月二十日子时(六百里),寿州行营拜发,八月初四日奉到批回,军机大臣寄奉上谕一道,又内阁七月二十七日奉上谕二道。"

贼匪联成一片，臣与胜保皆未能悬军深入。臣以为，欲攻粤匪，莫若先攻捻匪以翦其羽翼，而欲攻定远新集之捻粤逆匪，尤不若先攻怀远久懒之捻匪，以披其腹心。若怀远既克，则定远不攻自溃，此批亢捣虚之形、破竹迎刃之势也。恭读谕旨，以臣与胜保所陈适相吻合，命督饬水师沿淮而下，以俟胜保移师淮北，臣谨当钦遵办理。伏查副将衔游击黄开榜、都司黄鸣铎所带水师、炮船尚为得力，六月间在蚌埠、长淮卫一带接仗七昼夜，击获贼船一百余只，杀贼千余名，夺获枪炮旗帜无算。复据黄鸣铎禀，探闻龚逆在临淮运粮赴怀远，即调派炮船截贼粮道，于七月初三日五更时分，见贼船风帆上窜，督队迎剿，焚其大船十余只，夺获小船十八只，杀贼数百名，生擒二名等语。又据各路探报，怀远逆首张乐行防官兵进攻，将北路、东路逆党调来不少，龚逆曾回怀巢，仍与粤逆吴如孝踞守定远，有三路来攻寿州之说，又有两路围扑寿州、炉桥之谋，幸傅振邦派博崇武选带马队将陕西等省所解饷银，每兵于马上分携百两，取道苗练各寨与贼圩之间径达臣营。适官文、胡林翼饬解之饷亦至。得此接济，三军咸庆更生。至胜保两月来所分之饷，仅存一万七千两，经臣派营总乌尔棍布带马队迎取，复经胜保派克蒙额驰送，出贼不意，冒险横冲，暮越山谷，遇贼者再，驰击获胜，斩贼十余名，内有捻首伪侯苏添幅、伪总制苏添书二名，搜获伪照及镀金腰牌可凭。该马队到营，始知蒋坝、明光消息。李世忠遣人间道持禀穿出贼中，阅其禀函，知贼攻滁来甚急，李世忠曾屡次获胜，似尚可以支持，惟粤捻既合为一气，其势日炽，北路捻匪数十万，有逆首孙葵心等，两年以来，勾结日广，颍水、淮水之间蜂起应之，领旗蓄发，贼圩相望。臣驻寿州，虽城池险固，而四面受敌。欲杜定贼窥伺，不得不控扼炉桥，以固东方之门户；欲通河南饷道，不得不乂安颍郡，以为西路之藩篱；欲攻怀远捻巢，不得不堵长淮下游，以为北门之锁钥；欲制庐、舒冲突，不得不屯霍、六一带，以塞南面之咽喉。臣派记名总兵参将尹善廷等驻炉桥，派臬司王庭兰驻下蔡，总兵吉顺、副都统麟瑞驻正阳关，副将闫丕敏驻颍郡，已革副将卢又熊驻六安，意在渐次布置，化颍匪以革心，断怀逆之右臂，联络团练，寓兵于农，然后练兵选将，声东击西，扬言先攻定远，多方以误之，简阅精锐，出其不意，径薄怀远，棋布环攻，以图迅克。此计已定，忽闻定邑龚逆与粤匪纠合炉桥土匪共二万余人，径扑尹善廷营盘，又约怀远逆匪自上洪搭桥渡淮，并力来犯。臣一面飞饬黄开榜以水师攻其浮桥，一面饬炉桥官兵及河西援军分路防剿。十四日，贼匪大股攻扑炉桥，参将程友胜等以众寡不敌，并入尹善廷营固守。营西有河二道，水势骤落，贼过河西，焚烧民房，分路来扑营盘。尹善廷开放大炮，轰毙黄衣骑马贼一名。该逆不敢近扑，良久撤回街口，修筑木城。尹善廷亲督勇士，将木城攻破，杀贼多名，生擒一名，供称龚得领来逆匪一万余人，攻打炉桥，欲取寿州。当即将该犯正法。是夕，贼仍于原处扎造木城，尹善廷又带奋勇队伍，立即踏毁。十六日，贼窜至河西三里冈，营总萨萨布等带马队迎剿。该逆步骑齐进，每步队一层，继以马队一层，如此者凡十余队，另有贼马由两旁围抄。贼帜如林，贼马如蚁。萨萨布等奋勇截击，驰骤往来，斩擒颇多，我马队亦间有伤亡，以破获首级呈验。是日黎明，黄开榜炮船驶至上洪，见贼已立水卡，即开炮轰击，攻毁水卡，毙贼数名，并令炮船水勇登岸，杀毙贼匪数十名，贼旋败退。至晚收队，而炉桥之贼仍围攻不退。尹善廷拿获奸细宋桂，讯据供称，已由定远调来贼党六十余队。当与各镇将密谋，约会河西援兵，三面夹攻。讵意贼匪大股绕越河西，径扑河西队伍，我军寡不敌众，且战且退。萨萨布督带马队在后迎截，未容窜过姚皋店。是日，尹善廷带队出营，贼在炉桥街东列队，直抵西面河口，约长十余里。尹善廷令各队用枪炮轰击，该逆亦放枪炮抵拒，从辰至午，未敢逼近营盘，乃收队回营，查点官兵，受伤者三人。遣人绕道飞禀前来。十八日，贼骑窜至姚皋店。萨萨布带队迎剿，枪箭齐施，该逆立即败回马厂集，夺获贼马二匹，毙贼多名。臣查定远西乡至寿州，向多著名土匪,而炉桥居适中之地,自周天爵以来,屡次查办,不能肃清。上年以来,远近民圩多与怀、凤捻逆潜通,今则公然从逆,悉不畏法。臣以河西援军已与尹善廷一军隔绝,而南北又皆贼数,无路可通,飞饬黄开榜派拨炮划赴炉桥策应,遣人泅水入营送信,令其固守,而催令马步各队设法援剿,并令驻寿各营分路严防,又思贼势过众,我军挫衄之余,恐难取胜,急檄候选道苗沛霖练丁助剿。该道忠义性生,深知兵法,闻臣身在围中,劳苦备尝,适遣人赍禀前来,愿随臣击贼自效,惟须略为备办粮食等语。臣因又加函谆嘱,令其星夜前来,许为采办杂粮。该道所居距此仅九十里,如果能来,不特可迅解炉桥之围,并可相机攻取怀远。事之转机,全在乎此。惟尹善廷营被围紧急,臣军兵尚未练,饷亦未充,军火器械均无接济,能否支持尚未可卜。臣受恩深重,惟有竭心力而为之。近以时事之疚心,不知痼疾之在体。现俟苗练一到,设法进攻。所有贼攻炉桥、急调苗练援剿情形,理合据实具奏,伏乞皇上圣鉴。谨奏。

[七月二十七日]奉朱批:"知道了。"

续陈尹善廷击敌获胜片　七月二十七日奉朱批

再:正在缮折间,据尹善廷禀,十七日申刻贼来扑营,该参将用大炮轰击,亲自带队出营,施放抬炮,贼势稍却,刀矛继出,贼即溃退,仍踞街中。尹善廷于夜间募敢死之士焚烧街房,逆匪死拒,守备马继学开炮击退,参将程友胜等奋勇追剿,杀贼多名。十八日,马步逆贼纷纷过河西窜,另有大股扑营。尹善廷派队出击,逆匪直前抗拒。守备马继学射中贼目一名,贼始惊退。少顷,又由东街搬运土木,顷刻扎营二座,竖立白边黑旗等语。又据马队禀报,十八日戌刻将贼击退,该逆向东遁回。臣饬令将领督饬马步队星夜追剿,以期立解重围。

理合附片具陈,伏乞圣鉴。谨奏。

[七月二十七日]①奉朱批:"览奏已悉。"

附陈酌留马队缘由片

再:庐营马队本少,除伤病、无马外,共计有马者只二百余名,赖有胜保马队为贼冲断,留驻西路者共约六百名,人马亦多疲乏,现在出队者仅四百余名。经臣派令防剿,尚属得力。伏读谕旨,荷蒙圣主俯念臣营马队较少,饬令胜保酌拨应用。仰见圣谟广运,洞烛无遗,乃昨准胜保函会,欲将所留马队调回蒋坝。伏念蒋坝一带皆系滨湖之地,不若此间道路宽平,马队得以施展,况西路捻粤逆匪均以数十万计,贼马动以千计,驰骤往来,其声殷地。若将马队撤去,仅存庐营二百余骑分布各处,贼至,何以御之?臣闻蒋坝军营原有营总郭明阿所带马队二百名、克蒙额所带马队二百名,近又调到天津马队五百名、江北马队二百名,并由此间酌撤回坝六七十人,计胜保处尚有马队一千二百名,而现存臣营者不及千名,此时胜保即未能再行筹拨,岂可将现存此地之马队复行撤回,致令要隘空虚?万一再有疏虞,谁执其咎?窃思东西两路均系国家疆土,胜保督办皖省全省军务,理应兼顾。臣已婉曲咨商,将此项马队留于西路,归臣调遣,一面飞饬营总萨萨布等务须照旧驻扎,不得擅自撤回,致误大局。所有酌留马队缘由,系属紧要关键,不敢不据实奏明,伏乞圣鉴。谨奏。

奉朱批:"知道了。"

---

①　奉朱批时间据《皖北奏报》补。

请将郭沛霖等从优议恤片

再：五品顶戴升衔前淮扬道郭沛霖于初次贼围定远时，协同定远县知县周佩濂昼夜守御，倍著辛勤。解围后，经臣奏，奉恩旨赏给五品顶戴。该员仰沐鸿施，益加感奋。迨六月初八日，粤捻逆匪复围县城，该员仍会同周佩濂登陴固守，竭力筹防，不辞劳瘁。城陷时，该员正策马巡城，坠而伤足，贼矛麇集，登时殉难。询据逃出难民及该员家丁，异口同词，情形确凿。又据即补知县周景濂禀称，定城被围时，有就职直隶州州判舒世琛两次分任防守，极为出力。城陷贼入，该员直前迎堵，力竭殉难，为家丁郑升所亲见，逃出具述，禀请奏恤等情。臣查郭沛霖前因扬城防守不力，奉旨革职，甫经调赴皖省，即值定城被围。该员冀赎前愆，尽力协守，感激奋发，临难捐躯，大节凛然，殊堪悯恻。舒世琛前经臣奏明，派令办理文案，维时以养病在城，随同防守，犹能扶病登埤，临危致命，亦堪悼惜。相应请旨饬部，将五品顶戴升衔前淮扬道郭沛霖开复革职处分，照盐运使阵亡例从优议恤，就职直隶州州判舒世琛进赠知县，照知县阵亡例议恤，以慰忠魂。此外，在城殉难文武各员人数尚多，容俟查明，再行核办。理合先行附片具陈，伏乞圣鉴施行。谨奏。

奉朱批："另有旨。"

敬陈练兵选将裕饷事宜折　　七月二十日

奏为敬陈练兵、选将、裕饷事宜，仰祈圣鉴事。

窃惟行军之要，以练兵、选将、裕饷为最先。兵不练则难资战守，将不选则难期表率，饷不裕则难备缓急，此兵家之常言也，独于今日皖北之事为尤切，请为我皇上陈之。查咸丰三年，皖北用兵之初，所调南北各省官兵皆素练之卒，足以称为劲旅。厥后庐城既复，和春、秦定三、郑魁士先后渡江，将川、广、黔、楚之兵勇，陆续带往江南。维时该兵勇以江南饷足，乐于南行，而前抚臣福济因该兵勇时常索饷哗噪，亦利其远去，然精壮之兵去而羸弱之兵留，今昔情形固强弱不同矣。况所留陕、甘、山东各营之兵，连年伤病撤回，其留者不服水土，又多尪疾。昔时以精壮一千人为一营者，今只存尪疾百余人，官多兵少，不成队伍，以是应敌，安能必其取胜？臣上年到任，深知此兵之不可用，故具折奏请调正定、大名兵，未蒙允准。臣以彼时攻剿之事，皆胜保任之，胜保所调甘、凉、四川镇算之兵，率皆精壮可用，是以未敢渎请。迨天长、盱眙连次失利，甘、凉、楚、蜀之兵亡失殆尽，十无一存，其新募者多不足恃，于是胜保旧部之兵与庐营之兵皆非劲旅，而皖北之祸亟矣。臣近请饬调陕甘督标兵一千名、固原提标兵一千名、汉中镇标兵一千名来皖更换，诚惜以有限之饷，豢养此无用之兵也。伏读谕旨，以陕甘之兵，已无可调，仍命会合胜保以图进剿。臣窃谓胜保部下步兵，在今日并非精锐，即使与臣军相会，亦未必能资其力。况临、凤反覆，寸步荆榛，粤捻联成一片，贼氛遍地。胜保所派之兵，屯驻明光而不能进，则道途之梗塞、贼势之蔓延，可知矣。臣与胜保，正未知何日始能相合。既不能相合，而胜保一军尚在重围之外，臣之一军独处重围之中，四面皆系贼巢，即四面并无退步，若无精兵劲卒，何以御之？今臣营处兵疲数极矣，虽有百万，亦安所用？此兵不易，终不可战，徒縻军饷而已。议者或谓颍、寿土风强悍，胡不就地召募？不知数年以来，民圩之逼近贼氛者，或已蓄发，或已领旗，或已胁从，或为内应，乌合之徒，最不可恃。故必勇少兵多，始可钤制，若使勇多兵少，徒滋弊端。若专恃召募，必至多收奸细，为害不浅。袁甲三尝与臣书云："今日皖北，非特民与贼不分，即兵与贼亦不分。"非身处局中，断不能洞悉其病。臣又安敢专募游惰以易羸兵乎？陕西抚臣曾望颜奏请免调陕兵，不知陕、甘二省之兵，昔虽频调出征，今则多已归伍。又军营所出粮缺，无余丁可补者，悉已咨回原营，另募精壮之丁充补。设使以新兵调出，其年力、技艺必有可观，即锅帐器械亦皆齐整，加以统带得人，千把得力，愈于出征年久、取巧狡猾、老病龙钟者多矣。同一縻饷，与其豢羸弱之兵，何若馈健锐之卒？同一出队，与其零星凑合而视同儿戏，何若步伐严整而自成一军？伏愿皇上准臣前奏，仍饬陕甘总督，速调督标固原、汉中官兵各一千名，配齐枪炮、铅药、锅帐、马匹，派得力大员管带，星夜来皖，赴臣寿州行营，臣即将所存陕甘各起官兵撤回更换，如是则疲兵得以番休，而新兵足资征剿矣。不过换防，并非添调，于陕甘防务毫无所碍。臣所谓练兵者此也。臣在军营七年，深叹将才之难得。从前皖军之强，以和春之调度有方，郑魁士等之谋勇出众也。今非无偏裨之才，而实不足当统率之任。临事仓猝调度，一失其宜，胜败之形变于俄顷。事机一误，虽有智者，难善其后。臣一书生耳，横戈跃马，实非所长，自春间病痹以来，止可舆疾从戎，岂能冲锋陷敌？环顾诸将，尚未有能独总师干、令出如山者。夫自知无将才，而妄以为能，是为欺皇上也。知一军无大将才，而不敢尽言，是为负皇上也。臣闻郑魁士忠勇有谋，身先士卒，在皖北时，兵勇惟畏郑魁士而不畏贼，故所至有功。臣是以一载以来，连章渎请，近读上谕，始知郑魁士交卸宁防后，伤病增剧，精神委顿，又以高淳东坝关系綦重，所以未蒙饬调，然臣始终以为统率大员必不可少。从前庐州军营，皆有武职统兵大员，目下臣之一军，处粤捻逆匪数十万之中，比之往时吃紧百倍，虽有韩、白之将当之，尚虞其弗克胜任，况无一统率之大员乎？夫得一良将帅，贤于增十万之师，盖号令一新，其精神耳目为之一变也。皖北各军，闻臣吁请恩旨令郑魁士北来，莫不欢欣奋起，及闻其不能来，莫不怃然自失。高淳东坝防贼东趋，颍郡、寿春防贼北窜，未见彼重而此轻。臣以为郑魁士病若渐愈，仍当降旨令其来至颍、寿督剿，若郑魁士必不能来，亦祈皇上选择各路军营武职知兵大员其威望足与郑魁士相埒者，俾资镇压，庶无覆军偾事之虑，否则以臣之愚，徒有诚恳之忱，卒无折冲之略，安望其壮军心而寒贼胆？即欲休士养兵，而咫尺逆巢，我不图贼，贼将谋我，非有知兵大将，则欲求苟安，必至立蹶。臣深知皖北之弊在于无大将，不得不以任将仰望诸皇上，此诚皖北安危之一大机也。臣所谓选将者此也。至于饷之缺乏，实惟皖北为甚。臣前在江北，即叹江北之饷远不如江南之充裕，不意至皖北而缺乏更甚也。盖自滁、和并陷而大江之利失，自怀、凤继陷而长淮之利失，自庐垣再陷而巢湖之利失，自盱眙告警而洪湖之利亦失，地丁漕米，毫无所出，此他省所未闻也。陆挽、川运，皆不能通，此他省所未有也。土匪、恶棍，远近响应，此他省所绝无也。征税无所取资，采办率皆昂贵，一切费用皆仰给于外省之协济，其亦难矣。然朝廷之筹拨，不可谓不豫也，各省之协济，不可谓不多也，徒以兵多饷少，尚嫌入不敷出，臣极力撙节，所省几何？加以胜保一军费用较大，兵勇之数与臣军略相等，各省饷到，除胜保提出犒赏采办等用外，臣军止得四成，胜保向分六成，其兵勇久未得饷，尚须臣量加接济，以致臣营枵腹荷戈，立将溃散。日前盱眙道梗，继失定远，臣因请旨将皖北应得各省协饷与胜保平分，各得其半，以便清厘而昭公允，此必不可缓之事也。旋奉谕旨，以臣与胜保尚可合军一处，此议可以暂缓。窃思盱眙与寿州，虽相隔不过数程，而怀、定一片贼氛，凤、临诚难测度，其余山谷之间，贼圩以千百计，土匪以亿万计，其势万难冲越，即以马队驮运，亦只可偶一为之，若自徐、宿、归德、颍州运至臣营，计程将及一月，设沿途或有迟滞，或分饷再有偏枯，臣军在贼围中无可告诉，势必饥溃陷没，非如在重围之外，可以就食他方，另募游手涂饰耳目也。昨接胜保函牍，亦以分饷为言，但胜保之意，欲以山东归之胜保，而河南之饷又欲取其六成而分臣以四成，其淮南、淮北、淮关及运司金安清捐款，则俟解有成数，再议分拨。伏查江南各款为数不少，臣军远在颍、寿，所有江南各款，自应解赴胜保军营，至山东一省协饷，尚属可恃，设再归之胜保，更何所望？即河南之六万两，亦应平分，不应偏重。臣愿皇上允臣所请，以山西、山东、陕西每月协饷二万两，悉解臣营，其河南月饷则酌分三万两解至臣营,而以江苏月饷二万两、淮南一万两、淮关一万两、河南三万两,又运司金安清皖南捐款,暨淮北盐课,悉解胜保军营。如是,则彼此均平,臣得练军节饷,量入为出,而遇事可以自主,士卒不起怨言矣。窃惟悬军两地,势不能共一粮台,而分饷一失其平,则饥军必致立溃,但使得资糊口,虽在危地,犹可图存。所谓裕饷者此也。夫练兵非求增于旧额,选将非求材于远地,裕饷非求益于度支,其事易行,而于今日皖北之军务,实属大有关系。臣知皇上之圣明,必能洞鉴于数千里之外也。臣身任封圻,不能整军经武,已属有负天恩,若知军营利病之所在,而不竭刍荛之愚,则臣之罪戾更大。为此冒昧披沥上陈,伏祈皇上圣鉴,采择施行,无任悚切待命之至。谨奏。

　　　　奉朱批:"不过一渎请之奏,并无非常奇策。汝动云胜保,是己非人。汝之胶柱而鼓,必遂其谋,非以己为是而何? 仍另有旨。"

请饬胡林翼来皖袁甲三督办凤颍军务片

　　再:湖北抚臣胡林翼从前与臣同官黔中,议事论兵,深相契合。此次臣营饷绝,赖胡林翼商同官文借饷二万两,拯饥赒急。每次书来,论皖北军情,了如指掌,臣窃谓方今文臣知兵者无出其右,足以当师干之寄。如湖南情形稍松,可否饬派胡林翼统带楚师来皖剿办,俾捻粤逆匪以次芟除? 又查漕臣袁甲三久在皖北,于地形险易、军政得失、人才贤否无不洞悉,其忠直之性、亮特之操,素为舆论所归,久在圣明洞鉴。若以之督办凤、颍军务,亦能胜任。臣窃见此两人谋猷深远,胜臣百倍,故敢冒昧附片具陈,伏乞圣鉴。谨奏。

　　　　奉朱批:"览。"

裁遣庐营官兵片

再：臣前因庐营兵卒疲羸过多，奏明将老、病、伤、废者酌量抽撤，以节縻费。业经陆续抽撤热河、山东、陕甘各营官兵一千七百余名先后起程归伍。兹查，有密云官兵仅存一十七员名，不成队伍，且多伤病，留于军营难期得力，当此饷需支绌之际，务使养一兵有一兵之用，岂宜再任虚縻？拟即给咨，将该官兵一十七员名撤令全数回旗归伍。此外，各营多有零星不能成队、伤病不能得力，应行遣撤者，现饬各该将领查验具报，由臣随时核办。合并附片陈明，伏乞圣鉴。谨奏。

奉朱批："知道了。"

请拣员升补维西协副将片

再：云南维西协副将、新授河北镇总兵惠成经臣参奏，奉旨革职，除总兵员缺应候简放外，所遗维西协副将员缺，查有记名总兵尽先副将甘肃沙州营参将尹善廷驻军炉桥，饶有胆智；副将衔云南龙陵营参将程友胜全师殿后，御贼争先；即选副将于昌鳞曾守危城，任事颇勇。以上三员皆为出色，可否于三员内钦定一员升补维西协副将，以资得力？再查惠成于未经参革之先，经臣附奏，署理寿春镇篆务，甫经任事，正资整顿，该革员久历戎行，晓畅营务，拟请仍令署理寿春镇篆务，挑选弁兵，大加振作，以观后效。合并附片陈明，伏乞圣鉴训示。谨奏。

奉朱批："另有旨。"

寿州祈雨情形片

再：臣到寿州后，值天时亢旱，率僚属设坛虔祷，初四日即得澍雨，初八日续沛甘霖，四野均沾，入土深透，兹于十八、十九日复连得大雨，农情欣悦。但使寇氛稍戢，可期民困渐苏。理合附片具陈，伏乞圣鉴。谨奏。

奉朱批："知道了。"

援剿炉桥获胜驻兵正阳颍上筹攻怀远折　八月初四日（十一日奉朱批）

[臣翁同书跪]奏①，为援剿炉桥，连挫贼锋，将参将尹善廷一军救出，该逆图扑寿州，分路来犯，均经击退，现在缮兵蓄锐，商同苗练攻取怀远，一面驻兵正阳、颍上，以靖捻氛而通饷道，并饬严防霍山、六安，杜庐逆北窜之路，恭折由六百里驰陈，仰祈圣鉴事。

窃臣前于七月二十日将谋攻怀远、督援炉桥情形缮折具奏在案，旋据记名总兵参将尹善廷禀称，十八日三更时密派兵勇出营袭攻贼垒，行至外濠，该逆知觉，参将程友胜、游击聂桂荣带队围扑，施放喷筒火球，该逆开枪拒敌，内外迎击一时之久。火箭射燃贼垒更棚，兵勇乘势扑入，贼即溃出，立踏贼垒二座。正在撤队回营，遥见南面火

_____

① 据《奏稿》整理，方括号内文字根据《皖北奏报》补充。该册封面题："奏稿第九号：咸丰九年八月初四日酉时，在寿州由六百里拜发，八月十九日寿州奉批回，又军机大臣寄八月十二日奉上谕一道，又同日内阁奉上谕三道。"次页正文前题："咨胜、傅、两江、袁、庚、两湖、湖北、行营务处、臬司、颍州府。"

光一片，横长数里，由炉桥东南前来。贼知逆党来援，即并力来扑我营。该参将督兵四面堵击。黎明，连开大炮，击毙骑马执旗贼目三名，复督令弁勇抛射火球火箭，毙贼极多。逆众稍退，惟于夜间在炉桥东、南、北三面添扎贼垒六座，围逼愈紧。十九日清晨，该参将瞭见河西贼踪散乱溃回，知为我马队援兵追击，当即督队出营截剿，而炉桥屯扎各垒贼众一时齐出，前后夹攻，势极猖獗，因复撤回固守。该逆立于河西三里岗，连扎三垒，堵御援军。维时营中子药、火绳、米粮均将罄尽。守至申刻，遥见正北河汊船帆下驶，水师炮船来援，因潭水骤落，浅滞未能近泊。该逆见我炮船，沿河两岸俱各出队迎拒。该参将急令营中连开大炮，向贼轰击，逆众纷纷倒地，贼队散乱。讵意我营炮忽炸裂，该逆仍复分抵。水师鏖战逾时，炮船因水浅贼众，撤退数里，孤营援绝，四面受困。该参将商同在营将弁，乘天雨贼懈，督率全队由西北河岔渡河。甫过，河西贼即出巢追击，我军回身，且战且走，及抵马厂集，会合萨萨布等马队，并力回扑，将该逆登时击退，追杀数里，全师撤出等语。臣因该逆有三路来攻寿州之说，急饬相度要隘，连夜扎营十余座，声势联络，而贼势猖獗，已窜过马厂集，直至姚皋店。当经萨萨布等昼夜掩击，殪其悍贼无算。该逆力不能支，且侦知寿州有备，始退回炉桥一带。维时土匪蜂起应贼，该逆见马厂集大路不能窜越，即由炉桥西北沿河前进，意图搭桥渡河，自石头埠翻山南窜，直抵东津渡。臣豫饬水师炮船驻泊新城口，果见贼匪步骑千余自炉桥窜抵上窑，该水师饯逼河岸，开放连环枪炮，击毙贼匪多名，余众败退。臣恐附近民圩为贼煽诱，传檄各圩，整齐团练，晓以大义，许以优奖，民心始定。先是，炉桥官军被围，臣札调候选道苗沛霖亲带练丁万人来援，适逆首孙葵心扬言率众数万，欲围苗沛霖老寨，以是苗练大队不敢离寨，迨情形稍松，苗沛霖单骑来谒。其时，炉桥一军亦已全师以出。臣察看苗沛霖忠直可倚，沉勇有谋，因告以攻剿怀远之计，伊亦深以为然，力任助剿，但虑练丁无粮，求为资助杂粮一万石。臣思该练丁枵腹从戎，何以度日？若听其因粮于地，则又必至扰民。本年杂粮收成尚好，价值不昂，如果稍予资助，可以攻拔坚城，岂容靳惜小费，因即允许筹给杂粮一万石，苗沛霖感奋之忱，形于词色。惟据禀称，孙葵心裹胁之众数倍于张乐行、龚得二逆。刻下颍州府东南一带，尽为孙逆捻巢，以致颍州饷道几不能通。若不及早剿办，恐饷不能来，全军受困，淮南之地不复可保。伊意必须先赴颍郡肃清饷道，然后回军东行，再图攻怀等语。臣细思其言颇为有理，闻傅振邦亦深韪其言，即令其速清颍郡捻氛，仍赶紧折回，助剿怀远，并饬粮台先筹杂粮一万石，以为储备。臣又查颍州府知府才宇和实心任事，宽猛兼施，候补知府程钰恺悌慈祥，舆情爱戴，分饬其设法劝谕，散胁安良。复虑苗练西行，无官兵以相掎角，不足以张声势，豫派副将闫丕敏统带兵勇千余名驰抵颍州府，又派营总乌尔棍布带马队一百名驰抵颍上县联络声援，并饬副都统麟瑞、总兵吉顺等统带马步队驻扎正阳关，以固后路，倘能托赖皇上洪福，俾颍郡莠民洗心革面，一线饷道可以无虞，即可会合兵练，迅攻怀远捻巢。彼时约会傅振邦由北面进攻、胜保由东路进攻，似不难于扫荡。臣风闻胜保一军已由五河进剿，飞饬副将衔游击黄开榜督带炮船驶过怀远，直抵蚌埠，一面派船屯扎马头城迤南，防贼船南窜，并令王庭兰一军驻扎下蔡，慎守藩篱，其萨萨布等所带马队，仍令由马厂集一带相机攻剿炉桥匪巢，此臣近日布置之情形也。至六安界连楚豫，地方紧要，已革副将卢又熊请增募勇丁千余名，自任独当一面，臣已饬严密防剿，并饬已革知府袁怀忠严守霍山，倘湖南贼氛早靖，楚师返旆东征，皖北军务自当稍有转机。臣以一介庸愚，处此四面受敌之地，如在破屋坏墙之下，东支则西倒，北顾则南倾，惟就现有之兵力，极力整顿，就现筹之饷需，极力补苴，以冀勉赎前愆，稍酬高厚之恩于万一。所有现在筹办防剿情形，理合恭折具奏，伏乞皇上圣鉴。谨奏。

　　［八月十一日］奉朱批："知道了。"

击退毛竹园敌军及现在布置防堵情形片　八月十一日奉朱批

再：毛竹园地处舒城边境，毗连六安、霍山，粤逆时时啸聚，来去无常。本年五月间，庐城逆匪分股盘居该处，叠经饬令各州县练勇乡团会合剿击，嗣据六安州知州茅念劬、霍山县知县王自籥、舒城县知县甘文澜、带勇知府袁怀忠禀报进攻获胜，并呈缴斩馘耳级、夺获旗械等件前来，旋又据按察使衔记名道李元华禀称，该员于七月十六日督队赴毛坦厂，会合六安团练，并纠集舒境各里勇练，乘该逆出巢掳粮，并力抄袭，由张母桥、范家店一带直抵贼垒。该逆回救，适知县甘文澜带勇亦至，前后夹击，毙匪无数。该逆四面受敌，力不能支，登时溃败，遂将毛竹园收复，其中梅河之贼，亦经知府袁怀忠带勇击退等语，并据六安州知州茅念劬、舒城县知县甘文澜、带勇知府袁怀忠、霍山县知县王自籥禀报，情形相同，当即饬令各该员照旧严督勇练，防其回窜。兹据派防六安已革副将卢又熊禀称，七月二十八日，粤逆大股回窜毛竹园，探闻贼首陈玉成亦在其内，不知意欲何向等语。查该处地近霍、六，为楚豫门户，贼情诡谲，如果陈玉成亲自前来，难保不意存窥伺，尤宜严加防范，除非饬卢又熊力扼六安，袁怀忠专防霍山并会同各州县实力守御、相机剿办外，一面飞咨官文、胡林翼、瑛棨一体严防，为有备无患之计。所有击退毛竹园贼匪情形及现在逆踪回窜、布置防堵各缘由，理合附片具陈，伏乞圣鉴。谨奏。

[八月十一日]①奉朱批："知道了。"

---

①　奉朱批时间据《皖北奏报》补。

请拨给察哈尔马匹片

再:臣营素少马匹,不独绿营缺马,购买无资,即满营马队亦多因出征年久,马匹倒毙,改为步队,不能得力。合无仰恳天恩,饬拨察哈尔膘壮马五百匹,由直隶、河南迅赴寿州军营,以资分给。理合附片吁陈,伏乞圣鉴训示。谨奏。

　　奉朱批:"另有旨。"

代奏惠成谢恩片

再①:据署寿春镇事已革河北镇总兵惠成咨呈称,接准行知内阁抄出,咸丰九年五月二十七日奉上谕:"河南河北镇总兵员缺,著惠成补授。"钦此。当即恭设香案,望阙叩头。谢恩讫,伏念惠成由侍卫外擢云南普洱镇游击,调带滇兵出师湖南、湖北、江宁、江西、安徽等处,洊升云南维西协副将,八年三月,督兵克复和州,奉旨记名以总兵用,兹后蒙恩补授河北镇总兵。惟查未奉部文之先,因定远失守,奉旨革职,留营效力,是惠成现系革职人员,未便自行具折奏谢天恩,而仰荷知遇非常,窃愧涓埃莫报,惟有力图报效,以冀稍赎前愆。所有感激惶悚下忱,理合呈请代奏等情前来。臣查该革镇于被参后,尚知愧奋,业经臣附片陈明,仍留署寿春镇总兵印务,兹呈请代达微忱。未敢壅于上闻,谨附片具陈,伏乞圣鉴。谨奏。

　　奉朱批:"览。"

―――――――――――――

①　"再"字前批有"照会惠"三字。

请开复恩锡处分折　八月初四日

奏[①]为臬司办事勤奋,仰恳天恩,开复处分,以资策励事。

窃查署臬司恩锡前因赴任迟延,奉旨革职,暂行留任。兹查该署司自到任以来,办理粮台,诸臻妥协,察看其立心行事,均属正大和平。臣现驻寿州,逼近寇氛,至危至险,该署司悉心佐理,措置裕如,实为异常勤奋。不揣冒昧,仰恳天恩,可否将该署司革职留任处分准予开复,出自圣主逾格鸿慈。如蒙俞允,该署司必倍加奋勉,臣亦得收指臂之助。为此具折吁请恩施,伏乞皇上圣鉴训示。谨奏。

奉朱批:"另有旨。"

请展缓皖省乡试片

再:臣于七月初六日接准礼部咨开,内阁抄出督办徽池防剿大臣张芾奏,皖省众绅吁请仍借浙闱举行乡试等因一折,钦奉上谕:所有安徽乡试,即著定于十月内同江苏一并借用浙江文闱办理,该部即遵谕行等因。钦此。咨行到臣。窃查前年乡试恩科,皖省暂借浙闱,令于十一月入场,庶不致有向隅之憾等因。钦此。准浙抚臣胡兴仁咨商,以皖省多被贼氛蹂躏,借地举行,诸多窒碍,拟请缓至来岁秋间,援照湖南等省成案,请旨特开一科等语。正拟核办间,适值定远防务吃紧,未及核复会奏。伏思皖省粤捻交乘,皖北州县几无完土,士子流离失所,又值遍地贼踪,若令于十月赴浙闱借地应试,为期已促,皖北士子不特无赴考之资,抑且无赴考之路,况军饷告罄之余,经费无从筹办,即

---

① "奏"字前批有"咨胜、两江、行臬司"七字。

使徽、宁绅士筹捐津贴,未必足敷应用,且皖省文卷屡失无存,科场应行事宜以及派调帘官诸务,均属无从着手。若仅令徽、宁、广德三属士子就试,则庆榜虽两省并行,而鸿恩仍未能普被。可否即如浙抚臣胡兴仁所议,展至来年秋间,援案请旨,特开一科,庶一切事宜得以从容筹办,而全省士子均可仰沐甄陶,不致有向隅之憾。臣为试期太促,皖北军务正紧,酌拟展缓通融办理,是否有当,理合附片具陈,伏乞圣鉴训示。谨奏。

奉朱批:"另有旨。"

查明学政邵亨豫幕友情形片

再[①]:各省学政到任,所延幕友人数、姓名、籍贯例应查明具奏。安徽学政臣邵亨豫到任后,其所延幕友经臣照例查询,兹准该学政咨称,共延幕友四人:吴以辰,江苏昆山县廪生;钱禄丰,江苏常熟县附生;严而肃,浙江仁和县举人;欧阳平,湖北江夏县举人,俱系籍隶外省,并无安徽本籍之人。查皖省现惟徽、宁等处正在开考,应试生童为数无多,所延幕友四人足资校阅。除函嘱该学政严密关防外,所有查明阅文幕友人数、姓名、籍贯理合附片具陈,伏乞圣鉴。谨奏。

奉朱批:"知道了。"

孙衣言因病开缺片

再[②]:安庆府知府孙衣言经臣委赴浙江劝办皖商捐输,去后旋准

①　"再"字前批有"咨两江、学政邵"六字。
②　"再"字前批有"咨两江"三字。

江苏抚臣徐有壬咨开,据苏州布政使王有龄详据该员孙衣言禀称,该员向患咯血之症,自去岁驰抵皖省军营,咯血益甚,夜不能眠,兹于三月间奉差赴浙,在途劳顿,加以感冒几邪,病势增剧,当于四月初八日在丹阳途次呈报,申请给假调理。初十日行抵苏州,病势有增无减,左太阳疼痛如裂,牵动左胁、左腿、左足胫筋肉颤掣作痛,呻吟床褥,转动须人。据医家云,病由失血过多,肝阴不能滋养筋络,若非赶紧调治,恐成偏废。因思安庆员缺紧要,劝捐事关筹饷,恐病躯从事致误办公,据实陈请详咨,奏明开缺,俾得回籍调理等语,业由苏省委员照例验明,取结另详等因,咨会前来。臣查该员孙衣言奉委赴浙劝捐,行抵苏城患病,既经苏省委验属实,自应奏明开缺,所遗安庆府知府员缺,相应请旨简放,以重职守。至浙省劝捐事务,现查运司金安清业经设局办理,自可毋庸另委接办。理合附片具陈,伏乞圣鉴训示。谨奏。

奉朱批:"另有旨。"

寿州官军团练击败粤捻并筹攻怀远折　八月十八日 (二十五日奉朱批)

[臣翁同书跪]奏[①],为粤捻逆匪同时窜扰,意图合攻寿城,经官兵、团练分路击退,粤逆折窜六安,复经官军剿击败遁,并舒、庐勇练击贼获胜情形暨现在派拨水师进扎蚌埠、飞饬苗练速攻怀远各缘由,恭折由六百里驰奏,仰祈圣鉴事。

------

① 据《奏稿》整理,方括号内文字根据《皖北奏报》补充。该册封面题:"奏稿第十号:咸丰九年八月十八日巳刻寿州拜发六百里,九月初三日奉批回,并军机大臣寄八月二十五日奉上谕一道。"次页正文前题:"咨:胜、和、傅、督、张京堂、庚、袁;两湖、河南、湖北、山东;行臬司、营务处。"

　　窃臣于本月初四日将击退捻匪、筹攻怀远并严防霍、六各情形缮折驰陈在案,旋据各路探报,炉桥捻众勾合庐、舒粤逆,约期齐出,分路窥伺寿城,捻逆由北而南,粤逆由南而北,意在会合并进。初五、六等日,捻匪大股已扰至柘塘街、侯家集、车王集、朱家巷等处肆掠,距下塘集不远。庐、舒粤逆由合肥西北窜至寿境之下塘集、高刘集等处盘踞焚掳,势俱猖獗。臣急饬都司郭清标带兵前往南路,齐集各保团练,扼粤捻联合之路,一面派拨马队由东路邀击。当经营总萨萨布等带领马队直赴马厂集迤南,袭贼之后,该捻匪正因南路团练势盛,未容稀突,忽被我马队蹑后,立时惊惶奔遁,仍由原路窜回。萨萨布等乘势追杀,枪箭齐施,毙匪无数。余众悉奔炉桥而去,伏匿不出,其南路粤逆麇聚高刘集。初七日,都司郭清标督同练董孔提纲等带领兵练过河迎剿,奋勇冲杀,毙贼极多。该逆溃退,纷纷逸去,探知窜往长城、官亭一带屯扎。臣以该处距六安不远,恐该逆乘隙扑扰,即飞饬派防六安已革副将卢又熊加意堵剿,密为之备。连据该副将禀称,发逆于初七日窜至长城,初十、十一等日由金桥窜及近城处所。该副将严督各队以逸待劳,十二日卯刻,贼分三路直扑州城,蚁聚蜂拥,喊声震地。该副将守至午刻,待贼力疲,分派带队各员挑选奋勇,开营齐出,三面夹攻,该副将亦由东门带队冲出掩击。尽先守备马陞等奋勇直前,立毙手执大黄旗贼目一名,逆众披靡。我军三路齐上,生擒逆匪十一名,毙贼数十名,夺获大黄旗三面、枪械多件,追杀十余里,收队回城。即于是夜三更,密挑队伍,派令尽先都司徐邦道、陈忠等带领,于四鼓时候暗袭贼营,扑近墙壕,将火弹、喷筒齐放。逆众不测我兵多寡,登时狼突鼠窜,我军乘胜掩杀,毙贼二百余名,生擒五十余名,夺获旗帜、枪械无算,追杀三十里,将该逆全行击退,悉往东南遁去等语。先是,粤匪盘踞毛竹园,经官军击退后,屡次回扑,希图复踞。嗣据各路确探知,该逆仅至中梅河一带屯聚,并未回窜毛竹园地方。复据舒城县知县甘文澜禀称,七月二十一日,贼匪分股窜至九井,窥伺毛竹园。该令督勇往击,乘其初至,奋前冲杀,毙贼十四名,该逆即踞险抗守。是夜四更，该令复督勇练，由小路绕出贼后，出其不意，放火焚卡，枪炮齐施，逆众惊窜。我勇练大呼冲入，刀砍矛刺，毙匪多名，生擒伪军帅萧前太一名、党匪吴应华等四名，余匪悉溃。沿途截杀，复毙贼二十一名，生擒伪师帅沈泰一名，俱经讯明正法，夺获旗械、火药多件等语。又据记名道李元华禀称，本月初八日，大股逆贼三万余众窜踞长城、官亭一带，离该道营盘渐近，当即调练分道堵击，复出队至焦婆店、官亭等处，迭获胜仗。十一日，该道亲率弁勇进攻长城。该逆拒敌，我军分抄奋击，连毙骑马贼数名，生擒十一名，贼势不支，向西奔遁等语，并将割取耳级、夺获旗械呈验前来。此连日击回炉桥捻匪并堵击粤逆，折窜六安，复经官军掩击败遁，及舒、庐勇练击贼获胜之实在情形也。伏查南北粤捻各数十万，既经联合一气，自必合谋思逞。寿州孤城屹立，四面皆系贼巢，久为贼所注意。此次粤捻匪众分道会窜，势极披猖，幸经官军、团练扼要堵遏，未容合并，故得分头击退，而该逆虽各败回，难保不复萌窥伺，当饬卢又熊等仍加意严防，并密饬各营及各路团练互为声援，平时则以堵为剿，有警则以剿为堵。臣又因怀远捻氛日恶，急思与胜保迅速会攻，无如东西隔断，声息不通。风闻胜保自五河进兵，当即飞饬水师、炮船分扎蚌埠、马头城等处，相机夹击，以冀早复怀远。随据副将衔游击黄开榜、都司黄鸣铎禀称，本月初二、初五等日，该员等亲督炮船驶至炉桥、上窑查探贼踪，夺获贼船十余只。现在奉饬进扎，即于初九日齐驶至涡河口、蚌埠一带扼堵，并派船直赴临淮探迎东路官军，以资接应。惟探闻怀远近日添贼甚众，北捻孙葵心带领大股并入，怀城马步捻匪动以万计，不知意欲何向等语。并据蒙城县知县俞澍禀报，孙葵心、刘添幅等约会装旗，率党数万，于本月初四、五、六、七等日由板桥一带窜往怀远等情。臣查怀逆张落刑狡悍异常，必因侦知我军进攻，恐势孤难敌，故邀集大股捻党，希图先发以牵制我师。第逆谋虽经窥破，而逆踪未知何向，设使沿淮上窜，则寿州适当其冲，不可不严行准备。现饬已革怀远县知县邹笥整顿淮西各圩团练，严密防剿，并照会枭司王庭兰一军力扼下蔡，一面知会驻防正阳关副都统麟瑞、总兵吉顺等严饬各营加意防守，并密饬驻寿各营及留防马头城水师、炮船一体严防。至候选道苗沛霖所带练丁，素称得力，臣前已密饬随剿怀远，许给杂粮。该道单骑驰往颍州府察看捻巢动静，并未带队，臣因怀远贼势甚炽，飞饬苗沛霖星夜驰回，以便调齐团练，相机攻剿。惟胜保所派总兵张得胜一军，尚无进攻定远消息。该总兵打仗最为勇敢，一俟其进兵通信，即当派队会剿。臣身在重围之中，既不肯就易避难，又何敢全身远害，万一贼来围攻，惟有登陴督兵，誓以死守，少报生成教育之恩。傥托赖圣主洪福，保此淮南一隅之地，蔽遮阻遏，使贼有所顾忌，不致长驱直入、北蹿中原，未必不为大局之所系。所虑者，饷道一线，已在微茫绝续之间，而蒙恩分给之饷，又恐中道截留，未能解至，臣营一朝食尽，手足无措，寅后跋前，进退维谷，纵令事机可转，亦将无以自全。臣犬马之力，远逊从前，葵藿之忱，矢诸毕世。惟当以实心办事，以虚心待人。至于智识浅短，材质迂愚，犹有自知之明，亟欲自改其过。每荷圣慈诲示，感激憬悟，伏地涕零。耿耿此衷，不求人知，定邀天鉴。苟糇粮粗给，甲仗稍完，尚思激励行间，勉图补救。所有击退粤捻逆匪，并派拨水师进扎暨飞饬苗练筹攻怀远缘由，理合缮折具陈，伏乞皇上圣鉴。谨奏。

〔八月二十五日〕奉朱批："览奏俱悉。"

阜阳颍上等处剿抚情形片　八月二十五日奉朱批

再：臣前因颍郡饷道梗塞，派令副将闫丕敏、营总乌尔棍布带领马步队伍前往阜阳、颍上一带，相机剿抚，设法疏通。并查有沙河南岸练总、监生林济川办理团练素称得力，饬令随同官军协力清理。嗣后据闫丕敏先后禀称，该副将带领兵勇先行驰赴润河集一带会哨，七月二十七日由润河集回至洄溜集,即风闻河北捻匪纷纷蠢动。二十八、九等日,该捻偷(度)[渡]沙河,窜至九里沟地方焚掠,另股扰及站沟、六十里铺等处。本月初一日,该副将督带兵勇,会同都司牛允恭所带练勇齐出迎剿。行未三里,即遇黑白旗马步贼匪蜂拥前来,当即催队冲击。逆势不支,向东南逃遁。正在乘势进剿,忽报东路沙河两岸贼马数百,步贼如蚁,往来不绝,该副将即督队向东至小袁庄邀击,毙贼多名。该逆且战且步,因天晚未克穷追。初二日,据报口子集等处被匪滋扰,该副将随督兵勇,会合林济川练勇分路进剿。该捻列队迎拒,林济川督练由战沟崖奋勇冲杀,生捻①巨捻首张中一名。该副将由刘家海子督队回击,前后夹攻,匪众登时败溃。我军追杀数里,将该捻尽数击散,窜回河北而去。又闻江口集复有捻匪姜八率党过河,林济川即移练往剿,旋知该捻乘夜直抵颍上县之五里湖地方,窜入民圩,肆行掳掠。初三日,颍上县知县廷瑞调集勇练,会同营总乌尔棍布马队,于四里湾地方与贼接仗。我军奋往直前,立将该捻击退,毙匪数名。林济川适同时驰至,督练追剿,夺获所掳妇女、牛只无算,均由知县廷瑞饬交原主认领。现在乌尔棍布马队已与该副将会合,联络堵剿,并分拨都司熊济爵带勇驻扎口子集,以资策应等语。并据营总乌尔棍布、颍上县知县廷瑞、练总林济川等禀报,情形大略相同。臣查沙河两岸居民逼近捻首老巢,多被胁从。前经派令候补知府程钰设法劝导,又因该处捻匪出没无常,既经派兵驻防,尤须附近各圩齐心团练,方足互为声援,派候补知县李锟带勇五百名屯扎沙河北岸要隘,督饬公正练董联络两岸民圩,随同官军防守,以期散胁安良,庶沙河饷道可冀畅行无阻,此西路击退捻匪并疏通饷道之情形也。又据署亳州知州博铭禀称,七月十一、十三等日,捻匪大股乘夜拥至南门,树立云梯,希图扒城,当经官兵、勇练开放枪炮,击毙多名,复派队出城,分路邀击,连获胜仗。嗣经关保统兵至亳,该匪知大兵

① 捻,疑为"擒"之讹。

进扎,始俱窜回东路,关保于本月初三日带队回鹿邑县。探有蓝旗捻逆二千余众复由该州之四合寺等处向西窜扰,该州仅有总兵朱连泰所带马步勇丁四五百名,实形单弱等语,并据太和县知县侯枢臣禀称,该邑毗连阜、亳,迭次出境剿捻,俱获全捷。七月间,阜北杓李民寨被匪占踞,逼近太境,该令恐其窥伺,当饬各团扼要进剿。七月二十八日,经团练将该匪分踞之李小寨、赵寨攻破,惟杓李寨逆众仍前负固。初一日,该令会商关保,派来游击奎英,督带兵练驱往剿办,初二日直抵寨边,奋力攻扑,连施排枪,复募敢死之士越濠冲入,立将外寨攻破,并将该匪囤粮悉为焚毁,逆众俱行伏匿内寨,抵死抗拒,急切未能得手,现仍设法筹剿等语。伏查粤捻二匪同恶相济,粤匪之黠过于捻匪,而捻匪之多又倍于粤匪,颍、亳一带,无虑数十万众。就捻势论之,在凤阳、怀远者不过十之三,在宿、颍、蒙、亳者实有十之七,此剿彼窜,防不胜防,官军、团练疲于奔命。除饬该州县认真防剿外,合并附片陈明,伏乞圣鉴。谨奏。

[八月二十五日]①奉朱批:"知道了。"

请饬令山东协饷遵旨拨解片

再②:臣前陈分饷章程,荷蒙天恩俞允,仰见圣慈矜恻,不使臣之一军有绝粮之困,感激难名,业已钦遵谕旨,分别咨行在案。旋准山东抚臣崇恩咨报,拨银二万两,由颍州解来,臣即派弁迎提。讵意行至徐州,为胜保行文截留,改道运往胜保军营。又前准胜保抄咨折稿,于六月内奏称陆续拨解臣营饷银四万二千两,臣止收一万七千

---

① 奉朱批日期据《皖北奏报》补。

② "再"字前批有"咨:督和;两湖、湖北、山东;行:营务处、粮台"十五字。

两。续准咨拨银二万两，系副将阿克敦护解，行抵宿州，为捻匪所隔，不能前进。正在札饬阿克敦绕道颍州，忽接署宿州知州裕恭来禀，据称此项饷银已经胜保飞札提回。臣接阅之下，愁急难名。伏思东西两路皆系皖军，胜保与臣共办一事，胜保膺钦差大臣重寄，臣深知退让，何敢争饷需多寡，致失大体而昧和衷。第念臣营饷数已极力搏节，仅足补苴。从前因分拨太微，遂至臣军不能自赡，即如金安清捐款均归胜保留用，未敢计较。本年六月间，在定远城外，饷需不至，军士有两日不得一餐者。臣不忍独饱，对案不食，流涕而起，此众所共见。若非食尽援绝，何至饥疲不振？今新挫之后，甫有转机，逆众四面纷乘，其意叵测。倘士马刍粮略无储备，当此烽烟弥望，何以相持？乃山东协饷经胜保中途截留，而胜保奏明拨解之款又复追回，始则望梅止渴，终同画饼充饥，未免将士寒心、兵民解体。除婉曲函恳胜保匀给外，相应附片陈明，仰恳天恩，饬令将山东省每月协饷银二万两仍钦遵谕旨，拨解臣营，以免饥溃，伏乞圣鉴训示。谨奏。

奉朱批："另有旨。"

德克登布拟补骁骑校员缺片

再：准西安将军托明阿咨称，西安正黄旗佐领柯克森泰病故，遗缺应由军营补放，咨会于皖营尽先人员内递相拣补等因前来。兹查有尽先佐领西安镶黄旗骁骑校德克登布年壮才明，带队奋勇，堪以拟补。其所遗骁骑校员缺，查有尽先防御前锋法福哩打仗得力，贾勇冲锋，堪以拟补。合无仰恳天恩，俯准将该二员递相升补，实足以昭激励而励才能。理合附片吁陈，伏乞圣鉴训示。谨奏。

奉朱批："德克登布等依拟升补。"

附陈感激惶惧下忱片　八月二十五日奉朱批

再:臣敬陈军务事宜一折,恭奉朱批:"不过一渎请之奏,并无非常奇策。汝动云胜保,是己非人。汝之胶柱而鼓,必遂其谋,非以己为是而何? 仍另有旨。"钦此。跪读之下,悚惕难名。伏念臣忝膺重寄,愧乏嘉谟。方愿励忘家报国之忱,曷敢蹈是己非人之习? 徒以积疲已甚,私切焦思,不期成见未融,适形胶滞。自经训诲,顿启愚蒙。臣惟有克己自修,深懔再三之弗告,和衷共济,窃希五十之知非。所有感激惶惧下忱,理合附片具陈,伏乞圣鉴。谨奏。

[八月二十五日]①奉朱批:"览。"

附陈遵旨和衷办事情形片　八月二十五日奉朱批

再②:臣于八月十五日恭奉谕旨,饬令臣与胜保和衷共济。跪读之下,悚惕难名。伏思军营以统帅为尊,凡职居佐理者断不敢稍存意见。臣自与胜保共事以来,诸事皆崇谦让,惟臣赋性愚直,陈奏事件不敢不抒诚据实,间与胜保参差。至于一切军务,无不求其指示,奉以周旋。现在东西悬隔,声息不通,犹婉曲咨商,请示方略,无如概置不答,莫可遵循。臣一闻胜保进队,即饬水师、炮划星夜上驶至蚌埠会剿,以期速克怀远,其克蒙额马队已于八月初一日自寿州起程,撤回东路。查克蒙额在臣营助剿,血战数次,伤亡多名,其非置于无用之地可知。臣此后惟有益加谦让,以期终始和

---

① 奉朱批日期据《皖北奏报》补。
② "再"字前批有"咨:督和;两湖、湖北;行:营务处、臬司"十三字。

衷,不敢负气效尤,上烦宸虑。所有遵旨和衷办事情形,理合附片
具陈,伏乞圣鉴。谨奏。

[八月二十五日]①奉朱批:"知道了。"

霍山失守现筹堵剿并防剿怀远捻军折　八月二十四日
（九月初二日奉朱批）

[臣翁同书跪]奏②,为粤逆闯入霍山县境,两次迎剿获胜,嗣因
贼众麇至,县城失守,现在急筹堵剿,以免蔓延,恭折由六百里驰陈,
并附陈防剿怀远大股捻逆情形,仰祈圣鉴事。
窃臣前将粤捻合窥寿城,均经击退,粤逆折窜六安,复经官军
击败遁去情形缮折具陈在案。伏查此股粤逆约有数万,前据探称,
系围攻滁州之众,经李世忠击退,全数西窜,勾合庐、舒逆党,希图
肆扰等情。正在确探间,接据李世忠禀报,滁州于七月二十二日解
围,余匪悉行西窜等语,始知果系攻扰滁州大股悍贼,故虽屡经击
败而逆焰仍复猖炽。当即飞饬六安、霍山防兵联络团练,加意严
防。该逆豕突狼奔,意在攻踞六安,经已革副将卢又熊力战击退,
即派队追蹑贼踪。该逆由六安东南窜扑霍山,卢又熊即函知霍山
文武严密防堵,一面调集团练扼要进剿,一面飞禀前来。臣以霍山
屡经残破,城圮兵单,距寿州三百余里,鞭长莫及,而卢又熊防守六
安,又恐难于兼顾,飞饬副都统麟瑞、营总常海各带马队一百名,星

────────

①　奉朱批日期据《皖北奏报》补。
②　据《奏稿》整理,方括号内文字根据《皖北奏报》补充。该册封面题:"奏
稿第十一号:咸丰九年八月二十四日亥时,寿州六百里拜发,九月初九日奉到批
回,并九月初二日内阁奉上谕二道。"次页正文前题:"咨:胜、傅、和、官、胡、瑛、
督、张京堂;照:全、麟;行:臬司。"

夜驰赴六安,会同卢又熊援剿。嗣据派防霍山已革知府袁怀忠禀称,十三日,粤逆大股由六安之东窜至霍境之山旺河、但家庙等处,该员督率弁勇,会同霍山县知县王自籓带勇迎剿,将贼击退。十四日,该逆复分三路来扑,该员预派弁勇埋伏,约会王自籓两面夹击,生擒贼匪二十三名,割取首级十五颗,夺获旗、矛数十件,当将逆众击败等语。旋据卢又熊驰禀,探闻该逆闯入霍山县城。随又据袁怀忠禀称,十五日,贼匪大股围攻县城,因城池倒塌,贼众我寡,是日酉戌时致被攻陷。该员督勇巷战,左腿受伤,杀出重围,暂于诸佛庵地方屯扎,以便进剿。十六日,该逆复聚众踵至,该员带队迎剿,伤亡多名,鏖战过时,众寡不敌,现在移驻流波疃,扼六安、英山两路要隘等语。伏查霍山虽系残破之区,而地连楚豫,恐该逆纷窜肆扰,当即飞咨官文、胡林翼、瑛棨,连饬邻近地方文武一体严防,俾免窜越,一面飞饬麟瑞等督带马队,会同霍、六诸军及该地方团练迅即进剿,务期悉数歼除,力图克复,以免蔓延。再:该县失守尚未据知县王自籓禀报,不知该员现在下落,应俟查明,再行核办。所有粤逆闯入霍山县城,现在急筹堵剿情形,理合缮折驰奏。再:查怀远捻逆聚众十余万,声称分股东窜清淮,南图寿州,其患近在肘腋。臣力行坚壁清野之法,激励兵勇,联络民团,节节扼守,未容窜入,又遣都司黄鸣铎带领炮船驶过怀远,由涡河口进剿。本月十八日,贼步骑数千夹淮列阵,经黄鸣铎麾令各船奋勇截击,自辰至未轰毙逆贼数十名,贼始退回,勇丁受伤者三名。该水师仍收泊涡河口,俟东路水陆官兵会攻。合并附陈,伏乞皇上圣鉴。谨奏。

[九月初二日]奉朱批:"另有旨。"

办理粮台情形片

再①：臣于本月十九日承准军机大臣字寄咸丰九年八月十三日奉上谕：定远前曾安设总粮台，近因定远有失，分军为二，应将总粮台移于何处，著审度地势酌办，其随营粮台，此时分作两军，自应分设。以后若归一处，即可仍照旧章。至总办粮台之臬司恩锡远在寿州。所有粮台事务，即著藩司张光第总理，免致贻误等因。钦此。伏查刻下宿州、蒙城一带匪圩林立，贼骑充斥，道梗不通，臣与胜保东西悬隔，往返函商，恐误发饷之期，且查两军适中之地莫若徐州，然臣再四思维，若设总粮台于徐州，则北路各省拨解臣营之饷须纡途东向，复折还西行，往返多一月之程，不特时日稽延，沿途州县支应夫马，徒烦供亿。且恐萧砀、虞城一带时有捻氛，倘有疏失，所关匪细。所有北路协饷，应由河南开封府径解臣寿州行营，以期迅速而免疏虞。至臣营与胜保一军前在定远，虽共一粮台，而臣营自照皖省章程，胜保自照豫省章程，本已划分为二，判然不淆，今既以藩司张光第办理总粮台，自应令臬司恩锡将支销款目移交张光第汇办，以便稽核。除咨商胜保外，合并陈明，伏乞圣鉴。谨奏。

奉朱批："知道了。"

拣员升补尹善廷所遗员缺片

再：甘肃沙州营参将尹善廷升补副将所遗员缺，系属军营所出，

① "再"字前批有"咨：胜、傅、督；山西、山东、陕西、河南；行：藩司、臬司、营务处；徐州道（照会）"二十五字。

例应由军营拣员升补。兹查有副将衔尽先参将安徽宿州营游击马昇平胆略颇壮、技艺俱优,堪以升补。所遗宿州营游击员缺,查有甘肃西宁镇属威远堡都司杨殿林老成稳练、熟悉营务,堪以升补。所遗威远堡都司员缺,查有安徽抚标右营千总即选都司宁德顺随剿最久,曾受重伤,堪以升补。又甘肃肃州镇属平川堡守备王仲英病故遗缺,查有守备衔陕西河州镇标左营千总罗建魁遇事勤奋、差探得力,堪以升补。合无仰恳天恩,俯准将该员等升补,俾资激劝而励戎行。理合附片吁陈,伏乞圣鉴训示。谨奏。

　　奉朱批:"兵部议奏。"

奉批改为革职留任谢恩折　　八月二十四日

奏①为恭谢天恩仰祈圣鉴事。

　　窃臣前以定远失守,奉职无状,自请从重治罪,奉旨交部严加议处,并准部文,议照溺职例革职,于七月二十五日具奏。恭奉朱批:翁著改为革职留任。钦此。伏念臣身任封圻,不能力保危城,上负九重委任,即加以斧锧之诛,亦属罪所应得,乃荷皇上格外矜全,仅予严议,及部议褫职,复蒙朱批,改为革职留任,凡此圣慈之宽宥,不啻覆载之生成,臣虽无知,初非草木,天良具在,感激涕零。惟有勉赎前愆,力图后效,以冀仰报高厚鸿施于万一。所有微臣感激愧奋下忱,理合缮折由驿具奏,伏乞皇上圣鉴。谨奏。

　　奉朱批:"知道了。"

---

　　① "奏"字前批有"咨:胜、傅、何、官、胡"六字。

请旨训示办理藩司印务人选片

再①：臣移驻寿州，仅有署臬司恩锡同行。探闻藩司张光第退往明光，又往泗州，日久始得其消息。由泗至寿，中隔捻氛，文书往还动辄累月。现在皖省藩司虽无钱粮储库，而一切日行事件，时有应行面商者。今该藩司远在泗州，深为不便。臣一面札调来寿，一面先将藩司事件饬令署臬司恩锡代办，随时移会。幸恩锡曾权藩篆，措置裕如，赖以无误。兹奉谕旨，令张光第办理粮台，一时未能前来寿州。所有藩司印务，是否仍由张光第兼办，抑令署臬司恩锡兼署？臣未敢擅便，除咨明督臣何桂清外，相应请旨饬遵，伏乞皇上圣鉴训示。谨奏。

奉朱批："另有旨。"

请将丁忧署知县留任片

再②：署望江县知县王凤仪据报于本年六月初八日闻讣丁父忧，例应委员接署，给咨回籍守制。惟查该邑界邻怀宁、太湖，寇氛密迩，防剿正当吃紧。该令素得民心，办理团防诸臻妥协，且现值楚军进剿，一应差务措置裕如，自未便骤易生手。据代办藩司事务署臬司恩锡详请奏留前来。合无仰恳天恩，准将丁忧署望江县知县王凤仪仍留署任，以资熟手而裨地方。理合[会]同两江总督臣何桂清合词附片吁陈，伏乞圣鉴。谨奏。

————

① "再"字前批有"咨：督；行：臬司"五字。
② "再"字前批有"咨会：督"三字。

奉朱批:"著照所请。"

剿抚南召集情形折　　九月初三日(十一日奉朱批)

[臣翁同书跪]奏①,为颍上、阜阳一带捻氛日炽,现将颍上所属之南召集一带设法剿抚,剃发投诚,地方一律肃清,其沙河以南亦已渐知悔过安业,恭折由六百里据实具奏,仰祈圣鉴事。

窃查逆捻张乐行、龚得老巢皆在颍、亳交界,新起捻首之孙葵心等亦在颍、亳境内盘踞,四出蔓延。自咸丰六年以来,匪党日炽,始由洮河北过洮河之南,又由沙河北过沙河之南,渐逼三河尖,淮河两岸直至豫省边界,尽为所胁,其中匪圩林立,公然蓄发,致淮、颍二水舟楫不通,商民失业。臣身在围中,饷道一线,出入虎穴之中,不得不亟图剿洗。无如匪徒剿不胜剿,且苦兵力不敷。臣悉心体访,始知洮河以北断难化诲,沙河以北锢蔽亦深,惟沙河以南、淮河以北,多系良民被逼,颇可招徕。② 查有候补知府程钰久宦皖中,居心恺悌,臣委令化导沙河两岸居民,前已奏明在案。嗣又查得沙河以南惟颍上所属之南召集、润河集等处在淮、颍二水之间,民情浮动,蓄发者日多一日,欲抚沙南,非先清淮岸不可;欲清淮岸,非先剿后抚不可。臣察知

---

①　据《奏稿》整理,方括号内文字根据《皖北奏报》补充。该册封面题:"奏稿第十二号:咸丰九年九月初三日亥时,寿州拜发六百里,九月十八日奉批回。"次页正文前题:"迟七八日再咨:胜、傅、□同贵、广;咨:何、和、河南、两湖、湖北;行:臬司、营务处。"

②　此处删去一段:"伏念臣平日持论,不甚喜抚之一说,然不可抚者,□恶怙终之寇,而可抚者,无辜被胁之民;不宜抚者,始终反覆之徒,而当抚者,回心向化之辈。故臣于沙河南岸拟行剿抚并用之策,总期不失朝廷体统、不费左藏金钱,纵使日后复为贼所胁从,尚可立时剿捕,不致有心回护,为所牵制。此臣不得已之苦心也。"《皖北奏报》此段未删。

署霍邱县知县叶春培长于御侮，屡破剧寇，饬令会同署颍上县知县廷瑞督带勇练前往剿办，并饬副将闫丕敏督带兵勇以相犄角。兹据叶春培、廷瑞会同禀称，该员等于八月十三、四等日先后督带勇练驰抵三河尖，一面派拨团练于南召集四面扼堵窜路，一面会同署霍邱城守营千总柏长惠、三河尖巡检钱裕田亲督勇练分道兜剿。该匪等始犹集众抵拒，继见大队官弁、勇练猝至，声势较盛，遂皆畏罪卷旗乞降，愿即剃发，随有南召、润河及附近一带各圩匪首赵常山、孙遇春、李广绪、张占魁、郑赞、张维正、王登会、武成俊、刘耀、张凤池、卢国柄等立即剃发，环跪吁求网开一面，从此改过自新，洗心革面，愿具甘结，共为良民。又据练总、文生杨锡珩等愿与出具连环保结，恳请免予剿洗。该员等因该圩匪既已闻风改悔，甘心投诚，当即收队，准予自新，限令各圩悉行剃发，并取具投诚各结及杨锡珩等保结，一面发给告示，妥为安抚。现在淮河自三河尖以下，道路俱已疏通，商贾舟楫安行无滞等语。又据副将闫丕敏禀称，沙河以南节经该副将督同练总监生林济川剿抚兼施，各圩均知感畏，剃发归良，道路已就肃清，惟因大路久断行踪，黄蒿塞径，现饬各练总派丁刈蒿开径，设棚驻勇，护送商旅，以利遄行。并据林济川呈到现在悔过归正三十九圩练总名单及该监生联坐甘结，声明愿随官军剿匪等情。至沙河以北，实为贼薮。该副将现扎南岸洄溜集，派都司熊济爵扎营北岸口子集，联络堵剿。八月十六日，突有鸳鸯旗匪多人意欲过河滋扰。该副将闻报，会同营总乌尔棍布带领马步队驰赴口子集。该匪因我军设备甚严，随即遁回，未敢偷渡，并经林济川不时带练往来梭巡，击毙多名，又生擒石秃孜、姚生才、李清兰等多名，讯系著名捻党，即予正法等语。臣查南召、润河一带久为捻逆胁从，一旦怵以兵威，翻然悔悟，相率投诚，剃发共为良民，自应宽其胁从之诛，予以自新之路，而叶春培等督带勇练，以剿为抚，兵不血刃，坐使数十里之间一律肃清，其功实有足录，其余在事之员弁绅董，亦未便没其微劳，亟应吁请恩施，惟地近捻巢，难保不复萌观望，不敢以甫经剃发遽信为真正投诚，万一包藏祸心，阳奉阴违，臣惟有仍行剿捕。倘两三月后并无反覆，且从此投诚日众，可否将在事出力之员弁绅董汇案确查，奏请从优奖励？出自圣主鸿施，微臣未敢擅便。臣现以南召甫经投诚，不可不驻兵弹压，已派尽先都司柏云锦带寿春官兵二百名、寿勇一百名前往驻扎，又派炮船八只，上至三河尖，下至正阳关，往来梭巡，俾舟楫畅行无阻。至沙河两岸，派副将闫丕敏带兵勇一千三百名分扎各要隘，会同练总林济川悉心防守，派营总乌尔棍布带马队一百名驻颍上，以为声援，并派候补知县李锟督带保毅勇五百名扎江口集、刘伶口一带，随同知府程钰劝谕居民，于防剿之中寓化导之用。如能办有成效，应一并奏请恩奖。所有办理剿抚情形，理合据实具陈，伏乞皇上圣鉴训示。谨奏。

[九月十一日]奉朱批："均俟投诚者无怀反侧、顽梗者渐可洗心，然后将在事出力之员弁绅董，择尤保奏数员，以昭激励。"

吁陈军营艰窘请饬胜保勿再截留协饷片

再：臣营缺饷，久在圣明洞鉴之中。前在定远，至以瓜实草根为食，臣亦糠核不饱，余众可知。计臣营饷项，每月至省，必需九万余两。今以三月之久，仅解到银十余万两，何足以资糊口？近来一月内，仅发饷四日。① 查皖营兵骄已非一日，前抚臣福济任内，口粮优厚，一有不敷，即汹汹生变。臣到任以来，裁撤兵勇七八千人，裁减口粮十之三四，以供胜保一军之分赡，而臣军无怨言者，徒以臣自奉俭薄，从无滥支，是以为众所共谅，然缺饷日久，断无辟谷之方，而颍州一带捻氛梗阻，饷需恐难行走，臣焦急万分。惟盼山东、山西、陕西、河南源源接济，乃山东之饷既经胜保截赴东路，陕西之饷每月仅解一

---

① 此处删去一句："兵勇以臣与同辛苦，尚无鼓噪恶习。"

万两,统筹出入,正苦无以支持,昨接河南抚臣瑛棨来函,知胜保函会瑛启,已专弁前赴河南截留山西、陕西协拨臣营饷银四万两等情。闻信之余,倍形焦灼。窃思胜保甫经截留臣营饷银四万两,何以又有此举。言之则恐失和衷,不言则坐视偾事。臣风痹已深,近益心力交瘁,不得不将实在情形稍陈于圣主之前,伏祈敕下河南抚臣瑛棨,仍将豫饷均匀分拨,其山西、陕西之饷,为臣营养命之源,万勿再为胜保截留,以顾大局,则感戴高厚鸿施,实无既极。再:前蒙圣恩,饬拨四川省饷银,能否照拨,尚未接川省咨会。应请饬四川总督速拨银三四万两,于月饷内扣算,以冀稍有接济,俾臣营不至溃散,淮南之地不致全沦,庶可屏蔽豫疆,于大局不无小补。所有万分窘急情形,理合附片吁陈,伏乞圣鉴训示施行,无任迫切待命之至。谨奏。

奉朱批:"另有旨。"

怀远等处粤捻窜扰情形片　九月十一日奉朱批

再:粤逆闯入霍山,已将急筹克复、派队会剿情形缮折驰陈在案。连日接据已革副将卢又熊、署六安州知州姚德宾、霍山县知县王自籀及带勇通判袁昌鹏、舒城县知县甘文澜等禀称,该逆自陷霍山,即修筑城垣,意图久踞,并分股窜扰流波疃等处,经各该员督饬勇练力击遁回,俱有擒斩,并夺获马匹、刀械。现在该逆四出掳粮,并由舒城添调贼党前来,愈聚愈众等语。臣叠次飞咨楚、豫各督抚迅饬邻近地方文武严密防堵,一面飞饬檄令麟瑞、常海带领马队,会同卢又熊一军分路前进,与王自籀等约期进攻,务期迅复县城,尽歼丑类。惟目下臣营饷需久缺,军士皆枵腹荷戈,虽经臣百方拊循,尚能忍饥用命,而以饥乏之军敌方张之寇,私心惴惴,实切隐忧。至水师炮船,前经臣饬令驶赴蚌埠,与东路官军会剿,乃自都司黄鸣铎等督带炮船进扎涡河口后,尚未得胜保进兵消息。兹据副将衔游击黄开榜禀称,探得粤捻逆匪近在上窑、马头城一带屯扎,扼绝水军援应,意图寿城。该游击于八月二十五日督带炮船、炮划前赴涡河口,突遇贼众蜂拥上窜,当即开放大炮,轰毙无数,随登岸抄击,复毙逆匪多名。查获被掳难民,讯据供称,逆首张乐行传令备三日干粮,攻打蒙城,并调张滪护守怀远等语。又据已革怀远县知县邹箸禀称,七月间,怀逆于老西门外支子湖一带挑挖贼垒,意图向西蔓延,经该员督率团练奋往攻击,生擒捻逆三名,余匪奔逃回城,伏匿不出。立将该匪已挖未成之濠墙一律平毁。八月初七、九等日,蒙、宿捻匪大股东来,该员督饬勇练于龙亢地方堵击,三日毙匪二百余名,夺获贼马十八匹,余众悉行窜入怀远等语。因思怀逆负固日久,近又联合粤逆,勾通北捻,肆行窜扰,寿州近在肘腋,防剿倍形吃紧,除饬各营暨水师会合附近团练加意严防外,合并附片陈明,伏乞圣鉴。谨奏。

[九月十一日]①奉朱批:"知道了。"

遵旨调度与胜保夹击片　　九月十一日奉朱批

再:正在缮折间,钦奉上谕:"怀远大股贼匪并力东扑,胜保已约会傅振邦合力截击,翁同书即当督催黄开榜等炮船迅速前进,并飞饬苗沛霖等调齐团练相机夹击,是为至要等因。"钦此。查胜保由五河进兵,臣未接其咨会即派令炮船迅赴蚌埠。据禀,驶过怀远,并未见东路官兵,因即驻泊,堵截荆山、涡河二口。贼于山口乘夜连筑三垒,俱为游击黄鸣铎攻破。该逆将贼船一齐放出涡河,探闻直至临淮,贼船帆樯林立,与下游声息不通。臣又因怀捻十余万异常猖獗,连次檄

---

①　　奉朱批时间据《皖北奏报》补。

令苗沛霖自颍州折回,先由淮北进队,与胜保、傅振邦所派诸军夹击。兹闻苗沛霖已由颍北进攻,而胜保、傅振邦尚无合攻怀远信息,臣甚不放心,即派四品花翎即选通判徐立壮带练勇百余名,于八月二十六日由怀远后路绕至沙沟,观贼动静,猝遇孙葵心率党窜回颍、亳,因贼众未能扼截,旋即撤回。至臣与胜保、傅振邦同膺重寄,素日和衷办事,当此戎机孔棘,更当敌忾同仇,以期迅歼丑类。总之疆场之事,皆国家之事,即皆臣等分内之事,若稍分畛域,不惟上负天恩,抑且难逃清议,覆载虽宽,何以自立于人世? 即吁求拨饷,亦因大局起见,出于万不得已,并非臣之初心,更何敢以此稍存意见? 所有奉旨饬办情形,理合附片覆奏,伏祈圣鉴。谨奏。

[九月十一日]①奉朱批:"知道了。"

官军进攻霍山击破毛坦厂敌垒折　九月十五日②

奏为官军分路进攻霍山,击破毛坦厂贼垒一座,歼毙逆匪甚多,夺获器械无算,并击败霍山城内贼匪情形,恭折由六百里具陈,仰祈圣鉴事。

窃臣前因粤逆窜踞霍山,聚党日众,正在分饬进剿间,探知该逆于舒、六、霍交界之毛坦厂地方连筑数垒,与霍城贼巢相为犄角。该处距六安较近,实为肘腋之患。欲攻霍山,非先破毛坦厂,夺其要隘,

---

①　奉朱批时间据《皖北奏报》补。

②　据《奏稿》整理。该册封面题:"奏稿第十三号:咸丰九年九月十五日戌时,寿州六百里拜发,十月初三日奉到批回,并九月二十三日内阁奉上谕二道。"次页正文前题:"咨:胜、傅、袁、庚、和、张通政、督、湖北、两湖、曾、河南、江苏;行:臬司、营务处、卢副将、麟副都统。"

断其策应，不足以制其死命。当即飞饬副都统麟瑞、营总常海及已革副将卢又熊等分路进兵，一面牵制霍山贼匪，使无暇他顾，一面潜师先攻毛坦厂贼垒，以翦该逆羽翼，并饬署六安州知州姚德宾督率团练会同剿办。去后兹据已革副将卢又熊禀称，该副将商同麟瑞、常海派拨步队五百名、马队百余名，由麟瑞督带，赴青山下符桥等处进攻霍山。该副将亲督马步队一千六百余名，会同营总常海所带马队直攻毛坦厂，于初三日分路前进。初四日行抵牌楼湾，距贼营七里，随约会署知州姚德宾催齐团练，于初五日卯刻齐扑贼垒。该逆知觉，于垒内施放枪炮拒敌，我军四面围攻，燃放喷筒、火箭，奋勇直上，立时扑进该逆前营，刀砍矛刺，杀毙贼匪不计其数，生擒六十三名，搜获殿前右二百五十六丞相、炎八十五正将军、木七十二副将军、协天福左五宣传、怡天福正典簿书、前四十七军中营前旅帅等伪印六颗，贼旗二十七面，枪炮、马匹、器械无算，因即分兵攻贼左右两垒，自卯至午，围扑四时之久。守备邓万春亲执大旗，冒突炮火，奋身直前，我军踊跃齐登，立可扑进，不意该逆枪炮如雨，该守备迎面被炮子打入，登时阵亡，弁勇亦伤亡多名，该逆乘势冲出。适营总常海带领马队飞往应援，枪箭齐施，毙贼百余名，夺获贼马三匹，将贼击败，复遁入垒。我马步兵勇与姚德宾所带团练遂将贼垒围住，连夜攻打，该逆抵死抗拒，坚不出巢。维时麟瑞督带马步队暂扎青山、下符桥地方，拟俟毛坦厂得手即会合进攻霍山县城。初六日，霍山贼匪突出数千，暗袭下符桥。我军步队稍单，据桥扼战。麟瑞闻信后，飞率马队驰往接应，左右冲突，枪击箭射，毙贼数十名，夺获贼马二匹，该逆不支，立时败退，我军追击十余里，因山路崎岖，未能长驱直入，天晚撤队。此初五、初六等日分兵攻破毛坦厂贼垒及击退霍山窜匪获胜之实在情形也。该副将正在力攻毛坦厂未破贼垒，将次得手，忽接探报庐州贼匪大股西犯，已至四十里铺，有窥伺六安之意，并探闻由安庆拨来贼匪数千，约会霍山、舒城各逆同时窜扰六安。该副将以我军马步均赴前敌，六安空虚，恐该逆乘隙绕出我军之后，遂商同麟瑞等，于初七日徐徐整队撤回六安，以顾根本。并据副都统麟瑞、营总常海禀同前情，又据舒城县知县甘文澜禀称，八月二十三、四等日，霍山贼众分窜毛坦厂地方扎营，四出掳粮，该令督率勇练，先后于鹭鸶庙、燕山砦等处击毙贼匪多名，生擒长发逆贼四名，夺获伪则天福大黄旗四面、骠马二匹等语，并由卢又熊、常海、甘文澜等呈验所获伪印、旗帜、耳级等件前来。伏查该逆窜入霍山，分据毛坦厂，志在联络庐、舒，希图久踞。此次卢又熊会同麟瑞、常海及姚德宾等分路进攻，虽未能立复县城，已将毛坦厂贼垒攻破，毙贼极多，足寒逆胆。若非因庐逆图扑六安，撤兵回顾，当能一鼓尽破余垒，乘胜直捣霍城，可望得手。惟查霍山踞贼不下二万，毛坦厂逆众亦有万余，该副将等率缺饷饥乏之军，竟能以少击众，破垒杀贼，击追窜匪，尚称用命。现仍饬令该副将等防剿兼筹，一俟六安情形稍松，仍即相机实力进剿，务期迅速克复，以免蔓延。至此次阵亡之守备邓万春，奋勇捐躯，殊堪悯惜，应请饬部照阵亡例议恤，以慰忠魂而昭激励。再：已革知府袁怀忠驻扎流波疃，堵霍贼西窜之路，据禀，于八月二十六、七等日，霍山之贼屡次来扑，通判袁昌鹏设伏诱敌，得获胜仗，阵斩逆首九颗，生擒贼匪五名，夺获旗械多件。除仍饬令会同已革霍山县知县王自籲督率勇练、设法进攻外，所有攻破毛坦厂贼垒及击追霍山窜匪情形，理合缮折具奏。再：探闻孙葵心率大股捻匪已由怀远窜回，有装旗扰扑颍州之说，因檄调麟瑞酌带马队驰回正阳关，以资堵剿。其常海所带马队，饬令仍留六安，会同卢又熊一军防守六安，规复霍山。合并陈明，伏乞皇上圣鉴训示。谨奏。

奉朱批："知道了，邓万春著照例议恤。"

明光各营溃退力筹守城并请饬催协饷片

再：臣前闻怀逆聚党十余万，希图冲突，一面饬令诸军极力堵剿，一面檄饬涡河口炮船设法攻击。本月初四日夜间，怀远逆匪在涡河口下金家沟搭桥渡淮，意欲由东西两岸上窜。游击黄开榜等带领炮船、炮划驶抵该处，枪炮齐施，焚烧贼船，将贼击散。该逆见水师在下游冲击，另出一股在淮岸列队，截我归路。千总刘明典等带领勇丁登岸，绕山而进，遇贼相持，自子至寅毙贼百余名。探闻东路炮船退回浮山后，尚无进攻消息。臣又虑怀逆大股麇聚不散，则胜保一军与臣军皆形吃重。叠饬颍、亳一带官兵、团练设法进攻，以牵贼势，为釜底抽薪之计。据各路探报，逆首孙葵心带大股十余万果由怀远撤回颍、亳各圩，由是怀远贼势稍轻。正在檄饬苗沛霖随同官军进攻怀远，复据苗沛霖禀报，颍东捻逆鸱张，不得不急图剿洗，臣仍饬速赴怀远，以图三面夹击。乃昨得胜保咨函，知明光各营以淮南贼众，全行溃退，仅得保守盱眙，闻之深为焦灼。连日有定远、炉桥逃出难民，金供捻粤逆匪在东路明光、涧溪一带掠粮数十万石运至定远，意欲裹胁东路居民入伙，并勾合西路土匪围攻寿州，连营数十里，绝我饷道等情，逆谋显著，势所必至。臣已缮完守具，申严军令，贼至之时必奋勇冲击，使其大创而还。倘贼势太众，果为所围，此时四面受敌，无可乞援，亦惟有尽臣之力，誓死固守。所虑者，军饷久不见到，不特山东饷银数月来悉归东路，即豫省八月分之饷亦已全解胜保军营，辟谷无方，点金乏术，此种危急情形，不能求援于他人，惟有乞怜于圣主。查山东月饷先蒙恩旨，拨解臣营，又经胜保奏归东路。谨拟彼此酌分一半，稍济颍、寿饥军。其河南饷银，则应分半匀解，以昭平允。若非恭奉谕旨，明定章程，则各省无所适从，碍难提催。至山西、陕西两省协饷，为臣营养命之源，乃陕西每月止解一万两，实不敷用。仰恳天恩，饬令曾望颜每月解银二万两，勿再短绌，致令此军饥溃，于大局实有关系，为此附片吁奏，伏乞圣鉴训示，无任迫切待命之至。谨奏。

奉朱批："另有旨。"

请议恤定远殉难文武各员片

再：定远失守，所有在城殉难文武各员，人数众多。前经臣先将查明之定远县知县周佩濂、前淮扬道郭沛霖等奏蒙恩恤在案。兹查有代理安庆府事知府衔拣发同知陈采纶，署和州直隶州知州候补知州林兰，候补通判周锡璜、王鹤龄、[1]卸任霍山县知县邓元镐，候补知县王九皋、德俊、庆泰萨，剑南报效委员广西候补知县朱为霖，太平府经历朱含章，六品蓝翎试用府经历邹玉鼎，候补县丞周诗、梁增泰、邵秉章，试用县丞夏尧墀、乔用康，候选县丞王荣，定远县教谕汪承基，训导殷觊，署定远县炉桥主簿试用从九品陈师咸，署定远县典史试用从九品傅崇梅，前任定远县典史纪焕振，试用从九品周以仁、王士仲，五品蓝翎候选从九品李纶田，候选从九品林毓麒、张振军，山西试用从九品董官，正六品军功监生陈蕃，江南河标佃湖营都司恩兴，四川即补守备世袭云骑尉王锡培，蓝翎尽先守备安庆营把总甘全，无为州汛千总朱佩芝，署定远汛把总蓝翎尽先千总乔定邦，潜山营把总蓝翎尽先千总张荣，安庆协标蓝翎把总张宾，五品蓝翎尽先外委李光斗、王成玉，蓝翎尽先外委衡铦，山东曹镇蓝翎尽先外委田登丰，正黄旗汉军蓝翎武举庆增，六品蓝翎炮兵韩明，以上四十三员名。现据各该家属及逃出难民声称，前因逆匪轰陷定远，该员等在城守御，或临敌阵亡，或被害捐躯，俱系忠义性成，见危致命，殉难情形确凿可凭。内

---

① 　此处删去"前署霍邱县事已革知县张永保"。

有陈采纶^①、恩兴、甘全三^②员被害最惨，林兰、汪承基、朱佩芝、乔定邦四员阖门殉难，尤堪悯恻。相应请旨饬部，将代理安庆府事知府衔拣发同知陈采纶照知府阵亡例从优议恤^③；署和州直隶州知州候补知州林兰，定远县教谕汪承基，江南河标佃湖营都司恩兴，尽先守备安庆营把总甘全，无为州汛千总朱佩芝，署定远汛把总尽先千总乔定邦均照阵亡例从优议恤，其周锡璜等三十六员名均照阵亡例议恤，以慰忠魂。至其余守城兵勇，被难多名，另行照例咨部办理。此外如有续经查明者，容俟随时分别核办。合并附片具陈，伏乞圣鉴施行。谨奏。

奉朱批："均照所请议恤。"

请开复张永保原官照例议恤片

再：前署霍邱县已革知县张永保，前因被控枉杀案内，经胜保奏参革职解讯，尚未审结，发交定远县看管。捻逆围扑定城，该革员自请带勇绐城，杀贼多名，夺获炮械等件。城陷后，与贼巷战，力竭阵亡。据署臬司恩锡查明，详请奏恤前来。查该革员虽系被参获咎人员，而义愤杀贼，临难捐躯，情殊可悯。合无仰恳天恩，俯准将该革员开复原官，饬部照知县阵亡例议恤，以慰忠荩而昭激励。是否有当，谨附片吁陈，伏乞圣鉴训示。谨奏。

---

① 此处删去"张永保"三字。
② 三，原作"四"，后改作"三"。
③ 此处删去一句："前署霍邱县已革知县张永保开复原官，照知县阵亡例议恤。"

奉朱批:"另有旨。"

张植珪等请照阵亡例议恤片

再:河南候补府经历张植珪、河南候补按司狱张廷琛于沙涧地方遇贼被害,黑龙江骁骑校委参领阿木勒、吉勒噶尔于炉桥地方打仗阵亡,练总文生王学程,监生王文藻于安山寺地方打仗阵亡,五品蓝翎练总孔宪礼于高刘集地方打仗阵亡,安徽试用县丞郭藩清于石婆店地方遇贼被害,据候补臬司王庭兰、署臬司恩锡及营务处查明,呈报前来。又陕西汉中宁羌营外委单林、安徽潜山营外委焦佩和前经派往蒙、宿一带迎探饷银,于板桥地方突遇大股怀捻,该外委等奋前冲杀,毙匪多名,力竭阵亡,据署宿州知州裕恭、蒙城县知县俞澍禀报前来。相应请旨饬部,将该员等均照阵亡例议恤,以慰忠魂。理合附片具陈,伏乞圣鉴施行。谨奏。

奉朱批:"均照所请议恤。"

捐输总局移设寿州折　　九月十五日(二十三日奉朱批)①

奏为捐输总局移设寿州,就近疏通饷票,以清积欠而裕军需,恭折奏祈圣鉴事。

窃查皖省自军兴以来,饷需支绌,粮台积欠甚巨。经前抚臣福济奏准,设立捐输总局,以粮台饷票发给兵勇,转售捐生。数年以来,著有成效,兵勇得少沾润,而积欠亦渐清厘,于军需大有裨益。近因定

---

①　据《奏稿》整理,奉朱批时间根据《皖北奏报》补充。

远失守,藩司张光第阻隔东路,将捐输总局移至江南之广德州,现在道途梗塞,由寿州至广德绕道几三千里,各捐生即情殷报效,势不能购票于皖北、上兑于皖南,饷票无可销售,兵勇倍形艰苦。近来各营因票无销路,不愿请领,粮台积欠日多,清厘无术,加以豫省协饷搭解饷票前来,亦几置同废纸,若不设法变通,深恐日久因循,上下交困。现拟即在寿州设局收捐,俾粮台与豫省之票发给兵勇售卖者,均得就近赴局上兑,一转移间,足使捐输踊跃、饷票畅销,兵勇无匮乏之虞,粮台无久欠之饷,清积欠而裕军需,莫此为急。据署臬司恩锡详请前来,除饬藩司张光第派委熟习捐务人员及一切收捐章程迅速来寿办理外,其广德州捐局相距大营较远,捐生购票维艰,难期踊跃,似应裁撤以省糜费。应饬两司妥议详覆,再为核定。所有移设捐局、就近疏通饷票缘由,理合缮折陈明,伏乞皇上圣鉴。谨奏。

奉朱批:"另有旨。"

杨沂孙署徽州府知府姚德宾署六安州知州片

再:徽州府知府林廷选闻讣丁忧,所遗员缺,业经奉旨:"著刘兆璜补授。"钦此。惟刘兆璜未到任之前,应先拣员署理。查有本任凤阳府知府杨沂孙向在皖南军营当差,于徽郡地方情形熟悉,堪以委令署理,又六安州知州茅念劬现以该处防剿吃紧,该员近复多病,人地不甚相宜,察看所遗员缺,查有凤台县知县姚德宾才具明敏,办事安详,堪以委署。其所遗凤台县知县员缺,查有知州衔候补布政司经历熊英才识明干,堪以接署,据藩司张光第、署臬司恩锡先后详请具奏前来,除分饬遵照外,理合会同两江总督臣何桂清合词附片具陈,伏乞圣鉴。谨奏。

奉朱批:"知道了。"

补授都司遗缺片

再:江南河标佃湖营都司恩兴阵亡遗缺,系军营所出之缺,例应由军营拣员升补。兹查有都司衔湖北荆州卫守备袁祚焜年富才明、办事勤奋,堪以升补。其所遗湖北荆州卫守备员缺,查有安徽庐州卫所帮领运千总忠发差探得力、打仗亦勇,堪以升补。合无仰恳天恩,准令该二员递相升补,实足以资观感而励人材。理合附片吁陈,伏乞圣鉴训示。谨奏。

奉朱批:"兵部查议具奏。"

设坛祈晴片

再:七月间寿州亢旱,臣率属虔祷,旋得甘霖。近日阴雨浃旬,米价骤长,正在设坛祈晴。伏念皖北旸雨愆期,皆由微臣奉职无状所致,惟有责躬思过、振武练兵,励寅恭而先务和衷,广子爱以潜消沴气,庶几仰慰我皇上视民如伤之至意。理合附片具陈,伏乞圣鉴。谨奏。

奉朱批:"览。"

附：上谕捐输总局移设寿州　九月二十三日①

咸丰九年九月二十三日,内阁奉上谕:"翁同书奏请将捐局移设寿州,就近疏通饷票一折。安徽设立捐输总局,以粮台饷票发给兵勇,转售捐生,数年以来,著有成效。近因捐局移至广德州,相距甚远,捐生交兑维艰,兵勇饷票不能畅销,自宜设法变通。著照该抚所请,即将捐输总局移设寿州,并著张光第派委熟悉捐务人员迅赴寿州办理。其广德州捐局应否裁撤之处,即著该抚妥议具奏。该部知道。"钦此。

敬陈皖北补救三策折　九月二十五日(十月初七日奉朱批)②

臣翁同书跪奏,为皖北糜烂已极,敬拟补救三策,仰祈圣鉴采择事。

窃惟今之贼势尽注皖北,而尤冀重于淮南。盖自粤匪与捻匪合,人皆知淮南之不可守矣。夫粤捻之合,不自今日始也。数年之前,捻匪已遥受伪职,听其指嗾。臣身在行间,亲身其事,逆知二凶既合,势必于横决。追奉命抚皖,已在庐城再陷,临、凤全失之后,兢兢然以审机持重为先,以骛广喜功为惧,而材轻任重,事与愿违,天长、盱眙、定远相继沦陷,左次寿春,实罪至重。皇上宽其失律之诛,弗使身膏齐斧,感激思奋,顿忘沉疴之在体,修峻濠垒,缮完铠械,日望胜保整旅

---

① 　此件据《皖北奏报》补。

② 　此件以下至《截击舒城境内敌军暨渡江援敌折》(咸丰十年三月二十七日奉朱批),《奏稿》缺,均据《皖北奏报》整理。本折发出时间据《随手登记档》补,参见中国第一历史档案馆编:《清代军机处随手登记档》第91册,第395—396页。

而来,合兵南下。不图贼氛愈炽,探闻明光、洞溪亦已不守,清江、蒋坝人情震恐,深虑南北咽喉一有梗塞,中原大局将不可问。谨竭其刍荛之愚,勉画三策,为我皇上陈之。伏念贼跨长江之险,以为巢穴,今并跨长淮之险,其势益张。揩(椎)[柱]其间者,独臣一军。以饥疲之众,四面受敌,与虺蝮为邻,终且为所吞噬,然臣以为事势之可危,固在今日;事机之可转,亦在今日。何以言之?天下之大势,首陇蜀而尾吴会,控制其中权,实惟武昌、黄州,扼江沔之交,居上流之重,代有将才,人乐战斗,甲仗坚利,资粮(绕)[饶]给。故今日之可以定皖者,惟楚师而已。臣窃观官文、胡林翼经画有年,慎于用武,殆虑胜谋,定非浪战轻试者之可比,故遣将出征,往往有功。上年李续宾之援皖,战非不利也,徒以皖疆无乡导,皖军无犄角,是以连举四城,而卒有三河之败,论者惜之。今臣虽弱,而适在淮、颍间,与六合形势相接,有如楚师腾迁而入,可以因人成事,收腹背夹攻之效,亦制贼之一奇也。谍闻楚师之并江而东者,已破石牌,将扼安庆之亢,而拊潜山之背。倘别遣劲旅万人,间道疾趋英、霍,直捣舒城,得舒城则桐城、太湖、潜山皆下矣。庐城坚大,宜且按甲勿攻,徐出奇兵,以图怀、定,牵贼之势不得东向,然后清江可以无虞,皖境可以渐复,此上策也。假如楚师转战潜、霍间,未能深入,法当先图怀远。胜保一军为明光贼势所牵,未必遽能西来;傅振邦一军为宿北捻势所挠,亦难悉众南迈,欲制怀远,惟苗沛霖练丁可用。苗练虽众,究系民兵,臣屡檄东行,卒以孙葵心耽伺其后,未敢远出。查苗沛霖所居,距怀远不及百里。若资臣以河南省漕粮三万石,赒给苗沛霖,辅以官兵,再由湖北督抚派骁勇敢战之将引偏师径趋下蔡,以为声援,并请敕下户部,拨实银二三万两,添置水师炮船,浮淮而下,计百日内外可拔怀城。既拔怀城,则临淮、凤阳一鼓可下,此中策也。若二者皆不能行,则以胜保一军攻复明光,急檄李世忠一军逾清流关而入,以保东路,臣扼守寿州,与傅振邦、关保互相应援,制孙葵心、刘添幅二巨捻,又用剿抚兼施之策,徐翦其羽翼,以保西路,虽未能使贼大创,或不至十分决裂,此下策也。

否则，因循日久，蹂躏愈广，视淮南一隅为可弃，徒议以劲骑重兵画淮而守，臣恐淮南尽失，即淮北泗、灵一带亦难遏燎原之势。揆诸兵机，是谓无策，臣愚未见其便。至于行军之道，首重人和。苟将帅辑睦，士族亲附，偶有挫失，不难再振。即如臣前在扬州时，兵单饷竭，军情杌陧，浮议沸腾，卒以无事，人和故也。臣深惟卑牧之议，熟参善败之机，知兵凶战危，断不可存虚骄之意见，恭读迭次谕旨，益自刻励，谨受胜保节制，兼与傅振邦、关保和衷共事，以期于坏之局稍有裨补。惟诸臣驻兵之处，虽与臣仅隔数百里，而中阻贼氛，必纡道豫境，方可通信，文书往还动辄逾月，军情朝暮变迁，彼此难于约会。如果楚师深入，转可连为一气。用是就管窥蠡测之见，敬画三策，而楚师援剿为至计。不揣冒昧，妄陈于圣主之前，是否有当，伏乞皇上圣鉴训示。无任战栗待命之至。谨奏。

孙葵心图攻颍州兵练堵剿获胜并各路防剿情形折
十月初七日奉朱批

臣翁同书跪奏，为捻首孙葵心大股图攻颍州，势甚鸱张，派兵练堵剿，屡次获胜，并各路防剿情形，恭折由六百里驰奏，仰祈圣鉴事。

窃臣前因候选道苗沛霖来谒，愿率练丁随臣进剿怀远，求助杂粮，臣先为筹给一万石，饬粮台于饷项中陆续采买，曾经奏明在案。嗣后苗沛霖闻捻氛蠢动，单骑驰往颍州察看情形，欲由颍北进攻，以分捻势。旋闻孙葵心大股［由］临、凤折回怀远，声言攻取蒙城，兼欲南犯寿州。臣连次飞檄苗沛霖驰回东路，设法进攻怀远，与胜保、傅振邦互相联络。正在檄调间，据报，孙葵心大股业已窜回颍、亳。适颍州东西乡有挟嫌互斗之案，其中颇有莠民欲勾结孙葵心大股，南来滋扰，而颍州东北贼圩林立，一时蜂起，有刻日装旗，合众十余万，攻扑颍州之说。苗沛霖遂就近调集练丁数千人，扎营刘伶口，意在遏北捻之狂氛，即以牵东方之贼势。臣以胜保、傅振邦两军尚无会攻怀远消息,臣四面受敌,备多力分,难以孤军独进,又因饷需不至,筹买杂粮未足三千石,不敷资给,即饬苗沛霖自行相机堵剿,一俟情形稍松,或紧蹑贼踪,肃清蒙、宿,或径趋怀远,捣其巢穴,总期犄角诸军,毋许稍分畛域。迭据探报,孙葵心纠集捻党,势甚鸱张,幸沙河南岸三十九寨暨南召、润河等处已一律剃发投诚,愿助官兵剿贼,贼势得以稍衰,而沙河以北各圩向俱附贼,正在设法招抚,略有转机,又为匪党购煽,以致懦弱者观望迁延,强梁者劫杀如故。曾有河北捻匪偷渡沙河,经颍上县练总林济川带练追击,格杀捻匪何三、王添德二名。本月初三日,刘伶口迤北岳庄地方有河北捻匪骑马贼百余人、步贼四五百人,欲劫苗沛霖运粮之船,当经都司熊济爵带勇驰救,付将冚伾敏带领兵勇、练丁由南岸出队策应。熊济爵正施枪炮轰击,该捻匪见南岸兵勇、团练人众,始行遁回,随将北岸贼船数只抢过南岸。是夜,捻匪潜袭把总吴文英营盘,竖梯登墙,旋经惊觉,率敢死勇丁奋勇冲出,将贼击退,夺获长枪十余杆、竹梯二架,拿获长发贼四人,随即正法。吴文英受伤二处,其勇丁受伤者数人。又据管带保毅勇候补知县李锟禀称,该员于初三[日]驰至颍上,适值北捻猖獗,有该令族人监生李绍庆乘船前进,为捻匪劫杀,同时遇害者四人。该令即带勇出队,由南岸截击。练总林济川督带练勇过河,施放鸟枪,打毙贼目一名,夺获大旗一面,贼匪惊溃。即拨马队追奔,生擒贼目孙大潮、孙小潮等,即行正法等语,将所获贼旗呈验前来。前据苗沛霖禀报,扎营刘伶口,立意攻破贼圩,惟值久雨骤寒,练丁露宿荒村,困苦难言喻。臣适接都文,苗沛霖已奉旨补授川北道,当即飞速行知,勉以感激恩施,当尽歼逆贼,以图报称,并密嘱其申纪律,剿抚兼施,庶几首恶可诛,胁从渐散。现在阴雨未霁,捻匪大股尚无确信。据亳州知州博铭禀称,贼骑时来窥伺,均经击退。付都统关保会至亳州防剿,现已驰回鹿邑。此近日堵剿孙葵心捻党,屡次获胜之情形也。至前麇聚怀远之捻党,虽已窜回颍、亳,而逆首张乐行之众尚属不少,臣以水师炮船均赴涡河一带,恐王庭兰一军兵力太单,添募勇丁百余名,增置炮船十余只，以资堵御。兹据管带水师之游击黄开榜禀称，风闻盱眙吃紧，并哨探定远大股捻匪俱回怀远，扬言沿淮上窜，日来阴雨连旬，炮船篷席透漏，火药全行潮湿，已撤扎新城口等语。是东西两路贼情同一吃重，恐围攻寿州之狡谋至今未息。探得炉桥贼营四座，屯聚贼数千人，南北匪圩数百，悉已从贼，自明光直至炉桥，贼匪往来不绝。臣本欲派队赴炉桥掩袭，因泥淖过深，潭水骤涨，步队实难前进，时遣马队数十名前往马厂集迤东一带，驰骤往来，以示声威。间有打粮之贼，一见马队，立即窜回，尚未敢前来迎敌。其南路窜踞霍山之粤匪，屡檄付将卢又熊等攻剿。该处山路崎岖，田塍窄狭，当此久雨之际，骤难进兵。惟据带勇通判袁昌鹏禀称，于初五日夜间暗袭霍山县城，泅水过河，潜抵北门外，攻破贼卡，生擒三名，割取首级四颗，夺获刀矛八件，余贼逃入县城之内。贼匪得卡贼报信，顷刻城墙站满。我勇见其有备，始行撤退。初十日，由大巢岭分队进剿，生擒掳粮贼四名，杀毙十余名。探闻贼匪修城聚粮，待逆首四眼狗之至，虚实皆不可知。已饬严密防范，一俟天气放晴，既须督兵进剿，亦须防贼来扰。刻下军械尚未齐全，饷需久无音信，臣昼飞羽檄，则蒿目时艰；夜听愁霖，则系心民瘼，惟有勉竭驽驹，以期仰付圣主整军恤民之至意。所有近日防剿情形，理合缮折具陈，伏乞皇上圣鉴。谨奏。

咸丰九年十月初七日，奉朱批："知道了。"钦此。

拨兵约同楚师攻剿霍山片　十月初七日奉朱批

再：正在缮折间，据付将卢又熊禀称，接据霍山县知县王自籍函知，驻扎英山县之楚军昌字营现已移驻张八嘴，不日即行进扎霍境之土地岭地方，相机攻剿等语。臣以霍山贼众盘踞，得楚师移前进剿，正可腹背夹攻，以图速拔，当即飞饬该付将及营总常海会同霍山令等迅速会剿，一面确探楚师，约同夹击，以期一鼓扫除。为此附片具陈，伏乞圣鉴。谨奏。

　　咸丰九年十月初七日，奉朱批："知道了。"钦此。

太和亳州等处兵练击退敌军并颍州剿抚情形折　　十月十八日奉朱批

　　臣翁同书跪奏，为太和县兵练击退大股捻逆，立解城围，亳州扑城捻匪亦经官军、团练击退，并颍州一带现在剿抚情形，恭折由六百里具陈，仰祈圣鉴事。

　　窃前据署太和县知县侯枢臣禀报，大股捻匪马步万余窜入该县之关家集，蜂拥扑城，势甚危急等语。当经飞咨关保，就近速拨马队援剿，业已附片陈明在案。兹据该署令侯枢臣禀称，九月二十三日辰刻，该逆拥众直犯城闉，将东、西、北三面围住。该署令会商同城文武，布置守御，一面督率练勇，会同游击奎英带领大同官兵二百名出城迎击。转战五时，贼势稍却，因天晚大雨，贼踪逼近，彻夜冒雨登陴，严密固守。二十四日巳刻，天色稍霁，正出队间，贼骑大至扑城，势极凶猛。该署令会督兵练，仍前迎击。该逆分股拒敌，另股马贼驰绕攻城，经守垛勇练枪炮齐施，护城各团左右环击，该逆屡进屡退，莫由逞志。适各乡助剿勇练陆续调至，该逆见我军声势愈壮，望风而靡。复经各兵练三面夹击，擒斩多名，伤毙逆众及骑马无数，余匪纷纷向西北败遁，城围立解，随督率兵练跟踪进剿。此太和县兵练击退大股捻逆，立解城围之实在情形也。

　　又据署亳州知州博铭禀称，九月二十二日，捻匪数千人由石家营过河，盘踞东关外自在园地方，有昏夜扑城之谣。该员当会商总兵朱连泰，督率勇团，登陴固守。四更后，该逆潜扑东南城隅，被城上枪炮齐施,毙贼甚众。天明,见该逆向东北退去,当派勇缒城侦探。旋报称,大股匪众由城南绕赴河北,欲犯北关。该员即会同总兵朱连泰,分带勇练,出城迎剿,并分派练丁设伏邀击。该逆恃众,直前拒敌,我勇练如墙而进,齐放排枪,向前冲压。该逆不支,始行溃退。时都司左德暎等带会①继至,两面夹击,伤毙贼匪极多。该逆随即向西逃窜,我军并力追杀十余里,收队回城。此亳州扑城捻匪经官军、团练击退之实在情形也。

　　至阜阳、颍上之间,沙河南[北]两岸,向为捻势所胁,蓄发从逆者日多。臣自抵寿以来,思欲疏通饷道,必先清理沙河。当派付将闫丕敏、营总乌尔棍布带领马步兵勇前往驻扎剿捕,并派委即补知县李锟督带保毅勇五百名会同剿抚,一面委令候补知府程钰会同地方官设法化导,并由臣出示晓谕,如果剃发投诚,即免其既往,予以自新。数月以来,已将南召、润河及沙河以南三十九圩一律招抚,剃发归正。现在沙河南岸道路肃清,其北岸圩匪现因川北道苗沛霖扎营留伶口,昼夜攻打,屡次毙匪获胜之意,攻破贼圩,似可得手,该处附近圩众颇有畏威投诚者。臣现饬付将闫丕敏督同练总林济川相机收抚,并多发示谕,劝令江口集一带被胁人民,凡剃发者,即予免死。又从前孙葵心出窜之众,陆续逃回者不下数百人,均皆一律剃发,内有汪维先、傅春阳二人向在孙葵心旗下充当捻首,现亦剃发投诚,以家眷为质,誓言无反复。均饬练总林济川设法安插,准予自新。此颍州一带现在剿抚之实在情形也。臣查北捻势众,其踪飘忽,此次窜扑太和、亳州之众,虽皆击退,何②应严防回窜,已饬该州县加意堵御。刻下沙河北岸苗沛霖攻剿正当得手,如能连下贼圩,则捻势自衰,抚局更易,后路稍清,即可会攻怀远。所有太和县兵练击退大股捻逆,立解城围,及亳州击退扑城捻匪并颍州一带剿抚情形,理合缮折一并具陈,

---

① 会,当为"兵"或"勇"等字之误。

② 何,应为"仍"之误。

伏乞皇上圣鉴训示。谨奏。

进攻涂山水陆同时获胜片　十月十八日奉朱批

再:前因怀逆于涂山下搭桥设卡,往来偷渡,飞饬水师炮船,亟图攻毁,以截逆踪,当经附片陈明在案。臣以水师利用火攻,饬办火船,装载秫秆、豆□,并火攻器具,由淮河中流驶下,焚其浮桥,而令弁兵登岸,分击贼卡,以期得手。兹据付将衔游击黄开榜禀称,本月初三日,挑选敢死之士八百名,舍舟登岸,分攻涂山贼卡,一面办齐火船,派都司衔刘明典管驾,与炮船、炮划相辅前进。是夜四更,三路同时进击,火船驶近浮桥,登时火发,立将贼搭浮桥焚毁,延烧贼船五十余只。追杀十余里,夺获贼船十四只,旗帜、器械百余件,水陆同时获胜,毙贼一千余名等语。伏思怀逆(驻)[经]此大创,势蹙胆寒,自应乘此声威,迅图进取。臣已咨会胜保,派队夹攻,并饬王庭兰督率所部水陆弁勇相机前进,一俟机有可乘,拟另派将领,带兵会剿,以期迅克。理合附片具陈,伏乞圣鉴。谨奏。

咸丰九年十月十八日,奉朱批:"知道了。"钦此。

规复定远进攻炉桥阻水不能前进折　十一月初一日奉朱批

臣翁同书跪奏,为规复定远,进攻炉桥,沿途焚毁贼卡,毙贼多名,并招抚各圩,纷纷剃发投诚,直至炉桥河边,阻水不能前进,现在调集练丁,会合攻剿,恭折由驿六百里驰陈,仰祈圣鉴事。

窃臣于本月十六日,将水师炮船会同东路官兵攻克怀远情形缮折驰奏在案。臣以张乐行窜入定远,与龚得及粤逆合而为一,张逆于捻匪中首倡逆谋，伪称盟主，今通至淮南，足以号召逆党，难保不铤走东路，又恐其窥扰寿州，直乘其喘息未苏，先发以制其狂澜，即不能遽行屠灭，亦可借遏凶锋。惟查进剿定远路出炉桥，其地素为土匪盘踞，性同枭狡，习以成风。昔周天爵治以重典，犹不知惩，后来东、南、北数十里中悉成匪巢，屡出大盗。本年定远失守，无赖、棍徒蜂起应贼，蓄发领旗，自马厂集以东公然从逆。今欲进攻定远，非先清炉桥之路，无从进兵。当即传集将领，密议机宜。十七日，派令候选付将于昌鳞率守备吉学盛、千总陈定邦带领勇丁七百名作为前敌，付将程友胜带领广勇五百名作为接应，付将衔游击马昇平、守备刘大用带领骁勇六百名作为后路，头品顶戴营总萨萨布会同营总得春、富明阿、常喜、金山、善庆等带领马队，分两翼前进，并派署寿春镇总兵惠成、记名总兵甘肃督标中军付将尹善廷率游击丁希凤等□□春陕甘官兵，驰赴隗家店一带分路布置，督令进剿。部署已定，复密派千总吉玉成先率敢死之士，并用熟悉该处之人作为向导，出其不意，驰诣马厂集迤东各圩，开示利害，晓以祸福。各圩闻怀远已克，军声大振，始知畏惧。十八日，于昌鳞、程友胜等整队前进，各圩不敢抗阻。萨萨布等带领队伍，骤马直前，直至炉桥河西之蔡盛塘、王家嘴一带。该处水泊环周，葭苇深阻，该马队知为存匪设伏之地，乘高瞭望，分路搜杀，果有伏贼惊出，鼠窜狼奔。我军乘势驰击，左右冲荡，所向披靡，枪打箭射，毙贼无数，立将沿途贼卡十余处悉行焚毁。追至河边，该逆或登小舟窜逸，或拼命凫水过河。适步队先后踵至，开放枪炮，击翻贼划数只，溺毙贼匪多名。遥望隔河炉桥贼营，隐隐见白旗林立。维时天已曛黑，即行收队，回马厂集驻扎。十九日天色未明，秣马蓐食，仍行进队。沿途各圩见河西贼卡悉数荡除，军容甚壮，当即自陈为贼所胁从，本非甘心从逆，今愿按名剃发。该将领等许其自新，以安反侧，仍督队前进，直至河边，遥闻贼营枪炮之声。有难民泗水过河，据供，炉桥之贼本不过数千人，今闻官兵将至，自定远调来贼党甚多，不知确数。该将领等即欲渡河攻剿，无如积水宽深，步骑俱难飞越。查炉桥河道北通淮水，共去百余里，向来夏涨冬涸，有桥可渡。今年夏间亢旱，虽隔水两道，深仅及于马腹，马队尚可躐浅渡河，不意八九月间霖雨淹旬，淮、浉、肥、颍同时异涨，远过夏间，一望汪洋，广自十余里不等。附近本无大船，止有渔艇，又皆为贼掠赴东岸，其西岸并无船只。臣营炮船俱已饬赴怀远防守，进剿临淮，此间仅存小炮划数只，不能任载。臣饬令该炮划由上窑河驶至炉桥河中，以壮声势，适因风色不顺，尚未行抵炉桥。于昌鳞、程友胜、马昇平等议欲由南路绕越积水，计须纤程数十里。臣以南路各圩久已附贼，尚未招抚投诚，设我兵深入贼地，后路为其所截，恐有意外之虞，后值阴雨竟日，亦难冒雨[而]涉，约令持重养威，速由原路折回。二十日酉刻，始陆续撤回原营驻扎，仍留马队百余名在姚皋店一带屯扎哨探，俟积水稍落，或雇觅船只齐备，再议渡河进攻。此十七日以后连日督队进剿，焚毁贼卡，毙匪多名，沿途招遥，附贼各圩纷纷剃发，开通道路，因阻水阻，不能前进之实在情形也。伏思怀远虽已克复，而贼势趋重淮南，此时东路之淮、扬，西路之寿、颍皆形吃紧，固应直捣中坚，亦须防其纷窜。臣营兵力尚觉不敷分布，自应厚集其势，谋定复战。查有候选通判徐立壮曾随胜保击贼，其练丁颇为骁勇，向与苗沛霖并力防剿，其驭兵亦有纪律。该判住居凤台境内，距此仅七十里，已飞调速带练丁前来助剿。惟该练必须因粮于地，诚恐召怨于民，而臣营饷需自捻氛扰豫以来，杳无信息，兵勇久已饥困，岂复能餬给练丁？幸寿州绅民志切同仇，皆愿捐助米面杂粮，以佐饷需之久不足。臣饬臬司恩锡督同地方官妥为劝办，俟捐有成效，再行由该司核定，奏请奖叙，以励同袍同泽之忱。所有进攻情形，理合缮折缕晰具奏，伏乞皇上圣鉴。谨奏。

咸丰九年十一月初一日，奉朱批："览。此不过为久居寿州，敷衍小胜仗，以饰其避贼之名。试问炉桥尚不能过，更何能规复定远？"钦此。

通筹南北两路剿办情形折　十一月初一日奉朱批

臣翁同书跪奏,为通筹南北两路剿办逆匪情形,恭折[具]奏,仰祈圣鉴事。

窃臣占毕庸愚,滥膺重寄,侃侃之尤丛集,曾无尺寸之效。前者妄陈补救三策,蒙恩采纳,命与袁甲三筹议进攻,毋株守一隅,致成坐困。臣虽质愚病深,敢不力图报称。伏查怀远克复,为北路一大转机;楚师赴援,为南路一大转机,第怀远虽复而张乐行窜归定远,龚得为之羽翼,张元龙受其钳制。谍获张乐行伪檄,且欲东据淮、扬,西袭颍、亳,患犹未艾。臣已遣游击黄鸣铎炮船会合东路浮山舟师进攻临淮,倘盱眙张得胜一军能收复明光,由淮南鼓行而迤,计临淮不日可拔。拔临淮,则凤阳势孤。胜保前抚张元龙,正有恩信,苟不至冥顽不灵,未必始终背负。如能以凤阳府县二城来降,合力以图定远,胜保攻其北,臣攻其西,破之必矣。至南路楚师一进,议者虑逼贼北窜,而不知其然也。粤逆以金陵为根株、长江为门户,万不肯遽舍形势之地,致进退失据。况粤匪跣行趫捷,利于山泽沟塍,而不长于骑战,往者大股北扰,歼灭无遗,至今贼中以北行为戒。所虑者,指嗾捻匪北犯以图牵制耳。然捻本系北路之人,长于驰驱,利于平陆,又不待为粤匪指嗾。若粤匪指嗾,粤匪则固力护金陵,未暇为徙窟之计也。楚师大股来援,不但不至逼之北窜,且正可率之南顾。臣遣人侦探,知安庆贼首因石牌一路紧急,已迭次告急于四眼狗陈玉成,求其回安庆以御楚师。将来楚师四路齐进,贼之惶急可知。如是,则淮、扬安堵矣。臣故曰,逼贼北窜,可无虑也。或者又云:"粤匪即不北窜,而捻匪则时时志在北窜,何以御之?"臣以为,知①捻之策,在剿抚并用。议抚则专赖循吏,议剿则专赖马队。查捻匪则掠马日众,千百成群,

---

① 知,疑为"规"之误。

驰骤疾如风雨,乘虚剽劫,所至瓦解。其步队人又众多,如墙而进,官兵之稍弱者,辄不能当。袁甲三奏请分楚师由颍州绕出蒙、亳以遏之,其策诚善,第未知是否能行。臣以为除傅振邦、关保二军之外,如能再调队千余名驻亳州境内,一闻捻匪装旗出巢,即出队截击,较有把握。若驻兵远处,贼之动静全不能知,路广地歧,顾此失彼,非所以固疆圉、利奔突也。西路颍上县地方久成捻薮,臣抚定南召、润河后,逐渐清理沙河以南,遍贴告示,反复开导,该处虽称顽梗,尚有读而感泣者。刻下沙河以南纷纷剃发,并有孙葵心手下之人愿以家眷妇孺送质于团练民圩,匍匐乞命,接踵而至,约有数百人。沙河北岸亦有十余圩情愿剃发,永为良民,由付将闫丕敏、知府程钰、署颍上县廷瑞等禀报前来,臣皆许以自新,饬令妥为安插。川北道苗沛霖在刘伶口会同官兵、勇丁攻打匪圩,掘堑二重,困其出入之路,逐日搭桥攻剿,时有俘擒,不日可以攻拔。传闻孙葵心分二股援豫,尚未回巢,臣饬令亳州、太和联络良圩,节节设伏,邀其归路,或可痛剿。惟是臣营饷需自开封吃紧,杳无信息,各营兵勇枵腹荷戈,势难持久,捐无可捐,借无可借。现饬藩司张光第于臣营应得分拨淮关盐课及皖捐银两内,迅速筹解一万两,由怀远运解,以济眉急。如此项不至,恐有饥溃之虞。当此军威大振,正在得手,倘因待饷停兵,未免坐失机会,殊深焦灼。所有通筹南北剿办情形,理合缮折具奏,伏乞皇上圣鉴训示。谨奏。

咸丰九年十一月初一日,奉朱批:"览。"钦此。

舒城勇练击敌获胜情形片　十一月初一日奉朱批

再:据舒城县知县甘文澜禀称,九月二十一日,该员督勇至五显地方,堵剿窜贼,杀毙逆匪数十名,生擒伪检点王举、伪指挥何溶、伪将军陈思全等三名,夺获马骡、器械无数。本月初三日,复督带勇练,进攻巴洋河一带贼营,毙贼二十余名,夺获黄旗一面、火枪二杆。初四日,贼出掳粮,于夹山坳地方经我勇设伏突击,枪毙骑马贼二名、步贼四名,夺获牛只、米粮极多。初六日,该逆大股直扑分水岭,该员即带勇练迎头堵截,枪炮齐施,击毙骑马贼首五名,该逆众仍敢分队上扑,我勇即分头迎击,复毙逆匪百余名,生擒伪检点何顺、贼党孔贤德、王先、董金顺等四名,余贼奔遁,夺获刀矛、枪械多件。初八日,该员乘势逼攻贼营,逆众出拒,(外)〔列〕队平冈,对击两时之久,毙贼无数。贼骑分抄冲突,我勇练大呼奋击,枪毙贼马二匹,毙贼多名,斩取首级数颗,搜获伪照、腰牌等件。此舒城勇练于下五显、巴洋河一带连日击贼获胜之情形也。其先后生擒各逆,经该员于讯明后悉予正法,当〔将〕割取耳级,并所获黄旗、伪照、腰牌一并呈验前来。伏查霍山克复后,余匪并入舒境,经该员督勇连次截杀,剿办尚称得手。现仍饬令严密防堵,相机扫荡。理合附片陈明,伏乞圣鉴。谨奏。

咸丰九年十一月初一日,奉朱批:"知道了。"钦此。

蒙城团练击败捻军情形片　十一月初一日奉朱批

再:据代理蒙城县知县苏履巾禀称,该县管家楼地方著名捻首葛聋孜等于前任知县俞澍病故后,意图带众攻扑城池,经该员到任时,即谕饬练总王继孔、王玉书等严密防堵。本月初八日,该员会同游击刘兰馨、都司苗天庆、苗锦开督带团练前往剿办。维时该捻等纷纷蚁聚,正作攻城之举,先经王继孔等带练迎击,适该员等大队齐到,该捻见我势众,随回巢抵拒,开放枪炮,子密如雨。我勇练一鼓作气,争先扑杀,乘势将该圩平毁,杀毙捻匪四五百名,余逆鼠窜而去。初九日,探闻该逆葛聋孜纠党于驼店桥地方新立圩寨,该员当即会同刘兰馨等督队前往。该逆仍敢带众出拒,练总王玉书跃马舞刀,渐入贼队,立将该捻首葛聋孜砍伤落马,斩取首级。各勇练一拥而上,复将捻首葛明奎、葛海、武兰英、武建清、武寿堂及葛聋孜家属十余口悉行斩馘,余匪四散。乘胜追杀,毙匪不计其数,夺获大枪八杆,马六匹,旗帜、刀矛多件。此初八、九日督练平毁管家楼捻巢,再斩除捻首、击散余匪之实在情形也。该员等收队回城,奔往定城,其兄张瞎闯另带股捻窜赴蒙境,该员即调集团练,会同游击刘兰馨等出城迎剿。行至十里井地方,遥见贼骑甚众,步贼亦移向西而来。该员等督练向前扑杀,人人奋勇,歼毙逆众数百名,生擒发逆朱桂、李魁、朱元、李琐、王梅、张柱、曹天周等七名,即于阵前枭首,余匪惊溃,遂俱豕突狼奔,窜往雉河集一带。随据东南各圩练总禀送,沿途兜击,生擒发长尺余之旗首朱衣孜等二十一名前来,并称截杀捻匪千余名,夺获马匹、旗帜、枪械多件。该员查核属实,当将所获各逆捻按名提讯,即予骈诛。此截剿怀远窜匪,擒斩多名之实在情形也。臣查蒙城地方逼近捻巢,此次剿平著名捻首,击败怀远窜匪,办理极为得手。除仍饬该员等认真防剿外,理合一并附陈,伏乞圣鉴。谨奏。

咸丰九年十一月初一日,奉朱批:“知道了。”钦此。

官军会合徐立壮练丁进攻炉桥大获胜仗折　十一月十四日奉朱批

臣翁同书跪奏,为分拨水陆官军,会合徐立壮练丁分路绕逼,进攻炉桥,连次逼垒围剿,救出难民多名,焚卡夺械,毙匪无数,大获胜仗情[形],恭折由六百里具陈,仰祈圣鉴事。

窃臣前将进攻炉桥,焚毁贼卡,收抚民圩,因阻水未能前进缘由于十月二十二日缮折驰奏在案。适闻胜保进攻临淮,臣即飞饬黄开榜等带领水师炮船驶赴临淮协剿，一面饬令候补臬[司]王庭兰亲赴怀远，督同署怀远县知县邹筍、邵徵祥等妥筹善后、防剿事宜，并酌分下蔡一军移驻怀远，与胜保所派胜营郑勇、铁虎勇并各圩练勇协同防守，以厚兵力。臣念临淮攻急，则贼必西趋寿州，亟须先发以制之，且我军进攻，则定远逆匪自顾不暇，不能悉力以拒临淮，亦可牵制贼势。幸天色方晴，野涨稍落，而所调通判徐立壮之练丁亦[至]，当即传集将领，密授机宜，即于二十二日晚间传令付将于昌鳞、程友胜带领吉胜勇、凤勇、广勇并徐立壮练丁共计七千余人，裹粮而进，秋毫无扰，沿途各圩俱散给告示，以安其反侧之心，并派熟悉情形之守备吉学盛、千总陈定邦等先赴炉桥河西迤南之陆家桥一带，探明路径，开导圩民，以便绕越积水，为进攻炉桥之计。二十三日，派令总兵惠成、付将尹善廷率同游击马昇平、哈连升、朱淮森、聂桂荣，都司谭玉龙、陈开玉、孙维、韩殿甲、周胜，守备朱家昇、袁祚烺统带锐勇、雄勇、楚良勇、凯勇、鲁信勇、寿[勇]暨汉中、西凤、延绥、寿春兵三千余员名由后路陆续进发，并令营总萨萨布、善庆、富明阿、得春、常喜等带马队驰赴前敌，扬言部伍数万人，分三路进兵，一由怀远渡淮，直捣临淮关；一由上窑过河，斜趋永康镇，与炉桥之师相辅而行，以惑贼心而分贼势，意在多方以误之，俾备分力单，庶炉桥易于进队，并令干弁率敢死之士由上窑过河，散布告示。各圩良莠不齐，闻之果为气夺。臣又令人依林植帜，遍布疑兵，佯若赴上窑者，一面饬令凤台县具舟楫于上窑，又令都司张得魁带领炮船由上窑入炉桥河，直扑贼营，以壮声势，使贼众闻之益形惶怖，而急催马步官兵由陆家桥渡河进击炉桥贼巢。二十三、四等日，陆续行抵平家庄及马厂集迤东驻扎。二十五日，惠成、尹善廷与徐立壮议定，分兵两路，徐立壮由平家庄斜趋陆家桥，于昌鳞、程友胜等由蔡盛塘大路直趋炉桥河西，临水结阵，以防贼匪乘船渡河，绝我军之后，而惠成、尹善廷率大队继至，萨萨布、富明阿等引马队直前，与徐立壮马队并力夹击。部署已定，是夜大风，举火为号，两路齐发。二十七日，徐立壮与萨萨布始由南路渡河而东。迭据探报，贼将结筏西渡，渡我军后路。臣饬诸军以次渐引而南，仍留大队严阵于水次，以遏其偷渡。二十八日，尹善廷等率队驰至距庐桥十余里之庙冈集、欢团庙一带驻扎。维时于昌鳞各队已绕赴陆家桥，张得魁炮船亦已驶至，遂于二十九日卯刻齐抵炉桥之七里庙，排齐队伍，依次前进。忽由炉桥街内出贼三四百名，摇旗呐喊，意图迎敌。萨萨布等带领马队直前冲压，左右驰击，毙贼多名。该逆见我军势大，尽数撤入垒内，坚匿不出。于昌鳞、陈①友胜等率领步队，乘势围攻，枪炮齐施，间以喷筒、火箭立时烧毁贼卡二座。该逆于垒内开炮还拒，子密如雨。张得魁知陆军进攻，即督各炮船驶近贼垒，连施大炮，轰倒垒中房屋多间，毙贼无数。水陆夹击数时之久，酉刻收队。查点兵勇，受伤五名。是日，徐立壮率领练丁欲由炉桥之东取道会攻，因绕赴南路戴家集一带，深入贼地。沿途各圩为贼所胁，蓄发拒守，该通判节节剿办，攻破从贼逆圩数座，毙匪二百余名，生擒长发贼匪二名，解营正法。练丁阵亡五名，受伤十余名。其余各圩俱愿剃发归正，该通判以次收抚，率队直抵王庄庙，焚毁贼卡数座，击毙守卡贼匪数十名，夺获火枪十余件。臣以炉桥贼匪经水陆官军逼近夹击，其胆已寒，亟宜乘此声威，迅图攻克。当饬惠成、尹善廷率同将领，约会徐立壮，各督兵练，会合进攻。本月初三日，惠成、尹善廷督率马步大队，于黎明齐抵炉桥，距贼营里许。该逆突出步贼千余，蜂拥而来。我军大队一鼓齐前，施放连环枪炮，贼势不支，退回垒内，凭巢固守。我军以马队百计诱战，直至濠边，贼仍坚匿。惠成等督队并进，分围各垒，自卯至午，并力攻扑。于昌鳞、程友胜、孙维、谭玉等率冲入街中，斩毙贼匪数名，夺获枪械多件，救出被胁百姓二百余名，立令剃发。尹善廷亲督奋勇，抢过濠内，以喷筒、火箭向贼垒内施放，毙贼匪极多，遂乘势拔桩，直抵垒墙。各兵勇扒登，势将扑入，讵该逆抵死抗拒，于墙内密排枪炮，连环施放，复以长矛向外击刺，我军颇有伤亡，

---

　①　陈，疑为"程"之误。

又时值密雨，绳药不燃，因暂令撤队。适徐立壮督率马步练丁由陆家桥东路绕至，遂复回队会攻。水师张得魁亦率勇登岸，两路夹击，复毙匪多命。会天晚雨甚，遂各收队回营。此前月二十九日及本月初三日，水陆各军两次进攻炉桥获胜之实在情形也。臣因徐立壮练丁驻营处所距炉桥稍远，饬令移营进扎，逼近攻取，并饬惠成等会合进击，务在必克，一面筹措钱米杂粮，运赴前敌，以济军食。初五日，据报，炉桥贼营添贼三千余名。臣恐移营前进，后路空虚，派参将滕仲武、游击丁希凤、邹学镛、戎琨带领陕甘各起及汉中、宣化各营官兵，并千总刘玉章所带选勇，即于是日驰往炉桥后路接应，以防窜突。除前敌各军仍前进攻，不令松劲外，[所]有两次进攻炉桥获胜情形，理合缮折具陈，伏乞皇上圣鉴训示。谨奏。

咸丰九年十一月十四日，奉朱批："知道了。"钦此。

潜山舒城等处绅练击敌获胜情形片　　十一月十四日奉朱批

再：潜山地交舒、霍、桐、太之交，县城久为贼踞，四路逆匪纷窜，往来踪迹靡定。该县知县叶兆兰带勇集团，于白云山、龙井关等处严密扼堵。本年五月间，选集精壮练丁二千人，分扎前、后、左、右、中五营，会同各路团勇防守要隘。臣与湖北巡抚胡林翼均给札奖励，令其勉力图功，屡次御贼冲突，互有杀伤。十月初三日，该逆大股数千由龙井关之右董家坑、田家湾两路窜入扑营。文生叶梓材督勇出击，自卯至午，鏖战四时，贼势稍却。讵有大股贼匪分两路，一由桐城之分水岭，一由舒城之驼岭蜂拥而来，包抄营后，会合扑营之贼，四面合围。叶梓材孤军无援，带勇突围而出，该逆遂于黄柏、龙山、逆水等处肆行焚掳。复探知潜山城贼欲由水吼岭一带窜扑，意图两路夹攻，该员叶兆兰即于初四日督带前、右两营勇丁驻扎牛肩岭，以御城贼，派文生吴济川、韩家愈督左、后两营队伍进扎蚕牛岭，以御黄柏、龙山各路之贼，并檄调武举储干城、余观德等分路督团，以为策应。初六日，该逆三路进窜。余观德先遣团勇设伏于逆水畈之左，武生储开甲等引勇设伏于逆水畈之右，蚕牛岭营勇由中路诱贼，且战且退，引贼过半，左右伏兵齐起，营勇回战，四面兜击。忽有股贼由板舍抄至救应，适武举储开泰带团冲入，将贼抵退。又有另股贼匪向夹竹河前来，欲行抄袭，团总廪生王兆恺等带勇登高冈上，摇旗呐喊，该逆见有备御，纷纷引退。余观德复派团勇由虎踏岭间道趋追，贼遂大溃。我勇乘势追杀，直抵陆家河、龙井关外，共计毙贼千余，生擒黄衣伪将军沈召发、伪检点吕端文等四十三名，夺获旗帜、刀矛甚多。我勇阵亡八人，受伤五十余人。其城内窜出之贼，经蓝翎武生蒋荣连督率牛肩岭营勇于白水湾地方并力击退，亦有斩擒。十四日，青草塥贼匪复由小踏儿岭窜入龙山北面，意欲抄袭天堂。该员当派廪生王兆恺等带勇二千，驻扎龙山对阜，扼要守险，武举储开泰等带练二千，绕出贼后埋伏，复派左营队长陈卫、后营队长储复等督勇策应，该员亲率武举汪钰、余观德等督率中队营勇直出溠水之油坊街贼腹。十五日卯刻，贼大队由踏儿岭蜂拥而来，我勇登时排队于关帝庙前，奋力鏖战。直至午刻，枪毙执旗贼目二名，贼阵已动。我勇乘势进击，该逆纷纷溃退，追至岭下，伏兵齐起，喊声振天，贼众惊慌，跟跄奔遁。我勇前后兜击，毙贼三百余名，生擒贼匪十三名，解散匪党数百人，夺获大黄旗四十余面、枪械百余件、骡马十六匹、子药刀矛无数。我勇受伤十一名，阵亡一名。其时，龙山贼匪知踏儿岭股贼败溃，其气已夺，又经王兆恺等督勇扼扎，未容窜突，恐我军截其归路，遂于是夜由间道遁去。该员因饬勇练分守隘口，布置周密，并将先后生擒各逆讯明后悉行正法，间道驰禀前来。臣查该县绅练戮力齐心，勇团但踊跃用命，故能将连次大股窜贼全行击退，大获胜仗，生擒贼渠多名，洵属可嘉，应俟克复潜山，汇案奏请奖励。当饬该员叶兆兰仍前督率营团，认真防剿,并俟楚师前进,联络会剿,以图克复。又据舒城县知县甘文澜禀称,十月二十四日,巴洋河一带贼匪纠合城众及庐江、三河逆党万余,由范家店、板山焚杀而来,势甚猖獗。该员亲率营弁范文发等带勇三百余名,凭沟立阵。贼见我勇不多,遂三面围裹前来,我勇伏沟不动,待其逼近,突用枪炮环击,立毙骑马贼首七名,中路贼队稍却,左右各逆仍复豕突直前。我勇复连放大枪,轰毙无[算],该逆始不敢扑进,然犹坚持不退。该员即选派敢死勇士三十余名,各持鸟枪、长矛越沟狂冲,枪击矛刺。该逆出其不意,立时披靡回奔,自相拥挤践踏。我勇队乘势齐进,奋呼追杀,贼势大溃,沿途毙贼数百名。二十六日,该员乘胜督勇进攻贼营,该逆不敢出拒,并力死守,未能扑进,旋即收队回营等语。此次贼众万余,该员以少击众,出奇制胜,斩贼数百,击退狂锋,实足以寒贼胆。除饬令加意防剿,相机攻复外,理合一并附片陈明,伏乞圣鉴。谨奏。

咸丰九年十一月十四日,奉朱批:"知道了。"钦此。

附陈饷道梗阻兵勇困苦情形片　十一月十四日奉朱批

再:自捻氛扰豫,饷道梗阻一月有余,未有丝毫解到。时值隆冬,豫省所解棉衣亦无信息,兵勇饥寒交迫,困苦难堪。臣饬臬司恩锡率地方官向民间劝捐借贷,真成无米之炊。各军尚知感恩畏法,不但无哗噪恶习,再能忍饥力战。日前攻扑炉桥贼营,冒雨而进,死伤相继,犹不肯退。此系实在情形,理合附片陈明,伏乞圣鉴。谨奏。

咸丰九年十一月十四日,奉朱批:"览。"钦此。

阜阳官军团练截击捻军大获胜仗折 十一月二十一日

奉朱批

　　臣翁同书跪奏,为官军、团练于阜阳县境截击由豫回窜大股捻匪,歼贼千余,溺毙不计其数,夺获马骡、车辆、枪械极多,大获胜仗,恭折由六百里具陈,仰祈圣鉴事。

　　窃臣前因亳东大股捻匪西窜豫境,迭饬阜阳、太和等县齐集乡团,豫备截剿,并饬营总乌尔棍布、付将闫丕敏督率马步官军,联络驻扎,相机堵剿。十月二十五日巳刻,该捻大股由河南沈丘县境沿河南岸窜至阜阳境内之刘家海、古庙店一带盘踞,意欲扎筏渡河,当经署阜阳县知县史久恩会同颍州营游击武全带领兵团驰往过剿,乌尔棍布、闫丕敏探知该捻回窜,飞①即督率马步全队同时驰至,两路夹击,枪炮齐施。该捻势众抗拒,鏖战三时之久,杀毙捻匪二百余名,逆势不支,纷纷凫水逃命,淹毙无数,余匪一面拒敌,一面夺路逃遁。我马步兵勇暨各团练且剿且追,沿途杀毙长发贼匪数十名,夺获牛马、车辆、旗帜无数,搜出河南睢州监粮州判铜印一颗,救出难民于廷西等多名。追至十里铺地方,另有大股捻众正在扎筏渡河,蚁聚河干者数约万余。乌尔棍布等挈队直前,并令团练分路齐进,同时大呼驰击,马队由两翼包抄,枪击箭射,兵勇锐气百倍,一以当十,喝令被胁者各逃性命,登时贼队内哄然散走数百余人,贼众惊乱,抢筏争渡,兵勇一鼓直逼河边,刀砍矛刺,三面围剿,毙贼五百余名。余匪势穷,俱扑河凫水,淹毙难以数计。南岸一律肃清,救出被胁豫境难民数百名,查验发短,实系新掳,均行遣散。共计阵毙捻匪千余,淹毙无算,夺获马、骡、牛、驴万余头,枪械、车辆、衣物极多,由颍州府县会同各带兵官驰禀前来。查此次回窜捻匪因前受太和县团勇惩创,避由河南沈

---

　　① 原作"飞",疑误抄。

丘取道阜阳境内渡河回巢,复经我官军、团练先行豫备,节节设伏,一闻匪至,邀其归路,击其半渡,俘获无算,尽扫匪踪,洵足寒贼胆而快人心,为办团得力之明效。其出力员弁、绅董、练丁,应俟汇入团练案内,奏请恩施。除饬令改地方文武会同带兵将领仍前防剿外,所有官军、团练截剿由豫回窜大股捻匪,大获胜仗缘由,理合缮折具陈,伏乞皇上圣鉴。谨奏。

　　咸丰九年十一月二十一日,奉朱批:"知道了。"钦此。

进攻炉桥并迎击援敌情形片　十一月二十一日奉朱批

　　再:各军进攻炉桥,已将前月二十九及本月初三等日两次逼攻获胜情形缮折具奏在案。初七日,惠成、尹善廷商同萨萨布等督带各营马步,于寅刻齐往围攻,一面约会通判徐立壮带练夹击。该逆坚垒内,虽以枪炮四面环拒,我军死抵濠边,填濠拔桩,直扑垒墙,并以火箭、喷筒向内施放。该逆纷纷烧毙,犹复抵死抗拒。正在围扑间,徐立壮遣人送信云,定远张、龚二逆纠合庐州、店埠粤匪,众逾二万,贼马约有二千余匹,已由南路绕扑前来,嘱各营严为防备。惠成等商令各军佯为不知,仍前奋扑,一面令后队陆续撤回。迨我军甫经撤下,该逆突由垒内出贼数百名,蜂拥直前,意欲追袭。游击哈连升设伏河岸,突出截剿,萨萨布、富明阿、善庆立率马队驰回压击,枪箭并发,毙贼数十名,生擒执旗贼目一名,夺获大旗多面,余逆仍即退匿垒内,各军始徐徐撤回,一面迎探贼踪,一面修整墙濠,传令各营豫备迎剿。初八日,该逆大股已至柏家店一带盘踞。初九日,徐立壮督练迎头截击,鏖战数时,毙贼百余名,夺获贼马五匹,将贼击退。讵该逆勾结土匪,裹胁愈众,乘夜由间道绕越徐立壮营盘,意图包抄我军。十一日巳刻,探知贼匪马步大股由杜家集一带而来,付将于昌鳞当派都司吉学盛带领勇队迎击,开放枪炮,贼匪纷纷倒地,我军以寡击众,士气愈奋,鏖战竟日,直前搏击,斩擒多名,我勇丁伤亡二千余名,至晚撤回营内严守。尹善廷探知贼援大至,立即传知各营,马步齐出遏剿,分路冲击,自午至酉,力战四时之久,阵毙贼匪无数,我军间有伤亡,天晚仍撤回营。是夜四鼓,尹善廷派令奋勇各队衔枚绕出贼后,施放喷筒、火箭,大呼奋击。该逆不知我军多寡,惊慌奔出,各勇队乘势截杀,毙匪数百名。维时另股贼匪突由小路暗袭我军陕甘营盘,扒墙直入,经参将滕仲武等督率弁兵齐以刀矛拦击,登时杀贼匪数名,余悉拒出营外,复率枪炮队伍冲出追剿,营总富明阿亦率马队会合驰击,又毙贼多名。该逆踉跄奔散,因黑夜未便穷追。十二日辰刻,徐立壮带领练丁驰至,于昌鳞出队夹攻,萨萨布等率马队将该逆压败数次,擒斩颇多。该逆恃众,抵死不退。臣现饬后路兵勇星速前进,会合前敌各军并徐立壮练丁,并力合剿,务将该逆全行击退。除俟进仗如何,再行驰奏外,所有初七日进攻炉桥及连日迎击大股援贼情形,先行附片具陈,伏乞圣鉴。谨奏。

　　咸丰九年十一月二十一日,奉朱批:"知道了。"钦此。

舒城霍山一带勇练击敌获胜片　　十一月二十一日奉朱批

　　再:据舒城县知县甘文澜禀称,该处巴洋河盘踞之匪屡出焚掳肆扰,自十月二十四日经该员督勇冲击大败之后,匿伏不出。该员调集团练,于本月初二日督勇分路往攻,该逆沿河立栅,垒内枪炮如雨。该员带勇至贼营对面高冈,挑齐大枪,对准轰击,毙贼多名。举人韦定策带团攻贼右首之垒,把总范文庆等率队会同团练冲过河岸,垒外贼匪数百瞥见我军拥至,登时惊溃。该逆知势不守,各垒内悉行纵火,开壁夺路奔逃。我勇练奋呼追杀,毙匪百余名,生擒三名,斩获首级数十颗,夺获贼马多匹。余匪狂奔远窜,立将贼营七座一律平毁,搜出贼遗稻谷四千余石,枪炮、器械无数,当将所获稻米分半给勇充贵①,分半散给该处被难贫民,一面督勇进扎中梅河,以防该逆纠党复回等语。又据霍山县知县王自籁禀称,本月初三日,潜山贼匪为楚师击败,窜至该道之上马石、头陀河一带盘踞,该员当即拨开冈勇数百名星夜前往堵剿。初六日,我军由梯子岭会同团练数千分路进击,该逆闻风惊惧,即于是夜从主步园绕越小路,潜道窜去,该员仍饬勇练紧守要隘等语。查现在楚师业由英山进抵潜境,舒、霍一带均应严密防剿,庶该逆不致败后纷窜。除饬该地方官督率勇练扼要严守,相机夹击外,理合附片具陈,伏乞圣鉴。谨奏。

咸丰九年十一月二十一日,奉朱批:"知道了。"钦此。

官军击退捻粤援敌大获全胜恳恩鼓励折　十一月二十六日奉朱批

臣翁同书跪奏,为官军连日鏖战,并力击退大股捻粤援贼,踏毁贼营数十座,毙贼数千,擒斩极力,夺获枪炮、旗帜无数,大获全胜,恭折由六百里具奏,恳恩鼓励,仰祈圣鉴事。

窃臣前将各军进攻炉桥及定远、庐州大股逆援麇集,连日迎击情形,于本月十四日附片陈明在案。迭据前敌各营禀报,张、龚二逆纠合粤匪、土匪数万,层层围裹,联扎贼营数十座,将官军与徐立壮练丁营盘遮隔为二,势极猖獗。十三日五鼓,付将尹善廷督各将领带队暗袭西南一带新筑贼营,乘贼无备,突以火箭、火球抛入焚烧,贼营登时

---

①　此字疑误。

火起。该逆惊慌出拒，我军枪炮齐施，连毙骑马贼目数名。忽四路贼匪齐来救援，尹善廷即分派队伍迎前截击，付将程友胜，参将马昇平、哈连升等奋力横冲，内外夹剿，毙贼多名，夺获贼炮五座，逆势稍挫，我军即分队进扎新得铺营，连络守御。十四日，通判徐立壮商同付将于昌鳞先以二成队伍迎前诱敌，伏兵继起，贼匪败退，即将所获贼旗遍插营墙。逆首龚得率二万余众直扑前来，我军佯败，该逆遥见贼旗，果误认为贼垒，放胆直追到营边，徐立壮会同于昌鳞及都司吉学盛等督率全队一齐涌杀，枪炮连环，如墙而进。贼队大乱，我军人人奋勇，枪击矛刺，毙贼千余名，生擒十七名，夺获枪炮九十四件、旗帜一百十六面，内有大绣旗一面，写"太平天国武将帅龚"字样。我兵阵亡四人，受伤十六人，余贼败退回巢。正追击间，突有贼马数十匹由南路冲扑前来，徐立壮即分队迎剿，刺毙贼匪数名，夺获贼马四匹，生擒长发贼许玉成一名带回，讯据供称，系湖广人，屡为粤逆开挖地道，攻破城池，现随粤贼陈有春统领大队，驻扎朱家巷，为龚、张二逆接应，该逆因前来迎探，致被擒获等语。是日辰刻，尹善廷等闻东路炮声不绝，贼队分向东趋，知系徐立壮练丁出队剿贼，随传令各营齐出夹击。该逆先以马贼数百人向我队冲扑，参将哈连升、游击聂桂荣带领枪炮队伍连环轰击，当毙红衣骑马贼目数名。忽左右贼营步贼出扑，我军亦分左右包抄，游击朱淮森带勇冲入贼队，连毙悍贼，左腿受枪伤一处。力战数时，将贼击退回巢，阵斩贼匪数十名，夺获抬枪、刀矛多件，天晚收队。十五日，尹善廷因贼势过众，恐其包截我兵之后，一面遣人绕路函知于昌鳞、徐立壮定期夹攻，一面知会后路各队及萨萨布、善庆、乌尔棍布、常海等马队联络设伏，以相援应。密派敢死之士各执贼旗，伪装贼队，绕出其后，乘天色未明，纵火呐喊。该逆纷纷出敌，我军分两翼冲入夹剿，枪击箭射，毙贼极多。战至天明，东面贼巢大股匪党蜂拥前来，我马队且战且退，引贼近前，尹善廷指挥伏兵一时突起，拦头截杀，立毙悍贼数十名。逆众少沮，扎队抗拒，我军已得胜仗，勇气百倍，鏖战至夜，始行收队，互有伤亡。是夜，经臣派令解往前敌钱、米、箭、药等物悉行送入，尹善廷随令各营四更蓐食，乘胜并力击贼，务使一鼓歼除。先派熟悉路径勇丁数百绕往东、西、南一带远地，齐吹海螺以为疑兵，该副将即令副将程友胜，参将马昇平、哈连升，都司韩殿甲、孙维各率队伍由东路进攻，游击朱淮森、聂桂荣，都司谭玉龙、陈开玉率队由南路进攻，并令守备刘大用等带领枪炮队伍扼要埋伏东面。贼营闻海螺声，即出马贼，四面奔突。程友胜等逼近环击，立毙骑马贼数名，余即败退。其墨巾各逆倚巢死守，枪炮如雨。我军围扑既久，伤已数名，尹善廷亲督奋队齐往环攻。适南面贼营大股出援，朱淮森等带队横截，迎头拦杀，枪毙逆匪无数。该逆因东面贼营系龚逆所踞，不敢恋战，夺路驰救，我军遂乘势将南面贼营放火焚烧。尹善廷见贼营火起，知南路一军得手，急督奋勇各队紧攻该逆东营。各兵勇人人用命，齐以喷筒、火箭即向施放，该逆纷纷惊窜，知难抵敌，悉数弃巢奔出，与南路股贼会合逃溃。我军合力追杀，直至六家桥，逆众自相践踏，投河淹毙者不计其数。共计阵毙匪千余名，斩获首级百颗，夺获枪械无算。于昌鳞、徐立壮亦于是日四更带领全队偷劫贼营，附近诸贼巢同时火起，贼众大乱，齐出奔溃。徐立壮等立督勇练跟踪追剿，击毙贼匪二百余名，夺获旗帜三十余杆、火枪十七杆，沿途贼尸枕藉，余逆夺路向东南、东北分股远遁。所有该逆新扎贼垒数十座，一律踏毁。此连日堵剿粤捻大股援贼，屡获胜仗，及十六日各军出奇大获全捷，将贼击退，净扫逆踪之实在情形也。臣查此次定远张、龚二逆纠合庐州、店埠粤贼，裹胁当地土匪，大股数万由南路绕援炉桥，意欲包抄我军，断我后路，再率带能挖地道之人前来，贼情几不可测。经臣飞饬前敌各营严整队伍，以堵为剿，以逸待劳，该使无隙可乘，复飞催后路兵勇迎前扼扎，以相联络，并陆续运解米粮、银、药，以资攻剿。幸仰仗皇上天威，将士用命，当军饷万分匮乏之际，各兵勇忍饥力战，异常奋勇，屡挫贼锋，不旬日间，将数万援贼全行击退，踏毁贼垒数十座，毙贼数千，擒斩无数，夺获旗帜、枪炮、刀矛不计其数，实足以寒贼胆而快人心。除饬令该将领等乘此声威,一面追蹑贼踪,尽数歼除,一面督率得胜之军攻复炉桥外,所有此次前敌督队、调度得宜之记名总兵副将尹善廷,拟请赏给勇号;候选付将于昌鳞,拟请赏加总兵衔;尽先参将游击哈连升,拟请免补参将,以付将尽先补用;花翎四品衔候选通判徐立壮,拟请免选本班,以同知直隶州归部即选,并赏给勇号,以示奖励,出自逾格恩施。其余出力员弁、兵勇、练丁,合无仰恳天恩,准臣查明,择尤保奏,以励戎行。再:五品衔尽先把总直隶正定镇标经制外委刘玉章,前于十一日贼匪大至之时,身先士卒,冲入贼队,手刃悍贼多名,受伤坠马,逆众以矛横刺,登时被执。该弁大骂不屈,致遭贼害。现我兵攻破贼营,寻获该弁尸身,遍体矛伤七十余处,惨烈异常,实堪悯恻。相应请旨饬部,将该弁刘玉章照守阵亡例从优议恤,以慰忠魂。其余伤亡兵勇,容俟查明,咨部议恤。所有官军连日力战,击退大股逆援,大获胜仗,恳恩鼓励缘由,理合缮折具陈,伏乞皇上圣鉴训示。谨奏。

请饬部指拨协饷催解欠饷片　十一月二十六日奉朱批

再:臣营饷需,前因山东省协饷二万两拨归五河粮台,经臣奏请饬令江西协拨接济,钦奉上谕:江西省现须筹解湖北及曾国藩月饷,恐未能再济皖北。所请毋庸[议]等因。钦此。伏查四川每月应解饷银一万五千两,屡蒙谕旨,饬催筹解,迄今并未准解分毫,近有滇省回匪入川之惊,更难望其分拨。其河南等省协饷,以捻匪扰豫,道梗不通,月余以来,仅准山西解到银二万两,他如胜保奏明分拨之盐课等银,亦未见锱铢分解。当此饥寒交迫,各兵勇枵腹露体,情实可悯。臣饬臬司督同州县等官向民间劝捐米石,稍资接济,仅以稀粥度日,幸尚能忍饥力战,大挫凶锋,然兵勇缺饷日久,朝不保夕,饥溃堪虞。现仅有河南九月分饷银报解在途,他有续解之款,并无音信,无可指望。即使各路饷银均全数如期而至,而核计兵多饷少,入不敷出,实深焦急。再四思维,惟有仰恳圣主俯念皖北饥军万分匮乏,饬部于临近省分有著款项指拨实银三四万两,克日迅解。臣又查浙江省尚有欠解银两,山东省有应解浙江划抵银二万两,浒墅关有应解马价银一万五千两,一并催令速解,俾得稍解倒悬,庶免全军饥溃,则感戴圣主逾格鸿慈,实无既极。臣为皖军苦战,饷需窘乏,力筹接济起见,谨附片吁陈,伏乞圣鉴训示。谨奏。

　　咸丰九年十一月二十六日,奉朱批:"户部速议,催解欠饷,核实具陈。"钦此。

紧攻炉桥通筹布置寿州及南路防剿情形折　十二月初七日奉朱批

　　臣翁同书跪奏,为官军攻破胡家圩贼营三座,乘势追蹑,大获胜仗,连日更番紧攻炉桥贼营,探知粤捻贼匪合谋绕道来扑寿州,现在通筹布置,及南路防剿情形,恭折由六百里具陈,仰祈圣鉴事。

　　窃臣于本月十八日,将击退大股数万援贼,踏毁贼垒数十座,大获胜仗各情缮折驰奏在案。讵意该逆经痛创之后,余逆分东南、东北两路窜逃,一股添入炉桥贼营,意图死守,一股潜聚二十里外之胡家圩,遥作党援。当饬付将尹善廷督同各将领并约会通判徐立壮率领得胜兵勇、练丁迅速进攻炉桥,以沮逆谋。十九日五鼓,我军会合齐进,至胡家圩地方,该逆果就民圩新筑贼垒三座,聚党拒守,与炉桥相为犄角。尹善廷商令徐立壮带领练丁由南路进剿,该付将督队由西面会攻。徐立壮先以马队引贼出巢,该逆果出骑马贼百余名直前迎拒,徐立壮即挥步队齐上冲杀,阵毙骑马贼三名,夺获贼马三匹。该逆见我军势众,又西路官兵同时并至,立即退回巢穴,密施枪炮,尽力坚拒。我军四面围攻,自卯至午,屡次扑近濠墙,该逆枪炮如雨,我军间有受伤,未能攻入,因令撤队。该逆胆敢出巢距追,尹善廷率后队马步回顾拦截，鏖战逾时，毙贼多名，逆势不支，仍行退回坚守。二十一日，尹善廷因炉桥贼众恃有胡家圩逆党为援，守备较为前松懈，密募近地土人作为官兵向道，乘夜渡河，偷袭炉桥贼营，因即知会付将于昌鳞、通判徐立壮再营总萨萨布等马队同时并进，随于是夜三鼓，令付将程友胜，参将哈连升，游击马昇平、聂桂荣、朱淮森，都司韩殿甲等袭攻炉桥西面贼营，都司谭玉龙、陈开玉、孙维，□守备刘大用等袭攻炉桥南面贼营，均各督率奋勇队伍，衔枚分路而进。各军直抵垒濠，不意该逆守卡匪党先行报知，已有准备。我军正在填濠拔桩，突由炉桥街中出贼数百，呐喊迎扑。哈连升、聂桂荣、韩殿甲等即率队向前冲击，枪矛并举，立时毙贼多名，余匪退向南窜。马昇平等复分队截杀，又毙贼无数。各军勇气百倍，遂以喷筒、火箭向各垒内抛掷施[放]。该逆负隅死拒，枪炮砖石，密如雨点，向外轰打。攻至黎明，甫经撤队，随据探称，胡家圩逆众大股驰往炉桥应援。尹善廷知贼势已分，掩其不备，即选派精锐，率同各将领由捷径疾趋，直扑胡家圩逆垒。该逆闻风回救，我军已齐抵垒边，施放喷筒、火箭，登时垒内火起，人声沸腾。我军紧堵垒门，垒内之贼未容窜出。时该逆回救之中①马步驰近，马昇平、哈连升、朱淮森、聂桂荣等分队迎敌，齐开连环枪炮，一拥直前，将该逆击败窜遁，毙贼无算，遂乘势扑入贼垒，刀砍矛刺，尽数歼戮无遗。适东北面贼巢出贼，奔突来救，尹善廷亲督将士，用洋枪、毒箭迎头拦击，立毙红衣贼目二名，余逆纷纷向东溃走。我军分队追杀，一面扑进东北贼垒，将守垒各逆砍毙多名，登时将胡家圩逆垒三座全数踏毁，割获首级百余颗，夺获枪械、旗帜无数。维时于昌鳞会同徐立壮带领勇练由南路绕道驰至，适见官军得手，逆众分窜，遂各率奋勇队伍兜合追剿。该逆不敢恋战，夺路逃生。我军勇练各持长矛冲向贼队，举矛乱刺，毙贼数百名，坠沟落洞者不计其

---

①　中，疑为"众"之误。

数,生擒长发贼目三名,夺获枪炮三十八件、黄白旗帜四十一面、分①刀矛百余件、贼马五匹。追击二十余里,直至朱家巷一带始行收队。此十九、二十一日等日官军进攻炉桥,连破胡家圩贼营三座,歼贼无遗,并追毙溃贼,大获胜仗实在情形也。臣以我军连得大胜,该逆丧胆之际,亟应乘此锐气,攻复炉桥,以图进攻,飞饬尹善廷等昼夜紧攻,期以必得。该付将侦知炉桥逆众决意死守,明攻不如暗袭,遂饬各营多备云梯、秫杆,仍前整②募土人向道,乘夜袭攻。二十三日三更,尹善廷率同哈连升等带领兵勇渡河,行近贼垒,即用秫杆填濠而进。甫抵墙边,正在安设云梯,实为垒内巡墙逆党瞥见,登时鸣锣呐喊,逆众闻声鼎沸,齐以枪炮向外施拒,子密如雨。幸我军因该逆知觉,立即撤下,兵勇无一人受伤者,遂徐徐撤令回营。复于二十四日夜间带领各队由别路绕出贼营之后,各队均伏田埂下,先令向导土人越濠往探,讵该逆因昨夜之惊,加倍严防,星光中一睹人影,即行开放枪炮,练丁阵亡一名,受伤二名,逆众布满垒墙,无隙可乘,仍即[撤]队。二十五日,迭据探报,捻首张乐行、龚得因前次纠合店埠、梁园并巢县等处粤逆大股数万,迭受重创败回,现复与粤逆合谋由六合、天长等处调回逆众,至定远者已逾数万。风闻逆谋添党协守炉桥,牵制我师,一面由有路绕扑寿州,龚逆率头队数千窜至瓦埠一带,距城仅六十里。又,庐郡贼众前于十八、九日突出万余,向西窜扰,二十二日已窜至寿州南乡高刘集地方,经该处练总县丞孔提纲集团堵御,毙贼颇多,惟逆势过众,相持未近,诚恐蔓延深入,会合捻股滋扰。臣急饬都司郭德标带领弁兵驰赴南乡三觉寺一带,联络各团,竭力防剿,复饬寿州知州任春和驰往南乡,谕令各村镇坚壁清野,并多发示谕,令乡民运粮入城,使该逆无可掠食,势必不战自溃。兹据署合肥县知县英翰禀称,庐州之贼由上派河窜来,逆匪系由江浦窜回,逆首和天安

---

① 分,此字疑误。

② 整,疑为“密”之误。

带领约有万数千人,二十一日,将北分路口王家圩攻破,旋踞高刘集,围攻民圩,并分窜雷麻店一带。该令因系该营后路,当带同守备解先亮等,督率勇练,驰往援剿。二十二日卯刻,该令率队驰过李陵山,即见该逆数千人在陈家小河一带列队筑营,遥见我军,即时迎拒。该令分队为三,张两翼而进。逆众纵马冲突,另股抄袭我后。解先亮率领奋勇,齐放背枪,立毙骑马贼一名,贼阵乱而复整,仍复抄扑前来。我军喷筒、小枪同时开放,鏖战良久。练总周盛波带练由小路继至,两面夹击,该逆腹背受敌,登时溃散。我勇练合路追击一余里,沿途毙贼数十名,踏毁新筑贼垒四座,夺获大旗三杆、枪械四十余件、帐棚、食锅等物无数等语。伏查南路粤逆因楚师悉锐东征,思以全力相抗,侦知庐、舒各处调集逆党,愈聚愈众,诡谋分路窜扰,以图牵制楚师,为救援太湖之计。现在贼踪已及寿境,难保不北窜寿州、西犯六霍,而捻首张乐行、龚得复纠东路六合、天长逆匪,希图绕扑寿城,倘两股合趋,则贼势愈重。随饬尹善廷等留军攻取炉桥,分率各队往南路迎探贼踪,设法剿击,以固州城,并飞饬付将卢又熊紧守六安要隘,以防窜突。除一面飞咨湖北抚臣知照外,所有进攻炉桥,连踏胡家圩贼营获胜,并粤捻逆匪同时窜扑寿境,现在统筹布置,及南路迎剿获胜情形,理合会同臣袁甲三合词缮折具陈,伏乞皇上圣鉴。谨奏。

咸丰九年十二月初七日,奉朱批:"览奏已悉。"钦此。

遵旨覆查皖省州县被灾被扰情形折　十二月十八日奉朱批

臣翁同书跪奏,为皖省各州县被灾、被扰,遵旨覆查来春应否接济,先将大概情形恭折覆奏,仰祈圣鉴事。

窃臣承准军机大臣字寄咸丰九年十月初三日奉上谕:"本年安徽

宿州等州、县、卫被旱、被淹、被扰等因。"钦此。遵旨寄信前来。臣跪读之下，仰见皇上轸念民依，不使一夫失所之至意，当即钦遵，飞饬藩司（即）[暨]徽宁道迅速查勘详办。去后伏查皖省本年秋成情形，因道路纡梗，查报未齐，已前奏明展限办理在案。此次钦奉谕旨，查勘来春有无应行接济之处，自应恪遵钦定限期，于封印前覆奏。惟皖省贼氛阻隔，驿路纡绕，不独皖南文报往返稽迟，而皖北各属道路亦复通塞不时，经臣严札再三飞催，并饬藩司一体催办，兹据寿州、宿州、泗州、五河、凤台、霍邱、英山、灵璧、太和等九州县详报，查明各该地方被灾、被扰贫民，或由地方官劝捐接济，或现二麦业已播种，体察情形，来春青黄不接之时似可无需接济等语，并由藩司详请先行核办前来。此外如霍山地方甫经克复，该处被扰贫民业经臣饬令代理知县王自籁将搜获贼遗稻谷五千石全行散放，以□抚恤。至怀远、盱眙善后抚恤事宜，现饬该地方官设法招徕，量为调剂，应俟妥筹详报，另行办理。其余皖北各州、县、卫及皖南各属，实因驿递纡程，未据覆到，无凭核办。惟念各属被灾、被扰情形虽有重轻，而皖省入冬以来天气晴和，积水皆消，二麦全播，现在附近各处均报得有瑞雪，体察大概情形，来春青黄不接之时似可无需接济。臣身膺疆寄，断不敢忽视民瘼。如各该属详覆到日有必需接济之处，仍当据实奏恳恩施。刻因封印限期为日已近，不得不就现在大概情形先行据实覆奏，以纾宸念。除咨会督臣何桂清外，理合缮折具陈，伏乞皇上圣鉴。谨奏。

　　咸丰九年十二月十八日，奉朱批："俟查有应需接济之处，再行奏明办理。"钦此。

寿州得雪情形片　十二月十八日奉朱批

再：寿州入冬以来，天气久晴，二麦皆已播种，农田待泽孔殷。兹于十一月二十七日夜子时至二十九日辰时止，瑞雪续纷。除消化外，积厚二寸有余，四乡一律普沾，润麦消蝗，农民欢庆。为此附片具陈，伏乞圣鉴。谨奏。

咸丰九年十二月十八日，奉朱批："知道了。"钦此。

白凤鸣盘获奸细情形片　十二月十八日奉朱批

再：正在缮折间，据派防兵六安付将卢又熊禀称，盘获奸细一名毛青云，自称都司，来营投效。该付将正向查询，有该营都司白凤鸣认系奸细，述其曾在湖北密探军情，屡图内应，被获脱逃等语。当将毛青云拿获，讯据供称，系湖北孝感县人，咸丰四年被粤逆掳去，充当百长，历年攻破地方，升为通天候，现为四眼狗陈玉成派赴黄州、麻城、英、霍等处，探听虚实，由楚至六，列营投效，计图内应，供认不讳。并查获伪刻都司关防一颗。该付将因贼氛紧急，恐因解究生变，即于讯明后，将奸细毛青云登时正法，以沮逆谋。旋探得粤逆大股已于本月初六日窜至三十里铺地方，千总陈庆魁出城哨探，拿获逆探骆永和一名，供称贼目伪春官丞相朱桂山率领头队骑马贼数百，已前驻二十里铺，令该匪来探，城内火起，即约会扑城等语。该付将以该逆盼望内应，未知奸细被获情事，亟应乘其疏懈，迅往袭攻，遂派令参将徐邦道、陈忠各带步队于初七日五鼓分路前进，该付将自率马队继之。各军衔枚疾走，比至二十里铺，天尚未明，我军呐喊齐进，施放火弹，燃烧房屋。军功吴云带勇杀入，该逆梦中惊觉，不知兵从何来，跟跄奔窜。吴云砍毙骑马贼一名，众勇刀矛并举，毙贼数名，夺获伪巡查印一颗、贼马三匹。适徐邦道、陈忠带队两路齐至，乘势掩杀，毙匪又数十名，追杀二十余里，余逆由椿树岗向东南遁去。计共夺获旗帜二面、大枪八杆、小枪十三杆、刀矛数十件，将伪印、贼旗、马匹及前正法奸细毛青云首级、伪关防一并呈验前来。

此次盘获奸细,豫杜逆谋,即乘机袭攻,将贼击退,防剿极为得力。除饬令仍行严防外,理合会同臣袁甲三合词附片具陈,伏乞圣鉴。谨奏。

咸丰九年十二月十八日,奉朱批:"知道了。白凤鸣觑破逆谋,著存记,俟续有劳绩酌保。"钦此。

剿击敌军大获胜仗及寿州南路防剿情形折　十二月二十七日奉朱批

臣翁同书跪奏,为剿击大股粤逆,踏毁贼垒数十座,尽扫贼踪,大获胜仗,及寿州南路防剿情形,恭折由六百里具陈,仰祈圣鉴事。

窃臣前将寿州东、南两路分剿粤捻,迭获胜仗,将贼击退缘由于本月十一日缮折驰奏,并将六安官军迎击窜匪获胜情形附片陈明在案。臣以粤逆大股上窜,侦知我军与楚师互相犄角,计图分道旁趋,以牵我军而拒楚师,迭经击败,而庐、舒一带贼踪麇聚,往来飘忽,难保不复图北犯寿州、西趋霍六,即分饬官军、团练联络扼剿,严密堵御。据付将卢又熊禀称,本月初七日,将该逆击退后,探闻思古潭、范家庵一带贼踪屯集,有窜扑霍山之意,该付将即于是夜三更,派百余骑赴张家店迎截,参将徐邦道率步队继之,复派参将陈忠带队由思古潭两面夹击,该付将自率马步接应。初八日巳刻,我军驰至金龙桥地方,该逆不虞官军掩至,望风披靡。千总朱楠奋呼驰击,毙贼多名,夺获贼马一匹、旗帜五件。余逆鼠窜狼奔,尽由舒城、中梅河一路远遁等语。并据署六安州知州姚德宾禀报,本月初七日辰刻,大股粤逆由椿树冈窜至该州连城畈一带,经该处团练齐勇截击,毙贼多名,生擒长发贼匪洪宗荣等四名,割取耳级多件,夺获贼马、枪械、腰牌、号衣、门牌无数等语。又据按察使衔记名[道]李元华禀称,该道督率团练,于本月初五、六等日至汤家林等处与贼接仗获胜,生擒贼匪八名。初

七、初八等日,乘胜追击,于汤家畈、思古潭地方与卢又熊一军两面夹击,大获胜仗,将贼击退,生擒逆贼五名,夺获器械多件等语。臣接阅之下,始知六安、霍山等处贼氛稍退,而华子冈一带系合肥大路,为贼所必争之地,署合肥县知县英翰募勇无多,身率练丁在彼扎营,深恐其力不能支。旋据英翰禀称,该令于前月二十三日,在雷麻店迎剿粤逆获胜后,连日庐、舒各逆分股窜扰,迭经该令督饬各团随时邀击,屡有斩擒。本月初五日,华子岗、董家冈一带陡添贼众数万,由雷店至桃镇等处,横亘七十余里,打馆百余处,据探,系伪英王陈玉成由浦口带大股前来,该令即饬各圩严密固守。初六日黎明,贼众三四万人蜂拥而至,将该令营盘、水圩五座层层围困,相持数时之久,守备衔外委解先亮带领数十人由圩内跃出,施放大枪,立将红袍黄帽贼目一名打落坠马,我勇练争先齐进,即将白旗贼队全行击退。突有黄旗一队由东北驰至,中飘龙凤蜈蚣旗,扬言四眼狗陈玉成亲来临阵。解先亮奋不顾身,直前迎敌。我军排齐大铳,连环施放,贼阵纷纷倒毙。屡压屡扑,鏖战两时,该令见东南红旗队隐隐退动,即大开营门,与世职吴长庆各带勇练分队冲杀,击毙黄衣骑马贼一名,该逆立时溃败,因挥令众勇练抄袭其后,与解先亮前后夹攻。正酣战间,复有蓝、白等旗贼队来助,维时都司孟云霞亦率勇驰至,并力剿击,解先亮乘势从中斜冲,将该逆截为两段。该逆首尾不能兼顾,即时败退。我军奋勇追杀,至小河湾,贼众纷纷挤入河中。共计是日击毙贼匪四五百名,其落水(掩)[淹]毙者不可胜计,生擒八名,割获首级十三颗,夺获贼马三匹、抬炮七杆、大枪十六杆、贼旗二十一面,刀矛、器械无算。讯据生擒贼匪供称,是日击毙骑马贼二名系伪天福、梅天候二逆。初七、初八等日,该逆在附近地方肆扰,至初九日四鼓,该逆大股前来袭(供)[攻]。该令督饬解先亮等紧守圩墙,以枪炮向人影丛中开放。逆众行近,呐喊来扑,我军用喷筒、火箭轰毙贼匪无数,未容扑进。五鼓后始行退去。已刻,率大股来攻,离营数里屯扎,先以马步零贼诱战。该令饬各圩坚守不出,以伺其懈。时至申刻,遥见贼队渐行撤动，比夜全数退去，该令即饬各练乘夜往袭贼营，并令圩勇分赴凤凰尾、桃镇、中塘埂一带，放火呐喊助威。分拨已定，遂于是夜三鼓，督同解先亮、吴长庆、孟云霞带领全队勇练，于四更行抵贼营。该逆未及防备，一见我军掩至，当即纷纷逃窜。我军一跃齐登，立将该逆伪将军、伪指挥、伪检点贼营三座全行踏毁。该令闻前军得手，即举火鸣鼓，上下各圩一时响应，南北五十余里，火光遍地，人声动天，遂乘势追杀，枪击矛刺，毙贼百数十名，生擒七名，斩首十一级，夺获铜炮一尊，枪械、旗帜、伪谕、伪照、伪封条多件，搜获米粮食物甚多。随据探报，逆首四眼狗因我团练势盛，股贼败溃，平明自华子冈、桃镇窜往舒城，所有雷麻店、吴家山口、华子冈、黄泥滩、桃镇之显庙等处贼营三十余座，均经各该团练全行平毁，地方一律肃清等语。所获贼匪，已讯明正法，将首级及贼旗、伪印、谕照等件呈验前来。查此次粤匪有数万之众，合肥勇练鏖战连日，大挫凶锋，毙匪数百名，溺水死者无算，阵毙逆首二名，乘胜击破贼营，将逆众全数击退，踏毁贼营十七座，实属出奇制胜。该练总守备衔外委解先亮身先士卒，带练杀贼，洵系出众之才；署合肥县知县英翰督率团练，力守偏隅，屡挫大①，颇谙兵法，若非予以鼓励，不足以劝有功。合无仰恳天恩，将五品衔署合肥县知县候补知县英翰免补本班，以同知仍留安徽补用；蓝翎守备衔外委解先亮赏加都司衔，并赏换花翎，以示奖励；其余在事出力官兵、练勇，可否一并恳恩，准臣查明保奏，以昭激劝，出自逾格鸿施。至寿州地方，自东、南两路击退粤逆、捻窜匪后，突有捻逆分股自瓦埠一带隔河向南窜搪，经臣饬令寿州知州任春和督带沿河团练严行扼剿。本月初九、十一等日，该逆于茶庵集、上石铺等处背负门版及秫秸等物，意欲填水渡河，经该牧亲督勇练，隔河施放枪炮，严密堵御，击毙执旗贼目十余人，轰倒贼目多匹②，该逆众赤身凫水，复经各练

---

①　"大"下脱一字。
②　匹，疑为"名"之误。

勇击其半渡,毙贼极多。余逆败回至谢家墩地方,又被该处团练兜截击败,夺获车马甚多。十三日,游击郭清标复自三觉寺带领兵练渡河,冒雪往攻,又毙贼多名。现饬令该员等连络各团,沿河堵剿,不任该匪偷渡滋扰,并相机截击,以期尽扫余氛。再:湖北抚臣胡林翼于本月初八日进驻英山,与臣不时函会,知将派兵再前进。如楚师进扎六(合)[安]、霍[山]一带,即可与臣楚师联合一气,沮贼西窜之谋,于楚、豫边防均有裨益。除将现在军情随时函会,务与和衷共济、以挽时艰外,所有击退大股粤逆,及寿州南路防剿情形,理合会同臣袁甲三合词缮折具奏,伏乞皇上圣鉴训示。谨奏。

咸丰十年奏稿

截剿南路捻军获胜进攻炉桥敌营折　正月十八日奉朱批

臣翁同书跪奏，为截剿南路大股捻匪，连获胜仗，将贼全数击退，现饬进攻炉桥贼营，渡河围剿，恭折由五百里奏，仰祈圣鉴事。

窃臣前将击退大股粤逆，踏毁贼营数十座，及寿州南路防剿各情于上年十二月十九日缮折具陈在案。臣以粤逆意图北窜，既经击退，寿州南路捻匪无援，必须肃清肘腋，方可合攻炉桥，当饬游击郭清标、寿州知州任春和各督兵练星夜渡河迎剿，并豫行传知东南乡各圩团练集众截杀。旋据郭清标、任春和等先后禀称，该逆经沿河团练堵御严密，未能过河肆扰，盘踞缪家桥、罗汉寺一带。十九日，该游击约会河东各练，乘其不备，两面夹攻，该逆登时惊溃，我勇练四路兜击，毙贼极多，追杀十余里。嗣探知余逆仍聚店子冈一带，任春和即飞饬练董石振甲等带练由白洋店渡河，并饬河东练董王杨清等合力追剿。二十二日，我勇练整队并进，讵该逆已由店子冈退窜吴山庙、双枣桥等处，我军一气追攻，排齐枪炮，如墙而进。逆势不支，纷纷倒地，余逆犹敢抗拒，复经我军分路驰剿，擒斩无算，夺获大小旗帜六十余面，枪炮三十余件，腰牌、贼帽、马匹、刀械不可胜计，始将大股捻逆全行击退，寿州南路地方肃清等语，并将生擒逆匪及所获伪文、贼旗等件一并解验前来。连日复据各乡团赴营呈报，节节截击，斩馘搴旗者共计十余处，南路百余里间一律肃清。查该处民情素称桀骜，自贼踞庐州外,为所迫胁,即首鼠两端。臣百计劝谕,以期化贼为民,各圩渐受约束。此番贼至,竟能助官兵御贼,足征其回心革面,出于真诚。臣遍给谕帖,加以奖励,俾益加奋勉。此官兵、团练击退大股捻逆之实在情形也。至炉桥贼巢,恃险负隅,并与南路捻匪互为声援。通判徐立壮所带练丁一军横亘其间,因须两面分防,未能一意进剿。上年十二月二十一日,忽有大股粤匪万余自米家巷前来围扑,该通判督勇冲击,毙贼千余,夺获枪械、旗帜多件,当将此股粤逆压回,仍败往庐州而去。二十二、三等日,南路捻匪败回,自西向东,意欲并入炉桥,合力死守。徐立壮自率轻骑,沿途截杀,毙贼数百名,遂约会付将于昌鳞、知府袁怀忠出队紧攻炉桥,兼防窜匪。维时官军分路驰往,会合围攻。贼垒内突出百人,向前迎敌,我军奋勇争先驰击,阵毙数十名。正追杀间,果见南路窜匪马步约万余人蜂拥而至,我军分队迎击,勇气百倍。鏖战逾时,毙贼无数,该逆未敢恋战,拼命夺路,一半抢入炉桥贼营,余匪抢回定远。于昌鳞、袁怀忠率队拦截混杀,毙匪多命,我军亦伤亡数名。时已日暮,收队回营。二十七日,于昌鳞、袁怀忠、徐立壮等复率队过河,直抵贼营。该逆因新添贼众,出巢抗拒,我兵勇奋呼直前,枪击矛刺,立时毙匪数十名,余匪全数遁伏垒内,惟以枪炮向外施放,子密如雨。袁怀忠挑带奋勇弁丁,冒死拔桩越濠而进,讵该逆人数众多,布列垒墙,密无空隙,未克扒登围攻,自未刻撤队。此连日进攻炉桥之实在情形也。伏查该逆狡诡异常,此次分众并入炉桥拒守,自系侦知临淮已为官军克复,恐我兵会合进攻,力图牵制。臣(已)[以]寿州南路之贼业经击退,所有派攻炉桥官军及徐立壮练勇,均无后顾之忧,自应合力紧攻,早拔坚巢,令兵前进,既饬将领设法攻取,一面渡河扎营围剿,一面防守后路,以顾根本,并密派间谍,解散胁从,以期贼党日少,贼势日孤。再,粤逆大股自为合肥团练击败后,复经按察使衔记名道李元华、舒城县知县甘文澜各于要隘分头截击,斩馘多名,俱有生擒贼匪,讯供探报,探闻该逆窜赴太湖,又为楚师所败,退居潜山、桐城一带。现在湖北抚臣胡林翼驻师英山,派兵进扎霍山之黑石渡地方，与臣军声息相通，时有函牍往来，得以联络布置。臣已严饬派驻六安之付将卢又熊、营总常海加意严防，杜贼分窜。所有击[退]寿州南路捻匪及现饬渡河扎营，进攻炉桥各缘由，理合会同臣袁甲三合词缮折具奏，伏乞皇上圣鉴。谨奏。

参革熊济爵片　正月十八日奉朱批

再：都司衔即补守备熊济爵经臣派令在颍州府刘伶口地方带领勇丁，会同苗练攻打捻圩，任意迁延，实属畏葸无能、带队不力。相应附片奏参，请旨将都司衔即补守备熊济爵即行革职，暂行留营效力，[若]仍不知愧奋，当再从严参办，以肃戎行。伏乞圣鉴训示。谨奏。

咸丰十年正月十八日，奉朱批："依议。"钦此。

查明捐局并未移设广德及现在分局办理情形折　正月二十八日奉朱批

臣翁同书跪奏，为查明捐局并未移设广德，及现在分局办理情形，恭折覆奏，仰祈圣鉴事。

窃臣前因各营所领饷票不能畅销，请将捐局移设寿州，就近疏通，以清积欠而裕军需一折，钦奉上谕："翁同书奏请将捐局移设寿州，就近疏通饷票一折等因。"钦此。当即钦遵，分饬办理。兹据藩司张光第、署臬司恩锡详称，捐输总局前自定远移至泗州，正值蒋坝、明光军情吃紧，风鹤频惊，皖北无地可移，该藩司因义^①饬赴广德设立，具文申报在案。嗣因泗州人心安定，捐生源源而来，即饬就近设立，

---

① 义，此处疑有误字。

未令移往广德。现在泗局捐务颇形踊跃，捐生尚以为便，似可毋庸裁撤。所有寿州设立捐局办理需人，已派拨谙练局书携带例案，并酌分执照来寿，由该臬司遴派委员，督饬办理，现亦开局收捐，日有起色。嗣后寿局捐务即由该臬司就近总理，泗局捐务仍由该藩司督饬，在局委员照常办理等语，详请具奏前来。伏查捐局既未移赴广德，现已设于泗州，以便捐生报捐，办有成效，自可毋庸议裁，而寿州系大军驻扎之地，各营领有饷票，自宜就近疏通，该司等议分两局办理，极为周妥，拟令嗣后所有泗州局册盖用藩司印信，寿局捐册盖用臬司印信，由臣汇齐奏咨，以清眉目。除分饬遵办并咨明户部外，所有查明捐局并未移设广德，现在分局办理情形，理合缮折附驲覆奏，伏乞皇上圣鉴。谨奏。

咸丰十年正月二十八日，奉朱批："户部知道。"钦此。

围攻炉桥敌营力图克复折　正月二十八日奉朱批

臣翁同书跪奏，为连日围攻炉桥贼营，迭次斩获，贼势困蹙，现饬严防外援，力图克复，恭折由五百里具奏，仰祈圣鉴事。

窃臣等将击退大股捻匪，并力进攻炉桥各情于本月初十日缮折陈明在案。查炉桥西南两面拒河，该逆踞桥环立五垒，凭河恃险，立意坚拒，非抄出其后，扼亢拊背，四面围攻，不足以致其死命，经臣严防，付将于昌鳞、知府袁怀忠各率所部兵勇移营近逼，并饬徐立壮练丁一军渡河，绕赴炉桥东面，连扎五营，以绝该逆粮道，兼断外援，又派付将程友胜、参将马昇平、都司韩殿甲等各带勇丁，分扎周家圩、马厂集等处，以为接应，而令记名总兵付将鲍云翯续带兵勇千余名前往，相机调度，并檄付都统萨萨布率马队会同进剿。自本月初十日起，各营昼夜会攻，塞旗夺械，日有俘斩，定远送粮之贼亦经击退。徐立壮督饬练丁绕至炉桥东南,逼近贼营,抢筑营垒,于十五日筑就营盘五座,即时率练渡河驻守。该逆因我军断其粮道,屡次率党出扑,均经击败回巢。现在我军于炉桥四面环立十余营,每日出队攻击,迭有斩擒,我军亦间有受伤。讯据生擒逆匪供称,贼营粮米无多,势难持久,虽垒坚炮密,未易力拔,而我军既已合围,但使无大股外援前来接济,旬日之内,当可得手。惟该处迭经兵火摧残,刍粮缺乏,转运维艰,又恐饷需不继,臣百计筹捐,心力交瘁,除仍饬该将领等合力紧攻,一面严防外援,以图迅克外,所有渡河围剿,击贼获胜,力困贼营缘由,理合会同臣袁甲三合词缮折具陈,伏乞皇上圣鉴。谨奏。

咸丰十年正月二十八日,奉朱批:"览奏已悉。"钦此。

约会袁甲三及颍州府攻剿捻圩情形片　正月二十八日奉朱批

再:臣于上年十二月内,接袁甲三来函,约会于怀远适中之地面商一切机宜。现在前敌布置已臻严密,定期于二十二日前往怀远,旬日后即回城。所有寿州防守事宜,已饬总兵惠成、庆瑞、尹善廷妥为照料。又查南路粤逆窜赴太湖、潜山一带,力抗楚师,情形颇为吃重。臣已密饬付将卢又熊、署合肥县知县英翰等严防回窜。至颍州府攻剿捻圩,苗练以万余人环立数十营,围攻五月,尚未能拔,迭次将孙葵心遣来之援贼击却。臣已严饬参革守备熊济爵带勇过河,会同把总吴文英等助剿,并给与大炮,以冀迅速得手。理合附片陈明,伏乞圣鉴。谨奏。

咸丰十年正月二十八日,奉朱批:"知道了。"钦此。

截击庐舒敌军获胜并各路防剿事宜及饥困情形折

三月十八日奉朱批

臣翁同书跪奏，为截击庐、舒逆匪屡获胜仗，并各路防剿事宜，及乏食饥困情形，恭折由五百里驰陈，仰祈圣鉴事。

窃维淮南为粤捻交乘之地，贼势尤重。自攻克临、凤，而定远捻势稍戢，不意刘添幅、孙葵心两大股东扑清江，西窥颍郡，分我兵力，而南路粤逆复麕集庐、舒，声言将窜霍、六，并攻寿州，掳人掳粮，势颇猖獗。臣以为制捻之法，惟有扼河守岸，以断其渡；制粤匪之法，惟有坚壁清野，以沮其谋。当经分饬文武，分路设防，相机合剿。旋据舒城县知县甘文澜禀称，楚军克潜、太后，规取桐邑，逆首四眼狗陈玉成率众万余窜回舒城西乡，经该令集勇练千余人于二月十五日夜攻破贼垒二座，贼援大至，为掩月阵以击却之，生擒伪指挥唐大中等，即行正法，将耳级、伪照呈验。又据署合肥县知县英翰禀称，贼由舒城败回，欲由花子冈旋庐，窜踞桃镇，该令英翰于十八日五更蓐食，冒雨出队迎击，卯刻至花子岗，贼匪万余蜂拥而来，望见我军，即据冈布阵，纵骑来扑。都司衔解先亮带数十人奋勇迎击，铳毙红衣执令旗骑马贼一名，矛刺步贼数名。该逆大股张两翼，前来包抄，英翰挥令都司孟云霞等亦分两路迎击，该匪登时败退，我军转抄入贼后。英翰见贼势已全胜[1]，与世职关长庆等奋臂一呼，骤马前进，众勇人人用命，铳矛齐施。该逆抵敌不住，纷纷回窜。行至五显庙地方，先经英翰设伏于庙内，突出横击，悉窜桃镇东永丰圩内塍之内。我军三路会合跟踪追至，该逆见大河阻路，拼命回扑。我军屹然不动，枪炮并发，伤毙无算。时外委朱先民带队自黄泥潭鸣铳呐喊而来，该逆进退无路，鼠窜狼奔，凫水渡河南去。我军随后追杀，拥挤落水(掩)[淹]毙者不计其

---

① 原文如此。

数,因大雨复降,当即撤队。计是日自辰至午,共毙贼四五百名,毙骑马贼目十余名,毙伪检点、伪将军、伪典铅码三名,溺死者不在其内。斩首五十六级,生擒一百十六名,供称有伪涵天豫大贼目一名带伤逃遁,陈业亦于三更时率数百骑东绕新仓、上派河一带入庐。夺获贼旗十三杆,大小枪十五杆,弓箭、刀矛二百六十一件,伪印三颗,黄马褂一件,伪功照、伪盟书、伪禀、伪兵册、腰牌共八十九件,帐棚五椸,贼马七匹,驴、骡、牛共二十九头,我军仅受伤十九名等情,并将贼旗、伪印等呈请验看前来。臣查英翰、解先亮、孟云霞在南路防剿粤逆最为得力,前经臣奏请恩奖,该员等并加奋勉,屡著战功,若楚师进剿庐、舒,实可相为犄角。其寿州南乡与合肥连界之处,居民人自为战,坞壁相望,迭次将掳人掳粮之贼击斩多名,贼锋为之少敛。此截击庐、舒逆匪屡获胜仗之情形也。捻逆孙葵心一股贼众势强,过于张、龚二逆,亳州一城危同孤注,总兵朱连泰、知州博铭竭力搘持,幸得保全,现在胜保督兵豫境,所有鹿邑一军可成精锐,于全局尚有裨益。颍州府自程圩解围之后,捻党复张,幸沙河以南未为所煽。臣复派付将衔游击黄鸣铎率领炮船驻泊刘伶口,与知府才宇和、付将闫丕敏防守沙河,使贼不能偷渡。其颍上地方,有总兵吉顺、付都统麟瑞、营总乌尔滚布带队防堵,声势亦尚联络。此颍州府防剿捻匪之情形也。至进攻定远,臣与袁甲三迭次函商合兵前进,无如自二月初以来,并无一日晴朗,三月初转降大雪,未能进兵,且臣与袁甲三两军均已乏食断炊,势将溃决,当此胜算之可操,乃以无粮而掣肘,揆诸事机,未免可惜。豫省报解饷银三万两,系正月二十九日起程,早应解到,迄今时阅四旬,毫无信息,迭次函牍咨催,并遣弁迎提,亦未见回音,不知因何迟滞,抑为他处截留。望眼欲穿,忧心如捣。若非仰邀天恩逾格,饬部另拨有著之款一二十万两,分济袁甲三与臣两军,协饷杳无来期,兵勇势必哗溃,坐误事机,谁执其咎?此万分窘迫,若再隐忍不言,势将噬(脐)[脐]无及,是以不得不披沥直陈,无任悚切待命之至。伏乞皇上圣鉴施行。谨奏。

咸丰十年三月十八日,奉朱批:"知道了。"钦此。

截击舒城境内敌军暨渡江援敌折　三月二十七日奉朱批

臣翁同书跪奏,为舒城境内截击南路粤匪,用奇掩袭,贼匪弃营遁去,沿途截杀甚多,余贼东窜,暨桐城东乡勇练会合水师迎击渡江援贼,获船生擒大贼首三名情形,恭折由五百里驰奏,仰祈圣鉴事。

窃查贼首四眼狗陈玉成由浦、六来援潜、太,裹胁正众,实有七八万人,声称数十万,迨为楚师击败退走,犹有三四万人,蚁附蜂屯,山谷皆满,累次图扑六安、寿州,经付将卢又熊、知县英翰击退,而舒城知县甘文澜扎营张母桥,地当孔道,亦经屡挫贼锋,该逆既为英翰击破,收合余众,进扎靠山碑等处,连营二十余座,离张母桥二十里,希图报复。该令甘文澜见贼众我寡,白日恐难取胜,因购土人为线,探明贼营,亲督勇丁五百余人分为五队,以火绳缚竹竿之端,人持二竿,衔枚疾走。三更,进薄贼之头营,贼惊觉拒守,我勇举放号炮,齐燃火绳,分头疏插。该逆于黑暗之中望见火绳如星,布满四野,不测人数多寡,不敢出战,惟施放枪炮火箭如雨。甘文澜潜遣敢死士卒四十人绕过营后放枪,该逆仓皇分应,我勇扒近突起,施放排枪,毙贼十余名,有锐卒数十人直前跃过濠沟,抢入营内,刀矛齐砍,复毙贼数十,该逆狂奔。乘势逼攻次营,该营形势坚固,兼有水圩,我勇复用喷筒、火罐掷进,延烧草屋多间,次营始行逃遁。其时北路一队亦攻破贼营一座,杀贼三十余名,我军喊杀连天,炮声震地,追杀数里,余营二十余处贼皆弃之而走。计获首级八颗,生擒九名,夺获骡马六匹,枪矛四十五件,旗帜二面,余物甚众,据该令禀报前来。连日寿州南乡暨合肥地界凡贼所经之处,该圩民受臣约束,齐出御贼,颇有斩擒。其逃出之人亦众,讯据供称,该逆首陈玉成因定远乞援,欲往合股,旋又据赴浦口等情。浦、六地形，臣所深（息）[悉]。现在九洑洲为官军克复，该逆势必以全力往争，张国梁一军为贼所惮，此次倘能大破外援，则金陵不难得手，江北亦易廓清。此舒城截击粤匪，及该匪东窜之情形也。又，查桐城东乡面江阻山，有周家潭团练，人习拳勇，贼匪惮之。在籍知州疏长庚带练素为得力，上年冬间，绕道至寿州来见，臣密授机宜，令其添募勇丁，联络总兵李德麟水师，规取枞阳，断安庆之左臂，又令招抚大贼目陈维一等，离间逆党，使自相疑贰。兹据疏长庚禀称，本年正月十九、二十一、二十二、二十三等日，桐城东乡练勇在破岗、乌金渡等处屡与贼匪打仗获胜，二月初，安庆贼首张潮爵闻楚师大捷，飞调江南青阳、铜陵等处党，助守安庆，约有三千余人。初八日，用民船渡江，欲由枞阳到省。疏长庚于初七日齐集练勇一千三百人，乘坐船只，会同水师炮划三十余只，水勇一千五百名，五更造饭，黎明进兵，掩旗息鼓，驶往大龙潭，入支港中停泊，伺其半渡，鼓棹出击，齐[施]枪炮，覆船不计其数，获船十一只，生擒贼匪八十三名。先是，疏长庚密派外委裴人杰、张登三、王安乐等带领陆勇千名，由桂家坝往击已渡之贼，共计矛刺枪毙二百余名，夺获军器无算，申刻收队回营。查点我兵，带伤者二十余人。研讯生擒贼匪，内有伪开帼元臣洪球琳、伪丞杨帼忠、伪指挥耿逢源等，均吐实情，直认不讳，皆系广西、湖南老贼，屡与官兵打仗，曾破城池，实为著名凶恶。当将该逆首等正法枭示，并将所获伪印二颗、僭用绣龙凤帽一顶暨所录供词间道呈验前来。臣查桐城士民志切同仇，此次击贼半济，生擒贼首，是以寒贼胆而快人心，可否仰恳天恩，准予记功，俟克复桐城汇奖？伏候谕旨祗遵。臣现仍饬其俟江水涨发，会同水师规取枞阳。此桐城东乡勇练合水师击破渡江援贼之情形也。至定远贼匪，约有二万余人，探闻龚受伤未死，因知臣与袁甲三两军乏食，欲纠西乡圩民分扑两路，幸圩民经臣安抚，未肯听从，粤匪陈玉成亦未以全力来援，因此张、龚二逆势孤而未敢遽发。臣一面添调徐立壮练丁数千名，许为酌给杂粮，一面激励军心，并力进剿，惟饷需不至，称贷俱穷，兵勇枵腹

荷戈,鸠形鹄面,目睹兵难,更无筹饷之法,实深焦灼。所有舒、桐胜
仗暨乏食情形,理合会同臣袁甲三、臣穆腾阿合词据实具陈,伏乞皇
上圣鉴训示。谨奏。

防剿沙河一带情形片　三月二十七日奉朱批

再:捻逆孙葵心纠党救援程保民捻圩,以致苗练各营溃退,惟练
总赵玉华、把总吴文英两营屹立未动,该逆亦未窜过沙河,前已缕晰
奏明在案。臣自临淮回寿,即次第布置,飞饬水陆各军分屯要害,又
以沙河浅处甚多,防其躏浅偷渡,派付将衔游击黄鸣铎带领炮船、炮
划分泊沙南之回溜集暨沙北之刘伶口。二月二十九日,孙葵心手下
蓝旗老捻潘四纠众千余人盘踞华家圩、王家屯诸处。三月初六日,贼
于黎明时用云梯攻蒋姓练圩不克,毙贼数十名,生擒二名。初七、初
八、初九等日,贼与练总赵玉华战,三战三败之,夺获枪械、旗帜多件。
维时黄鸣铎带领全队炮船助战,轰毙贼匪数十名,外委徐坤夺获贼旗
一杆,杀贼数十名。水陆相倚,声势甚壮。陆营常于贼众来围之时,
乘其惰归,即开营力战,少却,则水军登岸继之,故屡围屡败。臣又令
委员黄殿桢在颍、亳一带散给告示、谕帖,劝谕投诚,闻孙葵心颇为所
动,惟以负罪过大,又为捻党所持,是以狐疑不决。并探闻捻匪潘四
攻破梁姓捻圩,自相残杀,或可乘势离散其党。惟从来受降如受敌,
况该逆等积恶如山,其情叵测,止可以抚懈贼之心,不可以抚懈我之
剿。现在川北道苗沛霖自顾带练丁万人往刘伶口,再议围剿,臣筹给
苗沛霖之杂粮四千石尚存颍上县,存储足供练丁口食。由刘伶口而
北,距孙葵心老巢不远,倘能直捣中坚,该逆自不暇于装旗北窜。所
有防剿沙河一带情形,理合会同臣袁甲三合词附片具陈,伏乞圣鉴。
谨奏。

咸丰十年三月廿七日,奉朱批:"知道了。"钦此。

击破沙河北岸敌营捻圩乘胜进剿折　三月二十七日
（闰三月初六日奉朱批）

［臣翁同书跪］奏①，为击破沙北贼营二座，续破王家屯捻圩，生擒捻首张中，收抚难民，余圩纷纷乞降，现饬乘胜进剿，缀贼之后，制其北窜，恭折由六百里驰奏，附陈舒城截剿粤逆、庐江倡行团练情形，仰祈圣鉴事。

窃臣前因颍州府沙河北岸捻踪充斥，派尽补副将、游击黄鸣铎带领炮船分泊沙河南北岸会剿，屡获胜仗，曾经附片奏明在案。嗣因副将闫丕敏所带陕西兵一百数十名伤病过多，未能得力，该副将近亦多病，饬令带队裁撤回营，以节虚糜。当将楚勇、川勇、颍胜勇、元胜勇各队一千数百名并炮船、炮划俱派归黄鸣铎统带，密授机宜，如北捻有出巢之信，即力攻其所必救，以图牵制，并嘱副都统麟瑞时带马队由颍上县驰赴颍州府城，往来防剿，以壮声势。十七日，黄鸣铎探得溯北捻首姜台林率众窜往西北，一面拨船赴颍郡防堵，一面与练总赵玉华商议进剿。适十八日王家屯捻圩出队，合力击退，杀贼数名。十九日，各捻圩齐攻赵玉华营，并于水路抢掳商船。黄鸣铎急令炮船驶赴下游，救出商船。该匪扑水没胸，与炮船接战。船上枪炮齐发，连毙十数名，贼始退入堤内。黄鸣铎亲率水勇在上游刘伶口一带登岸，列阵为二，一当程圩，一当王家海圩，并饬千总吴文英带领勇丁直抵小华圩外。该捻飞骑送信，遂解赵营之围，回救本圩。维时攻小华圩垂破，以外援麇至，未能得手，遂各撤队。是夜，该捻复至赵营外，连

---

① 据《奏稿》整理。方括号内文字根据《皖北奏报》补充。该册封面题："奏稿庚字第七号：咸丰十年三月二十七日亥时，六百里拜发，闰三月十五日奉到批回，并闰月初六日内阁奉上谕二道。"次页正文前题："咨：督、和、皖南、张都堂、两湖、湖北、河南、傅、胜；行：皋司、营务处、黄游击。"

成二营。二十日黎明，将赵营四面围困。我水军登岸，攻其南面，赵营突出夹击，掎角相持，自卯至巳，水勇受伤三名。忽见东北尘起，红旗无数，探知苗沛霖率练猝至，并力纵击。俄顷，贼匪阵脚移动，水军、练勇大呼动地，如墙而进，两面夹攻，乘胜逐北，伤毙捻匪数百名，获马数十匹，其余窜入张家岗各圩，其捻首程保所带各圩捻匪俱被苗练马队截断，拥入新立空营，随被苗练四面兜围，尽歼其众，无得脱者。尸骸枕藉，填满圩濠。二十一日，攻破贼营二座，各捻圩纷纷投诚，惟王家屯贼圩负嵎如故。二十二日，四面围攻。二十三日，攻破王家屯贼圩，杀悍贼数名，生擒捻首张中。其被胁难民，照攻破凤阳时办法，分别收抚。查捻首张中乃曾向知府才宇和投诚，嗣又反覆，实系怙恶不悛之犯，经黄鸣铎、苗沛霖派弁槛送寿州，臣亲自提讯，供认不讳，立即正法。是日之战，实系大捷，足以张我军威。现饬分攻各贼圩，俟一律扫平后，再行汇叙战功，请旨优奖。此沙北击贼全胜、破垒擒渠之实在情形也。先是，臣因清江被扰，北路紧急，与袁甲三商令苗沛霖攻贼中坚，遏其北窜。现据该道禀称，即拟由蒙城前往宿州，与傅振邦所统各军合兵，先攻李大喜之黑旗圩，自系要著，惟查北捻以孙葵心为最强，刘添幅次之，李大喜系刘逆手下之贼，即前扑清江股匪，而此时孙逆大股亦已出巢，自宜分制孙刘二逆，方于全局有裨。据尽补知府、署太和县知县侯枢臣飞禀，自三月初一日以来，贼匪日在县境窜扰，有蓝白旗、八卦旗、红旗、黑旗各队，动辄数千，屡经击退。据探，逆首孙葵心、姜台林等全行装旗，扬言一由北路西窜周家口，一由东路南窜光、固等语，臣已飞咨胜保暨河南巡抚分路堵剿。臣又闻孙逆等因颍郡兵练紧蹑其后，尚怀顾虑，令小捻首回探，如果颍军紧攻，即由沙河北岸东回迎拒等情。查此时苗沛霖已往宿州、沙河，虽有兵练，形势稍单。臣饬黄鸣铎急攻沙北捻圩，缀贼之后，使其回顾老巢，则自不暇于北窜，并嘱麟瑞督带马队，会同颍州府知府才宇和严防府城。此又连日布置，设法牵制之机宜也。至楚师深入，已薄安庆，而该逆首陈玉成尚敢拥众数万围攻全椒。臣与袁甲三密商分攻庐、舒，以分其势，饬令副将卢又熊等分路进剿。十五日，舒城出贼数千，卢又熊由锅底山迎剿，败贼于三门垱，杀贼数十名，夺大黄旗三杆、白棋一杆、令旗二杆，生擒九名，余贼败回城中及城外贼营，死守不出。参将陈忠由鸬鹚庙进攻，亦败贼于乾汊河，生擒二名。舒城县知县甘文澜于十一日截击粤匪于九井地方，自午至未，毙贼数十名，贼始败窜，追斩首级二颗，生擒三名。臣又密遣庐江人尽先千总武举张光照深入贼地，至庐江县北乡，劝令绅民整顿团练，仿行北路坚壁清野之法，为逆首伪承天豫邹逆所知，纠合三河贼匪共二千余众，于十七日蜂拥前来，直扑妙光寺南李贤举、束秀奎二民圩，与练勇鏖战二时之久，杀毙老贼十余名，伤贼数十，其贼尸被贼抢回，仅割取耳记二件，得典红粉伪印一颗，练勇阵亡者四名，受伤者六名，所获耳级、伪印由间道赍呈请验前来。臣仍密饬庐江四乡赶紧筑圩，家自为守，人自为战，以俟楚师东下，并力助剿，庶陈逆有所顾忌，不敢久攻全椒。所有南北攻剿情形，理合缕晰驰陈，并请饬下北路诸军，严防捻逆分窜，谨会同臣袁甲三、臣穆腾阿合词缮折具奏，伏乞皇上圣鉴。谨奏。

[咸丰十年闰三月初六日]奉朱批："知道了。"

请拨江西协饷片

再：张、龚二逆暨韩秀峰等诸巨捻皆在定远，屡至西乡构煽，并欲筑营屯踞，意图复据炉桥，均经兵勇击走。臣添调徐立壮练丁五千名，酌给杂粮，听尽调遣。原期早合袁甲三大军，并力围剿，无如一月以来饷需不至，百计敷衍，枵腹为常，兵勇日有饿毙，所有马队之马匹，亦以缺乏薪刍，纷纷倒毙。欲思遣撤，则不能筹给行资。长此忍饥，则必至久而生变。目前众口嗷嗷，军情岌岌，欲刻日进兵，糇粮之费、转运之资,更何从而措办?臣向民间赊贷,智计已穷。兹闻捻逆出巢,恐豫省途中不免梗阻,无怪乎豫饷报解起程,仍杳无消息也。臣前曾两次请拨江西饷银,未蒙俞允。当此绝粮已久,溃在旦夕,再四筹画,惟闻江西库款尚有赢余,可否仰恳天恩,俯准于北路协饷外,另拨江西省银数万两,俾拯饥军而维大局?出自圣主逾格鸿施,倘荷恩旨施行,计须两月之久,始可望其解到,尚恐缓不济急,否则辟谷无方,更无可望。为此附片吁陈,无任迫切待命之至。谨奏。

奉朱批:"户部速查皖饷,分别严催具奏。"

请严催河南抚臣速解欠饷片

再:河南应解臣营协饷,所有上年十一、十二,本年正、二、三,五个月月协银两丝毫未准解到,并上年九月分短解之款,共积欠至十万五千两之多。叠经奏奉谕旨饬催,始准豫抚臣瑛棨来咨,定于三月初六日委解银二万两赴寿交纳。臣因各营盼饷已久,急饬办理转运候补知府程钰迎提转解。正焦盼间,据程钰禀,奉河南军需总局三月十四日来批,知前项银两豫省尚未起解等语。伏查臣营现已缺食多日,饿毙纷纷,惟此业经报解之款,又复任意延缓,尚未知此时曾否起解在途,势必令臣营全行饥溃。情形迫切,惟有仰恳严旨饬下河南抚臣,将欠解臣营月饷务即全数迅拨,星夜解寿,庶可维系军心。为此再行附片具陈,伏乞圣鉴施行。谨奏。

奉朱批:"另有旨。"

特参疏防羁禁各官折　三月二十七日

奏为特参疏防羁禁，人犯脱逃多名之管狱、有狱各官，请旨分别革审勒缉，以肃功令，恭折仰祈圣鉴事。

窃据藩、臬两司详据署亳州知州博铭详称，该州监狱于咸丰三年五月内被粤匪窜扰，焚毁无存。遇有呈报人命等案犯，系于公馆左近租赁民房，派役看守，该员到任，接收各案人犯，循照旧章办理。九年五月二十七日，大雨彻宵不止。是夜四更，忽闻人声喧闹，当即查看，见有家丁程升、刘成，看役孙得先已往外喊拿。据禀，看管各犯均开门外逃。该员即赶调役勇，知会同城文武四路追缉，随于城墙上拿获白万春一名，①余犯俱已跳城逸去，随诣看管犯人房屋内，勘得门扇掇落，门旁墙砖拆去数块，看役刘环在房内受砖伤身死，东屋内看役李刚受刃伤身死，又验得同看管之犯詹士英、李成、齐凤，看役孙得，差役梁宽、刘泰，家丁钟升、刘成均受有砖、刃、铁镣等伤，讯据詹士英、李成、齐凤供称，昨夜四更，已经睡熟，忽闻扭镣掇门声响，有犯人宋宗元们说，看役已经打死，叫伊等逃走，不从，都被殴伤等语。又据看役孙得供称，伊与刘环、李刚看管犯人，刘环在犯人住屋中间歇宿，伊与李刚在东屋内歇宿，备有长矛三杆。昨夜四更时候，听得扭镣掇门声响，伊与李刚起来查看，见犯人都已拥来，伊与李刚上前捉拿，被犯人夺去长矛戳伤，李刚倒地，伊亦受伤，犯人都开门逃走，伊等并没松刑贿纵的事等语。又据梁宽、刘泰、钟升、刘成供称，昨夜四更闻人声喧闹，起来查看，见犯人纷纷拥出，伊等赶拢捉拿，都被殴伤，犯人就开大门逃走等语。又据白万春即白琳供称，前因殴伤周魁身死，犯案看管。昨夜四更，已经睡熟，忽有犯人宋宗元、张太和、钟三们说，

---

① 　此处删去一句"检有断镣数件"。

看役已经打死，叫伊逃走，①把伊锁镣扭断，强逼同走。宋宗元等就开门逃路，伊到东北角城墙上就被拿获，宋宗元等已先跳下城外，不知逃往何处，伊实没同谋逃走，也没动手拒捕等语。卷查看管各犯内，孙玉、张太和、孙光辉、金召堂、李九、钟三、程柱、白万春八名均系斗殴人命案犯，因该州境内捻氛窜突，道路不通，均未按拟解勘。又宋宗元一名系著名捻首宋锡元之弟，拿获看管，正在查讯。又胡春生、詹士英、李成、齐凤四名均系暂行管押人犯，向因该州捻匪时扑城垣，该吏目与同城文武分驻四门，昼夜防守，所有命案人犯，吏目势难兼顾，由该州派役看守。嗣该犯等开门逃走、拒捕杀伤看役家丁，当即会营悬赏，关移邻封，一体查缉。又因捻匪窜扰，防剿吃紧，是以详报稽迟等情，由司详请奏参前来。臣查该州自被粤匪窜扰，衙署、监狱俱毁无存，嗣因地处捻丛，贼匪盈千累万，不时图扑城垣，境内贼马纵横，道路梗阻，该地方文武昼夜登陴守御防剿，所有详称各案人犯未能按拟解勘，及赁房看管，并详报稽迟，均系实在情形。此案在管脱逃内，除宋宗元、胡春生二名系暂行管押外，其孙玉等八名均系斗殴人命罪，应拟绞之犯，例宜收禁。今该州因监狱被毁，租赁民房羁禁，派役看守，虽与监狱有别，乃竟被杀伤丁役、逃走多名，实非寻常疏忽可比。虽据称该吏目因守城垣，势难兼顾，惟该州与吏目均有监狱之责，自应照例分别严参，请旨将管狱官署亳州吏目陈泰来革职拿问，有狱官署亳州知州博铭暂行革职，仍留署任。勒缉逃犯，务获究拟，一面饬提该吏目暨丁役人等，严讯有无贿纵情弊，按例惩办，以肃法纪。至白万春一名，本系殴伤周魁身死，罪应拟绞之犯，此次同逃被获，虽供系被逼，难保非情无质证、避重就轻，自应加等问拟，惟该州现在贼踪窜突靡常，解审恐有疏虞，已由臬司饬令讯明即行正法，以昭炯戒。所有特参疏防羁禁，人犯脱逃之各管狱、有狱各官，请旨分别革审勒缉缘由，谨会同两江总督臣何桂清合词缮折具奏，伏乞

---

①　此处删去一句"如不从，就要打死"。

皇上圣鉴训示。谨奏。

　　　　奉朱批："另有旨。"

袁孔亮请准予免罪片

　　再：据署臬司恩锡详据寿州知州任春和详称，该州安置流犯袁孔亮，系江西赣州府兴国县人，因听从赖胜地，抢夺郭尊三鸦片钱文，致事主失财窘迫，自缢身死。案内审将该犯于赖胜地流罪上减一等，杖一百，徒三年；系赣属抢匪，照章加一等，杖一百，流二千里，奉发该州安置，于道光二十二年六月十七日到配。该犯自安置以来十有余年，奉公守法，前于贼氛逼近寿州时，捐资出力，率练守城，勤劳迭著。咸丰七年二月，捻匪数万由正阳关窜至城下，经前知州金光筋派令该犯率勇缒城，烧毁贼营一座，割获首级四颗，奋勇立功，众目共睹。现据绅董吴德裕、陈宝慈、孙家洪等公禀详，请将该犯袁孔亮叙功免罪前来。溯查咸丰六年正月二十六日，钦奉上谕："原配军流以下有年力精壮、投营效力者，准其酌量收录，如能杀贼立功，奏请免罪。倘或别滋事端，即著从重惩办。"钦此。钦遵通行在案。今该犯袁孔亮系寿州安置流犯，现年三十八岁，年力正在精壮，既于贼匪逼扰之时，捐资出力，协同防守，复能缒城烧营，砍获首级，虽未投营效力，而其杀贼立功，实有微劳。相应钦遵前奉谕旨，奏恳天恩，准予免罪，俾得自新，以示激励。理合附片具陈，伏乞圣鉴训示。谨奏。

　　　　奉朱批："另有旨。"

请豁免克复地方钱粮并加广学额折 三月二十七日

奏[①]为克复地方,恳恩豁免钱粮、加广学额以苏民困而励士气,恭折吁陈,仰祈圣鉴事。

窃查怀远、凤阳、临淮地方久被贼踞,居民颠沛流离,田地荒芜,污莱满目。幸各该处士民素知尚义,或集资团练,保卫乡闾,或挑筑圩濠,严防匪类,且于官军克复城池之时,踊跃冲锋,随同进剿,咸能深昭大义,敌忾同仇。又五河县屡遭贼扰,虽城池即经克复,未被久踞,而该县本系瘠薄之区,户鲜羞藏,叠经焚掠,民困益深。上年官兵进剿临淮,该县士民以逼近贼氛,捐资集练,自裹糇粮,随同扎营助剿,始终罔懈,尤属人心固结、忠义可嘉。查从前克复合肥、庐江、无为、潜山等州县,均经奏奉恩旨豁免钱粮,并永远加广学额,钦遵在案。今怀远、凤阳并临淮乡、五河等三县事同一律,自应援照办理,据藩、臬两司暨江、安粮道会详请奏前来。臣等伏查该三县及临淮乡甫经克复,民困未苏,若仅将从前咸丰七、八、九三年应缴钱粮请予豁免,仍恐有名无实,不足以拯灾黎。相应吁恳逾格恩施,准将怀远、凤阳并临淮乡、五河三县应征咸丰七、八、九年及十年、十一年丁漕各款银米概予豁免,并于各该县学旧额之外,永远加广怀远县文武学额各二名、凤阳县文武学额各三名、临淮乡文武学额各二名、五河县文武学额各二名,以资培养而昭激励。如蒙俞允,一俟接奉恩旨,即当刊刻誊黄,遍行晓谕,务使实惠及民以广皇仁。所有援案请将克复地方豁免钱粮、加广学额缘由,谨会同臣袁甲三、督臣何桂清、漕臣联英、学臣邵亨豫合词缮折吁陈,伏乞皇上圣鉴训示。谨奏。

奉朱批:"户部速行察核,豁免钱漕务与前届奏案相同,不可

---

① "奏"字前有"联、邵"二字。

歧异。至所请加广学额，附折声明请旨。"

颍州兵练击破敌圩迎击捻军获胜折　闰三月十五日
(二十三日奉朱批)

[臣翁同书跪]奏①，为颍州兵练击破王家海贼圩，生擒捻首申连，收抚余众，嗣后迎击由豫回窜大股捻匪，鏖战擒渠，毙贼极众，败匪夺路回巢，水陆各军会合截剿，斩馘淹毙逆匪无数，夺获旗械、牛马、车辆，救出难民二千余名，沙河南岸仍前安靖，恭折由六百里具陈，仰祈圣鉴事。

窃臣前将击破沙北贼营二座及王家屯捻圩，乘胜进剿、率缀窜捻各情形缮折驰奏在案。嗣因川北道苗沛霖已往蒙、宿，留队稍单，而西窜捻匪以颍郡兵练紧蹑其后，因图回拒，当饬副将黄鸣铎等督率水陆各军会合苗练，一面分剿沙北贼巢，攻其必救，一面侦探该逆回窜，击其惰归。旋据黄鸣铎禀称，该副将督饬各营围攻王家海贼圩，于本月初一日安设大炮，亲身点放，轰击十余次，该逆潜匿不出，遂会合苗练四面紧攻。是日午刻，将贼圩击破，拿获逆首申连，解送寿州。所有余匪，除杀毙外，全行投诚，酌量收抚安插，随即进攻张家岗贼圩。初四、五、六等日，连次围逼，开炮击入圩中，轰毙逆匪无数，贼势穷蹙。正在得手，突据探称，大股捻匪果由豫回顾老巢，已至颍郡西南陈家集一带，焚掠而东。该副将分拨炮船及陆路勇队驰往颍州三里湾，会同知府才宇和等防堵并守护城池，一面商同苗练率队迎击。讵

---

①　据《奏稿》整理，原稿文末有脱漏，方括号内文字根据《皖北奏报》补充。该册封面题："奏稿庚字第八号：咸丰十年闰三月十五日酉时，六百里拜发，闰三月廿八日奉到批回，并闰三月二十二日内阁奉上谕三道、同日军机字寄奉上谕一道。"次页正文前题："咨：督、傅、和、庚、联、张都堂；行：臬司、营务处。"

该逆闻颍郡城垣防守严密，绕路东窜。初八日，逆众数万齐至颍东洄溜集地方盘踞，意欲扑我营盘，势甚猖獗。该副将与苗练派队从西南抄贼之后，又列队北岸，堵截圩贼接应，并亲督炮船由战沟崖迎前截杀。初九日，该逆一面扑我川勇营盘，一面乘隙躐浅渡河。我军奋力迎击，自卯至巳，毙贼百余名，生擒一名。该逆恃众，死拒不退。正鏖战间，该副将亲率炮船驶至夹攻，并派队登岸驰剿，贼遂披靡败退。追杀数里，都司陈松生擒骑马贼匪马枪儿一名，杀毙余匪极多，夺获器械、牲畜、车辆无数等语。臣以该逆大股由豫回窜，扰及颍东，或援救沙北各贼圩，或系饱掠，夺路回巢，贼情叵测。讯据生擒捻匪马枪儿供称，此股系捻首姜台林所带，裹胁数万，由项城、汝宁一带将及确山，闻我军攻剿紧急，折而回窜，现经兵练堵截，不能过河，必图他窜等语。并据探称，该逆扬言欲分窜三河尖、颍上等情。臣查该逆虽经我军击败，而逆势过众，麇聚颍东，急则豕突狼奔，横行冲决，亦在意中，不可不严加防范。当饬副都统麟瑞、总兵吉顺督率驻颍马步各队，遏堵窜路，严行守御，并饬已革总兵扎隆武带队由八里垛驰往应援，联络声势，又飞调营总常海由六安带马队星驰迎剿、都司彭楚文由怀远带炮船驶赴正阳关、三河尖一带，严防窜扰，并因正阳关系全淮扼要，恐该逆乘虚东窜，复派总兵庆瑞由寿州带陕甘兵前往扼防，仍飞饬黄鸣铎亲督各军，会同苗练，设法剿击，毋令久踞蔓延。兹据黄鸣铎禀称，初九日我军获胜后，该逆仍在洄溜集附近潜伏，贼马黉夜分驰，来往不定，当派炮船于洄溜集上下游分段严堵，并派陆军扼河守御，一面约会颍州府知府才宇和带练前来，两面夹击。初十日寅刻，我军两路会攻，人人奋勇，枪炮齐施，喊声动地。该逆被剿势急，遂率大股拼命躐浅渡河，适上下游炮船齐至，开炮轰击，陆军并力掩杀，北岸官军迎头截剿，自卯至午，毙匪不计其数，血流水浑二十余里，沿岸贼尸枕藉亦二十余里。救出被掠难民二千余人，分别释回原籍。夺获旗帜、器械各数百件，牛马牲畜二千余匹，车二百余辆，分给兵练充赏。生擒捻逆刘求一名，供称鸳鸯匪旗捻首吴见清中枪身死。

我勇阵亡二十六名,受伤四名,苗练亦有伤亡等语。伏查向来截击窜回之贼,多系尾追,绝少迎击,此次捻逆由豫回窜,突扑颍东,几坏沙河大局。幸经先期严备,兵练齐心,迎头痛剿,竭两昼夜之力,将该逆数万之众剿杀过半,败残余匪悉已逼回老巢,现在沙河以南无一贼踪,仍前安堵。此皆仰赖皇上天威,将士用命,故当此饷乏兵饥,犹能以寡击众,获此奇捷,不致纷窜旁扰,实属梦想所不及。当将解到生擒各逆讯明正法,阵亡兵练俟查明咨部议恤,并饬前调营总常海马队仍回驻六安防剿,以顾南路,仍饬在颍各军乘胜紧攻沙北贼圩,以期日就廓清。再据苗沛霖禀报,该道围攻蒙城东北各贼巢,因风纵火,击破赵姓贼圩一座,粮道大通,又将黄家楼老贼巢打破,已与傅振邦宿州官军会合,声势极壮。现拟另调练丁赴沙河北岸进攻贼巢等语。臣饬令剿抚并用,将沙北肃清,直捣孙逆等老巢,制其死命,令其无暇北窜。是否有当,仰祈圣谟广运,指示机宜,俾臣等得以遵遵。所有颍州兵练击破贼圩,并截剿由豫回窜大股捻匪,斩杀殆尽各缘由,理合会同臣[袁甲三、臣穆腾阿合词缮折具奏,伏乞皇上圣鉴训示。谨奏。]

查明皖省咸丰九年秋灾情形分别蠲缓折　闰三月十五日(二十二日奉朱批)①

奏为查明皖省各属咸丰九年秋灾情形、分别蠲缓钱粮,恭折具奏,仰祈圣鉴事。

窃照皖省咸丰九年各属呈报秋禾被水、被旱、虫伤、被扰情形,当

---

① 此折在零散奏稿册内,未注明时间。查《随手登记档》,该折于咸丰十年闰三月十五日发出,当月二十二日奉朱批,并有附片。据此补充发折和奉朱批时间,并将正折、附片调整到适当位置。见中国第一历史档案馆编:《清代军机处随手登记档》第 92 册,第 639 页。

经饬令该管道府亲往履勘，并饬司委员会同各该州县按亩确勘，核实详办，嗣因各属或办理团防，或堵剿吃紧，未能依限办理，由司详经奏准，展限在案。兹据布政使张光第详称，皖北各属，除怀宁、桐城、潜山、太湖、望江、无为、合肥、庐江、舒城、巢县、凤阳并临淮乡、定远、和州、含山、全椒、天长、怀远、六安、五河、霍山、盱眙、来安等州县，或尚为贼踞，或甫经克复，闾阎元气未苏，难以骤议启征，均应扣除不计外，其宿松、阜阳、颍上、霍邱、亳州、蒙城、太和、滁州、寿州、宿州、英山、灵璧、凤台、泗州并旧虹等十四州县，并屯坐各卫，均应照常办催。据印委各员履勘，禀覆内成灾九分、七分及勘不成灾之宿州并屯坐各卫，又通境成灾五分之颍上县，该二州县应征咸丰九年丁、漕等款银米，请按照成灾分数分别蠲免，蠲剩银米分年带征。至宿州，勘不成灾田地应征咸丰九年钱漕银米，并该州通境应征咸丰十年上忙新赋，及道光三十年熟田钱粮，咸丰元、二、七等年蠲剩、缓带、积欠银米，并八年蠲剩、初限、丁漕各款银米，及三、四、五、六等年旧欠丁、地、钱、漕等款银米，同颍上县应征咸丰十年上忙新赋及八年蠲剩、初限、丁漕各款银米，并元、二等年灾熟田地未完各项银米，应请一律缓至咸丰十年麦熟，秋后启征。该二州县之附近成熟村庄，应征咸丰九年并八年以前未完、旧欠、丁漕各款钱粮，及次年上忙新赋，概请缓至咸丰十年秋后启征。其被扰较重，未能履勘之蒙城、霍邱、亳州、滁州，及勘不成灾、情形亦重之寿州、凤台、英山、宿松，该八州县通境应征咸丰九年新赋并节年旧欠各项钱漕银米，应请一律缓至咸丰十年麦熟，秋后启征。又，勘不成灾、情形次重之泗州并旧虹、灵璧、阜阳、太和等四州县并屯坐各卫，应征咸丰九年新赋及节年旧欠，因灾递缓各款钱粮并灾年蠲剩、缓带钱漕一切银米，马、学、藉田等租，并寄庄钱粮暨未完道光三十年熟田钱粮，并节年旧欠津贴银两，又阜阳县及泗州归并之旧虹通境新旧漕米，概请缓至咸丰十年麦熟，秋后启征。至各该州、县、卫未经灾伤成熟田地，同灵璧、太和二县勘不成灾、保内有收熟田，并屯坐各卫应征咸丰九年新赋、丁漕等款银米，及宿松县应征本年鱼课、正耗银两,又阜阳县小运河等集有收田亩应征九年新赋银两,均请照常征收。至泗州并旧虹、灵璧、阜阳、太和、宿松等五州县并屯坐各卫,本系积歉之区,连年叠被灾伤,今又被水、受旱、虫伤、被扰,勘不成灾,若令将节年旧欠银米一并催输,民力实有未逮,应请俯如泗州并旧虹、灵璧、阜阳、太和等四州县卫所请,只征咸丰九年新赋,宿松县只征咸丰九年鱼课钱粮,余同该州县卫未完咸丰八年以前灾缓熟田、民卫各款银米,概请随同勘不成灾各保一律停缓。以上十四州、县、卫应征咸丰九年漕项钱粮,均请查照丁地征缓一律办理,漕项银两缓至咸丰十年麦熟后启征,漕粮缓至咸丰十年秋成后启征,与咸丰十年新漕一并变价充饷。又,成灾及勘不成灾各州县卫屯运田地额征咸丰九年津贴银两,并节年旧欠灾缓津银,应请缓至咸丰十年麦熟,秋后启征等语。又据布政使张光第、署徽宁道福咸会详,皖南各属,除池州、太平二府属并建阳卫地方为贼盘踞,南陵、婺源二县被扰后久未启征,无从查办外,其泾县、宣城、太平、宁国、广德等五州县并宣州卫或被匪扰,或被水旱、虫伤,均系勘不成灾,所即泾县应征新旧银米同宣城县西北两乡未完咸丰八年漕米及七年钱漕,并广德州咸丰八年以前积欠银米,及太平县西北各乡应征咸丰七、八、九等年钱漕,应请一律缓至咸丰十年麦熟,秋后分别带征。又,太平县西一图焦村等处应征咸丰七、八、九三年钱漕,应请缓至咸丰十年春间,随同新赋一律带征,防内各图应完钱漕,现在催征批解。又,宁国县应完咸丰五年钱粮及六、七两年同道光三十年至咸丰四年未完节欠银米,应请一律缓至咸丰十年麦熟,秋后分另启征,应完九年新赋及八年钱漕、五年漕米,均照常征解。其宣州卫屯田,与民田相同,应请一律办理。其余歙县、休宁、黟县、绩溪、旌德、建平等县并新安卫,据报中稔,应完钱粮、漕项及宣城、宁国、太平、广德等州县征缓内有收熟田银米,催征济饷等情,会详请奏前来。臣覆核无异,除俟蒙城、霍邱、亳州、滁州四州县贼氛稍靖,另行委员确勘核办外,所有查明皖省各属咸丰九年秋灾情形,请分别蠲缓钱粮缘由,理合会同两江总督臣何桂清、署漕运总督臣联英合词恭折具奏，伏乞皇上圣鉴施行。再：泗州卫坐落高邮、宝应二州县境内屯田，蕲州卫嵌坐宿松县屯田，因水旱灾伤，勘不成灾，应由该省坐落州县一律办理。至此案，因各属防剿不遑，甫经报齐，是以陈报稍迟。合并陈明。谨奏。

奉朱批："另有旨。"

请议恤阵亡及军营病故各员片　闰三月十五日(二十二日奉朱批)①

再：军营地方官弁绅董，遇有临难捐躯及积劳病故者，均经于查明后，随时奏请恩恤在案。兹续查有候选直隶州州判姚震，安徽候补县丞王培荣，州同衔候选知县安徽怀远县训导董澂镜，安徽凤阳县临淮巡检袁銮，候选未入流章揆，安徽抚标外委江占先，合肥县文生沙溥，俊秀梁中正，均于上年定远失事时御贼守城，力竭阵亡。又，花翎都司李得胜，千总伍光宗、熊凤舞，把总夏玺璋、陈得胜，外委康紫亭，安徽候补从九品胡汝禧，均于上年八月内在霍山地方打仗阵亡。又，四川莲溪县监生李绍庆，于上年九月间经伊侄安徽补用知县李锟招令，来正阳厘局办事，行至颍上，突遇大股捻匪拦舟劫杀，该监生骂贼不屈，被害身死。又，蓝翎尽先把总徐成华于上年十一月间在蒙城地方侦探贼踪，遇捻迎敌，力竭被害。又，蓝翎汤家沟外委周启发，于本年二月间派赴庐江侦探，遇贼被执，不屈捐躯。又，安徽试用从九品

---

①　以下三个奏片原稿未注明时间，另成一册。查《随手登记档》，它们都是闰三月十五日《查明皖省咸丰九年秋灾情形分别蠲缓折》的附片，闰三月二十二日奉朱批。据此补充具奏和奉朱批时间，并调整到适当位置。见中国第一历史档案馆编：《清代军机处随手登记档》第92册，第639页。

汪本铣于咸丰三年庐州被陷时,带勇迎战,力竭阵亡。均属忠义性生,以身殉难,洵堪悯恻,应请饬部,将该员等照阵亡例议恤,以慰忠魂。又,吉林尽先协领正蓝旗佐领成勇随征七载,曾受重伤,积劳成疾,于上年十二月二十五日在正阳关军营病故。又,合肥县孝廉方正即选知州王世溥办团多年,劝谕抚绥,叠著成效,上年七月间,委办寿、庐团练,冒暑奔驰,积劳成疾,于八月二十三日在差次病故。又,泾县人、员外郎衔分部学习主事吴观澜告假回籍,奉旨办理捐输、团练,屡督乡团应援岭防,随同官军克复南陵等处,并竭力劝捐,办有成数,旋因积劳成疾,于上年二月初七日在籍病故。又,花翎即选守备张邦杰自咸丰三年带勇随剿,叠著战功,八年六月间,进扎舒城之新郎桥,力疾冲锋,连获胜仗,旋因病势增剧,于六月二十七日在营病故,据该统带及该地方官先后查明呈报。又,运同衔候补知州署泗州直隶州知州李承款在任两载余,舆情爱戴,八年春间,捻匪叠次围城,均经该员督勇击退,并筹办地方团防一切,心力交瘁,积劳成疾,于上年九月初七日在任病故,据藩司张光第详请奏恤前来。臣查该员等或连年血战,伤病捐躯,或竭力团防,积劳身故。署泗州知州李承颍虽系在任因病出缺,而当捻氛不靖,力保危城,防剿兼筹,因劳致疾,实与军营病故无异。合无恳恩,饬部一并将该员等照军营病故例议恤,以昭激劝。理合会同臣袁甲三合词附片吁陈,伏乞圣鉴施行。谨奏。

　　奉朱批:"均照所请分别议恤。"

请议恤潜山县阵亡团勇片　闰三月十五日(二十二日奉朱批)

　　再:准曾国藩来咨,据潜山县知县叶兆兰申称,该县团勇连年血战,阵亡绅弁、练丁向由该邑绅民随时捐给恤银,未及随案申明。兹城池既复,自应汇案具报,除前项恤银系民捐民办,不敢仰邀恤赏外,所有连年打仗阵亡之绅弁,通判衔徐贵馨、文生汪春涛、储者才、聂世芬、汪炳南、储士砚、武生宋如虎、储列,监生储万理、储笃因,六品军功王三畏、张金元、王心维、叶含英、崔守信、叶兰芬、张文俊、储超远、汪同德、黄时昭、储为美、陈芳元、王含章、陈玉泉、黄家麒、储三魁、金魁元,并勇丁王兰薰等八十八名,均注明打仗阵亡地名、年月,开具清折,申请奏恤,并于本籍地方捐资建祠,一并入祀,以彰恤典而妥忠魂等语,并将清折抄粘移送前来。臣查该邑绅民集资募勇,设立团营,防剿连年,战功叠著,现在城池业经克复,所有节年打仗阵亡绅弁、练勇,亟应汇案奏请恩恤,除清折照录咨部外,相应请旨,饬部将该绅弁等照例议恤,并恳恩准于本籍地方捐资建祠,将阵亡绅弁、练勇一并入祀,以慰忠魂而昭激劝。理合会同臣曾国藩合词附片具陈,伏乞圣鉴施行。谨奏。

奉朱批:"另有旨。"

请准韩殿爵等承袭世职片　闰三月十五日(二十二日奉朱批)

再①:阵亡、殉难议给世职人员,向于奉准部文后,查明应袭之人,由地方官取具宗图、册结,照例详报,奏请承袭,历经遵办在案。兹据藩司详称,寿州人、前安徽庐州营合肥汛把总韩映奎出征湖北阵亡,奉部议给世职,现查有该故员嫡长子韩殿爵年已及岁,呈请承袭、发标学习等语。又据徽宁道详称,宣城县人、前湖北荆门州知州李楄

---

① "再"字前批有"行:两司、□□□"字样。

在田家镇剿贼阵亡,奉部议给世职,现查有该故员嫡长子李雯,年甫十六,尚未及岁,呈请先行承袭,俟及岁时再请发标学习。又,太平县人、从九品王祥瑞驰援宁国,剿贼阵亡,奉部议给世职,现查有该故员嫡长子王昭爵,年十二岁,呈请先行承袭,俟及岁时再请发标学习。又,太平县人、从九品程赞瑸在徽宁等处打仗阵亡,奉部议给世职,现查有该故员嫡长子程春泉,年十四岁,呈请先行承袭,俟及岁时再请发标学习。又,太平县人、孝廉方正廪生方昭文在徽宁等处打仗阵亡,奉部议给世职,现查有该故员嫡长子方鸣锵,年十一岁,呈请先行承袭,俟及岁时再请发标学习。又,太平县人、六品职员周惟泽即周锡龄在徽宁等处打仗阵亡,奉部议给世职,现查有该故员嫡长子周永年,现年五岁,呈请先行承袭,俟及岁时再请发标学习。又,太平县人、从九品王文泰在徽宁等处打仗阵亡,奉部议给世职,现查有该故员嫡长子王硕元,年十一岁,呈请先行承袭,俟及岁时再请发标学习。又,歙县人、从九品曹大冕在徽宁等处打仗阵亡,奉部议给世职,现查有该故员嫡长子曹学梓,现年九岁,呈请先行承袭,俟及岁时再请发标学习。又,歙县人、附生吴强在歙邑等处击贼阵亡,奉部议给世职,现查有该附生嫡长子吴大淮年已及岁,因在籍办理团练,一时未能验看,呈请先行承袭,俟地方稍靖,再行赴验,发标学习。又,泾县人、从九品王润之率团击贼阵亡,奉部议给世职,现查有该故员嫡长子王懋勋,年十三岁,呈请先行承袭,俟及岁时再请发标学习。又,歙县人、在籍国子监典籍程立鳌①率团击贼阵亡,奉部议给世职,现查有该故员嫡长子附生程潮,呈称素习诗书,不谙弓马,请兼袭世职,支食俸银。又,太平县人、前署广德州学正赵惟涛在徽宁等处打仗阵亡,奉部议给世职,现查有该故员嫡长子云南候补从九品赵应芳,呈请照例兼袭世职。又,歙县人、附生程立义率团击贼阵亡,奉部议给世职,现查有该附生嫡长子文童程嘉勋,呈称幼读诗书,不谙弓马,请以世职

---

① 此处删去"在歙邑等处"五字。

顶戴,作为文生一体应试。又,太平县人、前贵州兴义府经历保升知县黄凤在凯里地方迎剿苗匪阵亡,奉部议给世职,现查该故员长子应瑞系湖北巡检留黔差遣,一时未能回籍,愿将应得世职让与伊长子,系该故员嫡长孙黄玉麟,照例承袭。又,太平县人、候选训导王杖朝在徽宁办团,遇贼被害,奉部议给荫职,现查该故员生有二子,长文英,次文藻,文英早卒,过继文藻之子立勋为嗣,系属该故员嫡长孙,例应承荫等语,由各该地方官取具宗图、册结,详由该司、道查照例案,均属相符,详请具奏前来,臣覆核无异。除将送到宗图、册结咨部查核外,理合附片具陈,伏乞圣鉴饬部议覆施行。谨奏。

　　奉朱批:"该部核议具奏。"

桐舒两县敌军麇聚现议合攻定远断敌互援片　闰三月[二十二日]奉朱批

　　再:桐城、舒城两县粤逆麇聚如故,其庐城之粤逆与定远之捻匪联为一气,并勾合浦口逆党围攻全椒,臣饬令南路乡团协力进剿,庶可以断庐、定之往来,为全椒之牵制。幸该处民风强悍,受贼荼毒,恨入骨髓。三月十三日,练总褚开泰、许兆熊、王金榜等出贼不意,至庐、定交界之江家巷掩袭贼卡,斩贼首伪佐将程锦章暨伪丞相、伪指挥等二十余人,随赴梁园,杀贼三十余名,内有伪并天侯陈姓,夺获黄风帽一顶、伪检点印一颗。讵定远逆首率领马步贼万余向南烧杀,挖掘坟墓,以图报复。各团愤怒,于二十三日夜,集练丁三千余人,裹粮设伏,出奇邀击,杀贼百余名,获马五十余匹,余匪惊遁。次日,直捣江家巷等处,复杀贼数十人。臣恐南路贼势蔓延,饬派尽先参将韩殿甲带领寿勇驰赴青龙厂调度团练。适游击徐立壮带练南趋,会同褚开泰屯扎庐、定通衢,北至定远之张桥驿,南距庐城三十余里,声威甚壮,庐城之贼极为惊怖,定远之贼亦悉窜回。惟臣与袁甲三、穆腾阿计议,意在合攻定远,若攻剿定远南路,虽可断贼互援,亦恐腹背受敌,且与临淮大军不能联络。现饬徐立壮仍带练北来,由永康镇一路进发,步步为营,并饬副将于昌麟、副都统萨萨布等带领马步相辅而行,持重养威,谋定后战。所有攻剿事宜,时与袁甲三、穆腾阿往返函商,同心协力,以期仰副宸廑。理合附片汇陈,伏乞圣鉴。谨奏。

[闰三月二十二日]①奉朱批:"知道了。"

将吉林无马兵丁派往豫省由胜保拨给马匹片　闰三月十五日(二十二日奉朱批)

再:臣营马队本少,其中无马者尤多。查有吉林马队,内无马兵丁共百余名,皆系余丁新补,尚为精壮,若给以马匹,可成劲旅。今皖营如此乏饷,岂能再筹买马之资?因思胜保驻豫督剿,虽系隔省,仍与臣共办一事,苟可通融,万不敢稍分畛域。胜保处现缺马队,②莫若将此项无马之兵派往豫省,由胜保拨给马匹,在臣营既免虚糜,在豫省可期得力,一转移间,两有裨益。除遴派妥员管带起程,并分咨胜保、袁甲三、穆腾阿查照外,理合附片具陈,伏乞圣鉴。谨奏。

奉朱批:"知道了。"

---

① 《皖北奏报》注明本片奉朱批时间是闰三月二十三日。查《随手登记档》,该片实为《查明皖省九年秋灾情形分别蠲缓折》的附片,闰三月二十二日奉朱批。见中国第一历史档案馆编:《清代军机处随手登记档》第 92 册,第639 页。

② 此处删去"而豫省饷项尚属宽余,购马亦较近便"。

缮具皖省各属咸丰九年蠲缓漕粮清单折　闰三月十五日(二十二日奉朱批)[①]

奏为皖省各属咸丰九年秋禾成灾及勘不成灾,分别蠲缓漕粮,缮具区图村庄清单,恭折具奏,仰祈圣鉴事。

窃查前奉部议"漕粮一项,为辇毂间兵粮民食所关,国初定制,非灾伤过重、钦奉特旨,不准率请蠲缓。嗣后如有灾伤过重,奏请蠲缓漕粮者,该督抚查照旧例,确核实情,于地丁折外另行具折,并将州县区图、村庄名目晰分开单,候旨遵办"等因,历经遵照在案。兹据布政使张光第、江安粮道王朝纶会详,咸丰九年皖北宿松、阜阳、颍上、霍邱、亳州、蒙城、太和、泗州并旧虹、滁州、寿州、宿州、灵璧、英山、凤台等十四州县秋禾被水、受旱、虫伤、被扰,收成歉薄。所有宿州成灾九分、七分及勘不成灾,颍上县通境成灾五分,该二州县应征漕粮请照例分别蠲缓。又,蒙城、霍邱、亳州、滁州等四州县被扰较重,贼马不时往来,未能履勘;寿州、凤台、英山、宿松、阜阳、太和、泗州并旧虹、灵璧等八州县被水、被旱、被扰,均系勘不成灾,以上十二州县内,滁州并无编征漕米,其蒙城、霍邱、亳州、寿州、凤台、英山、宿松、阜阳等八州县通境全漕应请停缓,又泗州并旧虹新旧漕米请全行递缓,又太和、灵璧二县均系积歉之区,今复被淹、被扰,力难完漕,请将成熟田地及灾保剔出熟田,只征九年新赋,其余漕粮概请缓征。嵌坐屯田与民田相同,一律办理等语。又据布政使张光第、署徽宁道福咸、江安粮道王朝纶会详,咸丰九年皖南泾县、宣城、太平、宁国、广德等五州县秋禾被旱、被雨、被匪审扰,收成歉薄,均系勘不成灾。所有泾县通

---

①　此折在零散奏稿册内。发折日期、奉朱批日期据《随手登记档》补充,并调整到适当位置。参见中国第一历史档案馆编:《清代军机处随手登记档》第92册,第639—640页。

境新旧漕粮,并请缓征。又,宣城县通境七年漕粮及八年西北两乡漕粮,并请缓征;其应征九年漕米,全行启征。又,太平县被扰之西北各乡并泾邑寄庄应完七、八两年并九年漕米,请一律缓至十年麦熟后带征。西一图焦村等处应完七、八、九三年漕粮,请缓至十年春间,随同新赋一律带征,其余各图照常征收。又,宁国县未完咸丰六、七两年同道光三十年至咸丰四年漕米,并请缓征,应征九年漕米并带征八年、五年漕米,尽征尽解。又,广德州请只征九年新赋漕米,其节年旧欠并请递缓。宣州卫屯田与民田相同,一律办理等情,开具各州县区图村庄,会详请奏前来。臣逐加覆核,委无捏熟作歉情事。伏思漕粮为天庾正供,原未便轻议蠲缓,第赋从田出,田既歉收,则赋无从输纳,况各州县均系积歉之区,连年叠被灾伤,今复被灾、被扰,小民困苦流离,情形实属拮据,若令一体完漕,民力实有未逮。相应照缮各属被灾、被扰区图村庄名目清单,恭呈御览,吁请恩旨,分别蠲缓漕粮,以舒民力。理合会同两江总督臣何桂清、署漕运总督臣联英合词缮折具奏,伏乞皇上圣鉴施行。谨奏。

奉朱批:"另有旨。"

遵议重拟克复霍山出力文员清单请奖折　闰三月十五日(二十二日奉朱批)①

奏②为前保克复霍山案内出力文员暨文案、粮台各员,遵照部

────────

① 此折在零散奏稿册内。发折日期、奉朱批日期据《随手登记档》补充,并调整到适当位置。参见中国第一历史档案馆编:《清代军机处随手登记档》第92册,第640页。

② "奏"字前批有"行:两司"字样。

议,逐加删减,分别开具劳绩,重缮清单,恭呈御览,仰祈恩准施行,以资鼓励事。

窃臣于咸丰九年十一月十四日遵旨保奏克复霍山县城出力文武官绅一折,武职人员均蒙恩旨允行,惟文员三十八名及附保随营文案、粮台各员均交吏部议奏,仰见圣主于酬劳之中寓核实之意,曷胜钦服。嗣于本年二月,准吏部文开,应由臣量为核减,声叙劳绩,详细覆奏。伏查臣所保克复霍山案内文员,均系带队督战,身在行间,斩馘搴旗,历著劳绩,且单内所开本地练董居多,该绅士等志切同仇,集团御贼,似未便令其向隅;其余在省人员,实亦无多,并未敢稍有冒滥。至于履险相随之文案人员暨随营转运之粮台人员,向蒙天恩优渥,甄录微劳。臣营文案委员人数最少,往往贼氛四逼,徒步相随,终日不得一食,其艰险情形实与冲锋冒镝者毫无区别。枭司恩锡粮台处,四面受敌之区,无一方稍安之地,加以土匪蜂起,与粤、捻二逆相通,凡迎取协饷、催提军火以及运至前敌,皆出入豺虎丛中,与他处情形迥异,若不奏请从优奖励,无以济时事而植人才。此系臣衡度苦衷,一切定蒙宸鉴,惟上年单内未经加具考语,切实声叙,又未将该员等履历咨部,实属疏漏。今奉部饬查,臣逐一覆核,量加删减,共计删去四员,重缮清单,详细声叙劳绩,恭呈御览,吁恳天恩。如蒙俞允,该员及绅董等必倍加奋勉,臣亦得收指臂之助。伏乞皇上圣鉴施行。谨奏。

奉朱批:“吏部查议具奏,单并发。”

谨将原保克复霍山出力案内文员暨文案、粮台人员再加删减,开具劳绩,重缮清单,恭敬呈御览。

计开:

署六安州事候补县丞姚德宾,拟请免补本班,以知县遇缺即补;

六品军功即补主簿陶焕,拟请免补本班,以州同仍留安徽补用;

候补府经历濮炜，拟请免补本班，以知县补用；

六品蓝翎候补从九品吴燮和，拟请免补本班，以县丞补用，并赏加五品衔；

六品军功候补从九品章兰，拟请免补本班，以县丞补用，并赏戴蓝翎；

试用从九品严忠培，拟请赏给六品顶戴、蓝翎。

以上六员均系本省候补、试用人员，或带队杀贼，叠著战功；或催队进攻，冒险转运，勤劳足录。

议叙知县潘鼎新，拟请免选本班，以同知不论双单月遇缺即选；

候选布经历张煊，拟请免选本班，以通判归部即选；

候选训导左葆真，拟请免选本（免）[班]，以知县不论双单月遇缺即选；

候选训导阙平相，拟请免选本班，以知县留于安徽补用；

州同衔喻秉章、汤学铢，以上二员均拟请以州同遇缺即选；

府经历衔王毓树、毛树桐，以上二员均拟请以府经历不论双单月即选；

即选从九品陈汝霖，拟请免选本班，以府经历、县丞即选；

候选从九品何霖，拟请免选本班，以县丞不论双单月即选；

六品军功湖南凤岭巡检钱耀堂，拟请赏戴蓝翎；

候选县丞江尔炽，拟请赏戴六品顶戴、蓝翎；

廪生杜学鹏，拟请以训导不论双单月尽先选用；

六品蓝翎朱杰，拟请以主簿归部即选；

文童廖荣、刘显治，以上二名均拟请以从九品遇缺即选，并赏给六品顶翎。

以上十六员名，均在前敌各营带勇打仗，筹运兵食，昼夜辛勤，不避艰险。

举人韦定策、黄孝绶，以上二员均拟请以知县不论双单月即选；

候选府经历管寿仁、祝汝襄，候选县丞张树声，以上三员均拟请免选本班，以知县不论双单月遇缺即选；

候选训导陈楸，拟请以州判归部即选；

候选训导郑承珊、廪生储玑，以上二员均拟请以教谕不论双单月尽先选用；

候选从九品孙金苗，拟请免选本班，以县丞不论双单月即选；

候选县丞沈道谦，拟请以县丞不论双单月尽先选用；

廪生余万贞、增生高鸿胪，以上二名均拟请以训导不论双单月尽先选用；

文生程珂，拟请以训导选用；

从九品衔童在川，拟请以从九品不论双单月尽先选用；

文童吴烺，拟请以未入流归部选用。

以上十五员名，俱系绅士、练董，亲带练丁，转战山谷，劳绩尤著。

随营文案委员知府衔候选直隶州知州周镇，拟请免选本班，以知府不论双单月遇缺即选；

候选内阁中书言南金，拟请免选本班，以同知留于安徽补用；

候补知州饶家琦，拟请免补本班，以直隶州知州仍留安徽，遇缺即补；

候选县丞钱英、袁培厚、桂中行，以上三员均拟请免选本班，以知县不论双单月遇缺即选。

以上六员出入行间，履险相随，备尝艰苦，实与冲锋冒镝者无异。

六品蓝翎书吏陆荫轩、李秉衡，以上二名系随营书吏，办事勤慎，均拟请以从九品不论双单月即选。

随营粮台委员指发陕西候补同知刘校书，拟请补缺后以知府补用，先换顶戴；

知府衔候补直隶州知州陈菜，拟请补缺后以知府升用；

候补直隶州知州范先谟，拟请赏戴花翎；

蓝翎候选知州史元章，拟请赏换花翎；

补用知县周景濂、候补知县禄廉，以上二员均拟请免补本班，以直隶州知州仍留安徽补用；

含山县教谕张玉康、候选府经历章铭，以上二员均拟请以知县不论双单月即选；

候补府经历、县丞王懋勋，拟请以知县仍留安徽补用；

候补县丞曹文廉，拟请赏给六品顶翎；

蓝翎即选从九品陈奏勋，拟请赏加五品衔。

以上十一员在臣行营粮台当差，地临前敌，处处逼近贼氛，与他处后路粮台迥殊。该员等筹画接济、冒险转运，实系尤为出力。

收抚张家冈敌圩并饬团练剿抚敌巢折　闰三月二十七日（四月初三日奉朱批）

［臣翁同书跪］奏①，为颍州防兵会同苗练收抚张家冈贼圩，并有著名捻首潘树现即潘四率众剃发投诚，余党瓦解，军声大振，沙北渐可肃清，又高家寨团练攻破任家圩、临湖铺两处贼巢，歼除捻逆，救出良民，现饬分别剿抚，以期净洗捻氛，恭折由六百里驰陈，仰祈圣鉴，并请恩准奖励事。

窃捻首姜台林大股由豫回窜，经副将黄鸣铎督饬水陆各军，击其半济，斩馘淹毙不计其数，当将接仗情形缮折具陈在案。旋据颍州营游击武全、颍州府知府才宇和、署阜阳县知县史久恩禀报，各带兵团连日出击，该捻鼠窜回巢，救出被胁难民二三千人，均系河南汝宁、西平、遂平、上蔡、许州等处民人，分别酌发口粮，递送回籍，余与黄鸣铎所禀大略相同。并据太和、亳州飞禀，各路捻匪俱回顾老巢。臣以黄

---

① 据《奏稿》整理，方括号内文字根据《皖北奏报》补充。该册封面题："奏稿庚字第九号：咸丰十年闰三月二十七日子时，六百里拜发，四月初十日奉到批回，并四月初三日内阁奉上谕三道。"次页正文前题："□；咨：督；行：两司、营务处。"

鸣铎等督攻张家冈捻圩正在得手，今捻党既已回巢，不可不极力攻剿，当饬排筑长濠，围攻张家冈圩，旋因该圩民畏惧乞抚，即准令剃发投诚。另有著名捻首潘四即潘树现，本系霍邱县良民，被孙葵心掳去入伙，视为心腹，臣上年收抚南召、润河，即遣人深入贼巢，晓以大义，并恭录上谕，宣布皇仁，潘树现闻其乡里已安居乐业，亟图自拔来归。臣因其从贼已久，未敢深信，饬令立功自赎。潘树现旋率捻众千余人至刘伶口，攻破大华家圩，杀贼首梁景及其党羽，遂据其圩，密令其众数百人分入捻圩作为内应，以图举事。伊父潘凯亲至苗沛霖处乞降。闰三月十六日，其父子率众数百人概行剃发，求给札谕，准予自新。适苗沛霖于是日戌刻带练驰至刘伶口，随将潘树现投诚之众妥为安插，饬令携眷过河，归农复业，仍调其精壮随剿。查沙南于上年收抚，而沙北则皆系捻圩，今两月之间，且剿且抚，连下坚巢。沿河一带除投诚各圩外，仅剩程家圩暨小华家圩二处。程逆羽翼已翦，不难扑灭，沙河北岸可望一律肃清。现饬黄鸣铎会同苗沛霖进围程家圩及小华家圩。十九日，击败捻匪，擒斩二十余人，声威颇壮。臣又以凤台县之阚疃、展沟二处与颍上、阜阳连界，逼近捻巢，往往为所迫胁，饬令署凤台县知县熊英、署下蔡汛外委张锦春前往设法劝谕，均有回心向化之机。此颍郡沙河北岸剿抚有效之情形也。至阜阳北乡壤接亳州，有高家寨练总花翎升用同知山西候补知县高锡龄最为得力，兹据颍州府知府才宇和禀称，该处任家营圩前被捻匪攻陷，寨董任太立、任连善虽身陷贼中，而杀贼复仇，耿耿在抱。三月间，捻众外窜，寨中之贼已去大半。任太立乘夜潜至高锡龄寨中，共议杀贼之计，密令任连善率寨中良民以作内应，高锡龄带练在外列阵，以作声势。至三月二十二日夜间，会同任太立、练董秦玉山、增生高诗带练勇数百名潜至任家寨以南。黎明，拥至寨外，齐声呐喊。任连善等在内突起杀贼，高锡龄即同秦玉山、高诗等亲率练勇，过沟越墙。尽先外委蒋广济，六品军功王永华、高孔年、高希圣、高彬等带练百余人直攻寨门，蓦越木桥，将寨门冲开，拥进与任连善、秦玉山三处截杀，擒斩著名捻匪李水、秦九等百余人,并杀前次勾引破寨之任相观等十余人,将被胁良民尽行救出。因该圩距贼较近,恐复为其所据,当将房屋焚烧、圩墙平毁。至闰三月初三日夜,又率练攻破临湖铺北邓家贼圩,杀毙长发捻首邓栽、吴永等数十名,获火枪十余杆,良民、妇女一概放出等情,并据开具出力练总人等,请奖前来。此高家寨连破捻巢二处之情形也。臣查高家寨在颍州府之北,距城百里,与楚店集孙葵心等捻逆老巢相距仅三四十里。该处团练与匪为邻,屹立数载,连次截杀捻匪,颇著战功。兹乘大股捻匪出窜,将被捻攻陷之圩夺回二处,并杀毙长发捻首约二百人,实属异常出力。孙葵心等之中途折回,未必不由于此。未便没其微劳,合无仰恳天恩,将升用同知、山西候补知县高锡龄赏给四品顶戴,其在事出力人等,可否由臣等择尤酌保,以示鼓励而资观感?伏候圣裁。至潘树现父子率众投诚,一切招抚机宜,数月以来经营颇费苦心,今兵不血刃,咸知悔罪自新,出水深火热之中,复睹化日光天之治,实非意想所及。目下沙河、淮河俱已通行无阻,闻情愿投诚者尚有二十余圩,可以推广招徕。伏查黄鸣铎会同苗练且剿且抚,亦已著有成效,可否将出力人员酌量附保?并候谕旨祗遵。至于捻逆孙葵心等,虽积恶如山,闻亦有畏罪之意,臣已密谕委员黄殿桢、练总夏馥超设法劝谕。又有逆首王怀义,其股匪众多,不亚于孙葵心,忽有自拔来归之议,已与练总高锡龄暗通消息,由知府才宇和密禀前情,臣已发给札谕,开诚招致。其事纵不能成,亦可以使其自相疑贰,互相屠灭。臣之愚见,以为捻境周五六百里,若剿抚兼施,使其地日蹙,则其势日孤,自可以次廓清,但受病已深,积势太重,恐非旦夕所能奏效。惟当竭此心力,威惠并行,以期拔去根株,除中原之大患。所有颍郡南北剿抚情形并恳恩奖励缘由,理合会同臣袁甲三、臣穆腾阿合词具陈,伏乞皇上圣鉴训示。谨奏。

[四月初三日]奉朱批:"另有旨。"

拨派兵练会攻定远片　四月初三日奉朱批

再[①]：臣与袁甲三、穆腾阿彼此函商进攻定远，派总兵衔副将于昌鳞带领尽先参将谭玉龙、尽先游击陈开玉、吉学盛等暨道衔知府袁怀忠各率所部勇丁由炉桥、永康镇进扎芝麻涧地方。该处距三十里店不远，与民团声势相倚。并令副都统萨萨布带领马队驰往该处驻防。其炉桥地方已由马厂集拨派队伍前往助守。马厂集系炉桥后路，饷道攸关，仍留记名总兵鲍云鹭统带兵勇驻守，以资镇压而便策应。惟游击徐立壮一军，屡次檄令折回定远西三十里一带，而该游击业已督带练丁紧逼庐城，城内之贼惊惶失措，将北门紧闭，急调贼党来援，与徐立壮相持。臣以南路鞭长莫及，恐其腹背受敌，仍飞饬一俟贼势稍却，即折回助剿。至楚师昌字营一军，已抵霍山。臣饬副将卢又熊、营总常海与之联络，以便相机会攻。探闻舒、桐、安庆负嵎如故。理合附片具陈，伏乞圣鉴。谨奏。

　　[四月初三日]奉朱批："知道了。"

饷竭势危请饬部筹拨有著之款片

再：自二月以来，臣营不特乏饷，几至绝粮。叠蒙恩旨，饬催山西、陕西、河南每月协饷二万两，并令补解积欠，仅准山西解到饷银一万六千两，其河南所解银二万两，因胜保所提川饷经臣分用一万二千两，此次于豫饷内扣抵一万两，仅解到一万两。刻下已报起解者，止有山西、河南各一万两，新饷尚且不敷，旧欠更何所望？其陕西省并

未见报解。伏查臣到任时即裁汰兵勇八九千，并减省兵丁口粮、武职盐折。数月以来，裁撤兵勇又约有二千名。非不知贼众而兵单，亦徒欲裁兵以节饷，乃兵愈裁而饷愈绌，竟至于此。虽兵勇知臣素守，尚无从前鼓躁滋事恶习，然欲责以枵腹荷戈，实有万难之势。伏思皖北一军当捻粤交乘之地，贼势最重，兵力已单，而协饷复不可恃，日后情形岂堪设想？若非特命部臣另拨有著之款二十万两，恐粮台万难补苴，即军务万难振作。臣与两司悉心筹画，百计俱穷。目下淮河虽已无阻，而南北寇氛滋扰，商旅仍未通行。前请以淮北票盐行销汉岸，虽经部覆议准，而昨接胡林翼来函，虑及成本过重，恐商贩裹足不前，是此议未必能行，难以望其接济。臣目击情形，万分焦灼。兹据臬司恩锡缮折呈请附奏前来。阅其折稿，系为饷竭势危起见，所陈均系困苦实情，不敢壅于上闻，谨一并附呈御览，伏乞圣恩，将臣折片暨恩锡奏折敕部核议筹拨，以顾大局。无任迫切待命之至。谨奏。

奉朱批："该抚奏片并恩锡折，著载垣、端华、军机大臣会同户部妥议具奏。"

督催造报粮台收支款项情形片

再：皖北自军兴以来，粮台收支各款尚未造报。臣到任后，因经费支绌，力从撙节，叠饬办理粮台各员钦遵历奉谕旨，赶紧清厘，造册报销。本月初九日，接准部咨，即将皖省粮台大略情形先行咨覆在案。查从前庐营分设各路粮台款目繁赜，仍归总粮台汇办。臣到任后，始饬令裁并，惟因胜保军需另用河南章程，与臣营章程不符，另设随营粮台，各自造报。又查安徽粮台经手各员，除现任藩司张光第、臬司恩锡、候选道潘筠基三员，饬令赶紧造报外，尚有前任藩司毕承昭，现已告养回山东原籍；护理藩司、知府傅继勋现已告病回山东原籍,应否饬令该二员来皖销算之处,伏候谕旨祗遵。所有督催造报情形,理合附片具陈,伏祈圣鉴训示。谨奏。

奉朱批:"另有旨。"

徐局供支皖省军火款项具题核销片

再:徐局供支皖省军火,自咸丰四年正月起至八年四月止,请销各款共银二十一万六千八百五十九两二钱二分三厘一毫七丝七忽九微,前据徐州道王梦龄遵照部颁单式,先行开列清单,详经臣具奏在案。嗣据该道造具细数清册,当即咨部核销。兹准部文以制造一切军械需用工料银数在千两以上,应照例具题,俟题覆后再行核销等语,自应查照办理,以符定例,又经行令该道另具文册前来。除咨部外,理合附片具陈,伏乞圣鉴,饬部核销施行。再:安省现因军书旁午,一切题报事件暂缓办理,是以改题具奏。合并声明,谨奏。

奉朱批:"户部覆议具奏。"

李宗羲委署安庆府篆务片

再:楚师连克潜、太,直捣怀、桐。所有筹办军需、整饬团练,均须地方官经理。前因实任安庆府知府蒋锡绶尚未来皖,臣与胡林翼、曾国藩往返函商,遴委现在军营候补知府李宗羲就近署理,业经附陈在案。兹据藩臬两司详称,该员李宗羲品端才裕,历练老成,在皖多年,于地方情形颇为熟悉,以之委署安庆府篆务,实堪胜任,详请会奏前来。除饬令遵照外,理合会同两江总督臣何桂清合词附片具陈,伏乞圣鉴。谨奏。

奉朱批："知道了。"

请奖叙颍州府办团剿捻出力官绅兵练折　闰三月二十七日

奏①为查明颍州府办团有效、叠次截剿捻匪尤为出力之文武官绅、兵练,遵旨汇保,缮具清单,吁恳恩施,准予奖叙,以资鼓舞而昭激劝,恭折仰祈圣鉴事。

窃臣于咸丰八年八月间奏明举行团练,请旨鼓励一折,钦奉上谕:"该地方官、委员、董事以及练勇人等,如果始终奋勉杀贼立功,准由该抚择尤保奏,候朕施恩,以示鼓励等因。"钦此。当经钦遵,通饬各府州县实力劝办。去后嗣于九年四月间,因办有成效,复经奏,奉上谕:"翁[同书]奏办团有效,请汇案酌保等语,安徽士民举行团练半年以来,著有成效,著准其汇案酌保,候朕施恩。"钦此。臣跪诵之下,仰见皇上鼓舞团防、微劳必录之至意。伏查颍州府城逼近捻巢,朝发夕至,贼氛不时扰扑,经臣饬令该地方文武各员竭力整顿团练,叠次堵剿,屡获大捷。上年冬间,大股捻匪由豫回窜,该员等督率乡团,随同官军截剿,击其半渡,毙匪数千,获骡、马、牛、驴以万计。当经具奏,并声明出力员弁绅董,汇入团练案内,吁恳恩施在案。本年正月间,捻逆大股来至沙河北岸。以苗练万余人之众,不能抵御,而颍州团练扼河为界,卒未令窜过一步,尤属奋勇出力。兹据该府县及颍州营查明节次办团击贼出力人员,禀请奏奖前来。臣查该官绅兵练协力团防,已阅数年,著有成效,且亲在督饬该府县向民间筹捐杂粮,为

---

① "奏"字前有"会:□;咨:督;行:两司、颍州府、营务处"字样。

苗练攻剿之需，亟应鼓励，以期踊跃，谨并案择尤，缮具清单，恭呈御览，仰恳天恩，俯准奖叙，俾资鼓舞而昭激劝。其次出力兵练，容臣分别酌给功牌，及以千把、外委拔补，照例咨部办理。所有酌保颍州府办团有效官绅兵练缘由，理合会同臣袁甲三合词缮折吁奏，伏乞皇上圣鉴训示。谨奏。

　　奉朱批："另有旨。"

　　谨将颍州府办理团练，叠次守御、截剿捻匪尤为出力之文武官绅、练总，开具清单，恭呈御览。
　　计开：
　　记名道颍州府知府才宇和，朴实清正，宽猛兼施，每遇督队击贼，常策马当先，冲锋陷阵，拟请赏加盐运使衔；
　　署阜阳县知县凤庐同知史久恩，任事实心，舆情爱戴，上年截剿捻匪不辞劳瘁，现在筹捐亦颇出力，拟请赏加知府衔，并赏戴花翎；
　　颍州营游击尽先参将武全，老成稳练，防剿得力，拟请免补参将，以副将尽先升用；
　　署颍州府教授试用教谕徐定脩，拟请免选教谕，以知县不论双单月选用；
　　署阜阳县训导试用训导陈恪，拟请免选训导，以教谕选用；
　　本任庐江县知县锡纶、候补知县张世昌，以上二员均拟请赏加同知衔；
　　候补府经历平钧，拟请补缺后以知县用；
　　候选从九品蔡廷栋，拟请免选从九品，以盐课大使即选；
　　候选从九品未入流张必英，拟请赏戴蓝翎；
　　附贡生李长春，拟请以训导不论双单月即选。
　　以上［各］员均襄办团练，昼夜辛勤。
　　参领诺蒙阿，拟请以协领尽先升用；

西宁镇标都司宁德顺,拟请以游击尽先即补;

尽先守备王锦,拟请补缺后以都司升用,先换顶戴;

五品蓝翎游兵营把总丁冠军,拟请以守备尽先补用;

五品顶戴武监生刘金甲,拟请赏给守备衔。

卫千总宁德濂,拟请以守备尽先选用;

即补千总彭瑞林,蓝翎尽先外委杨得祥,以上二员拟请赏给五品顶戴;

候选卫千总赵联魁、尽先千总刘玐、经制外委刘廷位、外委锁腾华,马兵郭振川、康振荣、王莘臣、李名扬,以上八员名均拟请赏戴蓝翎;

练董蓝翎同知衔河南试用通判宁若烜,拟请赏换花翎;

练董府经历衔汪承恩,拟请以府经历不论双单月遇缺选用;

练董前任石埭县教谕国子监典簿吴琪树,拟请赏给五品顶戴;

练董候选布理问宁垠,五品顶戴布理问衔李鸿远,以上二员均拟请赏加盐提举衔;①

练董②监生邢倬云、王佩环,以上二名均拟请赏戴蓝翎;

练董③廪生喻中秀,附生鹿锦轩、王廷元,以上三④名均拟请以训导不论双单月即选;

练董监生储殿林,拟请以从九品尽先即选;

练董六品军功宁继章,拟请以从九品不论双单月选用。

①　此处删去一句"练董候选从九品蔡廷栋,拟请免选从九品,以盐课大使即选"。

②　此处删去一句"候选从九品未入流张必英"。

③　此处删去一句"附贡生李长春"。

④　三,原作四,后改作三。

请免追缴侯敦典台费片

再①：署阜阳县县丞候补县丞侯敦典前于署凤阳县任内，经前抚臣福济以夫马迟延奏参革职发遣，嗣经免成留营差遣，以克复无为等处出力保奏，奉旨开复原官，委署今职。该员抵任以来，随同该府县劝办团练，颇资得力。旋奉部文，以该员虽经免成、开复，仍应缴台费银两饬催。去后兹据颍州府知府才宇和禀称，查该员实系赤贫，无力完缴。臣复广询密访，委属实情。该员协办团防，既资得力，可否免其追缴之处，出自鸿施。为此附片吁陈，伏乞圣鉴训示。谨奏。

奉朱批："所请实难准行，仍著缴足台费。"

阜阳县绅民捐输杂粮情形片

再：苗沛霖一军时称缺乏口食，不得不量筹接济。臣在临淮时，袁甲三曾与臣面议向颍州府民间劝捐，嗣因正月间沙河一役苗练退挫，恐该处难于劝办，只得暂缓。臣又思现在苗沛霖复赴沙河，若竟不量为捐助，又虑别滋嫌隙，随饬颍州府知府才宇和督同署阜阳县知县史久恩、都司宁德顺劝谕在城绅董倡捐，并亲赴西乡，婉曲开导，以臣营需用杂粮为词，劝令量力输将。该绅民颇知大义，踊跃书捐，并称愿效微忱，不求奖叙，共计捐杂粮漕斛一万石，业已缴捐过半，由才宇和陆续转交苗沛霖练营收储。此项杂粮在臣前拨漕斛四千石之外。伏查阜阳为颍州府附郭首邑，兵燹屡经，蒿莱弥望，其成熟之田无几，迥非他省州县之可比。该绅士竟能仰体国用之不足，并谅臣委

---

① "再"字前有"会：袁；咨：督；行：两司、颍州府、营务处"字样。

曲求济之苦衷,其好义急公,实堪嘉尚。理合将乐输筹济、集成巨数情形附片具陈,伏祈圣鉴。谨奏。

奉朱批:"此系公捐,恐分摊为数无多,俟续有捐输,再行汇案合计,酌予奖叙。"

攻克小华家圩进攻程家圩折　四月初十日(十七日奉朱批)

[臣翁同书跪]奏①,为攻克小华家圩坚巢,生擒捻首,抚其余众,进攻程家圩,昼夜血战,杀贼甚多,恭折由六百里具陈,仰祈圣鉴事。

窃查捻匪数十万麇集颍、亳之间,煽祸将及十年,为中原腹心之患。臣前闻孙、姜等逆匪大股出巢,深虑其蔓延蹂躏,计莫若荡贼巢穴,攻所必救,遂扬兵沙河之上,用川北道苗沛霖统率练丁,用候补副将黄鸣铎统率水陆兵勇,而饬知府才宇和整顿城厢民团以为之辅,叠次攻破王家屯、王家海贼圩,生擒贼首张中、申连,槛送寿州正法,又饬高家寨团练攻破任家寨、临湖铺捻巢二处。孙、姜等逆闻颍州围剿紧急,果鼠窜回巢。旋有久被裹胁之潘凯、潘树现父子自拔来归,将大华家圩献出,均经臣先后奏明在案。伏查大华家圩濠深垒固,粟支二年,为潘树现袭破献出,得之全不费力,该逆捻已失掎角之势。据苗沛霖禀报,沙北沿河十二贼圩俱已肃清,惟存程家圩、小华家圩二处。程家圩大而强悍,小华圩小而坚固。臣饬其会同黄鸣铎上紧围

---

① 据《奏稿》整理,方括号内文字根据《皖北奏报》补充。该册封面题:"奏稿庚字第十号:咸丰十年四月初十日申时,六百里拜发,二十四日奉到批回,并四月十七日内阁奉上谕二道。"次页正文前题:"会:袁、穆;咨:督、和、傅、官、胡、庚、联;行:臬司、营务处。"

攻,毋稍松劲。先是,程家圩贼首程保民单骑遁往孙葵心处求救,旋闻孙葵心、姜台林大股装旗来援。闰三月廿六日,行至枣庄、板桥一带,距刘伶口数十里,仍行退回,盖因前由沙河窜渡,被水军顺逆冲击,伤毙甚众,其胆已寒,旋闻官兵势盛,又恐颍上马步队截其后,故尔欲进仍却。苗沛霖、黄鸣铎自长围立成后,昼夜将程家圩、小华家圩用炮轰击,圩内房屋摧塌已多,击毙捻匪不可胜计。该逆坚匿不出,苗沛霖与黄鸣铎、才宇和定计,将捻圩附近青麦获刈,人负一捆,先将小华家圩外濠填平,由外濠穴地通入内濠,以避枪炮。至二十九日亥刻,又将内濠填平,随即垒土为山,凭高俯瞰。三十日,黄鸣铎亲率敢死之士携喷筒、火箭,乘风施放。火之所及,烟焰四起。练勇枪械密排,大呼动地,蚁附肉薄,已成破竹之势。维时圩内鼎沸,纷纷乞降,旋将小华圩内捻首尤平渡生擒献出。所有出降之人,饬令剃发,概从宽宥。尚有狐疑犹豫,不敢出降者,我军围攻愈急。至四月初一日申刻,将小华圩攻破,获牛马数十匹,器械、粮食无算,戮数十人以张军威,余皆释放,使反侧者自安,令其一律剃发,散遣归农,随将该圩平毁,俾寇至无所托足,免致日后又成盗薮。其附近之小王家圩、汤家圩虽先已投诚,意尚游移,至是始一律剃发,概予宽宥,仅留长发张四洪、王西山、汤有休等数人立功赎罪,遣往东北探听孙逆消息。苗沛霖、黄鸣铎仍饬练勇紧攻程圩,将青麦堆运如前,限三日内运齐。又以拒守程圩之捻首尤寅即系小华圩捻首尤平渡之子,因将尤平渡缚置炮台上,以示伊子,圩内之人见之无不骇栗,然畏死情切,尚敢抗拒。初五日,将外濠填平,黄鸣铎令川勇、楚勇、元胜勇、颍胜勇暨水师各营齐带喷筒、火弹、枪炮,随同苗沛霖进攻。距该捻圩西面二十余丈,积青蒿为炮台,高出圩墙,旋用火器轰塌垛口十余丈,并击毙捻匪数十名。该捻急用牛皮门扇遮挡,须臾间又被我军轰去。该捻惶急无措,复从圩内穴地而出,以御填壕者,与我军殊死斗,相持良久。圩内火枪密布,子如雨注,练勇屡次围扑,多被受伤,一时未能得手,只得收队,先后据黄鸣铎等禀报前来。臣查沙河南岸自上年冬间即已安谧,惟沙北捻巢林立,上年止抚其十之二三,兹经黄鸣铎、苗沛霖等连月血战,叠破坚巢,余亦纷纷降附,仅有程家圩负固不服,其势已孤,而我军兵练合计三四万人,新投诚之潘树现于安插眷口后,亲带五百人助剿,声威极壮,当不难刻日扫除。现仍令昼夜围攻,以期迅速蒇事。所有出力员弁、勇练,应俟将来查明,汇奏请奖。理合会同臣袁甲三、臣穆腾阿合词恭折驰陈,伏乞皇上圣鉴。谨奏。

　　[四月十七日]奉朱批:"知道了。"

东路官军获胜徐立壮练勇调回攻定片　　四月十七日奉朱批

　　再①:东路攻定之师,前经臣饬派副都统萨萨布、副将于昌麟、参将谭玉龙、游击陈开玉、吉学盛暨知府袁怀忠等各率所部马步各队进扎芝麻涧西三十里店一带,咨请袁甲三就近调度,于前月二十六日,会同临淮官军乘夜袭攻定远,踏毁城外贼营九座。所有获胜情形,业经袁甲三会衔具奏在案。本月初五日,定逆大股向西窜扰,围扑我勇驻扎之赵姓民圩。袁怀忠率队冲击,萨萨布、于昌麟等各督所部驰往截剿,适参将马昇平等由马厂集带各营有马弁勇三路驰至,立将该逆击退,擒斩多名,余逆仍即败回定远,未容豨突。其接仗细情,应由袁甲三查明汇奏。臣以游击徐立壮所带练丁骁勇善战,屡次飞饬催令由南路折回助剿。兹据禀称,该游击因我军进攻定远,恐庐逆抄袭后路,断我粮道,是以率练先赴南路剿办,以绝逆援。前月二十、二十一等日,庐逆窜至吴家店一带盘踞,该游击督队分路兜剿,大挫凶锋,先后毙贼数百名,生擒伪丞相吴本舟,伪参军刘贤臣、汤荣春,伪议政司

---

　　①　"再"字前有"咨:袁、穆、督、傅、和、官、胡、庚、熊"字样。

陈大友,伪旅帅陈学元,伪传宣舒士茂等数十名,夺获旗械无算,追杀十余里,收队回营。正拟拔队折回,而庐逆伪功天福陈得才纠合巢逆,伪宏天福陈学礼率众复窜马王寺地方,扎营九座抗拒,阻我东进之路。本月初二、初三等日,该游击饬派都辛占泰、把总徐宏德、五品蓝翎向会林等带队迎敌。该逆四面围扑,势极凶猛。千总宋克仁驰入贼阵,手斩伪监军马得胜一名,都司徐登善、王友顺等带领马队从旁冲击,把总曹文士、王友从等带领步队一齐掩杀,直破贼坚。逆势大溃,该游击亲督大队向前追袭,直至马王寺,将该逆头营踹破,毙贼无数,生擒伪典炮徐林喜等二十余名,夺获大旗十余面、枪械二百余件,伪印、伪照、伪腰牌不计其数。查点所获旗内,有"伪太平天国九门御林,京都、各省正巡察使刘伪功天福;左三参军熊伪澍天侯萧"等字样,将旗、印、伪照、黄马褂同生擒逆匪、割获耳级一并解营正法、呈验,并据该游击禀称,破贼后,即于初四日拔队进攻定远等情。臣查该游击练勇一军,素称得力,此次击败庐州、巢县大股逆匪,阵擒大贼目至十余名之多,悉数骈诛,实足以壮军威而寒贼胆。现已折回攻定,臣惟有商同袁甲三、穆腾阿,督令联为一气,实力会剿。至该练所需口粮,仍由臣每月酌拨银二三千两,以资糊口。所有东路官军获胜及徐立壮练勇调回攻定缘由,理合附片具陈,伏乞圣鉴。谨奏。

[四月十七日]①奉朱批:"知道了。"

布置北路剿抚情形片　　四月十七日奉朱批

再:臣营无马之马队,已与袁甲三、穆腾阿商定,派副都统麟瑞带领前往豫省胜保军营差遣,饬令星夜起程。所有驻防颍上马队,尚存

---

① 　奉朱批时间据《皖北奏报》补。

百余名，由营总乌尔滚布、富明阿管带，时往颍州府刘伶口会同防剿。近日探闻张、龚二逆因定远围剿紧急，有回窜正阳关、三河尖之意，臣飞饬吉顺、札隆武严防八里垛及颍上县城，并令霍丘县、三河尖一带整顿团练，以为之备，又派炮船、炮划上下梭巡。至北路蒙城境内捻圩，经傅振邦督同苗练剿抚兼施，极为得手。臣恐怀远空虚，仍令都司彭楚文带领炮船二十只由下蔡折回，赴怀远防堵。臣前遣署凤台县知县熊英、署下蔡汛外委张锦春轻骑减从至阚疃、展沟一带察看民情，设法劝谕。该员弁回寿禀称，该处民情多已向化醇良，惟逼近捻巢之处，尚有顽梗之徒时出扰害。居民被其荼毒，见官长亲往巡查，至于感泣。正在拊循间，突有捻匪千余人出扰。熊英等调齐团练，分路迎击，该匪遁回。追殪十余名，生擒三名，即行正法。彼处距刘伶口不远，倘程圩攻破，可以乘机剿抚。臣又接苗沛霖禀称，逆首孙葵心遣人乞降等情。伏查上年冬间，臣密饬知府才宇和遣委员黄殿桢改装易服，诡称李世忠部下，经诣楚店集老巢，面见孙逆，开示祸福，其心颇动，因发给札谕，令练总夏馥超设法招抚。此番向苗沛霖求降，如果悔罪来归，岂不甚善？第受降如受敌，不可稍涉大意，已密饬苗沛霖加意防范，恐其有诈。倘出真诚，即可许其降而散其众，以免尾大不掉之患。所有布置剿抚情形，理合附片汇陈，伏乞圣鉴。谨奏。

[四月十七日]①奉朱批："知道了。"

参革张明德片

再：据道衔候补知府袁怀忠禀称，尽先都司张明德不听约束，借

---

① 奉朱批时间据《皖北奏报》补。

故脱逃，禀请参办前来。查该守一军现派进攻定远，扎营前敌，该都司乃敢临敌脱逃，实属目无法纪。相应请旨，将尽先都司张明德即行革职，严拿究办，以肃军令。为此附片奏参，伏乞圣鉴训示。谨奏。

奉朱批："张明德著革职严拿，按军法审明办理。"

请饬部议恤殉难员弁绅董并旌表殉难妇女片

再：六安州城于咸丰七年二月内被贼窜陷，时查有署六安州州同候补县丞黄河清，署六安营守备候选千总赵玉选，授怀宁县长枫巡检骆秉章三员，均随同署知州金宝树集团剿贼，力竭阵亡。维时未及查明，是以尚未请恤。其该州城乡绅士殉难者，查有廪生黄先鸣、彭维榆，廪贡生晁贻绳，增生黄人俊，附生陆桂星、祝春和、程锡朋、陈为政、沈文运、张振先，监生史秉文、鲍文肇、鲍承业等十三名，均于城陷后或御敌捐躯，或骂贼被害。州绅蓝翎候选知州尹宝珪衣冠自缢于州署大堂，贼疑为官，解救复苏，张目大骂，被攒刺死。该绅之女已字文童黄正身及养媳杨氏皆手持利剪①，衣带相结，投河身死。兹据署六安州知州邹笴查明确实情形，补详请恤。又，潜山营守备凌庆桂于咸丰五年五月间自英山带队进攻潜山，途次遇贼接仗，众寡不敌，力竭阵亡。其子武生凌懋勋随同打仗，杀入重围，同时被害。又，潜山县人蓝翎守备武举储开元于咸丰八年二月间带练堵剿贼匪，在天堂一带地方鏖战竟日，胸受枪伤，登时阵亡，均据潜山县知县叶兆兰查明禀报。又，合肥县人蓝翎守御所千总苏世常历年办团，带练剿贼，屡著劳绩。咸丰九年九月间，进扎古河，被贼大股围扑，食尽出战，受伤遭擒，被贼支解，据逃出练勇回述情形，由合肥各练董公禀前来。

---

① "剪"右增"翦"。

相应请旨,饬部将该员弁绅董照例议恤,以昭忠荩,殉难妇女一并给予旌表,以彰风化。理合附片汇陈,伏乞圣鉴施行。谨奏。

奉朱批:“另有旨。”

请旌表节烈妇女片

再:据藩司张光第详称,怀宁县人原任安徽抚标右营千总徐国安之妾黄氏生子徐鹍,自道光十三年夫亡守节,时年二十二岁。咸丰三年安庆失陷,该氏携女小姑避居桐城县境之余家湾。八年十月,楚师由庐郡、三河撤退。突于二十三日,逆众至余家湾一带搜杀,该氏忿虑贼辱,携其在室之女小姑同时赴水身死。据该氏亲子游击衔江南督标候补都司徐鹍禀报等情,经该司以该都司原籍怀宁县,及家属避难寄居之桐城县,现均尚未收复,无从行查,详请先行奏恳旌表前来。臣查该已故千总徐国安之妾黄氏青年守志,教子从戎,计苦节已历二十六年,本与旌表之例相符,复因逆匪扰及乡间,恐遭强暴,携女投水,捐躯明志,洵属节烈可风。其女小姑年已三十,尚未出嫁,随母捐生,亦昭贞烈。相应请旨,饬部照例分别旌表,以阐幽光而彰风化。除俟怀宁、桐城克复,饬取事实册结,补行送部外,理合会同两江总督臣何桂清、安徽学政臣邵亨豫合词附片吁奏,伏乞圣鉴施行。谨奏。

奉朱批:“另有旨。”

敬拟盐利开屯之策折　　四月初十日

奏为敬拟盐利开屯之策,请旨遵行,以裕利源而兴屯政事。

　　窃惟今日颍、寿、六安之间,民生之凋敝极矣。数年以来,北苦捻匪,南苦粤匪。粤匪流毒虽酷,所过城市尚有孑遗,惟捻逆所至则掳杀民人,夺其牛马,火其庐舍,毁其耕具,一切荡为灰烬,以是民弃农业,田卒污莱,往往终日行而不见人烟,无所止宿。加以从前连年荒旱,疠疫繁兴,残黎之死于寇、死于饥、死于疫者,共不知凡几。霍邱、颍上、六安、霍山各州县著籍之户口,较诸昔年或仅存十分之一,或不及二十分之一,白骨成邱,青蒿蔽野,伤心惨目,殆不忍言。自上年招抚南召、润河之后,沙河以南悉已化莠为良,六安、霍山亦有楚师及皖军驻守,稍可议耕耘之事。夫一夫不耕,或受之饥,若长此弃地利而弗收,是无异驱流民而为盗,甚非所以培元气、拯民生也。欲苏民困,非兴屯垦不可;欲兴屯垦,非筹经费不可。然军兴以来,兵食浩穰,度支匮乏。臣稔知国用之不足,又何敢以屯田经费上请,重烦圣虑? 反覆思之,惟有盐利开屯一策,实为足民裕国之良规,敬为我皇上陈之。盖自长淮梗阻之后,淮北票盐片引不行,今幸临淮、凤阳克复而下游无阻,南召、润河就抚而上游无阻。然清淮被扰,商贩流离,人心未定,且颍、亳捻踪往来飘忽,人皆视为畏途,裹足不前,故票盐尚未畅行,所有淮北引地盐价犹形昂贵。莫如官为捆运,由西坝上达三河尖销售,先盐后课,沿途免抽厘金,俟销盐得价后,将正课、盐价经费及由场至坝、由坝入湖至三河尖之运费水脚一一清还,计尚有赢余之利可以充公。此项盐利即可作为屯垦经费。其法,当以屯田经费特立专条,试行票盐二万引,每引四包,计盐八万包。查例载,每引行盐四百斤,征正课银一两五分一厘,征经费银四钱、盐价银六钱,按引征收,此外不得分毫需索,此由场起票时,正杂盐价定数也。目下淮盐到西坝后,商贩由坝运盐,每包亦不过用银八钱,计一引四包四百斤需银三两二钱。臣拟于奏准试行后,于二万引中先运坝盐一千引,计盐四千包,共需银三千二百两,例准先盐后课,其课银俟销盐后再缴,惟须筹垫运费数千两,由坝陆运入湖,用船装载渡湖,沿途免其抽厘,由临淮、正阳关运至三河尖等处销售,听各贩转运阜阳、颍上、霍邱、六安等各州县及河南省汝宁府、光州、直隶州所属十四州县售卖,仍不准越出淮盐引地之界。又查例载,淮北地界各属行盐,价随时售,向无一定,以目下时价约略计之,除划还正课、杂款、盐价及先后运盐水脚成本之外,尚有赢余,视盐价之低昂为获利之多寡,虽不能豫定得利若干,而总可坐收其利。第二次可运盐八千包,以次倍加,约五六次即可全销,计两万引盐应得余利数万缗。行之有效,更可源源接办,获利甚夥。以之作为屯田经费,当可充裕。既已筹有屯田经费,即可创立屯田章程,如清厘绝产、收买官田、召募耕农、购买牛具、分给籽种、酌发丁粮,并搭盖草棚土室,以资栖止,容另行筹画妥议,奏明办理。窃念此举有六利焉:收游惰之民,归之畎亩,庶不至乏食寇掠、去而为盗,利一也。田畴垦辟,五谷滋殖,谷价可平,士卒亦易糊口,利二也。筑圩以居,坞壁相望,无事则督以耕耘,贼至则资以守御,且耕且战,自食自守,贼知有备,不敢来犯,利三也。屯田初立,买牛造屋,其费尚多,一年之后收获,所余足供糇粮刍茭之需,但得贤员,履亩劝农,实心任事,可以屯垦之余资补兵饷之不足,利四也。田荒既久,必有豪强兼并,地连阡陌,势不可遏,若收之入官,亦可以隐杜后患,利五也。淮引滞销,正课久绌,今既获屯田之利,又有销盐之益,课银所入用以拨济军需,不无小补,利六也。凡此六利,显而易明。至于以场坝壅滞之盐,收闾阎自然之利,垦荒废可惜之田,得耕战交资之用,上不费国家帑,下不病民生,而转可以裕国足民。以臣管见,总之今日之计,无有便于此者。臣待罪行间,兼膺疆寄,目击皖省兵单饷缺,地瘠民贫,不得不亟思变通之策、补救之方,苟有利于国计民生,自当知无不为。谨竭其毷毷之愚,上陈黼座,以备圣明采择。此项销盐余利,虽非帑藏所发,而以公办公,丝毫不容侵蚀。如蒙饬部核议,以为可行,臣惟当酌水励清,正躬率属,商同藩、臬两司,遴择属员中之精明廉洁、为守兼优者专司其事,臣与两司详细勾籍,核实办理,务令出入款目针孔相符,庶不至日久弊生,有名无实。但销盐以河道通行为主,而兴屯一事尤必俟兵氛稍远方可试行。此时颍、寿、六安前有窃据千余里之粤寇,后有蟠结千余圩之捻匪,举行屯垦颇觉不易。臣受恩深重,亦不敢不力任其难。倘仰赖圣主如天之福,粤逆不至十分猖獗,捻匪亦得以次鄠除,臣自当殚竭心力,切实讲求,以期盐利日饶、屯政日广,用副我皇上劝农重谷、兼益兵民之至意。所有敬拟盐利、兴屯一策,不揣固陋,谨缮折剀切胪陈。是否可行,伏乞皇上圣鉴训示。谨奏。

奉朱批:"户部速议具奏。"

沙河兵练围攻程圩严堵援捻折　四月二十三日(五月初二日奉朱批)

[臣翁同书跪]奏①,为北捻大股救援程圩,经沙河兵练严堵退回,现仍昼夜围攻程圩,以期迅拔,恭折由五百里具陈,仰祈圣鉴事。

窃臣前将攻克小华家圩坚巢,生擒捻首,抚其余众,进攻程家圩,力战杀贼各情形缮折驰奏在案。旋据川北道苗沛霖、署蒙城县知县苏履中先后禀报,北路兵练围攻阎圩,于本月初四日兜剿外援捻匪,将前审扰清江之著名捻首李大喜生擒,并杀毙骑马捻首百余名,随于十二日将阎圩攻破,分别诛宥等语。所有详细情形,应由傅振邦查明具奏。其颍州一军,自攻拔小华家圩后,昼夜围攻程圩,已成阱兽。本月初六日,探有捻匪来援之信,苗沛霖连日出队往迎,时遇股匪,剿毙多名,获马数十匹,一面分拨练勇围攻距刘伶口十余里之李姓、武姓各捻圩,亦有斩擒。正在得手,突于十三日侦知孙、程二逆已率大

① 据《奏稿》整理,方括号内文字根据《皖北奏报》补充。底本据《奏稿》。该册封面题:"奏稿庚字十一号:咸丰十年四月二十三日未时,五百里拜发,五月初十日奉到批回。"

股捻党数万,由楚店集窜至板桥,前来救援,并有前次攻破之大华家圩梁逆余党数百人乘夜突入空圩,复行占踞,据称意欲投降,未分真伪。苗沛霖因援贼逼近,将分攻李、武二圩之练撤回严防,与黄鸣铎会商,督令官军、团练齐整队伍,镇静以待。十五日夜间,营北十里外火光遍野,次日仍无动静。嗣于十七日探系该逆众见我兵练严整,莫有斗心,畏惧宵遁,孙、程二逆禁止不住。闻孙葵心已窜回楚店集,现在苗沛霖、黄鸣铎等仍昼夜逼攻程圩,有新投诚之潘树现,改名潘立勋,自告奋勇,率众开挖地道,已逼内濠等情,据苗沛霖、黄鸣铎先后禀报前来。臣查逆援虽退,恐其纠众复来,仍应严防,因饬令一面紧攻程圩,以期迅拔,一面将占踞大华家圩梁逆余党查明投诚真伪,分别剿抚,以绝窥伺。此连日堵退救援程圩大股捻匪及现在设法紧攻之实在情形也。伏查川北道苗沛霖分派练勇,协同皖军由蒙城、颍州两路剿捻,连破贼圩,生擒巨憨,声势极壮。臣接该道叠次亲笔禀函,阅其情词,感激天恩,力图报效,出于至诚。该道现驻沙河,与臣所派统带水陆官军之副将黄鸣铎及颍州府知府才宇和同心协力,誓欲灭此朝食。臣复为之筹捐杂粮,源源接济,俾得尽力图功。该道亦极为感奋,其练众均能力战用命,会同官军剿抚兼施,是以捻众灰心,不独不敢肆行窜扰,且闻有畏威愿降之意。如果迅拔程圩,巨捻就抚,则捻氛自可渐戢,于地方军务均有起色。除饬令苗沛霖、黄鸣铎督率兵练,相机剿办外,所有沙河兵练堵退大股援贼及现仍设法紧攻程圩缘由,理合会同臣袁甲三、臣穆腾阿合词缮折具奏,伏乞皇上圣鉴训示。谨奏。

[五月初二日]奉朱批:"知道了。"

围攻定远并探报江南援敌情形片　　五月初二日奉朱批

再①：派赴定远会剿之副将于昌鳞、知府袁怀忠两军暨副都统萨
萨布马队，均已进扎三十里店一带，会同临淮各军屡次进攻，频获胜
仗。其徐立壮练丁绕赴南路，已成三面围攻之势，城内之贼闻风胆
落。又探得庐州、舒城二处添贼颇多，传闻由江南渡江而来，有救援
定远、攻扑寿州之说，或云欲由六安、霍山抄楚军后路，臣已密饬各军
严防。合并陈明，伏乞圣鉴。谨奏。

[五月初二日]②奉朱批："知道了。"

孙葵心乞降拟南北并举剿抚兼施片　　五月初[二]日奉
朱批

再：臣于上年十二月间，密饬颍州府知府才宇和遣委员黄殿桢亲
赴楚店集贼巢，设法招抚各捻逆，颇有感动之机。近又谕饬练总高锡
龄、夏馥超等切实开导，适苗沛霖集练助剿，大振军威，该逆首孙葵心
两次乞降于苗沛霖，又有巨捻王怀义乞降于高锡龄。臣饬苗沛霖、才
宇和慎重办理，察其是否真心投诚，毋堕贼计，又须不失大体、不留后
患，毋得专顾目前，致令日后尾大不掉。兹闻胜保已到亳州，臣遣副
都统麟瑞带领马队一百三十余名，计已驰抵豫省军营，正可南北并
举，剿抚兼施。臣仍当与胜保、袁甲三、穆腾阿随时商酌，和衷协力，
以图早靖捻氛。理合附片具陈，伏乞圣鉴。谨奏。

---

① "再"字前另批有一"和"字。
② 奉朱批日期据《皖北奏报》补。

[五月初二日]①奉朱批:"知道了。"

附陈皖北晴雨及麦收情形片

再:本年春寒过甚,雨雪较多,麦苗微有损伤,幸三月中旬以后天气晴和,雨阳时若。现在二麦业已登场,收成尚不至过于歉薄。臣饬令各州县坚壁清野,并令插秧艺菽,毋失农时。其被贼蹂躏之区,田亩虽多抛荒,亦渐有人垦种。所有皖北麦收情形,理合附片具陈,仰副皇上轸念民依之至意,伏乞圣鉴。谨奏。

奉朱批:"知道了。"

请议恤旌表殉难绅士妇女片

再②:咸丰七年二月间,粤捻窜陷霍邱县城,时该县绅士、候选布理问刘椿率同阖家亲属与贼巷战数时,众寡不敌,该员之嫡堂兄即选通判刘星杓、从九品刘泽施,堂侄刘仁厚、刘仁纯、刘紫云、刘相福,湖南候补从九品刘成一,侄孙刘守训及姻戚监生王开基、王兆基,训导田绍雍,文生田阶升、田云升、田擢升等均同时力竭阵亡。该员身受重伤,突围出城,逆匪拥至其家,该员之母王氏即扼吭死,妻张氏、胞嫂陈氏、弟妇朱氏俱骂贼被害,弟妾张氏、朱氏携二子刘定文、刘俊

---

① 《皖北奏报》抄录的奉朱批日期为五月初三日,查《随手登记档》,该片奉朱批实在初二日。参见中国第一历史档案馆编:《清代军机处随手登记档》第93册,第140页。

② "再"字前另批有一"袁"字。

文，一女并孀居弟妇陈氏、子媳李氏、孙刘八十及该员幼女均赴井死，家丁、婢媪三十余人无一生者。据该县绅董公禀，请予旌恤，由县查明具详。又，合肥县官亭保练董五品蓝翎刘先标，管带练勇，随同李孟群在官亭驻扎防剿，咸丰九年二月间，粤逆由六安前来围扑，该军功力守水圩，相持竟日，讵贼来愈众，齐施火箭，烧燃圩内房屋，致被攻破。该军功之父从九品刘长太，叔父从九品刘宪章、刘会章、刘彩章、刘焕章，胞弟刘先佐，堂兄弟刘先培、刘先第、刘先榜、刘先勤、刘先守、刘先庆、刘先康、刘先贵、刘先路、刘先谟，子刘代纯，侄刘代敖、刘代昆、刘代冬、刘代道、刘代棉、刘代书、刘代著及弟妇韩氏、宋氏，子媳张氏，张氏侄媳谭氏，女训，子侄女大孜，孙女凤英均同时被贼杀害，韩氏、宋氏因骂贼不屈，致遭寸磔，尤为惨烈。并有怀宁县人世袭云骑尉宣英奉委在圩坐探，帮同守圩，圩破亦同被害等情，据藩司转据该县详请奏恳旌恤前来。伏查霍邱县绅士刘椿、合肥县练董刘先标俱系阖家数十口同时殉难，洵属义烈可风，殊堪悯恻，世袭云骑尉宣英奉委坐探，圩破捐生，亦属因公被害，相应请旨，饬部一并照例议恤旌表，以彰风化而慰忠魂。理合附片具陈，伏乞圣鉴施行。谨奏。

　　奉朱批："均著分别照例旌恤。"

请简重臣驻扬督剿折　四月二十三日(五月初二日奉朱批)[①]

　　奏[②]为江北防兵不可空虚，淮扬饷需尚可筹画，拟请仍简重臣驻

---

　　①　此折在零散奏稿册内。据《随手登记档》补充具奏日期和奉朱批日期，并调整到适当位置。参见中国第一历史档案馆编：《清代军机处随手登记档》第93册，第140页。

　　②　"奏"字前批有"咨：袁、曾、胡；行：两司、营务处"字样。

扬督剿，保护里下河完善之区，以维大局，敬摅管见，缮折由驿附奏，仰祈圣明采择事。

伏念自贼扰金陵以来，大江南北分立两军，各置统帅，所以专其事权，联其声势。洎乎瓜、镇同克，卒收掎角之功，此其效也。嗣因浦、六失陷，江北一军决裂，因将扬州军务悉归江南大营节制，仰见圣主因时制宜，权衡至当。不意贼氛过炽，趋重江南，以致列城涂炭，长围被冲，三吴震惊，时事一变。当此之时，方图力护苏、常，何暇再顾江北。不知江南苏、常等处固为财赋要区，而江北淮、扬一隅尤为咽喉重地，是故防江南必先防江北，而防江北之扬州，尤必兼防扬州之里下河。盖里下河者，淮扬十数州县之通称，田畴沃衍，种宜秔稻，民间向有"里河熟，江南足"之谚。河徙北行，淮水底定，里下河久无水患，连岁有秋。加以扬州富民率往避寇，商贾辐凑，富庶倍于往时。从前扬州、镇江被兵，而百货尚得通行，文报不至梗塞者，以里下河之未失也。倘里下河完善之区为贼窜扰，则贼粮充裕，不可胜食，且将尽收盐利、驱场灶之丁入伙，贼何日而可平，地何时而可复？无论扬州孤城，难以固守，即能守此城，而沿江沃饶之地尽以予贼，长江之利皆为贼有，商贩裹足，驿报不通，一旦由通泰渡江，可以直抵吴下；由盐城北犯，可以径达清江，此其为患良非浅鲜。臣在江北年久，略知形势。除扬城之外，当为里下河设防者凡有四处：曰三汊河，曰沙头，曰万福桥，曰邵伯镇。盖三汊河者，诸路之总汇也；沙头者，通、泰之藩篱也；万福桥者，仙女镇之屏蔽也；邵伯镇者，高、宝之门户也。三汊河有高阜可据，沙头有江汊可防，万福桥有宽河可恃，邵伯镇有运河可限，且有支港重湖可凭，各该处有兵守之，则少可胜多；无兵守之，则贼安行度险，将豃突不可制矣。臣是以谓江北防兵不可空虚，而防扬者尤必防里下河也。或谓防里下河必多设兵勇，饷何从出？不知江北自咸丰三年以来，自为一军，本有粮台，本有专饷，从前兼防浦、六，尚且能支，今只防仪、扬一隅耳，以江北地漕、厘捐充之，无患其不足也。即有不足，而用里下河之民力，自足为里下河设防。昔年雷以諴创办亩捐，每亩仅捐钱八十文，瘠者递减至二十文,取数甚微,何至召民之怨? 特委员奉行不善,间有滋扰,致为口实,似未可惩羹吹齑,因噎废食。若即按曩时之旧册抽收亩捐,计一年可得制钱三十余万缗。责成州县办理,不设委员,可无扰民之事。加以里下河各州县商贾捐输当亦不少,以之增兵万余,扼守里下河要害,经费有赢无绌。如是,则里下河完善之地固若金汤,扬州一城不至形同孤注,一切商船驿马照旧通行,而江南大军亦可资为掎角,长江南北,炮鼓相闻,苟江北大局不至动摇,则江南小挫尚可补救;如失此弗图,恐粤匪既已垂涎,捻匪亦将铤走,蔓延浸广,势且无及矣。至于江北统兵大员,为戎旃重寄,前此以托明阿之老成忠亮、德兴阿之谋勇兼优,尚不能策其万全,今虽有提督李若珠,而设兵既多,受任尤巨,伏望特简知兵、有威望之大臣以临之,然后诸将有所禀承,师中耸其视听。此在圣主知人善任,自有权衡。论者又疑河臣、漕臣似可兼理,不知军旅当有专司,而从淮安至扬州地势悬隔,亦难兼顾,非特立一军,无以重其事也。臣待罪行间,皖省军务,诸形丛脞,又何敢出位妄陈。第思国家大利大害之所关,若避出位之嫌,知而不言,则负罪滋大,是以未敢缄默,谨以江北防兵不可空虚,淮扬饷需尚可筹画缘由,吁陈于圣主之前,不胜屏营待命之至,伏乞皇上圣鉴训示。谨奏。

奉朱批:"另有旨。"

据情代陈凤阳关税短征缘由折　五月十三日(二十日奉朱批)①

奏为凤阳关税一年期满,征收钱粮数目亏短,实属有因,据情代

①　此折在零散奏稿册内。发折时间与奉朱批时间均据《随手登记档》补,并调整到适当位置。附片同。参见中国第一历史档案馆编:《清代军机处随手登记档》第 93 册,第 240—241 页。

奏,仰祈圣鉴事。

　　窃据署庐凤道兼管凤阳关税务黄元吉详称,凤阳关税课每年正额银九万一百五十九两六钱,盈余银一万七千两,二共应征银十万七千一百五十九两六钱。自咸丰三年,贼由楚省扰及江扬,皖省之凤阳、怀远、蒙城、亳州均被蹂躏,土匪四起,道路处处戒严,商贩裹足,关税减收,经前任监督奎绥奏恳尽征尽解,钦奉朱批:"览奏,系属实在情形,著照所请办理,该部知道。"钦此。嗣因户部议陈关税情形,钦奉上谕:"著照部议,嗣后各关均宜设法整顿,仍遵额定税数照常征收,不准以尽征尽解违例奏请,致滋流弊。如将来亏短实属有因,着俟一年期满奏报,到时由户部酌量情形,分别奏明,请旨核办。"钦此。维时正阳、六安尚无贼踪,凤、颍捻匪未甚猖獗,已属征解维艰,迨^①后正阳迭被匪扰,六安亦为贼踞,凤、颍所属大半残破,水陆不通,关征年短一年。该署道接任以来,带兵扫荡,设法招徕,不遗余力。上年关满,亦仅征银六千六百余两,犹冀新季接征,或可渐有起色,讵料粤、捻交乘,蔓延日甚,统计凤阳五关内,临、淮二关均为捻匪占踞;亳口向设亳州城外,自捻匪滋事以来,遍地贼踪,久成虚设;正阳大关叠经残破之后,本属有名无实,兼之切近逆氛,时惊风鹤,上下游节节阻塞,不特重载巨商久已绝踪,即零星小贩亦甚寥寥;盱眙一关滨临洪湖,向征关税本属无几,于去年夏秋之间两遭失陷,虽即克复,而天长、定远之贼时在附近滋扰,客贩更形寥落。计自咸丰九年二月十五日起,至十年二月十四日止,一年期满,共收银一千二百十两八钱一分六厘二毫,按照定额,短收正盈银十万五千九百四十八两七钱八分三厘八毫,比较上届短绌更多。此非稽征不力,实缘长淮节节阻塞,舟楫难通之故。若仍照案赔缴,实在力有未逮。除将额支凤阳府县、临淮乡学廪饩并例支经费数目另行造报外,详请据情代奏等情到臣。相应吁恳天恩,俯念淮河久为贼踞,商贾不通,关税短绌实属有因,免其按额计考,并免着赔,出

---

　　①　此处删去"历任尽征而"五字。

自逾格鸿慈。理合恭折代奏，伏乞皇上圣鉴训示。再，该署道于八年夏间，因凤阳失陷，将库储税册、文案移存盱眙。九年盱眙失陷时，该署道带兵驻扎红心驿，距盱眙关二百余里，当经派人驰往查验，均已遗失，无从稽核。合并陈明。谨奏。

奉朱批：“户部议奏。”

代奏凤阳关监督暂缓解交造办处银两片　五月十三日（二十日奉朱批）

再：据署庐凤道兼管凤阳关税务黄元吉详称，凤阳关监督每届一年期满，例领养廉银六千两、办公银六千两，在于正额税课内开支。前因庐凤道兼管关税，已有道任养廉，足敷公用，是以将关任养廉、办公等银解交造办处充公。嗣于乾隆三十年闰二月间，监督卓尔岱具奏交银，折内钦奉朱批：“嗣后于关任养廉内，每年资汝一千两，即后任亦照此办理。”钦此。钦遵在案。兹自咸丰九年二月十五日起，至十年二月十四日，一年期满，征收税银短绌，除按月例支经费外，该署道谨遵向例，支领关任养廉银一千两，其余养廉银五千两、办公银六千两，二共银一万一千两，本应解交造办处交纳，未便虚悬。今额税短绌，不敷动支，应请暂缓解交，俟商贾通行，关税充裕，再行补解清款。又，凤阳大关征收税银，每年有节省归公银七分，并裁革倾销、火工、饭食银七分，历经奏明，解交造办处充公在案。今一年期满，共征归公银三十七两八钱六分七厘，倾销银三十七两八钱六分七厘。又，征收关税一年积存平余钱余银一款，向为解部平饭及添补各口经费等用，循例动支。今因额税短征，仅积存平余钱余银一百九两一钱七分二厘五毫，不敷支销，亦无余存银两解部。又，关税内尚有充公银，为添补平饭及一切办公之用，撙节支销，计余存银四两三钱四分。以上三款,共银八十两七分四厘,除俟委员解交造办处兑收外,详请代奏等情前来。理合附片具陈,伏乞圣鉴、饬部查核。谨奏。

奉朱批:"该衙门知道。"

攻破蟂矶敌巢投诚之陈芸桂等请奖片①

再:委办桐城东乡团练、江苏尽补知州疏长庚于本年二月间,会同水师迎击渡江援贼,获船歼匪,生擒贼首三名。经臣奏奉恩旨,准俟克复桐城后汇奖在案。嗣据该员连次禀报,三月十一日,该员就近禀商水师总兵李德麟,招降青阳南乡黄柏岭贼首伪砺天豫陈芸桂、伪砺天侯张少英、伪军政司丁梦松等众三千余人,一律剃发投诚,酌留善战者五百余人随团助剿,余俱遣散,并呈验所缴伪印等件。闰三月二十四日,该员督带水陆团勇及陈芸桂等投诚之众,随同总兵李德麟、吴全美与楚师齐攻芜湖对江之蟂矶贼巢,于二十五、二十八等日连破蟂矶贼垒四座,柳林贼垒一座,二坝贼垒一座,芜湖对岸一律肃清,禀请鼓励前来。臣以该员收抚降众,协克坚巢,防剿颇为得力,惟寿营距桐、芜较远,兼阻贼氛,一切情形势难即时详核,仅据该员禀报,未便遽行具奏。正在密查问,兹据统带战船浙江温州镇总兵吴全美、定海镇总兵李德麟会同呈称,该镇等前奉和春调令进攻芜湖,以芜湖与蟂矶隔江紧对,互为声援,每值师船攻芜,蟂矶之逆即密开大炮,拦江截击,使我腹背受敌,非先攻克蟂矶、肃清北岸,不能得手。查蟂矶前后贼垒四座,加以柳林、二坝逆巢二座,踞贼三四千人,联络据守。该镇等会商

① 以下两个附片,原稿抄录于《会攻定远屡获大捷并南北路防剿军情折》之后。整理者根据《随手登记档》的记录顺序做了微调。参见中国第一历史档案馆编:《清代军机处随手登记档》第93册,第241页。

楚师，于闰三月二十四日带同委员疏长庚水陆团勇，并新招义勇陈芸桂等驰赴蟂矶，登岸攻剿。二十五日，将蟂矶石垒一座先行攻克，生擒伪旒天侯钟文明、伪殿左十一丞相陆有胜等多名，斩馘不计其数。二坝踞逆悉众来援，参将李起高等带队迎头拦击，该镇等督水陆各勇会同楚师绕至后垒，四面合攻，登时踏入，刀砍矛刺，将逆众尽数杀毙，无一漏网，并将沿岸土垒二座乘胜攻毁，遂督队直扑柳林贼巢。时李起高等已将援贼击退，折回助剿。该逆穷蹙，开垒欲遁，我军一拥直上，枪炮兼施，轰毙及落濠淹死者无算，余悉擒斩尽净。二十六、七等日，该镇等约会楚师，分路进攻二坝贼巢。查看该垒离岸较远，墙高濠阔，水师船炮轰击不及，该逆恃以为固，拼命抗拒。我军围剿两日，因贼炮过密，未能得手。二十八日，该镇等令参将李起高等带同陈芸桂、张少英驶驾小炮划十余只，乘潮由江汉渡入内濠，逼近攻击，并多带柴薪以备填濠。各军由陆路涉水直薄垒根，排列火枪，更番攻打，旋将该逆炮台轰塌数处，逆众惊慌。千总张国陞等大呼杀贼，摩垒先登，各军同时攀援齐上，逆众犹拼死迎战，我军并力兜剿，歼戮无遗，立将二坝逆巢攻拔。是役，以四日之力连破坚巢六座，断芜湖对江之援，擒斩至一千余名，生擒贼首多名，夺获炮械五六百件、药弹六千余斤，粮食、牲畜无数，实足以寒贼胆而快人心等语。查水师打仗情形，向归金陵大营查核具奏，惟此次有皖北团勇协同助剿，又现在江南军营移撤，恐道途阻隔，文报稽迟，该镇等虽经报明，未卜能否递到，既据呈报到，臣核与委员疏长庚前禀情形大略相同，理合一并附陈。再查投诚之陈芸桂等，所受伪职较大，统带多人，当此逆势猖獗之时，竟能弃邪归正，出力报效，随同官军、团练破贼立功，据吴全美等查报属实，其为真心投诚，已可概见。相应吁恳恩施，准将陈芸桂以千总尽先补用，并赏给五品顶戴蓝翎；张少英以把总尽先补用，与丁梦松均赏给五品顶戴，以示招徕。并请将办理招抚之从九品殷建中以县丞选用，并赏戴蓝翎；劝谕投诚之文生陈日烜以训导选用，并赏戴蓝翎；外委钟保胜、何庆传均以把总量尽先补用；六品军功方念元以外委尽先拔补，以示奖励，出自鸿慈。至此次攻剿出力之水师、团勇,应俟查明,另请奖叙。是否有当,伏乞圣鉴训示。谨奏。

　　　　奉朱批:"另有旨。"

黄鸣铎请升补副将员缺片

　　再:陕西潼关营副将袁学忠军营病故一缺,接准部文,应由臣另行拣员奏补。兹查有副将用安徽泗州营都司黄鸣铎勇干廉明,老成勤奋,经臣派赴颍州、沙河一带,督带水陆各营,会同苗练攻捻巢、截击窜匪,屡获大胜。数月以来昼夜防剿,倍著辛勤,且能以诚感人,与川北道苗沛霖亦颇相得,洵系出色之员,以之升补潼关营副将员缺,实堪胜任。该员前于克复临淮案内,奏奉恩旨,以副将用,并无"尽先"字样,于例稍有未符。惟该员实系将才,臣为军营得人起见,合无仰恳天恩,准以副将用泗州营都司黄鸣铎补授潼关营副将员缺。实于军务有裨,如蒙俞允,所遗泗州营都司员缺,容臣另拣请补。合并声明,为此附片吁陈,伏乞圣鉴训示。谨奏。

　　　　奉朱批:"另有旨。"

会攻定远屡获大捷并南北路防剿军情折　　五月十三日(二十日奉朱批)

　　[臣翁同书跪]奏①,为会攻定远,屡获大捷,已添派锐勇并力进

---

　　①　据《奏稿》整理,方括号内文字根据《皖北奏报》补充。该册封面题:"奏稿庚字第十二号:咸丰十年五月十三日申时,六百里拜发,二十九日奉到批回,并二十日内阁奉上谕三道。"次页正文前题:"咨:署督曾、张都堂、署漕督王、河督庚、胜督办、傅督办、两湖、湖北。"

剿，并经南路勇练将庐州大股粤逆击退，颇有斩擒，现在北路捻党时由蒙、亳来援，南路粤逆将滁、全围困，声言欲扑寿、六，兹饬会同苗练紧攻程圩，一面严防粤匪，恭折由六百里具奏，仰祈圣鉴事。

窃臣等督剿沙河北岸程家圩及会攻定远情形，前已叠次驰陈。嗣据游击徐立壮禀报，连端戴桥、老人仓等处贼营、贼卡，并据副都统萨萨布、副将于昌鳞禀报，会同临淮官军攻至定远城下，声威甚壮。臣以定远贼巢尚有匪众万余盘踞，且东路之来安，南路之庐、巢相距非遥，贼援朝发夕至，此时定远西南虽有徐立壮练丁万余人，诚恐西面官兵尚形单薄，随即遴派尽先副将马昇平、尽先参将朱淮森带令锐勇一千名前往定远三十里店，会同萨萨布、徐立壮、于昌鳞、袁怀忠各营，联络临淮大军，以期一鼓克复。所有定远军情，应由臣袁甲三查明会奏。其炉桥、马厂集两处均系后路要隘，仍分布兵勇，节节驻防，以为接应。此近日添兵会剿定远之情形也。先是，徐立壮南攻庐城，将庐逆功天福陈得才、巢逆宏天福陈学礼击退。迨徐练折回之后，谍报四眼狗陈玉成前队伪宽王吴如孝带大股贼二万余人来援定远等情。查该逆吴如孝从前窃踞瓜镇，臣在江北时，与之血战数年，深知其凶顽狡悍。瓜镇克复后，该逆由高资逃至金陵，复踞金柱关，嗣又渡江，踞守庐州、定远。上年冬间潜往江南，兹由江南裹胁大股北来，势颇披猖，不可不严加防范。当饬尽先参将韩殿甲密饬庐城北乡各坊筑圩固守，共计添筑一百余圩。四月初九日，盘获奸细一名，搜出送定远伪文七件，旋报狗逆前队伪宽王吴如孝大股已到。练总任际昌、许承恩、王金榜等集练丁二千余名堵剿，在傅王集东南里许与贼接仗，分队设伏河湾，诱贼入伏，突起夹击，冲贼股为数段，贼众大溃。追至汤家村，生擒马上贼首伪丙天福宣传一名、从贼八名，立即正法，将伪印、腰牌等物呈验。臣查阅伪文，称伪忠王李秀成派吴如孝、吴定彩二贼救援定远，是此股贼匪由江南来援毫无可疑。文内称欲据有苏、杭、常、镇，逆谋昭著，令人发指。现在探闻该逆吴如孝溃败后遁入庐城，余众退踞鸡鸣桥及黄山一带，尚未敢再来攻扑。臣仍饬韩殿甲及游击郭清标等严行防剿。此南路勇练将庐州大股粤逆击退之情形也。臣查颍、寿在捻、粤二逆之间,形势最为吃紧。北捻扬言愿降,未必非伪称就抚以遂其缓兵之计,是攻剿程圩万不可稍形松劲。程圩以兵练数万围攻,掘重濠逻守,飞走路穷,及今已及数月,迄未能破,其垒坚粮足可知。臣令苗沛霖、黄鸣铎射书劝谕,开示祸福,百端晓譬,该逆坚不肯降,负嵎死拒。其北捻之来援者,屡次蚁聚胡家集、板桥一带,时有贼匪马队前来冲扑,比我营出队,旋即遁回。本月初间,贼众又聚胡家圩。是夜,贼中警传官兵乘夜劫营,自相蹂践,杀毙多名,因而溃散。昨又据亳州、太和、蒙城纷纷禀报,孙、姜等逆装旗南窜。并据探报,已由展沟到顾家桥一带。幸苗沛霖、黄鸣铎等布置已密,当可无虞。臣饬颍州府筹捐苗练杂粮官斛一万石之外,又经续捐数千石。闻胜保亦拨银五千两,足资接济。如能攻克程圩,则此后或剿或抚,均易为力,而臣之所私忧者,尤在粤逆。盖江南财赋之区,一朝沦陷,贼之资财日富,则我之筹饷愈艰;贼之裹胁日多,则我之兵力益绌,将来悉众北窜,更成燎原之势。论者或疑江南贼氛忽炽,江北当可稍松,不知北岸情形依然吃紧。刻下接李世忠及滁州、全椒禀报,有贼七万余人围攻两城,万分危迫,倘再分江南之贼并力北趋,群捻响应,不独颍、寿可虞,即豫境亦恐震动。所当绸缪未雨,先事防维,现饬增修城垒,为清野之策,一面紧攻定远及程圩二处,冀及早肃清一隅,以振军威而纾民力。除将搜获伪文咨送军机处备核外,所有各路军情,理合会同臣袁甲三、臣穆腾阿合词恭折具陈,伏乞皇上圣鉴。谨奏。

[五月二十日]奉朱批:"知道了。"

请准鲍云鼇开缺回籍调理片

再:直隶永固协副将鲍云鼇久在皖营,战功叠著,蒙恩记名以总兵用。该员老成勇敢，练达朴诚，前在和州等处打仗屡受重伤，当经调治痊愈，近因积劳，旧伤复发，久患腿疾，举步维艰，经臣叠次给假，在营调理。兹据禀称，腿疾未瘳，日渐浮肿，非旬月所能医痊，应请奏明开缺、回籍调理等语。臣以该员任事实心，方资臂助，惟既因劳伤，所患增剧，而军营医药俱乏，势难调治速痊，合无仰恳天恩，俯准该员开缺回籍调理，一俟病痊，仍令驰赴军营，力图报效。如蒙俞允，该员所遗永固协副将员缺系属军营所出，皖营现有应补人员，容臣另行拣员奏补。合并声明，为此附片具陈，伏乞圣鉴训示。谨奏。

奉朱批："鲍云鸁着开缺回籍，余照所拟办理。"

添兵会攻定远堵击北路获胜折　五月十九日(二十七日奉朱批)

[臣翁同书跪]奏①，为寿营添兵会攻定远，已饬联络扼扎，协力进剿，又北捻大股突援程圩，经沙河勇练连日堵击获胜，现已添派马队驰往助剿，以期力却外援，迅拔坚巢，恭折由六百里具陈，仰祈圣鉴事。

窃臣前将寿营各军派赴各路防剿情形缮折汇陈在案。查东路会攻定远一军，前经臣饬派副都统萨萨布、副将于昌鳞、参将谭玉龙、游击陈开玉、吉学盛暨知府袁怀忠等各率所部马步兵勇进扎定远西三十里铺，近又添派尽先副将马昇平、参将朱淮森带领锐勇一千名前往

① 据《奏稿》整理，方括号内文字根据《皖北奏报》补充。该册封面题："奏稿庚字第十三号：咸丰十年五月十九日戌时，六百里拜发，六月初八日奉到批回，并五月二十七内阁奉上谕一道，又同日军机字寄奉上谕一道。"次页正文前题："会：袁、穆；咨：曾、傅、袁、河南、官、胡、河、漕、张都堂；行：臬司、营务处。"

会同进剿，计寿营调派协攻之军，除游击徐立壮练丁万余外，马步兵勇共三千余人，现均扼扎西三十里铺一带，与临淮官军相为犄角，声势联络。所有东路会剿情形，由臣袁甲三随时查明会奏。至西路沙河官军会同苗练围剿，程圩捻巢已成釜鱼阱兽。讵程逆勾结北捻，屡图救援，业经勇练叠次堵退。兹据副将黄鸣铎禀称，本月十一日巳刻，突来马步捻众十余队，杂色旗帜，约有万余人。马贼前来扑营，步贼列后。我军勇练亦即出队，严阵以待。及至申刻，贼之后队俱到，共有二万余人，红白二色旗帜较多，自程圩北面直至沙河沿，密排数里。适有商船数十只由颍上来，距刘伶口尚有数里，突遇贼众拦截，该客商凫水逃至刘伶口。该员即派千总黄广仁督带炮船驶往援救，枪炮连施，毙贼无数。逆众惊慌，舍舟登岸，遂将各商船全数护出。时我军马步均列阵于长营外，相持良久，该逆先扑苗沛霖营盘，营中立开大炮，毙贼数十人，勇练乘势迎拒，往复数次，该逆方退至大华圩左右盘踞，戌刻又来扑营，终夜滋扰。我勇练撤入营内，坚壁固守，以逸待劳。十二日黎明，苗练出队，于程圩东列为十余圆阵，游击吴峻基、都司陈松率领川楚勇丁设伏于程圩东南，千总吴文英、把总王学敏各带勇队，分为两翼，与水军齐列北岸，以遏该逆旁袭。马队迎前诱敌，该逆果分众二十余队，蜂拥而至，相距半里，止步不前。自辰至午，对仗未分胜负，因贼势过我数倍，未便长驱猝进，当将所列十余圆阵撤至长营外一字排列。该逆意谓我军撤退，跟踪而来，不期已入我军埋伏，突经枪炮四面邀击，纷纷败退，如倒危墙。马步兵练乘势进击，毙贼数百名，而东北隅贼众尚列数队未动，遥为声援，因见该逆大股已败，遂亦撤退，仍至大华圩左右盘踞。十三日，该捻众惟在数里外踞扰，未敢前来扑营。十四日，逆众复出大股，计图袭扑，当即派拨勇练数千迎敌，甫一交锋，逆众即败，追杀数十名，生擒长发捻首魏了等六名。讯据供称，所来各捻系姜台林、张（冥）〔落〕刑、刘狗等所率伙党，前日败仗伤毙者，姜逆之人最多，张、刘等众次之，刘狗现又窜回老巢，约众准于十六日复来救援等语。现经该副将商同苗沛霖，添筑炮台,严密守御。该处本有乌尔滚布所带马队驻扎,臣复饬派副都统衔营总富明阿带领马队一起驰往协剿,总期力却外援、迅拔坚巢。至颍州、颍上两城,均距沙河不远,捻踪逼近,呕应严防。已飞饬该地方文武及带兵驻守各员昼夜设防,以杜窥伺而免绕越。除俟续有接仗情形,再行驰奏外,所有东西两路添兵协剿及堵击援捻各缘由,理合会同臣袁甲三、臣穆腾阿合词缮折具陈,伏乞皇上圣鉴。谨奏。

[五月二十七日]奉朱批:"知道了。"

定远敌军窜出现筹严防片　五月二十七日奉朱批

再:正在缮折间,据知府袁怀忠禀称,定远贼匪于本月十七日辰刻,马步大股由定邑南门窜出,绕走南塘集、鹭鸶庙,直赴朱家湾地方滋扰,意欲绕扑寿州等语。并据副都统萨萨布、副将于昌鳞、马昇平等禀报,该员等因探知贼匪万余出窜,即带队驰往迎堵,午刻至朱家湾,与贼接仗,毙逆二百余名,戌刻始行收队。该逆仍踞朱家湾不退,扬言欲自永康镇、炉桥抄我军后路等情。查寿营兵勇现俱派赴前敌,所存无几,该逆乘虚图扑,事在意中,不可不严加防范。除一面檄令前敌诸军并力兜剿,并饬炉桥、马厂集各营节节堵截,毋任窜越,以顾后路。一面密饬在寿各营及地方文武督率兵练,坚壁清野,豫为准备。其六安、霍邱、颍上等州县暨颍州府文武,亦已分别檄饬严防。合并附片具陈,伏乞圣鉴。谨奏。

[五月二十七日]①奉朱批:"知道了。"

---

①　奉朱批时间据《皖北奏报》补充。

请饬部补铸印信片

再：地方文武各官印信、关防，如有遗失，例应题请补铸颁发，以资信守。兹查六安直隶州印，于咸丰七年四月间署知州金宝树任内，因粤匪陷城遗失，又安庆协副将、安徽抚标左营参将关防各一颗，系于咸丰三年副将兼署参将松安在庐州殉难后，经该营把总甘全埋藏，嗣该把总随亦阵亡，无从着落、查取，又庐州营都司关防，系都司岳克清阿于上年六月间，粤捻围扑定远，该都司带队堵击时，将关防交兵丁凌健功携带，该兵丁遇贼，被砍头颅，登时阵亡，以致遗失，据现任文武各员先后查明遗失缘由，申请补铸颁发前来。相应请旨，饬下礼部，迅铸六安州印一颗，安庆协副将、安徽抚标左营参将、庐州营都司关防各一颗，颁发来皖，转给开用，以昭信守。又，上年六月间定远失陷时，知县周佩濂及代理安庆府知府陈采纶同时殉难，所有安庆府印、定远县印各一颗，查亦遗失，应请一并饬部补铸颁发，俾资应用。至安省现因军务倥偬，一切例应题报事件，俱经改题为奏，合并声明。为此附片具陈，伏乞圣鉴施行。谨奏。

奉朱批："礼部知道。"

桐城勇练会合楚军克复枞阳恳恩鼓励折　五月十九日

[臣翁同书跪]奏①，为桐城勇练会合楚军水师进攻枞阳贼巢，两路夹击，连破坚垒，擒斩贼目多名，毙逆千余，收抚降众，夺获炮械、药

---

①　"奏"字前批有"会：袁；咨：穆、曾、胡、杨、张都堂、河、漕、傅；行：臬司、营务处"字样。

弹、伪印、旗帜、粮盐无数，立将枞阳地方克复，恭折由六百里具奏，恳恩准予鼓励，仰祈圣鉴事。

窃臣前将桐城勇练协同水师克复螃矶情形附片陈明在案。兹查，枞阳一镇在桐城、安庆之间，倚山临江，为贼匪往来咽喉要地。该逆自窃踞安庆后，分党筑垒屯守。数载以来，官军水师屡攻未克。臣前因楚师进剿怀、桐，即饬委办桐城东乡团练运同衔江苏候补知州疏长庚整饬勇练，随同水师相机攻取枞阳，以断该逆援应。一俟得手，即由间道飞报，并函寄杨载福、李德麟就近督率。去后，兹据该委员疏长庚先后禀称，该员自协同水师攻克螃矶后，于四月初八日派拨勇练二千余人，由该员亲督，驰赴距枞阳十五里之金庄桥地方，扎营五座，并分拨炮划停泊内河一带，进剿枞阳贼巢。二十一、二、三等日，该逆叠出，贼众或千余人，或二三千人，径扑我营，经该员将勇练分为三队，迎头剿击，连日击毙贼匪三十余名，内有伪丞相刘姓一名、伪功勋六名，轰伤五十余名，夺获贼马三匹，旗械、印据多件。二十五、六等日，我兵直逼贼垒围攻。该逆自经惩创，伏匿不出，将各隘口径路尽行掘断，负隅死守。该员因我勇练只能攻贼后面，其前面临江，必须水师进攻方能会合剿洗，当即禀请福建提督杨载福拨派艇师，于二十八日驶至枞阳，前后夹击。该逆惟密开枪炮，尽力抵拒。我军水陆更番换队，逼近围扑，义勇陈芸桂、张少英等奋勇先登，于二十九日将杨子巷口贼卡一座攻毁，生擒伪指挥黄姓一名，杀毙贼匪九十余名。查看贼营东西两面，皆系宽河深池，陆军既难飞越，水师又因坝、岸阻隔，无从驶入逼攻，水陆各军仅攻南北两面，尚不足制其死命。该员随禀商杨载福，于五月初一日一面出队绕出莲花池埂之前，一面护夫掘开新河坝、莲花池埂数段，以通江潮。初二日黎明，杨载福亲督水师驶入莲花池，齐开大炮，轰击苏家山贼营。该员督率勇练，先将苏家山下贼卡一座攻破，杀贼八十四名，余逆窜入苏家山营，该员遂乘胜督同蓝翎候选知县慈沛霖等，带领各练一鼓作气，冲冒矢石，攀援直上，即于未刻将苏家山贼巢攻拔，毙逆极多，夺获器械无算。其时惟余白鹤峰该逆老营一座,因水师攻其西南,该员即督各勇练由东北进攻,直抵濠边,放火将鹿角、梅花桩烧毁,乘势越过重濠三道,依墙排立,以避该逆枪炮。各练勇气百倍,少间皆腾身而上,见贼即斫,毙逆数百名,内有伪佐将连天福万姓一名、伪纶天豫梁姓一名、伪沃天燕高姓一名、伪检点、伪指控、伪将军、伪提牌不计其数,当将白鹤峰老营攻破,枞阳地方即于是日戌刻克复。其贼营之西南皆水,未容该逆一名漏网,余众皆长跪乞降,该员即禀商杨载福,准其投诚,悉令剃发,分别留营、遣散。共计先后毙贼千余名,夺获大炮十五尊,大枪三十余杆,小枪一百五十余杆,火药十二石,铅子七石,贼马七匹,旗械、伪印、伪札一百余件,米粮、食盐数百石。该员左肋下及右手受枪子伤三处,勇练亦有伤亡等情,间道驰禀前来。臣查该处为桐城巨镇,向来商贾辐凑,系水陆通津,为形势必争之地,该逆故用全力死守。此次楚军水师与桐城勇练水陆夹攻,并掘开堤坝,引水通舟,四面轰击,连破坚垒,擒斩千余,收抚余众,立将枞阳地方克复,既可断安庆、池州贼援,并可孤踞桐逆匪之势,于皖北大局实有裨益,洵足快人心而寒贼胆。所有水师攻剿情形,应由楚省军营查核具奏。至该委员疏长庚,自去岁经臣委办桐城东乡团练以来,竟能实力整顿练务,叠著战功,近又随同水师连克沿江要地、贼巢,洵属著有微劳。合无仰恳天恩,俯准将运同衔江苏候补知州疏长庚赏戴花翎,以示奖励,其此次出力之绅董、勇练人等,相应一并吁恳恩施,准臣查明,择尤保奖,以资鼓舞而励戎行。除将该员呈到所获伪耿天豫何金隆等伪印、图记二十一颗封送军机处备查外,所有桐城勇练会合楚军水师攻克枞阳贼巢,恳恩鼓励缘由,理合会同臣袁甲三合词缮折具奏,伏乞皇上圣鉴训示。谨奏。

奉朱批:"另有旨。"

沙河兵练堵剿援捻获胜力攻程圩折　六月十三日(二十一日奉朱批)

[臣翁同书跪]奏①，为沙河兵练堵剿大股援捻，叠获胜仗，炮船乘涨驶攻，立将该逆全数击退，先后毙匪千余名，夺获骡车、马匹、炮械、旗帜、粮食无算，现饬并力逼攻程圩，力图迅拔，恭折由六百里具陈，仰祈圣鉴事。

窃臣前将北捻突援程圩，兵练堵击获胜，并添派马步队赴东西两路助剿缘由缮折驰陈在案。查此股援捻人数众多，虽经苗沛霖、黄鸣铎等督率兵练，屡次击败，而仍在附近盘踞，意图诱我远追，乘隙奔突援救，且据生擒捻逆供称，刘狗复回，约众前来，逆谋叵测，当饬黄鸣铎等会同苗沛霖严督兵练，以堵为剿，力却外援，庶可相机攻取。嗣据黄鸣铎、苗沛霖先后禀称，五月十五日，该逆又拥众列阵十余里，前来扑营，程圩捻众亦欲由内扑出夹攻。我军以马队迎敌，分拨步队堵扼程圩窜路，该圩逆始匿而不出。一面设伏以待，经马队鏖战两时之久，将逆众诱入伏内，四面枪炮突起，冲溃中坚，该逆首尾不能兼顾。乘胜逐北，毙贼无数。阵斩执大红旗骑马贼首一名，夺获旗帜、马匹。十六、十七等日，该逆屡来窥伺，苗沛霖随时派队击却，毙贼数十名。十八日，我马队前往诱敌，该逆潜伏不动。十九日，该逆于我营数里外滋扰，经由苗练出队奋击，即时败退。二十日，复拥众近前，黄鸣铎即会同苗沛霖督饬兵练，一半守营，一半迎战，自辰至午，击毙贼匪极多，获马亦夥。都司陈松亲发火枪，击倒骑马贼首一名。千总吴文英

---

①　据《奏稿》整理，方括号内文字根据《皖北奏报》补充。该册封面题："奏稿庚字第十四号：咸丰十年六月十三日子时，六百里拜发，二十九日奉到批回，并六月二十一日内阁奉上谕一道。"次页正文前题："咨：督、傅、河南、署漕督王、张都堂。"

带领枪队，轰毙骑马贼多名。逆众旋即撤退。二十一日巳刻，该逆突分股众，扑近颍胜勇营盘，当经千总黄广仁等立开大炮，将执旗骑马贼首击毙一名，逆众惊却。其由东北扑练总赵玉华营垒之贼，为该练众出敌佯败以诱引之深入，我兵练环起接应，呐喊扑杀，枪炮齐施，间以喷筒、火箭，立毙贼匪无数，群逆纷纷溃逃。营总乌尔滚布、富明阿率马队乘势分抄，直追杀至贼营外，毙逆极夥。二十二日，突来白旗捻众数千，与官兵接战，又有新来刘狗之黑旗捻众数千，与苗练对仗，经兵练同时击败，俱有斩擒。正在得手，复有五色杂旗悍贼数千前来援应。我兵练勇气百倍，直前混战，立将该逆执大旗贼首砍倒，夺获大旗一面。马队分路冲击，逆势不支，当即奔溃，弃鞋无数。时适大雨如注，我兵练未克远追，亦即收队。嗣后雨连日不止，沙河水势泛涨，小河船可通行。二十六日，黄鸣铎亲督炮船，由王家海进小河，扼贼要隘，一面派千总周瑞、外委徐坤带领炮船，随同苗沛霖由刘伶口西面入小河，越过程圩，直抵大华家圩之西，环绕轰击。该逆因天雨道阻，散处无备，不虞我军突至，惊慌失措，即于是夜全数远遁，落水淹毙者约数百名，起获捻首等乘坐骡车十余辆，帐棚、炮械、粮食无算。随将炮船驶逼程圩，一面另派水军至江口集，由小乌江进攻板桥一带捻圩，使北捻有所顾忌，不敢再图窥伺，以期迅拔程圩等语。伏查此次北捻纠党来援，冀图力解程圩之围，屡次扑攻，其势猖獗。幸我兵练齐心，黄鸣铎与苗沛霖会商调度，贼至则设伏邀击，贼退则不令远追，俾该逆无隙可乘，长围屹立无恙，而外援日久疲乏，虽添纠股党，又经屡败，锐气顿挫，故得乘天雨水涨、逆众无备之时，突用炮船驶攻，遂将该逆来援大股全数击退，剿办颇合机宜。经臣饬令，乘此声威，并力攻取程圩，绝捻党觊觎之计。旋又据黄鸣铎禀称，六月初一日，炮船逼攻程圩，两面轰击，连毙大旗下贼匪二名。其由江口集、小乌江进攻之炮船，于初二日将湾沿一带捻圩尽行烧毁，毙贼多名，夺获贼船三只，生擒狡贼郭景聪等二名，用为向导。又张家岗圩擒获发贼马登山一名，遣赴程圩，示令逆党逃出免戮等语。刻下程圩围困数月，飞走俱穷，外援既却，内势益孤，当不难于迅拔。除饬令严密紧攻，毋稍松劲外，所有堵剿援捻连获胜仗后，全数击退回巢，现饬逼近攻取程圩各情形，理合会同臣袁甲三合词缮折具奏，伏乞皇上圣鉴。谨奏。

[六月二十一日]奉朱批："知道了。"

截击定远敌军获胜目前布置情形片

再：定远贼匪于前月十七日窜扰朱家湾，经寿州派赴前敌各营兜剿获胜，业经附片陈明在案。嗣于十八日，萨萨布、于昌鳞等带队，约会团练，于五更时前往袭攻，三面拥入，枪炮齐施。该逆不测我兵多寡，纷纷逃溃，各军分头截击，毙贼数百名，余众悉数仍遁，由南路张桥等处而去。至游击徐立壮一军，先经绕赴定城东南老人仓一带，连破贼巢。十九日，该逆由西路败回，突于三官集等处扎营二十余座，与该游击练丁相持，即经督队力战，阵斩贼首伪旗天侯邓承先、伪丞相马品一，毙贼二百余名，生擒数十名。讵该逆意图牵制，盘踞不退。旋探闻龚逆回城，突于本月初四日率马步贼党万余，由北门窜出，绕扑副将于昌鳞营盘。该副将督勇固守，施放枪炮，轰毙骑马贼目一名。适副将马昇平、参将谭玉龙、游击朱淮森、知府袁怀忠等各督队驰至，三面抄击。于昌鳞当令游击吉学盛、都司许得胜等率队突出营盘，奋力夹击。该逆见我军勇猛，其势不支，遂夺路向北面山口退去。我军追杀数里，适值大雨倾盆，随即收队。是日，统计毙贼数十名，夺获牛驴十余只，刀矛旗帜四十余件，我勇阵亡一名。初五日，各营带队五成，追至臧、陈二圩，探知逆众大股已扰至靠山集一带，该处仅有马步贼数百名，经我军一拥直前，兜扑截剿，该逆无心恋战，纷纷向靠山集大路遁去。时因马队先经调赴老人仓助剿未回，而步队因泥深没踝，且离营过远，未便穷追。连据炉桥、马厂集各营探禀，该逆已窜至距炉桥十余里地方，声言先扑炉桥，以阻前敌各营饷道等情，当即飞饬副将程友胜带领驻扎马厂集之广勇一军，驰赴炉桥，会同驻扎炉桥各营严密守御，并由寿城添派川勇前赴马厂集境扎驻守，以资联络。除一面函请袁甲三派队会剿，并饬前敌各营一体兜击外，相应附片具陈，伏乞圣鉴。谨奏。

奉朱批："览。"

续陈定远敌已回巢并板桥程圩等处军情片　六月二十一日奉朱批

再：正在缮折间，据副将程友胜等禀称，该副将亲率马厂集队伍，于初九日黎明驰赴炉桥，会同驻桥各营出队迎剿。该逆一闻我军渡河，步贼先行遁去，马贼亦由原路窜回定城等语。查该逆此次出窜，希图冲突，以挠我军，经官军、团练严密扼守，截击回巢。所有萨萨布、于昌鳞、徐立壮等会同临淮各军接仗情形，应由袁申三查明会奏。又据副将黄鸣铎禀称，连日进剿板桥一带捻圩，屡获胜仗，附近各圩俱愿捆献捻首，赎罪投诚。当会商苗沛霖相机妥办。程圩虽犹死拒，而逃出之人均有饥色，现因河水泛溢，多雇小船，随炮船进攻，计日可以得手等语。当即饬令严紧围攻，一面剿抚并用，为肃清群捻之计。惟自五月二十二日以后，大雨时行，淮、颍诸水同时盛涨，颍、寿一带，一望弥漫，为从来所未有，沙河各营俱在水中，樵苏爨食在在为难。所幸兵练齐心，虽艰苦备尝，仍矢志灭贼，毫无怨言，殊堪嘉尚。合并附片汇陈，伏乞圣鉴。谨奏。

[六月二十一日]①奉朱批:"知道了。"

通筹剿抚孙葵心情形片　六月二十一日奉朱批

再:自古治盗贼之法,除恶务尽,至不得已而议抚,终非良策。方当长虑却顾,岂容稍涉矜张。臣上年抚定南召、润河,遂肃清沙河南岸,乃以剿为抚,并非舍剿用抚也。捻首孙葵心与群捻同恶相济,拥众数十万,胜保屡次抚之,其横如故。臣上年冬间,遣人密觇其意,据云,颇有向善之机。今年春间,该逆两次向苗沛霖乞降,臣因谕令练总、文生夏馥超善为劝谕,盖一则闻其南投苗练,聊示羁縻,一则恐其北犯豫疆,暂图牵制。该逆并未束身归罪,乃转纠众援救程圩,是前此之乞降,安知非挟诈而来,为缓兵之计?而胜保来函,则谓此事确有把握,因即函覆,嘱其妥办,臣处并未接孙逆禀词,嗣后亦未再接胜保函会。近据探报,胜保欲至太和县受降,旋又闻其未能亲至太和,拟委道员洪贞谦来办此事,始终未准知会,不知作何计议,有无迁就牢笼之处。正拟函询胜保,嘱令慎重,适承准军机大臣字寄咸丰十年五月二十七日奉上谕:前据翁[同书]、胜[保]先后奏称,捻首孙葵心乞降。当经谕知胜保,必须杀贼自赎,真心来归,再当酌办,不可轻率从事。兹据胜[保]奏,该捻首极知感畏,情愿自拔迷津,率众剃发,拟先派员前往料理,再行择日定地受降,并将翁[同书]致胜[保]信函及孙葵心投诚禀词一并呈览。孙葵心系著名捻首,人数众多,若能抚之来归,群捻亦易于摄制,其机自不可失。惟此辈狼子野心,难保不因人多乏食,穷蹙来归,以投诚为领饷之计,设或受降以后,其部下人众因所欲不遂,仍复四出掳掠,扰害地方,是以有用之经费,豢养盗贼,其弊何可胜言。胜[保]前已有旨,令其来京,以三品京堂候补。著翁

---

① 奉朱批时间据《皖北奏报》补充。

[同书]察看此事情形有无把握,如果真心投诚,即著该抚接办。其应如何驾驭,及受降以后部下人众如何分别遣散,妥为安插之处,均著该抚通筹大局,悉心经理,毋得稍涉大意,致贻后患。将此由六百里谕令知之。钦此。跪读之下,仰见圣主明烛几先患、惩[前]毖后之至意。伏查孙葵心纵欲投诚,而逆党太多,众心不一,所恐阻挠忿恚,仍至观望游移。况该逆并不识字,其禀出他人之手,尤未可以遽信。以臣料之,程圩若经攻拔,则孙葵心惧为苗沛霖所不容,未必即肯降服,而官军既破程圩,兵威方壮,附近数十里中,各贼圩闻风悚惧,顺风而呼,传檄可定,即当节节进剿,又何必曲意招抚?惟是皇上仁育义正,威惠并行,如果该逆翻然悔悟,率党投诚,自可网宽一面,然此辈狼子野心,不难于目前之抚绥,而难于将来之安插;不难于一时之犒赏,而难于日后之要求。假使饵以高官,予以厚赏,既有损于朝廷之大体,亦何以餍其贪得之心?且该逆凭恃其众,必不乐于遣散,若更令其自为一军,坐糜口食,诚如圣谕"以有用之经费,豢养盗贼,其弊何可胜言?"臣之愚见,以为苗沛霖与该逆仇隙已深,势难两立,今该逆既经向苗沛霖乞降,如果肯就苗沛霖之范围,既可释其猜嫌,亦可资以钤制,如是则许其降可也。倘该逆尚在狐疑,漫无把握,一味勉强将就,必至失体制而贻后患,如张泷之首鼠两端,薛小之拥众复叛,覆辙具在,臣实不敢为此轻率虚骄之事,贻误他日。臣于未奉谕旨之先,已将此事密商之于袁甲三,[①]接准来函,亦以事重大,须随时查看,不可曲意将就为言。窃观袁甲三老成谨慎,所以为国家计者至深且远,臣惟有将剿抚事宜悉与袁甲三妥商办理,此后情形,一切会衔具奏,固不敢稍执成见,以失事机,尤不敢独任己见,以贻后悔。是否有当,伏乞圣鉴训示遵行。谨奏。

---

① 此处删去一句"其所虑皆与谕旨相同"。

[六月二十一日]①奉朱批:"知道了。应抚即抚,不可稍涉推诿。"

参革邹学镛等片

再:军营将弁,有劣迹彰著及疲软怠玩者,均应随时参劾,以示惩儆。兹查,有带兵官、寿春中营游击邹学镛管束弁兵不能严肃②;尽先都司陕西陕安镇左营守备汪朝海,尽先守备汉中宁陕营千总崔胜朝营务废弛,性耽安逸。相应据实参奏,请旨将寿春中营游击邹学镛、陕西陕安镇左营守备汪朝海、汉中宁陕营千总崔胜朝一并革职,留营效力。以儆戎行,是否有当,伏乞圣鉴训示。谨奏。

奉朱批:"另有旨。"

拟补鲍云鼇所遗员缺片

再:甘肃永固协副将鲍云鼇因患劳伤,呈请开缺回籍调理,经臣附片具奏,并声明所遗员缺应由军营拣员请补。钦奉朱批:"鲍云鼇著开缺回籍,余照所拟办理。"钦此。兹查,有尽先副将甘肃沙州营参将马昇平带队勇往,身先士卒,堪以升补甘肃永固协副将员缺。其所遗沙州营参将员缺,查有四川川北镇中营游击朱淮森谋勇俱优,屡次受伤,得有勇号,堪以升补。其所遗川北镇中营游击员缺,查有甘肃三眼井都司陈松带勇剿捻,屡次手殪贼渠,堪以升补。其所遗三眼井

---

① 奉朱批时间据《皖北奏报》补。

② 此处删去"遇事依违,屡训不悛"。

都司员缺,查有甘肃西宁镇标后营守备张悦勇干勤能,堪以升补。其所遗西宁镇标后营守备员缺,查有尽先守备陕甘督标前营千总范玉春遇敌勇敢,堪以升补。又新升陕西潼关协副将黄鸣铎所遗安徽泗州营都司员缺,查有尽先游击湖南镇箪镇标左营把总陈开玉打仗奋勇,堪以拟补。合无仰恳天恩,俯准该员等升补各缺,实于军务有裨。如蒙俞允,所遗千把弁缺,容臣另行拣员拔补,照例咨部办理。理合会同臣袁甲三合词附片吁陈,伏乞圣鉴训示。又,查永固协系甘肃省所辖,臣前奏请鲍云鳌开缺回籍,片内误书"直隶",①相应声明更正。合并附陈。谨奏。

奉朱批:"兵部议奏。"

攻克程家圩敌巢沙河北岸肃清折　六月二十一日(二十九日奉朱批)

[臣翁同书跪]奏②,为沙河兵练击退外援,攻拔程家圩逆巢,俘斩净尽,沙河北岸③一律肃清,吁恳恩施,准予奖叙,以励戎行,恭折由六百里具陈,仰祈圣鉴事。

窃臣自去秋剿抚南召、润河后,将沙河南岸尽行招抚,地方得以安谧。惟沙河以北捻圩林立,顽梗尚多。距刘伶口三里许,有捻首程保民筑圩盘踞,为附近诸捻渠魁,系孙葵心之死党。其圩大而且坚,四隅皆筑炮台,重濠叠堑,无异坚城。经官军会同苗练筑营围攻,而

---

①　此处删去"实属错误"。

②　据《奏稿》整理,方括号内文字根据《皖北奏报》补充。该册封面题:"奏稿庚字第十五号:咸丰十年六月二十一日巳时,六百里拜发,七月初七日奉到批回,并六月二十九日内阁奉上谕三道。"

③　此处删去"沿河一带"四字。

该逆屡次纠合北捻大股来援。幸兵练齐心，均随时并力击退。自本年闰三月以来，川北道苗沛霖亲至沙河，督率练丁，与臣派往统带水陆各军之副将黄鸣铎会同剿办，臣随时函商臣袁甲三，授以一切机宜。所有叠次①攻剿②情形，均缕晰奏报在案。兹据川北道苗沛霖、潼关协副将黄鸣铎等禀称，前因大雨连旬，沙河涨溢，兵练跣立水中，樵爨俱废，艰苦万状，众心愈奋。嗣因水势又长，始就高阜移扎，而以炮船驶入梭巡，并派长枪队预防窜突。本月十二日丑刻，该圩逆果乘夜外窜，冀图扑我炮船，由浅涉渡。经水军知觉，连环轰击，毙贼多名，仍即退伏圩内。十三日寅刻，突来外援捻众千余，于月落昏暗之时，由北方蹚浅潜进，遇我炮船巡哨，经黄鸣铎亲发十余矢，连中贼首，继以枪炮齐施，毙贼无数，该逆四散，分路绕扑水军。正在鏖战，讵程圩捻众知外有救援，遂由北面突出夹扑，复经苗沛霖派拨长枪练队，从中截杀，将该圩窜出之贼除刺毙外，尽数驱击回巢。黄鸣铎即督炮船北面抄截，当将援贼击退。追杀十余里，天已黎明，见该逆复有马步数百人驼运粮食，以图接济程圩，乘势追击遁去。十四日亥刻，该圩逆众全数冒死出窜，苗沛霖、黄鸣铎分派练队、炮船截剿，其前半逸出者，经炮船堵路邀击，歼毙殆尽，无得脱者；其后半窜贼，亦经练队横截，杀毙男女百余名，余仍奔遁回圩。该逆众困守数月，粮食久尽，圩内牲畜多已宰食，惟留良马数十匹，为乘间脱逃之用。至是困饿情急，知无生路，纷纷乞降。十六日，有被胁之金殿一名出圩投诚，将该圩捻首程保民、尤寅等之眷口尽行缚献，据称该二逆早已遁赴孙葵心捻圩，并将该二逆心腹捻首李金荗、孙麻孜捆送军前，缴出火枪、马匹。苗沛霖等因该圩逆抗拒日久，悍不畏死，其人数犹众，若概从宽宥，将贻后患，且恐即时反覆，遂定计，诱令众捻精壮者出圩，点名给粮，乘机拥入小河，饬练众尽数屠戮，计毙凶恶捻匪数百

---

① 此处删去"击退外援"四字。
② 此处删去"抚附近各捻圩并围攻程圩"。

名,水为之赤。所余老弱、难民,即行剃发释放。当于本月十七日午刻,将程圩攻拔,剿除净尽,远近居民同声称快。其李金莪、孙麻孜二逆,因其罪状昭著,稔恶有年,解交颖州府讯明正法枭示,以快民心,并将江口集附近著名捻党高文治及伊弟侄二人擒获正法,以清匪迹。现在沙河两岸肃清,舟楫畅行。此沙河兵练连日击退外援,攻拔程圩之实在情形也。伏查程家圩为南路第一坚巢,此圩不破,无进兵之路。正月内,北捻来援,练众小却,该逆众益鸣得意,势愈披猖。此次调集兵练四万余人,竭八十余日之力,昼夜围攻,叠将外援击退,并先将附近各捻圩分别剿抚,以孤其势。迨至食尽力穷,犹敢冒死窜突,其狡悍实难名状。苗沛霖、黄鸣铎督率兵练,于黑夜泥淖之中,连次迎头拦截,未容逸出,尽数俘斩,将程圩攻拔。积年巨慝,一旦歼除,实足以快人心而伸天讨。苗沛霖、黄鸣铎督率有方,激励兵练,不避艰险。庐凤道才宇和筹济练粮,并能督勇协剿,均属异常出力。前接袁甲三来函,以程圩为众捻之所依归,如能克此一坚圩,剿办便有要领,必须优予奖励,与臣意见相同。谨拟吁恳天恩,将二品顶戴四川川北道苗沛霖赏加布政使衔;陕西潼关协副将黄鸣铎赏加总兵衔;盐运使衔庐凤道才宇和赏加按察使衔;花翎守备赵玉成赏给勇号;外委李鸿献以千总补用,赏加守备衔,赏戴花翎,用示优奖。其各营出力将弁、兵勇及练总、练丁人等,拟一并恳恩,准臣等查明汇折请奖,以励戎行。嗣后乘胜进剿,可期倍加鼓舞。所有兵练攻拔程圩,剿除净尽,请旨奖叙缘由,理合会同臣袁甲三、臣穆腾阿合词缮折具奏,伏乞皇上圣鉴训示。谨奏。

[六月二十九日]奉朱批:"另有旨。"

皖北州县晴雨情形片

再:颖、寿、六安一带,自咸丰四年以来,粤逆、捻匪叠次滋扰,比户流离,田畴荒废。臣以安民之道首在务农,分饬地方官招集流亡,劝以力穑,蒿莱稍辟,农事渐兴。本年四、五月间,雨泽稀少,讵意自五月二十一日起,霖雨几及两旬,日夜不止,淮、颖诸水同时异涨,为向来所罕有。淮河下流宣泄不及,泛溢旁趋,低洼处所田庐多被淹浸,一望渺弥。闻临淮、泗州亦因淮水骤长,多有被水之处。幸自六月初八日以后,天气晴朗,积水渐消。至南路英山、霍山暨安庆府属各县,先形亢旱,现亦均得透雨。理合附片陈明,伏乞圣鉴。谨奏。

［六月二十九日］①奉朱批:"知道了。"

叶兆兰署安庆知府蒋锡绶暂留寿州片

再②:安庆府知府员缺,前因实任知府蒋锡绶尚未到皖,经臣商同曾国藩、胡林翼,酌委安徽尽补知府李宗羲就近署理,业经附片奏明在案。嗣据李宗羲因病禀请给假回籍,适蒋锡绶业已到皖,正拟饬令赴任,旋准湖北抚臣胡林翼咨开咸丰十年五月二十六日内阁奉上谕:"官文等奏皖属团练紧要,请简员督办一折,升用同知直隶州知州知县叶兆兰,前在安徽潜山县任内,办理团练,迭挫贼锋,并能洁清自励,民情爱戴,现以丁忧回籍。著即起复,署理安庆府知府,总办宿、松等八县团练。"钦此。查该员叶兆兰前在潜山办团助剿,实心任事,

---

① 奉朱批时间据《皖北奏报》补充。
② "再"字前批有"咨:袁、督、两湖、湖北;行:两司"字样。

屡著战功,现奉恩旨,著署理安庆府知府员缺,总办宿、松等八县团练。情形既熟,呼应较灵,自未便再易生手。至蒋锡绶到皖后,臣因寿营现无道府大员,一切发审事件及制造军器、收放兵米各局乏员督办,现饬该员暂留寿州,悉心经理,以资臂助。理合附片具陈,伏乞圣鉴。谨奏。

　　奉朱批:"知道了。"

遵旨酌保剿抚出力员弁练总折　六月二十一日

　　奏为遵旨酌保剿抚出力之沙河各营员弁,及高家寨团练攻破贼圩在事出力各练总,汇缮清单,吁恳恩施,准予奖励,恭折仰祈圣鉴事。

　　窃臣前将颍州沙河兵练收抚张家岗贼圩并招降投诚捻众,及高家寨团练攻破任家圩、临湖铺贼巢,剿抚得力,恳恩鼓励缘由缮折驰陈,钦奉上谕:"翁[同书]奏收抚张家岗贼圩并攻破任家圩贼巢,分别抚剿一折,捻逆回窜老巢,经副将黄鸣铎、游击武全等带兵出击,救出被胁难民二三千人,当即排筑长濠,围攻张家冈圩。该圩民畏惧乞抚,其捻首潘四即潘树现本系良民,亟思自拔来归,率众千余人至刘伶口,攻破大华家圩,杀贼首梁景等,旋与伊父潘凯诣苗沛霖处乞降,剃发投诚,归农复业,沙河北岸渐可肃清,其高家寨寨董任太立等前亦身陷贼中,密投练总、升用同知高锡龄寨内,共议杀贼,纠良民为内应。三月二十二日,高锡龄等带练勇数百名将任家寨攻破,擒斩著名捻匪李水、秦九等百余人,将被胁良民尽行救出,并将贼圩房屋悉行焚毁。至闰三月初三日,又率练攻破邓家贼圩,杀毙捻首邓莪等数十名。该处团练尚为得力,练总升用同知山西候补知县高锡龄著赏给四品顶戴;在事出力人等,准该抚择尤酌保。副将黄鸣铎会同苗练剿抚亦有成效，所有出力人员，并准其酌量保奏。"钦此。跪读之下，仰见圣主鼓励戎行、微劳必录之至意。伏查黄鸣铎督带水陆各营，会同苗练剿抚沙河北岸捻圩，著有成效；高家寨团练连克贼圩，异常出力，经臣于奏奉恩旨之后，饬令副将黄鸣铎、颍州府知府才宇和查明在事出力人员，核实开报前来。臣覆加酌减，谨择尤汇缮清单，恭呈御览。合无仰恳天恩，准予奖叙，俾资鼓舞而昭激劝。至其次出力兵练，容臣分别酌给功牌及以千把、外委拔补，照例咨部办理。所有遵旨酌保剿抚有效沙河各营员弁，及连克贼圩之高家寨出力练总人等，开单请奖缘由，理合会同臣袁甲三合词缮折吁陈，伏乞皇上圣鉴训示。谨奏。

　　奉朱批："另有旨。"

　　谨将遵旨酌保剿抚出力之沙河各营员弁，及高家寨攻破贼圩在事出力练总汇缮清单，恭呈御览。
　　计开：
　　尽先游击吴峻基，拟请以参将归部尽先选用；
　　尽先守备陆成贵，拟请以都司尽先补用；
　　蓝翎尽先守备石向阳、蓝翎都司衔周瑞、五品衔蓝翎尽先千总郑怀德、水师带队五品蓝翎即选县丞葛汝翰，以上四员均拟请赏换花翎；
　　尽先守备张福申拟请赏加都司衔；
　　蓝翎尽先千总吴文英，怀远汛千总徐海春，尽先千总黄广仁、方占奎、赵德发，守备衔拔补千总刘起，以上六员均拟请以守备尽先补用，吴文英并请赏换花翎；
　　尽先把总王学敏、宗延龄，以上二员均拟请赏加守备衔，以千总尽先补用；
　　水师随剿知县用候选府经历贾连城，主簿职衔史锦文，六品军功

监生金□生,以上三员均拟请赏戴蓝翎;

练总任太立、监生高锡田,以上二名均拟请赏给五品顶戴蓝翎;

尽先外委蒋广济、练总任连善,以上二名均拟请赏戴蓝翎,以千总归标拔补;

练总六品军功秦玉山、王永华、高孔年,以上三名均拟请赏戴蓝翎,以把总归标拔补;

练总文生高诗,附生王德均,以上二名均拟请以教谕不论双单月遇缺即选;

候选县丞吴岳阶转运军需不辞劳瘁,拟请以县丞不论双单月尽先选用;

附生郭凤阶随营剿贼,始终勤奋,拟请以训导不论双单月尽先选用;

六品蓝翎书识成玉良,拟请以从九品归部即选;

练总军功高希圣,拟请赏给六品顶翎。

特参疏防委员折　六月二十一日

奏为特参疏防委员中途被盗,落水无着,缉捕不力之知县,请旨摘顶勒缉,恭折仰祈圣鉴事。

窃据霍邱县禀报,河南解饷委员候补知县武世昌差旅回豫,于本年五月二十五日夜泊舟县境之燕子沟地方,突有小划船一只驶来,盗匪四五人持械登舟,将行李、银两、公文尽行劫去,砍伤船户赵立志落水,该委员惊慌跳河,打捞无着,现在严缉等情。臣查沿淮河面,系饷艘、商船往来要道,迭经严饬认真防缉,不准稍有疏懈,乃该县文武漫不经心,以致境内仍有匪徒乘划抢劫差船银物,砍伤船户,致委员落水无着之案,捕务实属懈弛,据藩、臬两司会详揭参前来。相应请旨,将署理霍邱县知县叶春培先行摘去顶戴,勒限一个月,严缉赃盗,务获究办,限满无获,再行严参。除饬取捕官及专汛武弁职名另行咨参,并饬令于沿淮上下打捞该委员尸身有无下落,再行核办外,理合会同署两江总督臣曾国藩合词缮折具陈,伏乞皇上圣鉴训示。谨奏。

奉朱批:"另有旨。"

收抚捻圩肃清淝河以南情形折　七月十三日(二十日奉朱批)

[臣翁同书跪]奏①,为沙河兵练于攻拔程圩后,进扎板桥集,旬日之间收抚捻圩六十座,圩众俱争杀捻首,立功自赎,剃发投诚,淝河以南渐就肃清,恭折由六百里具陈,仰祈圣鉴事。

窃臣前将沙河兵练击退外援,攻拔程圩情形缮折驰陈在案。臣以程圩既拔,我军声威益壮,当捻众胆寒势蹙之时,正可乘机剿抚并用,遂饬令川北道苗沛霖、副将黄鸣铎统率得胜兵练于前月二十六日进扎板桥集地方,扬我兵威。谕令从前被胁各圩,果能杀捻投诚,即准收抚随剿。远近喧传,顷刻响应,当有展沟、阚疃、板桥、胡家集、李家集、枣庄集、老庙集、炉□店、谢家桥、新庙湾等处地方被胁各圩闻风知惧,先后各将该圩从逆捻首擒斩,献功赎罪,剃发乞降,如陶圩陶云任杀捻首悍贼马二双刀,王圩王迎春杀捻首冯六、邵金珠,侯圩侯振常杀捻首邵明云、邵保,汤圩黄金兰杀北捻张二,程圩程敬宾杀捻首程铁头、程小广,又程敬宗献捻首程焕家口,王圩王冕杀长发捻首刘三等,并献捻首王平安,马圩马得受、马敬宗献长发捻首刘永宽,武

---

①　据《奏稿》整理,方括号内文字根据《皖北奏报》补充。该册封面题:"奏稿庚字第十六号:咸丰十年七月十三日酉时,六百里拜发,二十七日奉到批回,并七月二十日内阁奉上谕一道。"次页正文前题:"会:袁、穆;咨:督、漕、河南、张都堂;行:臬司、营务处、苗道、黄副将、才道。"

圩武章烈献捻首高盘,谢圩谢兆盈献捻首靳立明,其余附近大小各圩,俱一律剃发投诚,于本月初四日齐至板桥集,即经苗沛霖妥为安置。共计收抚六十圩,兵不血刃。时未旬日,而展沟、阚疃、板桥等处向称顽梗之区,一经荡涤,沘河以南渐就肃清。此次收抚被胁各圩既多且速,实由兵练屡挫大敌,新拔坚巢,故能使群丑畏服,远近来降。从此北捻形势日孤,既已翦其羽翼,即可据其腹心。布政使衔四川川北道苗沛霖任事实心,剿抚妥速,可否交部从优议叙之处,出自逾格鸿施。至该练人数众多,口食时虞不继,先经臣饬于颍州、阜阳等处劝办杂粮,并于粮台筹款接济,即如阜阳、西乡一带,业经陆续凑捐杂粮将近二万石,民力实已无余,①各营枵腹荷戈,粮台更无从筹济。该道又以各练丁年载辛劳,伤病者众,兼因口食不继,现已先后撤回,暂为休息,一俟荞麦成熟,寇粮可因,再得饷银接济,即仍调集各练丁直捣沘北捻巢,以清皖境。臣查沘、涡两河之间,贼党过多,而贼粮不足,若南路剿之过急,诚恐铤而走险,冲突豫疆,是休兵节饷未始非计。该道昨曾来寿,面禀一切情形后,即回蒙城老寨。所有颍州一带新抚各圩,现仍饬庐凤道才宇和督同地方官妥为管辖,联络防剿,一面将沘南未靖各捻巢推广招徕,冀革面洗心,可以稍省兵力。理合将收抚捻圩六十座,沘南渐就肃清及苗练撤队休息缘由,谨会同臣袁甲三、臣穆腾阿合词缮折具陈,伏乞皇上圣鉴训示。谨奏。

[七月二十日]奉朱批:"另有旨。"

布置进剿定远情形折

再:徐立壮练丁已进扎定远城下西南隅,随同临淮官兵叠次击贼

---

① 此处删去"现在军饷支绌万分"。

获胜。该逆虽尚负隅，其势业已穷蹙。臣以西路兵力尚单，檄调驻防六安副将卢又熊一军三千三百名赴定远会剿，另派总兵尹善廷带领兵勇^①同由炉桥进发，^②加以副都统萨萨布马队，声势颇壮。饬令与临淮官兵及徐立壮练丁互相掎角，以期迅复定城。至六安地居冲要，不可空虚，已派总兵吉顺、惠成带领兵勇三千名前往驻扎，会同副都统衔营总常海严密防剿。所有布置情形，理合附片具陈，伏乞圣鉴。谨奏。

奉朱批："知道了。"

续陈招抚孙葵心情形片　七月二十日奉朱批

再：臣覆奏招抚孙葵心事一片，奉朱批："知道了，应抚即抚，不可稍涉推诿。"钦此。仰见圣主禁暴安民，剿抚并用之至意，伏念臣材识短浅，遇事惟倍加兢惕。日前所陈，系为慎重起见，非敢有推诿之心。现又发给练总文生夏馥超札谕，令其谆劝孙葵心率党来归，立功自赎，勿因胜保回京致疑于抚局中止。开示百端，推心置腹，似尚足以感动愚顽。臣已密饬庐凤道才宇和细加体察，倘孙葵心真心投诚，即当据实奏明，妥为抚驭，消中原之大患，以纾九重南顾之忧。理合附片陈明，伏乞圣鉴。谨奏。

［七月二十日］^③奉朱批："知道了。"

---

① 此处删去"五千名"三字。
② 此处删去"共计兵勇八千名"。
③ 奉朱批时间据《皖北奏报》补充。

请议恤阵亡员弁绅董并旌表殉难妇女片

再：军营地方，遇有打仗阵亡及积劳病故之员弁绅董，均经查明，随时奏请恩恤在案。兹复查，有分发补用卫千总陆长庆在原籍蒙城县办理团练，防剿有年。咸丰八年十二月内，该千总赴西乡侦探。行至牛王铺地方，突遇贼骑，接仗阵亡。又，把总吴文瑞于本年四月间，随同苗练围攻圩，带队巡哨，至张阳集地方，讵捻逆纠众围扑，吴文瑞匹马当先，奋力冲杀，后队未能赶至，众寡不敌，登时被害。又，霍邱县练总外委王定国于本年闰三月间，随同知县叶春培剿办张集捻圩，受伤阵亡。又，四川建昌镇标中营马兵蓝翎尽先外委卢文德，合肥县练总六品军功武生李声和均于上年贼扑定远时，在城协守，城陷捐躯。李声和之妻刘氏、媳杨氏、孙福安俱骂贼不屈，同时被害。据营务处暨各该地方官查明，禀请奏恤前来。相应请旨饬部，将该弁等均照阵亡例议恤，以慰忠魂。殉难妇女并恳一并给予旌表，以彰风化。又，五品蓝翎候补知县署五河县知县承启在任年余，值该县残破之后，招集流亡，整顿团练，抚辑筹防，心力交瘁。上年十月，逆捻大股图扑五河，该员集团抵拒，相持数昼夜，将贼击退，因之积劳成疾，于十二月二十二日在任病故。又，六品蓝翎即选知县陈薪翘前在颍州办团多年，叠著劳绩。上年秋间，经臣派赴沙河一带疏通饷道。该员设法劝谕，昼夜勤劳，嗣后感受风寒，犹复冒雨往来，不辞劳瘁，遂至沉疴不起，于十月初四日在差次病故。据藩司张光第以该二员或悉心防剿，备极辛勤，或力疾从公，始终不息，均因积劳殒命，殊堪悯恻，详请奏恤前来。臣查署五河县知县孙承启虽系地方官在任病故，而该员当贼氛猖獗之时，防堵焦劳，致捐躯命，实与军营病故无异，理合一并恳恩，饬部将该二员均照军营病故例议恤，以昭激劝。为此附片汇陈，伏乞圣鉴施行。谨奏。

奉朱批："均照所请,分别旌表、议恤。"

蒋锡绶护理臬司才宇和仍摄颍州府片

再:署臬司恩锡奉旨降调,新任臬司毛鸿宾到皖尚需时日,所有臬司印务暨粮台事件,亟应委员署理。兹查,有安庆府知府蒋锡绶现在寿营办理发审等事务,该员任事勤慎,操守端方,堪以暂行护理臬司印务,并暂理寿营粮台。又,颍州府知府才宇和奉旨补授庐凤道员缺,应即饬赴新任视事,惟该员守颍以来,舆情爱戴,现在沙河一带甫就肃清,颍郡防剿仍属吃紧,未便遽易生手。应令在颍接受庐凤道关防,仍兼摄颍州府印务,庶带团协剿呼应较灵。除分饬遵照外,理合附片具奏,伏乞圣鉴。谨奏。

奉朱批："知道了。"

请展缓清理庶狱期限片

再①:咸丰十年二月二十一日,准刑部咨:咸丰十年正月初一日钦奉恩诏："各省缓决监禁各犯并各省军流以下人犯,俱著分别减等发落。"钦此。又咸丰十年正月十八日准刑部咨:兹因雪泽稀少,钦奉谕旨清理庶狱,应将在京问刑衙门,并外省解京审办各案暨在直隶省犯事问发各省,已未到配军流等犯与问发新疆等处已未到配各犯,及已未到配徒犯,分别援减各等因。当经转行。去后兹据署臬司恩锡详称,于奉札后即分别移行遵照,并节次札催造册详办,迄今多日,各

①　"再"字前批有"咨:袁、督;行:臬司、前臬司"字样。

属造册具详者甚属寥寥。查安省各州县多被逆捻窜扰,案卷大半遗失,现在详请咨钞前次秋审减等部覆,并移查原案,往返需时,兼值逆匪四出滋扰,各该州县等防剿吃紧,一时未遑查办,详请奏恳展限三个月,俟军务稍平,即行照例办理等语。臣查[1]该署司所详,俱属实在情形。合无仰恳天恩,暂准展限三个月,俾得赶紧查催造报,照例办理。理合附片吁陈,伏祈圣鉴训示。谨奏。

奉朱批:"著照所请。"

添队进扎会攻定远及各路防剿情形折 八月初五日 (十三日奉朱批)

[臣翁同书跪]奏[2],为添队进扎,会攻定远及各路防剿情形,恭折由六百里汇陈,仰祈圣鉴事。

窃臣前将添调兵勇会攻定远等情附片陈明在案。查定逆援绝势穷,仍复拼死拒守,亟应乘势严密围攻。臣叠次严催尹善廷等迅督各营,星夜前往进扎,以期北与临淮官军、南与徐立壮练丁一军互相联络。旋据总兵尹善廷、副将卢又熊先后禀称,该员等连日督军添营进扎,该逆见我军创立营基,即分头出扰。七月二十三、四等日,卢又熊带队相视营基,该逆突出接仗,经我军马队施放小枪,毙贼数十名,生擒三名,并获贼马、旗械多件。卢又熊因即于定城西北,逼近贼垒连扎六营,尹善廷亦于二十七日督率游击谭玉龙、朱淮森等赴定远正西

---

① 此后删去"皖省州县多经兵燹,现在皖南各属阻隔贼氛,案卷大半无存,现须钞查原案,往返需时,况该州县等正当防剿吃紧之时,自未能遽行查办"。

② 据《奏稿》整理,方括号内文字根据《皖北奏报》补充。该册封面题:"奏稿庚字第十七号:咸丰十年八月初五日戌时,六百里拜发,二十八日奉批回。"次页正文前题:"咨:袁、穆、傅、河南;行:营务处、两司。"

十里头东面分扎三营。该逆立时出扑，经我军排列队伍，齐开枪炮，连毙数贼，即时击退。二十八日卯刻，我军正在护筑营垒间，贼营角声齐鸣，出贼颇众，摇旗呐喊，势欲冲突。当经游击马升等带队直冲，适马队及卢又熊勇营亦俱出队，以为声援，贼势稍却。我军因扎营未就，未便骤与争锋，遂饬马升等暂行撤回。该逆即空壁来追，我军分头迎击，枪炮连环施放，轰毙骑马贼一名、执旗贼数名，该逆遂气沮却退。当将新营三座一律修整完固，卢又熊又于二十九日约会临淮各军乘夜袭攻贼营，力破城西贼营一座，毙贼极多，夺获旗帜、枪炮三十余件等语，详细情形应由袁[甲三]会同汇奏。此连日添队进扎，会攻定远之实在情形也。其南路庐城踞贼，意图救援定远，而惮我兵威，欲前又却。舒城踞匪，时出援掠，屡经知县甘文澜督勇集团，叠获胜仗，均随时击退，连次毙贼不下数百名，生擒十余名，割获耳级、夺获枪械无数。现仍饬令严密堵剿，毋稍松懈。至宿、亳捻匪，势仍猖獗，连据署太和县知县侯枢臣禀称，六月十五日，突有黑、蓝各旗捻众二三千，直扑亳境之仁和集，该员即带练出境赴剿。十七日，渡淝鏖战，毙贼四五十名。十八日，攻破贼营二座，擒斩首伙捻逆多名。又有另股窜踞亳境之王冈营，与该邑紧逼，该员选派勇、团前往赴援，连日杀贼二百余名。三十日，该员亲督勇、团进攻王冈营之匪，甫行三里，即遇贼自东来，我勇列阵以待，另出奇兵由秫林深处抄出其前，两面夹击，轰毙马贼无数，擒斩执旗贼目三名，生擒一名，贼即败退。当据附近康寨、王寨各团报称，该团勇亦于是日出击围寨之贼，及截剿窜扑淝河之贼，均获胜仗，杀贼三十七名。七月初一日，该员派勇队往剿贼营，逆众惊慌溃散，我团奋勇齐上，杀贼尤多，余匪拼命远遁。其窜踞仁和集之捻逆，于初四、五等日率众直扑顺河桥，当经该员带团力战，毙贼不计其数，未容夺路西窜，随探得该逆等因太和防堵严密，现已分窜鹿邑等情。又据署亳州知州博铭禀称，七月初三日，据探报，涡河南岸捻首刘添祥、李车等均在城南十里之姜家屯一带盘踞，正在扼要严防间，初四日，复有马贼二三百匹窜至附城一带，窥伺动静。

该员会同文武员弁登陴固守，该逆见城守甚严，当于初五日陆续由距城二三里地方取道西窜。连日不时有零星贼马，到处滋扰。该员一面守城，一面督饬练会①分头扼剿。十四日，探得西窜之匪现有回窜之谣，当选拨得力练丁二百名，派练总张庆云、邓丙辰带往城西孟家桥堵截。甫经驰至，该匪已蜂拥而来。该练总等督勇直前，争先鏖战，毙匪十余名，生擒二名，割获首级二颗，余匪败，由南路向东逃窜等语。除均经飞饬照旧严防，相机截剿外，所有添队进扎，会攻定远及各路防剿情形，理合缮折具奏，伏乞皇上圣鉴。谨奏。

　　[八月十三日]奉朱批："知道了。"

招抚孙葵心情形并请饬豫省补解欠饷片

　　再②：孙葵心投诚一事，臣密饬庐凤道才宇和，记名道候补知府程钰，署阜阳县知县史久恩等妥为办理，臣复叠次发给亳州文生夏馥超札谕，开诚布公，推心置腹，令其切寔劝导。据夏馥超禀称，孙葵心寔愿率众投诚，先请委员前往，以便就近出谒，庶可鉴其真诚。程钰即轻骑驰往张村铺一带，察看诚伪。该处距孙葵心老巢甚近，必可得其底里。现在尚未据禀覆前来，如果确有把握，则抚局已有七八分可成，臣即当亲往颍州府定地受降，宣布恩威，俾无反侧。闻今年捻境被水乏食，其党在四近掠粮，因孙葵心正思就抚，尚未至远出滋扰，惟将来捻众一经剃发，势必吁求口粮，不得不量加抚恤。查河南欠解臣营月饷已积至十万余两，军士枵腹荷戈，何能再筹恤赏？惟有请旨饬下河南省，于月饷二万两之外迅即补解臣营积欠四五万两，俾兵食得

---

　　①　会，疑为"勇"之误。
　　②　"再"字前批有"同正折咨行；又行才道"字样。

以补苴,兼可备犒赏降众、收抚难民之用,庶抚局不至中变,于豫省防务亦有裨益。仰祈圣鉴施行,不胜迫切待命之至。谨奏。

奉朱批:"另有旨。"

请准杨殿林开缺留于陕甘另补片

再:臣接准护理陕甘总督林扬祖咨称,军兴以来,陕甘各营人员大半调派南省从征,每遇员缺,即照例以军营人员升补,往往有陕甘人员升任外省者。兹查,有升补安徽宿州营游击杨殿林,由甘肃行伍出身,历升今职。现在该员管带撤回官兵到甘,正值甘省营伍需人之际,该员又生长西北,于边防情形均为熟悉,实为甘省得力可靠之员,拟请奏明开缺,仍留于陕甘,另行补用。其宿州营游击员缺,仍可留于安省,由军营立功人员内升补,似与两省营伍均有裨益等语。臣查杨殿林系因在军营叠著劳绩,洊升宿州营游击员缺。前于未准部覆之先,派令管带撤回陕甘官兵归伍。兹准林扬祖咨商,拟以该员仍留陕甘补用,自系为营务得人起见。合无仰恳天恩,俯准将宿州营游击杨殿林开缺,留于陕甘另补。如蒙俞允,其所遗宿州营游击员缺,仍应以军营立功人员请补,容俟奉旨后,由臣另行拣员奏补。是否有当,理合附片具陈,伏乞圣鉴训示。谨奏。

奉朱批:"依议。"

拟补军营所出各缺片

再:军营所出之缺,例应由军营拣员请补。查甘肃永固协副将鲍云翥告病遗缺，前请以甘肃沙州营参将马昇平拟补，尚未接准部覆。兹马昇平业已阵亡，应另行拟补。查有参将衔候补游击徐立壮胆识素优，带队勇敢，得有勇号，现因进攻定远尤为得力，经袁甲三、穆腾阿会臣保奏，以副将尽先补用。应请恩旨，即以徐立壮补授永固协副将，俾益加奋勉，以期迅克坚城。又，黄鸣铎升补所遗之安徽泗州营都司员缺，前请以尽先游击湖南镇箪镇把总陈开玉拟补，亦未接准部覆。兹陈开玉业已阵亡，亦应另补，查有安徽寿春镇颍州营右军守备叶廷杓随剿有年，遇事机警，堪以升补。其叶廷杓所遗之颍州营右军守备员缺，查有都司衔尽先守备安徽潜山营千总陈定邦身临前敌，屡次冲锋，堪以升补。又，广东陆路提标左营守备陆广山阵亡，所遗员缺，查有尽先守备卢泰打仗勇往，年力正强，堪以拟补。又，山东河标守备刘大用阵亡，所遗守备员缺，查有尽先守备安徽抚标左营千总陈廷超带队严整，办事勤能，堪以升补。又，安徽寿春中营游击邹学镛参革遗缺，查有开复都司仍以游击尽先补用之景昌营规整肃，年富力强，堪以拟补。又，陕西陕安镇左营守备汪朝海斥革遗缺，查有尽先守备陕西汉中城守营外委吉德御敌直前，不避艰险，堪以升补。以上各员缺，皆遴选随剿出力之员，系为军营得人起见。合无仰恳天恩，俯准以该员等升补各缺，实于军务有裨。理合会同臣袁甲三合词附片吁陈，伏乞圣鉴训示。谨奏。

奉朱批①："徐立壮等均准其升补。"

请将张璋革职严拿即行正法片

再：勇目花翎尽先守备张璋当会攻定远、移营进扎之时，竟敢私

---

① 此处衍一"朱"字。

行逃走,实属目无法纪,据总兵尹善廷呈请参革,严缉究办前来。除密饬严缉,并咨会袁甲三一体饬拿外,相应请旨,将花翎尽先守备张璋革职严拿,俟拿获后,即行正法,以儆戎行而昭炯戒。为此附片具陈,伏乞圣鉴训示。谨奏。

奉朱批:"依议。"

请准令丁忧知县甘文澜暂留片

再:同知衔舒城县知县甘文澜闻讣丁父忧,亟应遵照新奉谕旨,饬令交卸后,请咨回籍守制。惟查该邑自迭次被陷后,贼踞益坚,各路官军皆以鞭长莫及,虽屡经进剿,迭挫贼锋,而均因防所辽远,未能逼近围攻。幸该邑西南乡一带绅民深明大义,集团保卫,经知县甘文澜认真督率,不惮艰险,督勇扎营于距城二十里之张母桥地方,号召众团齐心杀贼,屡次得获胜仗,均经奏报在案。臣查该员朴实勤能,实心任事,于贼氛逼境之中,独能屹立一营,联络团练,以资御侮,迥非他处大兵在前、地方官督团居后之比。现在楚师进攻怀、桐,舒城之逆时思蠢动,该员练勇一军,实当西路前敌要冲,尤须严为防范,是该员虽系地方官,而现在带团督剿,实为皖省军营不可少之人。可否援照潜山县知县叶兆兰丁忧暂留之案,仰恳天恩,准令丁忧舒城县知县甘文澜暂留五个月,一俟楚师进克舒城,即行委员接署,给咨回籍守制,以符定例。臣为军务得人起见,是否有当,谨附片具陈,伏乞圣鉴训示。谨奏。

奉朱批:"著照所请。"

遵旨饬苗沛霖挑选练丁赴援并自请赴京助剿折　八月二十二日[①]

奏为遵旨飞饬在籍川北道苗沛霖,挑选得力练丁数千名星驰赴直隶通州一带助剿,恭折由六百里先行覆奏,仰祈圣鉴事。

窃臣于本月二十二日准傅振邦咨会,二十日子刻承准军机大臣字寄咸丰十年八月十一日奉上谕:"本日胜保奏,夷氛逼近阙下,请飞咨召外援,以资夹击一折。据称用兵之道,全贵以长击短。逆夷专以火器见长,若我军能奋身扑进,兵刃相接,贼之枪炮近无所施,必能大捷。蒙召京旗兵丁,不能奋身击剿,惟川楚健勇能俯身猛进,与贼相搏,逆夷定可大受惩创。请饬下袁甲三等,各于川楚勇中共挑选得力数千名,派员管带,即行起程,克日赴京以解危急等语。逆夷犯顺,夺我大沽炮台,占据天津,抚议未成,现已带兵至通州以西,距京咫尺,僧格林沁等兵屡失利,都城戒严,情形万分危急。现在军营川、楚各勇均甚得力,着曾国藩、袁甲三各选川楚精勇二三千名,即令鲍超、张得胜管带;并着庆廉于新募彝勇及各起川楚勇中挑选得力者数千名,即派副将黄得魁、游击赵喜义管带;安徽苗练向称勇敢,着翁同书、傅振邦饬令苗沛霖遴选练丁数千名,派委妥员管带,均着兼程前进,克日赴京,交胜保调遣,勿得借词延宕,坐视君国之急。惟有殷盼大兵云集,迅扫逆氛,同膺懋赏,是为至要。将此由六百里加紧各谕令知之。"钦此。钦遵咨会前来。查此次谕旨,臣处尚未接到,或因豫省境内有捻氛滋扰,以致驿路沮滞,行走迟延。伏思京师为天下根本,臣受恩深重,敢不选锐长驱,以图灭此朝食。苗沛霖人颇忠义,其练丁亦称勇往,惟其部下

---

① 据《奏稿》整理。该册封面题:"奏稿庚字十八号:咸丰十年八月二十二日酉刻,在寿州由六百里拜发,九月十七日奉到批回。"次页正文前题:"咨:袁、傅、督;行:两司、营务处。"

之众究系团练，从未远出，向以人多取胜，若止调数千，恐未足恃。然道远人众，既不便于疾趋，而口食亦难筹给。谨遵谕旨，飞饬该道挑选练丁数千名，派委员管带，星夜起程赴直隶通州一带，听候胜保调遣。又查苗沛霖所部之众，必须该道亲至督带，较为得力。臣已密饬该道自行酌度，如可亲自前往，即亲带起程。臣营饷需虽万分缺乏，念该道北行事关紧急，于万无可筹之中，挪凑银壹千两解往苗圩，以作行资，并知照沿途酌量济其口食，冀得早抵畿辅，共效驰驱。再，臣世受高厚鸿恩，沦肌浃髓，窃维主忧臣辱之义，愿效铅刀一割之愚。刻下江淮贼势稍轻，较之北路警报，缓急昭然。臣不胜愚愤，窃愿躬赴阙廷，跪聆圣训，随同胜保效力戎行，兼得督率苗沛霖，勉图尺寸之功。所有安徽巡抚一缺，仰恳天恩，另行简放，或令藩司张光第暂行署理，俟臣随剿事竣，再回本任。恭候命下祗遵，实出犬马恋主之诚，无任焦急屏营之至。所有遵旨飞饬苗沛霖派练助剿缘由，理合先行覆奏，并吁请恩施，准臣赴京随剿，伏乞皇上圣鉴训示。谨奏。

奉朱批："知道了。现在定远贼援麇集，袁甲三大营已退扼长淮，情形万紧，所望着不准行。"

定远援贼大至孙葵心随旗出队片　八月二十二日（九月初四日奉朱批）①

再②：定远援贼大至，号称十万，西北两路官军谨保后路，经袁甲

---

①　以下四个奏片原稿未附日期，散在其他册内。查《随手登记档》可知，它们均为八月二十二日《遵旨饬苗沛霖挑选练丁赴援并自请赴京助剿折》的附片。发出日期与奉朱批日期均据《随手登记档》补，并调整到适当位置。参见中国第一历史档案馆编：《清代军机处随手登记档》第 94 册，第 134—135 页。

②　"再"字前批有"咨：督、袁、穆、傅、湖北、河南；行：两司"字样。

三随时咨会,驰奏在案。臣督饬尹善廷等布置炉桥前敌,冀保无虞。又据探报,庐、舒一带亦添贼援数万,已飞咨胡林翼严防,并饬吉顺、惠成严守六安州城,以固楚豫门户。至招抚孙葵心一事,署颍州府知府程钰驰抵张村铺,止有文生夏馥超及孙葵心手下旗首数人迎谒,据称孙葵心决意投诚,惟该逆业已随旗出队,须遣骑追回,方可定议等语。该守当即回颍。据亳州、太和禀报,捻匪已经西窜,不知何时回巢,能否就抚,尚未可必。臣现在多方劝谕,断不敢稍事因循。理合附片具陈,伏乞圣鉴。谨奏。

奉朱批:"知道了。"

委员接署颍州府印务片　八月二十二日(九月初四日奉朱批)

再:颍州府知府才宇和升授庐凤道员缺,臣以颍州防剿仍属吃紧,未便遽易生手,应令在颍接受庐凤道关防,仍兼摄颍州府印务,曾经附片陈明在案。嗣据才宇和禀称,该道分巡地方,稽查关税一切事务,方虞心力难周,若再兼摄府印,实属难以兼顾,应请委员接署颍州府印务,以专责成等语。查该道既有分巡之责,又须往来稽查税务,力难兼摄府印,亦系实在情形,当即饬司另委妥员前往接署。兹据藩、臬两司详称,查有记名道候补知府程钰老成练达,为守兼优,在颍年久,人地相宜,堪以署理。臣查该员程钰向在颍州协同防剿,恺悌慈祥,久为士民悦服,以之署理颍州府知府员缺,可期胜任,又与袁甲三往返函商,意见相同。除檄饬遵照外,理合会同署督臣薛焕合词附片具奏,伏乞圣鉴。谨奏。

奉朱批:"知道了。"

请准朱佩华等承袭世职片 八月二十二日(九月初四日奉朱批)

再①:阵亡、殉难议给世职人员,向于奉准部文后,查明应袭之人,由地方官取具宗图、册结,照例详报,奏请承袭,历经遵办在案。兹据署臬司详称,寿州人、前升补直隶督标后营游击朱淮源,咸丰六年七月内在颍州三里湾地方打仗阵亡,经前河南抚臣英桂奏请赐恤,奉部议,给云骑尉世职。现查该故员长子佩芝原任无为州千总,上年在定远打仗阵亡,并无子嗣,惟次子佩华年已及岁,呈请承袭、发标学习等语,由该地方官取具宗图、册结,详由该司查照,例案相符,详请具奏前来。又据桐城县人徐宗亮呈称,伊父原任湖北粮道徐丰玉在田家镇御贼阵亡,经前湖北按察使江忠源奏请赐恤,奉部议给骑都尉世职,宗亮系该故员嫡长子,例应承袭,惟桐城尚未克复,未能取具地方官印结,仅备具宗图、供册,呈请前来。臣细加查核,所称因该县尚为贼踞,未能回籍,由地方官具结转详,尚属实情。除一面饬令桐城县补具印结,另行送部,并将现送到朱佩华、徐宗亮宗图等件一并咨部外,理合附片具陈,伏乞圣鉴饬部议覆施行。谨奏。

奉朱批:"该部知道。"

请开复扎隆武原官片 八月二十二日(九月初四日奉朱批)

再②:三品顶戴、已革湖南绥靖镇总兵扎隆武,前因借病迁延,经

---

① "再"字前批有"咨:督;行:两司、桐城县"字样。
② "再"字前批有"咨:穆;行:两司、营务处、扎镇"字样。

臣参奏革职。嗣经胜保查明,该革镇患病属实,与臣会奏,钦奉上谕,准其留营效力。该员自留营后,深知愧奋,已蒙恩赏给三品顶戴。该员感激之余,益深奋勉,此次在正阳关防守,并带队在颍上堵剿捻逆,颇著辛勤。合无仰恳逾格鸿慈,俯准将三品顶戴、已革湖南绥靖镇总兵扎隆武开复总兵原官,以昭激劝。理合附片吁陈,伏乞圣鉴训示。谨奏。

奉朱批:"扎隆武著开复原官候补。"

保奏攻拔程圩肃清沙河北岸出力官绅兵练折　八月二十二日(九月初四日奉朱批)①

奏②为遵旨查明保奏攻拔程圩逆巢,肃清沙河北岸在事出力之将领、员弁、兵勇及练总、练丁并颍州官绅,汇缮清单,吁恳恩施,恭折仰祈圣鉴事。

窃臣前将沙河兵练击退外援,攻拔程圩逆巢,俘斩殆尽,沙河北岸一律肃清情形并恳恩鼓励缘由缮折驰陈在案。咸丰十年六月二十九日内阁奉上谕:"翁同书奏兵练克复程圩逆巢一折,沙河以北捻圩林立,捻首程保民尤为诸捻渠魁,经翁同书饬令川北道苗沛霖等叠次围攻,本月十二日,该逆乘夜外窜,水军连环轰击,仍即退回。十三日突来捻援千余,副将黄鸣铎矢殪贼首,并督率炮船将援贼击退,其圩内扑出捻众亦经苗沛霖截杀回巢。十四日,该逆全数出窜,我军水陆

---

　　①　该折及附片原稿未附日期,散在其他册内。发出日期与奉朱批日期均据《随手登记档》补,并调整到适当位置。参见中国第一历史档案馆编:《清代军机处随手登记档》第94册,第134—135页。

　　②　"奏"字前批有"会:袁、穆;咨:督、傅;行:两司、营务处、庐凤道、黄副将、吉、惠镇"字样。

堵击，奸毙殆尽，即于十七日将程圩攻拔，其捻首李全袈、孙麻孜当即讯明正法，沙河两岸一律肃清，剿办甚属得手。所有此次尤为出力之二品顶戴四川川北道苗沛霖，著赏加布政司衔；陕西潼关协副将黄鸣铎，著赏加总兵衔；庐凤道才宇和，著赏加按察使衔；守备赵玉成，著赏给固勇巴图鲁名号；外委李鸿献，著以千总补用，并赏加守备衔，赏戴花翎；其余出力将弁、兵勇及练总、练丁人等，并著翁同书查明保奏，候朕施恩。"钦此。臣跪读之下，仰见圣主论功行赏、有劳必录之至意。伏查程家圩虎踞沙北，众捻恃为党援，互相勾结。此次屡约大股北捻来援，经臣督饬黄鸣铎、苗沛霖等严密堵御，以逸待劳，乘懈追击，故得屡破外援，未容圩贼窜出，遂将程圩攻拔，并沙河北岸一带全数剿抚肃清。在事将领、员弁、兵勇及练众人等，艰苦备尝，俱能踊跃用命，或俘馘捻首，或奋勇先登，历八九十日之久，昼夜辛勤，得以克此巨垒，俾沙北一律肃清，实属异常出力；其颖州府官绅筹办练粮，辗转转运，随同防剿，亦著微劳。除川北道苗沛霖等经臣随折保奏，蒙恩奖叙外，所有出力之将领、员弁、兵勇以及练董人等，遵旨查明，择其尤为出力者，汇具清单，注明劳绩，恭呈御览。合无仰恳天恩，俯准给予奖叙，以示鼓励，出自逾格鸿施。至其次出力弁勇、练丁人等，谨拟酌给功牌及以千把、外委拔补，容臣照例咨部办理，合并声明。所有遵旨酌保攻拔程圩逆巢在事出力人员，开单请奖缘由，理合会同臣袁甲三、臣穆腾阿合词缮折吁陈，伏乞皇上圣鉴训示。谨奏。

奉朱批："单开各员，除程钰批改外，余均照所请，该部知道。单并发。"

谨将遵旨查明攻拔程圩逆巢，肃清沙河北岸在事出力之将领、员弁、兵勇及练总、练丁并颖州官绅汇缮清单，恭呈御览。
计开：
记名副都统营总乌尔滚布，副都统衔委营总富明阿，以上二员均拟请交部议叙；

黑龙江蓝翎即补骁骑校托谟珲、富永阿，以上二员均拟请赏换花翎；

黑龙江尽先防御吉林委参领博多洪武，拟请免补防御，以佐令尽先补用；

吉林蓝翎防御常兴，拟请以佐领尽先补用；

黑龙江领催委防御乌尔升阿，披甲巴尔精阿、富克金布、根寿，以上四名均拟请以骁骑校补用；

黑龙江六品顶戴披甲阿克敦、布硕凌、阿依勒格讷、凌福、金安、常禄，吉林前锋校富奎，即补骁骑校双全，领催八十六、德林，六品顶戴披甲喜德、常德、乌青阿、成安、明成，以上十五名均拟请赏戴蓝翎；

尽先选用参将吴峻基，拟请赏加副将衔；

直隶督标右营游击丁希凤，题升四川川北镇标中营游击陈松，以上二员均拟请以参将尽先补用；

尽先守备黄广仁，拟请以都司尽先补用；

尽先守备吴文英、徐海春，以上二员均拟请赏加都司衔；

都司衔守御所千总周瑞，拟请以都司用；

守备衔尽先千总宗延龄、王学敏，尽先千总马腾云、任俊，尽先把总王臣礼，以上五员均拟请以守备尽先即补；

蓝翎即补都司奎光，池州营把总蓝翎尽先守备孙奎，蓝翎东河候补守备张玉振，以上三员均拟请赏换花翎；

已革花翎都司吉昌，拟请开复原官，并赏还花翎；

候选卫千总孙政，江西广信所领运千总翁开业，候补千总朱宝田，尽先把总薛映远、刘定邦、王鹤龄，青州营把总王安邦，寿春右营候补把总王飞熊，游兵营把总吴廷柱，潜山营外委张华林，尽先外委刘照藜、叶廷栋、吴基培，河州镇右营外委王希贤，六品军功吴炳南，外委董凤林，寿春镇中营马兵穆安邦，颍州营马兵乔登科，循化营马兵王海、徐铨，保安营步兵张九得，巩昌营马兵刘英，固原提标左营马兵陆生花，莱州营马兵李得林，游兵营马兵李发，勇丁刘云贵、李长恩，以上二十七员名均拟请赏戴蓝翎，董凤林并请以把总尽先补用；

　　候选通判张保慈，拟请赏加五品顶戴，并赏戴蓝翎；

　　即选县丞葛汝瀚，拟请以知县用；

　　从九品衔吴巍阶，拟请以从九品不论双单月遇缺即选；

　　候选府经历贺绪蕃，六品顶戴即选从九品书吏管彤，六品顶戴书吏方传瓐，以上三名均拟请赏戴蓝翎，贺绪蕃并请赏给六品顶戴。

　　以上各营员弁、兵勇冲锋冒镝，叠著战功，力却外援，兼顾后路，数月以来毫无挫失，得以攻克坚垒，大振军威，洵属尤为出力。

　　花翎游击张诚心，拟请以参将升用；

　　游击衔花翎都司牛允恭，拟请以游击选用，并赏加参将衔；

　　游击衔蓝翎都司王永年，拟请以游击尽先选用，并赏换花翎；

　　游击衔花翎都司随筠亭，拟请以游击尽先选用；

　　花翎守备李麟徵、侯殿元，蓝翎守备丁步海、郭鸿波，尽先守备何廷选、孙学纯、周尚文，以上七员均拟请以都司尽先选用，丁步海、郭鸿波并请赏换花翎；

　　尽先守备陈学道、李学曾，以上二员均拟请赏戴花翎，李学曾并请以都司尽先选用；

　　尽先千总童维典，拟请以守备尽先选用，并赏戴花翎；

　　尽先千总陈景文、赵东户、潘立勋，拣选千总苏鸿志，以上四员均拟请以守备尽先选用，并赏戴蓝翎；

　　蓝翎千总李咸熙、周心平、李琔、赵玉藻、杨天林，尽先千总王学源、武有法、孙万年，蓝翎把总王金魁、祝兰芳，以上十员均拟请以守备尽先选用，李琔并请赏换花翎；

　　六品军功苗希臣，把总潘广禄、王成，以上三名均拟请以千总尽先补用，并赏戴蓝翎；

　　军功王广明、刘登岸、侯振常、马敬宗、陶云任，以上五名均拟请以把总尽先拔补，并赏戴蓝翎；

练总李道南,拟请赏戴五品顶戴、蓝翎;

四品顶戴升用同知山西候补知县高锡龄,拟请免补知县,以同知仍留山西补用;

知州衔花翎知县慕寻芳,拟请以知州归部尽先选用;

五品花翎知县董志诚,拟请赏加知州衔;

同知衔升用知县蓝翎县丞林作霖,即选训导邓林松、吴正谊、喻中秀,府经历县丞用何景虞、苗宗源、袁有功,以上七员均拟请免选本班,以知县归部尽先选用;

州同衔河南候补县丞宁大经,拟请以州同不论双单月尽先选用;

训导周懋源,主簿朱鑫,从九品邓香山,以上三员均拟请以县丞尽先选用;

县丞衔邢倬云,从九品王敬业,以上二员均拟请以县丞不论双单月尽先选用;

从九品陈万钧、李金台、沈惺斋、李荣光、徐华文、汪坦,候选未入流王乃休、崔学孟,文生王恩溥,监生王佩环、郭扬辉,八品军功杨培、吴如东,文童裴大中,以上十四名均拟请以主簿尽先选用;

五品军功耿其灼,文童王劝、童如愚、郑联璋、吕春兰、何瑞亭、施霖、王仙洲,以上八员均拟请以从九品尽先选用;

廪生亓毓珍,拟请以训导尽先选用。

以上文武员弁俱系苗营将弁及苗营练董、练丁,会同兵勇筑营逻守,昼夜环攻,适雨潦异涨,坚守不动,樵爨俱穷,意气弥厉,同仇偕作,忠义可风。

都司衔王东阳,拟请以都司选用;

候选卫守备宁继成,拟请赏加都司衔;

守备衔刘金甲,拟请以守备选用;

尽先千总姜宗淇拟请赏加守备衔

同知衔河南试用通判宁若烜,拟请免补本班,以同知仍留河南尽先补用;

　　双月候选同知王蓉镜，拟请以同知不论双单月选用；

　　分发陕西候补同知宁继勤，拟请归候补班前补用；

　　五品军功候选县丞李振基，拟请赏加同知衔，并赏戴蓝翎；

　　候选教谕刘应泰，拟请免选本班，以知县不论双单月尽先选用；

　　六品蓝翎候选县丞王瑞临，六品蓝翎王辅宸，以上二员均拟请赏加五品衔；

　　州同衔赵锡缙，拟请以州同不论双单月归部选用；

　　监生于汇川，拟请以布政司理问双月选用；

　　候选从九品宁继章，拟请免选本班，以盐大使遇缺即选；

　　监生周之经，拟请以府经历不论双单月选用；

　　候选从九品储殿林，监生王鸿雨，以上二名均拟请以县丞不论双单月选用；

　　监生吴元志，拟请以县丞双月选用；

　　即选训导李长春，拟请以训导遇缺尽先选用；

　　廪生王既勤、鹿鸿、耿其焕，以上三名均拟请以训导不论双单月选用；

　　附生宁司衡，拟请赏给翰林院待诏衔；

　　俊秀李巍峰、王藻鉴，文童项万成、訾文彩、张金城，六品军功曹振甲，以上六名均拟请以从九品不论双单月选用；

　　六品军功刘长生，拟请以未入流不论双单月遇缺尽先选用。

　　以上皆颍州绅董，随同庐凤道才宇和带领郡城练丁，屡次击退大股捻逆，劝捐苗练口粮二万余石，冒险转运，同济艰危，非寻常出力可比。

　　记名道署颍州府知府候补知府程钰督办转运，帮同带练，并招抚匪圩，著有成效，拟请免补知府，遇有各省道员缺出，请旨简放；

　　分发山东补用道郑金文，派委至颍州府办理防剿，不避艰险，拟请交军机处记名，遇有山东道员缺出，请旨简放；

　　即补员外郎吏部候补主事阿克达春，随同伊父总兵吉顺在颍上县防剿，带队迎击，奋不顾身，拟请免补主事，以本部员外郎补用；

知府衔署阜阳县知县凤庐同知史久恩带练截剿，屡获胜仗，亲至各乡劝捐杂粮，集成巨款，拟请以知府升用；

同知衔署颍上县知县候补知县廷瑞，带练扼截沙河，筹运练粮，始终出力，拟请赏戴花翎；

指发浙江试用知县范基栋派司制造，昼夜辛勤，诸臻妥善，拟请赏加同知衔，归该省候补班尽先补用。

请破格奖励桂中行片　八月二十二日(九月初四日奉朱批)

再①：候选知县桂中行品端才裕，为守兼优，于一切军情尤为熟悉，经臣派令随办营务文案事宜，诸臻妥协。昼夜辛勤，不辞劳瘁，实系出色贤员，应请恩旨破格奖励。查皖省候补直隶州知州人数寥寥，不敷差委，合无仰恳天恩，俯念军营与地方均在需才之际，特旨准将候选知县桂中行免选知县，以直隶州知州留于安徽补用。如蒙俞允，实于军务、吏治可得指臂之助。理合附片吁陈，伏乞圣鉴训示。谨奏。

奉朱批："随办文案，所保未免过优。著免选本班，以知县留于安徽即补。"

请开复田大年原官片　八月二十二日(九月初四日奉朱批)

再：臣营委员候选知县田大年，于上年六月移营之际擅自离营，

---

①　"再"字前批有"咨：袁、穆、督、傅；行：两司、营务处"字样。

经臣奏参革职,奉朱批"依议。"钦此。旋据该革员回营,询系中途坠马,为贼所阻,迷失道路,绕道回营,查明属实,尚无捏饰。臣以该革员随剿多年,素称得力,责令在营自效。一载以来,昼夜辛勤,深知愧奋,可否仰恳天恩,俯准将已革六品蓝翎候选知县田大年开复原官,并免缴捐复银两,以昭激劝。理合附片吁陈,伏乞圣鉴训示。谨奏。

奉朱批:"著照所请。"

凤阳粮台造册报销折　八月二十九日①

奏为前任臬司管理凤阳粮台,造册报销,恭折具奏,仰祈圣鉴事。

窃据前任臬司恩锡详称,于咸丰三年十二月十九日奉前漕臣福济奏设凤阳粮台,派委管理之日起,至咸丰四年六月二十四日奉调回庐前一日止,计收过山东等省协饷银二万七千两,又收前庐凤道奎绥赔补金牌银四百两,又收前漕臣福济行营拨发银一千两,又收运脚、杂支各款项下,扣存、平余、减平等银一百一十三两九钱九分五厘,又收前漕臣福济行营拨发钱一万一千一百八十千文,又收部颁官票八万两,内拨解庐州大营各粮台及庐凤道张光第、临淮转运局共银一千四百二十两,钱五千五百三十四千文,官票七万七千一百五十八两,实由凤阳粮台支放文武官弁兵勇盐粮、运送、军火、饷鞘、雇备人夫以及采办物料、制造、工料、杂支各款共银三万四十三两一钱三厘,钱六千二百六十四千三百七十文,官票二千八百四十二两,总共支发银三万一千四百六十三两一钱三厘,钱一万一千四百九十八千三百七十文,官票八万两,除仅收到各省协饷并赔款、平余等项银二万八千五

① 据《奏稿》整理。该册封面题:"奏稿庚字第十九号:咸丰十年八月二十九日由寿州专差拜发。"

百一十三两九钱九分五厘,钱一万一千一百八十千文,官票八万两,实有不敷银二千九百四十九两一钱八厘,钱三百一十八千三百七十文。彼时因军饷支绌,无可筹措,当即援照户部续纂筹饷事例,军营官员、兵勇如有余剩银两,情愿交官充饷,系以本营兵勇即交本营粮台,仍复定期给领,于官私均有裨益之条办理,俟奉部核准之后,再行作正开销,拨给还款。统计凤阳粮台支发银三万一千四百六十三两一钱三厘,钱一万一千四百九十八千三百七十文,官票八万两,内除拨解临淮转运局及各行营粮台共银一千四百二十两,钱五千二百三十四千文,官票七万七千一百五十八两,应由藩司及各行营粮台自行造报外,所有该前司恩锡经放官弁兵勇盐粮、运脚、杂支各款银三万四十三两一钱三厘,钱六千二百六十四千三百七十文,官票二千八百四十二两,据称均系按例撙节支发,并无丝毫浮冒。扣存平余、减平银两,俱已笼统归入军需项下,动用无存,分晰造具四柱各款清册,详请分别奏咨等情到。臣除将各项清册送部核销外,理合缮折具陈,伏乞皇上圣鉴饬部核覆施行。谨奏。

陈玉成率众二十万围攻寿州情形万分紧急折　九月初五日(十七日奉朱批)①

奏为粤逆陈玉成率众二十余万围攻寿州,连日扼渡堵剿,登陴固守,毙匪无算,夺毁木筏、浮桥三座,现在情形仍万分紧急,恭折由六百里具奏,仰祈圣鉴,并请饬催豫饷,以顾危疆事。

窃前月十四、五等日,粤逆大股窜援定远,我军先胜后挫,全军撤

---

① 据《奏稿》整理。该册封面题:"奏稿庚字二十号:咸丰十年九月初五日酉刻,在寿州由六百里拜发,二十八日奉到批回,并十七日廷寄一道。"次页正文前题:"咨:袁、穆、曾、两湖、湖北、署漕、河南、陕、山西;行:两司、营务处。"奉朱批日期据《随手登记档》补充,各附片同。参见中国第一历史档案馆编:《清代军机处随手登记档》第94册,第198—199页。

回,以顾后路,业经袁甲三会奏在案。查此次进攻定远,臣营与临淮官军互相联络,共计兵勇二万余人,加以徐立壮练丁万人,昼夜环攻,功在旦夕,讵意粤逆四眼狗陈玉成亲率悍贼二十余万疾趋来援,以致我军先胜后挫,全军退撤。臣以炉桥为寿州门户,饬总兵尹善廷等勒兵固守。嗣据尹善廷禀称,已于炉桥东、南、北三面添筑数营,又于河西连营两座,以防后路。二十三、四两日,叠据探报,四眼狗已派贼马数百,勾结西北各圩,定于二十五日大股出扑炉桥。次早,果见该逆马步万余蜂拥而来,分头围扑。我军据营固守,枪炮齐施,自辰至午,击毙骑马贼不计其数。该逆舍命直逼营濠,并欲分股踞街为营,使我各营不能联络。尹善廷亲督弁勇突出营墙,闯至街中,大呼奋击,枪矛并举。千总吉玉成用大抬枪击毙黄衣骑马贼目一名,该逆始行惊溃,夺尸奔窜。我军随后追杀,割取长发耳级十三颗,生擒长发贼四名,夺获贼马三匹,旗帜、枪矛无算,直追至十里庙,因天晚收队。二十六日,贼复大股分路来围,层层密布,牵制我军不能出营,遂于正东大路傍扎营四座,又由东南绕至对冈,连营五座,势欲环攻。我军在营施放连环枪炮,毙贼甚众,而该逆愈来愈多,抵死不退等语。臣以寿营兵勇尽在该处,更无队可以派援,只得严饬誓死固守,不可轻弃要隘。讵料是夜该逆恃众围扑,填壕拔桩,更番叠进,各营不能相顾,众寡悬殊,万难抵敌,而贼又分股踩浅渡河,扑我河西营垒。尹善廷等见腹背受敌,且恐逆贼径扑州城,只得突围而出,且战且退,以固寿城根本。查狗逆陈玉成于粤匪中最称狡悍,连日盘获奸细并贼中逃出难民,多系苏、常一带裹胁前来,金称该逆此次自率二十余万众倍道而来,必欲大逞凶锋,肆意猖獗。旋据探称,该逆分股窜扰临、凤,自率马步贼队直扑寿州,已由炉桥前进。臣派参将吴峻基带川勇四百名扼东津渡扎营,将前敌退回兵勇分布城外,并调副将黄鸣铎炮船严扼东津渡水道,与川勇陆营互相掎角,而自率城内文武登陴固守,并派员弁分段巡查,以清奸细。二十八日申刻,正在布置间,谍报贼匪已于马厂集、二十里店一带连营数十座,并有贼马数百直逼东津

渡,往来窥探。二十九日,贼遂率大股出扑东津渡,副将黄鸣铎督率
炮船往来迎击,该逆见防守严密,难以飞渡,相持至晚,渐渐撤退,我
军登岸尾追,擒斩数十名,阵亡勇丁一名。九月初一日辰刻,陈玉成
亲率马队数千、步队万余人,黄色蜈蚣旗及五色旗贼队布满山谷,扬
言扎筏抢渡。臣恐贼势浩大,水军未能得利,即饬总兵庆瑞亲带步
队,多备枪炮,前赴东津渡,协同黄鸣铎将贼击退,该逆大队循山而
北。臣以北城吃重,督同文武员弁暨陕甘、寿春官兵并地方团练严守
北门,遥见红衣贼目率数百骑前导,步贼在后,蜂屯蚁聚,蓦山越涧,
列帜如林,焚四顶山巅庙宇,逼近北关集纵火,旋即大股临河,直扑桥
口。臣于城之东北隅亲督弁兵,开放大炮,打入贼队,击仆贼旗,伤毙
贼匪无数,贼始惊却,退入山坳,分为二队,一越蔡家冈北走,一循北
关集西行,直至淮河南岸。臣飞调炮船沿河追击,直至申刻,贼始收
队,回扎隗家店、莲花塘等处。是夜,逃出难民供称,红衣贼目即系伪
英王陈逆,用捻逆引路,誓必攻开寿州,意图北窜,自城东五六里外直
至四十里铺,横亘十余里,人马不计其数,本日攻扑北关未能得手,仍
欲于东津渡结筏以济等语。寻据探报,东津渡及迤南石家嘴地方,贼
匪联木编苇,成筏数百具,急图抢渡。臣于初二日亲往东津渡,与黄
鸣铎等密为布置,悉收民船、渔船于西岸,皆悬炮船旗帜,使贼遥望疑
为骤添战艇,以沮其气。仍令总兵庆瑞由东津渡迤南带队堵剿。果
见贼众数千正在扎筏,时已日暮,我兵隔河列队,相持至晓。初三日,
贼筏结成浮桥三座。适西风方作,波涛掀簸,不能拢近西岸。黄鸣铎
派得力弁目,驾驶炮船冒风涛而进,往来堵击,毙贼极多。臣虑夜间
有失,急调参将吉学盛、徐邦道、把总李安邦各带抬炮、线枪排列河干
以御之,贼不能渡。黄鸣铎亲督炮船上下折戗,联环轰击,毙匪约数
百名。初四日黎明,贼不能支,弃筏登岸。水师炮勇一拥登岸,将贼
击退三里许。黄鸣铎因贼势过重,戒勿穷追,夺获木筏浮桥三座,立
即焚毁,烟焰涨天,并将焚余木植、板片拉至西岸,贼匪为之气夺,然
仍死踞渡口,列营数十里不退。此粤逆窜踞炉桥,进扑寿州,连日鏖

战获胜之实在情形也。臣查寿春形势所在，为自古必争之地。今狗逆陈玉成率二十余万众，勾结张乐行、龚得为羽翼，土匪响应，臣以饥军撑柱其间，已属万分危险，况凤阳被围，与袁甲三一军声息已断，而西捻孙、姜等股又由光、固窜至霍邱、六安境内，庐、舒粤逆亦乘隙图扰六安，各路纷纷告急。六安有防兵三千，臣复飞调署守备赵春和团练数千赴该州协同防剿，另调牛允恭、林济川练丁随同乌尔滚布马队驻守正阳关，以通饷道。当此四面受敌，实觉防不胜防。尤可恨者，豫省协饷二万两杳无信息，众兵饥寒交迫，虽流涕拊循，军心未变，岂能绝粒休粮，督之趋死？若豫饷再迟十日不到，则寿州必至失陷，臣惟有以身殉之，但恐窜入豫疆，大局愈坏。仰恳天恩，严饬河南藩司贾臻，以寿城将陷，勿再坐视，迅拨全饷以救阽危，并饬山西、陕西二省照数按月拨解，则臣军幸甚，淮南幸甚！无任迫切待命之至，伏乞皇上圣鉴施行。谨奏。

[九月二十日]奉朱批："另有旨。"

都兴阿暂扎寿州片 九月初五日（十七日奉朱批）

再[①]：荆州将军都兴阿统带马队于初四日由六安行抵寿州，适值贼匪围攻，寿城迤东一片贼氛，道途梗阻，带来步队亦尚未到，现在城外暂扎，借壮声威。俟后队到齐，道路稍通，再行前进。理合附片具陈，伏乞圣鉴。谨奏。

奉朱批："知道了。"

————————

① "再"字前批有"咨：袁、穆、都、漕、曾、两湖、湖北；行：两司、营务处"字样。

苗沛霖未能带练丁北上并自请进京随剿片　九月初五日(十七日奉朱批)

再:臣飞调苗沛霖练丁,与傅振邦函商,为筹行粮,前已先行具奏在案。嗣接胜保来咨,复叠饬该道,令其枕戈待旦,投袂兴师,而该道覆禀,极言练非兵比,求臣将其原禀钞覆胜保。查该道带练十余万,素称忠勇知兵,其言或别有所见。臣与傅振邦叠次严催,而该道坚持前说,且称愿单骑北行,誓捐顶踵。臣等既未便任其迁延,亦未能稍有勉强,想在圣明洞鉴之中。理合会同提臣傅振邦合词覆奏。再:臣翁同书前请开缺进京随剿,如蒙俞允,俟寿州围解,布置粗定,即行酌带兵勇,星夜起程北上。合并陈明,伏乞圣鉴。谨奏。

奉朱批:"知道了。"

请准卢又熊开缺片　九月初五日(十七日奉朱批)

再:甘肃督标副将卢又熊因在前敌打仗积受暑湿,疝气大发,不能带队,禀请开缺,回籍调理。臣验明患病沉重属实,若仍令带队,深恐有误防剿。应请恩准开缺,回四川调理。所遗甘肃督标副将员缺,容臣遴选得力人员,另行奏请补授。理合附片具陈,伏乞圣鉴训示。谨奏。

奉朱批:"依议。"

参革王懋勋片　九月初五日(十七日奉朱批)

再:广东潮阳营游击王懋勋营规不能整肃,以致队伍不齐,实属阘茸无能,难期振作。相应请旨,将该游击即行革职,饬回原籍,以为任事疲玩者戒。理合附片具奏,伏乞圣鉴训示。谨奏。

奉朱批:"依议。"

代奏才宇和谢恩片　九月初五日(十七日奉朱批)

再:据新授庐凤道、凤阳关监督才宇和禀称,该道昌黎下士,皖省微员,荷蒙圣恩,由州判洊升颍州府知府,自维表率无方,深愧涓涘未报,兹又蒙恩补授庐凤道员缺,闻命自天,悚惶无地,已遵于八月初三日就近在颍接印任事。所有各关税务,刻值各路粤捻纷扰,商贩裹足,征税寥寥。惟有俟河道畅行,设法招徕,悉心整顿,以期仰答鸿慈于万一。所有感激下忱并接印日期,以及关税现在情形,恳请据情代奏,恭谢天恩等语,呈请前来。理合附片代陈,伏乞圣鉴。谨奏。

奉朱批:"览。"

严防寿州出奇掩袭立解城围折　九月初九日(二十日奉朱批)

[臣翁同书跪]奏①,为粤逆二十余万围攻寿州,经臣督率水陆各

---

① 据《奏稿》整理,方括号内文字根据《皖北奏报》补充。该册封面题:"奏稿庚字第二十一号:咸丰十年九月初九日戌刻,在寿州由六百里拜发,十月初四日奉到批回。"次页正文前题:"咨:袁、穆、曾、薛、漕台、江南团练大臣内阁部堂庞、两湖、湖北、河南、傅;行:两司、营务处、黄副将。"

军暨地方文武、绅董、练丁严防十昼夜,出奇掩袭,大获胜仗,追击数十里,城围立解,恭折由六百里驰奏,仰祈圣鉴并恳恩鼓励事。

窃粤逆陈玉成率悍贼二十余万围攻寿州,志在必得。所有扼河防剿并万分危急情形,业经陈明在案。臣于拜折后,仍亲至城上,相度形势,激励兵练固守。据生擒贼匪供称,逆首陈玉成率领贼众联营栉比,占踞村庄,由东溆河起,跨山越谷,直至石头埠、淮河南岸止,周围七八十里,绝我樵采。因见城中镇静如常,无懈可击,吴家嘴木筏浮桥又为我军所夺,气为之沮。现于姚家湾抢民船四十余只,思由水路载贼来攻寿州,并犯正阳关等语。臣先派都司彭楚文带炮船二十只驻泊洛河,乘风驶至姚家湾,夺贼船十余只,救出民船二十余只,贼计遂不得行。是夕,贼匪密伏河干。初六日黎明,乘雾泗水入小港,掠去民船二只。守备黄广仁等驾驶战艇飞桨过河,奋不顾身,突前围击,杀贼百余名,将船夺回。未几,烟销日出,见贼骑数百引步队数千直扑北关,势甚猖獗。臣亲督总兵庆瑞,副将哈连升、庆福,护臬司蒋锡绶,寿州知州任春和,署凤台县知县熊英等率兵练堵御,派水师渡河登陆,枪炮齐施,刀矛并举,毙贼百余名。船上及城头皆发炮应之,炮火所及,应声而倒。贼众披靡,退循山麓至两河口折回,寻在东津迤南列队二十余里,皆持杂色旗帜,扎一木筏,乘坐二千余人,复图抢渡。副将程友胜、知州任春和、把总李安邦、参将吉学盛各带兵勇列队西岸以拒之,副将黄鸣铎募敢死之士数百人,各带枪械、挠钩,尽力轰击,贼匪扑河溺死者无算,夺筏焚毁,士气弥壮。臣遣人探知,贼欲踞北关扎营,又欲于城西北隅水狭之处泗水梯攻,急令严备,西北每一堞用两人严守。二更后,果有贼匪潜踪涉浅而至。城上开放枪炮,用滚木、擂石打下,毙贼多名。臣又密令炮船水勇于三更时渡至山麓五里庙地方纵火,适贼众伏匿破庙、民房之中,焚死无数,余匪奔溃。该逆见我白昼敛兵不动,忽于黑夜纵火,疑我大队过河,惊扰退窜,自相蹂践,火光闪烁,人声鼎沸。臣饬令各营抽派队伍,搭桥过河,呼噪追蹑,沿途掩杀。及至天明,贼已远遁。黄鸣铎遣水勇登岸,追斩黄衣骑马贼目一名，余众四散奔溃。臣复派锐卒沿途追剿数十里，斩馘数百，夺获枪械、马匹，生擒长发贼数十名，内有伪检点、总制等官，均即正法。所有逃出难民，多系杭州、苏州、无锡、常州、东坝、广德居民，亦有自徽州、六合、扬州裹来者，金供逆首四眼狗陈玉成率众二十余万到此，本欲攻破寿州，再[上]①湖北，及两次攻扑北关、搭造浮桥，均不能逞，知地形险要，人心坚固，难以得手，适粮食将尽，野无所掠，又闻官军将养精蓄锐，击其惰归，故一闻官军过河，即仓皇惊遁，折向东南隅而去。臣查寿城东、西、北三面襟带淮、淝，尚据形胜，惟南路平衍，无险可扼。今贼虽退走，难保不绕过淝水，由南路瓦埠、三觉寺一带攻扑寿州。仍饬令坚壁清野，以为之备。其正阳关地方虽有团练、马队驻守，尚恐兵力未厚，饬令黄鸣铎速带水师前往协防。至此次以陈玉成之凶悍，率众二十余万，攻城十日，得保无虞，非意想所及。此皆文武员弁、兵练绅民齐心合力之效，而尤得力于东津渡一营及水师炮船。所有办事安详、布置严密之总兵衔潼关协副将黄鸣铎，实系出色将才，应请旨记名以总兵用。其余地方监司、牧令，以及城中绅士、委员，昼夜登陴，冲风冒雨，不辞艰险；守城将弁、兵勇、练丁暨守渡、守桥水陆将弁、兵勇，力战浃旬，均属著有劳绩，可否容臣查明保奏，以为力守危城者劝？恭候命下祗遵。所有击退粤匪大股，寿州解围缘由，理合恭折驰陈，伏乞皇上圣鉴训示。谨奏。

[九月二十日]奉朱批："另有旨。"

---

①　此字原稿书写不清，据《皖北奏报》补。

北路防剿情形并陈玉成去向片　九月二十日奉朱批

再[1]：北捻大股由豫省固始县境窜入霍邱之河口集，直逼县城，经知县叶春培带勇迎击，枪毙骑马贼二名，夺获贼马三匹，贼向东南窜去。臣以粤逆东来，捻踪西至，必图会合，断我后路，以为包抄之计，当调营总乌尔滚布马队暨团练二千名扼守正阳，又饬防守六安之总兵吉顺、惠成等加意防范，以杜其勾结之谋。旋据探报，庐州粤逆分股于本月初三日窜至六安东北双桥集、金家桥一带，捻匪数万亦已窜至州北马头集等处。守备赵春和集团堵御，屡获胜仗。刻下四眼狗陈玉成复率悍贼二十余万由寿州败窜南奔，或欲绕过淝水，由旱道再扑寿州，或欲勾合捻氛，由南路横趋六、霍，均未可定。除飞咨胡林翼严防，并饬吉顺等妥为布置外，又派副将黄鸣铎督带炮船，由正阳关星夜赴援，并饬霍邱、颍上等县，如捻踪回窜，即并力兜剿，歼除净尽，毋令回巢。所有防剿情形，理合附片具陈，伏乞圣鉴。谨奏。

［九月二十日］[2]奉朱批："知道了。"

请准进京随剿片

再[3]：臣自闻天津失事，都城戒严，义愤填膺，寝食俱废。虽在登陴危险之际，觉此心惟知有君父，而不知有己身。兹幸城围已解，情形较松，如蒙恩旨，准臣进京随剿，当即将巡抚关防交藩司署理，一面

---

① "再"字前批有"同正折"三字。
② 奉朱批时间据《皖北奏报》补充。
③ "再"字前批有"密咨：袁、穆、傅、曾"字样。

简率精锐,星夜起程,在臣既可以稍效涓埃,而苗练闻臣亲自督兵,或亦生其敌忾同仇之感。理合再行附片吁陈,伏乞圣恩俞允,不胜诚悃待命之至。谨奏。

[九月二十日]^①奉朱批:"着仍遵前旨,毋庸北上。"

请议恤周镇片

再^②:臣营委员、候选知府周镇在军营六年,随臣攻克瓜洲、江浦、来安,叠蒙恩奖,并赏戴花翎。臣以其异常出力,奏带来皖,倍矢辛勤,始终罔懈,致成痼疾。此次粤逆大股围攻寿州,该员带病筹防,心力耗竭,病势陡重,昼夜咯血,虽病中呓语,不忘击贼,于九月初七日在营病故。伏查该员劳绩久著,殁于围城危急之时,非寻常病故可比。合无仰恳天恩,逾格加赠道衔,照道员军营病故例议恤,俾从事戎行者倍加感激。为此附片吁陈,伏乞圣鉴训示。谨奏。

奉朱批:"著照所请议恤。"

粤捻围攻六安官军防剿兼施立解城围折　九月二十三日^③

奏为粤逆大股由南路勾合捻匪数万,围攻六安州城,官军防剿兼

---

① 奉朱批时间据《皖北奏报》补充。
② "再"字前批有"咨:袁、穆、曾、薛、庞"字样。
③ 底本据《奏稿》。该册封面题:"奏稿庚字二十二号:咸丰十年九月二十三日亥刻,在寿州由六百里拜发,十月十三日奉到批回。"次页正文前题:"会:袁、穆;咨:郑、傅、曾、湖北、河南、江南团练大臣、漕;行:两司、营务处、袁、惠二镇。"

施，歼毙逆匪无数，适水陆援师并进，逆众败遁，城围立解，恭折由六百里驰奏，仰祈圣鉴事。

窃臣前将寿州解围，粤逆大股被剿南窜，捻匪数万亦由霍邱县境南趋，飞饬六安防守各情缮折驰陈在案。当寿州未解围之时，西捻由霍邱窜入六安州境，署守备赵春和带练迎击，屡次获胜，擒斩不计其数。该逆冒死东趋，庐州逆匪数千出巢西窜以应之，蚁聚金桥、马头集等处。迨寿州围解，臣知逆首陈玉成必间道南奔，与西捻及庐、定逆匪勾合一气，稀突六安，当饬将弁沿途追击，解散胁从，以孤其势。所有炉桥一带，俱报肃清。复饬寿州知州任春和驰赴南乡，会同参将韩殿甲、游击郭清标等齐集团练，坚壁清野，视贼所向，出奇纵击。旋据探报，逆首陈玉成果于初七、八两日窜至寿州南路缪家桥、三觉寺一带，其众分为三股，一回定远，一走庐江，一赴六安与庐贼合伙，连营百余里。兵勇、团练出队邀截，擒斩甚众，解散被胁民人不下数千，练丁亦间有伤亡。寻据驻防六安之总兵吉顺、惠成呈称，庐州粤逆先抵六安城外，西捻数万亦窜至固先寺、丁家集一带，吉顺督带将弁，会同营总常海坚守城外各营，惠成于城内协同署六安州知州邹笥昼夜登陴，分守城垛。讵意初八日，逆党愈来愈众，各挟门板遮蔽枪炮，直逼我营筑垒，分股扑近城濠。城上矢石雨下，贼不得进。吉顺、常海等密饬将弁带领马步数百，绕出贼后，枪矛并举，营中复出队夹击，立斩黄衣骑马贼目一名。贼误为援兵猝至，始行惊窜，我军乘胜斩馘无算，夺获枪矛、门板不计其数，贼遂退扎二里许，断我后路。四眼狗大队联营栉比，定城龚得捻党亦相率踵至，五色旗帜漫山遍野等语。臣恐六安兵单，于州解围之次日，即饬副将黄鸣铎由正阳关督率炮船入淠河援剿，又饬署守备赵春和集得力练丁数千名直抵城下，人心赖以稍定。臣又以该逆连营百余里，法当以奇兵掩袭，使首尾不能相顾，则城围自解，即由寿州大营密派参将郑昌林、游击朱淮森管带精锐勇丁千余名，营总高福督带各起马队冒雨疾趋，由众兴集横冲其胁，一面函致吉顺等严密固守，俟水陆援师到齐，约期夹击，使贼腹背受敌，可以一战而破。嗣据吉顺等呈称,自初十日以后,贼来日众,四眼狗亲率悍贼日夜围攻舒城,粤逆亦由南路响应。时值阴雨浃旬,兵勇日夜荷戈待援。城上矢石密布,贼屡次冲扑,悉被击退。十七日,我军炮船行抵鲍家湾,正值逆捻搭造浮桥,出贼不意,折戗冲击,立将浮桥折毁,其陆路马头集一带贼营,亦被我军拦腰截杀,斩馘甚众。吉顺、惠成等知该逆后队扰乱,水师获胜,即于是夜二更后,派游击聂桂荣等带四成队伍冲击南路贼营,知州邹笥、参将蔡昌言带守城兵勇冲击东北贼营,游击陈松等挑选奋勇,直击正东贼营,又派主事阿克达春等带领练勇,衔枚疾走,从大桥畈绕赴贼后,辅以常海马队,同时举发,喊杀之声震动山谷。贼见四面火起,不知我兵多寡,纷纷弃营逃窜。我军枪炮兜击,刀砍矛刺,逆尸枕藉。败贼欲渡河西窜,又被水师轰毙不计其数,贼众失措,始相率拼命由双桥集夺路而去。我军踏毁贼营二十余座,追杀数十里,天明收队。查点勇丁,受伤三十七名,阵亡七名,砍获长发首级七十五颗,耳级二十八颗,生擒六十五名,救出苏、常裹胁难民百余名,夺获贼粮百余石,旗帜、刀矛不可胜计。据生擒发逆供称,此次粤逆数万勾合捻逆,意在攻破六安,一股由霍山直犯楚师,一股欲窜麻城,绕出楚师之后,幸被我军出奇击破。又闻援师大至,不测多寡,贼势不支,悉向东南遁去,刻下惟捻匪余党仍不时于三觉寺等处滋扰,俟天气放晴,不难一鼓歼灭。查前此四眼狗陈玉成率众二十余万围扑寿州,竟能悉数击退,已属意想所不到,迨该逆分股南窜,与捻匪勾结,共犯六安,该州形势远逊寿州,加以地方凋残,粮食缺少,正深焦虑,乃该镇吉顺、惠成等竟能以少击众,大挫凶锋,城围立解,此皆仰赖皇上天威,将士用命。所有布置严密、督剿有方之陕西河州镇总兵吉顺,拟请赏还提督衔;陕西陕安镇总兵署寿春镇总兵惠成,拟请赏加提督衔;其随剿尤为出力之副都统衔即补协领委营总常海,拟请记名以副都统用;题升四川川北镇中营游击陈松,拟请赏加勇号;贵州候补游击聂桂荣拟请免补游击,以参将尽先补用,并赏加副将衔;蓝翎候补同知署六安直隶州知州邹笥,拟请赏换花翎，并加知府衔。其余在事出力之将领、员弁、兵勇、练丁，可否由臣等择尤奏请恩施，以励戎行？恭候命下祗遵。所有击退粤捻大股，六安解围，恳恩鼓励缘由，理合会同臣袁［甲三］、臣穆［腾阿］合词恭折具奏，伏乞皇上圣鉴训示。谨奏。

　　奉朱批："另有旨。"

寿州南路肃清片

　　再①：正在缮折间，据寿州知州任春和禀称，盘踞三觉寺一带余匪数千闻六安贼营溃退，即欲由白洋店遁回，经该员会同参将韩殿甲、游击郭清标等带练追剿，并饬双枣树等处团练拦头截击，刀砍矛刺，立毙长发贼四十余人，夺获旗帜、枪炮多件。该逆无心恋战，夺路向汪家冈逃窜，又被该处勇练击毙数十名，生擒伪指挥方金友、伪司马王万福二名，夺获大旗二面、伪官照二张，该逆遂舍命由东南逃去。现在寿州南路已无贼踪，合并附片陈明，伏乞圣鉴。谨奏。

　　奉朱批："知道了。"

再请酌带兵勇进京随剿片

　　再：臣前闻都城戒严，悢连禁阙，发指气结，寝食不安。随即具折，请解职带兵进京随剿，适因临淮军情万紧，未蒙俞允。臣观该夷盘踞郊坰，鸱张蚁聚，若非诸军云集，难期旦夕廓清。刻下袁［甲三］

————————

　　①　"再"字前批有"同正折咨行"字样。

一军威棱颇振,临、凤无虞,粤逆二十余万攻扑寿州,旋犯六安,均经臣督饬诸军,先后击退,斩馘无算,解散尤多,淮南军情不似日前之吃紧。惟有仰恳天恩,俯准臣酌带兵勇进京随剿,俾得稍效驰驱。至此间军务,可归袁甲三调度,或以郑魁士督办,其地方公事无多,可否以藩司张光第署理巡抚印务?恭候谕旨祗遵。理合附片吁陈,伏乞圣鉴训示。谨奏。

奉朱批:"现在夷务业经议抚,不必聚集多兵,所请毋庸议。"

请准库官开缺回籍调理片

再[①]:尽先游击寿春右营都司库官,因在前敌打仗积受潮湿,腿疾举发,不能行动,呈请开缺,回直隶原籍调理。经臣派员验明,患病属实,一时难以就痊,自应准其开缺,以免虚糜。查该都司带队素称得力,将来病痊尚堪起用,应请恩准开缺回籍调理。所遗寿春右营都司员缺,容臣另行拣员拟补。为此附片具陈,伏乞圣鉴训示。谨奏。

奉朱批:"依议。"

都兴阿已赴临淮北上片

再[②]:荆州将军都兴阿带领马队四百余名、步队一千名由寿州取道怀远前赴临淮,臣准官文咨会:钦奉谕旨,饬都兴阿带马步队北上,业经飞速转咨,想已兼程前进。理合附片具陈,伏乞圣鉴。谨奏。

---

①② "再"字前批有"咨:袁、穆"三字。

拿获盗犯按律定拟请分别枭示正法折　九月二十三日

奏①为河南解饷委员武世昌在霍邱县境被劫，受伤落水身死②一案，盗犯全行拿获，讯出行凶及强奸船户妇女情形，按律定拟，恭请王命，即行分别枭示正法，缮折具奏，仰祈圣鉴事。

窃臣前据署霍邱县知县叶春培禀报，河南解饷委员候补知县武世昌差竣回豫，于本年五月二十五日夜泊船县境之燕子沟地方，被盗持械登船行劫，砍伤船户赵立志落水，该委员惊慌跳河，打捞无着，赃盗未获等情。臣以该县疏防失事，缉捕废弛，即经具折参奏，六月二十九日钦奉上谕："署霍邱县知县叶春培，着先行摘去顶戴，勒限一个月严缉赃盗，务获究办。倘限满无获，即着从严参办等因。"钦此。当即转行钦遵，勒限严缉赃盗务获，一面札饬颍州府通饬邻近州县一体严缉。去后旋据霍邱县禀报，捞获武世昌尸身，验明合面，左臀有刃伤一处，实系受伤后落水身死，填单棺殓，并于七月初五、六日先后拿获盗犯李常明、吴大个孜、孙义详、徐耀庭、徐永和等五名。又据颍上县禀报，六月三十日在该县境内拿获盗犯李常山、王保幅等二名，起获衣物等件，均分别研讯。据各供认行劫武世昌船内银物，用刀戳伤武世昌，落水身死，并砍伤船户赵立志落水，及强奸船户妇女各情，实系全案盗犯悉数弋获。③臣饬令将人犯、案卷解至寿州，督饬护臬司蒋锡绶遴派庐州府通判汪厚焘、寿州知州任春和会同署霍邱县知县叶春培、署颍上县知县廷瑞悉心隔别研鞫此外有无抢劫别案及同行奸盗、知情窝藏之人，务得确情，按律惩办。兹据汪厚焘等审悉确情，录供议拟，由臬司覆审核拟，解勘到臣。经臣亲提审讯，缘李常明、李

---

① "奏"字前批有"咨：袁、薛、江南；行：两司、庐凤颍道"字样。
② 此句后删去"并船户被砍落水，船户妇女复被奸淫"。
③ 此处删去"□案情重大，各犯供词不一，饬令该二县亲押"。

常山、王保幅均籍隶颍上县，孙义详、徐永和、吴大个孜均籍隶怀远县，徐耀庭籍隶盱眙县，俱各驶船捕鱼度日，先未为匪。李常山系李常明之弟，王保幅系李常明船伙，已死。解饷委员河南试用知县武世昌差竣回豫，附带友人托寄银信。咸丰十年五月二十五日晚，船泊霍邱县境燕子沟地方，该犯李常明与孙义详等船只同泊陈寸村河下，各犯会遇，道及贫难，李常明见武世昌大船，谅有银钱，起意行劫，与孙义详等商允，李常明又邀其弟李常山并王保幅同行，即于是夜二更后，李常明携挽钩，李常山、孙义详各执苗刀，徐永和携小刀，徐耀庭携木棍，吴大个孜携木篙，王保幅徒手，一共七人，坐吴大个孜划船，驶至武世昌船边，留吴大个孜、王保幅在划船接赃，孙义详口称求火，船户赵立志递火出舱，孙义详即将赵立志用刀砍落水中，与李常明等同上大船。武世昌出舱喊捕，被徐永和用刀戳伤左臀落水。李常明等进舱，劫得银钱、衣物，递交吴大个孜等接收。正在搜劫，听闻后舱有妇女声音，李常明等又至后舱，各自起意奸淫。船户妇女拼命挣脱，李常明等用言吓逼，并各用手按捺，妇女不能挣动，孙义详先将船户之女强奸，李常明随后轮奸，徐耀庭强奸船户之媳，徐永和强奸船户之妻，李常山在场，并未行奸，亦无帮同按捺。李常明等回船，驶至高塘湖内，查点赃物，有元宝十三只，碎银四包，约计共银七百数十两，并零星衣物、文书、信札各件。该犯等当将文书、信札撩弃河内，赃物裭分，各散。武世昌家丁沈富等当被劫之时，潜躲前舱，均未亲见，仅以武世昌惊慌跳河等情具报。船户赵文奎妇女被奸，亦因有污名节，未经报明。经霍邱县会营勘讯禀报，勒限严缉，弋获各犯，到案讯供，议拟解勘，再四究诘，委无抢劫别案及同行奸盗、知情窝藏之人，矢口不移，案无遁饰，查律载"强盗得财，不分首从，皆斩"，又例载"强盗杀人、奸污人妻女，俱照律斩，随即奏请立决枭示"各等语。此案李常明起意，纠邀孙义详等强劫武世昌银钱、衣物，孙义详将船户赵立志刀砍落水，徐永和戳伤武世昌，落水身死，李常明又与孙义详、徐永和、徐耀庭强奸船户妇女，李常山同行上盗，搜劫得赃，又目击李常明等强奸妇女，虽未帮同按捺，究系在场助势，均属罪大恶极，自应按例问拟，李常明、孙义详、徐永和、徐耀庭、李常山均合依"强盗杀人、奸污人妻女，俱照律斩，随即奏请立决枭示"例，拟斩立决枭示。吴大个孜、王保幅听纠行劫，仅在船外接赃，并未入船搜劫，亦不知奸污之事，仍应按律问拟，吴大个孜、王保幅均合依"强盗得财，不分首从皆斩"律拟斩立决。查该犯等情罪重大，决不待时，且正在粤、捻大股意图围城之际，未便久稽显戮，臣于审明后，即饬将该犯等绑赴市曹，分别斩枭、斩决。李常明、孙义详、徐永和、徐耀庭、李常山五犯首级，仍饬解归犯事地方，悬杆示众，以昭炯戒。该故员武世昌因差被盗戳伤，落水殒命，情殊可悯，查因公遇害与殁于王事无异，相应吁恳天恩，俯准将河南试用知县武世昌照军营阵亡例议恤，以慰幽魂。署颍上县知县廷瑞拿获邻境斩枭、斩决盗犯各一名，应请交部照例议叙。至此案盗犯于五十日内全数缉获，霍邱县文武疏防处分，例得免议，所有署霍邱县知县叶春培摘顶处分，并请旨即予开复，以示鼓励。除将全案供招咨部核议外，所有获犯审供、定拟及先行正法缘由，理合恭折具奏，伏乞皇上圣鉴饬部核覆施行。谨奏。

奉朱批："另有旨。"

声明未及会衔缘由片

再：此案疏防盗劫，前经臣会同曾国藩奏参。现在曾国藩渡江督剿，未知行抵何处，署督臣薛焕驻扎上海，贼氛阻隔，是以未及会衔，为此附片陈明，伏乞圣鉴。谨奏。

奉朱批："知道了。"

调动知县人选片

再：部选霍山县知县奚廷琦于本年五月内到皖，应即饬赴本任，惟霍山一缺，于该员未到之前，经臣与胡林翼往返函商，札委候补府经历张组前往署理，人地甚属相宜。该县系新复之区，又为楚军后路，未便叠易生手，适太湖县知县蔡锷丁忧回籍，所遗员缺应拣员署理，该县亦系甫经克复，非廉能之员弗克胜任。现在皖北候补州县人数寥寥，一时无员可委，查新选霍山县知县奚廷琦才识明干，堪以署理太湖县知县员缺，当经札饬，暂往接署。惟查部选实缺人员调署他缺，与例稍有未符，第人地实在相需，一转移间，于地方两有裨益，且于楚军驻扎之地均可期其得力，理合会同湖北抚臣胡林翼合词附片具陈。再，督臣曾国藩、署督臣薛焕均相距窎远，道途梗阻，未及会衔。合并声明，伏乞圣鉴。谨奏。

奉朱批："知道了。"

密陈管见折　九月二十三日

奏[①]为密陈管见，仰祈圣鉴事。

臣窃观古来之制外夷者，必先得其要领，贵在筹策，初不专任武力也。今逆夷包藏祸心，称兵内犯，已成不解之势，而言战者又未能操必胜之权，以此上烦圣主宵旰之忧。臣远在江淮，心驰魏阙，废寝忘食，罔知所措。伏读《书》曰："虽尔身在外，乃心罔不在王室。"臣受皇上厚恩，虽捐糜顶踵，无以为报。当此四郊多垒之秋，窃愿与熊罴

---

① "奏"字前批有"□发□"三字。

之士、不二心之臣同效驰驱，以抒愚愤。谨条陈四事，聊效芹曝之献，用备圣明采择：

一，请回銮以孚民望也。伏查木兰秋狝之典久未举行，今者圣驾时巡，适值军书旁午之会，咸疑寇氛逼近，致此震惊。其实岛夷跳梁，不过恫疑虚喝。京师据形胜之地，为首善之区，环卫森严，百神翊护，居中制外，必无意外之虞。若六飞久驻滦阳，则万姓转深孺慕，且使逆夷遂其轻侮之志，群盗生其觊觎之心。观听所系，非细故也。况热河于避暑为宜，时届霜寒，非所以安宸居而慰臣庶。伏祈皇上为天下臣民自重，清跸还宫，俾民志坚而逆谋顿沮，音驿近而控驭易周。是在决之圣心，仍望参之时势。

一，戒浪战以审事机也。制夷之策，在财赋殷阜之日则易，在中原多事之时则难。况议抚议剿，一误再误，愈误愈深。为今之计，固不可任其侵迫而徒事羁縻，尤不容再逞虚锋而致难收拾。臣之愚见，以为宜俟各路援师云集，耀兵畿甸，俾知四海人心咸怀忠愤，示以声威，而不轻与交仗，庶几可进可退，能刚能柔，戢其贪狡之心，或有善全之道。倘彼狡执如故，难以理驯，我之守御渐完，兵力渐厚，可以绝其粮道，邀其惰归，以守为体，以战为用，纵无远效，亦无后悔。若孤注一掷，损威失重，又将何以善其后？此谋国者所当深长思也。臣在行间日久，深知兵力日疲，以西北之劲旅尚不可以制东南，岂东南之召募乃反可以利西北？伏愿皇上熟察之，有可听然后听之，兵果可用然后用之，则往事虽不可追，尚可徐图补救也。

一，裕京仓以安人心也。京畿重地，首重仓储。云帆粳稻，岁仰给于苏、松；天庾神仓，日转输乎津、潞。自苏、松陷而贼饱我产米之区，津、潞梗而夷阻我泛舟之路，几何不令悬磬生嗟、束手坐困也？臣见京都人家喜食麦面，若积麦尚见其充盈，虽缺米不形其匮乏。法宜令畿辅暨山东、山西、河南各州县广劝麦捐，高估价值，优予奖励。苟得麦捐数百万石以实京仓，或可稍济日用之需。其余各种杂粮亦宜广为储积，不然，南粮既不能至，而北地又不为筹，一旦食尽计穷，变且有不堪言者。请敕下户部，早为筹画，免致乏食生衅。

一，发德音以耸群听也。溯查嘉庆十八年林清之变，仁宗睿皇帝下深切之诏，致惕厉之思，中外臣民读之者莫不感动，以是经正民兴，风俗复归于正。盖汉诏至山东而父老咸叹息注下，唐宗有汉号而识者谓贼不足平，虽文告之空言，而入人之深有如此也。今戎马蹂于郊圻，烽火照于宫阙，变不可谓不大矣，祸不可谓不深矣，将欲深讳其事，闷而不宣，窃恐四方早有传闻，万姓倍加惶惑，何若明颁谕旨，大发德音，收九寓之人心，求百尔之谠论？其于方今之时势，不无小补，惟圣主详察焉。

以上四条，诚知愚戆浅陋，无以仰助高深，第以时值艰危，不敢隐情惜己、自安缄默。是否可采，伏候圣裁，不胜战栗屏营之至。谨奏。

奉朱批："览奏均悉。"

寿州六安乡团剿击粤捻连获胜仗折　十月初六日（十七日奉朱批）

[臣翁同书跪]奏①，为寿州、六安各路乡团剿击大股粤捻，连获胜仗，擒斩大贼目多名，歼贼无算，拔出难民数万，恭折由六百里驰陈，仰祈圣鉴事。

伏查寿州、六安解围，击败大股贼匪情形，前已叠次缮折驰陈在案。臣于贼众未至之先，已分饬文武赴南乡一带，谕令居民坚壁清野。迨粤逆二十余万前来攻寿州，而捻匪龚逆由定远西窜，北捻亦由

---

① 据《奏稿》整理，方括号内文字根据《皖北奏报》补充。该册封面题："奏稿庚字第二十三号：咸丰十年十月初六日午时，由寿州六百里拜发，二十七日奉到批回。"次页正文前题："会：袁、郑；咨：曾、薛、漕督王、傅；行：两司、营务处。"

光州、固始窜入皖境，各有数万之众，与粤匪会于寿州、六安之间，连营百余里。臣密令参将郭清标、韩殿甲，都司沈广元等率领兵练，节节设伏，或当先迎剿，或随后尾追，或白昼交锋，或黑夜纵火，大小数百战，约毙贼匪数千人，拔出难民数万，擒斩大贼目^①伪丞相、将军、检点、指挥、宣传等官数十名，呈缴首级、耳级、旗帜、器械、伪印、伪剑者络绎不绝。其败残余众，除退回庐州、定远外，尚有十余万众由六安南窜，向霍山、舒城而去。霍山有胡林翼所派昌字营一军在彼驻扎，又经胡林翼调驻青草塥十营勇丁三千余名到境，楚师兵精粮足，定可制胜。署霍山县知县张组新筑六万寨，其中可容六万人，一闻警信，即敛民间丁壮、老弱及资粮牛具入寨自保，似尚可以无虞。惟贼踪遍地，山溪梗阻，尚未据禀报实在情形。其金家桥、油坊集一带为六安、合肥、舒城三属交界，向来土匪最多，臣设法劝谕，威惠并行，化莠为良，往往得其死力。兹据委办团练之按察使衔记名道李元华禀称，经臣札饬，以粤逆大股前来，恐窜赴舒、桐，亟宜加意防守，当饬各堡寨整顿团练、运粮入堡，使无所掠。九月初一、二等日逆首伪洪天福、康天福果分股由六安之高刘集直趋童家桥，该道飞调同知潘鼎新、千总刘铭传等带练由半个店等处迎击，斩伪先锋黄衣骑马贼一名，夺马十三匹，贼势稍却，旋于半个店筑贼营十三座，围攻刘铭传住圩。该道即函会委办团练之候补按照磨沈懋德督带双河团练，并亲督大队，抄袭其后，出其不意，擒斩甚众。该逆弃营西窜，立将贼营十三座悉数踏毁。讵意舒城守城逆贼数千亦由林家渡上窜，伪英王四眼狗邀同龚捻大股又由东北蜂拥而至庐、六交界之间，袤亘百余里，遍地贼氛。狗逆扬言西攻六安必先清后路，亲率千余骑先犯千总吴伦、五品军功王虎二堡，经办团绅士、兵部员外郎金星灿带领练丁由南路来援，该道复率精壮抄伏贼后，同时突出，枪炮齐施，鏖战两时，毙贼无算，贼众纷散。夺获骡马二十七匹，鸟枪十四杆，生擒黄衣骑

---

① 此处删去"伪天燕、伪天豫及"数字。

马贼二名，讯系伪丞相张开和、伪检点吴化凤，当即正法。二十日，该逆以六安防守严密，援师大至，逆谋不逞，遂专攻各堡，而以全力围扑该道行营。我勇偃旗息鼓，坚守不动。相持至晚，见贼志已懈，该道冒雨督饬弁勇，一鼓作气，奋力冲出，该逆仓皇鼠窜，我勇分头赶杀，矛毙二百余名，夺获枪炮、器械不计其数，贼马三十四匹。是夜，狗逆盘踞龙穴山左近为营，蝉联数十里。适大雨如注，料贼必疏于防范，遂派练冒雨掩袭贼营。贼果无备，惊惶失措，立毁贼营三座，枪毙多名，擒逆首伪贤天福一名，夺贼马七匹。二十一日，狗逆仍盘踞不动，该道又于夜间挑壮勇五十名，潜伏逆馆近处，举火为号，千总刘传铭[①]等率领练丁直入逆馆，齐声呐喊，伏兵四起，枪击矛刺，火光烛天。狗逆于昏黑之中，人不及衣，马不及鞍。练丁勇气百倍，枪毙极多，生擒十八名，内贼目三名，讯系伪补天燕赵正德、伪拱天侯赖作霖、伪军正司舒朝珍，夺获骡马五十余匹。二十二日，狗逆率众南窜椿树冈，我军紧蹑。时值大雨之后，水田沟浍一望弥漫，贼无住扎之处，遂于二十八、九两日悉数遁走。我勇乘势追斩，又歼匪六七百名，逃出苏、常被胁难民万余人等语。又据游击孟云霞、都司解先亮等禀称，该游击等于舒、合往来要道之花子冈、上派河一带连日迎剿，屡战屡胜。前月二十七、八两日，逆首伪康王、亮天福、绍天豫等率股由六安东南退窜。该游击等带练截剿，毙贼甚众，斩获首级十四颗，该逆由三河绕遁庐州等语。臣查粤逆大股围攻六安，固以防守綦严，援兵继至，贼不得逞，亦幸各路团练志切同仇，得以牵制贼势。记名道李元华等办理庐、六乡团素称得力，此次复于阴雨泥淖之中，粤捻麇聚之处，激励勇练，鏖战弥月，歼毙逆匪不下数千，夺获马匹、器械不计其数，解散被胁万余人，洵足以收掎角之效。其出力绅董、练丁人等，可否由臣查明，并入六安解围请奖案内，另缮清单奏请鼓励？出自逾格鸿慈。所有乡团剿击大股粤捻获胜情形，理合会同臣袁[甲三]、臣

---

① 刘传铭，疑为“刘铭传”之误。

郑[魁士]合词具奏,伏乞皇上圣鉴训示。谨奏。

　　[十月十七日]奉朱批:"着准其择尤汇保。"

拣员请补军营出缺片

　　再:军营所出之缺,例应由军营拣员请补。兹有陕甘督标副将卢
又熊告病回籍,所遗员缺,查有尽先副将颍州营游击武全营规整肃,
胆识素优,堪以升补。其所遗颍州营游击员缺,查有尽先游击云南临
元镇都司郭清标带队勇敢,办事勤能,堪以升补。所遗云南临元镇都
司员缺,查有尽先都司颍州营左军守备许得胜不避艰险,屡次冲锋,
堪以升补。其所遗颍州营左军守备员缺,查有尽先守备游兵营把总
丁冠军年力富强,遇事勤奋,堪以升补。又,宿州营游击杨殿林开缺
归甘省另补,所遗员缺,查有游击衔安庆协中军都司彭楚文谋勇兼
优,堪以升补。其所遗安庆协中军都司员缺,查有即补都司署六安营
守备赵春和打仗勇往,屡著战功,堪以升补。又,广东潮阳营游击王
懋勋斥革遗缺,查有尽先游击庐州营都司吉学盛勇干勤能,堪以升
补。其所遗庐州营都司员缺,查有尽先都司游兵营千总陈兆鸿随剿
有年,遇事明干,堪以升补。合无仰恳天恩,俯准该员等升补各缺,实
于军务有裨。如蒙俞允,所遗千把各缺,容臣另行拣员拔补,照例咨
部办理。理合会同臣袁甲三、臣郑魁士合词附片吁陈,伏乞圣鉴训
示。谨奏。

　　奉朱批:"兵部议奏。"

请将徐立壮暂行革职开缺片

再：副将徐立壮前以进攻定远尚为得力，经臣会同袁甲三奏准，补授甘肃永固协副将员缺。乃该副将自定远撤退之后，不能振作，且借病推诿，久不到营，殊属不知奋勉。相应请旨，将徐立壮暂行革职开缺，以示薄惩。其所遗甘肃永固协副将员缺，俟奉旨后，由臣另行拣员请补。是否有当，理合附片具陈，伏乞圣鉴训示。谨奏。

奉朱批："另有旨。"

参革军营管官片

再①：据总兵吉顺、惠成呈称，寿春中营守备曹发魁、游兵营铜陵汛把总吴廷柱不能整饬营规，以致兵丁王长富抢夺民间物件。随经该镇等查拿，将该兵丁就地正法。该管官曹发魁等漫无约束，实属阘茸无能，呈请奏参前来。相应请旨，将寿春中营守备曹发魁、游兵营铜陵汛把总吴廷柱一并革职，留营效力，以儆戎行。是否有当，伏乞圣鉴训示。谨奏。

奉朱批："另有旨。"

① "再"字前批有"咨：袁、郑、督、薛、湖北"字样。

请给予孙刘氏封典片

再:据署亳州知州博铭禀称,亳州人副将衔候补游击孙之友之母孙刘氏始因其子之友为捻党煽诱,误入迷途,该氏开导百方,继以涕泣,其子之友始翻然悔悟,率众投诚。咸丰五年冬间,捻逆大股扑犯州城,城中饷缺兵单,岌岌危甚,赖该氏训子大义,督令登陴,并聚其阖门老幼,预置鸩酒,示以城破必死。其子之友感愤奋发,尽力严防,城围因以得解。嗣后,复命其子之友随同官兵剿贼,转战颍、亳、徐、宿之间。每当请假归省,该氏辄云无以为念,促令回营,其子之友用能奋力戎行,战功叠著。今该氏年逾七十,义方之海老而益笃。禀请据情奏奖前来。臣等遍采舆论,异口同声。查孙刘氏深明大义,训子有方,既谕其子弃邪于前,复勉其子立功于后,年臻耄寿,妇德弥隆,方古之贤母实不多让。合无仰恳天恩,准照其子副将升衔,给予孙刘氏二品封典,为母训克端者劝,似于风化、人心均有关系。理合会同臣袁甲三合词附片吁陈,伏乞圣鉴训示,谨奏。

奉朱批:"另有旨。"

请旌恤遇难官弁绅董及殉节妇女片

再:军营地方,遇有官弁绅董临难捐躯、积劳病故及妇女舍身殉节者,均经于查明后随时奏请旌恤在案。兹续查有江苏候补县丞裴克端,前在霍邱本籍带练剿贼,叠著战功。[①] 本年二月内,奉委至天

长查办抚事,行抵该县北门,伏贼齐起,突被掩执。该员骂贼不屈,登
时遇害。又,六品蓝翎周恩前带乡勇颇称得力,经前抚臣江忠源札调
随营,于咸丰三年十二月十七日粤逆攻陷庐城,该军功巷战逾时,力
竭阵亡,均据署霍邱县知县叶春培查明禀报。又,候选府经历余枞于
咸丰三年随同江忠源在庐州督勇剿贼,屡挫凶锋。迨至十二月内,庐
城失陷,犹复手刃数贼,伤重阵亡。又,捐纳分发县丞夏光前在办理
怀宁团局,咸丰三年正月十七日,省城失陷,该故员带勇力战,众寡不
敌,被执不屈,骂贼遇害。该故员之妻曹氏痛夫捐躯,率女赛姑同时
殉难。又,代理来安县事六品军功保升县丞程铣到任数月,舆情爱
戴。本年四月十二日,大股捻逆猝至,攻陷县城。该故员督勇巷战,
力竭阵亡。其子五品顶戴尽先经制外委程元勋随父血战,同时遇
害。① 又,候选从九品凌焜之,于咸丰九年五月二十七日捻逆大股扑
攻定远,该故员出城集练,遇贼力战阵亡。六月十八日定城被陷,该
故员之叔母凌方氏,庶母凌赵氏、凌陈氏、凌李氏,婶母凌方氏,叔凌
志适,弟凌瓞、凌□官、凌翼宦,子凌昂驹、凌小殿,侄中庚,弟媳凌陈
氏,庶妹二晓姑,族妹徐凌氏,女大庄姐、小茅姐及仆人祁丙、婢女小
胖子,合计男妇十九人同时殉难。又,附生李位卿当登邑守城之时,
即以全家死难自誓,及至城陷,该生率其妾李陈氏、子和尚、女梓姑同
赴塘死,其叔母亦率其媳媳李陈氏、孙女、大姐同投井死。② 又,文生
鲍云鹏倡义集团,奋身击贼,于咸丰四年八月三十日会同官兵立克庐
江县城,斩获无算,并生擒贼目任大刚正法。嗣于九月初九日,粤逆
麇集,围攻庐邑,该生督勇出战,冒镝冲锋,斩擒甚众。讵料该逆愈来
愈多,重重围裹,犹复大呼冲突,手刃数贼,旋以众寡不敌,力竭阵亡。
逆匪稔知该生首倡集团,遂愤将其尸支解寸磔,尤属奇惨。其子文生
鲍焯于咸丰八年十月间,经前浙江布政使李续宾札谕集练随剿,该生

① 此处删去"尸身均被贼毁,尤为惨烈"。
② 此处删去"均据藩司张光第详请旌恤"。

忠孝激发，誓歼丑类，以图复仇，讵贼势太重，众寡悬殊，于是年十月十一日甫经接仗，贼遂四面包抄，勇练死伤过半，犹复鏖战数时之久，毙贼多名，以伤重力竭，登时阵亡。鲍焯之妻张氏闻夫战死，抚膺大恸，晕绝复苏，即吞服金环，四日不食，于十月十五日殉节。均据藩司张光第详请旌恤前来。臣覆查以上殉难情形，俱系忠义性成，节烈夙具，自属确凿可凭。内有文生鲍云鹏①于前次庐邑复陷，与阵亡勇练汇册禀报，尚未得其遇害事实，经前抚臣福济奏请，仅奉部议，照马兵阵亡例恤。查该生忠勇较著，死事极烈，尤堪悯恻。合无仰恳天恩，准照广西监生梁拱辰、安徽监生潘烈晖等阵亡例，饬部从优议恤，并准于阵亡地方建立专祠，以慰忠魂，仍将前议恤案注销。其余官弁绅董，请旨饬部，均照阵亡例议恤，以昭忠荩；妇女均照例旌表，以彰风化。又，花翎都司练总邹兆元办团多年，每逢攻剿，辄身先练卒，所在有功，因此积劳成疾。九年五月内，随同苗沛霖攻剿西路，疾势大发，犹复力疾督练进攻，遂克张家土楼。后病益加剧，于五月二十二日在营病故，据川北道苗沛霖、前蒙城县知县俞澍查明禀报前来。相应请旨饬部，照军营病故例议恤，以昭激劝。理合附片汇陈，伏乞圣鉴施行。谨奏。

奉朱批："另有旨。"

察出诈伪部照并劝捐札谕请将候补县丞革职严讯折　十月初六日

奏②为察出诈伪部照并劝捐札谕，实收谎骗银两一案，请旨将供

① 此处删去"忠勇素著，遇害极烈，尤"。
② "奏"字前批有"薛"字。

词狡展之候补县丞即行革职严讯，以成信谳，仰祈圣鉴事。

窃查皖北捐输，自咸丰五年经前抚臣福［济］议立饷票，设局收捐奏明章程，历经遵办。① 本年夏间，有池州府东流县廪生宋方智来至寿州捐局，称欲代人报捐，并称曾于咸丰八年春间，奉张臬司、傅藩司印札，委令劝捐，伊亦曾报捐监生从九品职衔，得有部照，其时捐输局设立庐州，系湖南人丁松龄代伊报捐，伊曾将代人捐输银四百两交与丁松龄，经丁松龄给与亲笔字据等语。臣以该廪生籍隶皖南，隔越贼氛，何得奉委劝捐？督饬藩司张光第、署臬司恩锡备细查核，并令宋方智呈出历奉札谕暨该生所得部照、实收等件，验明札谕、部照纸色、印文均不相符。讯据供称，伊并未到过庐州，实系丁松龄代为报捐，其劝捐札谕等件亦系丁松龄交伊办理，丁松龄久未见面，不知现在何处，是以亲自赴局代人报捐。② 臣查皖省候补各员并无丁松龄，惟有试用县丞丁相宜籍隶湖南，难保非即丁松龄更名报捐。上年秋间，丁相宜告假回籍，访闻尚在安庆、桐城一带逗留，密派干弁前往访察，嗣在桐城青草塥地方将丁相宜寻获，带回寿州。据宋方智认明，丁相宜即丁松龄属实。丁相宜无可抵饰，承认曾经收受宋方智劝捐银两，惟劝捐札谕、执照等件，系江苏人王槐堂即王光烈交伊转给宋方智等语。臣以案关诈伪部照并两司印札，情节较重，饬令臬司督同委员严加审讯。据宋方智供称，系东流县廪生，咸丰八年春间，伊在乡教读，这丁相宜即丁松龄到伊学堂，口称系本省即补县丞，奉委赴东流一带劝办捐输，带有张臬司、傅藩司印札，令伊随同办捐。伊不知札谕真假，随即设法劝③捐。是年四五月间，先后两次交给丁相宜银四百两，取有亲笔收条、印文批回。尚有未缴银④两，去岁伊亲自解送，中

---

①　此处删去"臣于咸丰八年七月到任后，仍由藩、臬两司派员照旧办理"。
②　此处删去"等语"。
③　此处删去"导，共捐监生、从九品职衔数十□，计银一千三百余两"。
④　此处删去"六百二十四"。

途遇贼折回，今如数补解，蒙谕将部照、实收、印札批回呈案，验出各件俱系假造，始知受人愚骗等语。据候补县丞丁相宜即丁松龄供称，系湖南黔阳县人，咸丰八年七月在安徽捐局十六卯捐输案内，由监生报捐县丞，指发安徽试用。前于咸丰七年春间，伊居乡间，有江苏人王槐堂即王光烈到伊处闲谈，自称安徽候补知县，奉委赴安庆、池州等府劝捐，嘱伊帮同办理。王槐堂付给空白部照数张，实收三十余张，并藩司委札一件，委伊劝捐。八年春间，伊到宋方智学堂，与宋方智谈及捐事，宋方智说现有亲友愿捐颇多，伊将空白部照、实收转交宋方智劝办。嗣后宋方智先后交伊银四百两，伊给与亲笔收条。七月间伊到店埠查访，王槐堂并无其人，行至八斗岭，被土匪抢劫，并将宋方智所交银两全行抢去，王槐堂不知现在何处各等供。[①] 再四究诘，宋方智坚执如前。严讯丁相宜，坚称伪照、伪札系王槐堂交给，并非伊自行伪造，及讯王槐堂下落，则又坚推不知。臣查王槐堂即王光烈如果实有其人，丁相宜必知下落，何得诿为不知？而遍查候补各员，亦无王槐堂其人，难保非捏造姓名，以图卸罪。且丁相宜供词闪烁，诸多不实，显系恃符狡展，若非革职严鞫，不足以成信谳。兹据藩、臬两司会详奏参前来。相应请旨，将候补县丞丁相宜即行革职，交护臬司蒋锡绶督同委员严行审讯，彻底根究，以期水落石出，由臣覆察，核拟办理。[②] 为此恭折具奏，伏乞皇上圣鉴训示。再，两江督臣曾国藩、署督臣薛焕皆因相隔较远、道路梗阻，未及会衔，合并陈明。谨奏。

　　　奉朱批："另有旨。"

---

①　此处删去"据此"。
②　此处删去"谨合会同两江总督臣合词"。

请展缓办理咸丰十年秋灾情形片

再：据藩司张光第详称，安省各属咸丰十年秋灾情形，例应由司确核，于九月底详请具奏。业经移行该管道府州，并由司委员，会同各该州县勘办。第各属或因办理团练，或因防剿未遑，道路梗阻，文报稽迟，势难依限办理，详请奏恳暂予展缓，一俟各属勘报齐全，即行汇案详办等情。臣查该司所详委系实在情形，相应奏请恩准将咸丰十年秋灾情形一案暂予展缓办理，以昭详慎。理合附片具陈，伏乞圣鉴训示。谨奏。

奉朱批："着准其暂行展缓。"

舒城合肥团练截剿获胜并南路布置防御折　十月二十四日(十一月初四日奉朱批)

[臣翁同书跪]奏①，为舒城、合肥团练截贼获胜，南路捻逆将图回窜，已饬各营严整以待，击其惰归，并令各乡团修筑圩寨，勤加训练，以期一鼓歼除，恭折由六百里驰陈，仰祈圣鉴事。

窃寿州、六安各路团练剿击大股粤捻，连获胜仗，业经具奏在案。臣以该逆节节挫败，虽并力南趋，已成强弩之末，楚师迎剿必可得手，第恐贼败回窜，致有疏虞，仍饬各营严防，毋以逆氛稍远略涉大意，又以舒城、合肥与六安连界之处为贼所必经，全恃各团联络，为官军犄

①　据《奏稿》整理，方括号内文字根据《皖北奏报》补充。该册封面题："奏稿庚字二十四号：咸丰十年十月二十四日未时，在寿州由六百里拜发，十一月十三日奉到批回。"

角之助,即密饬委办团练之游击孟云霞、都司解先亮、尽补按照磨沈懋德协同署舒城县知县甘文澜等督率练丁,相机截剿。嗣据孟云霞、沈懋德等先后禀称,该逆自前月二十二、三等日为团练击败后,复勾结庐郡逆匪于余家集、官亭等处盘踞,舒城之贼亦扎乾汉河以为声援,因阴雨之后山洪陡涨,未经出战,相持数昼夜。嗣于二十八、九等日,①探知贼欲南趋桐城,孟云霞等即带练抄过廖家渡南岸,列阵以待。该逆误为舒城援贼,未及设备。我勇乘其凫水渡河,枪炮齐发,该逆措手不及,溺毙不计其数,余众拼命由乾汉河遁窜。沈懋德侦知贼气已馁,且扎营未定,即督同千总范文发等分练丁为五路,奋力兜击。讵该逆纠合舒城之贼,胆敢恃众前来冲扑,我军屹立不动,俟其将退,始呐喊前进,四面包抄,勇气百倍,枪无虚发,当毙红袍黄巾贼首一名。该逆无心恋战,拼命逃窜。我勇赶杀十余里,复毙贼二百余名,割获耳级二十五颗,生擒伪指挥徐常连等五名,救出苏、常难民百余名,夺获骡马七十四匹,帐房五架,旗帜、号衣多件等语。又据记名道李元华禀称,本月初一、二等日,捻逆大股已由南路回窜庐郡之雷麻店、大蜀山一带,四出掳掠,亦经该道带练截剿,斩获甚众。臣查此次粤、捻勾合,本欲于寿、六之间大肆猖獗,乃我军布置严密,所向披靡。惟豫省窜来捻众数万,前由霍邱之河口集绕赴三觉寺而去,现在尚未回巢,既已逆谋不逞,必思饱掠粮食,以图回窜。臣于寿州解围后,即饬各乡坚壁清野,使无所掠。近据探报,此股捻众皆屯踞庐州西北,不日仍由三觉寺窜扰。万一纠合定远龚、张二逆,出扑寿州南路,则此间又形吃重,臣因严谕各乡团坚筑圩垣,以小圩并大圩,牛具资粮悉纳于内,挑选丁壮勤加训练,又分饬各营严整以待,如果该逆回窜,即出奇掩伏,击其惰归,以期一鼓歼除。至霍山、附城一带人民粮谷,皆已先期运入六万寨,该处有胡林翼所派昌字营兵驻守,屡获

---

① "嗣于二十八、九等日"一句系后补写,底稿该页眉批有"此战年月日,应酌补"字样。

胜仗，料贼踪不能久踞。其桐城、安庆一带，距寿州较远，尚未得闻确信。所有团练获胜，并近日防守情形，谨会同臣袁[甲三]、臣郑[魁士]合词具奏，伏乞皇上圣鉴。谨奏。

[十一月初四日]奉朱批："知道了。"

拟挑选遣撤马队官兵片

再①：臣营马队本少，近因马匹倒毙暨伤病，不能出队者甚多。刻值军饷支绌，难以筹买马之费，若全数遣撤，此间实不敷分拨。拟挑选精壮，酌量筹款，添给马匹，以利攻剿，其伤病难期得力者，应即遣撤归伍，以示体恤而节虚糜。臣与袁甲三函商，意见相同。除咨明吉林、黑龙江将军并知照沿途外，理合附片具陈，伏乞圣鉴。谨奏。

奉朱批："知道了。"

请将吴永庆从优议恤片

再：据总兵吉顺、惠成呈称，管带陕西固原、河州官兵尽先参将甘肃凉州镇标中营游击吴永庆于咸丰六年由陕西砖坪营都司带兵防剿，节次克复湖北武当山、河南确山县等处，蒙恩赏加勇号，升补游击。八年，调赴安徽随剿，屡立战功，复蒙恩施，以参将尽先补用。此次大股粤逆围扑六安州城半月之久，该员带队防剿，昼夜辛勤，冒雨冲风，积劳成疾，于九月三十日在六安军营病故等情，呈请奏恤前

① "再"字前批有"咨：袁、郑；照会：萨；行：两司、营务处"字样。

来。①　相应请旨,饬部照军营病故例从优议恤,以慰幽魂而资观感。理合会同臣袁甲三、臣郑魁士合词附片吁陈,伏乞圣鉴施行。谨奏。

奉朱批:"著照所请议恤。"

拟补军营遗缺人选片

再:军营所遗员缺,应由军营拣员请补。兹有凉州镇标中营游击吴永庆在营病故,所遗员缺,查有甘肃宁夏镇属横城堡都司周胜精明勤奋,带队得力,堪以升补。所遗都司员缺,查有尽先都司甘肃平川堡守备罗建魁随剿多年,历练老成,堪以升补。所遗守备员缺,查有尽先守备甘肃凉州镇标千总胡建魁年力富强,打仗勇往,堪以升补。又,浙江嘉湖卫掌印守备邹朝元捐升游击遗缺,查有湖南三帮领运千总春林遇事勤能,堪以升补。合无仰恳天恩,俯准该员等升补各缺,实于营务有裨。如蒙俞允,其所遗千总员缺,应由臣拔补造册,咨部办理。理合会同臣袁甲三、臣郑魁士合词附片吁陈,伏乞圣鉴训示。谨奏。

奉朱批:"兵部议奏。"

参革石向阳片

再②:花翎尽先守备石向阳前经游击陈松由六安委赴寿州,请领

---

①　此处删去"查该故员随剿多年,战功卓著,此次于粤逆攻扑六安,复能随同击退,实属著有微劳。本拟奏请奖励,乃闻溘逝,悼惜殊深"。

②　"再"字前批有"咨:袁、郑;照会:吉、惠;行:臬司、营务处"字样。

子药、制造旗帜。乃该守备以六安被围,借各制造延不回营,实属惬怯偷安,据总兵吉顺、惠成咨请奏参前来。相应请旨,将花翎尽先守备石向阳即行革职,并拔去花翎,以儆效尤而肃军令。是否有当,理合附片具奏,伏乞圣鉴训示。谨奏。

奉朱批:"依议。"

时事方亟敬陈管见折　十月二十四日

奏为时事方亟,敬陈管见,以备圣明采择事。

窃惟逆夷乘虚深入,侵我畿甸,风闻焚略郊坰,盘踞寺观。历观史策,外侮之来未有甚于此者。目下名为就款,实怀叵测,患在肘腋,深可寒心。当此创巨痛深之时,宜有抱火厝薪之虑。臣前陈奏四条,首请銮舆还京,诚以居重驭轻,隐弭中外之衅者,惟此为先也。臣愚伏愿皇上朝乾夕惕,思患豫防,勿以远人之不服为忧,而以政事之未修为念;勿以抚议之可成为慰,而以根本之未固为虞。臣①世受厚恩,谊同休戚,思效涓埃之报,敢摅葵藿之诚。不揣固陋,敬陈五事,惟圣主裁择焉:

一曰谨天戒。自古阪泉涿鹿,非无梗化;尧汤之世,亦有水旱,惟赖君臣咨儆,挽回气运。今十年之间,彗孛频见,金火失序,蝗蝝旱潦,人民困苦,盗贼横行几半天下,上天垂象,变不虚生,又加以外夷之祸,此诚食禄之臣慷慨饮泣、卧薪尝胆之秋也。臣从军十年,每见诏书批答,于疆场情形明烛万里,窃计皇上之心不知若何焦劳,若何惕厉,其于夷务,又不知若何愤结。为臣子者,不能为皇上分忧,静夜思之,亦应愧死。稍有天良者,何心宴乐?乃当此羽檄纷驰之际,犹

① 此后删去"虽才识梼昧,不足以知国远谟"。

有养尊处优、苟安旦夕，甚至酣歌恒舞、蹈《商书》风愆之戒，坐误事机，恬不为怪，可为痛恨。伏思外侮内患集于一时，彼方日夜以图我，我即日夜防维、上下谋虑，犹恐不足以塞祸患，况宴安鸩毒而不恤至计乎？当此之时，幸遇尧舜之主震动恪恭于上，亦赖公卿百官谟明弼谐于下，或者气运可回，祸乱可弭。人事既尽，上苍自为默佑。揆之于理，有必然者。伏愿皇上通饬中外诸臣，遇变而惧，本宸衷之寅畏，纳百官于轨物，自然小丑不足平、远夷不足虑矣。

二曰固邦本。邦本者何，人心也。人心附则天下安于覆盂，人心携则舟中皆为敌国，是故古之圣王务收四海之人心，而不使之涣。军兴以来，于今十年矣，被蹂躏①者十余省，所攻陷、屠戮之城以数百计，不独忠臣义士肝脑涂地，即穷阎委巷、匹夫匹妇咸能抗节不辱、视死如归，膏原野，转沟壑者不下数百万，虽身陷贼中，苟全性命，亦莫不茹痛饮泣，日夜望大兵之至，或不惜首领，潜图内应；或窜身荆棘，自拔来归。所以然者，徒以人心未去也。人心之所以未去者，由我朝定鼎燕京，肇造以来，列圣相承，深仁广泽，涵煦二百余年之久也。虽然，乱离瘼矣，恐人心有日涣之势，加以外侮日甚，大骇物听，奸雄驵盗处处蠢动，有不止粤、捻二匪，闻风而长骄者。一旦民情涣散，不轨之徒托名假义乘之而起，度此时之兵力，能制之乎？然则当今之计，无有急于收人心者矣。所谓收人心者，镇定之、控驭之而已。草野愚贱，莫不有爱君忧国之忱，闻朝廷有善政，则欢欣鼓舞而不自知；或宵旰有殷忧，则感叹彷徨而不能释。其所瞻仰者，惟京师耳。《诗》曰："商邑翼翼，四方之极。"基化自近，流泽及远。伊古以来，恒由此道。若舍宅中之宏规，资九边之险固，非所以统一区寓，维系海内也。万一廷臣中有不识大体，称引失当者，愿皇上奋乾断而勿听也。

三曰收人才。国家设科目以取士，虽髦俊云蒸，未必皆通达时务。律之以绳尺，取之以浮华，其不足以尽罗奇士也，审矣。刿江淮

----

① "蹻"字有眉批"蹻，从卄者俗字"。

以南，多为贼薮；云贵川广，到处兵氛，不特乡试久停，即学政按临之处亦多停止，岂无学行可取、怀抱忠信而不得仕进者？其中才智之士，未由自效，长此沦弃，尤为可惜。臣以为莫善于荐举与科目并用也，即如明年为乡试之年，又为举行选拔之期，其不能开科选拔之处，可否由督抚、学政采访人才，仿魏晋中正之制，核以乡评，策以时务，秉公甄拔而荐之于县，试以策论而复用之？不惟其华，惟其朴；不惟其滥，惟其精。如是，则僻远寒畯皆有进身之阶，庶野无遗贤，人思自奋。此外，各省荐举亦宜加广，可否饬令大学士、六部、九卿、詹事、科道、督抚、藩臬、学政等官各举所知，多者四五人，少者一二人，出具切实考语，大率以廉为主，而后论其才德，特疏保荐，由部调取进京，试以论策，钦派大臣详加验核，问其学业，观其器识，然后加具考语，第其高下，带领引见，以备擢用。所举之人入官以后，如有罪犯贪污者，举主连坐。夫各举所知，则所举必精；误举有罚，则举者必慎，以此取士其得人，未必不胜于科目。但士习浇漓已久，恐有诈伪倾险，大言欺人，而终无实际者，仍许九卿、科道公议驳斥，斯真才不至遗弃而伪士不至滥收，其于举贤之道无遗憾矣。

　　四曰练京营。汉有南北军，唐有府兵骥骑，宋有禁兵，聚天下精兵于京师，所以强干弱支也。我朝龙兴东北，六师之士如虎如貔，禁旅一出，所至戡定，不谓今日以京营之兵，不能制远方小夷。昔何以盛，今何以弱，无他，练与不练耳。天下虽安，不可忘战。况在今日，蛮夷猾夏，天子左右，其可无雷霆飞翰之选、干城腹心之材乎？臣愚以为，用兵之法，步骑相须。就步骑之中分而论之，步队刀矛手与枪炮手相须，马队吉林鸟枪兵与黑龙江弓箭兵相须。一遇大敌，步队萃于中央，马队分为两翼，互相护卫，缺一不可。若以京营与香山健锐、火器诸营之兵分列步骑，朝夕训练，使进退趫捷，器械熟习，法合既明，胆气益壮，一二年后，何患不成劲旅？皇上简王公大臣中忠诚勇敢、可当方叔召虎之寄者，假以威权，俾之董统，鹰扬虎视，以讨不庭，转弱为强，当在于此。

　　五曰争形势。形势之说，随时变迁，不独古今异宜，即数年之间亦有不同。今日所当悉力以争之者，苏、松也。苏、松间左殷富，舟车辐凑，财赋之饶甲于天下，计一年所入可以佐军需者凡四百余万，其海运之米尚不在此数。自苏、松不守，而我岁失四百余万之利矣。我失四百余万，则贼得四百余万。不惟此而已，且搜据富室公私，席卷殆不下于数千万。我日益贫，贼日益富，益富则益强，益贫则益困。此次渡江之贼来攻寿州，以银数两易履一只，其余食物类足、蓄积之富可知。无识愚民，安得不为所煽？故今日之形势，莫急于先复苏松以苏饷源，饷源既苏，然后可以议战事。徒曰画江而守，非计也，况贼已跨江，捻且夹淮，又岂能画江而守乎？论者或疑江南贼氛方炽，岂易遽图克复，不知苏、松民情柔脆，乘此贼守未坚，民心未附，犹可为力；失此弗图，后将无及。伏查苏、松向称泽国，利用水师；港窄桥多，尤利小艇。第水师习气至重，水勇类多不驯，非得贤员统带，非徒无益，反以害民。以臣所知，如黄彬、赖镇海尚为可用，今隔三年，未知有无改行易辙。又，已革总兵陈世忠虽为和春劾罢，其人更事尚多，身经百战，水师人才难得，似不宜以一眚废弃。如水师统领得人，与张玉良陆路之师互相掎角，一鼓而复苏、常诸郡，不特贼势顿衰，即夷务亦易着手。如因循日久，恐镇江、上海亦不可保，祸且延于浙中，患并及于江北矣。凡此五者，乃臣管窥所及，以为要图，未知是否有当。至于任用贤良，开纳忠说，尤为立政之本。皇上天亶聪明，知人则哲，其于君子小人之辨，阴阳消长之几，久在渊衷，非臣之愚所敢妄渎。臣不胜犬马恋主之诚，恭折由驿附奏，伏乞皇上圣鉴，无任悚息待命之至。谨奏。

　　　奉朱批："收人才一条利少弊多，无庸议，余俱览悉，将随时措施矣。"

团练随同楚师击退霍山踞敌并南北路布置情形折

十一月二十日①

　　奏为团练随同楚师分途设伏，击退霍山踞贼，霍境肃清，刻下南路捻匪亟图回窜，西捻纷纷出扰，后路堪虞，已派水陆各军驻扎正阳，居中策应，恭折由六百里驰奏，仰祈圣鉴事。

　　窃查九月间贼窜霍山，署知县张组筑寨而守，并南路捻逆尚未回巢各情形，均经陈明在案。嗣接湖北抚臣胡林翼函会，已添调驻防松子关七营协同原驻霍山昌字营官兵，约期由流波疃绕出贼后，并力剿击。臣以楚师由西南而进，贼势穷蹙，难保不回窜六安，当饬署六安州知州邹筍、署霍山县知县张组即日齐集团练于霍山东北一带，多设伏兵，或出奇抄击，或随后尾追，庶该逆不能豕突，可期一鼓歼除。旋据张组等禀报，本月初五日，楚师整队而进，列阵示威，该逆未敢出战。是夜，约会团练，分路埋伏，并于丛篁密菁间多插旗帜，使不知我兵多寡。三更后，楚师枪炮齐发，一拥而上，贼众仓皇奔窜，该令带练冲杀，斩馘二百余名，夺获马匹、器械多件。贼众数千正欲由毛坦厂遁去，忽被设伏之练董储玑等拦头迎击，该逆不敢前进，旋折由山旺河归并三板桥，据垒之贼拼命向舒城奔窜，又被山旺河伏兵横冲其腰，众练紧蹑其后，该逆首尾不能相顾，各团互有斩擒，余逆纷纷溃窜，霍境现已肃清等语。查霍山为楚师后路，近日桐城一带楚师屡获胜仗，不日即可得手，霍境肃清，则楚师既可并力怀、桐，而寿、六亦得稍资屏蔽。惟南路捻匪久踞合肥大蜀山，其众数万，时思回窜，臣前督饬各乡坚壁清野，相机截剿，嗣据游击孟云霞、都司解先亮等禀称，

────────

　　①　底本据《奏稿》。该册封面题："奏稿庚字第二十五号：咸丰十年十一月二十日，在寿州由六百里拜发，十二月初十日奉到批回。"次页正文前题："咨会：袁、郑；咨：曾、河南、湖北、漕督、傅、田；行：营务处、两司。"

前月二十七、八等日，该逆分扑上派河，经该游击等带练夹击，奋力冲杀，戕毙无数。该逆凫水奔窜，我军又击其半渡，铳毙多名，淹毙百余名，斩首十七级，夺获骡马五十三匹，旗帜、器械一百十四件，我勇亦有伤亡，该逆仍退踞大蜀山、油坊集等语。又，寿州西北一带连日时有火光，颍上、正阳居民纷纷惊徙，探系沘南北各股捻逆装旗肆出，土匪响应，扬言与南路捻匪合攻寿州，现已窜至凤台县境之陈家集、刘家楼等处焚掠。寿城防守严密，谅无他虑，惟淮河关皖军形势，颍上、阜阳为寿营饷道，一有不虞，则后路阻隔，势成坐困。臣当饬副将黄鸣铎督带炮船驻泊正阳，并令副将程友胜、游击谭玉龙带勇一千余名扼关驻守，居中策应，何处有警，即分队援击，又严檄颍上、阜阳各属稽查城关，固守圩寨，其各乡团练随时出示劝谕，固结人心，使不为贼所用。此处民情强悍，素喜生事，臣惟有多方抚绥，极力弹压，以仰副圣主绥靖疆土之至意。所有击退霍山踞贼并西捻出窜情形，理合会同臣袁［甲三］、臣郑［魁士］合词恭折具陈，伏乞皇上圣鉴。谨奏。

奉朱批："知道了。"

设法剿抚淮北捻军片

再①：正在缮折间，探得淮北各股捻匪闻臣派兵由正阳关进剿，将蹑其后，纷纷鼠窜回巢。现在设法剿抚，以期散胁安良，合并附陈，伏乞圣鉴。谨奏。

奉朱批："知道了。"

———

① "再"字前批有"与正折同"四字。

请饬催各省协饷片

再：臣营饷需，惟恃河南、山西、陕西三省协饷，每月各解二万两。如果全数解到，亦止六万两，况复屡次短欠，甚至数月一解，何以支持？九月中捻逆围寿之时，幸蒙恩旨严催，经河南省拨解三万两，此后尚未续解。山、陕两省仅各解一万两，尚属在途。计河南省自上年九月分起至本年十月分止，欠解银十五万五千两；山西省自上年十月分起至本年十月分止，欠解银十三万八千两；陕西省自上年七月分起至本年十月分止，欠解银二十四万两，合计该三省欠解协饷共有五十三万三千两之多，以致臣营兵饷积欠累累，士卒啼饥号寒，情形万分艰窘。当此楚师累获大胜，粤、捻败贼数十万时图北窜，臣军实当其冲，万一因饥而溃，必至粤匪、捻匪合犯豫疆。大局攸关，何堪设想。惟有仰恳天恩，严饬河南、山西、陕西三省将每月协饷二万两按月照数起解，并将积欠予限数月内全数解清，不可再有短欠，以济臣营朝暮之急。为此附片吁陈，伏乞圣鉴训示施行。谨奏。

奉朱批："另有旨。"

请暂留程钰摄理颍州府篆片

再①：臣接准部文，内开咸丰十年十月初一日奉上谕：按察使衔徽宁池太广道员缺，著程钰补授。钦此。应即遵旨，饬令该道赴任。惟思该道久在颍州，于地方情形极为熟悉，抚民御暴，咸臻妥协，近复经臣委署颍州府篆，舆情爱戴，卓著循声，于人地实为相宜，自未便叠

---

① "再"字前批有"咨：袁、曾；行：两司、程道"字样。

易生手。况皖北现乏知府人员，庐凤道才宇和虽曾莅颍多年，堪以摄理，而有分巡监督之责，任重事繁，万难兼顾。且皖南刻下军务孔亟，自须知兵之员方能胜任，程钰居心恺悌，驭民为宜，治兵恐非其所长。拟请暂留新任皖南道程钰仍留皖北摄理颍州府篆，一面咨会督臣曾国藩于①随营人员内拣员署理②皖南道，庶彼此可收得人之效。是否有当，伏乞圣鉴训示。谨奏。

　　　　奉朱批："另有旨。"

请豁免已故道员之子应缴赔款折　十一月二十日

　　奏③为已故道员之子就近代父呈缴赔款，援案恳恩豁免余欠，并请赏准将缴到银两留营充饷，以济饥军，恭折附驿具奏，仰祈圣鉴事。

　　窃据候选郎中姚正镛禀称，缘职系奉天人，职父原任江苏常镇道姚熊飞于咸丰三年十一月病故，因前管扬州关，自道光二十六年起，至咸丰三年分止，短征额外盈余银两除陆续赔缴外，尚未完银十万七千七百九十五两零，经户部奏明，予限八年完缴。咸丰七年六月，职弟姚羲遵部定勒限三个月完缴章程，赴部呈缴银一万两，蒙恩宽免四万七千七百九十五两零。除宽免外，尚未完银五万两，现当年限已迫，而家计萧条，万分穷蹙，只得投奔苏、皖各亲友处，苦口告贷，于无可挪凑之中，勉凑实银一万两，仍拟赴部呈缴。适捻氛阻隔，道路不靖，未敢携资冒险，请即就近呈缴粮台充饷，以昭慎重。其余欠四万

────────────

　　①　此处删去"皖南地方就近遴"。
　　②　此处删去"而以程钰仍摄颍州府事，俟后接手有人，再行饬赴本任。一转移间，于彼此均有关系。理合附片吁陈"。
　　③　"奏"字前批有"行：两司、营务处、姚郎中"字样。

两，非敢借词延宕，实因家产早经变卖，亲友亦多遭兵燹，无可措办，可否援照前次宽免成案，恳恩豁免等情，并解实银一万两前来。查此项赔款数目，部中有案可稽，自必与所禀相符。臣细力访察，该员家业零替，告贷无门，万难如数赔偿。其解到之款，适值捻氛正炽，未敢挟资冒险，俱系实在情形。第念此项系追缴解部之款，臣未敢擅便，惟臣营饷项支绌，久在圣明洞鉴之中，各省协饷款屡催罔应，刻下饥寒交迫，哗溃堪虞。若将此项银两留营充饷，可免因饥立溃，不无小补。可否即将该员姚正镛解到实银一万两，准留臣营充饷，归入军需案内报销，并将伊父已故原任常镇道姚熊飞未完短征额外盈余银四万两准照前次宽免成案加恩豁免，以示体恤？出自逾格鸿慈。除将缴到银一万两暂行存储外，理合据情转奏，伏乞皇上圣鉴训示。谨奏。

奉朱批："户部查议具奏。"

循例出具密考折　十一月二十日

奏①为循例出具密考，谨缮清单恭呈御览，仰祈圣鉴事。

窃查各省实任司、道、知府等官，例应于年终由该督抚出考密陈，历经遵办在案。兹查，皖省司、道、知府各员，除按察使李续宜、徽州府知府董维翰、宁国府知府刘传祺、池州府知府李应棠、凤阳府知府杨沂孙、颍州府知府李元忠均未到任外，所有布政使暨庐凤道、徽宁道，安庆、庐州、太平各府知府，臣或于接晤之时详加察看，或就地方公事询访得实，谨循例于年终出具考语，另缮清单，恭折附驿密奏，伏乞皇上圣鉴。谨奏。

奉朱批："知道了，单片留中。"

---

① "奏"字前批有"不行"二字。

附陈邵亨豫情形片

再:学臣邵亨豫考试皖南各属,校阅详明,士情悦服。近接其书信,知在祁门抱恙。理合附片陈明,伏乞圣鉴。谨奏。

奉朱批:"览。"

捻踪飘忽拟先清后路折　　十二月初五日(十五日奉朱批)

[臣翁同书跪]奏[1],为捻踪飘忽靡常,时图出窜,现拟先清后路,散胁安良,免为牵制,以便会同临淮官军合力进剿,谨将近日布置情形恭折由驿五百里驰陈,仰祈圣鉴事。

窃霍山团练随同楚师击退踞贼并淮北各捻闻臣派兵由正阳进剿,纷纷回巢各情,业于前月二十日具陈在案。伏查臣营当粤、捻二逆之冲处,民俗强悍之地,布置未密则此窜彼突,随在堪虞;抚驭失宜则[2]弱肉强食,变生不测,此臣驻扎寿州,必先清颍州、沙河一带,使肘腋稍安,方可力图进剿也。乃自粤逆陈玉成率悍贼二十万救援定远,围攻寿州,与捻逆相勾连,虽经固守,克保无虞,而人心未免动摇,仇杀从而迭起,后路岌岌可危。北捻甫经回巢,近日又有出窜颍州之谣,若不趁此时妥为驾驭,散胁安良,则将来我兵进剿,该逆必牵其后。现饬记名总兵、副将黄鸣铎督带水师战船由正阳关溯沙河而上,

---

[1]　据《奏稿》整理,方括号内文字根据《皖北奏报》补充。该册封面题:"奏稿庚字二十六号:咸丰十年十二月初五日,在寿州由五百里拜发,二十七日奉到批回。"次页正文前题:"会:袁、穆、郑;咨:曾、漕、田;行:两司、营务处。"

[2]　此处删去"讨诱胁从,反侧可虑"。

直至颍州口子集巡哨弹压，以遏寇氛。其南路捻匪二万余人，尚踞合肥大蜀山等处，闻欲勾通粤逆，由南路来犯寿州。所幸寿州南乡各圩经臣严饬，并圩固守，时加奖劝，颇能齐心御贼。月前定远踞匪出掠，该处练丁屡有斩擒，并将号衣、耳级等件呈验。正阳为淮河总汇，捻逆垂涎已久，前派水陆各军足资扼守，遇有警报即可居中策应。颍州各属，臣屡次（给）[发]给札谕，百端开导，又饬各该地方官悉心抚字，使不去而为贼。此中刚柔之用、轻重之宜，臣每日夜思维，几忘寝馈，惟有函商袁[甲三]委为办理。至霍山踞贼，自为楚师击败后，即于前月十二、三等日窜赴舒城之毛竹园、中梅河等处，又经该处团练出奇截击，擒斩五百余名，救出难民五六十名，夺马五十七匹，小枪四十一杆，伪印二颗，刀矛、旗帜、衣物无算。桐城楚师亦大获奇捷。惟贼势穷蹙，难保不图回窜。六安虽有总兵吉顺、惠成带兵三千名扎营固守，尚恐兵力单薄，臣又添派勇丁五百名前往协防，借以联络楚师，使声气相通，冀收掎角之效。惟饷糈不至，哗溃堪虞，时届严寒，士卒鹑衣鹄面，实属目不忍睹。臣虽极力拊循，终觉有朝不谋夕之虑。所有近日各路情形，理合会同臣袁[甲三]、臣穆[腾阿]、臣郑[魁士]合词恭折具奏，伏乞皇上圣鉴。谨奏。

[十二月十五日]奉朱批："览。"

六安乡团击退敌军片

再[①]：正在缮折间，据委办南路团练记名道李元华禀称，粤捻大股自桐城为楚师击败后，果于前月初十、十一等日由舒城回窜，欲从界河、桃镇等处抢渡，仍扑六安，经该道暗调乡团，四面设伏，出其不

---

① "再"字前批有"同正折"三字。

意,呐喊直前,该逆惊惶奔窜,我军奋勇冲杀,毙贼数百名,夺获黄马褂一件,伪宪天义大印一颗,骡马十六匹,伪文无数,均据呈验前来。除饬六安防兵暨各路团练严密防剿外,理合附片具陈,伏乞圣鉴。谨奏。

奉朱批:"知道了。"

请补铸印信片

再①:地方文武各官印信、关防如有遗失,例应题请补铸颁发,以资信守。兹据藩司详称,咸丰八年冬间,在定远先后奉到部颁太平府印、太平府同知关防、舒城县印、舒城县儒学记各一颗,并前署含山县知县孔继黄呈缴含山县印一颗,计印信、关防、学记共五颗,均经札发随营粮台委员藩库大使高振榱敬谨存储,以便饬属请领。嗣因各属道路梗阻,未据领回,该大使以经管粮台支发,随营办公,刻不能离,若携带营中,不足以昭慎重,当将前项印信、关防、学记五颗移交署定远县知县周佩濂,寄储县库,掣有回照。讵意九年六月,粤捻攻陷县城,署知县周佩濂御贼被害,前项印信均陷贼中。除俟定远克复,如将原印寻获,即行缴销外,理合详请补铸等情,臣覆核无异。相应请旨,饬下礼部,迅铸太平府印、太平府同知关防、舒城县印、舒城县儒学记、含山县印各一颗,颁发来皖,转给开用,以昭信守。又,前署凤阳县知县怀远县龙亢主簿顾长源于上年秋间奉委赴黎城一带采办兵米,维时凤阳县城尚未克复,印信无处存储,只得将凤阳县印一颗并寄存溪河县丞印一颗交勇目王兰馨携带同往,讵九月初二日该员押运米石回营,途遇大股捻逆抢夺米石,该员督练迎击,奈众寡不敌,勇

①　"再"字前批有"咨:曾;行:两司"字样。

目王兰馨登时阵亡,致将前项印信遗失,该员受伤坠马,幸为团练救出,亦据藩司详报前来。查遗失印信例有处分,惟念该员顾长源随营当差,中途遇贼,打仗受伤,携带印信之勇目力战阵亡,实属抢护不及,与寻常失印不同。臣细加访查,并无捏饰。合无仰恳天恩,准将前署凤阳县知县、怀远县龙亢主簿顾长源免其议处,出自逾格鸿施。并请将凤阳县印、溪河县丞印各一颗一并饬部补铸颁发,俾资应用。至安省现因军务倥偬,一切例应题报事件,俱经改题为奏,合并声明。为此附片具陈,伏乞圣鉴训示施行。谨奏。

奉朱批:"礼部知道,顾长源著免议。"①

请议恤临难捐躯各员片

再②:军营地方遇有临难捐躯人员,均经于查明后,随时照例奏请议恤在案。兹据藩司张光第详称,拣发安徽从九品齐世郇于咸丰三年在庐州办理火药局事务,是年十二月,庐城失陷,该故员手刃数贼,伤重捐躯,至今尸骸未获。又据寿州知州任春和详称,该州练董、文生吴楚贤于咸丰十年九月初四日,因大股贼匪围扑姚皋坊圩,经该生集众击退,后复奋出追剿,不意贼伏突起,③登时遇④害。又据参将丁希凤呈称,尽先千总陕甘督标前营经制外委韩登喜因奉札委,赴豫

① 此句朱批原作"礼部知道,龙亢、顾长源均著免议",后将"龙亢"二字圈去,旁注"朱";"均"字圈去,旁注"朱"。推其意思,应是朝廷误将"龙亢"作为人名,后发现错误,遂圈去"龙亢"及"均"字。
② "再"字前批有"咨:袁;行:两司、营务处"字样。
③ 此处删去"遂将该生"四字。
④ 遇,原作"杀",后改为"遇"。

省一带迎提陕西饷银，随将饷银接到，于本年十一月十三日行至颖上地方，突遇捻匪多名，该弁奋身拒贼，以众寡不敌，伤重捐躯，极为惨烈。又据署合肥县知县英翰禀称，该县练总、蓝翎把总程肇宜于本年十月二十八日，因粤捻窜至县境上派河一带，经该练总聚众迎剿，①奋勇深入，②力战阵亡各等情，先后详请奏恤前来。伏查该员弁绅董等或城陷捐躯，或拒贼被害，殊堪悯恻，相应请旨，饬部均照阵亡例议恤，以慰忠魂。理合附片吁陈，伏乞圣鉴施行。谨奏。

奉朱批："齐世郇等均著照例议恤。"

遵旨查覆皖省被灾被扰州县情形折　十二月初五日

奏③为遵旨查覆皖省各州、县、卫被灾、被扰，来春应否接济，实因道路梗阻，查报未齐，先将大概情形覆奏，仰祈圣鉴事。

窃臣承准军机大臣字寄咸丰十年十一月十八日奉上谕：向年各直省偶遇偏灾，除随时降旨加恩赈济、蠲缓钱粮及由各该将军、督抚折内声明被灾处所，业经赈恤外，每于十月初间，寄谕各省将军、督抚，令其查明应否接济之处，于封印前奏到，候朕于新正降旨加恩。本年八月，朕巡幸木兰，一切档册及钞存折件未及携赴行在，因思各该省或遇灾歉，或遭兵革，小民困苦流离，每多失所，朕痌瘝在抱，无日不念切民依。所有各直省本年被灾、被扰各州县，如有应行接济赈恤之处，着各该将军、督抚详细查明，仍于封印以前奏到，候朕于新正

---

① 此处删去"颇有斩擒，乘势追杀数十里，乃以"十三字。
② 此处删去"贼援四集，该练总"七字。
③ "奏"字前批有"咨：督；行：两司"字样。

降旨加恩，以副朕普锡春祺之至意。将此由五百里各谕令知之。钦此。遵旨寄信前来。臣跪读之下，仰见皇上轸念民依，不使一夫失所之至意，当即钦遵，飞饬藩司及徽宁道迅速查勘详办。去后，伏查皖省本年秋成情形，因道路纡梗，查报未齐，前已奏请展限办理在案。此次钦奉谕旨，查勘来春有无应行接济之处，自应恪遵钦定限期，于封印前覆奏。惟皖省贼氛阻隔，驿路纡绕，不独皖南文报往返稽迟，即皖北各属道路亦复通塞不时，经臣严札再三飞催，并檄藩司一体催办，兹仅据灵璧、太和、寿州等三州县详覆，各该地方被灾、被扰贫民，或由地方官劝捐接济，或现在二麦业已播种，体察情形，来春青黄不接之时似可无需接济等语。此外各州、县、卫及皖南各属，臣叠次严催，实因驿路纡程，未据覆到，无凭核办。惟念各属被灾、被扰情形虽有轻重，而入冬以来天气晴和，二麦皆已播种，现又均报得雪，体察大概情形，来春民力似可支持。臣身膺疆寄，断不敢恝视民瘼。如各属详覆到日有必需接济之处，即当据实奏恳恩施，第封印日期已近，不得不就大概情形先行据实覆奏，以纾宸念。除咨会督臣外，理合缮折具陈，伏乞皇上圣鉴。谨奏。

奉朱批："知道了。"

颍寿得雪情形片

再[①]：颍、寿自入冬以来，雨阳时若，二麦皆已播种。前月中旬，得有瑞雪，积厚二寸许，已据各属禀报，一律普沾。兹又于十一月三十日子时起，至本月初二日辰时止，瑞雪缤纷，除消化外，尚厚积尺余，润麦消蝗，三农欢庆。理合附陈，伏乞圣鉴。谨奏。

———————

① "再"字前批有"咨：袁；行：两司"字样。

奉朱批：“知道了。”

截击桐城援捻获胜并沙河击退窜捻情形折　十二月二十一日（十一年正月初五日奉朱批）

[臣翁同书跪奏]奏①，为南路捻逆救援桐城，截击获胜，并沙河击退窜捻情形，恭折由六百里驰陈，仰祈圣鉴事。

窃南路大股捻匪盘踞大蜀山等处，北捻屡图窜扰，我军布置各情，均经臣叠次具奏在案。查桐城、安庆一带楚师屡获大胜，可期得手，臣以逆情诡谲，尤宜严密防范，叠饬②勇练分布要隘，相机截剿，又添勇驻扎六安，以遏粤、捻勾合之路。本月初七、八等日，南路捻众果大股南窜，赴援桐城，知六安我军屯聚，难以冲突，遂由上派河抢渡，粤匪出队护送，贼旗遍野。游击孟云霞、都司解先亮督率勇练，严扼渡口。该逆无浅可涉，相持三昼夜，遂于十二日③由官道蜂拥窜扑。我军乘其阵脚初动，奋力追杀。雪霁泥滑，该逆逃跑不及，歼毙无数。十三日，又窜赴中派河、陈家店一带，我军设伏兜击，斩首十四级，夺获大旗二杆，骡马三十七匹，④生擒捻首余凤林一名，当即正法，并将首级呈验前来。至沙河为寿营后路，饷道攸关，前以北捻有出窜之谣，经臣派记名总兵副将黄鸣铎督带水师巡哨口子集，以资弹压。兹据庐凤道才宇和禀称，本月初一日，突有捻匪千余人攻扑王家

---

① 据《奏稿》整理，方括号内文字根据《皖北奏报》补充。该册封面题：“奏稿庚字二十七号：咸丰十年十二月二十一日子刻，在寿州由六百里拜发，十一年正月十五日奉到批回。”次页正文前题：“会：袁、穆、郑；咨：曾；行：营务处、两司。”

② 此处先删去“舒城、合肥各路”四字，又删去“六安官兵及”五字。

③ 此处删去“合队”二字。

④ 此处删去“刀矛多件”四字。

屯练圩,越濠翻墙,势甚凶悍,经该圩练总刘青善等拼命拒战,黄鸣铎飞派炮船由河下轰击,练总吴文英亦带练援救,立毙捻逆数十名,生擒池金锡一名,讯供该逆皆泲河捻众,意图抢踞王家屯,以便拦截沙河船只,断我饷道。当将该逆正法,余众纷窜回巢等语。查颍、寿民情互相煽惑,经臣百端开导,驾驭抚绥,近稍安辑;南路捻众虽未聚歼,臣总期加意防剿,务令逆谋不逞,庶楚师无后路之虞,而安庆、桐城早期克复。所有南北两路剿击获胜情形,理合会同臣袁[甲三]、臣穆[腾阿]、臣郑[魁士]合词具陈,伏乞皇上圣鉴。谨奏。

[咸丰十一年正月初五日]奉朱批:"知道了。"

克西克特依请补骁骑校员缺片

再:据荆州左翼副都统萨萨布呈称,前莫尔根城巴扬阿所出佐领一缺,业请将骁骑校金山保升补在案。其所遗骁骑校员缺,查有前锋花翎□参领克西克特依随剿有年,打仗勇往,堪以拟补等情,呈请前来。[①] 合无仰恳天恩,俯准将该员升补,实于营务有益。理合附片吁陈,伏乞圣鉴训示。谨奏。

奉朱批:"克西克特依依拟升补。"

---

① 此处删去"相应请旨"四字。

保奖寿州解围出力文武员弁兵练绅董折　十二月二十一日(十一年正月初五日奉朱批)①

奏②为遵旨查明寿州解围尤为出力之文武员弁、兵练绅董,开缮清单,恳恩鼓励,以昭激劝,恭折奏祈圣鉴事。

窃臣于本年九月将寿州解围情形驰陈在案。兹恭阅邸抄,③钦奉上谕:"翁[同书]奏粤逆围攻寿州,官军出奇掩袭,大获胜仗,立解城围一折,据称粤逆陈玉成率悍贼二十余万围扑寿州,我军扼河防剿,屡获胜仗。该抚亲至城上,相度形势,激励兵勇固守。逆众联营栉比,占踞村庄,由东淝河跨山越谷,直至淮河南岸,因见城中镇静,无懈可击,遂于姚家湾抢夺民船,欲由水路来攻州城,并犯正阳关。该抚先派都司彭楚文带炮船驶至姚家湾,夺贼船十余只,救出民船二十余只。本月初六日,贼匪乘雾泅水入小港,抢掠民船,复经守备黄广仁等飞桨过河,突前围击,杀贼百余名,夺回船只。复有贼骑数百,引步贼千余直扑北关,势甚猖獗。该抚亲督总兵庆瑞等率领兵练堵御,并派水师渡河登陆,枪炮齐施,刀矛并举,毙贼百余名,船上、城头皆发大炮,贼众披靡,折回两河口,寻在东津迤南扎筏,乘坐二千余人,复图抢渡,经副将黄鸣铎募敢死之士数百人尽力轰击,贼众扑河淹死者无算。是夜,复有贼匪潜踪涉浅而至,城上开放枪炮,并滚木礌石,毙贼多名。复密令水勇三更时渡至山麓纵火,焚死贼匪无数,余匪奔溃,自相惊扰。黄鸣铎遣勇登岸,追杀黄衣贼目一名。该抚复派锐卒沿途追剿数十里,斩馘数百,夺获枪械、马匹,④生擒长发贼数

---

①　奉朱批日期据《随手登记档》补。参见中国第一历史档案馆编:《清代军机处随手登记档》第95册,第19页。

②　"奏"字前批有"会:袁、郑、穆;咨:曾;行:营务处、黄副将、两司"字样。

③　此处删去"伏读"二字。

④　此处删去"无数"二字。

十名,内有伪检点、总制等官,均即正法,城围立解等语。此次逆匪率众二十余万围攻寿州十日,势甚凶悍。该文武员弁等合力齐心,婴城固守,得保无虞,尚属著有劳绩。其尤为出力之总兵衔潼关协副将黄鸣铎著交军机处记名以总兵用,其余在事出力之文武员弁、兵练绅民,著翁[同书]查明保奏。"钦此。仰见圣主论功行赏,有劳必录之至意,凡在行间,无不同深鼓舞,力图自效。查此次粤逆陈玉成亲率悍贼二十余万,勾合定远捻逆扑犯寿州,意在必得;北捻乘机蠢动,并力来攻,傥有疏虞,不独粤、捻联成一片,剿办更形棘手,而且长淮门户洞开,北路藩篱直有防不胜防之患。幸赖皇上天威,文武绅民同仇敌忾,虽饷糈极绌,无不踊跃用命,竭十昼夜之力,登陴固守,孤城屹立不摇,复出奇掩袭,斩馘搴旗,立使大股逆氛势成弩末,洵属转危为安,著有劳绩。除千把以下各弁另行核奖,咨部办理外,所有单开各员,此次经臣亲自督率,其战功皆属目睹,尤不容稍有冒滥。合无仰恳天恩,俯准照拟给奖,以励人心而资观感,出自逾格鸿慈。所有遵旨查明酌保缘由,理合会同臣袁[甲三]、臣穆[腾阿]、臣郑[魁士]合词具陈,伏乞皇上圣鉴训示。谨奏。

　　奉朱批:"所保太觉冒滥,著将保阶人数大加删减,另拟具奏。原单留中。"

　　谨将寿州解围尤为出力之文武员弁、兵练绅董开缮清单,分别拟奖,恭呈御览。
　　计开:
　　广西右江镇总兵庆瑞,副都统衔山东青州驻防即补协领魁斌,以上二员整饬营伍、晓畅戎机,拟请交部议叙。陕西靖远协副将哈连升,安庆营副将庆福,以上二员[①]守浚巡城,尽心防御,均拟请赏加总

---

①　此处删去"统带兵勇,调度有方。庆瑞、魁斌拟请交部议叙;哈连升、庆福"。

兵衔。

护理臬司安庆府知府蒋锡绶督率绅董,防剿綦严,时当饷绌万分,犹能调和士卒,使之用命,拟请交军机处记名,以道员用;

蓝翎候补直隶州寿州知州任春和、知州用候补布经历署凤台县知县熊英,督带团练,亲冒锋镝,任春和拟请以知府升用,并赏换花翎,熊英拟请免补本班,以同知即补,并赏戴蓝翎;

副将衔尽先参将吴峻基扼守东津得力,拟请赏加勇号;

直隶督标游击尽先参将丁希凤,直隶大名镇标游击尽先参将朱起鸿,尽先游击邹朝元,以上三员均拟请赏加副将衔;

陕西候补知府刘校书,拟请赏加道衔;

尽先游击西宁镇都司宁德顺,尽先游击马升,以上二员均拟请以参将尽先补用;

都司黄广仁、周瑞,以上二员均拟请免补本班,以游击尽先即补;

尽先都司①哈拉库图尔营守备杨殿贵,拟请赏加参将衔;

都司衔尽先守备徐海春、张福申,都司衔南河补用守备李镇安,尽先守备宗延龄、方占奎,署寿春右营都司、尽先守备朱家鼎,都司衔广东增城营把总黄全发,以上七员均拟请以都司尽先补用,徐海春、张福申并请赏加游击衔;

候选同知庐州府通判汪厚焘,拟请赏加运同衔;

候选直隶州布库大使高振桂,拟请以直隶州尽先选用;

寿②州州同廖鼎馨,拟请③以知州补用;

候选知县葛汝瀚,拟请免选本班,以知州不论双单月遇缺即选;

候补布经历张献廷,拟请补缺后,以知州补用,先换顶戴;

山西试用府经历贺绪蕃,拟请免补本班,以知县仍留山西,归候

---

① 　此处删去"甘肃"二字。
② 　"寿"字前删去"知州衔"三字。
③ 　此处删去"开缺"二字。

补班前尽先补用；

候选双月通判张保慈，拟请以本班不论双单月选用。

以上各员，出奇截击，不避艰险，斩馘夺船，战功卓著。

黑龙江佐领委营总高福，拟请以协领即补，先换顶戴；

黑龙江骁骑校委参领乌章阿，拟请以佐领遇缺即补，先换顶戴；

黑龙江披甲委防御胜春，披甲依勒格布、哈福善，京炮营炮兵柴祥，前锋穆克登布，以上五名均拟请以骁骑校即补；

京炮营骁骑校顺祥，拟请以本旗印务章京尽先即补；

黑龙江蓝翎即补骁骑校克勒莫，吉林蓝翎委参领阿克敦，蓝翎骁骑校永寿，蓝翎尽先防御法福哩，以上四名均拟请赏换花翎；

黑龙江领催巴绷阿，披甲来竖、八十三，吉林委骁骑校双福，尽先骁骑校穆精阿，京炮营骁骑校史明春，炮兵史文敬、瑞成，披甲常亮，满洲闲散文慧，以上十名均拟请赏戴蓝翎，文慧并请给六品顶戴。

以上各员名①或奋力追击，擒斩极多；或燃发巨炮，施放有准。

候选卫守备田涛，五品衔署寿州中营守备千总王长庆，以上二员均拟请赏加都司衔；

候选县丞沈世铭，拟请以知县留于安徽补用；

六品顶戴升用知县候补府经历秦馥，候补县丞吴燮和、熊道逊，以上三名均拟请免补本班，以知县仍留安徽补用，秦馥并请赏戴蓝翎；

即选县丞孙有绎、②教谕王德均，以上二员均拟请免选本班，以知县不论双单月遇缺即选；

东流县巡检周庆熊，拟请开缺，以县丞补用；

候补从九品金元枚、候补未入流金伯垣，以上二员均拟请免补本班，以县丞补用；

---

①　此处删去"或争先驰骤"五字。

②　此处删去"即选"二字。

候选从九品李葆芬,拟请以县丞尽先选用;

蓝翎都司衔署寿春营游击朱佩棻,都司衔广东陆路提标蓝翎千总邓绍级,都司衔蓝翎即选守备滕传述,西宁镇标蓝翎守备范玉春,蓝翎守备陕西河州镇把总范铭,蓝翎五品衔抚标右营千总汪干臣,蓝翎守备衔舒城汛把总丁映昇,蓝翎①守备无为州汛千总吉玉成,蓝翎②守备陕甘督标经制鲜玉龙,蓝翎③守备西固营经制马腾云,寿春营五品蓝翎千总朱淮潮,蓝翎五品衔双山堡经制纪桢祥,五品蓝翎尽先外委何继发,五品蓝翎安徽抚标左营外委刘兴邦,蓝翎同知衔候补知县张世昌,以上十五名均拟请赏换花翎,汪干臣、丁映昇并请以守备尽先补用;

安庆府通判达凌阿,候补知县茹晋,即选知县袁培厚,六品蓝翎即补知县桂中行,以上四员均拟请赏加同知衔,桂中行并请赏换花翎。

以上各员弁昼夜登陴,兼守桥口,④攻守迭用,奋不顾身。

候选卫千总孙政,拟请免选本班,以卫守备不论双单月尽先即选;

山东寿乐营把总李安邦,尽先千总徐坤,尽先千总陕甘督标左营经制吴得喜,陕西岷州营把总蒋荣,尽先千总陕西洮岷营经制姜梦熊,尽先千总陕甘督标前营经制王天受,尽先千总循化营经制王勇,尽先千总西凤营经制袁世荣,尽先千总潜山营把总蒙建中,尽先千总抚标左营把总张学云,尽先千总颍州营把总杨鼎奎,尽先千总庐州营外委王寅堂,尽先千总四川龙安营把总杨应朝,尽先把总直隶柴沟营外委库安邦,守备衔陕西东江口营外委即补千总沈玉树,尽先千总安庆营把总陈德厚,尽先千总宣化营把总乔松,尽先千总张家口把总穆鸿亮,湖北施南协标尽先千总王凤麒,尽先把总黄大道,尽先千总吉

---

①②③　此处删去"尽先"二字。
④　此处删去"往来迎击,明攻暗袭"八字。

学礼、郑怀德、杨向荣、范先和、钟玉春，候补千总李定钦，以上二十名均拟请以守备尽先补用，李安邦、徐坤并请赏加都司衔；

候补千总卢朝钿，尽先把总谭玉明，以上二名均拟请免补千总，以守备尽先遇缺即选；

守备衔尽先千总康贵益，拟请以守备选用；

已革寿春中营游击邹学镛，已革陕安镇标左营守备尽先都司汪朝海，已革宁陕营千总尽先守备崔胜朝，以上三员均拟请开复原官，并免缴捐复银两；

候补同知言南全，世袭云骑尉柏俊生，以上二员均拟请赏戴花翎；

补用知县王懋勋、试用知县陈泳，以上二员均拟请赏加知州衔，王懋勋并请赏戴蓝翎；

候选知县田大年，拟请以知县尽先遇缺即选，并请赏加五品顶戴衔；

候补府经历沈继安，候补县丞胡承荣、刘聘三、陈雨田，以上四员均拟请补缺后，以知县补用；

即选从九品李秉衡，拟请免选本班，以县丞不论双单月遇缺即选；

候补未入流①谭启镛，拟请免补本班，以府经历仍留安徽补用；即选从九品薛永清、金丽生，以上二员均拟请免选本班，以府经历、县丞不论双单月选用。

以上各员弁亲冒矢石，奋勇追剿，擒斩多名，救出难民无数。

尽先千总陕甘督标经制白天保、马天保、陈锦，以上三名均拟请赏加守备衔；

东河把总曹振山，抚标右营尽先外委余承恩，寿春营尽先外委朱佩环、穆安邦、朱天庆，六安营外委朱天祥，下蔡汛外委张锦春，署下

---

① 此处删去"署凤台县典史"六字。

塘汛千总崔治平，署寿春营外委吴占魁、孙庆元、张同春，潜山营外委朱贯一，安庆营外委杨长春、尹旺，游兵营哨官张占春，陕西宁羌营马兵白喜满、侯启印、吴兴吉、何元宁，陕营马兵张有方，洮岷营步兵马绪得，陕安中营马兵任忠孝，陕西汉凤营马兵黄兆祥，陕甘督标马兵钱国宝、丁福荣、刘得福，寿春中营马兵李遇春、朱佩玉、王扶远、伊长胜、吴廷芳，巩昌营马兵蒋荣，循化营步兵马文，保安营步兵刘福，长武营兵丁尚基，西凤营兵丁文逵，延绥营兵丁王天魁、邱德，寿春营兵丁刘彦邦，抚标左营马兵郭建功，宣化营马兵赵兴棠，安庆营兵丁王应和、高占敖、胡庆仁，秦州营兵丁邹兴旺，镇箄镇标兵丁滕家礼，尽先把总顾仲学、戴宗孺、江振清、黄悟魁、薛家醇、杨文辉、丁连三、吴连璧，尽先外委胡日盛、崔万海、王玉堂、张德标，武举韩寅，世袭云骑尉周臣沣，勇目刘成治、陈春林，五品军功丁训光、郭春华，六品军功何全胜、何应开、陈其昌、陈庆学、彭士述、黄建德、刘连村、李际春、余康植、刘瀛、陈起、吴云阶、王允祥、赵国泰、唐安邦、张文德、束冠军、徐太，候选县丞张际盛，候补县丞梁耀成，候选从九品林柱温、德璋、吴淳，即选训导郭凤阶，候选巡检雷震青、夏家铨，双月候选从九品顾守埭，湖南试用府经历饶凤祥，湖北试用州判程以辅，六品顶戴候选未入流刘松年，以上九十四名均拟请赏戴蓝翎，黄悟魁、薛家醇、杨文辉、丁连三、吴连璧五名并请以千总尽先拔补，丁训光并请以外委尽先拔补，顾守埭并请以本班不论双单月选用，饶凤祥、程以辅并请赏给五品衔；

　　漕标城守营马兵焦佩文，试用从九品陈衍绪，山东试用未入流唐继衮，以上三名均拟请赏戴六品顶戴蓝翎；

　　通州镇标把总李有名，寿春营外委潘廷成，亳州营千总王得明，陕西文县营尽先千总马定远，六品蓝翎候补县丞陈泰荣，六品蓝翎即选县丞何霖，以上六名均拟请赏给五品衔；

　　候选县丞吴岳阶，拟请以县丞留于安徽补用；

　　候选从九品蒋佐清、刘克顺，以上二名均拟请以从九品留于安徽尽先补用；

从九品衔谢子凤，六品军功任灿、吴炳南，以上三名均拟请以从九品不论双单月尽先选用；盐大使衔黄元塘，拟请以盐大使选用；

附生韩府修，拟请以训导不论双单月归部尽先选用。

以上各员弁或带练追击，或毁筏夺船，均属著有劳绩。

六品顶戴书吏管文兰、陈蔚之、柯煜、陈沅、吕泉、潘炳南、何静，以上七名办事勤慎，当羽檄飞驰，夜以继日，历著辛勤，均拟请赏戴蓝翎；

带领团练尽先守备王云芳，拟请以都司尽先补用；

练总尽先把总王舟、张宝善，以上二名均拟请以千总补用，并赏加守备衔；

绅董甘肃尽补府经历孙家彦，拟请以知县仍留甘肃尽先补用；

绅董五品衔候选训导石振甲，拟请赏戴花翎；

绅董蓝翎山东候补知州孙恺元，拟请赏换花翎；

练总守备胡鸣豹，拟请赏加都司衔；

练总候选从九品鲍灼、张瀛深、柏儒林，以上三名均拟请免选本班，以县丞不论双单月选用；

练总训导衔方以智，县丞衔监生武华国，以上二名拟请以县丞不论双单月选用；

练总从九品吴毓兰，拟请以县丞不论双单月遇缺尽先选用；

练总五品军功周佩莲，拟请以从九品不论双单月遇缺尽先选用；

练总训导王如兰，拟请以教谕不论双单月遇缺即选；

练总文生黄春元，拟请以训导不论双单月遇缺即选；

绅董候选盐大使孙传洙，教谕刘彦焯，训导孙法祖、傅汝霖，尽先外委余祥，以上五名均拟请赏戴五品衔蓝翎。

以上各员，督带团练协同官军昼夜轰击，动合机宜，劳绩最著。

练总从九品衔蒙时中、吴鹤卿、张居安、洪棠林、朱本荣、朱克政、黄春和、冯玉清，监生胡长钦、孙传昭，六品军功李名焕，童生柏

汝桢、玉任,以上十三名均拟请以从九品不论双单月选用,吴鹤卿、张居安、洪棠林并请赏戴蓝翎,蒙时中并请赏给五品顶戴;

练总州同衔孙传柄,训导衔张舜臣、孙家洪、汤咸一,文生孙荣光、张锡恩、姚士楷、李桂堂、李庆镐、陈宝慈、刘澄清、[①]张希陶、孙传璧、陈金诏、闫廷楠、程峨卿,以上十六名均拟请以训导不论双单月选用;

练总尽先把总王扬清、费绍,尽先外委张涟清、刘天禄、任廷相、李芝屏,六品军功权遵桂,候选州同孙家举,候选县丞孙连嵩,州同衔张炳然,布经历衔孙树棠,五品衔监生孙恩诒,五品军功黄建廷、郑尚义、郑桓、裴国宾,从九品朱鸿藻、权尚奎,未入流王聿修,文生范彦恬,监生魏景韩,勇目陶占发、来福全、纪丰盛,以上二十四名均拟请赏戴蓝翎,王扬清并以千总尽先补用,张涟清并以把总尽先补用,陶占发、来福全、纪丰盛并请赏给六品顶戴。

以上各员弁严扼渡口,擒斩多名,昼夜不懈。

练总监生孙传晋,拟请以巡检不论双单月遇缺即选;

练总五品军功张春和、孔宪典,以上二名均拟请以从九品选用;

练总候选县丞吴德裕,拟请赏加盐提举衔;

练总候选训导涂绍勋、孙传铭、胡棨鏖,举人周汝金、李廉、方正、王鹏鬻,以上五名均拟请赏给五品衔;

练总史焕文、薛道远,从九品衔刘鸣高、张佩铭,以上四名均拟请赏给州同衔;

练总圣庙典籍刘炳南,监生朱荫楠,军功刘金焕、杨兆瑞、季鸣鬻,以上五名均拟请赏给六品衔;

练总五品军功江树南、吕际清、吴涛,六品军功孙之森、张景礼,八品军功张文林、张铭立、方琦、严桂芳、王积庆、王延龄、王德淳、严祉、周培元、柏鸣珂、刘纪常、鲍瑄、周培芳、吴映淮、史荣德、顾樾、李

---

① 此处删去"孙荣光"三字。

梓林,以上二十二名均拟请赏给从九品衔。①

以上各员或带领勇练,分路截剿,叠获胜仗,或巡街守,靖内捍外,力保危城。

颍州六安等处情形片 十二月二十六日(十一年正月初八日奉朱批)

再②:自九、十月间以来,颍州府城因流言四布,人情亦觉浮动。幸皖南道留署颍州府知府程钰恺悌爱民,周人以德,署阜阳县知县叶春倍③折冲御侮,吏畏民怀,月余以来整顿一切,颇觉改观,可保无事。此颍州府近日情形也。至六安及南各县,亦尚安释。逆贼陈玉成尚在桐、怀之间,勾引大股,希图解围,幸楚师援剿极为周密,惟皖南一片贼氛,意欲包抄大军后路,颇有可虞。理合附片具陈,伏乞圣鉴。谨奏。

咸丰十一年[正]月初八日,奉朱批:"知道了。"

密陈苗练骄恣现函商袁甲三妥为抚驭片④

再:川北道苗沛霖团练日广,平素不谙体制,臣与袁甲三、傅振邦

---

① 此处删去"练总三品军功张春和、孔宪典,以上二名均拟请以从九品选用"。并有眉批:"此条应置擢举衔之上。"眉批亦加删抹符号。
② 此附片据《皖北奏报》补。
③ 叶春倍,疑为"叶春培"之误。
④ 此片附于《会奏稿》第二册末尾,无日期。

皆驾驭而用之。① 秋间胜保奏调苗练，径发书札，备言都门危急情形，由此人心摇动，讹言繁兴。臣等极力抚循，幸保无事，无如该道骄恣过甚，以致远近人心不服，仇隙日深。臣与袁甲三随时函商，总期妥为抚驭，固不惜包涵调剂，以免激成事端，尤不敢一味姑息，以致酿成巨患。所幸袁甲三居心正直，度量既宏，亦不至过于宽纵，臣得以商同妥办。所有实在情形，不敢不密陈大概。为此附片具陈，伏祈圣鉴，并乞将此片留中。谨奏。

---

① 此后删去"自胜保督办豫省军务，驻师归德，数与苗沛霖信使往来，而此间渐难驾驭"。

咸丰十一年奏稿

泗州等处无庸接济片　　正月十九日(二十八日奉朱批)①

　　再②：皖省被灾各州县，今春青黄不接之时，应否接济一案，臣因各属文报未齐，先将灵璧、太和、寿州等三州县报到无庸接济，并大概情形于上年封印前奏报在案。嗣据藩司张光第详称，泗州被水、被旱，民力虽形拮据，所幸尚有薄收。查看情形，尚可支持，毋庸接济。密州、五河二州县［被］灾穷黎，今春青黄不接之时，由地方劝捐抚恤，亦无庸接济。凤阳县境内被灾、被扰贫民，经袁甲三发给三月口粮，令其修筑炮台、挑挖城壕，以工代赈，民情安帖。今春青黄不接之时，由该县酌量赈恤，似可毋庸接济。怀远县灾伤较重，民情困苦，今春应行接济，经该藩司责成地方官广捐杂粮，量力出资，以备赈济之用，似可毋庸请帑等情，请奏前来。又据英山县详覆，该县秋收有成，无须接济。又霍邱、宿松二县详覆，被灾贫民各由该县就地设法捐放米粥，妥(寿)［筹］抚恤，小民不致失所，均请毋庸接济等情。臣覆查无异，惟其余各属皆因路被匪阻，文报稽迟，又皖南各州县多被匪扰，路更阻滞，亦未据查覆。理合将各属查报情形附片具陈，伏乞圣鉴。谨奏。

---

　　①　奉朱批日期据《随手登记档》补，参见中国第一历史档案馆编：《清代军机处随手登记档》第 95 册，第 115 页。

　　②　此附片据《皖北奏报》整理。

咸丰十一年正月二十八日,奉朱批:"知道了。"

密陈苗沛霖叛逆情形请早为布置片　正月十九日(二十八日奏到)①

再②:正在缮折间,据合肥县北乡青龙厂练总褚开泰禀称,苗沛霖遣人往庐州具禀,伊托伪职,将其禀稿抄出密呈等情。查稿内词语悖逆,不敢传录,谨将该练总所呈原稿密封,恭呈御览。又查,今日所传苗沛霖信稿屡以蔡子英自比,与此稿吻合,自非虚诬。臣检查《明史》,蔡子英事附见《扩廓帖木儿传》。其信稿虚实,难逃圣鉴。此事所关重大,愿皇上密之又密为幸。至颍、寿如此吃紧,非有重兵重饷,督以知兵善战之大员,难支巨寇。臣年过五十,齿发早衰,志虽笃于忠贞,才实短于北御。近日心力交瘁,风痹益深,诚恐贼众兵单,复不能为给饷旬日,兵溃城陷,惟有一死报国,于封疆大事实无所益。伏望皇上俯念皖北偏隅,简任忠任③忠良,早为布置。再:本日苗练过淮筑营,迫胁民圩归服,臣亲往北门五里庙营盘,嘱令严防,仍不出队。其寿州一案,七次催调才宇和,杳不见到。袁甲三亦并未遣员来寿会审。臣与镇道各大员函致苗沛霖,婉曲劝慰,皆置不答。理合据实备陈,伏乞圣鉴训示,速饬拨④以拯危军,无任翘仰之至。谨奏。

---

①　此奏片发出时间,据《随手登记档》补。见中国第一历史档案馆编:《清代军机处随手登记档》第95册,第115—116页。

②　此附片据《皖北奏报》补。

③　"忠任"二字疑为衍文。

④　此处疑漏"饷"字。

咸丰十一年正月二十八日，奉……①

沥陈患病情形折　二月初六日奉朱批②

臣翁同书跪奏，为沥陈微臣患病情形，恭折具奏，仰祈圣鉴事。

窃臣因近事孔棘，兵食罄尽，忧愤成疾。本月二十五日，登城守御，偶触风寒，痰涌昏晕，左体风痹复作。今日稍愈，午刻闻苗练绕至迤东蔡家洼地方，又闻南乡苗练勾串大股渡淮难民，纷纷进城，臣仍扶病登城，亲督防守，回寓益形委顿。伏思臣身赖圣主之保全，臣心亦九重所调鉴，顶踵不敢爱惜，而精力实难支持。所有患病情形，理合恭[折]具奏，仍不敢稍有诿卸，伏乞皇上圣鉴。谨奏。

咸丰十[一]年二月初六日，奉朱批："知道了。"钦此。

苗练筑立围寨勒捐设卡无力查禁片　二月初六日奉朱批

再：准河南巡抚严树森咨开，署光州直隶州知州张席珍曾禀称，苗练派委员候补县丞王则侨、刘良田并新投诚之潘四赴固始县三河尖地方筑立围寨，又在固始东北一带邀集练总汤林以等十三围寨，悉令归从，以后即无须完粮。并查得三河尖先有袁帅厘卡，现已裁撤，

① "奉"字后以小字批注"查随手档，注明未批"八字，不知何人所书。按，《随手登记档》此片确实注明"未批"。参见中国第一历史档案馆编：《清代军机处随手登记档》第95册，第116页。

② 据《皖北奏报》整理。

苗练在彼处立卡,又在固始往流集地方设立厘卡,并闻欲于光属派粮万石等情。此后催科政务,大恐为所掣肘。查种种情事,皆于地方生民大有关碍,咨请查禁前来。臣查苗练在豫境周家口及沈邱县滋事,有庆廉、毛昶熙、黄赞汤咨文可凭。兹在光属收复各圩勒捐设卡,乃其惯技。伏思袁甲三之银米尚被掠去,则此事岂能查禁。但河南系京师屏蔽,可否饬令河南省自固疆圉,免致滋蔓难图? 理合附片具陈,伏乞圣鉴训示。谨奏。

附陈苗练去向片　二月十二日(三月初二日奉朱批)①

再:苗沛霖现由堰口集盘粮至康家桥一带,连营踞守。该处北通菱角嘴,西近正阳关,东北距州城二十余里,连日澍雨泥途,未见动静。风闻该练在六安河内掠船,以此正阳一日数惊,比寿州情形更为吃紧。理合附片具陈,伏乞圣鉴。谨奏。

咸丰十一年三月初二日,奉朱批:"知道了。"钦此。

贾臻应驻颍州片　二月十二日(三月初二日奉朱批)

再:孙葵心住居亳州之楚店集,倘该逆尚存,必归老巢,即令已死,而其党亦皆在颍、亳之间。现在贾臻奉旨办理招抚,必应驻颍州府城,庶信息易通。若远赴泗州、临淮,中隔贼氛,绕道往返动须逾月,实有鞭长莫及之虞。至泗州粮台,似可派员经理,统归藩司考核。为此附片具陈,是否有当,伏乞圣鉴训示。谨奏。

---

① 以下三件奏片,均为二月十二日发出,三月初二日奉朱批。参见中国第一历史档案馆编:《清代军机处随手登记档》第95册,第275页。

寿州被围情形片　二月十二日(三月初二日奉朱批)

再:寿州虽有被围情形,而城中鸡犬不惊,由正阳关至颍州,路尚可通,公文折报照常接递。嗣后倘有廷寄谕旨,仍可径经递寿州。此时由寿州之临淮,亦仅有一线间道。闻怀远苗练屡次欲逐官,恐此后未免阻隔,转多迟误。若正阳有梗,则公文折报又不得不由临淮绕递。军形旦夕变迁,殊难豫料。理合附片陈明,伏乞圣鉴。谨奏。

请派员接署安徽巡抚印务折　二月二十四日①

奏为微臣患病日重,骤难痊愈,吁恳天恩,派员接署安徽巡抚印务,以资调治,仰祈圣鉴事。

窃臣在军营八年,积受风湿,左体偏痹。上年医治,十愈六七。讵意入冬以后,旧证复发,又因绅练构衅,兵饷两绌,忧愤成疾,肝火上炎,头风昏晕。本年正月间,奉旨回京候简。本应即日起程,适颍、寿防务吃紧,李续宜尚未到任,力疾守城,已阅月余,昼则出城布置,夜则登陴周巡,忽为水风所侵,遍体浮肿,精神恍惚,气阻胸胀。本月二十三日,陡觉沉重,难以理事。据医家云,心血耗竭,元气大亏,非习静调养,断难望其速痊。伏念臣受恩深重,当此时事孔棘,何敢因闻命召还,遽存推诿,但思军旅封疆,责任綦重,在平时已切偾辕之惧,况临去敢怀恋栈之心,倘不据实陈明,深恐贻误戎机,更滋罪戾。查颍、寿军务有总兵庆瑞、尹善廷等,皆久历戎行,晓畅军事,更得袁甲三悉心指授,必能措置咸宜。李续宜久无信息,刻下为贼氛所隔,道路不通,恐南路军情紧急,一时未必能来。所有安徽巡抚印务,可

①　据《奏稿》整理。该册封面题:"奏稿辛字第九号:咸丰十一年二月二十四日亥刻,在寿州由六百里拜发,三月十七日由临淮递到批回,并内阁奉上谕一道。"

否于贾臻、张光第两员中钦派一员署理,或命漕臣袁甲三兼署,俾臣得交卸调理? 如获稍痊,即当起程回京,趋叩宫门,求赏差使,再竭犬马之力,万不敢借病偷安,自甘废弃。所有微臣患病日重,骤难痊愈,吁恳天恩,派员接署印务,以便交卸缘由,理合由驿六百里具奏,伏乞皇上圣鉴训示。谨奏。

奉朱批:"另有旨。"

苗练围攻寿州现已击溃折　三月十二日奉朱批①

臣翁同书跪奏,为苗练寻仇滋事,围攻寿城数月,万分危急,经臣出奇运策,力攻两河口,严扼正阳,断其归路,该练大股数万业已溃退,情形稍松,恭折由六百里驰奏,仰祈圣鉴事。

窃川北道苗沛霖寻仇滋事,率众围城,攻陷双沟集两营,川勇阵亡百余名,食尽援绝,城陷在即。臣深欲其息事罢兵,令素与相熟之参将吴峻基前往开导,手书谆谕,不下千余言。伊营手下之人致吴峻基书,称众人见臣亟谕,无不感动,即苗沛霖亦读之泣下,愿寻得所杀七人尸骸,并求厚赒死者家属,即可撤队,听官办案。臣因其言尚近情理,再加函谕,悉允所请,勉以大义,为表明②。讵意次日即陟游移,两日后,益形坚执,必欲攻破寿州,非口舌笔札所能动,直觉理谕势禁,两者俱穷,不得不背城一战。前得大概情形,具奏之时,臣正在督饬水师先攻两河口,通我要津,断其归路。旋据文武各员报称,初二日,该练由下蔡分股会合两河口、五里庙营数千人,直扑北门,经勇练拦头截击,冲过五里庙,直抵两河口,鏖战至暮,伤亡甚多,练勇阵

---

① 据《皖北奏报》整理。
② "为"前疑漏"允"字。

亡者十余人，受伤者不少。正在危急之际，适徐立壮闻信带队疾驰而
至，将两河口苗营两座焚毁。黄鸣铎派水师炮船乘胜夹击，兵威大
振。城上观者人堵，欢呼动地。是夜，复攻（炮）［破］李家台苗营一
座，即派水陆兵勇扎定两河口等情。初三日，臣亲督兵勇、团练围攻
五里庙营二座，自辰至申，蚁附肉薄。该练开大炮死拒，我军阵亡多
名，受炮石伤者百余名。至曛黑，始行收队。苗沛霖闻西河口有失，
颇形窘惧，仍日夜移营近逼，欲夺东津渡，又思扎筏渡淝。臣急增兵
扼守，伊又密调洛河团练三千人来围东门，臣又用计沮之。苗沛霖以
归路梗阻，分兵扑正阳关，经总兵扎隆武、付将程友胜等屡次击退。
初七日黎明，忽报苗沛霖之队已由菱角嘴直逼两河口，意欲抢渡，而
城北五里庙两营苗练亦同时出队。臣在北门城上，亲督付都统萨萨
布、署寿春镇总兵黄鸣铎、寿州知州任春和、尽先参将吉学盛等分带
兵练，一面严守两河口，遏其归路，一面将五里庙苗练击回，乘势围
攻。旋据探报，城南苗练万余人同时出营，来扑南关。臣即赴南门
外，与总兵庆瑞、尹善廷带兵练三千余名，依冈布阵以待。该练数次
攻扑，均经我军击退。臣见彼阵已动，令参将朱淮森带敢死之士抄出
其左，尹善廷暗袭其右，庆瑞亲督大队，直冲其中坚，臣亲督后队接
应，又令营总高福、吴章阿等带领马队，往来驰骤，设伏诱战。苗练纷
纷溃退，我军并力进攻，踏彼营盘十余座，小营数十座，一律平毁焚
烧。该练且战且走，退至十余里外，与南路各营并力拒守。天色已
暮，我军陆续撤回。时北门外兵练亦已收队。是夜，南路苗练仅留五
营，约五千余人，其余练众数万，悉行撤退，仓惶西遁，分为二股，一股
由方家集抢船渡淮，回顾下蔡及其老寨，一股密约下蔡炮船，由两河
口涉浅而渡，约（艮）［有］二万余人，围徐练营盘，势甚危急。臣于初
八日亲督马步水陆各军暨城厢团练共万余人，麾军直进，先据八公
山，出各口抄截，而该练人数过多，犹泅水相继不绝，状如凫鹜，经我
军炮船击毙多名，其堕岸逆水而死者不可胜计，其渡水者数千，为九
营以困徐练。尹善廷督攻五里庙营盘，该练死守不退，炮石如雨，川

勇伤亡多名。日暮撤队。是夜，徐练退回，在两河口地方仍为苗练所据。初九日，仍督攻五里庙营，并运大炮轰打，直至初十日黎明，该练始遁回下蔡。臣以北关已松，南路未靖，即日亲督总兵庆瑞、尹善廷暨黄鸣铎等，带领兵勇、练丁，进至九里沟，毁其一营，其余四营倚重濠为固，惟用枪炮抵拒，坚守不出。刻下南路虽未退尽，柴米已能由瓦埠进城，惟是臣力疾守城两月有余，实觉形神俱惫，难以支持，而九里沟尚存苗练四营，正距水汊津要之地，正阳饷路未通，军情仍复岌岌。除赶紧近逼，以期肃清外，所有击退苗练，军情稍松缘由，理合恭折驰奏，伏乞皇上圣鉴。谨奏。

徐立壮赴援情形片　三月二十二日奉朱批①

再：外间盛传捻逆孙葵心、龚得均伏冥诛，不知果否。此次徐立壮赴援，颇有捻匪投诚，随同打仗，纷纷剃发。据称，因见袁甲三告示，感激皇仁许开一面之网，是以情愿随官军助剿。臣以此辈狼子野心，诚伪难知，一面抚以恩信，一面密为防范，并饬投诚之后，一律剃发，以期其革面洗心，永杜后患。理合附片直陈，伏乞圣鉴。谨奏。

咸丰十一年三月二十二日，奉朱批："知道了。"钦此。

拟将巡抚关防交贾臻接署片　三月二十六日（四月初六日奉朱批）②

再：臣于奉旨回京之后，扶病守城已逾两月。前曾沥陈患病情

---

① 据《皖北奏报》整理。
② 据《皖北奏报》整理。本奏片三月二十六日发出，四月初六日奉朱批。下件同。参见中国第一历史档案馆编：《清代军机处随手登记档》第95册，第449页。

形,仰蒙圣恩,赏假一月,感激难名。惟是困守危城,虽在病假之中,仍须照常办事。兹幸重围已解,而臣之病势有增无减,兼以连旬督战,心力交瘁,不特头风臂痹,旧疾日增,兼之胃脘作痛,心神恍惚,每至夜间,益觉沉重,转瞬假满,万难支持。若再以病躯恋栈,诚恐贻误地方,负罪尤重。准袁甲三咨称,以臣抱病已久,势难速痊,奏请以藩司贾臻署理巡抚事务。兹闻贾臻已行抵颍州,相距较近,如臣病日剧,渐至不能理事,拟将巡抚关防送交该藩司先行接署,期无旷误。理合附片具陈,伏乞圣鉴。谨奏。

咸丰十一年四月初六日,奉朱批:“知道了。”钦此。

续陈围攻苗营获胜片　三月二十六日(四月初六日奉朱批)

再:二十五日黎明出队围攻九里沟苗营,庆瑞、尹善廷、黄鸣铎、庆福等督战甚力,血战竟日,连扑营濠,几克坚巢。臣亲赴前敌,调度至暮,始行收队。所有攻剿获胜情形,容俟查明续陈,伏乞圣鉴。谨奏。

咸丰十一年四月初六日,奉朱批:“知道了。”钦此。

恭报交卸抚篆日期折　四月十五日奉朱批[①]

臣翁同书跪奏,为恭报微臣交卸抚篆日期,缮折具奏,仰祈圣

---

① 据《皖北奏报》整理。

鉴事。

窃臣于三月二十八日准袁甲三咨称,承军机大臣字寄咸丰十一年三月十三日奉上谕:"翁同书久病未痊,李续宜到任需时,安徽巡抚著贾臻署理。"钦此。臣遵于四月初三日,派委安庆协付将庆福、庐州府通判汪厚焘恭赍钦颁咸字第二十号安徽巡抚关防一颗暨王命旗牌、书籍等项,前往颍州府交署抚臣贾臻接印任事,其芜湖关监督关防,现存藩库。所有交卸日期,理合恭折具报。再:皖省军务旁午,一切例应题报事件,俱已改题为奏。合并陈明,伏乞皇上圣鉴。谨奏。

咸丰十一年四月十五日,奉朱批:"知道了。"钦此。

谨陈苗练围城情形折　　四月十五日奉朱批①

臣安徽巡抚翁同书跪奏,为谨陈苗练围城情形,恭折由六百里具奏,仰祈圣鉴事。

臣前于三月二十六日,将饥军用命力战获胜情形驰报在案。讵意二十八日,苗沛霖添马步大队数千人过淮,由菱角嘴并入九里沟,增扎七营,黄旗遍野,将前敌营盘隔断。臣军出队,连日遇雨,不能得手,迭次打仗,阵亡兵勇十余人,受伤者数十名。现在颍州府、阜阳、颍上、霍邱、怀远及三河尖等处皆为苗练胁从,声言勾通张落刑,攻取寿州。臣已飞咨署抚臣贾臻设法应援,妥筹兼顾,以保孤城。至寿州兵勇,现有总兵庆瑞、尹善廷、署寿春镇总兵黄鸣铎、付都统萨萨布统带驻扎,皆久在戎行,晓畅军务,倘有饷需接济,必能激励军心,踊跃用命。又查署抚臣贾臻才识优裕,熟悉情形,自能开导愚蒙,俾知顺逆,或可维持危局,渐有转机。理合缮折

---

① 据《皖北奏报》整理。

具陈,伏乞皇上圣鉴。谨奏。

附陈感愤下忱片　四月十五日奉朱批

再:苗练滋事寻仇,臣手谕和解,不惮烦言,无如置若罔闻,兵连祸结,并非臣不欲降心相从也。官兵从未过淮一步,彼以大队来攻,若不拒之,势将阖城齑粉,又非好与为敌也。袁甲三专派张学醇、才宇和审办孙家泰一案,原以其与苗沛霖素尚相得,冀可挽回,迭次札催,从未来城讯办,又因徐立壮亦多妄为,致滋借口,不知围城中食尽援绝,救死不暇,岂能兼顾他处。总之在重围之外者,不知守城之苦,转生偏袒之疑。臣数月以来,困守危城,心血用尽,犹负无稽之谤议,实觉自伤,幸蒙圣主垂怜,知臣苦志,矢炼骨于风霜,感全生于天地。所有感愤下忱,理合附片具陈,伏乞圣鉴。谨奏。

咸丰十一年四月十五日,奉朱批:"知道了。"钦此。

徐立壮北渡苗营环攻寿州片　四月十五日奉朱批

再:徐立壮已往淮北,所有投诚之众,一律渡淮。寿州城中尚为安堵,惟苗营环攻,已抵城下,情形万分吃紧。臣饬令各门严加防守,如徐练来援,务令扎营城外。理合附陈,伏乞圣鉴。谨奏。

咸丰十一年四月十五日,奉朱批:"知道了。"钦此。

徐立壮勾捻图据寿州现已伏诛折　四月二十四日(五月初六日奉朱批)

[臣翁同书跪]奏①,为大股捻匪图据寿州,危殆万分,经臣亲督镇将登陴守御,捻匪遁走,即将勾捻窥伺之徐立壮围捕伏诛,谨将先清内患情形恭折由六百里驰陈,仰祈圣鉴事。

窃臣前于本月初三日将防剿情形及交卸抚篆日期缮折驰陈在案。初五、六日,苗练增营共计二十余座,围困我军前敌,隔绝粮道。初八日,各营撤回城下,以顾根本。次日,苗营列队万余人,由九里沟布阵至东津渡。是夜,忽有兵马万余,声言徐立壮来援,直逼城根。臣以黑暗之中恐有诈伪,传令撤桥严备,惟将徐立壮缒城而上。初十日黎明,臣扶病登城,见旗帜如林,骡马如蚁,悉系长发捻匪,风闻由山东折回,知其意存叵测。经署寿春镇总兵黄鸣铎侦探,贼情实欲图占寿州,因复申严号令,闭门断渡,城内居民皆授兵登陴。该匪泗水争渡者百余人,意欲夺门,皆经堵回,臣与总兵庆瑞、尹善廷、黄鸣铎、副都统萨萨布、护臬司蒋锡绶、寿州知州任春和等皆昼夜在城上防守。该匪在城下数日,并未与苗营交仗,苗练亦不出队。② 其时寿城之危,如一发系千钧。十三日,该匪密谋纠约内应,同时扑城。臣令兵民布满城堞,通宵警卫。贼露处五日,知城中有备,计不能遂,颇有归志,仍欲攻占营盘。臣设法断其粮食,又诱执其队目数人,勒令撤退后始许释放。直至十五日,捻众始全行退去。臣念寿州外侮内患循生迭至,非先清内患,无以御外侮。徐立壮性本贪愚,种种妄为,已

---

　　①　据《奏稿》整理,方括号内文字根据《皖北奏报》补充。该册封面题:"奏稿辛字第十四号:咸丰十一年四月二十四日申刻,在寿州由六百里拜发,五月廿三日由临淮递到批回,并军机处知会二纸。"
　　②　此处删去"闻该捻首葛小牛为徐立壮牵率以来,而苗营阴与通谋,坐观其变"。

属可恶,此次勾串捻逆,图占寿城,若非臣等陈兵死守,并经黄鸣铎识破机关,运筹操纵,则寿城必为所陷,不特大小文武将吏肝脑涂地,并令阖城士民玉石俱焚,罪不容诛,孽无可逭,未便以苗练未退稍稽显戮,而徐立壮手下死党尚有数百人混入城中,急切未能下手。适苗练又在东津渡东西扎营十余座,臣与诸镇将密定计议,以拒苗为名,调兵进南门、出东门,进城后即在街巷驻扎,一面派委①寿州知州任春和、候补知县姚德宾将擅杀启衅之孙家泰锁拿监禁,一面驱逐徐立壮出城扎营。乃孙家泰已畏罪就狱,而徐立壮竟抗令不遵,开谕百端,置若罔闻,显有聚众抗拒情形。臣勒兵三日夜,不能撤队。二十日,臣传集文武各官,定计围剿。先行出示,晓谕除患之意,令居民安堵无恐,严饬将弁兵勇不得妄取民间一丝一粟,违者立斩以徇,又令城头兵练不得下城一步,其各巷口悉令团练屯守。二十一日黎明,庆瑞、尹善廷、黄鸣铎等各带兵勇,先围徐立壮粮台,内有伊子侄及死士二百余人,开放枪炮死拒,经庆瑞等分路围扑,施放喷筒、火箭,将房屋烧燃,火陷蔽空,徐练犹敢突烟鏖斗。都司李春身受矛伤,仍裹创力战,将其粮台练众尽数歼戮无遗。旋即调攻徐立壮所居之浙绍会馆,其中练丁既多,兼以巷口窄狭,墙宇坚峻,徐立壮闻围伊粮台,即出队先据巷口,复于会馆四周墙上遍挖炮眼,以拒官兵。庆瑞由北路进攻,尹善廷由南路进攻,黄鸣铎由东路进攻,皆据隘树栅,登屋指麾。徐立壮率众拒战,枪炮、瓦石飞坠如雨,我军伤亡相继,士气弥厉,先夺街口,复以火箭焚其四围草房,悉将其众逼入瓦房大院,互以枪炮攻击。相持至暮,适大雨如注,只得按兵停攻,惟彻夜派队逻守。是日,苗营四出刈麦,城上兵练守御如故,并无一人离伍下城。阖城居民见官军为地方除恶,老幼欢呼,壶箪塞路。二十二日清晨,雨仍未止,参将朱淮森等夺其要害处所,徐立壮见官兵四面屯驻,运炮轰打,料无走路,具禀乞命。臣谕令自缚出见,并解散其党,许以投出免

---

①　此处删去"护臬司蒋锡绶"六字。

死。二十三日,陆续出巢,相率匍匐请罪。臣数徐立壮害民、劫粮、勾贼三大罪,以军法诛之,并诛主谋之徐立言及队目数人,赦其胁从之众,余党一切不问,以安反侧,观者同声称快。复经出示安抚,人心大定。此捻匪计穷遁走及捕斩勾捻首恶之情形也。伏思寿春为古来重镇,锁钥淮泗,上年秋间,粤匪二十余万来攻,臣力战却之,市肆不惊,城门不阖,乃自苗练以寻仇之故而来围,徐练复假赴援之名而召捻,纷纭变幻,几令人无从措手。及捻众大股来袭,于时势为最危,臣身任守土,不敢以抚篆已卸,稍存退诿,力疾守城,誓励靴刀之志;兵勇缺饷五月,慷慨同仇,卒能窥破逆情,翦除巨憝,此皆仰赖圣主德威,将士用命,实非微臣之所及。料此时内患既清,可以专心守城。苗沛霖闻臣此举,亦可折服其心,免使借口,或能翻然悔悟,早自撤退,以纾寿城之祸,亦未可知。但得州境稍安,臣即当起程北上,其孙家泰既经监禁,业已飞咨袁甲三、贾臻派员讯办,理合由驿驰陈。再,抚篆已经交卸,此次具折,借用寿春镇总兵关防,合并声明。伏乞皇上圣鉴训示。谨奏。

[五月初六日]奉朱批:"另有旨。"

密保庆瑞片　四月二十四日

再:此次肃清内患,臣与右江镇总兵庆瑞首定密谋。该镇有胆有智,深赖其力。合并附片密陈,伏祈圣鉴。谨奏。

此片留中。

苗练就抚寿州解围折　五月二十八日(六月初七日奉朱批)①

臣翁同书跪奏,为苗练就抚撤退,寿州解围,恭折由六百里驰陈,仰祈圣鉴事。

窃臣前于四月二十四日将肃清内患缘由缮折具奏在案。维时内患既除,城内居民途歌巷抃,而城下重围如故。臣督率文武,登陴防守,未敢稍疏。连旬出队接仗,得有战事。嗣后,苗沛霖邀游击邹学镛、参将谭玉龙驻马会话,往复辩论,渐有转机。臣因令该员等传语,乘势开导,始令更换旗帜,复令遣去党援,而该练数万,仍未肯立时撤退。城中被围数月,薪米久缺,斗米至值二千钱,寝至无从购买。官兵以秫豆作稀(摩)[糜],或以野菜充饥,忍死相从,意气弥厉。本城士民亦随同昼夜巡防,毫无贰志。军兴以来,兵食之艰,守城之苦,盖无有过于此者。迨十六日,邹学镛等会议,甫就范围,适署藩司张学醇单舸来寿,复向苗沛霖再三劝谕,晓以大义,臣允为据情转奏。苗沛霖无可置喙,于二十三、四等日陆续将附城各营撤退,寿州之围遂解。伏查淮南北目下情形久为圣明所洞悉,此次绅练寻仇构衅,兵连祸结,加以捻匪之觊觎、粤逆之狡狯,四面受敌,文报不通,较诸上年四眼狗陈玉成率众二十余万来攻,其守御之难,不啻百倍。有兵而兵不敷战,有饷而饷不能来,食尽援绝,惟仗民信,以保此弹丸之地。半年以来,昼夜防剿,寝食不安,今日重围获解,孤城无恙,此皆仰托皇上洪福,亦赖文武将吏勠力同心,以有此效,非臣之愚所及料也。臣观苗沛霖之为人,智计有余,见事透彻,其部曲中亦有明于大义者。倘蒙温旨抚循,尚可支持大局。至善后事宜,因时变通,存乎其人。

---

① 据《皖北奏报》整理。发折日期据《随手登记档》补充,参见中国第一历史档案馆编:《清代军机处随手登记档》第 96 册,第 34 页。

此中操纵经权,为未可以逆睹。葑菲之愚,未知有无可采,恭候圣裁。
再:臣因守城劳困,积受暑湿,现尚卧病。合并声明。所有苗练就抚
撤退,寿州解围情形,理合恭折具陈,伏乞皇上圣鉴训示。谨奏。

　　　　咸丰十一年六月初七日,奉朱批:"知道了。"钦此。

苗练撤营情形片　　五月二十八日(六月初七日奉朱批)

　　再:寿城虽已解围,然止将附城东南两面之营尽行撤退,其九里
沟及东津渡迤东各营,仍未见撤。闻南路亦尚屯扎大队,据①俟天
晴,陆续撤回,未知果否。合并陈明,伏乞圣鉴。谨奏。

　　　　咸丰十一年六月初七日,奉朱批:"知道了。"钦此。

苗练抚局中变寿州危迫情形折　　八月初三日②

　　奏③为苗练围城愈急,抚局中变,官兵与团练不睦,三镇同时突
围南去,城破在即,谨将万分危迫情形恭折由六百里驰奏,仰祈圣
鉴事。
　　窃臣前陈苗练就抚解围一折,彼时仅撤附城数营,并未远撤,业
于夹片声明。发折之后,仍未见撤。据张学醇云,苗沛霖之意,必欲
守候奉到朱批,若有温旨必当钦遵等情。张学醇旋与苗沛霖同回下

蔡，严札寿州提解孙家泰，适孙家泰在狱瘐死。数日后，张学醇复与袁甲三派来之副都统博崇武同至寿城。其时臣因抱病危笃，拟即北上就医，在城外孤营养息，博崇武、张学醇来见，嘱臣静养数日，俟苗练退后方可起程。旋经袁甲三钞咨六月初七日谕旨一道，意谓苗沛霖定即撤队，而博崇武、张学醇传述苗沛霖之意，谓孙家泰虽死，尚有同谋擅杀之练总从九品蒙时中，应行拿讯。城中居民闻之汹汹，幸地方官百端劝谕，蒙时中挺身赴营，经张学醇带赴下蔡，博崇武率寿春十余人前往议和。数日后，博崇武仍复来城，奉袁甲三札委署理寿春镇总兵，接印任事，张学醇留任下蔡。时臣病稍愈，见地方人心不靖，仍复进城，讵意城中之人谓苗沛霖别有要求，讹言四起，不服博崇武指示，妄谓其偏向苗营，即堵闭南门，必欲背城借一。嗣后日有战事，互有伤亡，而四围水陆阻我粮道，城中食尽，愈形怨愤，即招募壮勇，连扎六七营，直接迤南之周家圩。该圩民约附近六七圩同时投诚，数日之中，进杂粮二百余石，臣等得以煮粥度日。不意苗沛霖亲身过淮，又将周家圩围攻，致粮路复断。博崇武见人心不附，意不自安，先已出城住寿春营盘，旋又搬往陕甘营盘，与总兵庆瑞、尹善廷一同居住。城中之人因见游击邹学镛、谭玉龙说和不成，积有嫌隙，又见三总兵同住附城营盘，妄生猜疑，并称私送铅药换给米粮，种种谣言无所不至，又见派驻东津渡要地扎营之副将衔参将吴峻基早经私带川勇遁赴颍州，遂谓客兵皆已通谋。突于七月二十四日，有团练多人拥进南关外营中滋闹，经官兵逐出，彼此受伤十余人。伏查寿州自正月被围以来，迄今七个月。自蒙皇上拨给寿营之各省饷银，因路梗未见解到。近日地方脂膏已尽，久断接济，况城中本已无粮，刻下主客纷争，兵勇更无从买食。臣久经卸事，呼应不灵，抱病在床，呻吟困顿，犹复不忍坐视，传齐寿州、凤台县暨在城武职，令其解释猜疑，勉筹帮赈。忽于二十八日四更时，接庆瑞禀称，兵勇饥溃，只得带溃余之兵前赴南路驻扎，以期纠合外援，图解城围。又据尹善廷禀称，伊早经贾臻调赴颍州，以寿州危急，且臣尚未能离寿，是以逼留，今见主客不和，只得告辞。署寿春镇总兵博崇武亦同时前往。臣念兵勇之饥溃与团练之强横，原系实情，第当此危急存亡之秋，自以婴城固守为是。寿州兵勇本有六千余人，今皆调赴颍州，只存一千七百名，又复相引而去，何以自存？半年以来，粮台扫地，致护臬司安庆府知府蒋锡绶愁急身故，自臣以下文武将吏、兵勇皆无以糊口。此种饥困情形，不特军兴以来未有此变，即史策所载亦未之见。寿州民情强悍，其愤激生事，固不能免，然为国家坚守危城，已逾二百日之久，有易子析骸之惨，无蚍蜉蚁子之援。窃思寿州之地原为皇舆之重镇，寿州之人孰非圣主之子民，今以无援之故而议抚，及议抚不成而仍莫之援。恐此城一失，所系非鲜。所有前奉谕旨奖叙劝谕出力各员弁，应请敕部撤销，以服民心。为此缕晰具奏，伏祈皇上圣鉴训示施行。再，臣此次发折，借用寿州知州印，合并声明，谨奏。

恭慰皇上孝思折　十月初四日（十月十六日奉朱批）①

奏为恭慰皇上孝思，仰祈圣鉴事。

窃臣于寿州重围中，接袁甲三密函，惊闻大行皇帝升遐之变，凡有血气，无不哀恸失声。痛思大行皇帝临御十有一年，值四海多事，宵旰焦劳，常如一日。赖圣虑周详，明烛万里，是以军务旁午，皆得有所禀承。乃兵革未休，宫车晏驾，斯盖普天率土之臣民，悲号擗踊，罔知所措者也。臣于道光二十八年蒙宣宗成皇帝简授贵州学政，在黔五载，任满回京。咸丰三年二月，于成都途次奉旨，驰赴扬州军营。六年春间，帮办军务，叠蒙赏戴孔雀翎，并穿黄马褂，以侍郎候补，寻

_____

① 此折在零散奏稿册内。前题"十月初四日亥刻，由驿附发"。奉朱批日期据《随手登记档》补充，并调整到适当位置。参见中国第一历史档案馆编：《清代军机处随手登记档》第96册，第532—533页。

奉恩命巡抚安徽，仍襄军事。本年正月，得旨召还。窃念臣从事戎行①将及十年，幸得瞻仰天颜，庶倾葵藿之悃忱，面陈江、淮之形势，不意卸事已逾半载，抱痛滞留，恋阙有心，远朝无路。一旦龙驭上宾，攀髯莫及，受恩如邱用之重，曾未瞻云日之光，举目荆榛，怆怀弓剑，是臣于诸臣之中尤为不幸，其为悲痛，几不欲生。皇上冲龄践阼，四海归心，上禀皇太后慈训，下收群策群力翊赞之益，镇定危疑，削平祸乱，此诚忠臣义士立功报国之秋，伏望圣躬稍节哀思，为天下自重。臣间关险阻，已置死生于度外，如得生还阙庭，誓竭顶踵，以酬大行皇帝之厚遇。无任哀痛诚恳之至，②伏乞皇上圣鉴。谨奏。

苗沛霖求表心迹请明降谕旨折　十月初四日(十六日奉朱批)③

奏④为寿城团练始终跋扈，力阻抚局，迄无成效，民人饿死大半，众怨沸腾，内讧溃散，苗练乘间进城报复，并未杀害平民，求为具奏，以表心迹，恭折由六百里缕陈，仰祈圣鉴事。

窃查孙家泰擅杀苗练七命一案启衅之后，孙家泰纠徐立壮以为援，徐立壮又勾捻匪以为援，经臣将徐立壮剿捕伏诛，并杀其党数百人，内患既除，适张学醇、博崇武先后到寿，设法和解，业经臣将苗练就抚，仍愿为国出力等情奏准。嗣后孙家泰监毙，蒙时中到案，即将撤队解围，讵意有在籍游击朱景山会同副将黄鸣铎、游击吉学盛沮挠和议，捐资募勇，必欲背城借一，无知之人皆附和之，决意主战，凡从

---

① 此处删去"枕戈待旦者"五字。
② 此处删去"谨缮折驰慰"五字。
③ 此折及附片在零散奏稿册内。奉朱批日期据《随手登记档》补充，并调整到适当位置。参见中国第一历史档案馆编：《清代军机处随手登记档》第96册，第532—533页。
④ "奏"字前批有"十月初四日亥刻拜发，一折二片"字样。

前议和者,皆视为仇雠,首与三镇为难,致官兵无立足之地,臣曾于八月初三日将城围未解、兵练不和等情由间道驰陈在案。博崇武、庆瑞、尹善廷突围南去,彼此隔绝,声息不通。旋得袁甲三来函,始知该三镇扎营二十里外之双桥集。朱景山勒捐肥己,所募之勇并不足数,虐使练丁,生杀自由,曾于查城之际,以访拿奸细为名,擅杀寿春镇标外委花翎尽先守备张永胜、吉林六品蓝翎委笔帖式披甲明成,此外专杀之事不知凡几,以臣久经卸事,手下无兵,不遵号令,种种可恨。城中乏食,米粮菜蔬俱尽,斗米值钱一百余千,犹不可得,至啖药料、牛皮、榆屑、蒿根以充饥,军民无不绝食,城中饿死大半。其逃出城者,闻苗练尽皆收养,并无伤害,在城者仅余老弱。朱景山闭城撤桥,迫令固守,渐生怨望。苗练虽未攻打,其势自不能支。九月十四日夜间,忽接袁甲三来函,谓援军已抵怀远,数日内必到城下,人心借以稍振,无如居民绝粒两月,死者十之六七,不敷守御。二十四、五等日,狂风大雨,饥民在城垛僵立一昼夜,纷纷倒地气绝,众练勇因朱景山渔利滥刑,久怀忿忿,兼以饥疲垂毙,怨声流布,谓将倒戈相向,攻杀黄鸣铎、朱景山两家。二十六日二更时,西南城上人声嘈杂,黄鸣铎、朱景山恐祸将及,急开北门逃遁,团练悉溃,州县官鸣锣集众,竟无应者。苗练乘间进城,①未将无辜良民杀害,所杀无非仇人及勾捻之人。次日清晨,苗沛霖亲至东门,见抢掠者,斩数人乃定。苗沛霖遍告绅民,谓伊受恩图报,并无二心,其挟忿报复,乃出自众练之意,止为寻仇而来,并非为攻城起见,亦无占据城池之意。二十八日,苗沛霖来谒,驯谨如常,乞为代奏,以表心迹,并据寿州知州任春和、署凤台县知县张献廷禀称,据文生傅汝霖、梁成钧等四十余名公呈,称苗练寻仇一案,生等俱愿议和,惟黄鸣铎、朱景山、吉学盛等志在与之为仇,屡欲勾捻救援,兹于九月二十六夜间,黄鸣铎、朱景山开城逃走,苗练即进城复仇,其余民人无一杀害。苗之练众,即经苗道传令,于

---

① 此处删去"所杀无非仇人"六字。

次夕尽出城外等语。本月初一日，苗沛霖传集众练，在城外会话，告以先皇帝龙驭上宾，各练丁皆北望叩头，哀泣不止。臣伏思苗沛霖随剿立功，素以忠义自许，臣所夙知。惟自寿城难作以来，臣虽才短识迂，未尝不力图排解，欲为一城生灵挽回劫数，无如议和甫有头绪，而城中团练横生异议，叠起波澜，致官长不能持权，抚局又复中变。臣自维所言难以取信，实无颜再行渎陈。惟观此次苗练进城，于寻仇之外并未杀害平民，是其意原在雪仇恨以快其志，又思寿城一案，本因擅杀启衅，黄鸣铎、朱景山、吉学盛于和解甫有成说，又复听信谣言，持之过急，且作事苛横，每失其平，亦不得专归其咎于苗练。至朱景山、吉学盛等擅攻官兵营盘，并在城上开放大炮，致三镇不得不突围南徙，尤为恃众凌官之显恶，并有勾捻图财、擅杀激变等情，众口同讥。苗练谓勾捻者非匪徒而何，攻官者非悖逆而何？因此愈增不服。今苗练之仇已雪，苗沛霖之心可明，其回头正在此日。既据苗沛霖求为具奏，以表心迹，臣虽久经卸事，身在城中，安敢壅于上闻？窃谓当此用人之际，首在厚兵力而惜将才，与其使数十万众化而为贼，孰若收数十万众转而击贼？倘蒙恩旨矜全，祈即明降上谕，由六百里发交袁甲三转行，即可期其罢兵助剿，其练众亦可一律剃发，于大局尚可补救。理合据情上吁，恭候圣裁。臣自四月初交卸以来，屡欲起程，出城复返，风痹肝气，百病交侵，仅存一息。目睹城中团练始终跋扈，以致决裂至此，言之痛心，病益增剧。此次发折，仍借用寿州印，合并声明。伏乞皇上圣鉴训示。谨奏。

博崇武维持危局其心可谅片　十月初四日（十月十六日奉朱批）

再：博崇武性情耿直，袁甲三书来，亦谓其为正人。查博崇武与苗沛霖共事有年，深知苗沛霖心迹之无他，与该练剿贼之得力，故于此事极力和解，自本年正月以来，往返奔驰，费尽心力。六月间，拿获蒙时中之后,和解业有成说,皆博崇武从中为力,意欲保护民生,销除祸患,使寿州之人稍肯平心静气,听其调解,亦不至兵连祸结至于此极。此臣持平之论,并非于目前形势有所曲徇也。此次驰骑入城,不避嫌疑,力顾大局,尤属可嘉。至七月间,三镇突围南去,实由城练之凌逼,臣当时即知其曲在州人,不在三镇。该镇等扎营南路,终为维持危局,期于有可挽回,其心可谅。合并附片陈明,伏乞圣鉴。谨奏。

胜保委员方模勋胆识俱优片　十月初四日(十月十六日奉朱批)

再:蓝翎候选州同方模勋曾在臬司王庭兰营中带勇,现经胜保派来侦探,由颍州到双桥集,穿越重围,进寿州城探听消息,几为寿城团练所杀。臣严饬知州任春和保护,得以无恙。此次苗练进城时,随同博崇武调处一切,深于地方有益。臣观其人胆识俱优,心地亦颇醇正,因令暂留寿州。如抚议可成,该员当能得力。合并附片陈明,伏乞圣鉴。谨奏。

苗练接奉恩旨剃发助剿折①

奏为苗沛霖接奉恩旨后,感激涕零,随令怀远、寿州、正阳等处练众一律剃发助剿,以图报效,恭折由六百里驰陈,仰祈圣鉴事。

窃臣前为苗沛霖具折,辩明心迹。臣随于十月初九日移营双桥集,二十九日准袁[甲三]行知咸丰十一年十月十七日内阁奉上谕:"苗沛霖以一练总,蒙皇考大行皇帝再造深恩,破格录用,擢至道员。该革员本忠义自将,亦有材勇,曾于凤阳等处剿贼立功,乃因与徐立壮等寻仇肆扰,辄敢拥众围攻寿州,据各该地方大吏奏闻跋扈情形。

---

①　此折在零散奏稿册内,无日期。

朕不得已，将其革去四川川北道并布政使衔，拔去花翎，饬该统兵大臣等迅速惩办。兹据袁[甲三]、翁[同书]历次奏闻，苗沛霖自入寿城，并无滋扰、杀害平民之事，进谒地方大吏，自称受恩图报，不敢二心，其挟忿寻仇，乃出众练之意，只求辩明心迹，入城练众亦即奉令出城，敛兵待罪。又有寿州生员傅汝霖等数十人公呈具保，该革员并非叛逆等语，情词至为恳切。朝廷赏功罚罪，一秉至公，本无成见。苗沛霖如果真心悔过，情愿带兵剿贼，着即赶紧立功自赎，朕必仍当重加赏擢，予以自新；若中怀反覆，则朝廷之法亦不能再为宽宥，并将该大臣等徇庇之罪从重惩处。"钦此。臣祗奉之下，随即宣示谕旨。苗沛霖感激天恩，痛哭流涕，随即传知怀远县、寿州城乡各圩及正阳关等处，一律剃发，随同官兵剿贼，具禀前来，经臣派委总兵庆瑞、尹善廷分诣寿州、正阳两处，查验属实。惟据苗沛霖称，下蔡地方与宋家圩捻巢逼近，现正发队围攻，应俟稍缓时日，即行饬令剃发等情。伏念苗沛霖随剿有年，功绩昭著，此次伊手下练众寻仇滋事，虽有过当，而臣与袁[甲三]爱惜将才，实欲终始成全，不忍令以一眚废弃。兹蒙圣恩广大，宥过议功，苗沛霖知感知惧，实出至诚。查苗沛霖原未蓄发，即保有职官之练总，亦有坚持大义，不肯从众者。今其部下之众亦均能恪遵开导，同时剃发，是其真心悔悟，已无可疑，不负朝廷教育深仁及臣与胜保、袁[甲三]殷殷期望之意。其围攻宋家圩之练丁，据称撤队时即行全剃，谅无异说。至地方一切事宜，应由地方大吏查办，臣交卸已久，不应与闻，署抚臣贾臻远在颍州，亦难兼顾。现闻新任抚臣彭玉麟不日到任，应请饬令彭玉麟遴委文武大员，会同地方官悉心妥议，务于力持大体之中仍寓优恤练丁之意，庶几克臻允协，日久相安。所有怀远、寿州、正阳等处一律剃发情形，理合会同臣袁[甲三]、臣李[续宜]合词恭折具奏。臣于拜折后，即日前赴临淮，与袁[甲三]晤商公事，起程北上。合并声明，伏乞皇上圣鉴训示。谨奏。

恭报行抵临淮即日取道北上缘由折　　十二月初一日（初九日奉朱批）①

奏②为恭报微臣行抵临淮，即日取道北上缘由，恭折由驿③附奏，仰祈圣鉴事。

窃臣前于十月初三日将寿城绝食，内讧失事情形，恭折具奏在案。十月初九日，臣由寿城移至双桥集营盘，虽愤懑益深，而沈疴渐愈。迨袁[甲三]密录谕旨咨行前来，臣即传知苗沛霖，饬令该练众一律剃发，另由袁[甲三]札饬总兵博崇武、庆瑞、尹善廷传谕苗练，催令禀覆，日久未决。臣奉旨回京，已阅十个月之久，未敢再延，袁[甲三]亦连次以书相招，因即力疾起程，前赴临淮。路过下蔡，苗沛霖在舟次进谒，臣面加开导，责以大义。据称因淮北捻圩正在相持，先令淮南之寿州、正阳等处民练一律剃发，当经臣嘱三镇再与要约，并令副将邵徵祥、委员方模勋随同订定，能否践言尚未可知。臣现于十一月二十六日行抵临淮，晤袁[甲三]，面谈一切事竣后，即起程北上。所有行抵临淮日期，理合由驿具奏，伏乞皇上圣鉴。谨奏。

奉旨："知道了。"钦此。

――――――――――

① 　此折在零散奏稿册内。奉朱批日期据《随手登记档》补充，以下三个附片同。参见中国第一历史档案馆编：《清代军机处随手登记档》第 97 册，第 47 页。

② 　"奏"字前批有"十一年十二月初一日拜发"字样。此页有眉批"若附袁帅，止云附奏"八字。

③ 　此处删去"六百里具"四字，又删去旁注"此四字，上勿写"六字。

密陈苗练游移面加训斥情形片　十二月初一日（初九日奉朱批）

再：臣于十月初三日在寿城发折，系为维持大局起见，曾将万不得已之苦衷附片密奏。迨恭奉谕旨，叠次催饬苗沛霖传令一律剃发，并须由臣亲验虚实。适闻楚师将至，苗沛霖颇怀疑忌，顿萌观望，日夜布置，却以与捻相持，未便遽行剃发为词，又称必俟胜保、彭玉麟到来共议。臣嘱博崇武、庆瑞、尹善廷及副将邵徵祥、委员方模勋与伊面议数次，仍无定说。臣欲往六安，而南路皆系苗练之圩，势难①行走；维时风雪浃旬，又值张乐行大队渡淮，踪迹诡秘，自寿州赴临淮之路亦复梗绝，只得稍缓。二十一日，始登船就道。次日，舟过下蔡，苗沛霖来谒。臣诘以何不传令剃发，渠支吾掩饰。臣责之云："我只知蓄发是贼，却不知蓄发始可剿贼；况汝随剿数年，练众并未蓄发。今为此论，不通已极。汝系生员出身，素知大义，受大行皇帝厚恩，应如何图报？所有寿州一事，虽云报怨，实属狂悖，汝试自思其曲在谁。况天恩浩荡，既往不咎，许以自新，正当翻然改计，岂可犹豫执迷。汝言正盼楚师前来讲理，不知新任巡抚岂能受汝之愚。楚师军威甚盛，今闻汝本心无他，暂为宽假，若全军压境，止知剿不剃发之贼，何暇与汝讲理？即胜某南来，亦决不能偏袒汝练，致拂天下人公论。②汝之部曲，多保文武大员，③均欲及早剃发，而汝游移两

---

① 此处删去"改由六安"四字。

② 此处涂去："汝怨望袁帅，意欲我与之立异，不知朝廷大礼，首重戎旃，即我以疆吏兼帮办，亦不敢评骘大帅。况袁某为人正直，海内瞻仰，待汝亦甚厚。汝不应不谅某心，我岂能劝汝□排袁某耶？"其中"海内瞻仰"四字后改为"众所望"，亦涂之。

③ 此后删去"岂容留发，伊等谁不"八字。

可，①是何意见？② 我已去官半载，今日别汝而去，若止为身谋，即不值与汝争辩，惟我惓惓之心，既为地方大局，并欲保汝身名，③故不得不直言呵责。汝若不至十分糊涂，理宜速即④饬令练丁全行剃发，免贻后悔。"此外言语甚多，难以尽述。臣辞气激昂，听者皆悚。苗沛霖⑤理屈辞穷，执礼甚恭，答言"说理不过"。臣言："汝无一毫是处，如何说得我过？"渠随即据称，一两日内即令淮南、寿州、正阳一概剃发，决无虚假等语。⑥ 究竟有无把握，臣尚未敢深信。此是日面加训饬之情形也。行抵临淮，⑦经袁[甲三]以近日所奉⑧谕旨交臣阅看，跽诵之余，仰见圣鉴如神。总之长淮上下祸患未平，即山东、河南亦须严为防御。并闻苗沛霖向人传说，捻匪于明年正月十六日出巢，不可不备。理合附片，缕晰密陈，伏乞圣鉴。谨奏。

奉旨："另有旨。"钦此。

附陈黄鸣铎下落片　十二月初一日(初九日奉朱批)

再：潼关协副将黄鸣铎，曾经臣具奏，委署寿春镇总兵。该员与

---

①　此处删去"始终无一决断之言"八字。

②　此处删去"我为汝掩覆罪过，吁恳圣恩，若汝再抗旨，是汝为任意挟制，而我为有心徇庇，天威震怒，众议不容，国法森严，我实当罪不起。且汝试思"。

③　此处删去"不欲一去了事"六字。

④　此处删去"遵旨办理，以践前言，否则我不强汝，恐汝后悔无极矣"。

⑤　此处删去"不觉气折色沮，自加"八字。

⑥　此处删去"臣知其为人，不"六字。

⑦　此处删去"伏念臣苦守寿城九个月，忍饿四五十日，自啖蒿根，从者至采木叶以为食，流离困苦，为史册所罕见。今得脱离虎穴，实出意外。"

⑧　"近日所奉"原作"叠次所奉寄"，后改为"委员前次面述各"，又涂之，改为此四字。

苗沛霖上年同在沙河剿匪，互相称扬。自苗练围攻寿城，黄鸣铎带兵堵御，遂成仇敌。及内讧变生，黄鸣铎与在籍游击朱景山乘间出城，俱为苗练所得。朱景山被杀，而黄鸣铎被执，传闻尚未加害。合并附片陈明，伏乞圣鉴。谨奏。

奉旨："知道了。"钦此。

请议恤寿州阵亡人员并旌表殉难妇女片　十二月初一日(初九日奉朱批)

再：游兵营千总朱淮朋，系臣亲随之员，素称骁勇。当寿城围急，饬令前赴柏家圩，联络练总王舟及六安兵练，以解城围，力战阵亡。[①]又，抚标千总张学云经臣遣令，缒城而出，往六安投文，为苗练擒至下蔡杀害，应请敕部从优议恤，以慰忠魂。至寿州前后阵亡、被害之人及妇女自行殉节者，不可胜计，请旨密饬彭玉麟俟事定后详细查明，分别议恤旌表，以慰幽潜而明节义。理合附片缕陈，伏乞圣鉴。谨奏。

奉旨："朱淮朋、张学云均著交部从优议恤，该部知道。"钦此。

---

① 此处删去"至是南路之援遂绝"八字。

《中国近现代稀见史料丛刊》已出书目